行政区划图

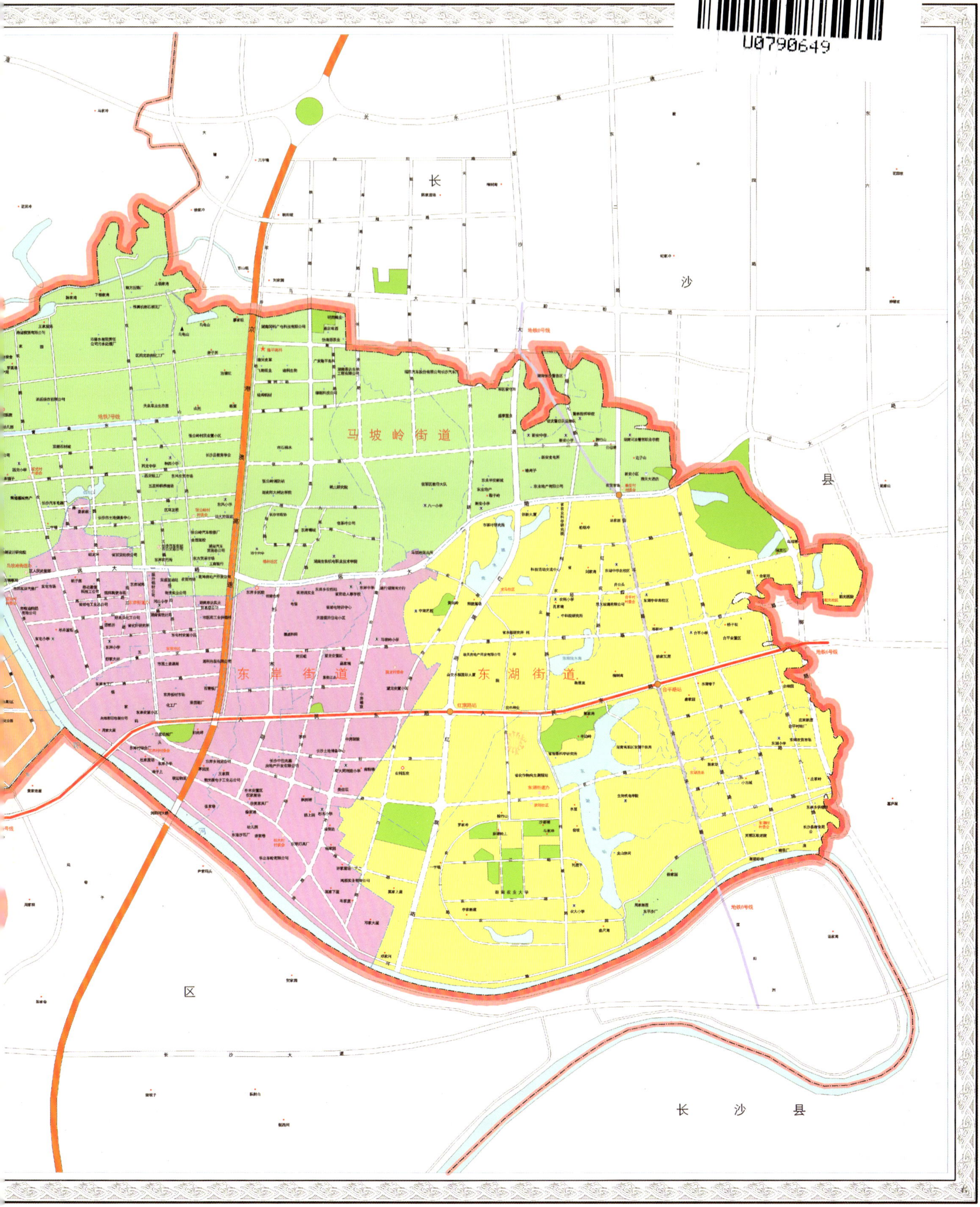

二〇一三年十二月

芙蓉年鉴 2015

FURONG NIANJIAN

长沙市芙蓉区年鉴编纂委员会 编

方志出版社
Publishing House of Local Records

图书在版编目（CIP）数据

芙蓉年鉴. 2015/长沙市芙蓉区年鉴编纂委员会编

—北京：方志出版社，2016.2

ISBN 978-7-5144-1953-5

Ⅰ.①芙… Ⅱ.①长… Ⅲ.①区（城市）—长沙市—2015—年鉴 Ⅳ.①Z526.41

中国版本图书馆CIP数据核字（2016）第043850号

芙蓉年鉴 *2015*

编　　者：长沙市芙蓉区年鉴编纂委员会
责任编辑：陈　菁　顾　洁

出 版 人：冀祥德
出 版 者：方志出版社
地　　址：北京市朝阳区潘家园东里9号（国家方志馆4层）
邮　　编：100021
网　　址：www.fzph.org
发　　行：方志出版社发行中心
电话（010）67110500
经　　销：各地新华书店
印　　刷：长沙湘诚印刷有限公司
（长沙市开福区新码头95号）

开　　本：889×1194　1/16
印　　张：28.375
字　　数：894千字
印　　次：2016年3月第1版　2016年3月第1次印刷
印　　数：001～500册

ISBN 978-7-5144-1953-5　定　价：160.00元

《芙蓉年鉴2015》编纂委员会

《芙蓉年鉴2015》编辑部

《芙蓉年鉴2015》组稿人员

（姓名按编目顺序排列）

杨　冲	邓　斌	苗津铭	夏昊铭	柳　煌	刘夏娃	刘武强	易　平
谭瑞英	李　理	胡　甜	陈　略	刘亦文	范　波	罗　洁	李文芳
曹祎靖	陈　慧	彭　项	黄　标	黎　宏	黄　华	鲁素爽	张　弟
黄丹旭	谭水平	易跃峰	周　毅	黄　忠	李　婷	罗伊凡	仝　娟
张　登	陈　琼	李文英	温小慧	李　霞	陈奕路	邬凯文	杨　欢
周　率	罗　均	熊　刚	尹　靖	周　原	吴康达	张园园	李晓青
黄锦堂	何轶群	曾　中	杨利洪	陈律严	丁　强	李静锋	杨婷娟
蒋　蓉	彭　晶	黄　珣	胡踞虎	舒　慧	李革文	杨孟庭	刘　歆
张湘闽	吴宏瞻	胡志红	周　静	汪　琳	孙立荣	陈　跃	陈玥平
陈纲要	胡　柯	唐仁华	张　涛	唐同新	闫　葵	杨　涛	吴　韬
熊　婷	方　鹏	张大帅	何　芳	文程瑶	王先冰	王　勇	罗　萍
熊笑俏	杨　婷	李如香	钱　磊	肖　微	谭　卿	贺俊娇	郑　佩
邹　勇	陈　婷	李　素	甘　泉	廖　薇	李　婷	李焱照	蒲子旺
杨　高	邓子军	曹　炎	金　溪	张　校	吴湘媛	蔡　强	黄湘娟
徐梦妍	周德才	谭　沁	李　露	李　祥	舒　梦	李方方	鲁青松
廖汉洲	肖光兰	涂　瑶	王竣甲	黄支农	王　珊	欧　芳	郑仕清
魏　芳	廖　攀	唐　超	杨鹏娇	黄　宇	韩晓宁	李　芩	邹永贵
范雅茹	曾　光	周　偲	盘　敏	黄洪文	蔡　益	董春梅	黄　雪
李毅自	文　阳	杨　静	陈　静	周　婷	谭博文	刘　树	陈美霞
孟建中	黄晶晶	袁　霞	白立平	丁　玲	苏　洁	熊兆鹏	李国斌
柴　坤	王科文						

编 辑 说 明

一、《芙蓉年鉴》是由中共芙蓉区委员会、芙蓉区人民政府主办，区史志档案局组织编辑出版的综合性资料工具书。其内容为芙蓉区自然、政治、经济、文化、社会等方面情况的年度资料性文献。《芙蓉年鉴 2015》记载 2014 年全区各部门、各行业、各街道的基本情况、主要工作和重要事件，收录若干文献和统计资料，反映芙蓉区改革开放的新进程和经济建设、社会发展的新成绩、新经验以及存在的某些问题。所载资料力求全面、系统、真实、准确，为国内外人士了解芙蓉、熟悉芙蓉提供服务的大型工具书。

二、本卷年鉴采用分类编辑法，设部目、分目、条目 3 个层次，部分分目下设子目，条目为记述基本层次。全书共设有 30 个部目、106 个分目、37 个子目、628 个条目。年度大事简记中“△”为同日发生的事件。正文体例有概述、概况、条目、附、专记、资料、图表等，以条目为主体，书中插排图片专版。

三、本年鉴所载的内容均由全区各部门专人撰写、领导审核，年鉴编辑部编辑人员经过多次修改、加工整理后再反馈原单位进行认真校核，最后由编委会定稿。未署名的稿件均为年鉴编辑部撰稿。统计资料由区统计局提供。文稿中有些地区性、部门性数据，由于统计口径不同等原因，与统计局公布的可能不完全一致，请读者在查阅和引用时注意。

四、本卷年鉴收录区直单位和各街道负责人名单均以 2014 年在职者为准，有任免的分别予以注明。

五、本卷年鉴系芙蓉区第二部，编辑出版中得到全区各撰稿单位领导及撰稿人的大力支持，在此表示感谢。希望广大读者和各方面人士提出宝贵意见，使《芙蓉年鉴》更臻完善。

目　录

特　载

综　述

大事记

中共长沙市芙蓉区委员会

统战工作

其他工作

长沙市芙蓉区人民代表大会常务委员会

第四届人大常委会机构及领导人员

长沙市芙蓉区人民政府

政府主要机构及领导人员

重要会议纪要

政府法制建设

政务公开与政务服务

督查工作

应急管理

地方武装

经济管理

工业·园区

农业·林业·水利

财政·税务·金融

商贸服务业

交通·邮电

教育·科技

科 技

文化·体育

文 化

体 育

医疗·卫生

医政管理

社会生活

街　道

朝阳街道

五里牌街道

马王堆街道

荷花园街道

东屯渡街道

火星街道

东岸街道

社区建设

社区教育

社区文体

人　物

统计资料

文献选编

附　录

芙蓉专稿

建言献策

芙蓉览胜

有关单位地址、电话

索　引

图片专版目录

Main Content

Special Record

Overview

Chronicle

CPC Commission of Furong, Changsha

Standing Committee of the National People' s Congress of Furong, Changsha

People' s Government of Furong, Changsha

CPPCC of Furong, Changsha

Mass Organization

Rule of law

Local Armed Forces

Economic Management

Industry & Industrial Park

Agriculture & Forestry & Water Conservancy

Urban Construction & Borough Governmental Management

Land and Resources Management & Environmental Protection

Finance & Taxation & Banking

Business Service Trade

Transportation & Post and Telecommunication

Content of picture column

特　　载

立足全区大局 着眼发展新局　为新一年工作开一个好局（摘要）

——在区委四届八次、区政府四届二次全会
暨2014年经济工作部署会上的讲话

区委书记 梁　仲

（2014年1月13日）

图1　中共长沙市芙蓉区委书记　梁仲

中央、省、市委经济工作会议相继闭幕，市两会刚刚召开，今天，我们紧接着召开区委四届八次、区政府四届二次全会暨2014年经济工作部署会。在此之前，我们分街道和条线进行了调研座谈，较好地碰撞了思想、凝聚了智慧。刚才，树林主任、建新主席的发言，立足全区大局，着眼发展新局，立意深远，很有见地。特别是新凡区长对2013年经济工作进行了全面回顾，对2014年经济工作进行了安排部署，分析透彻，定位准确，措施有力，讲得非常好，我完全赞同，请大家抓好贯彻落实。下面，我讲四个方面的意见：

一、在盘点工作、总结成绩中获得新启示

2013年经济工作为什么会取得这么好的成绩，我认为可以获得三个方面的宝贵启示：

1. 战略定位是关键。从战略上看，思路对头，一年一层楼。区域发展没有想法、没有方向、不敢做梦，就不会实现突破。从“湖湘之心、中部标杆、全国一流”到“财富中心、魅力之都、幸福芙蓉”的目标定位，从“聚焦高端、提质增效，产城一体、双核驱动”到“跨河东进、项目攻坚、强西拓东”的战略谋划，与中央、省市的转型创新升级要求不谋而合，好蓝图凝聚人心、汇聚合力，取得了广泛共识。西片楼宇经济、总部经济不断提质，东片隆平新区·种业硅谷开启了大幕，正朝着预期目标一步步推进。

2. 团结干事是法宝。从执行上看，凝心聚力，一年一个样。几大家班子同心同德干事业，直面一线担责任，身先士卒解难题。一大批发展主力军排头奋进，各司其职，形成合力，带动了全局工作整体推进。面对区划调整、滨河路拆迁、擎天广场拆迁、财税征收等重要工作，一大批党员干部迎难而上，主动作为，高效优质完成了任务。在种业硅谷建设、首届隆平论坛筹办和战略产业项目招引过程中，一大批党员干部殚精竭虑，各展所长，体现了执行力和战斗力。

3. 品牌提升是要件。从效果上看，真抓实干，一年一台阶。品牌提升体现在城市品质、区域品牌、社会和谐、党建工作等方面。园林、市政、城管等做了大量工作，城区净化、序化、亮化、绿化都有新变化，环境和形象进一步改观。成功获评全国科技进步先进城区、全国计生优质服务先进单位、全国群众体育先进单位。妇联、禁毒、护路、检察等工作成为全国典型，教育、卫生、就业、社会管理、信息化建设等工作成为全省典型。群众工作直通车工程扩面提质，一批民生实事得到办理。“四比四看”主题竞赛活动被人民日报专题推介，人民新村党代表大讲坛等特色品牌成功打造。率先出台“三戒三兴”、常委会成员六个带头等规章制度，营造出清正风气和实干氛围。

一年来所取得的成绩，是全区上下主动作为、奋发努力的结果。坚持发扬这些宝贵经验和有益启示，我们的事业就会百尺竿头、更上一层楼！借此机会，我代表区四大家，向同志们一年来的努力表示衷心的感谢和崇高的敬意！

二、在把准方向、创新转型中谋求新突围

置身改革元年，我们必须树立高度的历史使命感和现实责任感来顺应时代潮流、谋求转型突围。

1. 坚持辩证观点，趋利避害抢机遇。从外部层面看，经济下行风险持续存在，机遇和挑战并存，这里就不作过多分析。从自身层面看，芙蓉区处在经济起落的波谷期、转型提质的爬坡期、强基固本的蓄势期“三期相会”的特殊时期。只要我们坚定信心，发挥优势，趋利避害，迎难而上，就一定能牢牢把握经济工作的主动权。

2. 立足自身实际，科学理性定目标。明年的指标定位是：“跨越百亿，实现三增”。即财政总收入确保100亿元，增长10%；力争105亿元，增长15%，跨上百亿元崭新台阶。“三增”即经济总量、发展质量、人均均量同步增长。置身爬坡过坳、强基固本的特殊时期，更加需要理性回归和科学定位目标，努力追求没有水分的发展速度，追求质量和效益提高但不带来后遗症的发展速度。明年的工作主题是：“西提东拓，项目攻坚”。即以项目建设为抓手，以拆迁攻坚为切入，既立足当前做好西片上天入地、提质增效文章，又着眼长远铺开东片基础建设、大举开发的主战场，实现东西竞相突破、均衡发展、两翼齐飞。

3. 聚焦关键领域，创新发展求突破。当前的区域竞争，不再是单纯拼政策、拼价格、拼质量、拼投入，更重要的是比转型、比环境、比平台、比创新。按照转型创新发展的要求，今年的工作，须从三个方面着力：

（1）稳增长找到钥匙

一是绘就清晰的产业地图。制订核心区扩容和产业引导规划，出台加快产业发展指导性意见，加快推动“腾笼换鸟”、“空间换地”、“电商换市”，提升CBD在全市的影响力和首位度；每一个街道都要有清晰的发展定位、产业规划和推进时序，都要有实施路径、项目储备和运营手法，街道的党政一把手要成为经济工作的行家里手，主城区街道必须做好产业规划，让每一寸土地、每一个空间都充分发挥效益；抢占新兴领域，积极引进电子商务、期货市场等新型业态，培育一批优质电子商务企业，完善实体加虚拟的全新商业销售模式；前瞻性地发展养老、健康产业，做大产业蛋糕，扩大消费需求。

二是腾出提质的立体空间。坚持向楼宇要空间，采取经济奖励等实质性举措盘活现有闲置楼宇资源，建立招商信息共享平台，提前介入在建楼宇和拟建楼宇的二次招商，确保业态符合产业发展要求。加快国金中心、擎天广场、世茂广场、湖南投资等大型城市综合体建设，加速高端商务楼宇供应，为优势产业的抱团发展提供优质平台。坚持向地面要空间。全面推进九如巷、黄土塘、燕山街及朝阳涉铁等区域棚改，通过“上天入地”、“化旧为新”置换发展空间。逐步推动传统市场改造提质，借城铁建设、肉联厂关停、长沙农产品物流中心投入使用等契机，积极探索促进三湘南湖、金苹果整体提质，启动马王堆蔬菜市场外迁。坚持向地下要空间，把握2号线即将通车的契机，加快地下商业街、停车场的规划和建设，在楼宇地下连通的同时，精心布局地铁口岸业态，实现地下空间利用和效益的最大化。

三是破解要素的制约瓶颈。首先，要多方着力盘土地。土地资源的缺乏是芙蓉区的短板。要将东片的土地整体纳入长沙市储备，将全年用地整体批回。整合辖区单位土地资源并调动其开发积极性，炒热市场，带动片区开发。其次，要千方百计融资金。随着国家银根收紧，中小企业、融资平台乃至金融机构随时会出现“钱荒”。要向上主动争资金，鼓励各载体单位针对基础设施积极包装项目争取资金。要对接银行争贷款。将今年所铺排的项目一个个细化、实化，

进行银企对接，区金融办在农历年初和年中分别组织一次银企对接会，针对各个街道和不同产业项目进行对接，提高有效性和针对性。有选择地与银行、证券、基金、财团进行战略合作，为项目建设提供资金保障。要浓厚招商引资氛围，增强整合资源、策划包装、主动营销的意识，把潜在资源变成现实效益。袁隆平品牌价值过千亿，成中国“名义首富”，这个资源我们要用好用足。第三，要形成合力促建设。谁有更发达的基础设施，谁就拥有未来。一方面，要积极争取省市的支持，尽快启动长善垸污水处理厂二期和红旗路东延线建设，推动红旗路跨浏阳河大桥、荷花路下穿浏阳河隧道等重大基础设施建设，完善片区路网和沿河污水管网等公共配套。另一方面，我们要探索各种合作模式，在已有的 BT、BOT 模式基础上，探索 BOOT、BOOST、ROT、TOT、BRT、PPP 等不同的模式，在东片开发建设中可积极试行 PPP（Public Private Partnership）模式，鼓励城建投、棚改公司与战略投资者建立合资公司或成立新公司，共同投入基础设施。第四，要多方着力破拆迁。发展靠项目，项目靠拆迁，拆迁关键在安置。积极试行“团购商品房”安置模式、棚改高层就地安置模式，加快安置进度，节约安置成本。全面推进阳光征拆，完善块线结合的征拆模式，建立有奖有罚的激励机制。在土地开发与利用上，探索与被征拆户的利益共享，以商补住、让利于民，有效调动各方积极性。年内要打几场硬仗，实质性的推动火炬村和朝阳铁路棚改、友阿棚改拆迁，完成水稻博物馆、隆平公园及红旗路、望龙路和三块融资用地拆迁。

（2）促转型找准平台

一是强力推进隆平新区种业硅谷平台建设。全面铺开滨河路及 1389 亩浏阳河风光带建设，确保年内通车、中国水稻博物馆基本建成，按稻作文化、杂交水稻和互动体验三个功能区完善设计，建成传承水稻文化、弘扬农耕文明、吸引游客参观的展示平台；支持旺德府集团承建种业电子交易中心项目，与隆平院士一起形成合力，推动分子育种平台的加快落地，形成代表世界领先水平的种业、农业高科技及其他涉农相关产业的科研、交易、金融平台；吸引更多的涉农涉种高端产业项目进驻，延伸产业链条，形成集聚效应。隆平园是芙蓉区重要组成部分，是东进战略的主力军，创新发展过程中要找准航向，制订重点产业发展规划，发展电子信息、节能环保，文化创意、总部经济、工业经济、现代物流、高端农业等产业，鼓励现有的企业开展技术创新和改造，利用先进理念改造提质，创新投融资体制机制，鼓励引导民间资本投资，加大交通环保、公共服务等投入，切实加快在建续建项目，成为隆平新区发展的重要支撑。

二是倾力打造浏阳河娱乐经济产业带。娱乐经济是两型的朝阳产业。我们要做足浏阳河滨水娱乐文章，建设集观光旅游、休闲娱乐、特色购物、餐饮酒吧、商务活动、婚庆消费等功能为一体的产业带，使之成为彰显名河独特魅力的标志性名片、成为娱乐之都实实在在的承载地。严控产业带开发强度、建筑密度，留足绿化、休闲和人流、车流的疏散空间，建设自行车游道和电瓶车公交系统，形成最优功能布局和最美视觉走廊。围绕自然生态和历史文化主线，打造文化休闲主题公园，引导文化创意、娱乐休闲等业态入驻，与香港兰桂坊、铜锣湾等合作整体运营，将先进理念转嫁到风光带。吸引魅力四射、田汉以及省花鼓剧院等在沿线布局项目。策划建设亲水私密酒店，发展旅艇产业，设置水上游道，安排龙舟赛、水上实景演出等活动，可在岸边走、水中游、桥上观，打造长沙的“秦淮河”、娱乐的“不夜城”，让外地游客住个三天三晚，留连忘返。

三是策划推动文化创意产业街区。文化作为一种精神力量，已经成为城市发展的重要动力。别的城区可以跨越经济增长快速提升的阶段，但无法完成城市人文精神的培育和塑造这一漫长的历史进程。要主动对接长沙国际文化名城建设，用好用足都正街、定王台、白果园、化龙池、浏阳河、袁隆平、汉文化等名址、名街、名河、名人的优质文化资源，助推芙蓉经济找到新的增长点。谋划马王堆遗址公园建设，推动马王堆疗养院外迁，通过一代代芙蓉人矢志不移的努力，实现物址合一，形成“北有兵马俑，南有马王堆”、“秦文化看西安，汉文化看长沙”的格局；推动都正街等特色文化街区建设，充分融入西汉文化、建筑等诸多元素，规划定王台孝道文化广场，支持黄金珠宝产业街建设，与步行街购物游、古长沙景观游整合起来，打造精品旅游线路。

（3）惠民生找实路径

一是以文明创建为切入加强城区精细管理。对城区而言，没有什么比吃放心食品、喝干净水、呼吸新鲜空气更重要的生活品质。要实施清霾、碧水、静音行动，着力破解老百姓关心的停车、出行、扬尘、降噪及老旧社区改造、下水道疏通等具体问题。明年是文明创建迎国检的大考之年，要以此为契机，提升城区“净化、序化、美化”水平。注重建筑品质，抓好植树造绿，实施立体造绿，进行景观亮化，提升城区美感。

二是以品牌打造为突破优化公共服务。坚持财力向民生倾斜，大力推进为民办实事工程，着力解决就业、社会保障、住房保障、教育、医疗等民生问题，加快推进大同三小、16 中、马坡岭卫生服务中心、区社会福利中心建设，在继续擦亮工作品牌的同时，注重基本公共服务均等化、便利化、普惠化，让老百姓满意。

三、在倾斜基层、夯实社区中构建新格局

群众工作直通车开通两年多来，虽然在构网建制、增信释疑、排忧解难方面作出积极探索，取得一定的成绩，但离“直通直达直接办、基层基础基本功”的初衷仍有较大距离。从群众的感受看，主要体现为矛盾解不好、难事办不了、干部来得少。从干部的感受看，势单力薄管不了，左右为难办不了，人少事多去不了。应该说，群众和干部的共同感受反映工作的差距，暴露群众工作服务基础薄弱、组织基础薄弱、共治基础薄弱等问题。对此，我们要见微知著，综合治理，长久坚持，不能“头痛医头，脚痛医脚”，必须以开创思维、务实手段来深入推动。

中共领导体现为把人民动员起来、组织起来，由人民自己来调解和解决好日常利益矛盾，自己去防盗抓贼，自己去治理龙须沟，根治小广告，这就是真正的群众路线。中国从 80 年代改革开放以后，以往的自然社区组织被行政社区替代，涉及亿万个家庭的琐事都靠政府来解决，自上而下实行“全覆盖”管理，造成人员迅速膨胀，财政不堪重负，而且产生很多的不作为、乱作为等现象。怎么做好？我们其实探索很多的好方法，各街道已经涌现出象“小小鸟巢”“楼宇邻里节”“智慧社区”“白领俱乐部”等一批有影响的社区服务品牌。下一阶段，我们要以重建强大的自然社区自治组织为着力点，动员和组织社会力量、广大群众积极参与社会建设、回应群众关切，让直通车工程得到深化和升华。

1. 整合力量，下移重心。首先是行政力量的整合。组织部、宣传部、统战部、民政、司法、公安、工青妇、残联、工商联等行政部门必须有效整合，相关的人员、经费、事务都要按群众路线要求整合，重心落到社区。进一步实化“四联三为”机制，干部在联点小区公示承诺责任、亮明身份、接受监督。充分发挥辖区资源，倡导驻区单位构建联系群众制度，组织人大代表、政协委员和公众人士到社区联系群众，实现共驻共建。实行联点干部、社区专干网格化包干，每人包干一定量的居民网格，与楼幢长、物业人员紧密联动，落实各项属地管理责任。各个网格力量作用发挥出来，比干部下到基层更有用。通过搭建纵向整合、横向联合、开放融合的组织架构，积极探索区域共建、行业共创的新的工作格局。

2. 居民自治，良性互动。充分发挥社区社团组织的重要作用，促进和谐的作用，促进公民意识、公共精神生根发芽。重点发挥“五老”、志愿者、楼幢长等群众力量，鼓励和支持非政府组织（NGO）与非营利组织（NPO）参与弥补社区工作不足，科学引导群众自治，实现自我教育、自我管理、自我服务、自我完善、自我革新。成立区社团联合会，街道成立社团促进会，培育志愿服务类、公益管理类和文体兴趣爱好类社团组织，依托社团平台开展活动，着力引导志愿服务和义工行动。完善社区居民会议和居民协商议事会议制度，健全民情恳谈、社区听证、社区论坛、社区评议对话机制。充分发挥小区保安、五老人员在矛盾调处、治安联防、秩序维护、环保监督等方面的积极作用。维护治安的“红袖章”、卫生“门前三包”，违章建筑拆除、清理门前的小广告、防盗抓贼，都可以把人民的力量发挥出来。

3. 联手联动，和合共生。深入拓展“一居一特色”活动，以“八个不出社区”（就医、托幼、养老、购物、休闲、健身、救助和矛盾调处不出社区）的目标，提供周到、细致、人性化的服务。努力构建学习型社区，推动全民阅读的“书香芙蓉”的建设。以社区“大家庭”观念增强居民归属感。我们要让爱的意志、法的精神、现代理性、宗教心灵、生命美学这些元素在社区教育中得到补充。各职能部门要到社区集中为对象群体提供针对性服务，开好教育、卫生、计生、文化、环保等服务直通车。成立各种社区文体队伍，开展丰富多彩的文艺活动，依托社区“谈心室”平台，开展心理咨询、调解疏导精神服务，不断拓展社区服务领域。引导社区居民要知法、懂法。对矛盾相对深，拆迁隐患问题比较多的地方进行购买法律服务、提供咨询、进行司法援助的形式化解社会矛盾。进行爱心救助，为困难群众免费提供法律服务，通过公益团队、爱心组织、义工活动，要让人们从里到外感受到一种温暖，从而让民风更舒适，秉持和传承这种爱心，获得生命最实在的“维生素”。

4. 倾斜一线，提供保障。对一线的干部看得更重，

尤其是街道、社区的一线干部，相关的政治待遇、经济待遇要逐年提高，并且保证街道比部门高。各类的检查评比，除文明创建、安全生产之外，区里所有部门单位一律不得到街道搞检查、搞评比，一旦发现将严肃处理。除党报党刊之外所有的报刊杂志征订不列入绩效考核的内容。

四、在狠抓队伍、强化保障中传递正能量

按照省市的部署要求，今年将开始为期9个月的群众路线教育，我们要以此为契机，抓好领导班子和干部队伍建设，传递正能量，提振精气神，认真抓落实。

1.加强忠诚教育，在思想导引上出新招。开展忠诚教育，培养来源于“三个自信”的政治忠诚、植根于传统美德的道德忠诚、躬身于实干状态的职业忠诚。刚才讲道德忠诚，其实中国传统道德的力量非常强大，核心的“四维八德”每个党员干部只要能够遵循，就是一个好党员、好干部。

2.突出鲜明导向，在使用配备上出真招。关键是要围绕抓好选人用人的导向。下一步识人要更全面、考评要更科学、选人要更准确。用人要突出两个方面，一是重视基层、面向主职的用人导向。二是适度交流、人岗相适的用人导向。先从基层干部逐步到中层干部，再到领导干部。新引进的政府雇员原则上一律安排到街道，从今后没有特殊需要不得从街道抽调人员进区直部门。其次，要形成围绕中心抓落实的导向。完成今年的目标任务，必须得打起十二分精神，关键是要形成强大的执行力抓落实。所谓抓落实就是要有硬打硬的精神，要有这种实打实的招数，服从区委、区政府的决策和部署，雷厉风行，立说立行，绝不允许拒不执行和变相不执行。要以铁的纪律和果断措施，切断关键节点的“肠梗阻”，成功通达“最后一公里”。芙蓉的各项工作落实没有一线二线之分，没有主次之别，全区上下要做到一条心，一起办，一起干，每一项工作都要把握好时间度，以目标倒逼进度，以督察倒逼落实，使各项工作始终保持一种高速运转、高效运行的状态。

3.严格淘汰问责，在监督管理上出硬招。从中央到地方聚焦四风一年来，所推行的一系列举措，大到打老虎、拍苍蝇、停建楼堂馆所，小到管舌尖、车轮、月饼、贺年卡、会员卡、办公房、公共场所禁烟，行动像钉钉子一样，一锤锤敲下去，一个时间节点一个时间节点地抓，在坚持中不断深化，在深化中不断坚持，积小胜为大胜，以时间换空间，而且是时间上继起，空间上并存，取得实实在在的成效，大家一定要看到这种变化，适应这种变化。区里将开展群众路线教育活动，必须按照中央的要求和省市部署扎扎实实的推进。同时要加大淘汰问责的力度。特别是治庸治懒治散，组织人事部门要研究出台可操作的、量化、细化的实施办法，优化入口。对公务员和事业单位干部职工的考核，也要拿出切实可行的办法，形成正导向，激发大家干事的积极性和创造性。

当前工作区长已经作全面安排，大家要以高度负责的精神抓好安全稳定工作，让全区人民过一个欢乐祥和的春节。按照中央和省市的要求，我们春节之前就不再开团拜会，在这里我代表四大家祝大家新年快乐，阖家幸福，工作顺利，身体健康，万事顺意。

政府工作报告（摘要）

——在区第四届人民代表大会第三次会议上

区长 于新凡

（2014年2月26日）

图2 芙蓉区人民政府区长 于新凡

2013年工作回顾

一年来，在市委、市政府和区委的坚强领导下，在区人大、政协的监督支持下，区人民政府紧紧围绕“湖湘之心、中部标杆、全国一流”的战略定位和“财富中心、魅力之都、幸福芙蓉”的奋斗目标，深入开展“六个走在前列”大竞赛活动，攻坚克难，奋发作为，实现新一届政府各项工作良好开局。

一、经济实力不断增强

一年来，科学应对复杂严峻的宏观经济形势，着力调结构、转方式、稳增长，经济发展稳中有进。实现地区生产总值868.1亿元，增长11.8%；财政总收入90.9亿元，增长17%，其中公共财政预算收入37.4亿元，增长24.2%；全社会固定资产投资305.7亿元，增长23.8%；社会消费品零售总额568.7亿元，增长13.2%。楼宇经济蓬勃发展，引进楼宇企业400余家。金融业对财税的贡献率达40%，区域金融中心地位更加稳固。中国城戴斯酒店、苏宁超级店等大型消费机构相继开业，婚庆公园晋升AAA级景区。开展“芯动芙蓉·快乐消费”系列活动，提升消费热度。工业经济势头良好，广东商会经济产业园、特格尔药业健康产业园等项目成功签约，新增规模以上工业企业11家，完成工业总产值407.8亿元，增长19.1%。成功举办首届隆平国际论坛和招商推介会，隆平新区建设理念和发展思路得到社会广泛认同，阿里巴巴长沙产业带、中宏保险等一批优质项目和企业相继落户，新增注册资本亿元以上企业24家，实际到位外资4.8亿美元，引进省外境内资金67.7亿元，市外境内资金形成固定资产投资165亿元。

二、城市建设不断加快

一年来，紧扣“跨河东进、项目攻坚”工作主题，强力推进项目建设，实施各类重点项目109个。擎天广场、五一大道东段等棚改项目抓紧征收扫尾，完成棚改面积4.2万平方米。国金中心、世茂广场、万家丽等城市综合体加快建设，新增商务楼宇69.5万平方米。隆平新区开发建设全面提速，加大征地拆迁力度，全年腾地2100亩，动迁房屋816幢。滨河路项目3个月完成拆迁并启动建设，人民东路完成提质改造直通机场，营盘路东延线与双杨路实现互通，京港澳高速西辅道、红旗路跨浏阳河大桥启动建设。雨污分流体系建设全面铺开，砂嘴子泵站重建项目基本竣工，市政配套体系更加完善。完成隆平新区控规深化设计，加快“种业硅谷”核心功能建设，隆平国际会展中心建成开业，水稻博物馆完成项目选址，种业交易中心、分子育种中心顺利签约。中房瑞致、紫御江山、东业早安等大型地产项目全速推进，恒大、卓越等城市运营商相继进驻，土地附加值大幅提升，发展活力显著增强。

三、环境品质不断提升

一年来，按照净化、序化、美化的要求，加强城市精细化管理，城市管理工作继续走在全市前列。推进城郊结合部综合整治，拆除违法建筑34.6万平方米。完成远大路等道路立面整治和提质改造。加强对流动摊担、占道经营等问题的治理，拆除违章广告招牌3万多平方米、违章电子显示屏45处，市场秩序更加规范。开展清扫保洁区域承包试点，推行人工清扫与机械作业有机结合，城区环境更加洁净。铺设修补路面和人行道10.3万平方米，疏浚地下管道8.6万米、堵点30处，安装井内防坠网4896个，市政设施管理更加高效。新建社区公园4个，新增和修补绿地32.8公顷，绿化覆盖率稳步提升。严厉打击非法营运等交通乱源，取缔一批黑车站点，查扣非法营运车辆1158台。完成18个社区、51条支路交通微循环改造和堵点疏导，道路通行能力进一步提高。全方位推动大气污染防治，推行清洁能源改烧，对渣土、扬尘、尾气的整治力度不断增强。深化浏阳河水污染治理，全面铺开浏阳河截污工程，大力清理水上餐饮，加强污水处理厂出水水质监测，地表水质100%达标。完成杨家山社区环境综合提质改造，实施都正街片区改造一期工程，完成水表改造1万户，老旧社区居住环境显著改善。

四、民生事业不断进步

一年来，坚持以人为本、民生优先，公共服务质效不断提升。持续推进义务教育均衡发展，高分通过国家义务教育基本均衡区督导评估，育英西垅小学、西垅幼儿园、东岸锦城幼儿园顺利竣工。科技创新和科技普及并举，被评为全国科技进步先进区。积极创建国家公共文化服务体系示范区，各项指标圆满完成。组团参加市八运会，金牌总数和团体总分居全市第一，被评为全国群众体育工作先进单位。以全省第一的成绩创建省级慢性病综合防控示范区。推行家庭医疗契约式服务，基本公共卫生服务考核荣获全市第一。加强流动人口计生区域协作，计生优质服务水平不断提升。完成社区行政区划微调，11个社区新建和改造社区办公用房9440平方米。新增就业1.9万人，失业人员再就业6036人，零就业家庭100%实现动态就业援助。居民人均可支配收入达35484元。新增各类社会保险参保近7万人，城乡居民医疗保险覆盖率达100%。发放低保金2121.7万元，实现应保尽保。廉租房二期269套启动建设，新增公租房120套，发放经济适用房和廉租房补贴936户。加强安全生产监管，超额完成企业安全生产标准化达标任务，被评为全省安全生产先进区。加大食品安全专项整治力度，在全市率先试行食品安全快检制度。加强社会治安整体防控，确保一方平安。坚持接待上访和带案下访相结合，化解信访积案26件，社会大局保持和谐稳定。

五、自身建设不断加强

一年来，贯彻落实中央、省、市关于改进工作作风、密切联系群众的决策部署，狠抓政府自身建设。倡导“三戒三兴”，严肃处理庸、懒、散、奢等行为，查处违纪人员38人。进一步加强公务接待、公务用车、公务考察等方面的管理，全面清理办公用房，“三公”经费同比下降15%。深入开展行政决策法律审查，完善政府合同审查机制。认真落实区人大及其常委会的决议决定，主动接受区人大、政协的监督，积极听取民主党派、工商联和无党派人士意见，办理建议、提案235件，办复率和满意率达100%。答复市长信箱、区长信箱信件376件，开通“12345”市民服务热线，政民互动渠道进一步拓展。46项行政审批事项全面实现在线办理和全流程公开，审批时限总体压缩39%，服务效能进一步提升。

同时，“为民办实事”各项承诺全面落实。举行“两型”社会建设宣传月活动，“两型”示范创建深入人心。国防教育和征兵工作进一步加强，双拥优抚安置政策得到全面落实。教师培训、妇女儿童权益保护、禁毒工作荣获全国先进。工会、共青团、残联、侨联、科协、红十字会、关工委、老科协、老体协、老干大学紧扣大局积极作为，司法、审计、农林水、民宗外侨、人防、史志档案、机关后勤工作都取得新的成绩。

各位代表！成绩的取得，归功于市委、市政府和区委的坚强领导，归功于区人大、政协的监督支持，归功于全区人民的共同努力。在此，我谨代表区人民政府，向所有关心、支持和参与芙蓉区发展建设的各界人士表示衷心的感谢并致以崇高的敬意！

在肯定成绩的同时，我们也清醒地看到发展中存在的问题和不足：产业发展质量参差不齐，转型升级任务繁重。受多种因素影响，部分经济指标未能实现预期目标。在社区建设、社区基础设施改造、失地农民安置等方面欠账较多，部分遗留问题积压时间较长。政府在工作作风、办事效率、服务质量等方面离人民群众的期待还有一定差距，政府自身建设有待进一步加强。这些问题和不足是对我们施政履职能力的考验，需要我们积极面对，凝聚更多智慧，付出更多努力，妥善加以解决。

2014年工作安排

2014年，是贯彻落实十八届三中全会精神、全面深化改革的开局之年，也是实施“十二五”规划的攻坚之年。做好今年的工作，责任重大，意义深远。

2014年政府工作的指导思想是：贯彻落实中共十八大、十八届三中全会精神，紧紧围绕“六个走在前列”、率先建成“三市”、强力实施“三倍”的总体要求和“湖湘之心、中部标杆、全国一流”的总体定位，实施西提东拓战略，推进经济转型升级，加强城市精细管理，加快建设全面小康，努力建设“财富中心、魅力之都、幸福芙蓉”。

2014年经济社会发展的预期目标是：地区生产总值增长11.5%，突破1000亿元；财政总收入增长10%，突破100亿元；公共财政预算收入增长10.5%，达41.3亿元；社会消费品零售总额增长13.5%，达645亿元；全社会固定资产投资增长15%，达350亿元；居民人均可支配收入增长12%，达39742元。

为实现上述目标，重点要做好五个方面的工作：

一、实施西提东拓战略

按照“一河两岸、双核驱动”总体格局，推进芙蓉中央商务区提质改造，加快隆平新区开发建设，促进东西片区统筹发展、融合发展、协调发展。

加快西提步伐。坚持规划先行，更加注重芙蓉中央商务区核心区域、重要节点的城市设计和产业规划。加快国金中心、世茂广场、豪廷广场高端商务楼宇建设，全力启动擎天广场、佳兆业广场、宇成朝阳广场重大项目建设，全面提升中心城区品质，进一步壮大商务楼宇集群。抢抓政策机遇，加快燕山街区域的棚改进程和火炬村改造，有序推进二里牌、向韶村、朝阳一村“涉铁”棚改项目前期工作，扩大棚改项目储备，增强中心城区资源供给能力。

推进东拓进程。牢牢把握十八届三中全会关于新型城镇化、统一城乡建设用地市场政策性机遇，在深化隆平新区控规的基础上，积极探索整合驻区单位土地资源的新路径，从源头上增加资源供应量，实现互利共赢和土地效益最大化。推进执行103号令的征地拆迁安置，启动3号和5号保障用地项目拆迁，腾地2000亩以上。加快推进1、2、3号安置小区建设，试行团购、限购、定向商品房安置模式，多渠道解决安置进度滞后问题。加强执行60号令“两安”用地处置的引导和监管，着手解决拆迁安置房产权证办理遗留问题。坚持基础设施先行，不断提升隆平新区承载功能。加快滨河路、红旗北路、京港澳高速西辅道等道路建设，进一步优化路网结构，实现与空港、高铁、星沙片区的无缝对接。启动长善垸污水处理厂二期拆迁和建设，完善沿河泵站及污水管网体系，推进电杆迁移、弱电共沟公共配套建设，全面提升市政设施保障能力。启动隆平公园、东岸派出所、东湖消防站公共服务项目建设，推进隆平新区城市化进程。

强化项目支撑。更好发挥投资对西提东拓的关键作用，狠抓项目策划、储备、推介、落地、运作和建设，为经济发展增添源动力。围绕“一带两区”重点区域，精心包装策划一批规模大、质量高、前景优的好项目。围绕棚改、高端商贸业、现代服务业、种业重点领域开展主题招商活动，引进一批具有国际影响力、产业带动力、资本吸纳力和财税支撑力的大项目。力争实际利用外资5.4亿美元以上，省外境内资金75亿元以上，市外境内资金形成固定资产投资185亿元以上。主动向中央、省、市要项目、争项目，将更多项目纳入上级重点项目计划。加大项目帮扶力度，严格落实“四联三为”工作机制，创造性地破解拆迁难、融资难、审批难等难题，推动项目早落地、早开工、早竣工、早获益。

二、推进经济转型升级

坚持以结构调整促转型、以改革创新促发展，做好“腾笼换鸟”“空间换地”“电商换市”文章，推动区域经济稳健发展。

突出三产立区。加快发展第三产业，着力在薄弱环节上求突破，在发展方式上求创新，在规模总量上求扩张，巩固提升全省金融中心、商务中心、消费中心地位。充分发挥金融产业聚集优势，大力引进省级金融机构。完善金融产业链条，规范发展民间金融，打造“民间金融聚集街区”。强化商务楼宇一站式服务，主动引导新建商务楼宇二次招商，积极推进老旧楼宇改造提质，盘活存量楼宇资源，引进楼宇企业400家以上，将楼宇经济提升到更高层次。抢抓地铁开通、三网融合等机遇，积极研究新形势下的商贸业发展。引进和培育电子商务、网络游戏、互联网金融等新型业态，建立互联网产业发展基金，推动盛大新传媒基地等项目落地，抢占互联网经济制高点。针对消费网络化趋势，鼓励引导传统商贸企业主动转型，搭建或加入电子商务平台，在转型升级中巩固优势、赢得先机。依托区域内丰富的文化资源，大力发展文化创意产业，打造更多高品位的文化品牌。推进马王堆蔬菜市场外迁和三湘南湖市场改造，加快浏阳河产业带建设，培育新的消费聚集区。深入开展“芯动芙蓉”系列活动，进一步挖掘大众消费潜力。

建设“种业硅谷”。按照“种业硅谷”总体要求，充分发挥在科研资源、产业基础等方面的优势，加快核心功能建设，壮大核心产业实力。积极推进“一馆三中心”建设，启动水稻博物馆主体建设，推动分子育种中心、种业交易中心项目尽快落地，构建种业科研、贸易、展示等基本功能体系。大力引进国际国内种业龙头企业，扶持本土种业企业做大做强。科学规划隆平新区3500亩商业和居住用地，加快商务、商业体系和精品住宅项目建设，为产业进驻和人气提升提供空间。精心打造浏阳河产业轴和滨水娱乐带，进一步丰富东片产业结构，强化区域次中心地位。

壮大工业实力。坚持楼宇工业、总部工业和精品园区发展道路，将隆平高科技园建设成为产城融合、两型发展的样板园区。开展“项目攻坚年”活动，推进苏宁云商现代产业园、隆平高科总部基地、豪丹创业平台二期等项目建设。积极引导园区闲置土地实施二次招商，提高园区土地利用效率。完善园区基础设施，提升园区资源要素保障能力。大力引进行业领军企业和总部型企业，丰富园区产业内涵，工业总产值增长15%。强化创新驱动，促进工业和信息化深度融合，加大科研投入，加快科技成果孵化，完成市级科技计划项目立项20个，实现高新技术产值300亿元。坚持资源节约、环境友好的发展道路，推进节能减排，淘汰落后产能，单位地区生产总值综合能耗下降4%。

三、加强城市精细管理

围绕全国文明城市总测评工作目标，一手抓综合整治，一手抓常态管理，不断改善城市环境品质，保持城市管理全市领先地位。

深化综合整治。推进“畅通城市”建设，配合万家丽路快速化改造、地铁等重点工程，做好交通组织和堵点疏导，对社会停车场实施信息化调度管理，严厉打击非法营运，加强火车站、汽车东站、地铁站口等交通枢纽管理，维护良好的交通秩序。实施“清霾”行动、“碧水”行动和“静音”行动，对各类污染物排放实行更加严格的管治措施。巩固对违法建筑的整治成果，确保零新增。继续加强对流动摊担、占道经营、油烟排放等扰民经营行为的整治，防止相关问题出现反弹。

加强常态管理。创新城市管理运行机制，强化网格化管理责任制，进一步提升城管作业质量和效率。探索更加科学有效的环卫作业模式，提高机械化作业水平和道路清扫保洁质量，确保城区干净整洁。加快排水综合管理系统建设，通过信息化手段提升市政设施管理水平。高标准建设浏阳河东岸风光带，加强东湖绿色生态资源的保护和利用，推进社区公园、社区小游园建设和精细化管理，实施道路绿化提质工程，提升绿化品位和覆盖率。加强和改进城管综合执法，不断提升城管队伍形象。

建设宜居社区。完成都正街历史文化街区一期工程改造，探索保护和开发相结合的旧城改造新模式。着眼于营造更加舒适的居住环境，加强对开放式社区尤其是农民安置小区的基础设施改造，完善供水、供电、供气等基本功能，疏通老化堵塞的排水排污管道，实施小区亮化工程，增设文化休闲和体育锻炼场所，增配安防监控设施设备，打通消防通道，利用空坪隙地开辟更多绿化点和公共停车位，下大力气解决一批人民群众身边城市管理存在的问题。

四、加快建设全面小康

着力改善民生和促进社会和谐稳定，推进全面小康社会建设进程，让人民群众享受到更有品质、更加贴心的公共服务。

统筹发展社会事业。加大教育项目建设投入，推进十六中、大同小学、大同三小、河山小学、长城幼儿园等项目建设。统筹义务教育资源均衡配置，推进学前教育、社区教育等协调发展。推动公共文化“设施网络化、供给多元化、服务普惠化、活动品牌化”建设，打造公共文化零距离服务圈。健全区、街、社区三级全民健身组织网络，吸引更多人参与健身运动。加强公共卫生服务能力建设，探索社区参与基本公共卫生服务工作模式。推进健康促进行动，推广契约式健康管理服务。建立流动人口计生工作网格化管理机制，通过“以房管人”推进流动人口计生服务均等化。加强社区服务品牌创建，争创全国和谐社区建设示范区。认真做好第九次村委会换届选举工作。

健全社会保障体系。坚持把稳定就业作为民生工作的优先目标，突出抓好失地农民、高校毕业生等重点群体的就业。深入开展“充分就业街道（社区）”创建活动，新增就业1万人。进一步扩大社会保险覆盖面，新增各类社会保险参保5万人。加快社会救助城乡一体化建设，推进城乡低保标准统筹试点。完善慈善组织网络，推广街道慈善分会运行模式，拓宽慈善募捐渠道。启动区社会福利中心建设，打造集养老、医疗、救助等多元社会保障功能于一体的社会福利机构。进一步完善廉租房一、二期水、电、气、路等配套功能，多渠道筹集公租房源。

构建和谐平安城区。深化各领域的安全监管，努力建设最具安全感的城区。加强立体化治安防控，严厉打击各类违法犯罪行为。拓宽信访渠道，加大历史遗留问题化解力度，健全完善“三调联动”工作机制，有效调处各类社会矛盾。切实维护人民群众合法权益，加快法律服务进社区工作进程，建立覆盖全区的法律援助工作网络。推进劳动争议调解仲裁实体化建设，建立街道劳动争议调解仲裁工作站。加大安全生产监督管理力度，进一步推动企业安全生产标准化建设，推行高危行业安全风险经营承诺制度，深入开展公共安全隐患排查整治，争创省级安全生产示范城区。加强食品药品安全日常巡查监管，有效开展专项整治行动，基本建成肉菜流通追溯体系，切实保障人民群众食品药品安全。加强国防动员和后备力量建设，深入开展双拥共建活动，巩固和发展军政军民团结。

五、加强政府自身建设

以深入开展中共群众路线教育实践活动为着力点，推动政府服务提速、提质、提效，建设人民满意的政府。

践行群众路线。按照“照镜子、正衣冠、洗洗澡、治治病”的总要求，深入开展中共群众路线教育实践活动，坚决贯彻落实中央“八项规定”、省委“九项规定”、市委“十二条禁令”等规章制度，以严的标准、严的措施、严的纪律坚决反对和根治“四风”。继续开好开实以“民意直通、民情直达、民生改善”为主旨的群众工作“直通车”，增强为人民服务的宗旨意识，着力解决干部作风中慢作为、不作为、乱作为等问题。利用批评和自我批评等武器深入开展大排查、大检修、大扫除，着力提高领导班子发现和解决自身问题的能力。贯彻落实党风廉政建设责任制，建立健全思想教育、制度保障、监督约束并重的惩治和预防腐败体系，严肃查处违法乱纪行为。坚持勤俭节约，反对铺张浪费，严控“三公”经费支出，确保行政运行成本零增长。

深化改革创新。深刻领会十八届三中全会全面深化改革的精神实质，进一步解放思想，推进重点领域、关键环节的改革，创造性地解决发展中的各种矛盾和问题，更好地释放改革红利。加快转变政府职能，积极做好省、市简政放权的承接工作。推进事业单位分类改革，促进政事分开。改革投融资体制机制，大胆尝试新的融资模式，用有限的财政资金撬动更多社会资本。推进商事登记制度改革。进一步改革审批流程，优化窗口服务，提高办事效率。加强干部队伍能力建设和人才引进，提高驾驭改革、锐意创新的素养与胆识。弘扬敢于担当、勇于实践的精神，营造鼓励改革、支持创新的良好氛围。

坚持依法行政。让制度管权、管钱、管人、管事，进一步建立健全重大事项法律审查、民主决策、风险评估、问责问效等规章制度，构建程序合法、决策科学、执行坚决、监督有力的权力运行体系。坚持让人民监督权力，自觉接受人大代表、政协委员和社会各界的监督，紧密团结各民主党派、工商联和无党派人士等积极力量，办理好人大代表议案、建议、批评、意见和政协委员提案。进一步完善专家咨询、公开听证、社会公示等制度，切实保障法律赋予人民群众的知情权、参与权和监督权。加强政府信息公开，强化政民互动，办好“12345”市民服务热线和“芙蓉之窗”网站，继续抓好“市民评议政府”工作。坚持从严治政，加强绩效考核和督察督办，强化过错追究，确保各项工作始终处于高速运转、高效运行的状态。

各位代表！在全面深化改革的大好形势下，芙蓉区新一轮发展的号角已经吹响，蓝图已经绘就。让我们在市委、市政府和区委的坚强领导下，在区人大、政协的监督支持下，紧密团结依靠全区人民，为加快建设更加幸福美好的新芙蓉而努力奋斗！

综　述

芙蓉区情简记

【概述】 芙蓉区为长沙市辖行政区。区情简要记载如下：

自然地理　位于湖南省长沙市中部，周边与长沙县、雨花区、天心区、开福区接壤。其经纬位置为北纬 28° 、东经 113° 。东西最长约 12.8 公里，南北最宽约 4.8 公里，面积 42.8 平方公里。地貌为湘江长年冲积形成的平原，地势平缓，平均海拔高度约为 40 米。东部原有小片丘陵山地，已因近几年开发建设推平。浏阳河由东而西向北再向西贯穿境内经开福区流入湘江，东部有东湖、红旗水库，水面积约 2.5 平方公里。属亚热带季风气候区，雨水集中，春湿秋爽，暑热期长，严寒期短，四季分明，春季约 70 天，夏季约 120 天，秋季约 70 天，冬季约 100 天。日极端最低与最高气温分别达 -10℃和 40℃左右．年平均降雨量约 1500 毫米，年平均日照 1200 ~ 1600 小时。植被属于亚热带针阔混交林区，境内留有古樟、白果树等名木。

建置沿革　1933 年设长沙市。1934 年，长沙市置第一至第四区。第一区大部分为现芙蓉区辖范围，即东边沿浏阳河湖迹渡、沙湖桥、杨家山、长岭，南边经子弹库、识字岭、古家巷、柑子园、青石桥、鱼塘街口，西边过八角亭、走马楼、南阳街、府正街、老照壁，北边至中山东路西段、乐古道巷、经武路、喜鹊桥、姚家巷等，所圈成的区块，其中包括长沙城东部和东面近郊区大片地域。区下设坊，坊下设保，保下设甲。第一区下设 4 坊 14 保。1937 年，长沙市改四区为八镇四乡，原第一区城区地段划分为端履镇和南阳镇，郊区部分划入文艺乡。改区、坊、保、甲四级为镇、保、甲三级，取消坊公所。1938 年，长沙市设两镇、两乡。原端履镇和南阳镇属城南镇。1942 年 1 月，长沙市设 9 镇，城东镇辖原端履镇和南阳镇地区范围。同年，改镇为区。1945 年 2 月，改区为镇，城东地区成立日伪政权城东镇公所，至当年 8 月，为短暂的日伪统治时期。1945 年 12 月，长沙市置 8 区，原城东镇更名为城东区。1949 年，城东区面积仅 1.06 平方公里，下设 9 保、192 甲。新中国成立后，城东区建置未变。1960 年 4 月，东区改置为天心阁人民公社。1996 年 7 月，长沙市实行区划调整，撤销东区，置芙蓉区。

行政区划　新中国成立初，城东区沿用旧保甲制。1950 年 8 月废除保、甲，设居民委员会新制（今街道办事处前身）。共设浏正街、犁头街、解放路、东站路、府后街 5 个居民委员会，下设 328 个居民小组。1951 年，城西区皇仓湾一带划入城东区，从南区划入织机街居委会、从文艺区划入衡湘里居委会、韭菜园居委会，全区共 8 个居民委员会；原区辖居然里一带划入北区。1952 年，撤销居民委员会，成立 8 个街道人民代表会议办事处，1955 年 12 月又改为街道办事处。全区 8 个街道办事处，下辖 87 个居民委员会。1956 年 10 月撤销浏正街、犁头街两个办事处，全区为 6 个街道办事处。1957 年区划小调整，东区管辖的火药局、稻香别墅划入南区；北区的蔡家铺子划入东区。1960 年 4 月，东区改置为天心阁人民公社，下置 5 个分社，即城内解放路、都正街办事处合并为解放路分社；东站路、府后街办事处合并为长治路分社；韭菜园、文艺路街道办事处分别改为中心点、东大路分社，郊区万年红公社文艺乡部分划入设五里牌分社（后改为东屯渡分社）。城区分社下设管理区，东屯渡分社下改大队。1961 年 9 月天心阁人民公社撤销，东屯渡分社仍划归郊区管辖；城区4个分社恢复为东站路、长治路、东茅街、都正街、东大路、中心点6个街道办事处。1964年7月，东大路、中心点两街道办事处更名为文艺路、韭菜园街道办事处。1976年，长沙市新建火车站，城区向东拓展，郊区五一、火星两个菜农大队地域划入东区，并于1977年新设朝阳新村街道办事处，后更名朝阳街道办事处。全区共7个街道办事处，行政区域东起现京广铁路，西至黄兴路，南起现雨花区妹子山、长岭、人民路、大古道巷一线，北达中山东路、八一路，折至迎宾路北段转向中共湖南省委大院北墙。1995年1月，长沙市郊区马王堆乡五一村划入东区，辖区面积为8平方公里。同年4月，将朝阳、韭菜园两个街道办事处的部分辖区划出，新设五里牌街道办事处。

1996年7月，长沙市实行区划调整，撤销东区，置芙蓉区。芙蓉区所辖范围含原东区8个街道和长沙市郊区东岸乡、火星镇、东屯渡农场以及马王堆乡（新桥村、农科村、火炬村、新合村、东屯渡居委会），同时，五一村划入雨花区。1997年，撤销火星镇、马王堆乡，设火星、马王堆两个街道办事处，增设东屯渡街道办事处，长岭、王公塘地段划入雨花区。1999年，长沙市将湘湖管理局行政管辖权移交芙蓉区，并于年底设立湘湖街道办事处。至此，芙蓉区辖12个街道办事处和1个乡，117个居民委员会、19个村（场）。行政区域东起东湖路与长沙县相接；南沿浏阳河、圭塘河、西街花园及湖南旺旺医院南面、人民路、天心阁西侧、大古道巷一线，与雨花区、天心区毗邻；西至黄兴路，与天心区、开福区交界；北经中山路、八一路、迎宾路中段与北段、省委大院北墙、烈士公园东侧、窑洞子、浏阳河段、杨家湾路一带，与开福区、长沙县接壤。2001年，芙蓉区实施社区居委会整合，将原123个居民委员会整合成52个社区。2010年，芙蓉区辖解放路、都正街、府后街、浏正街、文艺路、韭菜园、朝阳、五里牌、马王堆、东屯渡、火星、湘湖12个街道和东岸乡，管理长沙高新技术产业开发区隆平高科技园（管理委员会为正县级单位）。其中，湘湖地区既设街道办事处，又设管理局（副县级单位），行政人员为一套人马，两个班子。2011年12月，芙蓉区实施街道办事处行政区划调整。原解放路、府后街、都正街、浏正街4个街道办事处合并为定王台街道办事处；原马王堆街道办事处析置为马王堆与荷花园两个街道办事处；原东岸乡撤乡设街并析置为东岸、马坡岭、东湖三个街道办事处。同时，对湘湖、韭菜园、五里牌、火星、东屯渡5个街道范围予以调整。2014年，全区辖13个街道办事处、66个社区、13个行政村。全区常住人口53.92万人，其中少数民族人口13073人。人口自然增长率为4.84‰。

区名由来 芙蓉区名蕴含历史渊源。古代湖南地区雅称“芙蓉国”，以域内到处盛开的木芙蓉花得名。该名称传承至今，经典诗词、文书多有引用：宋代诗人谭用之《夜宿湘江遇雨》中有“秋风万里芙蓉国”之句；毛泽东诗词《七律·答友人》中有“芙蓉国里尽朝晖”之句。1996年长沙市辖区调整，位于市区中心部位的东区更名为芙蓉区。

区位优势 芙蓉区位于长沙市区中东部，浏阳河以西为城市中心区。京广铁路由北向南穿境而过，长沙火车站位居其中。黄花国际机场毗邻东头。城区东西轴线五一大道与南北轴线芙蓉路交汇贯通，形成得天独厚的“金十字”枢纽。另有东西向的人民路、远大路和南北向的万家丽路、东二环、车站路、韶山路等主干道穿区而过。交通便捷、人流密集，是商贸经济发展的良好环境。省委、省军区、省法院、省检察院等省、市领导机关和办事机构多驻区内。工商银行、农业银行、建设银行的湖南总部驻于区内。华天、通程、富丽华等知名大酒店驻于区内。

经济特色 芙蓉区经济结构以二、三产业为主。第一产业因城市建设的扩张、农用地面积逐年缩小，传统农业基本退出。工业经济中，劳动密集型产业逐步退缩，正向“高、精、清、新”方向发展，初步形成新能源、电子信息、生物技术、农产品精深加工等产业群体。位居区东部的隆平高科技园，总规划面积18平方公里，聚集全区主要工业项目。入园企业达500家，其中规模以上工业企业70家。商贸服务业为区内经济主体，占全区生产总值80%以上。传统商贸业在改革中越做越强，友谊阿波罗集团、万家丽集团公司等大型百货、建材综合商场名冠三湘。集市贸易成规模，区内有金苹果服饰批发市场、马王堆陶瓷建材市场、马王堆蔬菜批发市场和三湘、南湖综合市场等多处大型集贸中心，卖场总面积达130万平方米。楼宇经济成为经济幢梁，全区商务楼宇207幢，入驻企业达4700家。形成五一大道、芙蓉路、韶山路三条楼宇经济带，成为招商引资的热土。著名楼宇有中天广场、中石油长沙大厦、顺天财富等。

城建新貌 新中国成立初的辖区范围内，老城区街巷狭窄，房屋破旧，下水道淤塞，基础设施匮乏，居民生活出行不便。20世纪70年代末至90年代中期，实施旧城改造，城区面貌大为改观。1996年，长沙市实行区划调整后，新设置的芙蓉区加快城市化进程，建成区面积由7.28平方公里向东扩展近13平方公里，达到近20平方公里，约占全区总面积的50%。进入新世纪，芙蓉区城市建设快速推进。一是进一步完善市政基础工程。水、电、气、通信等设施，已通村入户。二是对城区主干道进行提质改造：拓宽路面，完善交通设施，开凿地下人行通道或架设过街人行桥梁，确保交通顺畅。对道路旁人行道及建筑物实行绿化、亮化、美化。街道的品质不断提升，其中五一大道被誉为长沙的“形象路”。三是对老旧街巷进行改造：东二环周边的街巷提高质量改造已完成，实现交通的微循环。朝阳二村棚改项目顺利完成。东牌楼棚户改造完成拆迁，长沙国际金融中心项目正在建设中。马坡岭一带的棚户改造已列计划，将采用民营企业投资方式进行改造。四是构建立体交通网：面对车辆数量猛增，行车拥堵的现实，芙蓉区积极配合市有关部门推进交通立体化工程。地铁1、2号线在区内交汇，其中2号线已建成通车，在区内设站口8处。

科教实力　坚持实施“科技兴区”“创新强区”战略，科技事业连续16年保持“全国科技进步先进城区”称号。科技创新能力不断增强，全区有国家级科技孵化器1个，国家级工程实验室3个，省级科技孵化器2个，国家级技术企业中心1个，省级工程技术中心和企业技术中心11个。拥有处于国内领先水平或国际先进水平的稀土材料应用研究开发企业，国内最大、国际一流的微波加热工艺技术企业和国内第一家最大的集研发、生产经营于一体的匀胶铬版、玻璃平面加工和真空镀膜的专业生产公司。位于区东部的湖南省农业科学院是具有雄厚实力的农业科研基地。由中科院院士袁隆平领衔的杂交水稻研究中心通过多年的研究、试验，发明多种杂交稻高产品种，有的打破水稻单产的世界纪录，在国内多地推广种植；有的已走出国门，由外国引种，故享有“国际稻都”“种业硅谷”的美誉。全区年度教育经费投入持续13年保持快速增长，生均教育事业费和生均公用经费均高于省、市标准，全区学校均创建成市级以上现代教育技术试验学校。拥有一批名校、百年老校和以特级、名优教师为主体的雄厚师资力量。率先全省对义务教育阶段学生实行“零收费”政策。全面实施素质教育，引导拓展学生潜能，创办学生社团1200个，开发学校特色项目59个，形成“一校一品”“一校多品”的特色教育格局，培育了陈翠婷、陆莉等一批世界级体操幼苗。先后获全国义务教育发展基本均衡区、省推进素质教育先进区、省规范教育收费示范区、省现代教育技术工作先进区、省学前三年教育先进区等荣誉，被认定为湖南省首批教育强区。

社会民生　芙蓉区历届领导班子以构建“平安芙蓉、幸福芙蓉”为宗旨，认真研究、部署有关工作。各有关部门尽职尽责，强化防控措施，落实惠民政策，确保社会大局和谐稳定，居民幸福指数不断提升。各街道加强市政设施、住宅小区、经营门店、流动人口的管理，认真调处信访和社会矛盾，组织治安巡防，同时组织就业创业培训和企业现场招聘活动，保证居民安居乐业。各社区加强楼幢及停车管理，维护基础设施，聘请环卫工人（或志愿者）进行路面清扫和生活垃圾清运，确保街巷清洁整齐；积极组织爱心奉献活动，让老、弱、病、残居民得到帮扶；积极组织社区文化、文娱活动，让居民的精神生活更加充实。近年来，通过发放宣传资料、张贴宣传画、组织道德讲堂等方式，大力弘扬社会主义核心价值观，促进居民提升人文素质。

风景名胜　芙蓉区辖区自古以来就是长沙这座历史文化名城的中心，长沙的府治、县治均设其境，王都藩府遗迹随处可寻，商业老街故巷沿袭至今。辖区内马王堆汉墓发掘是中国乃至世界重大考古发现，走马楼出土的三国孙吴纪年简牍被誉为中国古代研究文献资料的五次大发现。芙蓉区还是黄兴、毛泽东、徐特立等早年从事革命活动的地方。毛泽东曾在辖区内修业小学创办《湘江评论》周刊，写出著名的《湖南农民运动考察报告》。辖区内有八路军驻湘通讯处、程潜公馆等湖南省重点文物保护遗址。辖区东部的浏阳河西岸风光带已建成，全长约9.5公里，长堤上的花草树木秀丽葱茏，风景别致。沿河的婚庆文化园是青年男女约会相亲、举办婚礼的理想场地。浏阳河东岸风光带已启动建设。位于长沙火车站西侧的晓园公园，是候车旅客短暂休闲的好去处。解放西路的酒吧一条街夜景宜人，游人可尽情品尝长沙风味的特色美食。

（年鉴编辑部）

国民经济与社会发展

【年度概述】　2014年，芙蓉区贯彻落实中共十八大和十八届三中、四中全会精神，以中共群众路线教育实践活动为总揽，紧扣转型升级、西提东拓、精细管理和全面小康四大主题，凝心聚力，攻坚克难，经济社会各项事业呈现稳健发展新局面。

区域经济。全区应对经济下行压力，全力稳增长、调结构、促改革，发展质效不断提高。全年实现地区生产总值940.2亿元，增长8.5%；财政总收入92.6亿元，增长1.9%；公共财政预算收入38.8亿元，增长3.6%；全社会固定资产投资361.4亿元，增长16.3%；社会消费品零售总额625.3亿元，增长10%。工业势头良好，华智生物、英式乳业等一批投资过10亿元项目和掌钱电子、凯德自控等151家高新技术企业入驻隆平高科技园，实现工业总产值458.4亿元，增长11.3%。互联网经济加速发展，湘茶集团、长沙银楼等企业搭建电商平台，阿里巴巴长沙产业带入驻企业798家。楼宇经济换挡提速，红橡国际、湘域国际等建成投入使用，新增商务楼宇面积20.4万平方米，新入驻楼宇企业515家。中宏保险、国开证券等省级金融机构相继进驻，区域金融中心地位更加稳固。开展“芯动芙蓉·快乐购物”第二季商贸促销活动，餐饮、建材等行业经营状况企稳回升。招商引资成效显著，引进平安财富、湖南铁塔等一批优质项目和总部型企业。全年实际利用外资5.5亿美元，引进省外境内资金76.6亿元，市外境内资金形成固定资产投资197.8亿元。

重点项目。按照品质倍升的总体要求，实施跨河东进战略，滨河路、营盘东路二期等竣工通车，隆平新区路网体系进一步加密；完成7座泵站重建，为湘江综合枢纽库区配套的涉水工程和截污工程基本竣工；长达10公里的浏阳河东岸风光带全面启动建设。启动征地拆迁项目14个，腾地2379亩；加快被征地农民安置步伐，一号安置点二期、二号安置点、三号安置点全线开工。举办第二届隆平论坛，启动水稻博物馆建设，隆平新区品牌效应和社会影响不断扩大。恒大江湾、中房瑞致等地产项目加快建设，尚东板块成为置业热点。以棚改为抓手推进中心城区提质改造，五一大道东段、远大路一期等棚改项目基本扫尾，完成棚改500户。筹措棚改资金20亿元，启动都正街、友谊东等地块棚改和火炬村城中村改造。城际铁路、万家丽路快速化改造项目已完成征地拆迁并启动建设。

城市管理。落实最严格、最精细、最到位的城市管理要求，开展“十项治理”（市容秩序、门前三包、夜宵摊担、渣土扬尘、交通秩序、拆违控违、清霾行动、碧水行动、静音行动、非法营运）“五大提质”（农安小区、专业市场、绿化亮化、车站综合、市民素质）。严厉打击非法营运、“黑校车”、超载超限等行为，查扣黑车750台，取缔“黑站点”3处，查处超载超限车辆90台。拆除违法建设50万平方米。投入1.7亿元实施富家湾、保利苑等30个农安和老旧小区改造。朝晖路、纬二路等瓶颈路和断头路相继打通，完成恒达社区、东湖社区等区域交通微循环改造。加强日常维护管理，铺设修补路面19万平方米，疏浚管道16万米，清运垃圾27.9万吨，改造水表3万户，改建压缩式垃圾站4座。实施三年造绿大行动，完成19条道路绿化提质和3个社区公园建设，机关大院绿地对外开放，新增绿地52.8公顷。针对石材加工、餐饮油烟、燃煤锅炉等开展环保执法行动，整治非法排污企业570家，削减化学需氧量945吨、二氧化硫154吨。

社会事业。致力于保障和改善民生，实施“十大民生工程”，公共服务事业取得长足进步，一批事关群众切身利益的民生问题得到妥善解决。进一步加大教育投入，大同三小、东湖路幼儿园全面峻工。通过省第三轮县级教育工作“两项督导评估考核”，成为全省首批教育强区。注重科技创新源头建设，新增专利授权800件。举办第四届芙蓉艺术节、第六届全民健身运动会等文体活动80场次，群众文体生活日益丰富。深入开展健康管理家庭契约式服务，签约4800户。成功创建全国慢性病综合防控示范区。稳妥实施“单独二孩”新政，新增10个社区婴幼儿活动场所。落实城镇独生子女父母奖励政策，惠及3.6万人。新增城镇就业1.9万人。新增各类保险参保人数7.2万人。城乡居民人均可支配收入达38817元，增长9.4%。颁布慈善救助低保家庭实施办法，发放各类救助资金4691万元。新增廉租房租赁补贴808户、公租房50套。购置商品房553套约5万平方米用于被征地农民安置。筹集被征地农民社保资金3.1亿元。完成第九次村民委员会换届。开展食品安全专项整治，检查涉食单位6772家，责令整改341家。开展“打非治违”和“六打六治”（打击破坏损害油气管道行为，整治管道周边乱建乱挖乱钻问题；打击危化品非法运输行为，整治无证经营、充装、运输，非法改装、伪装、认证，违法挂靠、外包，违规装载等问题；打击无资质施工行为，整治层层转包、违法分包问题；打击客车非法营运行为，整治无证经营、超范围经营、挂靠经营及超速、超员、疲劳驾驶和长途客车夜间违规行驶等问题；打击“三合一”“多合一”场所违法生产经营行为，整治违规住人、消防设施缺失损坏、安全出口疏散通道堵塞封闭等问题；打击粉尘爆炸危险场所不经批准进行动火作业或制造明火、电气设备不属于粉尘防爆型、作业场所不采取有效除尘措施致使存在职业病危害和粉尘燃爆风险等问题。）专项整治，推进企业安全生产标准化创建，完成定王台书市消防隐患整改和提质改造工程，完成肉联厂冷库、金苹果冷库等重大安全隐患整治。召开全市首例信访听证会，解决突出信访问题32件，进京非正常上访数量下降58%。扬帆市场、农民安置房产权办理等历史遗留问题处置工作取得显著进展。推行社会治安群防群治试点，严厉打击违法犯罪行为，摧毁犯罪团伙73个，破获刑事案件1180起。加强火车站等重点地段的巡逻防控，反恐防暴能力显著提升。创建为全国和谐社区建设示范城区。全面建设小康社会、“两型”综合示范片区建设等工作有序推进。国防事业稳步发展，军政军民关系和谐融洽。“为民办实事”各项承诺全面落实。第三次全国经济普查圆满完成。首部《芙蓉年鉴》出版发行。扫黄打非、防空防灾、民宗外侨等工作荣获全国、省、市先进。工会、共青团、妇联、残联、侨联、科协、红十字会、关工委、老科协、老体协、老干大学等群团组织紧扣大局，奋发作为，为经济社会发展做出重要贡献。

民生工程。2014年5月，芙蓉区启动老旧、农安小区提质改造行动，实施“十大民生工程三年行动计划”，让更多的芙蓉老社区悄然蝶变。辖区内的农民安置小区及建于20世纪八九十年代的老旧小区超过百个，公共设施残缺不齐，房屋道路老旧破损，环境卫生嘈杂脏乱这些小区共同的痛。改善居住条件、整治家园环境成为诸多老旧社区居民迫切的心愿。“三年行动计划”拟投入10亿元，实现47个社区、136个小区的综合功能提升。项目包括：水表改造、电力改造、燃气铺设、地下管网改造、社区交通微循环、路灯照明、绿化提质、环卫设施完善、社区服务规范化、农贸市场提质改造等，由区城管局、民政局、工信局、交警大队、相关街道等单位负责实施。截至年底，行动计划的第一年累计投入资金超过1.3亿元。完成30969户居民自来水户表改造；实现教师村片区430户居民和一个单位“专改公”电力改造；完成富家湾C区等100幢老旧社区楼幢的燃气改造；改造恒达社区等24个老旧社区地下管网，共计清掏排水管2.2万米，改建下水管道5万米，疏浚明沟1.26万米，改造明沟0.96万米；实施社区支路交通微循环优化，提高通行能力，缓解社区停车难问题；加装和更换新型节能路灯483座；新建3个社区公园及小游园，总建设面积1.4万平方米；改造9个农安、老旧社区居住环境；新增并更换一批环卫设施设备；新建10座环卫工班房，改造3个社区办公服务用房；完成农贸市场建立肉菜追溯子系统前期摸底工作。

体制改革。破除妨碍科学发展的体制机制弊端，做好多领域改革的总体规划，为经济社会发展激发活力、增添动力。加大简政放权力度，颁布行政审批项目目录，行政审批事项由249项精简至53项，精简率达78.7%。制订行政审批局和行政执法局组建方案，构建行政审批和行政执法新框架。免征行政事业性收费11项。城管执法队伍下放至街道，实现重心下沉、关口前置，建构责、权、利相匹配的城管新机制。实施环卫体制改革，启动环卫作业市场化改革试点，环卫所全部移交街道管理。推进商事登记制度改革，新增登记注册市场主体1.8万家，注册资本155.8亿元，其中企业5200家，注册资本亿元以上企业16家、千万元以上672家，市场活力和创业热情得到充分释放。在全省率先实施个体零散税收社会化管理改革，设立委托代征点15个，纳税服务更加便捷高效。

行政效能。扎实开展中共群众路线教育实践活动，严格落实中央“八项规定”、省委“九条规定”、市委“两规定一办法”，作风建设取得显著成效。针对“四风”问题较为集中的领域开展专项整治，会议、文件数量分别下降20.1%、14.6%，拍卖超编公车63辆，“三公经费”削减35%，清理超标办公用房5630平方米，制订和完善《政府工作规程》等制度性文件32项。落实群众工作“直通车”和“四联三为”工作要求，全区干部走访企业、项目、社区和群众家庭3.4万人次，解决问题2163个。坚持民主决策、开门决策，针对征地拆迁、社区整治等事项召开听证会19次。加强政府信息公开，“芙蓉之窗”网站累计公开信息3.4万条，办结“区长信箱”信件310件、“12345”市民热线工单2321件。严格执行区人大及其常委会决议，自觉接受人大代表、政协委员和社会各界监督，办理各级人大代表建议61件、政协委员提案119件。强化监察、审计和行政问责，查办“庸懒散拖”问题52件，处理责任人65人，查处违法违纪案件44起，干部作风和行政效能总体向好。（杨　冲）

精神文明建设

【年度概述】 2014年，芙蓉区将文明创建作为践行科学发展的系统工程，作为惠泽居民群众的民心工程，作为提升城区品位的实事工程，全民动员，全员参与，扎实推进市民素质、城区品质提升，被中宣部评为全国培育和践行社会主义核心价值观先进基层单位。

坚持价值引领，突出培育和践行社会主义核心价值观。开展面向百姓的微宣讲，推动社会主义核心价值观入脑入心。积极组织大学生村官、“五老”代表等“小角色”，组成近300名的“芙蓉百姓宣讲团”，进机关、企业、学校、社区、乡村巡讲。广泛挖掘“土秀才”“土专家”，采用“讲故事、讲道理、百姓讲”的形式宣讲社会主义核心价值观和身边的优秀典型等，用身边人说身边事，用身边事教育身边人。采取院落坝会、“夜话”座谈、“学识动车组·才智加油站”等微课堂形式，先后举办各类“微”宣讲500场次，使广大干部群众的价值共识和价值自信得到明显增强。大力推动“三个倡导”（一是在国家层面，倡导的是“富强、民主、文明、和谐”的价值目标；二是在社会层面，倡导的是“自由、平等、公正、法治”的价值取向；三是在公民个人层面，倡导的是“爱国、敬业、诚信、友善”的价值准则。）上网上线，以网站、手机报、微博、微信、微广播、微视频、微电影等载体，广泛宣传理论政策、文明礼仪、道德准则和各行各业涌现的先进典型，受到广大群众尤其是年轻人的好评。建立引领百姓的新机制，强化社会主义核心价值观的价值导向。积极刊播以社会主义核心价值观为主题的“讲文明 树新风”公益广告，使社会主义核心价值观内容像空气一样无处不在、随处可见，让“三个倡导”家喻户晓、入脑入心。全年刊播培育和践行社会主义核心价值观、“图说我们的价值观”、长沙市民文明公约等各类公益广告6万块（幅）。建立以“我推荐、我评议身边好人”为主要内容的群众联评机制。经过群众推举、媒体挖掘、社会评议、深入开展“我推荐、我评议身边好人”“诚信红黑榜”“善行义举榜（好人榜）”等系列评选表彰活动，坚持在熟人中推荐好人、在生活中发现好事、在群众中选树典型，让群众感到生动可亲、真实可信、优秀可学。搭建百姓参与的大平台，推动社会主义核心价值观人人践行。深入开展“邻里守望”主题学雷锋志愿服务、“红袖章”美洁家园行动、全面推广“美丽长沙 美德先行”志愿服务公益联盟、诚信建设公益联盟等志愿服务品牌，积极打造“邻里帮帮团”“睦邻驿站”“七色花”俱乐部等学雷锋志愿服务队伍。广泛开展社会主义核心价值观和“中国梦”主题教育活动，通过在中小学校开展征文大赛、主题宣讲、主题校园文化建设、主题社会教育实践活动等形式，引导青少年树立正确的人生价值和理想信念。继续开展“立德树人、复兴中华”“传唱优秀童谣”“美德少年”评选、网上签名寄语等主题教育活动，用生动鲜活的活动载体，多方位互动的参与形式，引导未成年人养成良好的公序良俗意识和道德观念。

坚持民生需求，突出城市管理和社会治理的双项提质。优化创建格局。完善县级领导联街包路、班子成员分线包项、一线人员分片包幢的立体化创建格局。充分发挥职能部门作用，全面对接城管数字化平台，实现问题高效调度，行动统一指挥。量化创建投入。围绕“三大行动”（清洁城市、畅通城市、靓丽城市），加大创建投入力度，保障人员、经费和资源的合理配置，酌情为民生项目开辟“绿色通道”。加强城市绿化园林景观建设，投入园林绿化资金1.7亿元，提质改造6条道路绿化，修建小游园23处，新增绿地28公顷。美化环境秩序。落实“史上最严格、最精细、最到位的城市管理”的要求，建立“大城管委”工作格局，加大工作力度，促使部分重点区域和背街小巷脏、乱、差问题根本好转。推进“美洁家园、幸福芙蓉”创建，开展“红袖章”“五大行动”（大清洗、大排查、大整治、大提质、大拆除）等活动。加强环境检查执法工作，取缔燃煤锅炉，实施餐饮油烟净化，淘汰不符合环保要求的黄标车。落实环卫工作“门前三包”（卫生、绿化、市容秩序）责任制，实现中心城区“五无五净”（道路无垃圾、无杂物、无积泥、无积水、无污迹，路面干净、绿地和树圈干净、边角侧石干净、井沟井盖干净、果壳箱等环卫设施干净）。推进开放式社区和农安小区的环境改造，做好治脏、治乱、治堵基础工作。规范道路交通管理秩序，进一步推行交通微循环工程。由荷花园街道承办全市基层社区创新工作推进会，被确定为全市2个城市管理示范街创建试点街道之一。年内，在火星街道探索整合提质网格化管理；完成恒达社区、三湘南湖市场等老旧农安小区、专业市场的提质改造行动，有效推动城市品质提升、产业（市场）转型升级。

坚持建管并重，突出文明创建制度化、常态化、长效化。完善制度化管理机制。制订《芙蓉区文明创建网格化管理实施方案》，完善主管领导亲自抓，各个街道具体抓，各职能单位协同抓的立体化网络领导机制。全力落实管理网格化，做到责任进网格、任务进网格、考评进网格，实现城市管理和文明创建到岗、到人、到点。充分发挥社会事务管理员、志愿服务队伍、驻区单位、五老人员的作用，建立多方联动、高效服务的网格管理服务人员机制。实施常态化督察考评。将创建工作纳入年度绩效考核，出台《芙蓉区深化文明创建推进常态长效工作方案》《芙蓉区文明创建考核奖惩办法》《芙蓉区文明创建举报奖励办法》，设立区级文明创建专项督察组，实行日督察、周调度、月讲评工作机制。建立健全常态督察、常态测评、常态整改的有效机制。坚持每月开展一次公共交通、经营场所、校园周边、农贸市场和市容环境综合管理等文明指数专项测评，每季度开展一次城区、窗口行业文明指数综合测评和满意度调查，公开讲评，力促整改。推进长效化建设管理。依托创建为民、创建靠民、创建惠民，全面推进“红袖章”美洁家园行动，将创建区域由主次干道向背街小巷倾斜，将创建重点由城市社区向城郊结合部倾斜，动员各“红袖章”志愿者围绕保洁保序、文明行动、民情信息、社会事务等创建工作，定时、定段进行巡查、处置，确保城市管理人人参与、长治长效。（邓　斌）

图 3　浏阳河婚庆园音乐喷泉广场

大事记

领导视察

【李江参加芙蓉区区委常委班子专题民主生活会】 7月14—15日，芙蓉区委常委会召开中共群众路线教育实践活动专题民主生活会。省委督导组组长、全国人大内务司法委员会委员、省人大常委会原副主任李江，省委督导组副组长魏忠胜，市委常委、常务副市长陈泽珲到会指导。会上，区委书记梁仲代表区委常委班子作对照检查，全面检查班子在遵守中共政治纪律和贯彻落实中央“八项规定”、省委“九项规定”、市委“两规定一办法”以及“四风”方面、关系群众切身利益问题、联系服务群众“最后一公里”等方面存在的突出问题，不遮丑、不护短，系统分析原因，并逐一提出整改措施。区委常委班子成员对班子存在的问题进行认真讨论，对班子意见进行认领和表态。随后，各位常委分别对照检查，开展批评和自我批评。李江高度肯定芙蓉区专题民主生活会，认为此次民主生活会见党性、有辣味、出成效。班子成员拿起和用好批评和自我批评的武器，查摆问题始终聚焦“四风”，原因剖析抓住要害，自我批评揭短亮丑，相互批评动真碰硬，呈现出交流、交锋、交心相得益彰的良好局面。就进一步扎实推进教育实践活动，李江强调，要针对曾经存在的“四风”问题认真查找背后的原因，进一步总结反思；要紧紧围绕世界观、人生观、价值观做文章，开展工作，做到为民务实清廉；要抓住老百姓最关心的突出问题做好整改落实；要指导好下一级中共群众路线教育实践活动深入开展，推动即将开始的各级各部门民主生活会和整改工作。陈泽珲指出，本次专题民主生活会开门见山，直奔主题，希望芙蓉区以此为新起点，发扬钉钉子精神，从严从实，在活动质量把关上再下功夫；立行立改，在问题整改落实上再下功夫；统筹并进，在推动改革发展上再下功夫，确保教育实践活动善始善终，善作善成。

（苗津铭）

【公安部领导夜查长沙火车站等地反恐维稳工作】 5月6—8日，国务委员、公安部部长郭声琨到长沙，参加公安机关第二批中共群众路线教育实践活动联系点活动，看望慰问基层一线公安民警，并就进一步加强和改进公安工作进行调研。5月6日晚，郭声琨实地检查长沙火车站、阿波罗商业广场等人员密集场所反恐维稳工作，强调各级公安机关要全面加强社会面整体防控工作，最大限度把警力投向重点场所、重点时段、重点部位，着力挤压违法犯罪空间，增强对犯罪分子震慑力，提升人民群众安全感。要健全完善应急处置机制，着力增强民警实战能力，确保一旦遇到突发情况，能够处置得早、处置得快、处置得好。要高举维护人民根本利益和社会主义法治的旗帜，始终保持对暴力恐怖活动的严打高压态势，严格落实各项反恐维稳措施，敢于出重手、下重拳，坚决把暴力恐怖分子的嚣张气焰打下去，坚决把暴力恐怖活动摧毁在行动之前。面对信息化、大数据快速发展的新形势，要坚持以信息化引领基层基础工作，实时采集录入基础信息，着力打破部门、地区信息壁垒，强化整合研判，从海量的人流、物流、资金流、数据流中发现有价值的犯罪线索，切实做到有效防控、准确预警、精确打击。省、市领导孙建国、易炼红、盛茂林、陈献春、李介德以及市局领导单大勇、易昶、何正良、李湘江、欧益科、徐波跃、夏晓鸥、韦树恒，区委书记梁仲等参加视察活动。（夏昊铭）

图 4　民政部部长李立国（右一）到芙蓉区调研低保工作

【民政部领导到区视察社会救助工作】 3月14日，民政部部长李立国在省民政厅厅长段林毅、副厅长唐白玉，市委副书记张迎龙、副市长黎石秋、市民政局局长曹再兴，区委常委、常务副区长罗玉环等领导接待、陪同下，到芙蓉区视察并指导社会救助工作。李立国实地考察火星街道凌霄社区的社会救助工作。在凌霄社区政务大厅，其查看社区低保档案、信息管理系统、社会救助公示栏、社区雷锋超市等，对低保发放对象、发放方式、低保户的动态管理等情况进行详细了解。在社会救助服务窗口，李立国查看社区低保和医疗救助的申报资料，了解低保和低收入认定工作的操作流程、工作开展和社区与街道社会救助工作人员的配备情况。凌霄社区书记李凯汇报开展低保工作的基本情况及管理创新。李立国对区、街、社区三级审批盖章程序，社区低保户动态管理和社会救助及时公示表示高度肯定。李立国强调，要坚持宗旨带着感情去做民政工作，全面落实中共各项惠民政策；要加强基层低保户动态管理，做到应保尽保、应出尽出，对重病、残疾、三无人员进行重点保障；要积极推进低保信息化管理工作，确保低保工作的公开、公平、公正。视察中，李立国走访慰问凌霄社区低保户张银华、空巢老人王淑君。考察后，李立国一行对全区社会救助工作给予充分肯定，并表示非常满意。（柳煌 刘夏娃）

【孙建国视察长沙火车站地区反恐工作】 5月23日晚，湖南省委常委、省政法委书记、省公安厅厅长孙建国一行在副市长、市公安局局长李介德等省、市公安部门和武警部队领导陪同下视察位于芙蓉区内的长沙火车站地区反恐和安保工作。孙建国先后巡视火车站地区长铁派出所、治安二大队干警、长沙特警、长沙武警、站区保安和“红袖章”等安保队伍，检查火车站售票厅、进站口、出站口安保工作，并进入地铁2号线视察，仔细询问各个点位的安保工作和具体措施，并围绕下一步加强反恐防暴工作提出要求，孙建国指示，各单位各部门，要坚决贯彻落实中央和省委的反恐指示精神，必须细化反恐工作，明确任务，密切配合，区域联动；要继续完善反恐工作方案，加强安检人员的业务训练，提高各岗位人员的责任心，切实把安保反恐工作放在首位，确保区域平安稳定。区领导欧干军、许凡、黄健元等参加检查工作。

（夏昊铭）

【中组部领导视察西湖社区党建工作】 3月8日，中组部部务委员兼全国基层党建协调小组办公室主任吴玉良，组织二局巡视员、副局长石军，党员教育中心副主任雷光华，组织二局一处调研员、副处长李孝国，组织二局办公室副调研员郑伟超一行视察湘湖街道西湖社区。中组部视察组领导们到西湖社区服务中心，在西湖社区党总支书记伍紫琴的讲解引领下，详细查看社区党务工作的活动阵地及服务流程，仔细询问解在职党员进社区工作开展情况。对社区开展的在职党员“亮身份、树形象”活动给予高度肯定。在党建活动室，吴玉良与西湖社区退休老党员程志忠进行亲切交谈，得知程老八十岁高龄能发挥余热，积极主动成立“银发工作室”，组织小区老党员担当社区治安巡逻任务，深表钦佩和感谢。湖南省委常委、组织部部长郭开朗，省委组织部副部长郭树人，省委组织部组织指导处处长龙稳铠，长沙市委副书记张迎龙，市委组织部副部长、市委基层办主任陈昌佳，区领导于新凡、周虔，湘湖街道党委书记李明权，局长

图 5　中组部视察组到西湖社区服务中心检查工作

唐益人等参加视察活动。（刘武强）

【易炼红到区调研经济社会发展情况】 9月22日，省委常委、市委书记易炼红到区调研经济社会发展情况，强调芙蓉区要以强烈的责任感、使命感和担当精神，全力以赴打造具有国际品质和湖湘文化特色的精品之区。市委政法委书记钟钢，副市长姚英杰，区委书记梁仲、区长于新凡参加调研。

易炼红重点考察三湘南湖市场提质改造项目和火炬村棚改项目。三湘南湖市场提质改造于5月启动，通过提质改造道路、打通交通微循环、增设1200个停车位、建立综合管理队伍、架设3座人行天桥等措施，数月后，面貌焕然一新。易炼红认为，三湘南湖大市场改造是芙蓉区创新理念、自身挖潜的范例之作，要求在全市推广芙蓉区创造的好经验。

在火炬村拆迁指挥部，一份工作方案引起了易炼红的注意，上面标注着：驻点干部从9月开始至12月双休日原则不休息，每天工作时间从8点30分至24时，“5+2”“白加黑”全方位为村民提供服务。易炼红叮嘱在场的有关负责人说，帮助“城中村”里的住房困难户改善生活条件是大家义不容辞的责任，下阶段，要以啃“硬骨头”、打攻坚战的精神推进棚改工作，按照“四增两减”，即增加公共绿地、公共空间、配套设施和支路网密度，减少居住人口密度、开发强度的要求，确保对群众的承诺不打折扣、一一兑现。

座谈会上，区委书记梁仲，区长于新凡重点汇报芙蓉区着眼于破解中心城区空间小、密度高的发展瓶颈，启动实行“三换”等重点工作，即“腾笼换鸟”规划建设中央商务区和隆平新区两个重点片区、“空间换地”扎实推进棚改项目征拆进程、“电商换市”积极培育新型业态抢占互联网经济制高点。易炼红充分肯定芙蓉区1—8月经济社会发展成效。他强调，芙蓉区作为长沙城区核心板块，要以更高要求，在大步践行“六个走在前列”、破解“五个怎么办”中立标杆、创一流；项目建设要再加力度，企业升级要全面提速；城区品质要争创一流，民生改善要一以贯之；班子队伍要坚强有力，全力打造具有国际品质和湖湘文化特色的精品之区。（易平）

【共青团中央领导到区指导团建工作】 8月13日，共青团中央书记处书记汪鸿雁一行赴文艺路街道指导区域化团建工作。汪鸿雁实地查看文艺路街道区域青年工作共建委员会阵地“新青年俱乐部”，详细了解街道团工委青年工作共建委员会的成员配备、管理制度等情况。“新青年俱乐部”于2012年年初成立。以社区“雷锋号”志愿者工作站作为基础，结合社区的管理模式，为青年社会团体以及外来务工青年提供工作与生活的交流平台。汪鸿雁听取街道团工委关于区域化团建工作的基本情况介绍，以及由社区团支部所作的区域化团建品牌“新青年俱乐部”的发展思路、工作理念、社会影响等方面的情况汇报。汪鸿雁观摩新青年俱乐部与可友网—长沙爱心社联合开展的“绿色兑换”传递能量活动。此项活动发动辖区内的居民群众、白领青年以废旧报纸、废电池、废旧塑料等换取绿色植物，旨在宣传环保理念、提升环保意识。汪鸿雁向可友网长沙爱心社负责人询问关于志愿服务活动经费来源、志愿者调度等问题，并与参与活动的居民群众、白领青年们一道，在现场的活动留言板上签下自己的名字。汪鸿雁充分肯定文艺路街道区域化团建工作及所取得的成效，对“新青年俱乐部”创办两年以来在凝聚青年、服务居民和反哺社区方面做出的积极探索表示认同，并建议扩大范围进行经验推广。汪鸿雁强调，推进区域化团建工作，要确保常态化地开展工作，推动辖区内青年组织有效融合；要按照青年需求设计工作内容，增强共青团对青年的吸引力和凝聚力。共青团省委副书记汤立斌、冯海燕，区委副书记夏钟剑参加活动。（谭瑞英）

【致公党中央领导到区考察基层卫生工作】 5月13日，致公党中央常务副主席、致公党中央医药卫生委员会主任、中国社区卫生协会会长蒋作君一行到区考察社区卫生服务工作。蒋作君先后参观朝阳街道社区卫生服务中心、荷花园街道社区卫生服务中心、火星街道社区卫生服务中心、湘湖街道社区卫生服务中心，认真察看各中心基本医疗工作、基本公共卫生工作和中医药服务工作，并就政府对卫生的投入，基本药物制度的执行情况，基层医疗卫生人员的收入、基层医疗卫生机构目前存在的困难，社会力量举办的社区卫生服务中心工作情况进行详细的询问，现场考核慢病专干对糖尿病患者用药和随访的相关问题。蒋作君对芙蓉区卫生服务中心开展的各项工作表示肯定，特别是对中医药治未病服务、慢病管理工作提出表扬。蒋作君认为，芙蓉区高度重视社区卫生工作，投入每年都不断的加大，真正落实中央对卫生工作“保基本、强基层、建机制”的指导思想，并对社区卫生服务中心医务人员的业务素质、就诊环境、服务流程

图 6　致公党调研组在荷花园社区卫生服务中心检查工作

和服务人气给予高度评价。省卫生厅副厅长黄顺玲，市卫生局副局长刘明章，区领导周虔等参加考察活动。

（李　理）

重大活动

【芙蓉区“十三五”规划编制工作全面启动】 6月10日，芙蓉区召开“十三五”规划编制工作动员部署会。“十三五”时期将是芙蓉区全面建成小康社会、实现“湖湘之心、中部标杆、全国一流”美丽芙蓉梦的关键时期，是推进芙蓉区全面深化改革、加快转型创新发展的攻坚时期。科学制订“十三五”规划，对全区未来发展影响深远，对于推进芙蓉区经济社会持续健康发展具有十分重要的意义。会议印发《芙蓉区国民经济和社会发展第十三个五年规划编制工作方案》，从指导思想、领导机构、工作机构、工作安排和工作要求五个方面对芙蓉区“十三五”规划编制工作进行全面部署。按照方案要求，6月，芙蓉区将开展《芙蓉区“十三五”产业发展规划》等18个专项规划课题研究工作。会议由芙蓉区政府副调研员徐德进主持，芙蓉区“十三五”规划编制工作领导小组成员单位负责人和规划编制工作小组成员参加会议。区委常委、常务副区长罗玉环对做好“十三五”规划编制提出要求：要深刻把握全区“十三五”规划编制工作的时代背景；要扎实做好规划编制各项工作，要紧扣全面率先建成小康社会和加快现代化进程两个目标，突出加快转变经济发展方式和全面推进深化改革两大重点，抓好区“十三五”规划纲要、重点领域发展规划和重点产业发展规划编制三项工作；要明确做好“十三五”规划编制工作相关要求，各成员单位要提升规划理念，规划编制要体现创新性、前瞻性、开放性、科学性和可操作性，要凝聚各界智慧，要加强衔接协调，主要负责人要高度重视，切实提供保障，确保高质量、高水平完成区“十三五”规划编制任务。

7月8日，芙蓉区“十三五”产业规划调研工作启动，区政府领导带领区发改局和“十三五”产业规划课题组专家对区相关街道、部门，驻区重点单位、企业以及建设项目单位，以实地走访和座谈会相结合的形式深入开展区“十三五”产业规划课题研究的调研工作。7月22日，区委常委、常务副区长罗玉环率区“十三五”产业规划课题组专家前往湖南友谊阿波罗商业股份有限公司开展“十三五”产业规划专题调研。8月3日，常务副区长罗玉环率区“十三五”产业规划课题组专家前往“涉铁”棚改项目指挥部开展“十三五”产业规划专题调研。“涉铁”棚改项目负责人李扬波就项目整体定位、业态空间布局、投资规模及推进情况进行详细介绍。该项目位于芙蓉区火车站周边，涉及朝阳一村、向韶村、二里牌地区约40万平方米土地上的棚户改造。按照初步的概念性设计方案，项目建成后将大幅提升该地区居民的居住环境和生活质量，进一步强化以省会发展中轴——五一路为核心的规模更大、档次更高、配套更齐、辐射力更强的“大五一商圈”，打造立足长沙、服务全省、影响中部的区域性中央商务区，成为长沙市新窗口、新地标、新形象。

（胡　甜　陈　略）

【第二届“隆平论坛”举行】 10月31日—11月1日，以“农业科技创新与国家粮食安全”为主题的第二届“隆平论坛”在东湖街道隆华大酒店举行。本次论坛主办单位为长沙市人民政府，省社科院、芙蓉区人民政府为承办单位。中央农村工作领导小组副组长、办公室主任陈锡文在开幕式上作主题报告，省委副书记孙金龙致辞，省政协副主席、中国工程院院士袁隆平，中国工程院院士官春云、印遇龙出席。开幕式由省委常委、市委书记易炼红主持，来自全国各地200名专家学者和基层农业工作者围绕“农业科技创新与国家粮食安全”的主题进行深入探讨。

该论坛由世界杂交水稻之父袁隆平发起，自2013年创办以来，已成为芙蓉区联动区域内独具优势的农业科技资源创新创业的重要平台，有效地推进“隆平新区·种业硅谷”的建设。本届论坛将共同探讨生物育种战略性新兴产业、农业转型发展与国家粮食安全等方面的理论和实践问题。

孙金龙在致辞中说，不久前袁隆平主持的超级杂交水稻第 4 期亩产 1000 公斤攻关取得成功，标志中国杂交水稻育种技术再上新台阶。本次论坛邀请国家有关部委领导和许多专家学者到会，探讨生物育种战略性新兴产业、农业转型发展与国家粮食安全等方面的理论和实践问题，对于推动农业科技创新发展、促进农业发展方式转变和提高粮食安全保障能力具有重要意义。希望全省广大农业科技工作者以此次论坛举办为契机，再接再厉，勇攀科技高峰，为促进全省农业科技进步、加快现代农业发展和保障国家粮食安全做出新的更大贡献。

袁隆平指出，科技创新正成为确保国家粮食安全的主要力量，这对农业科技工作者提出更高要求。袁隆平将与所有农业科技工作者一起团结协作，为实现科技梦、中国梦努力。

陈锡文发表题为“中国农业发展形势及面临的挑战”的报告。其表示，虽然近年来，全国粮食产量逐年增加、农民收入稳步提升，农业农村经济社会发展形势总体向好，但同时应看到，中国农业农村经济发展进入新阶段，正面临国际国内农产品价格倒挂、农业生产成本快速上升、农业科技整体实力不强、农业生产组织化程度和市场化程度较低等方面的压力和挑战。下一阶段应不断深化新形势下的农村改革，积极推进农业产业结构调整，优化农产品品质，提高农业生产效率，保障农产品质量安全，实现农业可持续发展。

（刘亦文）

【都正街历史文化街区一期建成开街】 都正街位于芙蓉区定王台街道辖内，毗邻天心阁。都正街历史文化街区东起天心公园，西至蔡锷南路，南接县正街，北达人民西路，占地面积约 83 亩，全长 180 米，宽 5.5 米。都正街是古城长沙保留下来的历史街巷之一，保留有善化县城隍庙、詹王宫、都司署、刘猛将军庙等历史文化遗迹和县正街、清香留巷、火药局等老长沙街巷。2013 年 9 月，芙蓉区正式启动都正街历史文化街区改造项目，按照不大拆大建，不破坏街巷体系，不破坏居民生态，不破坏历史文脉，不破坏建筑风貌的原则，分三期进行，预计总投资约 2.3 亿元。区委书记梁仲强调，推动“老巷新韵”计划，对定王台底蕴深厚的街巷进行保护性修护，保留原有历史信息、建筑符号、居民生态的同时对其进行特色规划，量身引进时尚文化元素、现代商业理念，使之既承载老长沙风味，又代表新长沙风范，成为文化传承、经济发展的共同体。

2 月 22 日，市委副书记、市长胡衡华、市领导刘新程、姚英杰、凌勤杰、王伟胜、涂文清及市住房保障局、市规划局、市国土局等相关领导一行视察都正街历史文化街区改造项目建设工作。胡衡华一行现

图 7　都正街历史文化街区一期建成开街

场查看都正街历史文化街区项目的在建情况，区长于新凡就项目的建设情况向各位市领导作详细汇报，区委书记梁仲就项目建设中如何发挥群众优势，让群众参与到项目建设之中来，监督项目建设、服务项目建设等工作作了补充汇报。胡衡华高度肯定芙蓉区都正街历史文化街区改造项目是一项利国利民的好工程，既提升了历史街区的品味和文化内涵，又激活历史文化街区的商机、复兴历史街区的昔日繁华，这是一项成功的创举。

6 月 29 日，长沙市委书记易炼红、市委秘书长陈献春、副市长姚英杰、副市长李介德等一行来定王台街道指导都正街项目建设。易炼红一行实地查看项目建设情况，询问项目建设过程中遇到的问题和困难，听取定王台街道工委书记练大智关于都正街项目改造情况汇报。易炼红对古遗址、古建筑、古街区的保护工作一直高度重视，调研中，其反复叮嘱市、区相关负责人，推进棚改工作决不能简单地大拆大建，更不允许对历史古迹造成破坏，要坚持规划先行，高起点高标准规划好空间布局，让长沙三千年的历史文化脉络得以保护和传承。

12 月 30 日，都正街历史文化街区改造项目一期建成，完成建筑面积 1.5 万平方米，主街房屋、路面 180 米改造基本完成。项目二期的改造对象是与都正街本街相连的七条支巷，正在启动简单装修中，三期改造内容是詹王宫、城隍庙等几个重要历史古迹的修复，年内全面启动。下午 3 点整，随着刻有“都正街”三个字的牌匾被揭开，由长沙市精神文明建设指导委员会主办，市委宣传部、长沙市精神文明建设指导委员会办公室、芙蓉区委、区人民政府承办的 2015 年定王台“我们的节日·春节（元宵）”社会主义核心价值观主题庙会在都正街历史文化街区热闹开场。庙会活动在传统的舞龙舞狮表演中拉开帷幕，定王台街道工委书记练大智发表致辞，向各位来宾介绍都正街建设情况，同时送上新年祝福，市委宣传部副部长、市文明办主任郑力虎等领导共同将写有《福》《和》《善》《诚》《信》等书法作品送给都正街群众。随后，庙会非物质文化遗产及传统节目展演、传统特色小吃、趣味民俗游艺节目三大主题活动轮番上演。趣味丰富的灯谜、“财神爷送福”“夹汤圆比赛”花鼓戏湘绣表演等老长沙民俗，精彩呈现，仿佛时光倒流，回到几十年前的老长沙。市文明办副主任胡述斌、市文明办学雷锋处处长朱治东，区领导夏钟剑、伍艳飞、许凡等出席活动。（范 波）

【定王台书市开启消防整改】 8 月 25 日，定王台书市消防整改工作全面启动。定王台书市前身是全国四大书市之一的黄泥街书市，1997 年 10 月竣工并投入使用，1 ~ 4 层是书市，5 ~ 15 层是写字楼，书市建筑面积 1.36 万平方米，市场现有个体经营户 481 家，各类从业人员约 7600 人，年批发、零售额 40 亿元。定王台书市自建成开市就存在消防问题。2006 年，长沙市政府曾对其挂黄牌。2007 年上半年，芙蓉区政府及长沙市相关部门曾出资 150 万元对书市部分基本消防设施进行改造，但还有许多消防安全隐患没有解决。2013 年 8 月，被芙蓉区政府确定为重大火灾隐患单位，挂牌督办。2014 年 9 月，又被省政府挂牌督办。2014 年 4 月，芙蓉区委、区政府决定补助 500 万元进行整改，并成立消防安全隐患整改小组。8 月，长沙市政府召开会议，专题研究定王台书市重大火灾隐患整改工作，并明确市政府给予 200 万元补助支持消防改造。8 月 25 日，金鼎消防工程有限公司施工队伍进场施工，书市整改工程采取逐层改造的方法，高效率高标准完成 1.8 万平方米面积改造任务，其中市场面积 1.4 万平方米，定于 2015 年元旦开始恢复对外营业。12 月 31 日，市政法委书记钟钢、市公安局局长唐向阳，芙蓉区委书记梁仲、副区长蔡冰来定王台书市督察消防整改工作。钟刚一行先后在书市一到三楼，查看消防通道、灭火器材、安全标识是否到位，了解安全报警系统运作情况，听取定王台街道工委书记练大智对书市消防整改详细情况介绍，并到经营门店与书市老板亲切交谈，特别提醒各经营业主配合相关部门工作，提高消防安全意识，确保生命财产安全。（范 波）

图 8　市委常委、市政法委书记钟钢（左前二），副市长、市公安局局长唐向阳（左前三）等领导到定王台书市督察消防整改工作

【三湘南湖大市场及周边地区提质改造】三湘南湖大市场紧邻东二环，坐落在长沙老城区、火车站传统老商圈。市场始建于 20 世纪 90 年代初，从最初的家电市场起步，经过 20 年培育发展，三湘南湖大商贸格局基本成型：家电家具、灯饰石材、汽车用品四大片区吸引 6000 家商户在此投资兴业，年纳税额超过 3 亿元，形成全省规模最大的家居建材综合市场。昔日城郊渔场成为都市繁华地带，然而随着城市框架不断拉伸、城市品质不断提升，三湘南湖大市场也展现出与现实需求越来越大的“落差”：市场商楼老旧、道路设施不全、市政配套缺失、经营业态混杂，拥挤的车流人流更频频为中心城区“添堵”。

2 月，随着“新湘湖、新商圈”产业规划的提出，芙蓉区委、区政府，湘湖街道启动对三湘南湖大市场的全新改版。湘湖街道决定将辖区内 5 条主要道路、7 条次干道、28 条小巷全部纳入市政道路列入改造。湘湖街道还联合交警、交通等部门为市场量身定制科学的交通微循环方案，三湘大道、湘湖路灯 5 处重点道路进行拓宽，东二环、晚报大道等 4 处道路增设电子警察，辖内道路行车线重新施划后，增加停车位 1200 个，市场内还建起立体智能车库。截至年底，完成湘湖路、三湘大道等 3 条主要道路以及 7 条次干道、28 条小巷 6.9 万平方米道路的提质改造任务，完成湘湖一村、东湖新寓、佳天雅苑等 6 个老旧小区提质改造，实现街巷面貌新改观与品质大提升。街道已经在市政府立项架设 3 座人行天桥：精彩生活超市跨晚报大道至长沙晚报社的人行天桥；步步高超市跨车站北路至烈士公园民俗村的人行天桥；万象新天跨车站北路至楚雅医院的人行天桥。与此同时，积极推动三湘南湖大市场经营业态转向提质，着力打造现代商品交易市场升级版。石材五金加仓储物流等不适宜在中心城区发展的经营业态逐步引导退出，全新的电子交易平台即将上线。

9 月 22 日，省委常委、长沙市委书记易炼红，市委常委、政法委书记钟钢，副市长姚英杰一行在区领导梁仲、于新凡、吴敏、许凡陪同下到三湘南湖大市场家电城视察并指导市场提质改造。易炼红书记对三湘南湖大市场提质改造取得的突出成绩给予充分肯定，其认为三湘南湖大市场为长沙市中心城区市场提质改造树立标杆和榜样，提质改造经验值得各大市场学习借鉴。易炼红指出，市场提质改造意义是多方面，不仅可以给老百姓带来便捷、舒适、愉悦的购物环境，同时也可以给地方财政增加税收，扩大就业。要用两

图 9　省、市领导视察提质改造中的三湘南湖大市场

到三年的时间，完成对长沙中心城区所有市场包括农贸市场的提质改造，真正让老百姓得到实惠，让群众感受到身边的变化。11 月 10 日，长沙市专业市场建设及提质改造工作现场会在湘湖街道举行。副市长张迎春，区领导梁仲、罗玉环出席会议。参加会议的还有市商务局、国土局、城管局、规划局、工商局、交警支队、消防支队等部门负责人，以及各区（县、市）政府分管副区（县、市）长、商务局局长。与会人员实地视察率先完成提质改造后的三湘南湖大市场家电城与汽配城，并举行座谈会。张迎春充分肯定芙蓉区特别是湘湖管理局在推进市场提质改造中取得的突出成绩，并就做好下阶段全市市场迁建工作提出明确的指导意见。此次现场会的召开，标志着三湘南湖大市场提质改造取得重要进展。（刘武强）

【全省首个诚信公益互助微信平台启动】9 月 24 日，由市委宣传部、市文明办、长沙晚报报业集团、芙蓉区文明委主办，芙蓉区委宣传部、区文明办、定王台街道办事处承办的“创文明楼宇，做诚信企业”——“诚信微力量 文明我先行”篇暨湖南省首个诚信公益互助微信平台启动仪式在芙蓉中天国际广场举行。启动仪式现场播放了精心制作的诚信微电影，市委宣传部部长张湘涛开启诚信公益互助微信平台，发出微信平台上的第一条信息，并与市文明办主任郑力虎、区委书记梁仲共同触摸代表诚信公益互助微信平台的水晶球，点亮长沙市诚信微地图。芙蓉区以三产立区、强区，辖区内楼宇林立、商贾云集，众多企业总部落户于此。该区依托诚信公益互助微信平台（微信号：chengxinwll），广泛交流诚信企业和个人成功经验，进一步强化企业信用和个人信息建设。在活动现场：台上，黄金珠宝协会、书市书刊发行协会、宝

图 10 “诚信微力量文明我先行”湖南省首个诚信微信平台在定王台街道启动

南街手机协会等行业协会代表纷纷登台，宣读行业诚信承诺；台下，广场四周整齐美观的展板上，宝南街社区贺雪梅、化龙池社区周永红等社区诚信之星的先进事迹争相亮相，长沙科尔雅口腔医院李隆、松花江饮食文化有限公司邢军等企业诚信故事为市民传诵；省人民医院、乐和城购物中心等企业微故事引发热议。在启动仪式上，芙蓉区“十佳文明楼宇”“十佳诚信企业”的双“十大项目”评选也随之启动，通过市民投票的方式，年底将对当选的楼宇和企业进行表彰。区委宣传部部长伍艳飞等出席活动。来自芙蓉区各行业代表、党团员志愿者及市民群众 400 人参加启动仪式。（范　波）

【全市首例信访听证会在芙蓉区举行】 8 月 10 日，全市首例信访事项公开听证会在芙蓉区机关会议室举行。针对李某拆迁安置信访案件，芙蓉区邀请参与此次听证会的听证员共 9 人，其中包括人大代表、政协委员和社会群众在内的 6 名听证员由信访人抽签选定，律师和社会人士由司法部门推荐，拆迁专业人士为上级部门选派。省市相关部门负责人，区县代表和区内社会人士 126 人参加旁听。李某信访案情况复杂，芙蓉区就信访事项委托律师事务所等第三方机构开展调查，对事实和适用法律、法规、政策及化解方案提出意见。区国土局、征地办、村委会等单位对案件组织“回头看”，重新调查历史资料，拿出处理意见。会议主持人区政府常务副区长罗玉环先后 3 次组织召开调度会，听取信访人及责任单位调查情况和意见。区信访局根据责任单位调查结果和化解意见与信访人沟通，进行听证前的矛盾化解和思想引导。由于信访人对初步答复意见不满意，芙蓉区决定举行公开听证会。听证会上，双方“当面锣、对面鼓”地举证质证，听证员入情入理地评判，事实越理越清，道理越辩越明。最终以听证员表决的形式形成最终听证结论。对于信访人父亲拆迁安置问题，无政策依据不予支持；其非农宅基地未补偿，补偿款迅速交付李某父女，国土分局将未补偿的拆迁补偿款拨付到位，住房保障部门协助李某到其父户籍所在地解决住房困难问题，做到合理合法诉求解决落实到位、不合理诉求解释疏导到位、生活困难帮扶到位。区委、区政府要求责任单位对听证会结论所作出的决定，在 5 个工作日内全部落实到位。以调处该信访事件实时录制的电视节目《信访调解进行时》，在湖南都市频道播出后，收到良好的评价和反响。（罗　洁）

【荷花园街道千人红袖章志愿者联合会成立】 5 月 6 日，荷花园街道千人红袖章志愿者联合会成立，志愿者可积累服务摘“爱心”。在街道群防群治群护的“千人红袖章行动计划”的总揽下，联合会设有全民健身、文化艺术、人文关爱等分会，注册会员 1200 名，涵盖居民小区、门店业主、物业公司、街道社区、驻街企事业单位、民兵应急分队等各方面力量，以学习雷锋，弘扬“奉献、友爱、互助、进步”的志愿精神为宗旨，以义务巡防、文明劝导、宣传教育、困难帮扶为主要职责，倡导“每天公益半小时”。联合会实行社团管理，服务积分，支持开辟专用办公场所和“千人红袖章志愿者墙报”；实行政府购买服务，鼓励联合会及分会承办各类公益宣传、文体活动，推进居民自治进程；吸纳和整合社会资源，引导联合会与长沙银行等 16 家驻街单位签订免费（优惠）停车、体检、借阅服务等框架协议，推进志愿服务规范、社会化程度。“红袖章”将营造好氛围，形成好机制，产生好的社会效果。这三好“红袖章”将建立起全方位、多层次、网格式的城市管理服务体系，变孤军作战为全民参与，真正实现城市管理人人有责、管好城市人人受益。为此芙蓉区每年从财政预算中安排 500 万元专项工作经费，用于“红袖章”宣传发动，推进工作和表彰奖励。街道设立志愿者团体，在全省尚属首例。（李文芳）

重要事件

【芙蓉区重奖年度经济功臣】 3月25日，芙蓉区委、区政府召开2013年度经济发展奖励表彰暨“六个走在前列”重大项目帮促动员大会，会议由区委副书记夏钟剑主持，区委常委、常务副区长罗玉环在会上宣读表彰决定，大会表彰2013年度区域经济发展先进单位156个，颁发“现代服务业投资奖”“现代服务业发展销售规模奖”“工业发展数字企业创建奖”“科学技术奖”等15个奖项，奖励金额合计1047万元。区委书记梁仲、区长于新凡分别发表重要讲话。区四大家主要领导出席会议并为获奖单位颁奖，各单位、各街道主要负责人，各获奖单位代表出席会议。

（曹祎靖）

【芙蓉区实施“绿荫行动”】 2014年，芙蓉区大力推进“三年大造绿”活动，提升绿化品质，建设绿色城区。2月份，区园林局开始对八一路（韭菜路口至车站路口）、韶山路（省委至人民路）、芙蓉路（八一桥至人民路口）、人民路（黄兴路口至长椰路口）、远大路（车站路口至红旗路口）、浏阳河大道6条主干道实施绿化提质改造，围绕“补、换、增、提”，补缺换差，在沿街花坛绿地开展补栽补种，见缝插绿，对未种植绿化的空地，建造街头小游园，通过小块绿化提升美感，提升绿化覆盖率。坚持节约节俭原则，对长势较好的植物予以保留，乔木、灌木枯萎或死亡的予以及时更换。工程于5月竣工，改造面积12.5万平方米，栽植大乔木6675株、花灌木3221株，投资金额4123万元。从8月份开始，全面实施辖区主次干道树池提质工程，涉及主次干道64条，整治树池1.11万个，投资121万元，历时2个月，10月竣工。区园林局对树池的用材、铺设方式进行反复研究，借鉴学习北京、杭州等地树池管理经验，选择优质复合盖板，采取铺设树穴盖板、草皮砖等方式，将所有树池统一标准，统一形式，确保全区主次干道树池覆盖无盲区，黄土不裸露，树池精致美观。11月20日，区园林局对马王堆北路、曙光路、京珠西辅道等13条次干道实施绿化提质改造。提质工程遵循见缝插绿、种植适宜、林荫实效且便于管理的原则，杜绝奢华，以补栽补种为主；树种除个别路段双排种植银杏、栾树等落叶树种外，其他均以香樟、桂花为主。共栽植香樟、栾树、银杏、桂花等乔木1531株，安装花岗岩树围909个。项目于12月30日竣工，总投资686万元。年底，芙蓉区新增省农科院寒欢社区公园、明景公寓小游园及车站北路小游园。3个社区公园及小游园分别位于龙马社区、化龙池社区、跃进湖社区，总建设面积1.4万平方米。新栽植银杏、香樟、栾树等乔木330株，红继木球、红叶石楠球等球灌木822株，草皮、地被等9275平方米，安装健身器材8套、游乐设施1套、休闲座椅95套，总投资325.05万元。11月1日开工，12月20日完工。寒欢社区公园在功能上实现健身、娱乐与休闲兼顾，蜿蜒行道围着公园外沿铺设，方便居民茶余饭后散步健身；园中央特别设计的小山丘“微地形”以“吟红瞰绿”为立意，落叶植物与常绿树木搭配得宜，小山丘上银杏、广玉兰等10余种高大乔木下栽种红枫、红叶李等红黄暖色调小乔木以及彩色灌木。明景公寓小游园在保留原有乔木的基础上，配合周边热闹的商业环境，优化公园的景观构造、空间层次及使用功能，在繁华喧闹环境内为市民提供一处生态、闲适的公共空间。车站北路小游园根据使用人群的参与性和周边环境状况设计，在较小的地块内突出公园的生态效益，隔绝周边交通环境带来的不利干扰，同时进行空间重组，以林下静

图11 芙蓉区实施“绿荫行动”——韶山路

滥休闲空间为公园景观基础，提供市民休憩、邻里交流的公共绿地。（陈 慧）

【浏阳河东岸风光带启动建设】 10月10日，芙蓉区政府举行浏阳河东岸风光带项目推介会，拉开浏阳河东岸建设的序幕。浏阳河东岸风光带建设项目是2014年度市级重点工程项目，南起长榔路，北至西龙路，全长约9.44公里，平均宽度80米，建设内容包括总面积（含河堤临水面）约98.4万平方米的景观风光带以及约1.65万平方米的配套服务用房，计划总投资约7.68亿元，本次对外公开招标工程费金额约为3.97亿元。项目采用投资与施工设计总承包的模式，由湖南绿林市政景观工程有限公司组成的投标联合体中标。该项目预计2015年全面竣工并完成项目验收和移交。浏阳河东岸风光带分“舟桥载月”“乐秋晨韵”“疏林秀色”等8个景观区域，设有20公里环绕绿道和数座人行天桥。同时，还在风光带主要节点建设国内唯一水稻博物馆及隆平主题公园。建成后的东岸与西岸交相辉映，成为市民休闲的好去处，芙蓉区经济发展的又一极、长沙城市次中心。（彭 项）

【隆平水稻博物馆开建】 继9月隆平水稻博物馆项目建筑设计概念性方案评审会议召开后，总投资约6亿元的隆平水稻博物馆11月7日开工建设。该项目计划2015年年底前全面建成，2016年正式对外开放。隆平水稻博物馆以稻文化为主题，以传播农耕文明、展示杂交水稻科研成果为宗旨，定位于建设国际一流的国家级农耕文明展示平台和现代农业科技交流合作平台，全方位立体诠释中国悠久灿烂的农耕文明。隆平水稻博物馆选址芙蓉区隆平新区隆平公园，介于人民路、京港澳高速和滨河路之间。项目建筑面积约1万平方米，主要分为陈列区、库藏区、公共服务区、技术与行政管理空间等5个不同的功能区。其中陈列区包括中国水稻历史与文化、水稻科技、袁隆平与杂交水稻3个基本展厅和1个临时展厅。建成后将系统收藏中国乃至世界水稻历史文化与现实发展相关证物，承担对水稻历史文化及当代水稻相关问题进行科学研究的职责。隆平水稻博物馆建成后，将成为长沙的地标性建筑和长沙一张崭新的名片。

（彭 项 黄 标）

【“浏阳河九道湾”研讨会在东湖街道举行】 12月3日，由市政府政研室主办、芙蓉区东湖街道承办的“浏阳河九道湾”发展问计问策研讨会召开。湖南农业大学党委书记周清明，校长符少辉，市委常委、宣传部部长张湘涛，市政府副秘书长、研究室党组书记、主任蒋集政，芙蓉区区委书记梁仲等市、县、区领导，湖南农业大学等高校专家、嘉宾参加研讨会。会议由市政府研究室副主任、《决策咨询》执行总编唐曙光主持。区委书记梁仲致辞，介绍芙蓉区政府以浏阳河为中心借助空港和高铁优势，全面拉开河东片区建设的相关情况，并请与会专家就“浏阳河九道湾”的发展畅所欲言，提出有用的建议。东湖街道党工委书记尹卫东向与会领导、专家介绍在开发以浏阳河为中心的生态旅游、文化休闲产业方面所做的工作，并提出浏阳河九道湾流经5个区县市（浏阳市、长沙县、雨花区、芙蓉区、开福区），30个乡镇街道，相当部分在中心城区，人们能通过对其品味和游赏，来认识城市、感悟城市。张湘涛充分肯定了本次会议对于谋划未来浏阳河九道湾的保护建设和发展的积极意义，并希望各与会代表围绕浏阳河九道湾为市里“十三五”规划发展多提宝贵的建议。在讨论发言环节，与会领导、专家、学者分别就浏阳河九道湾的发展发表自己的意见建议，并初步形成共识：一是长沙的发展已经从五一路时代进入了湘江时代，浏阳河作为湘江最重要的支流，是城市文化底蕴的重要载体，发展好浏阳河流域地区有利于破解城乡发展的难题，增强长沙文化内核，整合资源实现区域连通发展，可以成为长沙转型的高点；二是浏阳河九道湾的发展是一个区域的大合作，要做好统筹，找准各自的优势和特点，必须有特色资源，分区域、分步骤、分层次重点开发，重点建设绿色生态网络，公共区域的人文景观，打造生态产业为依托的星城；三是要建立长效机制保障浏阳河九道湾的发展，要根据城市规划的布局需要整体规划浏阳河九道湾的保护开发，有效整合市区产业布局、环境生态建设等重大问题，使浏阳河九道湾成为今天、明天的文化走廊。与会领导、专家、学者一致呼吁，要将“浏阳河九道湾”产业带作为湘江生态经济带的重要组成部分纳入长沙市“十三五”规划，以文化、旅游、商务、休闲为主导，开启“湘江时代”浏阳河新篇章。（黎 宏）

【区机关大院撤墙透绿向社会开放】 芙蓉区委区政府机关大院位于长沙市万家丽路与人民路交界处，东至嘉雨路，南临人民路，西靠万家丽路，东西向道路两旁设有公交站台，东南向和西北向道路又新

图 12　区机关大院撤墙透绿

增地铁站口，机关大院总占地面积近 7 万平方米。从 2014 年 6 月起，按照区委常务会会议精神要求，率先全市启动对整个机关大院提质改造，对植物景观层次、色彩和季相进行优化设计，新栽种灌木地被 4000 平方米，增加铺设园路 1500 平方米，摊铺沥青混凝土路面 2000 平方米。10 月 8 日开始拆除 1.8 米高的围墙铁护栏，将东西南北四角围墙拆除，底基凿平，拆除长度 900 米。截至 11 月底，芙蓉区完成对整个机关大院“增景添绿”改造、新型太阳能路灯安装、篮球场、羽毛球塑胶地面改造，新增 150 个免费停车位，建成 300 平方米生态式电动车停车场。园林景观改造工程，总面积达 4 万平方米，其中绿地面积占 45% 以上。区政务中心位于大院东南角，原来百姓和企业前来办事，必须绕到南门或北门进出。拆墙之后，市民能够自由出入大院，办事环节都可在政务中心完成，全部限时办结。芙蓉区大院拆除围墙，建起民生设施，这一拆一建，拆除的是政府与群众之间的“心墙”，建起的是体察民生的“桥梁”。　（黄 华）

【首部《芙蓉年鉴》出版发行】　《芙蓉年鉴（2014）》编纂工作于 3 月下旬全面启动，11 月下旬该书正式出版。作为首部区级年鉴，全书设有 30 个部目、105 个分目、39 个子目、661 个条目。正文体例有概述、概况、条目、附录、资料、图表等，以条目为主体。书中插排有图片专版 44 页、随文插图 103 张。全区共有 84 家单位参与组稿。该书约 800 千字，

图 13　东湖绿地图

记载年度的重要区情，具有存史、资政、教化功能。在中国出版协会主办、年鉴工作委员会承办的第五届年鉴编纂出版质量评比中，《芙蓉年鉴（2014）》获综合三等奖、框架设计二等奖、条目编写三等奖、装帧设计三等奖。《芙蓉年鉴》的创刊，正逢全国版协开展五年一度的评比活动。为抢抓时间使《芙蓉年鉴（2014）》能在评比活动征稿期间完成印刷并寄出参评，芙蓉年鉴编辑部全体成员自10月上旬起，加班加点整理评审意见，并对稿件进行集中修改。在约40天的时间内，紧锣密鼓、奋勇战斗，将全书定稿、排版、校对、申办书号等系列程序逐一完成，并以最快速度组织印刷装订。最终于11月24日将书籍寄送给活动主办方。此次获奖是上级专业主管部门对《芙蓉年鉴(2014)》一书的认可和肯定，既是芙蓉区年鉴编纂工作成效的体现，更是对全体编辑人员的鼓励和鞭策。（鲁素爽）

【长沙首张绿地图亮相东湖街道】 12月16日，随着长沙首张街道绿地图亮相，赏景新鲜地、亲近自然新玩法、健身最佳区统统包罗其中，俨然是一张活色生香的新颖游街图（见图13）。东湖街道位于浏阳河东岸，其辖内不仅有湖南农大、省生物机电职业技术学院等多所高校，更有碧波荡漾的东湖湿地、绿意葱茏的水稻试验田，是城市中心的一块人文绿肺；位于湖南农大修业广场后的“红枫大道”，可赏枫观景；在桂花大道旁，一口东沙古井还在为居民呈送清冽；位于修业路两侧的广阔草坪平坦葱茏，大学情侣们平日最爱背靠背坐在这里，聊天看星星；等到开春时节，去红旗市场附近和红园东路南侧转转，大片的草莓地和油菜花，足可让你一饱口福眼福……绘制绿地图的目的，就是希望更多人了解东湖、喜爱东湖，并在这里收获一种自然清新的健康环保生活方式。

7月，东湖街道“绿地图”绘制小组成员就开始了徒步探寻，其后再记录整理、绘图成型，整个过程所费的时间可不短。其团队中有街道工作人员、热心居民，也有大学生志愿者。实地勘探期间，穿着运动鞋、带着水和记录本的大学生，几乎整天奔行在东湖的个个角落，挖掘新鲜地，探访老居民，将收集到的资料一一绘制于图上。湖南农大学生沈雷有过绘画基础，成为当仁不让的主笔。为了体现绿地图的趣味和实用、符合客观实际，团队成员们反复讨论和修改。绘制的地图虽称不上专业，但洋溢着绿色环保气息、充满生活情趣并兼具一定实用性。（黎宏）

年度大事简记（2014年1～12月）

1月

2日 省统计局局长、省第三次全国经济普查领导小组副组长张世平一行到芙蓉区指导文艺路街道第三次经济普查工作。

3日 长沙市创新型企业家联盟负责人、企业家一行考察隆平高科技园。

△ 市纪委书记李军一行到芙蓉区实地调研指导东屯渡街道扬帆社区维稳和民生工作。

5日 省计生干部培训中心为芙蓉区举办科学育儿业务培训班。

10日 区政府召开芙蓉区学习贯彻《长沙市保障性住房行政行为纪律监督办法》工作会议。

△ 袁隆平与其团队“两系法杂交水稻技术研究与应用”全国协作攻关项目获2013年度国家科学技术进步特等奖。

13日 区委、区政府召开2014年经济工作部署会。

△ 香港兰桂坊集团主席盛智文一行考察隆平新区。

14日 区食安办举办食品药品行业道德讲堂。

15日 副市长、公安局局长李介德调研芙蓉区公安工作。

△ 市委常委、市人民政府常务副市长陈泽珲等领导到芙蓉区看望慰问东岸街道杉木村困难群众。

16日 市委副秘书长何季麟到芙蓉区检查都正街历史文化街区保护工作。

△ 市政法委副书记魏华松一行到芙蓉区调研马王堆古汉城法制公园建设情况。

△ 长沙市第十四届党校行政学院校院长会议在区委党校召开。

17日 市委组织部部长程水泉到芙蓉区蓉园社区参加“在职党员进社区”暖心行动。

△ 市政法委书记钟钢一行到芙蓉区看望慰问黄泥街社区老党员、特困群众、残疾人等特殊群体。

19日 区委副书记、区长于新凡参加定王台街道“干净祥和过新年”三清三洗活动。

20日 省检察院检察长游劝荣到芙蓉区调研芙蓉区人民检察院工作。

21日 省人大教科文卫委员会主任梁尔源到芙蓉区调研社区医疗机构信息化建设和基层疾病控制中心

建设情况。

△ 区委书记梁仲、区长于新凡到区工务局实地调研指导代建的派出所和消防站装修项目工作。

22 日 省政法委书记、公安厅长孙建国一行到芙蓉区视察芙蓉公安分局湘湖派出所春节前安保和消防工作。省、市领导吴巨培、钟钢、李介德等参加视察活动。

△市委常委、市人民政府常务副市长陈泽珲到芙蓉区督察一线企业安全生产工作。

△ 市人民检察院检察长陈绍纯到芙蓉区调研指导检察院工作。

△ 区委书记梁仲、区长于新凡到东岸街道检查指导滨河路项目及仓储管理示范点建设工作。

24 日 全区党政负责干部大会召开，部署全市清洁城市大行动。

25 日 市委副书记、市长胡衡华，副市长姚英杰等到芙蓉区参加阿波罗商业广场周边“清洁城市”集中活动。

26 日 区委常委、宣传部部长伍艳飞到火星街道调研企业安全生产工作。

△ 春节临近，区食安办开展食品安全专项督察。

27 日 区长于新凡督察定王台街道春节消防安全工作。

28 日 区禁毒办、区社会禁毒协会在长沙火车站广场联合开办“远离毒品·阳光生活”春节流动课堂。

29 日 区委书记梁仲、区长于新凡等领导到五里牌肉联厂、南湖大市场指导安全生产工作，并看望慰问一线清洁城市卫生的干部职工。

2 月

7 日 区委书记梁仲、区长于新凡到定王台街道调研指导湖南安石集团长沙电信楼改造项目建设。

△ 全区负责干部大会召开。会议要求全区机关干部对产业项目、征地拆迁、财政税收等重点工作做到亲自谋划、调度、督察、参与；各区直部门、各街道要确保事事落到实处、件件抓出成效。

11 日 区委书记梁仲、区长于新凡等到区园林局指导园林绿化工作。

14 日 副市长夏建平督察火星街道农贸市场 H7N9 禽流感防控工作。

△ 东湖街道开展“骏马迎新春，元宵情满园”大型群众广场文化活动。

17 日 区委书记梁仲、区长于新凡到区城管执法大队指导城管工作。

18 日 区委召开村“两委”换届选举工作动员会议。

19 日 区委组织部批准成立汤家岭社区党委。

20 日 市政府督察室到芙蓉区检查人感染 H7N9 禽流感防控工作。

△ 区委书记梁仲、区长于新凡到芙蓉区环卫局指导环卫工作。

24 日 省民政厅副厅长李劲夫到芙蓉区调研湘湖街道西湖社区建设工作。

25 日 区政府召开 2014 年省、市、区重点项目建设工作调度会。

26 日 区委常委、常务副区长罗玉环率队赴望城区考察学习招投标管理工作。

△ 全区信访工作会议召开，在会上传达并贯彻落实省、市信访工作会议精神，对“全国两会”特护期的信访维稳工作进行全面部署和安排。

26—27 日 芙蓉区第四届人民代表大会第三次会议召开。

26—28 日 政协长沙市芙蓉区第四届委员会第三次会议召开。

28 日 省委督导组到芙蓉区指导中共群众路线教育实践活动。

3 月

3 日 由农业部农产品质量安全监管局局长马爱国带队的全国“双打”工作考核组到芙蓉区考察保护知识产权和打击制售假冒伪劣商品专项工作。

4 日 湖南省茶业集团股份有限公司和湖南农业大学承办的全国茶叶标准化技术委员会黑茶工作组成立大会召开。这是全国茶标委在湖南成立的首个茶叶标准工作组。

△ 芙蓉区“牵手芙蓉 温暖就业”专场招聘会暨“工会就业援助月”活动在湘湖街道举行。

△ 市体育局副局长李德安到区调研楚怡学校与市体操学校合作办学的建设项目。

5 日 举行纪念“三八”国际劳动妇女节“寻找最美家庭 共建和谐芙蓉”主题活动。

6 日 芙蓉区 2014 年“群众工作直通车大课堂”开讲。

△ 芙蓉道德讲堂总堂开展“女人家庭社会”主题活动。

7 日 省政协常务副主席武吉海到芙蓉区考察浏阳

河杨家湾排污口及长善垸污水处理厂污染治理工作。

△ 市人大常委会执法检查组领导督察浏阳河污染治理项目进展。

△ 由衡阳市外侨办党组成员、纪检组长周大可带队的考察组一行到芙蓉区考察湘湖街道西湖社区侨务工作。

10 日 民政部政权司副司长朱耀垠，湖南省民政厅党组成员、副厅长李劲夫及各市州民政系统领导到芙蓉区考察湘湖街道西湖社区社区建设工作。

△ 上海市委研究室社会处处长唐晓腾、调研处调研员吴一心到芙蓉区走访调研湘湖街道西湖社区和谐社区建设工作。

△ 市政协副主席钟新莲一行调研楚怡学校与体操学校合作办学的项目建设工作。

△ 区委中心组第一次集中学习暨芙蓉讲坛开讲。

11 日 全省第 15 期党外县处级干部培训班在区现场教学。

△ 区长于新凡主持召开教育工作专项调度会，部署教育工作。

△ 区史志档案局首次开办建设项目档案座谈及业务培训会。

12 日 区政府召开第三次经济督察工作调度会，研究部署相关工作。

△ 省妇联儿童部部长冷晓君到芙蓉区指导马王堆社区“全国妇联—联合国儿基会 0 ~ 3 岁儿童早期发展社区家庭支持项目”工作。

13 日 市发改委机关党总支书记何荣到芙蓉区调研中共群众路线教育实践活动。

△ 全区人口和计划生育工作会议召开。

14 日 全区召开中共群众路线教育实践活动动员大会。

△ 全市门前市容环境卫生责任制机制创新试点工作会在荷花园街道召开。

17 日 副市长夏建平到芙蓉区指导楚怡学校与市体操学校合作办学建设项目。

18 日 区政府召开湘江库区水利工程项目汛期进度调度会。

△ 区启动“清洁城市”暨千人“红袖章”行动。

19 日 市委宣传部部长张湘涛到芙蓉区调研指导宣传思想文化工作。

20 日 区金融办组织开展 2014 年春季新型融资服务对接活动，为区内 80 家中小企业打通融资渠道。

△ 农工党芙蓉区综合支部在湘湖街道开展“学雷锋·献爱心”康复资助活动。

△ 区长于新凡到文艺路街道检查社区基层党建、民生工作。

24 日 由国家版权局、工业和信息化部、财政部等 15 家部际联席会议成员单位组成的推进使用正版软件工作检查组对区政府机关办公软件正版化工作进行检查。

△ 全市“邻里守望”学雷锋志愿服务推进会在定王台街道举行。

25 日 区创业办举办“春风送暖入东湖 携手共浇创业花”创业富民主题活动，为大学生、失地农民、残疾人等弱势群体打造就业创业平台。

26 日 省妇儿工委副主任、省统计局副局长李绍文，省政府妇儿工委办副主任陈敏一行到芙蓉区督导 2011—2015 年妇女儿童发展规划及国家级示范区创建工作，并考察社区儿童友好家园建设项目。

△ 区委宣传部、区文明办在定王台街道组织召开“邻里守望”学雷锋志愿服务推进会。

△ 区长于新凡指导定王台街道蝴蝶大厦和文艺路街道有色院建设项目。

△ 区史志档案局开办《芙蓉年鉴（2014）》编纂工作动员暨业务培训会。

27 日 新华社湖南分社社长邹云到芙蓉区调研家庭医疗契约式服务工作。

△ 区农林水局主持召开 2014 年防汛工作会议。

31 日 省委基层办领导韩明镜、龙稳铠一行来荷花园街道调研全区便民服务中心建设情况。

△ 区四届人大常委会召开第十次会议。

4 月

1 日 区长于新凡到朝阳街道指导社区办公服务用房建设工作。

3 日 隆平高科技园召开 2014 年“六个走在前列”项目推进暨经济工作会。

△ 隆平高科技园内长沙大红陶瓷发展有限责任公司制作出国内最大红瓷板画金陵十三钗。

4 日 区委书记梁仲到芙蓉区公共卫生大楼现场指导医院污水处理问题。

8 日 区长于新凡到芙蓉区救助站和敬老院指导民政工作。

9 日 市委副书记张迎龙到芙蓉区视察道路绿化提质改造及城乡结合部拆违控违工作。

10 日 省工商局副巡视员伍作法、消费者保护法处处长张国平一行到芙蓉区考察三湘南湖市场旺德府名品超市和南湖建材城。

12 日 区委中心组第二次集中理论学习，区委书记梁仲为全区领导干部讲党课。

13 日 东湖街道联合湖南农业大学、湖南生物机电职业技术学院举办“美丽长沙 美德先行”为主题的“美丽长沙”建设公益联盟系列活动暨芙蓉区“红袖章”美洁家园行动。

14 日 芙蓉工商分局立案查处南央纳涉嫌销售以次充好电缆，作出责令停止销售，没收违法所得的行政处罚。

15 日 省委统战部副部长、省工商联党组书记汤新华一行到芙蓉区调研“同心工程”建设情况。

△ 定王台书市出版物零售行政许可等事项正式由市移交芙蓉区管理。

△ 东湖街道完成东湖村、渔场村和合平村的支、村两委换届选举工作。

16 日 省妇联主席肖百灵到芙蓉区指导湘湖街道跃进湖社区“寻找最美家庭”工作。

△ 芙蓉区首家精神康复会所在荷花园街道杨家山社区挂牌成立。

△ 区中央商务区办组织召开芙蓉区楼宇经济服务问计于民座谈会。

17 日 国家卫生与计划生育委员会药具管理中心处处长林长云到芙蓉区指导东屯渡街道药具发放工作，并到浏阳河婚庆园检查免费避孕药具发放机的使用情况。

△ 东屯渡街道“红袖章”美洁家园行动动员大会在浏阳河婚庆文化园广场举行。

20 日 由中央统战部七局副局长韦刚带队，四川藏传佛教高级学衔获得者培训班一行 48 人来隆平高科技园考察交流。

21 日 东屯渡街道嘉雨社区率先启动应急救援志愿者服务站。

△ 区长于新凡到荷花园街道指导民生工作。

22 日 省纪委副书记李政科到芙蓉区指导韭菜园街道党风廉政建设工作。

△ 市委讲师团主任刘莉霞到芙蓉区指导马坡岭街道学习型党组织建设工作。

△ 市、区安监局，韭菜园街道与市轨道公司联合组织地铁突发事件应急逃生演练活动。

23 日 新疆鄯善工业园管委会主任王海龙、长沙经开区鄯善工作组组长刘运雄一行到芙蓉区考察隆平高科技园建设情况。

△ 区文明办主办，文艺路街道承办的“品读芙蓉 邻里书吧”读书交流会活动在韭菜园社区举行。

△ 区长于新凡到芙蓉区人口计生局指导人口计生工作。

24 日 娄底市人民政府副秘书长彭斌鹏到芙蓉区考察定王台街道城市人口网格化管理工作。

△ 副市长、市公安局局长李介德到芙蓉区指导黄泥街社区社会治安管理工作。

△ 长沙市、区、县老干部大学校长会议在芙蓉区召开。

26 日 区政府、区科技（知识产权）局举办“实施产权战略支撑创新驱动发展”主题宣传暨“鉴真辨假”服务活动。

27 日 区委书记梁仲、副区长许凡周末暗访五一路沿线地铁口城市清洁工作，并带头上街文明劝导。

28 日 区长于新凡、区委党校校长贺达斌等赴泸溪县检查和体验芙蓉区干部教育基地建设项目。

29 日 全市“六个走在前列”重点项目调度会在隆平高科技园召开。

5 月

1 日 区委书记梁仲“五一”慰问地铁一线工作人员并对乘客进行文明劝导。

4 日 区团委举办“幸福芙蓉·志愿有你”圆梦记录片发布暨五四颁奖典礼活动。

6 日 省委中共群众路线教育实践活动督导组副组长、省委组织部副巡视员魏忠胜率省委督导组一行到芙蓉区检查中共群众路线教育工作。

△ 市人大常委会主任袁观清到芙蓉区走访看望省、市人大代表，并调研区人大工作。

△ 市政府副秘书长王伟胜到芙蓉区检查湘江流域截污工程建设等四项城市建设管理工作。

7 日 全市“微文明让红袖章飘起来”学雷锋志愿服务活动在定王台街道启动。

△ 市城管局局长肖雄飞到芙蓉区指导门前“三包”工作。

8 日 教育部教育装备工作领导小组领导到芙蓉区检查长郡芙蓉中学学生校服工作。

13 日 区委书记梁仲到芙蓉区市政局指导中共群众路线教育实践活动。

△ 芙蓉区城市道路交通管理工作领导小组第一

次会议召开。

14日 区长于新凡到长沙芙蓉中央商务区办指导工作。同日到五一东村社区指导办公服务用房建设规划、社区基础设施、门前五包责任落实、“红袖章”清洁家园行动等工作。

15日 中南控股集团总经理张晓军、中南房地产业有限公司市场开发部项目经理余斌到芙蓉区考察都正街历史文化街区和隆平新区项目。

△ 芙蓉区2014年夏秋季征兵“首日现场报名活动”在湖南农业大学修业广场举行。

△ 区人社局联合区残联、湘湖街道举办残疾大学生现场招聘会。

16日 湖北省妇联副主席高勤到芙蓉区考察妇女工作。

△ 省政府副秘书长、省金融办主任石华清到芙蓉区考察金融工作。

△ 湖南省“十三五”规划起草专家咨询小组成员柳思维、陆纪汉一行到芙蓉区调研总部经济发展课题。

△ 市长胡衡华、副市长姚英杰到芙蓉区检查荷花园街道区域交通优化试点工作。

17日 区公开招聘教师面试在长郡芙蓉中学进行。

19日 省商务厅厅长徐湘平视察万家丽国际购物中心项目建设。

△ 区文体新局、区文物管理所开展2014年“国际博物馆日”暨第九个文化遗产日系列宣传活动。

△ 区长于新凡到公共卫生大楼指导区卫生系统工作。

20日 省委常委、市委书记易炼红，市委副书记张迎龙等一行到芙蓉区考察“芙蓉区三年造绿大行动”的规划及进展情况。

△ 市委第五督导组副组长彭鉴西到芙蓉区指导区法院中共群众路线教育工作。

21日 最高人民检察院统计处处长孙勤到芙蓉区指导检察院案件质量管理工作。

△ 省住建厅党组书记、副厅长高东山、省住建厅住保处处长张传领一行到芙蓉区考察都正街棚户区改造项目工程进展情况。

△ 区人社局联合湖南农业大学共同举行“2014年公共就业服务进校园”系列活动。

△ 区委、区人大常委会、区政府、区政协“四套班子”成员赴韶山开展“四个一”专题学习活动。

△ 区委组织部召开群众路线教育实践活动第一阶段“回头看”会议。

22日 市委组织部副部长、市绩效办主任易敏华到芙蓉区指导绩效考核工作。

△ 启动“美洁家园·幸福芙蓉”创建工作，进一步加强城区环境治理。

23日 省委常委、政法委书记、公安厅厅长孙建国一行到芙蓉区视察长沙火车站周边地区及反恐工作部署落实情况。

△ 区发改局组织召开长沙火车站广场停车场改革计费和收费方式征求社会意见会。

△ 区委书记梁仲到韭菜园街道为企业项目排忧解难。

22—23日 省教育工作督导评估专家组一行9人到芙蓉区检查县级教育“两项督导评估考核”工作。

26日 区城市管理委员会成立。

27日 区老干局组织召开上半年区政工作通报暨离退休老干部座谈会。

28日 区人社局组织召开湖南农业大学实习生见面会。

△ 市政府督导组到芙蓉区专项检查打击传销工作。

29日 区城管局组织召开城管委工作大会暨“六个走在前列”推进会。

30日 区发改局组织召开《芙蓉区产业发展(2014—2020)规划编制工作方案（讨论稿）》征求意见座谈会。

6月

4日 区卫生局召开芙蓉区创建国家慢性非传染性疾病综合防控示范区动员部署会。

5日 湖南省妇女干部学校校长刘艺一行到芙蓉区考察马坡岭街道锦林社区妇女儿童工作。

△ 省审计厅审计工作调研座谈会在区内召开。

△ 市委第五督导组到芙蓉区指导教育系统中共群众路线教育实践活动。

△ 区环保局举行“六五”世界环境日主题宣传活动。

△ 区委书记梁仲到马坡岭街道指导重点项目建设工作。同日到东岸街道指导中共群众路线教育实践活动和街道项目建设工作。

6日 区委书记梁仲到荷花园街道指导街道基础设施、民生项目建设工作。

△ 芙蓉区互联网产业发展推介会暨阿里巴巴·长沙产业带上线仪式在今朝宾馆举行。

9日 中央编办事改司副司长翟安鱼率中央编办调研组一行到芙蓉区指导事业单位分类改革工作。

10日 市纪委书记李军到芙蓉区检查定王台街道党风廉政建设并指导区城市建设投资公司的廉政风险点防控工作。

△ 通道侗族自治县县委办领导到芙蓉区考察化龙池社区建设。

△ 区发改局启动全区“十三五”规划编制工作。

11日 省台办经济处主任科员唐方一行到芙蓉区指导怡清源茶业党支部中共群众路线教育工作。

△ 隆平高科技园一期排水管网改造与建设项目开工仪式在雄天路施工现场举行。

12日 省商务厅厅长徐湘平、省商务厅总经济师周越一行到芙蓉区调研开放型经济工作。

13日 省检察院副检察长印仕柏、市人民检察院副检察长闵文到芙蓉区检察院召开长沙地区经济案件办案质量座谈会。

△ 副市长、公安局局长李介德一行到芙蓉区指导定王台街道社会综合管理及信访积案处理工作。

△ 市城管局领导到芙蓉区督察火星街道嘉雨路市场周边整改工作。

△ 东湖街道在湖南生物机电职业学校举办东湖“夜话”之大学生创业与就业大型座谈会，大学生与嘉宾就如何创业展开交流探讨。

16日 区委书记梁仲到五里牌街道现场督导辖区内重点项目建设和招商引资工作。

△ 韭菜园街道举办“安全生产月”宣传咨询日活动。

17日 市委第五督导组到芙蓉区督察韭菜园街道蓉园社区中共群众路线教育工作。

△ 区委书记梁仲分别到韭菜园街道调研九如巷棚改项目和文艺路街道中南大学湘雅二医院医疗综合体项目。

18日 区长于新凡到马王堆街道指导社区建设工作。

19日 省人口计生委主任詹鸣到芙蓉区调研指导区民政局、火星街道计划生育工作。

△ 区长于新凡到到芙蓉区工务局检查辖区内项目建设工作。

22日 区委组织部、区人社局组织举办新引进博士、高级会计人员、注册造价师专场招聘面谈。

22—25日 芙蓉区代表湖南省接受国家经济普查事后质量抽查。在全省四个抽查点中结果最好，受到省、市表扬。

23—24日 芙蓉区顺利通过迎接国家慢性病综合防控示范区考评验收。

23—25日 区委党史联络组、区史志档案局在区机关二楼大厅举办“中共群众路线档案聚焦”展览，聘请刘少奇纪念馆专业讲解员现场讲解。

24日 由区委宣传部、区文明办组织举办的“我是宣讲达人”芙蓉区总决赛落幕。

25日 由省妇联、省禁毒办主办，区妇联、区禁毒办承办的“6·26”国际禁毒日“校园无毒·阳光生活”大型宣传活动在湖南农业大学大礼堂举行。

△ 副市长姚英杰到芙蓉区实地调研五里牌街道燕山街旧城改造项目和黄土塘棚户区改造项目。

△ 区政府组织有关单位在五一大道粮贸大夏开展安全生产应急预案综合演练。

26日 市政法委副书记、综治办主任谭学军分别到荷花园街道检查政法工作和东湖街道民调落后整改工作。

△ 刘少奇故里管理局联合区委党史联络组、区史志档案局在湘湖街道西湖社区举行“刘少奇思想进社区”文艺演出暨芙蓉区党史丛书赠阅仪式。

27日 市委第五督导组到芙蓉区督察定王台街道中共群众路线教育工作。

7月

1日 市纪委书记李军到芙蓉区走访慰问东屯渡街道扬帆社区困难老党员。

△ 区消防大队组织召开消防安全工作紧急会议，对全区重大火灾隐患集中整治专项行动进行再动员再部署。

4日 区委书记梁仲到荷花园街道指导社会管理综合治理工作。

7日 国家体育总局国民体质监测中心检查组到芙蓉区抽查东屯渡街道白沙湾社区国民体质监测工作。

△ 市政府督察组督察芙蓉区上半年政府工作报告目标任务完成情况。

10日 市政法委书记钟钢到芙蓉区检查火车站地区反恐防暴及综合治理重点整治工作。

△ 副区长彭娟率相关部门负责人就园区“十三五

产业规划”进行调研。

11日 五里牌街道工商联商会在望城乌山镇举行“情系乌山”捐助活动，捐助乌山贫困学子。

13日 市长胡衡华到芙蓉区督察韭菜园街道黄土塘棚户区改造项目。

16日 市委宣传部副部长、市文明办主任郑力虎到芙蓉区指导定王台街道文明创建常态化网格化工作。

△ 市政府考核组到芙蓉区开展2013年度节能目标现场评价考核。

17日 市政府督察室、市综治办、市司法局、市财政局、市人社局组成联合督察组到芙蓉区督察社区矫正、安置帮教工作。

△ 区长于新凡到湘湖街道指导市场、道路提质改造及农安小区、老旧小区改造等多项工作。

18日 区委书记梁仲、区长于新凡到火星街道督察兴和农安小区提质改造工作。

22日 区长于新凡到定王台街道现场督导重点项目安全生产工作。

△ 长沙市劳动信息资源采集试点工作落户韭菜园街道军区社区。

23日 副市长何寄华到芙蓉区指导东湖街道农村征地拆迁并开展考察活动。

△ 长沙市2014年环保世纪行组委会到芙蓉区督察环保世纪行工作。

24日 省委组织部副部长蔡建和一行到芙蓉区指导基层党建工作。

△ 区交通运输局开展“打非治违”专项整治行动。

30日 区委宣传部主办新闻宣传骨干业务培训班。

29日 区委中心组举行第四次集中理论学习，邀请国家行政学院教授周文彰作《为民务实清廉》专题辅导。

31日 区召开2014年推进创业富民半年度工作会议。

△ 区长于新凡到芙蓉区农林水利局指导水利防汛、动物防疫及检疫、水资源调查与保护等工作。

△ 恒达社区提质改造现场观摩会在荷花园街道举行。

△ 区工商分局立案调查长沙恒威控制系统工程有限公司涉嫌侵犯西门子注册商标权，责令立即停止侵权行为。

8月

1日 全区召开深化文明创建暨城市管理及安全生产动员大会。

3日 区发改局开展“十三五”产业规划“涉铁棚改”项目专题调研。

4日 区委副书记夏钟剑调研湘湖街道安全生产与文明创建工作。

5日 省民政厅副厅长李劲夫到芙蓉区指导火星街道全国和谐社区建设示范街道创建工作。

△ 市工信委领导督察新振升铝材、潇湘玻璃、鼎昌鞋业、西陇助剂、飞翔纸业等11家重点企业安全生产工作。

△ 由区政府主办、区中央商务区办承办的“芯动芙蓉 一路有您”芙蓉区商务楼宇招商推介周暨专业楼宇授牌仪式启动。

6日 由区纪委、区妇联联合主办，韭菜园街道承办的“最美家庭”表彰暨“一家老小过廉关”家庭美德知识竞答活动在蓉园社区举行。

△ 区长于新凡一行到马王堆街道检查货运市场安全生产工作。

8日 区委宣传部、区文体新局、区文明办共同举办“欢乐潇湘——长沙篇·舞动星城 歌涌湘江”第二届全民广场舞比赛暨长沙市第三届全民健身节广场舞大赛芙蓉区总决赛。

13日 常务副市长陈泽珲到芙蓉区督察安全生产工作。

14日 市环保局局长王小平到芙蓉区调研上半年度环境指标任务完成情况。

15日 区金融办、湘湖街道组织召开湘湖商圈企业群投融资首场对接会。

18日 民政部全国和谐示范城区验收组到芙蓉区指导文艺路街道韭菜园社区和谐社区建设工作。

△ 区人社局组织召开以“感恩成长路 共建美芙蓉”为主题的引进人才代表交流座谈会。

19日 区委书记梁仲到马坡岭街道指导如何在城市化转型过程中做好群众工作。

△ 区长于新凡到朝阳街道人民新村社区指导省花鼓戏剧院提质改造工作。

20日 区委书记梁仲到火星街道调研文明城市创建网格化管理工作。

21日 市委副书记张迎龙一行到芙蓉区现场指导马坡岭街道芙蓉生态新城二号保障住房项目的建设工

作。

25日 陕西省神木县县委常委、副县长杨晓琦一行到芙蓉区观摩现代农业技术。

28日 区总工会举办“大爱芙蓉 圆梦金秋”助学金发放仪式。

△ 区教育局选派25名优秀教师赴邵阳新宁县7所乡镇中小学支教。

29日 副市长夏建平到芙蓉区考察八路军驻湘通信处旧址。

9月

2日 全市城市管理示范街道创建工作座谈会在荷花园街道召开。

△ 市台办副主任任袁湘鄂一行4人到芙蓉区调研涉台教育基地建设项目。

4日 副区长彭娟率政府相关部门（园区）负责人组成招商小分队赴深圳招商。

△ 省委常委、市委书记易炼红到芙蓉区看望慰问东屯渡街道嘉雨社区一线工作人员。

9日 区委、区政府组织开展第30个教师节慰问活动。

10日 区委组织部、区非公党工委组织45名优秀非公企业党支部书记赴浙江大学参加领导能力素质提升培训。

11日 省委宣传部领导到芙蓉区视察湘湖街道文明创建宣传工作。

△ 五里牌街道举办“邻里守望秋日行”启动式暨“邻里守望”工作站揭牌仪式。

△ 区委书记梁仲到东岸街道专题调度东岸公园、隆平水稻博物馆项目建设工作。

12日 市委副书记、市长胡衡华来隆平高科技园调研项目建设产业发展情况。

△ 火炬村拆迁安置工作动员会暨培训工作会召开。

△ 区委党校2014年中青年干部培训班结业典礼在大同古汉城小学礼堂举行。

13日 隆平高科技园在隆平国际会展中心召开隆平水稻博物馆项目设计概念性方案评审会议。

15日 全国ECD项目湖南省级实操培训班在区举行。

△ 芙蓉区全国科普日启动式暨应急救援知识进社区活动在荷花园街道举行。

16日 市人大常委会副主任刘新程到芙蓉区实地查看定王台街道长沙国际金融中心九龙仓工地工程项目建设进展情况。

△ 市委统战部副部长饶福明到芙蓉区指导统战暨创业富民工作。

△ 市城管委督导组到芙蓉区指导城市管理工作。

17日 中海地产公司高管一行到芙蓉区考察隆平新区项目，探讨浏阳河产业带、隆平新区的合作开发。

△ 上海虹口产业考察团一行到芙蓉区参观考察隆平高科技园。

23日 国家新闻出版广电总局反非司副司长杨梦东一行到芙蓉区实地检查定王台书市“扫黄打非”工作。

25日 湖南省电子商务协会执行会长张新亮携知名互联网企业家到芙蓉区考察互联网产业。

△ 区长于新凡到东岸街道调研农贸市场选址工作。

29日 市委组织部部长程水泉到芙蓉区调研韭菜园街道蓉园社区在职党员进社区报到工作并慰问社区困难户。

△ 区委书记梁仲到东屯渡街道指导信访维稳工作。

30日 英氏集团孕婴童产业园项目落户隆平高科技园。

△ 市发改委领导到芙蓉区调研三季度经济运行势态。

△ 区委书记梁仲、区长于新凡在国庆节前率队督察辖区部分重点隐患单位安全生产工作。

10月

9日 区长于新凡到马坡岭街道指导石材加工业环境污染整治工作。

10日 由芙蓉区承办的“长沙首届网友节开幕式”在浏阳河婚庆园举行，新浪网、腾讯网、凤凰网等重点网站及全国百家城市网站共同参与。

△ 省卫计委考评组到芙蓉区考核评估2014年度人口和计划生育工作。

△ 副市长夏建平到芙蓉区指导楚怡学校与长沙市体操学校合作办学事宜。

12日 岳阳市岳阳楼区委书记秧励、区长黄伟雄率队到芙蓉区考察交流湘湖街道传统市场提质改造工作。

14日 区长于新凡带队赴深圳参加湖南(长沙)·深圳招商推介洽谈周活动，深入洽谈浏阳河产业带建设项目。

15日 西藏山南地区妇联党组书记、主席徐梅带领考察团一行到芙蓉区参观交流妇女儿童工作。

17日 省扶贫办联合湘府社区在文艺路街道开展“心系扶贫大爱三湘”全国首个扶贫日爱心活动。

△ 区民宗外侨局、区民族联谊会在全国首个扶贫日开展“爱心捐赠 情暖泸溪”活动。

20日 市为民办实事督察组一行到芙蓉区考核2014年为民办实事工作。

21日 区四届人大常委会召开第十四次会议。

22日 市文明办副主任杨立平一行到芙蓉区现场指导汽车东站文明创建工作并召开调研会。

23日 区政府与互联网金融千人会、湖南大学产业金融研究院、中信汇丰投资管理有限公司签约，打造互联网金融（长沙）创新试验区，助推长沙国际金融中心建设。

24日 区召开中共群众路线教育实践活动总结大会，省委督导组副组长魏忠生、陈烽，市委督导组副组长彭鉴西、刘强等领导出席。

△ 副市长何寄华到芙蓉区指导荷花园街道安全生产工作。

26日 由长沙芙蓉中央商务区管理办公室（楼宇办）主办、芙蓉区楼宇商会承办的“芙蓉区第三届物业服务企业员工技能大赛”在区政府大院举行。

28日 市城管局副局长胡刚到芙蓉区指导荷花园街道城市管理示范街道创建工作。

29日 浙江省杭州市桐庐县县委常委、副县长、迎春商务区管委会主任樊春一行到中央商务区考察交流楼宇经济发展项目推进情况。

△ 江西省九江市浔阳区考察团到芙蓉区参观交流湘湖街道城市管理与市场改造工作。

30日 区委书记梁仲会见中国进出口银行湖南省分行和招商银行长沙分行行长，重点推介浏阳河以东区域发展规划。

11月

1日 全区13个环卫所正式下移到街道管理，引进深圳玉禾田公司同步启动火星环卫所市场化试点工作。

4日 区委书记梁仲到东湖街道调研民心工程。

5日 市人大常委会主任袁观清到芙蓉区走访慰问省、市人大代表并听取代表对人大工作的建议。

6日 运营33年的金苹果冷库液氨设备关停撤运完成。

△ 中国铁塔股份有限公司湖南省分公司项目、湖南泓春奥克医疗科技有限公司和湖南欣朗生物医药科技有限公司项目集中签约入驻隆平高科技园。

△ 区委书记梁仲、区长于新凡会见工商银行湖南省分行行长，探讨政府与银行紧密合作，共建金融核心区。

11日 市民宗局局长刘佳勇一行到芙蓉区指导民族工作。

12日 省人大常委会联工委主任王刚一行到芙蓉区考察人大工作，重点了解区人大常委会代表联系群众工作平台建设实效及作用发挥情况。

12—14日 全国妇联主办的儿童早期家庭教育指导会议暨培训班在上海举行，芙蓉区作为全国三个发言区县之一在会上推介经验。

16日 郴州市委组织部领导到芙蓉区考察文艺路街道党建工作。

18日 副市长姚英杰到芙蓉区调研迪马公司及周边地块项目棚户区改造工作。

△ 长沙市政府副秘书长王伟胜到芙蓉区调研马王堆蔬菜市场管理及文明创建工作。

△ 副区长许凡带领区环保局、农林水局、城管局主要负责人与市环保局相关人员紧急处置浏阳河芙蓉区段油污带事件。

△ 区委书记梁仲、区长于新凡到宁乡县灰汤镇调研联点工作，明确表示要做到“同脉而动、良性互动、联手联动”，全力支持灰汤镇“小城市”建设，履行好后盾单位责任。

19日 副市长夏建平到芙蓉区指导定王台街道程潜公馆旧址修缮工作。

△ “失地就业新跨越 创业富民谱新篇”——2014年芙蓉区失地农民创业就业先进表彰暨专场招聘会在东岸梅园举行。

20日 省委党史研究室主任张志初一行到芙蓉区指导党史联络工作。

△ 区长于新凡主持召开全区文明创建工作暨城市管理工作讲评会。

21日 区食安办举办芙蓉区食品安全事故（Ⅳ级）应急演练活动。

22日 由市城管局和行政执法局主办，区城市管理和行政执法局承办的长沙市第三届城管协管员趣味运动会在荷花园街道东郡社区举行。

23日 由区图书馆代表长沙市参加由省委宣传部、省教育厅、省文化厅等单位联合举办的“三湘读书月——全省少年儿童‘中国梦·我心中的故事’读书活动故事讲述竞赛”获得金奖。

24日 区委书记梁仲、区长于新凡到定王台街道调研重点项目建设情况。

25日 市环保局局长王小平到芙蓉区督察环境污染隐患大排查及执法工作。

△ 市政府副秘书长、市机关事务管理局局长谭志到芙蓉区指导杨家山社区市直机关宿舍小区环境提质改造项目及市三幼儿园周边环境整治情况。

29日 湘湖街道南湖大市场发生大火，区武警消防大队赶赴现场灭火。

12月

1日 区长于新凡到定王台街道督察定王台书市消防改造工作。

△ 区人大常委会主任罗树林到文艺路街道乔庄社区检查消防安全工作。

2日 由省妇联、省律协联合主办，市妇联，芙蓉区区委、区政府承办的“12·4”国家宪法日宣传活

图14 芙蓉广场

动暨湖南省“家庭律师社区行”启动式在荷花园街道德政园社区举行。

△ 芙蓉区委四届第56次常委会在隆平高科技园召开，主题是贯彻落实省、市工业园区工作会议精神，加速推进园区发展。

3日 芙蓉区公布《芙蓉区行政事业单位收费、基金项目清理意见》，决定自2015年1月1日起免征11项区本级行政事业收费。

4日 省军区政治部副主任刘明建，市委常委、市委副书记张迎龙，市警备区政治部主任曹清军一行到芙蓉区检查定王台街道浏正街小学双拥创建工作。

△ 区法院举办“法院开放日”活动迎接第一个国家宪法日。

△ 由区依法治区领导小组办公室、区司法局主办，东屯渡街道承办，以“坚持依宪治国，树立宪法权威”为主题的法制宣传活动在浏阳河婚庆公园广场举行。

△ 区环卫局开展芙蓉道德讲堂总堂“美丽家园”主题活动。

9日 长沙市警备区政治部主任曹新军到芙蓉区视察韭菜园街道军区社区“民兵营” 特色工作。

10日 区金融办组织召开全区打击和处置非法集资工作会议。

11日 市中级人民法院副院长刘革强到芙蓉区指导信访工作。

16日 广州市人口计生局局长欧阳资文一行到芙蓉区考察流动人口管理和服务工作。

△ 区安全生产工作大会在区机关会议中心召开。区委常委、副区长蔡冰通报“7·19”事故处理和“11·29”事故案情。

17日 省、市人大代表芙蓉区小组视察恒达社区提质改造工程、长沙市第二污水处理厂提质改造暨中水回用示范工程、滨河大道改扩建工程3个重点工程项目。

△ 副区长彭娟率长沙芙蓉中央商务区赴北京参加2014中国商务区联盟年会。

19日 市委副秘书长夏文斌一行到芙蓉区督察“三年造绿大行动”工作。

△ 区委宣传部举办“我的中国梦”暨第四届芙蓉艺术节颁奖活动。

△ 达腾科集团总裁兼首席执行官杨智超一行到芙蓉区考察访问。

24日 区长于新凡到定王台街道督察社区消防安全工作。

△ 区卫生局和区教育局联合举办芙蓉区中小学、幼儿园聘任校医培训班。

25日 省政府副秘书长、政研室主任虢正贵到芙蓉区检查定王台街道消防安全工作。

31日 市委常委、市政法委书记钟钢、副市长、市公安局局长唐向阳到芙蓉区督察定王台书市、金苹果市场消防整改工作。 （年鉴编辑部）

中共长沙市芙蓉区委员会

区委主要机构及领导人员

书　　记　梁　仲
副 书 记　于新凡
　　　　　夏钟剑
常　　委　王曙光(2014.12 任,挂职)
　　　　　廖铁成
　　　　　罗玉环(女)
　　　　　周　虔(女)
　　　　　伍艳飞(女)
　　　　　张　勇
　　　　　刘熙宇(2014.04 免)
　　　　　吴　敏
　　　　　欧干军
　　　　　苏智勇(2014.06—2014.12,挂职)
　　　　　蔡　冰(2014.09 任)

区委部门

区委办

主　　任　吴　敏
常务副主任　丁迎秋(2014.03 免)
　　　　　张　亚(2014.03 任)
副 主 任　张　亚
　　　　　李启杰
　　　　　胡　云

区委组织部

部　　长　周　虔(女)
常务副部长　徐青春(2014.03 免)
　　　　　徐琼山(2014.03 任)
副 部 长　任　健(兼)(2014.03 免)
　　　　　唐宇平(兼)(2014.03 任)
　　　　　周云丽(女)(兼)
　　　　　文升云(兼)
　　　　　田松柏
　　　　　谭永华(兼)
　　　　　焦益民(兼)
纪检委员　杨　芬(女)

区委宣传部

部　　长　伍艳飞(女)
常务副部长　彭良厚(女)
副 部 长　吴康达(2014.03 免)
　　　　　黄传华(女)(2014.03 免)
　　　　　李向华(兼)
　　　　　易利平(女)(2014.03 任)
　　　　　钟海荣(女)(2014.03 任)

区委统一战线工作部

部　　长　周　虔(女)
常务副部长　罗　月(女)
副 部 长　范晓凤(女)(2014.10 免)
　　　　　刘国强(兼)

区政法委

书　　记　欧干军
常务副书记　刘建军(2014.03 免)
　　　　　饶　诚(2014.03 任)
副 书 记　黄健元(兼)
　　　　　刘自军(兼)
　　　　　凌　云(兼)
　　　　　刘建军(兼)(2014.03 任)
　　　　　翦新华(兼)(2014.03 免)
　　　　　许平波(兼)
　　　　　陈洪林(2014.03 免)
　　　　　刘汉祥
　　　　　张　敦
　　　　　任浩宇(兼)
　　　　　李跃红(2014.03 免)

区直机关工委

书　　记　黄　俭(女)
副 书 记　陈　克
　　　　　王　琼(女)

区信访局

局　　长　焦益民
副 局 长　高云林(2014.03 免)
　　　　　张永恒(女)
　　　　　邹建国
　　　　　莫海平
　　　　　罗　迪(2014.03 任)

区编委办(事业单位管理登记局)

主　　任　江　红(女)
副 主 任　张又红(女)
　　　　　何　澜
纪检委员　王　晶(女)

区老干局

局　　长　谭永华
副 局 长　江　平
　　　　　李建华（女）
　　　　　熊尚希
　　　　　喻　华（女）

区防范和处理邪教问题领导小组办公室

主　　任　蔺新华（2014.03免）
　　　　　刘建军（2014.03任）
副 主 任　张　斌(女)(2014.03免)
　　　　　刘　颖(女)(2014.03任)

区委直属事业单位

党校（行政学校）

校　　长　贺达斌
副 校 长　熊曙光
　　　　　李春灵（女）

区史志档案局

局　　长　刘荣华（女）
副 局 长　鲁素爽（女）
　　　　　潘湘霞（女）

其他事业单位

区非公经济党工委

书　　记　周云丽（女）
专职委员　胡永清
纪工委书记　刘　玲（女）

重要会议

【2014年度经济工作部署会】 1月13日，芙蓉区区委四届八次、区政府四届二次全会暨2014年经济工作部署会召开。会议由区委副书记夏钟剑主持。区委副书记、区长于新凡全面回顾了2013年经济工作，安排部署2014年经济工作。区人大常委会主任罗树林、区政协主席刘建新分别讲话。区委书记梁仲在会上高度肯定2013年经济工作，认为战略定位是关键，思路对头，一年一层楼。团结干事是法宝。凝心聚力，一年一个样。品牌提升是要件，真抓实干，一年一台阶。梁仲指出，2014年要在把准方向、创新转型中谋求新突围；坚持辩证观点，趋利避害抢机遇；立足自身实际，科学理性定目标。2014年的指标定位是：“跨越百亿，实现三增”，即财政总收入确保100亿元，增长10%；力争105亿元，增长15%，跨上百亿元崭新台阶；“三增”即经济总量、发展质量、人均均量同步增长。2014年的工作主题是：“西提东拓，项目攻坚”。即以项目建设为抓手，以拆迁攻坚为切入，既立足当前做好西片上天入地、提质增效文章，又着眼长远铺开东片基础建设、大举开发的主战场，实现东西竞相突破、均衡发展、两翼齐飞。聚焦关键领域，从稳增长找到钥匙、促转型找准平台、惠民生找实路径三个方面着力创新发展求突破。要在倾斜基层、夯实社区中构建新格局。以重建社区自治组织为着力点，动员和组织社会力量、广大群众积极参与社会建设、回应群众关切，让直通车工程得到深化和升华。要以群众路线教育实践活动为契机，抓好领导班子和干部队伍建设，传递正能量，提振精气神，认真抓落实。

（刘亦文）

【全区党政负责干部大会召开】 1月24日，全区党政负责干部大会召开。本次大会的主题：迅速落实全市清洁城市大行动动员会要求，安排部署全区“清洁城市”建设及春节前卫生清扫工作；进一步部署春节期间全区安全生产、作风建设等方面的工作，确保过一个开开心心、干干净净、平平安安、清清爽爽的新年。会议由区委副书记、区长于新凡主持，区纪委书记廖铁成就春节期间全区作风建设工作，副区长刘熙宇就春节期间全区城市管理工作，副区长许凡就春节期间全区安全生产工作，副区长、公安分局局长黄健元就春节期间全区消防工作进行了铺排。区委书记梁仲就清洁城市、消防及安全生产、作风建设三个方面作了讲话。他指出，城市清洁关乎形象、关乎民生、关乎发展，也关乎每一个人的生活。要增强时不我待的紧迫感，迅速行动，集中造势；广泛动员，全民参与；提升理念，提高标准；专业维护，网格管理；完善机制，力求长效，带着感情和责任做好清洁城市工作。安全生产无小事，要深化认识，警钟长鸣；盯住重点，勤查细管；下沉重心，落实责任，时刻绷紧安全生产这根弦，把这项工作抓实抓细抓到位。作风建设是高压线，要看清形势，形成常态；严明纪律，认真执行；加强自律，筑牢防线，加强心性修养，培养健康情趣，自觉抵制各类诱惑。（刘亦文）

【深入开展中共群众路线教育实践活动动员会】 3月14日，芙蓉区召开中共群众路线教育实践活动动员大会，就深入开展教育实践活动进行动员和部署。省委督导组副组长魏忠胜，市委常委、常务副市长陈泽珲，市委第五督导组组长、市人大常委会顾问罗购三，区委书记梁仲，区委副书记、区长于新凡等相关领导出席会议。

陈泽珲强调，要提高思想认识，以强烈的责任意识开展教育实践活动；要坚持严字当头，以过硬的标准举措抓好教育实践活动；要加强组织领导，以有力的工作保障推进教育实践活动。芙蓉区要切实把教育实践活动与全面深化改革结合起来，与完成本地区本单位中心工作结合起来，与加强领导班子、干部队伍和基层党组织建设结合起来，以作风建设的新成效，推动芙蓉区转型创新发展再上新台阶。

梁仲明确提出，要以抛开面子、揭短亮丑的态度，对全区上下目前仍存在的“四风”问题开展批评与自我批评，表示芙蓉区将以严的标准、严的举措、严的纪律补精神之钙、除“四风”之害、祛行为之垢、立为民之制，并强调全区领导干部，要做清醒之人、明白之人、局中之人，切实增强开展教育实践活动的自觉性和责任感，确保教育实践活动沿着正确的方向深入扎实地推进。

芙蓉区高度重视中共群众路线教育实践活动，前期召开了专题民主生活会和开展整治“四风”行动，做到“镜子早照、衣冠早正、尘垢早洗、有病早治”，并突出领导带头抓示范、突出正面教育抓学习、突出建章立制抓推进、突出督促检查抓落实，为活动开展营造良好氛围。（刘亦文）

【2013年度经济发展奖励表彰暨“六个走在前列”重大项目帮促动员会】 3月25日，全区2013年度经济发展奖励表彰暨“六个走在前列”重大项目帮促动员大会在芙蓉区机关会议中心举行。区委全体常委和人大常委会主任、政协主席在主席台就座，区直各部门、各街道（园、局）和部分企业的代表近500人参加大会。

全面回顾总结了会议过去一年的经济工作。表彰奖励为全区经济增长和产业升级做出卓越贡献的企业。来自全区各行各业的156家企业分享了15项大奖和1047万元奖金，体现了区委、区政府鼓励和扶持优势产业的决策意图和对全区工商企业界的支持与尊重。

会议认为，2014年是芙蓉区爬坡过坳的攻坚之年，GDP计划增长11.5%，突破1000亿元大关；财政总收入增长10%，突破100亿元大关。实现这一轮爬坡过坳，完成这两个具有里程碑意义的重要指标，芙蓉区将站上全新的历史起点，开启新一轮快速发展的历史新局。

会议对加快推进“六个走在前列”帮促重大项目建设进行动员部署，将102个重点项目纳入“六个走在前列”重大项目帮促活动。要求按照“一河两岸、双核驱动”的总体构想，强力推进项目建设，吸引、释放和拉动投资潜力，完成全社会固定资产投资350亿元，增长15%。会议对重点项目帮促工作提出了具体要求，对各部门各单位的工作责任和任务实行层层分解。

会议号召，要进一步落实长沙市委、市政府“六个走在前列”大竞赛活动要求，积极转变发展模式，优化产业结构，改进政务服务，加大招商引资和项目推进的力度，为建设“湖湘之心、中部标杆、全国一流”的“财富中心、魅力之都、幸福芙蓉”续写新的篇章。（刘亦文）

【2013年度“六个走在前列”大竞赛暨党务工作会】 3月25日，全区召开2013年度“六个走在前列”大竞赛暨党务工作会议。会议通报全区2013年度“六个走在前列”大竞赛暨绩效考核结果，表彰2013年度一批成效突出的先进单位和爱岗敬业的先进个人。会上，各街道（局）书记向区委书记梁仲递交社会综合治理责任书。

会议由区委副书记、区长于新凡主持。区委副书记夏钟剑通报讲评全区2013年“六个走在前列”大竞赛活动、党务工作、绩效考核，并部署2014年工作。

区委书记梁仲指出，2013年全区以绩效考核为引领，深入推进“六个走在前列”大竞赛活动，经济社会建设成效显著。就2014年党务和绩效考核工作提出具体指导意见，强调党务工作是灵魂、后盾和根基，广大党务工作者务必增强党性意识，坚定理想信念，改进工作作风，把握正确方向，提高做好党务工作的创造力和执行力。要继续强化考核运用，以务实管用的机制确立绩效考核风向标。（刘亦文）

【区委四届九次、区政府四届三次全会】 8月1日，区委四届九次、区政府四届三次全会召开。本次会议的主题：认真学习传达贯彻省委十届十次全会、市委常委（扩大）会议和省委书记徐守盛在长沙调研的主要精神。对上半年工作进行盘点总结，对下半年工作进行安排部署。传导工作压力，及时动员全区干部群众迅速行动，奋力推进当前一些具体工作和重点项目，确保全面完成年度目标任务。会议由区委副书记、区长于新凡主持。区委书记梁仲在会上讲话，梁仲指出2014年以来，区委常委会认真贯彻落实中央、省、市精神，顶住下行压力，保持经济平稳增长；有效帮促服务，助推项目加快建设；理顺体制机制，强化城市精细管理；关注民生，夯实社会治理基础；抓实教育实践活动，加强中共建设，做到“两不误，两促进”。对于后段工作，梁仲要求增强定力，辩证看待创新发展的新形势。把握宏观层面转型倒逼大势，抢抓微观层面微刺激机遇，坚定完成年度目标任务的信心。要精准发力，打出区域转型升级的组合拳。抓产业提质，做三换文章；抓项目攻坚，增发展后劲；抓城市管理，促民生改善。要集中精力，形成齐抓共管、攻坚克难的正导向，持之以恒转作风。（刘亦文）

【深化文明创建暨城市管理及安全生产动员会】8月1日，全区召开深化文明创建暨城市管理及安全生产动员会，区委、区人大、区政府、区政协班子成员及各街道、部门主要负责人参加。

会议开篇播放了近期城市管理督察暗访片，并对安全生产、城市管理、文明创建工作进行详细部署。各街道（局）党工委书记和21个重点创建责任部门行政责任人向区委书记梁仲递交文明创建目标责任书，区委副书记夏钟剑对全区文明创建工作责任落实不到位及“城市斑点”整改不到位或出现反复的部门、街道作行政问责通报。

区委书记梁仲肯定全区上半年在文明创建、城市管理和安全生产工作取得的成绩，并认真查找全区在制度、机制方面存在的问题。他强调全区领导干部要在常态上下功夫：造氛围、顺机制、优管理、明奖惩、强保障、试改革，深化文明创建和城市管理工作；严明认识、严防死守、严管重罚，确保安全生产大局稳定。区委副书记、区长于新凡从狠抓落实、明确责任，严格奖惩提出具体要求。（刘亦文）

【中共群众路线教育实践活动总结会】10月24日，全区召开中共群众路线教育实践活动总结大会，省委督导组副组长魏忠胜、陈烽，市委督导组副组长彭鉴西、刘强等出席会议。魏忠胜指出，芙蓉区在这次教育实践活动中大胆探索、勇于创新，为新形势下加强基层党建积累了经验，为更加坚定地贯彻群众路线、加强作风建设提供了重要启示。魏忠胜希望芙蓉区始终坚持严字当头，推进从严治党；坚持问题导向，推进整改落实；坚持防微杜渐，扎紧制度笼子，为谱写科学发展的芙蓉篇章而努力奋斗。

区委书记梁仲指出，自中共群众路线教育实践活动开展以来，全区按照习近平总书记系列重要讲话精神和上级有关要求，4个市管领导班子、2个副县级以上单位、13个街道、63个区直部门、1121个基层党组织和15048名党员全程参加本次活动。目前已顺利完成各项任务，基本实现预期目标，达到了党员干部受到教育、工作作风切实改善、组织活力得到提升、群众利益得到维护的明显成效。为期一年多的群众路线教育实践活动所产生的重大意义和深远影响，必将随着时间的推移不断显现。梁仲要求全区各级党组织和广大党员干部，一定要深入贯彻落实习近平总书记10月8日在中央中共群众路线教育实践活动总结大会上的重要讲话精神，切实增强忧患意识，以更大的劲头、更强的韧性、更严的举措，加强和改进中共建设，为区域发展提供坚强的组织保证。（刘亦文）

组织工作

【概况】2014年，区委组织部以开展中共群众路线教育实践活动为主线，围绕中心、服务大局，务实创新、克难奋进，各项工作取得新的成效。

组织建设。加强基层组织建设。对3个软弱涣散党组织存在的突出问题，出台整顿工作方案，组织专题培训和结对帮扶。结合“群众工作直通车”开展结对共建工作，全区社区（村）与市直部门结对58个，与区直部门实现全覆盖结对。全面推行“三级联述联评联考”制度（“三级联述”，即区、街道、村（社区）三级党组织书记就抓基层党建工作情况向上级党组织进行专项述职；“三级联评”，即组织基层党组织、党员和群众代表对区、街道、村（社区）党组织抓党建工作情况进行评议；“三级联考”，即把抓基层党建工作情况作为区、街道领导班子、领导干部和村（社区）“两委”班子及成员年度考核的重要内容）。采取分批述和集中述相结合，将基层党组织书记落实党建工作责任情况纳入年度绩效考核。从严教育管理党员。全年完成村党组织换届选举工作，选举产生新一届支村“两委”成员91人。选聘103名基层党组织书记和党务工作者担任党员教育讲师，选派360名党建指导员指导社区（村）和非公党建工作。继续推行党员教育管理“一卡四制”（即党员承诺卡，学习教育制、岗位责任制、联系服务制和综合评价制）。全区3547名直管党员全部做出“四承诺一公开”（对学习教育、岗位责任、联系服务、作风建设进行书面承诺，并在办公场所公开），做到承诺上墙、责任上肩，树立党员良好形象。开展百名讲师下基层，百堂精品党课进支部“双百”活动，选派讲师团成员到基层党组织授课，开讲党课近百场，有4000名党员从中受益。加强基层保障力度。按照每社区（村）约60万元的标准配套增拨工作经费，并逐年按比例增加，为每个社区设立10万元群众工作经费，投入2738万元，新建提质社区办公用房9440平方米，并按“五有”（有阵地、有队伍、有制度、有活动、有台账）和“三亮”（亮身份，倡导开展“佩戴党徽”活动；亮承诺，继续开展“一卡四制”活动；亮形象，常态开展“先锋服务”活动）要求对全区96个党员服务中心进行规范化建设。对考核合格的165名社区（村）党组织书记发放年度津贴，对离任社区（村）“两委”成员按其任职年限发放“特殊贡献奖”60万元，对13个红旗服务型党组织各奖励5万元，对连续3年被评为红旗党组织的党组织书记奖励1万元。

干部工作。推进干部人事制度改革。进一步规范干部选用工作标准、程序和运行体系，全年调整使用干部161人次，进一步调优配强班子，探索建立关于加强干部队伍建设的“一个规范四个机制”（干部选拔任用工作规范，教育培训机制、考核评价机制、管理监督机制、激励保障机制）。全面完成城管执法大队下移到区的接收工作，落实全市城管体制改革部署，按照精简机构、充实基层原则，稳妥接收任命城管执法干部249名。从严监督管理干部。严格落实《关于从严教育管理监督干部的实施意见》，全面清理科级领导干部在企业和社会组织兼职并领取报酬问题。严格落实“有错无为皆问责，不换状态就换人”，加大干部问责力度，免职处理干部7人，形成激励干部的正能量。拓展干部教育管理培训。发挥党校主阵地作用，加大高校培训力度，提升自主选学品质，全年统筹组织各类培训班次21期，完成2036人次的教育培训任务，全面提升各级各类干部的能力素质；举办“群众工作直通车大课堂”8期，培训科级领导干部595名；组织3批82名干部到湘西泸溪教学基地进行党性锻炼，45名中青年后备干部3个月的集中培训；选送86名党政干部到复旦大学、浙江大学参加能力素质提升研修班学习，45名非公党组织书记到浙江传化集团等地学习企业党建经验；集中轮训基层党组织书记889名。加大人才引进力度。深入推进“235”工程（以改善结构、提高素质、优化配置为目标，未来5年内引进2000名人才；形成基层一线培养、高校择优引进和社会公开考选的3个人才来源主渠道；实施社会工作人才职业化计划、党政人才优化储备计划、科级领导干部广推优选计划、高端人才集聚计划和教育英才拓展计划等5大人才培养子计划），全年引进各类人才324名，其中面向全国公开选调具有公务员或参照公务员身份的机关工作人员4名，公开招聘事业单位工作人员8名，招聘政府雇员35名（其中博士2名），公开选聘中小学名优特教师13名，中小学教师145名。优化考核评价机制。调整下发《2014年街道（局）绩效考核工作目标体系》，修订完善《科级领导干部德才绩量化考核管理实施办法》。根据芙蓉区域特点，将中共建设与项目建设、城市管理、信访维稳、安全生产等“一梁四柱”（教育实践活动开展和加强中共建设“一梁”与推进项目建设、城市管理、信访维稳、安全生产“四柱”）作为考核重点，精减近半数考核指标。及时召开市对区考核工作调度会，积极对接市考核指标，明确指标责任，加强日常调度，实行进度倒排、任务倒逼，定期公示考核结果，确保各项指标均衡推进、按期完成。

绩效考核。2014年，全区绩效考核工作在广泛征求各单位意见建议的基础上对考核办法和指标体系进行修改完善。以简驭繁考重点。将中共建设、项目建设、城市管理、信访维稳、安全生产“一梁四柱”工作作为考核重点，将民生保障指标打捆考核，根据不同街情，设置不同的分值权重，进行差异化考核。注重过程考平时。增加平时考核分值权重，城市管理、文明创建、信访维稳等工作按每月或每季进行考核；民生指标和中共建设以平时考核情况为准，不组织年终考核。加大平时考核工作力度，加强日常考核信息收集，定期公布日常考核结果。简化、量化评分考单。招商引资、安全生产、社会管理综合治理、群众工作、计划生育等指标的综合考核，按考核评分细则确定排名，按排名计分，用简单的计分办法考出真实的工作绩效。以考制考明职责。严格控制“搭车考核”，严格实施评分细则，违者在部门自身建设“政令畅通”中给予扣分。凡需增加考核内容，必须报区委常委会讨论决定。科学量化个人考核。领导干部的量化考核，增设“才”的测评，优化个人评定方法，加大对领导干部“四风”和“不在状态”的考核力度。

2014年度完成13个街道（局）、62个区直部门、581名科级领导干部绩效考核。街道（局）评定一等班子4个（定王台街道、火星街道、荷花园街道、文艺路街道）、二等班子6个、三等班子3个；区直部门评定一等班子12个（财政局、统计局、工务局、人社局、教育局、民政局、环卫局、法院、妇联、编委办、审计局、党校）、二等班子45个、三等班子5个；科级领导干部评出一等个人118名、二等个人449名、三等个人3名；垂直管理部门评出一等班子4个（巡警大队、国土分局、交警大队、公安分局）、二等班子8个。

自身建设。突出能力提升。开展“组工课堂”等业务培训和岗位练兵。在市委组织部《组工学苑》刊发体会文章，在《芙蓉月刊》连续刊登学习心得，参加区委办“强素质、显风范”征文比赛获奖。“组工课堂”获评全市优秀学习载体，区委组织部机关获评全市学习型党组织建设示范点。突出作风改进。以开展中共群众路线教育实践活动为契机，严格落实全市组织系统改进作风“五个坚持、五个不准”的纪律规定，编印《改作风密切联系群众有关规定汇编》，出台《区委组织部关于从严加强自身建设的意见》提升干部素质，健全工作制度、培养良好作风。突出从严要求。从严抓好干部的日常管理，抓好《部机关厉行节约反对浪费七项规定》落实，培养干部勤俭办事的习惯，弘扬艰苦奋斗的优良作风。出台《区委组织部全员绩效考核办法（试行）》，建立调整淘汰机制，激发机关干部队伍活力。分别派出组织部5名年轻干部脱产参与火炬村拆迁，全面锻炼干部，提升工作水平。

（苗津铭　张　弟）

【获评全市学习型党组织建设示范点】 区委组织部坚持把学习融入组织生活，以提升组织工作科学化水平为主线，充分发挥支委的表率作用、党员的主体作用和党支部的团队作用，狠抓学习型机关建设。持续推广“进社区、进网格，同学习、同过组织生活、同服务群众”的“两进三同”活动，不断延伸学习阵地，深化学习内涵，实现“课堂主阵地”与“基层主战场”的有机整合。着力打造“四学两争”平台（同学、讲学、考学、用学，争创学习型组织、争当学习型干部），先后编印《组织部来了个年轻人》《机关青年（办公室）36“忌”》等学习册子，推荐《之江新语》《百年海归 创新中国》等精品书目，汇编《自警自励正能量》等读书心得集锦，推出《从优秀到卓越》干部教育学习实录专刊。12月，获评全市学习型党组织建设示范点。

（苗津铭）

·专记·

中共群众路线教育工作

2014年，芙蓉区按照中央、省委、市委统一部署和安排，开展以为民务实清廉为主题的第二批中共群众路线教育实践活动。2月开始动员，3月14日正式启动，10月下旬基本结束。全区有4个市管领导班子、2个副县级以上单位、13个街道、63个区直部门、1121个基层党组织和1.51万名党员参加本次活动。

坚持把领导示范贯穿始终，真正做到真抓力促。突出区委常委班子领导核心作用，区人大常委会班子、区政府班子、区政协班子及县级党员领导干部紧跟其上，以上率下推动教育实践活动深入开展。带头公开承诺。区委常委会出台《带头为民务实清廉六项准则》，提出“带头坚持学习强党性、带头深入基层办实事、带头民主决策讲科学、带头公道用人扶正气、带头厉行节约不铺张、带头廉洁自律树清风”，并坚持每周下基层3次以上。带头学习调研。区四大家班子通过个人自学、专家辅导、专题讨论、公开上党课、赴韶山开展“四个一”（重温一次入党誓词、参观一个纪念地、听一堂党课、观看一场爱国主义教育舞台剧）活动等形式学原著、读原文、悟原理，增强思想自觉和行动自觉。年内，班子成员为基层单位上公开党课56次，参加专题讨论48次，撰写调研报告23篇。带头联点办点。区四大家班子成员联系13个街道、10个区直部门、19个社区和4个村，严格把关联点单位实施方案，参加活动动员会，具体指导、抓点带面、办点示范，促进活动开展和各环节工作的落实。

坚持把真学真用贯穿始终，用心解决好“总开关”问题。强化理论武装，夯实思想基础。区委常委会带头研读《干在实处、走在前列》《之江新语》等学习资料，组织党员干部精读8本必读书目，做到学深悟透、入脑入心。认真组织学习《习近平总书记系列重要讲话读本》，原原本本、全面系统、联系实际学习。对照“三严三实”，广泛开展“幸福芙蓉”大讨论。各街道、部门（单位）通过分层分类举办学习交流会、组织主题论坛、开展演讲比赛、举办微型党课、开展主题征文等，引导党员干部自觉对照“三严三实”要求，不断增强宗旨意识和群众观点；把学习弘扬焦裕禄精神作为一条红线贯穿活动始终。确保全面覆盖，提升学习效果。以“三学三思三比”（学经典理论，思考入党为什么，比立场信仰强不强；学重要讲话，思考在党做什么，比履职尽责好不好；学党规党纪，思考形象怎么样，比作风建设硬不硬）活动为载体，做到活动稳步推进、理论武装同步跟进。全区各单位开展集中学习341次，“百名党员讲师下基层、百堂党课精品下基层”活动送课近100堂，编印《永恒的宗旨》《学典型见行动》等学习口袋书10本，党员干部参学率100%。

坚持把边查边改贯穿始终，不断在发现问题中解决问题。开展“四听四问”（深入基层向下听、积极求教向上听、敞开大门向外听、广开言路向内听；问效果、问怨声、问根源、问对策）。采取座谈调研、网络征询、问卷调查、设置意见箱等方式，运用民情恳谈会、民主议事吧、民情纳凉会、群众夜谈、村民说事点等载体，确保群众意见提得进来，“四风”问题找得具体。全区召开青年干部、老干部、“两代表一委员”、一线企业职工等各条线座谈会177场次，初步梳理意见建议2150条，依托群众工作“直通车”收集群众反映问题3749个。召开文明创建、宜居社区建设、市政、环卫、电力、路灯等遗留问题集中调度交办会20次，化解矛盾纠纷700个，办结群众诉求2000件，着力解决“最后一公里”“最后一步路”问题。从严正风肃纪。主动对接中央和省委制订的专项整治任务，制订《关于认真扎实做好“四风”突出问题专项整治任务对接、立行立改工作的通知》，明确责任单位，制订整改措施，逐项细化落实，其中19项整治任务基本完成或取得阶段性成果。对顶风违纪的区园林局原局长卢某某进行“双开”处理，市政局原局长许某某给予免职和党内严重警告处分；通过定期明查暗访进行作风建设专项督察，对12例确属违反作风纪律有关规定的单位和个人给予通报批评及相应的政纪处理；对教育实践活动专项整治中涉财、涉物等情况开展专项检查，进行通报并督促整改。认真“回炉补火”。发现区内干部顶风违纪案件以后，第一时间开展以“四对照四查摆”（对照学习教育查摆思想，反思是否存在学习不深不透、重形式轻效果、敷衍应付、认识不够深刻的问题；对照情况通报查摆问题，反思是否存在“四风”方面突出问题、是否存在人生观价值观扭曲、以权谋私、腐化堕落的问题；对照党纪条规查摆不足，反思是否存在纪律观念淡薄、有令不行、有禁不止、律己不严的问题；对照工作推进查摆差距，反思是否存在工作不在状态、不思进取、服务群众意识能力不强、促进芙蓉发展办法不多、推动不力的问题）剖析反思活动。全区举行剖析反思会156次，领导干部带头反思、基层组织全面覆盖参加、党员干部深刻剖析。全区各单位撰写领导班子综合剖析反思材料160份，对照查摆问题近2000个，提出整改意见936条。全区各级党组织结合本单位领导班子和干部队伍中出现的突出问题，征集有效加强队伍建设、提振精气神、彰显正能量、形成凝聚力的合理建议和具体举措900条。

坚持把整风精神贯穿始终，高质量开好专题民主生活会。深入细致查摆问题。强化“找不出问题就是最大问题”的政治意识，切实把自己摆进去，既查共性问题，又查个性问题；既查总体表现，又查具体表现。区委书记梁仲和区长于新凡的个人对照检查材料反复修改20稿，其他县级党员领导干部少的也修改五六稿。深入开展谈心交心。按照“四必谈”+“约谈”+“访谈”要求，全体党员领导干部安排充足时间，普遍开展谈心交心活动，做到把问题谈开、思想谈通、意见谈好。5月中下旬，区委书记梁仲与市委督导组对市政、园林、卫生、法院、检察院等10家单位进行深入细致地督察指导，并在督导过程中与联点街道、分管部门班子成员谈心谈话。6月中上旬，区“四大家”班子成员、区委常委集中开展谈心交心，互相摆出问题102个；常委之间普遍谈话4次以上，最多的谈话6次。开展批评见筋见骨。对照四面“镜子”（理论理想、党章党纪、民心民声、先辈先进）和“三严三实”（严以修身、严以用权、严以律己，谋事要实、创业要实、做人要实）要求，直奔主题，用典型事例和工作案例来说话。区委常委会专题民主生活会上“辣味”十足，全面贯彻整风精神，批评与自我批评见党性、有辣味、出成效。班子成员查摆问题聚焦“四风”，原因剖析抓住要害，自我批评揭短亮丑，相互批评动真碰硬，呈现出交流、交锋、交心相得益彰的良好局面，会上提出批评意见434条。全区76个部门（单位）全面召开领导班子专题民主生活会，班子及成员的对照检查材料剖析深刻，勇于揭短亮丑，批评和自我批评见筋见骨辣味十足。8月中、下旬，全区810个基层党组织陆续召开专题组织生活会及民主评议党员大会，有1.4万名党员参与评议。

坚持把破解难题贯穿始终，全力整改取信于民。着力破解民生难题。区委常委班子根据梳理出来的问题清单，迅速制订“两方案一计划”（中共长沙市芙蓉区委常委会中共群众路线教育实践活动整改方案、芙蓉区深化“四风”突出问题专项整治补充实施方案、芙蓉区中共群众路线教育实践活动制度建设计划），重点抓好6大方面、48项整改任务的落实，研究制订整改落实方案。还根据自身实际，制订10项个性化重点问题整改清单，涵盖医疗、教育、城市管理、环境保护、干部管理等群众反映强烈的问题。针对老旧社区、农安小区改造问题，计划三年内安排不少于10亿元资金，推进47个社区、136个小区的水电气、下水管网、消防设施等改造。针对教育医疗方面的问题，决定每年新建、改建、扩建公办幼儿园2所，按标准化改造荷花园街道社区卫生服务中心和7所村卫生室。针对环境污染方面的问题，对东岸“五小”（指浪费资源、技术落后、质量低劣、污染严重的小煤矿、小炼油、小水泥、小玻璃、小火电等）企业和石材加工企业采取治理、关停、拆迁等手段，有多少整治多少；加大浏阳河芙蓉区段污染治理，完成滨河路污水管网建设。把干部人事制度改革、城市管理、安全生产、群众工作直通车、火车站周边综合治理等问题作为重点整改问题进行落实。各级领导班子都明确了近期重点整改事项和长期整改目标，围绕整改“四风”突出问题、纠正侵害群众利益等突出问题、联系服务群众最后一公里问题开展有效整顿。全区76个活动单位领导班子和领导班子成员整改问题5074个，列出整改措施5435条，人均列出整改措施27条，整改到位3872条。专项整治即知即改。按照中央、省市的部署和要求，全区确定“39+15”项专项整治任务（中央、省49项，市2项，区3项）。大力开展精简会议文件、公车使用管理、厉行节约反对浪费等专项行动，以硬制度和硬举措反对“四风”。全区向“门难进、脸难看、事难办”亮剑，以专项整治“倒逼”党员干部改进作风，查处庸懒散拖问题52个，处理责任人65名。查处农村落实惠民政策缩水走样、以权谋私案件4起，涉案人7人。清理超标办公用房5630平方米，“三公”经费削减35%，规范领导干部因公出国（境）管理18批次，清理超标超编车辆77辆，第一批已通过公开拍卖、报废等方式处置55辆。清理编外聘用人员396人，清理超职数配备干部58人。全区性会议缩减20.1%，文件缩减14.6%，简报、内刊缩减75%，议事协调机构减少58个，缩减54%。不断丰富“自选动作”。组织各单位开展直通“最后一步路”民情发布会，由教育局、卫生局、民政局、城管局、环保局五个职能局的一把手先后亮相，以问题整改、惠民实事和发展新招为发布内容，现场公布整改落实的任务书、路线图、时间表和责任人，全方位接受社会监督。由区委群工办牵头、区委教育实践活动办协同，开展“民情访谈进万家”活动；以社区为单位，组织联点区直部门和街道分别组成走访工作队，到万户家庭走访问暖，对辖区居民公开承诺，阐明整改落实和建章立制阶段的各类民生举措，使整改落实始终置于群众监督之下。全区涌现出东湖夜话、民声“回音壁”、学识“动车组”等一批特色活动，各个活动单位精诚创造，比学赶超，展现出空前的劲头和活力。

群众的肯定是最好的评价，事实是最有力的证明。在省、市委督导组组织进行的群众测评中，芙蓉区获得100%的好评。党心民心进一步凝聚，为芙蓉新一轮发展注入了强大动力。（苗津铭）

宣传工作

【概况】 2014年，芙蓉区宣传思想文化战线深入贯彻中央和省市区有关精神，根据“三个多出”（多出工作成果、多出精品力作、多出优秀人才）的要求，围绕全区工作大局，牢牢抓住弘扬主旋律、传播正能量的工作导向，推动各项工作创新出新、提质提效，为全区经济社会发展营造开放创新的思想环境、积极向上的舆论环境、文明和谐的人文环境。

理论武装工作扎实推进。优化载体，打造有特色学习品牌。坚持集中学习与自学研讨相结合，年内举办中心组学习7次，开展各类学习报告会200场。深化“芙蓉学习日”活动，依托网站、手机报、微博、微信、微电影等载体，深入开展“书香芙蓉”“五创四评”（创建机关、学校、企业、社区、农村学习型党组织和评选学习型党组织建设示范点、优秀学习载体、学以创业先锋、党员学习明星）活动，推出“东湖夜话”“图书快递”“纳凉议事会”“书香盈仁心”“手机微课堂”“聊吧”听民声等学习品牌。强化服务，满足多样化学习需求。广泛吸收道德模范、“五老”代表、致富能人等“微角色”，挖掘“土秀才”“土专家”，组成近300人的“芙蓉百姓宣讲团”开展理论政策“微宣讲”500场，涌现出周海云、戴强等一批宣讲明星。深化机制，形成新学习常态。制订《区委常委学习制度》《科级领导干部学习量化考核实施办法》，定期考核领导干部学习教育、业务素质和学习成果转化方面情况。组织干部深入基层开展理论调研，形成《践行群众路线要做好结合文章》《做群众的贴心人关键在于真》等理论文章400篇，其中《在贴近群众中落细落小落实——芙蓉区培育和弘扬社会主义核心价值观调查》重大调研课题在国家级刊物《思想政治工作研究（2014.12）》刊发推介；有80篇理论或调研文章在《湖南日报》《长沙晚报》《长沙通信》《长沙纪检监察》等省、市级刊物上发表。

宣传舆论引导高效有力。主动发声塑形象。围绕“红袖章”美洁家园行动、精美城区建设等主题组织集中采访20次，在中央、省、市及境外媒体发稿4000篇，其中在《湖南日报》《长沙晚报》头版头条上刊发10篇，专版23个。在中央电视台、新华社、《光明日报》上等推出《芙蓉区：老社区的亲邻里》《芙蓉区量体裁衣弘扬核心价值观》《芙蓉区推进教育均衡化破解“择校热”调查》等一批重点报道。组织“长沙首届网友节开幕暨百万网友看品质芙蓉”活动。科学应对控舆情。出台《芙蓉区关于健全突发事件和敏感舆情舆论引导工作机制的意见》，建立一支近300人的舆情信息员和网评员队伍，成功处置“4·12”干部顶风违纪问题、“11·29”三湘大市场火灾及东岸、马坡岭街道拆迁安置问题等热点网络负面舆情，全面监控火炬村拆迁安置舆情，全年无一起负面舆情发酵升温。着力推介先进典型。依托芙蓉新闻网、芙蓉手机报、“微芙蓉”政务微博等区属宣传平台，推出“芙蓉直播间”“身边好人榜”等特色化栏目，大力宣传基层工作典型、先进个人。年内，推评市级以上道德模范、身边雷锋、美德少年等先进典型58人次。通过与中央、省、市媒体良性互动，策划组织《82岁的孩子王和新三字经》《无声门铃》《彭延坤：人生路上“道情”来》等典型报道，培育和践行社会主义核心价值观的成功经验和典型做法，被中宣部、中央文明办确定为湖南省首批“社会主义核心价值观百家经验”单位，先后被央视网、《光明日报》《朝闻天下》等中央主流媒体报道。

文明城市创建成效显著。积极配合市政、城管、园林等部门开展创建工作，制作讲文明树新风等为主题的公益广告6万块（幅）。组织开展“好人就在身边”故事汇、“微宣讲、微文明”“中国梦”等道德教育活动1450次，教育引导群众10万人次。结合“美丽长沙美德先行”主题教育实践活动，发布食品安全红黑榜、善行义举榜。建立全省首个诚信公益互动微信平台，深入开展“创文明楼宇，做诚信企业”“诚信文化进市场”等系列宣传活动。突出关键节点，提升活动品质。创新开展“红袖章”美洁家园行动，组建万人“红袖章”志愿者服务队伍，出台《芙蓉区“红袖章”美洁家园公益联盟管理办法》《芙蓉区文明创建考核奖励办法》《芙蓉区文明创建举报奖励办法》，区财政投入500万元奖励优秀志愿组织和个人。以“邻里守望”学雷锋志愿服务活动为抓手，打造“邻里帮帮团”“爱心二维码”“幸福有你 志愿芙蓉”“邻里守望圆梦关爱”等学雷锋志愿服务活动品牌。在全区各中小学全面启动实施“体验式公民教育”德育项目，组织开展“我们的节日”“中华经典诵读”“美德少年”评选，网上签名寄语等主题教育活动。建立全省首个诚信公益互动微信平台，承办全市“创文明楼宇，做诚信企业”“放心街区 品质三湘——诚信文化进市场”等市级“美丽长沙 美德先行”主题活动11场次。芙蓉区创建工作经验在中央电视台新闻联播、朝闻天下、《人民日报》《光明日报》、新华每日电讯和中国文明网主流媒体推介报道156次。

公共文化活动普及惠民。群众唱主角，草根当明星。结合“牵手芙蓉月月演”、第四届“芙蓉艺术节”等活动，大力推进和普及全民健身和群众文艺活动，举办“欢乐潇湘”文艺展演、“校园文化进社区”“全民健身广场舞比赛”等活动500场。木芙蓉、省老干等15支业余文艺团队被评为2014年第五届“长沙市百佳文艺团队”。创作歌曲《请来都正街》、器乐《湘音情》等40个具有时代记忆和芙蓉特色的文艺精品，舞蹈《志愿者之光》获省“欢乐潇湘”展演金奖，舞蹈《风雨中的我们》等15个作品获市级奖励。投入大手笔，设施全覆盖。提质改造区文化馆、13个街道文化站、77个社区（村）文化活动中心，建成1个市示范性街道文化站、20个市示范性社区文化活动中心、12家农家书屋。稳步推进“一馆三中心”（水稻博物馆、国际种业交易中心、国际会展中心、分子育种中心）建设；投资6亿元建设以稻文化为主题的隆平水稻博物馆开工建设；总投资4.5亿元的9.6公里浏阳河东岸风光带启动招商。凸显地域性，打造新引擎。出台《芙蓉区关于加快互联网产业发展的扶持办法》，牵手阿里巴巴打造湖南首个电子商城。举办浏阳河婚姻文化园2014婚嫁创意文化节和“芙蓉区商务楼宇招商推介周”等系列活动。12月30日，都正街历史文化街区改造一期完成，正式对外开放。（黄丹旭）

【理论教育工作】3月，邀请湖南省委党校常务副校长徐晨光作“群众路线教育实践活动”讲座。4月，邀请湖南省纪委正厅级纪检员、省监察厅正厅级监察专员唐东平作“建立健全惩治和预防腐败体系2013—2017年工作规划”讲座。6月，邀请湖南师范大学教授、博士生导师、副校级督导朱翔作“当前宏观经济形势分析”讲座；举办“我是宣讲达人”芙蓉区总决赛，涌现出周海云、戴强等一批宣讲明星，挖掘编外警察任建军等11个典型。7月，邀请国家行政学院教授周文彰作“为民清廉务实十句话”讲座。8月，邀请国防科技大学教授荣文仿作“中国周边安全态势与国家安全战略”讲座。11月，邀请北京大学法学院教授、博士生导师周旺生作“中国法治建设的新起点、新任务和面临的重大问题”讲座。全年参学4200人次，参学率98%。在“五创四评”活动评选中，锦林社区获评湖南省学习型党组织示范单位，区检察院、财政局等5家单位获评长沙市学习型组织示范单位，“芙蓉学习日”等2个活动获评长沙市优秀学习载体，大同二小李承英获评长沙市学习之星，韭菜园街道银华物业公司等3家集体和个人获评长沙市学以创业先锋。（谭水平）

【群众文化活动】8月8日，举行“欢乐潇湘——长沙篇·舞动星城 歌涌湘江”第二届全民广场舞比赛暨长沙市第三届全民健身节广场舞大赛芙蓉区总决赛，全区13个街道的8支广场舞代表队参赛。8月27日，举行“欢乐潇湘——长沙篇·舞动星城 歌舞湘江”大型群众文艺汇演芙蓉区专场，辖区12个文艺团队参演，涵盖音乐、舞蹈、时装秀、武术、小品等艺术形式。12月19日，举办“我们的中国梦”暨第四届芙蓉艺术节颁奖活动。12月29日，舞蹈《志愿者之光》获省级“欢乐潇湘”展演金奖，《风雨中的我们》等6个节目获“欢乐潇湘”市级奖励，区委宣传部获“欢乐潇湘——长沙篇”优秀组织奖，《男子汉》等6个节目在校园文化进社区市级评选中获奖，木芙蓉艺术团、潇湘红艺术团等15支团队获评2014年长沙市“百佳群众文艺团队”，获奖总数居全市之首。（谭水平）

【新闻宣传和舆论引导】10月10日，由芙蓉区承办的“长沙首届网友节开幕式”在浏阳河婚庆园举行，新华网、人民网、新浪网、腾讯网、凤凰网等重点网站及全国百家城市网站共同参与，湖南政务微博厅、湖南高速交警等政务微博、《湖南日报》等媒体上共同发声，大大提升芙蓉区的知名度和网络影响力。11月3日，芙蓉手机报全新改版升级，开辟“芙蓉直播间”“文明曝光台”“芙蓉好人榜”“街巷风情录”“热点面对面”“资讯最前沿”等栏目，以丰富的内容、权威的资讯、贴心的服务，和读者一起聚焦芙蓉热点、感受芙蓉温情、品味芙蓉味道。12月29日，三湘南湖大市场突发大火，区委宣传部第一时间迅速行动、妥善协调媒体报道、积极引导网络舆情，确保舆情平稳可控，为科学处置突发敏感事件积累宝贵经验。（易跃峰）

统战工作

【概述】2014年，芙蓉区统战工作坚持围绕中心、服务大局，围绕“湖湘之心、中部标杆、全国一流”的新芙蓉凝聚力量、创新品牌、推动发展。

创新民主党派工作。年内开展4期党派季度学习日活动，组织党派成员系统学习中共十八大会议精神、“同心”思想理论以及中共十八届三中、四中全会精神。以“薪火传承紧跟共产党，同心聚力共圆中国梦”为主题，组织各民主党派开展坚持和发展中国特色社会主义学习实践活动。依托中国特色社会主义学习实践活动，以“六个一”（设一堂主题宣讲教育课、组织一次自身建设研讨会、联系一个“四同创建”项目、举办一次主题征文活动、开展一次大调研活动、提交一份集体提案）为重点，引导各党派与社区共建“同心协会”，组建“同心志愿服务队”，并开展“国际科学和平周”“学雷锋、献爱心，康复支助”等系列社会服务活动。

规范党外干部工作。严格按照芙蓉区《关于2013—2017年培养选拔党外领导干部的实施意见》，分梯次、有重点地推进党外干部培养、选拔和管理等工作。依托群众工作“直通车”大课堂，80名党外干部通过“三课一考”的方式全面提升综合素质和增强工作能力。通过赴泸溪学习培训活动，10名党外领导干部进一步锤炼作风、坚定意志。

推进创业富民工程。年内先后开展“财富芙蓉、成就你我”等10场各具特色的创业活动，进一步浓厚基层创业氛围。实施“芙蓉区青年创业者商会”换届选举，使创业平台更充分地发挥引领和带动作用。加大创业帮扶力度，共补助大学生20名，补助资金13.76万元，资助初创企业76家，资助资金355万元。

引导民宗关系和谐。组织部分企业家，并联合市民族联谊会芙蓉分会及成员先后赴泸溪县开展2期扶贫慰问以及联建活动。着力指导西湖社区和湘湖社区打造民宗特色品牌。8月，成立韭菜园街道少数民族事务服务站以及马坡岭街道少数民族流动人口管理服务站。开展宗教宣传教育月活动，对全区未登记的宗教场所进行全面走访和普查。

提升港澳台海外统战工作。强化组织建设。召开区侨联第三次代表大会，完成选举区侨联第三届领导班子。不断加强三个涉台教育基地（湘湖街道西湖社区、湘一芙蓉中学、育才小学）的软硬件建设，并打造“涉外管家”“社区思亲QQ室”等工作平台。连续两年开展对抗战老兵慰问和帮扶活动，妥善解决8起涉台纠纷，并为涉台涉侨人员解决实际困难20件。

深化“四同创建”活动。以隆平高科技园“同心园区”建设、“隆平新区·种业硅谷”项目助力工程以及“同心社区”示范工程为重点，扎实推进“四同创建”活动。年内先后在全区75个社区（村）完成建立“同心工作站”，引导社区着力培养同心人物、开展同心共建。通过组织社会各界人士开展“接地气、求实效、树形象”主题社会服务实践活动，使社区创建活动主题突出、形式多样，服务长效。2014年，全区首批7家“四同创建”示范点（项目）正式挂牌，“隆平新区·种业硅谷”项目和西湖社区、滨湖社区获评市级“四同创建”点。

（周 毅）

【全省第15期党外县处级干部现场教学在区举办】 3月11日，全省第15期党外县处级干部培训班“合作共事方法与技巧”现场教学在芙蓉区举办。来自全省70名党外县处级领导干部参加培训。省委统战部副部长邓焕生、省社会主义学院院长雷鸣强、市委统战部常务副部长刘映群以及芙蓉区组织部部长、统战部部长周虔、区政府副区长张庆和等领导出席教学活动。周虔代表芙蓉区向参加现场教学的领导和学员表示热烈欢迎和良好祝愿，并简要介绍芙蓉区的基本概况以及发展思路。张庆和以“虚心、同心、用心、信心、平常心”为主题，详细介绍自身多年以来在合作共事方面的经验与技巧。朝阳街道工委书记李学军汇报街道党工委与党外正职干部开展合作共事的经验。参与教学的学员们与相关领导展开了热烈的交流和讨论。最后，刘映群向全体学员简要介绍长沙市党外干部队伍建设的相关情况，邓焕生对此次现场教学给予高度评价，并从“立场求稳、目标求同、胸襟求宽、招数求实、本领求强、作风求强”六个方面向参学党外领导干部提出殷切希望和具体要求。（周 毅）

【省委统战部领导到区调研统一战线工作】 4月15日，省委统战部副部长、省工商联党组书记汤新华一行实地查看德政园、古汉城“同心社区”创建情况，并现场考察芙蓉区“隆平新区·种业硅谷”同心助力工程。汤新华对芙蓉区贯彻同心思想，推进同心工程实践给予充分肯定，高度评价芙蓉区统一战线依托袁隆平院士梦想，助力打造“隆平新区·种

图15　省委统战部领导到区调研“同心社区”建设

业硅谷”的实践创新工作，并为推进同心项目作出指导。（周　毅）

【藏传佛教高级学衔获得者培训班参观隆平高科技园】4月20日，中央统战部七局副局长韦刚率四川藏传佛教高级学衔获得者培训班一行48人到隆平高科技园区参观学习。参观团先后参观园区省茶业集团和大红陶瓷两家重点企业。茶业集团的工作人员为每位学员准备了一杯热茶，藏传佛教的高僧们边品茶，边参观湘茶产业园的茶叶良种苗圃、茶博馆，饶有兴致的学员还用藏文为湘茶园题词。在大红陶瓷的红瓷展厅，学员们纷纷跟精美的红瓷合影留念，大红陶瓷公司特意为每位学员佩戴上毛主席像胸章。来访的藏传佛教高级学衔获得者表示在园区感受到长沙人民的热情，领略浓郁醇厚的湖湘文化特色，希望今后有更多的机会加强文化交流，共同推动民族团结进步、祖国繁荣昌盛。（黄　忠）

【市台办领导到区调研涉台教育基地建设】9月2日，市台办副主任袁湘鄂一行4人到芙蓉区调研涉台教育基地建设情况。首先听取区台办主任范晓凤关于2007年成立区涉台教育基地以来，西湖社区、育才小学、湘一芙蓉中学三个基地在提升软硬件建设、开展特色宣教活动等方面情况汇报。调研组一行分别前往西湖社区、育才小学和湘一芙蓉中学，以实地察看、交流座谈等方式考察三个基地各方面建设进展。袁湘鄂充分肯定芙蓉区在推进涉台教育基地建设方面所取得的成绩，认为芙蓉区涉台宣教工作走在全市前列。其表示下一步市台办将整合资源，指导和协助芙蓉区三个涉台教育基地加大投入、强化基础建设，尤其是在促进芙蓉区与台湾两地民间交流以及校际往来方面争取更大的突破。（周　毅）

·创业富民·

【概况】2014年，芙蓉区创业富民工作贯彻落实市创业富民政策，以“创业富民在基层”为重点，深入推进全区创业富民活动的开展，不断优化创业环境，丰富创业内涵，展示创业成果，促进创业富民工作的可持续发展，创业带动就业成效明显。全年新增个体工商户1.23万户，新增企业5005家。

服务创业富民，齐抓共管促创业。按照省、市创业富民工作相关部署，区创业办高度重视，年初制订《芙蓉区2014年“创业富民在基层”活动实施方案》《2014年芙蓉区推进创业富民工作要点》，明确本年度开展创业富民工作的重点和实施步骤，全面提升工作的针对性和科学性。坚持每周召开例会，总结及部署创业富民相关工作，明确发展方向，落实创业政策，健全和完善创业富民工作体系，大力培育创业主体，切实强化政策扶持，着力优化发展环境，动员全民创业，开创创业富民工作新局面。

丰富基层活动，浓厚创业氛围。区创业办按照《芙蓉区2014年“创业富民在基层”活动实施方案》的要求开展形式多样，政策宣传有效果的活动15次。3月20日，“财富芙蓉、成就你我”2014年春季新型融资服务对接会，为区内80家中小企业打通多家金融机构间的融资通道。3月25日，“春风送暖入东湖、携手共浇创业花”创业富民主题活动，邀请市创业办领导参加，为大学生、失地农民、残疾人等弱势群体打造一个面对面的平台。5月8日，东岸失地农民创业培训指导中心开展“促和谐、政府送岗，谋发展、马上乐业”失地农民主题活动，为失地农民提供创业一条龙便捷式服务。6月12日，在湖南生物机电学院举办“东湖夜话之大学生创业与就业座谈会”，用“有活力、有新意、有创造、有乐趣”的方式，倡导大学生勇于自主创业，使创业富民拥有更光明的未来。11月19日，东岸街道联合失地农民创业就业服务中心举办“失地就业新跨越创业富民谱新篇”——2014芙蓉区失地农民创业、就业先进表彰暨专场招聘会活动。现场评选出“技术能手”“创业明星”“就业明星”“就业先进家庭”等奖项各3名。

凝聚创业力量，搭建创业平台。5月，“芙蓉区青年创业者商会”换届选举，商会会长、副会长、秘书长都来自辖区内申请创业扶持资金的50多家优秀初创企业，商会成员平均年龄35岁。新一届商会成立后，组织开展融资、论坛、培训等活动10次。

整合创业培训资源，提升创业者能力。为了让创业成为全区经济又快又好发展的助推器，充分发挥创业富民发展专项资金的引导带动作用，全年隆平高科技园召开两次银企对接会，并与多家银行签定合作协议，逐步建立起园区创业项目扶持资金信用体系，通过银企对接的形式帮助中小微企业争取融资5000万元。

完成各项指标，创业扶持确保到位。2014年，区创业办按照市创业办要求，积极开展“创业帮扶1+1”活动，完成上报10对市级帮扶结对企业，并对其进行跟踪服务。认真评选市级“创业新星”活动并上报市创业办。配合市委统战部、市创业办调研工作，提供有效素材用于编写长沙市创业富民工作汇编书籍等。在辖区开展申报大学生创业场地租金补助以及创业富民专项资金项目扶持工作，通过开设“绿色通道”，建立芙蓉区服务企业“直通车”QQ群等形式，为办理申报的大学生、初创企业提供便利，及时了解申报进度。组织开展创业富民专项资金项目的面审、走访、资金发放等工作。年内，补助大学生20名，补助资金13.76万元；资助初创企业76家，资助额355万元。大学生创业场地租金补助、年度创业富民专项资金项目扶持资金全部发放到位。区创业办继续秉承公正公平的态度，认真审核申报企业资料，上报初审通过材料201本，对申报的所有企业逐一上门核实经营状况，确保材料真实可靠。（李婷）

【推进创业富民半年度工作会议】 7月30日，区创业办召开2014年创业富民半年度工作推进会。区推进创业富民领导小组各成员单位、各街道创业富民工作负责人及专干参加本次会议。会上，14个街道（园、局）就上半年各街道创业富民条线所做的工作和下半年的工作计划逐个进行汇报交流。区委统战部副部长、创业富民办主任罗月就全区上半年工作总结和下半年工作安排作简要说明，提出下半年创业富民要围绕“创业富民在基层”活动开展表彰，围绕资金扶持开展创业帮扶，围绕主题活动开展创业帮扶的三个“围绕”工作重心。区委组织部部长、统战部部长周虔充分肯定上半年创业富民工作取得的成绩，并针对下半年工作提出要求：查漏补缺做好绩效考核；创新思路开展主题活动；扎实细致做好创业扶持，推进全区创业富民工作迈上新台阶。

（罗伊凡）

【表彰失地农民创业就业先进典型】 11月19日，“失地就业新跨越·创业富民谱新篇”——2014芙蓉区失地农民创业就业先进表彰暨专场招聘会在东岸梅园举行。活动旨在充分发挥失地农民创业就业先进典型的示范引领和榜样带动作用，树立失地农民自尊、自立、自强和创业兴业的良好形象，提高失地农民就业技能水平，营造关心、关注、支持失地农民工作的和谐氛围，促进芙蓉区经济社会又好又快发展。东岸街道办事处副主任李敏宣读表彰决定，对芙蓉区就业创业工作开展中涌现出的12名就业创业先进典型进行现场颁奖。“技术能手”姚兰作为获奖代表发表获奖感言。区政府副调研员张勇鼓励失地农民坦然面对困难，勇于自立自强，积极转变观念，自主创业，在逆境中成才，以良好的工作业绩回报社会；承诺区政府将切实解决失地农民就业再就业难的问题，为用人单位与求职人员之间搭建沟通渠道及服务平台。希望将有更多的用人单位参与到促进创业、就业的行列中来，齐心协力在全区范围内营造创业、就业的良好氛围。辖区各企业单位还开展现场招聘活动，创业典型人物分享成功经验，并对职业培训、小额担保贷款等相关政策进行现场解答。（李婷）

【举办创业就业沙龙】 10月17日，“创业就业沙龙，畅谈和谐发展”主题活动在中天写字楼举行。企业家、创业青年典型代表湖南华伦咨询有限公司总经理李静祥、长沙研创电子科技有限公司法人代表黄德与到会各企业代表分享创业心得。区创业富民办、街道劳动保障站为街属初创企业、小微企业、创业志愿者宣讲最新的创业富民政策，并现场答疑解惑。广发银行长沙分行的道德银行创业分行现场为各创业者破解融资瓶颈、开辟贷款绿色通道。活动现场，为大学生创业者明确经营目标，制订发展规划，并通过传授创业经验，帮助大学生创业者分析现有经营问题和管理瓶颈，对接优势项目，推介融资渠道，助推大学生自主创业。区创业富民办主任罗月以及驻街52家初创企业、小微企业代表参加活动。（李婷）

【举办企业法律知识培训】 9月18日，由区工商联主办，区侨联、区创业富民办协办的法律知识培训讲座举行。培训由区工商联纪检组长廖英明主持。湖南普特律师事务所主任、高级律师曾昕为参训人员讲授《中华人民共和国合同法》。他针对企业实际运营过程中遇到的问题，列举各类实际案例进行详细解释。区工商联各商会代表、初创企业负责人、区侨联代表人士等 80 人参加培训。（罗伊凡）

【创业直通车进校园】 7 月 12 日，区创业办在树达学院张公岭校区开展“创业直通车进校园”宣传活动。活动围绕创业富民的中心展开，现场设立咨询点和宣传展板长廊，系统介绍创业富民的相关政策，并为大学生发放相关资料，详细讲解创业富民专项资金扶持政策、税收优惠等相关知识，使大学生对创业富民工作有更加系统和全方位的了解，促进创业富民工作的开展。区创业富民办主任罗月、副主任沈向昕以及马坡岭街道相关人员参加活动。（罗伊凡）

【举办大学生自主创业座谈会】 6 月 13 日，由芙蓉区推进创业富民工作领导小组、东湖街道办事处联合举办的东湖“夜话”之大学生创业与就业大型座谈会在湖南生物机电职业学校举行，大学生与现场嘉宾就如何创业就业展开交流探讨。座谈会以“强化实践教育促进大学生就业创业”为主题，采用现场互动，各方嘉宾阐述观点的全新交流模式，并通过现场解答互动的方式与场外观众互动，全方位获取各个层面的观点。座谈会上，长沙市创业办主任饶福明就学生提出的就业问题进行答复，阐述大学生就业应该具备沟通交流能力、自主持续学习能力、团队合作能力、独立发现问题和解决问题的能力。市委统战部部长文树勋对应届毕业生提出：务必加强实际操作能力的锻炼，正确评估自身的工作能力，建议有志创业的大学生先创业，再就业。此次座谈会，是东湖街道开展的东湖“夜话”系列活动中的第三次大型户外居民座谈会，是中共群众路线教育服务青年志愿者的实际践行，是东湖街道工商业联合会推动“创业富民”又一项重大举措。（全 娟）

【市委统战部领导到区调研创业富民工作】 9 月 16 日，市委统战部副部长、市工商联党组书记、市创业办主任饶福明对芙蓉区统战工作暨创业富民工作进行督察调研。市委统战部经济处、民宗处、市创业办等单位负责人参加调研。调研组先后实地考察芙蓉区创业扶持典型企业湖南华伦咨询有限公司以及“四同创建”示范点——东湖街道滨湖社区。调研组还专题听取芙蓉区工作汇报并进行座谈。区委组织部部长、统战部部长周虔，区工商联主席洪曙光分别就芙蓉区统战工作和创业富民工作进行详细汇报。饶福明充分肯定芙蓉区抓住了工作重点，中共群众路线教育实践活动、统一战线坚持和发展中国特色社会主义学习实践活动和“四同创建”活动三大块，铺得开、抓到位、做得实，方方面面有成绩，基础性工作和创新工作结合实际紧密，统战工作做得好，建立了新常态，提出要“抓活动造影响，抓平台促主体”，并对创新工作寄予厚望。（黄 忠）

其他工作

·机构编制工作·

【概况】 2014 年，芙蓉区机构编制工作坚持以科学发展观为指导，认真贯彻落实中共十八届三中、四中全会精神，紧紧围绕“管住”“管活”“管好”机构编制做文章，主动服从大局，服务大局，为全区经济社会发展提供了坚实的机构编制保障。

加强政策宣传。区编委办将中央、省、市机构编制法规政策汇编成册，呈送区主要领导和编委会领导阅示，通过专题汇报、文件传阅等形式，让其及时了解掌握机构编制工作有关情况和规定，积极支持机构编制部门工作；加强与区属单位交流沟通，积极宣传机构编制政策规定，争取领导对机构编制工作的理解支持；加强与纪检、组织、人社、财政、审计等部门的协调沟通，与领导密切配合，发挥联动效应，为机构编制工作改革与管理创造宽松和谐的外部环境。

理顺城管体制。根据长编委发［2014］18 号文件，长沙市城市管理和行政执法局芙蓉区执法大队成建制下放到芙蓉区人民政府管理。为理顺管理体制，加强城管工作力度，区编委办迅速行动，组织召开城管执法大队移交工作调度会，对《芙蓉区关于进一步理顺城管行政执法体制机制的实施方案》进行认真研究。积极主动做好城管体制理顺相关机构编制领导职数的调整事宜，将区城市管理综合执法大队 22 个中队撤并整合为 16 个中队，精简执法中队 6 个、领导职数 8 名。同时对区城管局及其下属事业单位机构职能、领导职数和人员编制进行调整，充分发挥机构编制效率，为辖区经济社会发展提供机构编制保障。

推进实名制工作。区编委办严格按照《芙蓉区机构编制实名制工作方案》的时间节点和工作要求扎实开展实名制管理工作，对采集的214个单位数据信息进一步认真比对和完善，力求数据准确。进一步熟悉实名制管理系统，熟练操作方法，明确数据维护的要求，对发现的实名制管理系统问题及时向省、市机构编制部门反映，为实名制系统的进一步完善提供建议。

完成机构和人员编制核查。根据上级部门要求，在区纪委、组织、人社、财政等部门的参与配合下，11月，区编委办通过单位自查与集中核查的方式，对辖区317家机构和所有人员编制进行核查，其中实地核实单位161家，占机构总数的50.78%，督促区属各单位对发现的问题及时整改，对核查情况进行公示。此次核查进一步摸清了全区党政群机关、事业单位机构编制底数及存在的问题，实现了“机构编制底数清，人员编制性质清、财政供养人数清、主管部门归属清、分类管理责任清”的“五清”核查目标，对盘活用好现有机构编制资源，完善机构编制实名制打下了坚实基础，得到市编委办领导的肯定。

夯实基础台账。区编委办按标准规范整理办公室2001—2013年文书档案71盒2657件，1997—2014年事业单位登记管理专门档案141盒2085件，编辑完成1949—2014年芙蓉区党政群机关、事业单位、街道（园、局）机构编制台账，合计37万字，修改完成1987—2012年《芙蓉区机构编制史》全书12万字的编撰工作，完成芙蓉区年鉴编办相关内容组稿和编办大事记撰写工作，全面客观真实反映机构编制情况。

优化机构编制管理。区编委办坚持“编制先行”。凡涉及职能调整，机构、编制、领导职数增减及招录、选调、安置各类人员，先由区机构编制部门审核编制情况，然后按程序报批。严格执行机构编制及人事联席会议决定，凡人员进出须开具编制单。坚持动态管理。在严格控制机构编制总量情况下，根据全区经济社会发展需要，统筹兼顾人员编制精简与满足职能履行需要的关系，按照有增有减的原则，建立运用弹性调控手段、用好用活现有编制动态管理机制，打造机构编制管理的一弯“活水”，尽可能解决职能增强与严控机构编制数额之间的矛盾。年内全区行政、事业单位人数均未超编，总编制、行政编制、专项编制及事业编制皆有节余。

提升事业单位登记管理水平。注重抓好事业单位的日常管理，加强与纪检、审计及事业单位主管部门联系，参与对全区部分单位的财务检查，及时掌握事业单位的运转情况，切实为事业单位提供政策帮助和工作支持。抓好事业单位年审，区编委办通过电话、QQ群等方式，热情、耐心地为前来办理事业单位年审的单位进行指导，并对年检过程中出现的问题及时进行答疑解难，确保年检年审工作顺利进行。（张 登）

【推进行政审批制度改革】12月3日，芙蓉区公布《芙蓉区行政事业单位收费、基金项目清理意见》，决定自2015年1月1日起，免征11项区本级行政事业收费，此举直接减轻区内企业和群众负担，力争打造行政性收费“无费区”。这也是区委、区政府对近200项行政审批事项进行精简后，推动简政放权、转变政府职能的又一力举。本次免收的11项收费项目分别为：婚姻登记证件工本费、专业技术职务任职资格评审费、医疗机构校验费、医疗机构设置评审费、房屋所有权登记费、城市房屋安全鉴定费、河道工程修建维护管理费、农机收费、动物防疫收费、监测检验费（机构）、财政票据工本费。区本级行政事业性收费项目原本有18项，此次凡涉及由政府提供普遍性公共服务的收费项目、区级财政可以承担的部分补偿非普遍性公共服务成本的收费，均予以免征。仅保留了7项确需保留的补偿非普遍性公共服务成本收费，如社会抚养费、排污权有偿使用费等。经精简，区内行政审批事项由249项精简为53项，精简率为78.7%。精简后，芙蓉区成为全省行政审批项目数量最少的行政区。为了让行政事业性收费更加阳光透明，此次还向社会公布免征项目清单和收费项目清单，市民和企业可按“单”享受相关费用的免征。而对于确需保留的收费，所有执收单位必须严格按照规定的征收范围、征收标准、资金管理方式、执收时限等执行，区组织专门班子对此进行监督，确保政策落实到位。（张 登）

【推进机构改革】2014年，区编委办广泛调研，结合事业单位分类改革工作，加强与市编委办衔接沟通，结合芙蓉区实际，稳妥推进政府机构改革。制订《长沙市芙蓉区人民政府职能转变和机构改革方案》，经区委常委会议、区政府常务会讨论通过，呈报市委、市政府批复。广泛听取区食安办、区工商局、区卫生局、区商务局等部门意见，认真核实食药监局职能职责，做好区食品药品监督管理局“三定”工作（定机构职责、内设机构、人员编制）。贯彻落实中央、省、市关于事业单位分类改革的实施意见和文件，实地走访调研重点领域的事业单位，摸清辖区纳入事业单位分类改革的事业单位底数，并对其类别进行分类甄别，稳妥推进事业单位分类改革。事业单位分类改革后，无法在现有机构编制内统筹解决的机构编制问题，积极向上级编制部门反映，为合理分类提供参考和建议。中央编办到区调研时对芙蓉区积极推进事业单位分类改革工作予以充分肯定。

（张 登）

【中央编办调研组到芙蓉区调研事业单位分类改革工作】 7月9日，中央编办事改司副司长翟安鱼率中央编办调研组一行到区指导事业单位分类改革工作。省编委办副主任杨春林、市编委办主任张白云，区委副书记、区长于新凡，副区长罗玉环参加调研会。会上，区编委办主任江红汇报芙蓉区事业单位分类改革工作进展情况、存在的问题以及下一步改革思路；于新凡、罗玉环就基层事业单位分类中遇到的困惑和矛盾作汇报，并提出相关的建议思考。翟安鱼充分肯定芙蓉区事业单位分类改革工作深入细致、研究透彻，政府购买服务方面积极求实、主动创新。要求加大事业单位分类改革工作力度，按期保质完成分类工作；要认真思考改革方法，加强调研，创新理念，切实以促进公益事业发展为改革的目的；要在增量求优化上做文章，在体制机制、人员编制优化上下功夫；要把握好合法合情的关系，既要做到换位思考，又要严格按照标准进行分类；要把握积极改革与有效宣传的关系，编制部门要认真学习文件，吃透文件精神，加强政策宣传，确保改革工作稳妥推进。（张 登）

·信访工作·

【概况】 2014年，区信访工作坚持以中共群众路线教育实践活动为主线，创新工作机制，夯实业务基础，拓宽信访渠道，化解社会矛盾，确保社会大局稳定，全区信访工作呈现明显转变，进京非访治理工作取得实效。

畅通渠道，社情民意充分表达。接访处置情况：区本级接待群众来访558批3625人次。处置赴省上访176批401人次，处置到市上访265批503人次。进京接劝返424人次。进京非访登记数比上年下降52.7%，按照市里下达的考核指标下降50%的要求还在可控范围，为全区创造和谐稳定社会局面。来信办理和上级交办信访案：市办信处交办10件，群众来信88件，全国人大交办3件，省长信箱15件，网上信访30件，其他网上直转、市局外网交办案19件，交办督办50件，国家、省信访局登记的来信共计45件，全部按期办结。领导接访：全年县级领导安排坐班接访97天，共计接待来访群众294批2880人次，反映相关问题全部交办相关职能部门办理。通过网上信访、接待来访和信函等方式，全年共收集群众反映问题和建议554件，为全区经济社会发展决策提供了借鉴和参考。

密集调度，理顺压实工作责任。在区委、区政府的领导下，联席会议办公室年内11次召开专题会议调度信访工作，书记、区长先后20次就信访工作作出批示，区领导亲自下访约谈重点对象148人次。2月26日，召开全区信访工作会议，传达贯彻落实省、市信访工作会议精神，对“全国两会”特护期的信访维稳工作进行全面部署和安排。3月下旬，由书记、区长亲自挂帅开展了为期两个月的进京非访专项治理工作。4月底至5月初，区委、区政府与13个街道（局）签订信访工作目标责任书，将信访工作列入年度工作目标管理考核内容，实行一票否决制。9月4日，区常委开会专题研究制订《芙蓉区“深入践行群众路线切实化解信访积案‘百日专项行动’”实施方案》。组建了以区委书记任组长、区委副书记任常务副组长的领导班子，负责积案化解“百日专项行动”，推动了包案领导、责任单位对信访积案进行点对点、面对面研究调度。区委书记7次召开信访突出问题集中调度会，逐案调度、逐案研究、逐案跟进、确保缓和各类矛盾，推动问题化解。9—10月，3次召开信访工作调度会，安排部署“国庆”、十八届四中全会和亚太经合组织特护期信访维稳工作。区领导亲力亲为，率先垂范，密集调度，为全区经济社会发展营造良好氛围。

多措并举，力求不断创新突

破。以接访约谈保形势可控，以积案化解促息访息诉，不断加大督察督办力度，提高案件办结效率。注重案件交办：全年就区内梳理出来的59个信访突出问题，先后在4月、6月、7月底和9月初共4次向责任单位和包案领导交办，要求包案领导和责任单位按照要求落实包案化解责任，与信访人见面约谈，采取重点约访、带案下访、深入基层化解积案。谋求工作创新：与省市对接打开工作思路，向友邻区县学习取经取典，力求在积案化解和治理进京非访工作方面的创新突破。8月10日，召开湖南省第二例、长沙市首例李蓉信访案件听证会，从选定案件、约谈见面、资料准备、方案编写到信访听证会的筹划召开，信访局全员参加、加班加点，不辞辛苦，扎实工作确保听证会的圆满，信访人也接受了听证会形成的结论，问题得到成功化解。加大工作力度：请求上级部门支持，协调区直部门配合，统筹各责任单位共组织召开专题会议研究信访事项13次，集思广益，想方设法研究化解信访问题。如东牌楼项目吴莎、东湖街道杜梅先等老大难问题得以化解。加强督察督办。对省市重点交办的突出信访事项，加强督察和办理情况的进程管理。加大督察力度，先后4次成立有关部门参与的联合督导组，不定期下街道进行点对点督察督办。加强通报制度：对责任单位在信访工作方面存在的问题全区通报。主动化解矛盾。信访局深入开展群众路线教育实践活动，与区委群众工作办和司法局“三调联动”办紧密配合，打出组合拳。全年通过各类调解和信访救助等方式调解各类矛盾纠纷19件，化解省市交办突出信访问题14件，并签订息访息诉协议书。

依法依规，专项治理信访秩序。对于年内进京非访的严峻形势与被动局面，全区上下形成共识，果断采取高压态势，强硬手段、守点布控、密集打击。实行“两手抓”：一手抓积案化解和稳控责任落实，加强教育疏导、“五包一”稳控和火车站查找劝导工作，采取得力措施严防死守治理进京非访；一手抓依法治访和处置，对进京缠访、闹访和带头挑事人员的违法行为坚决予以打击处理，全年依法处置26人次，进京非访治理取得良好效果。

效率优先，全力打造服务平台。深入开展中共群众路线教育实践活动，通过“听一堂党课、看一本党史、走一次红色之旅，参加一次公益性活动”等，树立党员干部立党为公、执政为民的公仆意识。努力提升信访工作时效，依法规范行政水平。先后4次安排党员干部参加业务学习与知识培训，组织局党支部成员与党员积极分子参观浏阳文家市秋收起义纪念馆和胡耀邦故居，鼓励干部自我学习、自我提升。加强经费保障。区财政局每年划拨信访帮扶资金300万元，用于解决各类复杂和疑难信访问题，年内使用帮扶资金126万元。此外，区委、区政府按照特事特办的原则，实行个案专报不受年度信访维稳资金额度限制，为推动信访积案化解开绿灯。同时，健全各项财务审批报告制度，规范办公经费与信访救助资金的使用与管理。开通快速通道，信访帮扶资金按大预算经区财政审批程序后直接划拨到区信访局账上，以层级审批方式将信访帮扶资金审批使用。（罗洁）

·党校（行政学校）·

【概况】 2014年，区委党校（行政学院）结合中共群众路线教育实践活动的开展，以科学发展观谋划全局，以服务全区经济社会又好又快发展为根本，以建设高素质干部队伍为目标，整合各类资源，突出教学科研，开创“小党校·大培训”发展新路子，呈现出创新与发展的新局面。全年共举办主体培训班18期，培训1442人次。举办其他培训班13期，培训5533人次。积极为区直各部门提供教学服务、场地设施，协同开展业务培训52期，培训3594人次。

教学创新作文章，推进干部培训新发展。区委党校培训工作从实际出发探索办学特色，逐步完善分层次、分类别、多渠道、重实效的干部教育培训格局。培训理念突出“新”。坚持“党校姓党”的原则和“实事求是”的校训，遵循党校教育基本规律，坚持“以学员为主体、以问题为导向”的以人为本、按需施教的培训理念。课程设置注重“实”。充分考虑学员培训需求，将教学内容与工作、生活紧密联系起来。年内分别设置“哲学方法论角度指导实践工作”“《论语》君子为人修德之道”以及“两型引领之市—长沙科学发展的新追求”课程。教学方式讲究“活”。以需求为导向，变单向灌输式培训为双向互动式培训，探索和运用情景模拟、案例式教学、体验式教学等方法。教学管理突出“细”。在办班过程中，实行“四步曲”

管理法，专人跟班，预先通知，严格考勤，教学反馈，步骤精细，教学管理日趋机制化、科学化。学风建设紧抓“严”。严格执行党校学习纪律、出勤纪律及考试制度，考场安装电子监控器，实行全程监控录像，对舞弊等违纪现象予以纠正。

科研质量谋突破，实现政策研究常态化。落实“科研强校”战略，推进中共理论创新服务，为提高党校教学质量服务，主动为区委、区政府出谋划策。申报一项省级课题，结项一个省级课题，完成9篇科研论文。科研课题《省会中心城区开放型经济发展研究——以长沙市芙蓉区为例》获评湖南省党校系统2014年社会科学规划立项课题，立项号为2014B04；《社区居家养老模式的探索与思考——以长沙市芙蓉区为例》获评湖南省党校系统2014年社会科学规划结项课题，结项号为2014A02。《群众路线与中国梦探析》获全省党校行政学院系统理论研讨会二等奖，并在《湖湘论坛》发表；《合作治理视角下社会组织参与农村扶贫研究》获省党校行政学院行政管理学会二等奖；《芙蓉区社区居家养老模式之初探》获市党校、行政学院系统理论研讨会二等奖；《全面提升城区开放型经济水平—以长沙市芙蓉区为例》《长沙火车站周边地区食品安全的调查与思考》《芙蓉区“五老四教”工作的实践与思考》获市党校、行政学院系统理论研讨会三等奖。《阅尽墨间几多事 养成胸中一袭香》《耕耘心上田 多行脚底路》文章在《芙蓉月刊》第37期上刊用。

队伍建设求发展，增强党校发展软实力。注重培养本校教师，挖掘专题开发课程。区委党校两名教师分别获得“湖南省党校系统优秀教育工作者”和“湖南省党校系统优秀教师”称号。全年派出3名教师分别前往复旦大学、浙江大学、省委党校参加培训，组织4名教师参加市委党校精品课评选及教学观摩活动。党校教师主动承担中青年干部培训班、入党积极分子培训班、社区（村）书记十八大精神培训班、引进人才培训班等教学任务12次；积极参与“百名党员讲师下基层，百堂精品党课进支部”，先后为区直部门、街道、社区（村）送课10堂；积极参与“微理论·微宣讲”系列活动，分别获区级比赛一等奖、二等奖，市级比赛三等奖。

图16　长沙市第十四届党校行政学院校院长会议在芙蓉区委党校召开

学教活动添活力，促进作风建设常态化。区委党校结合教育实践活动，认真履行“双重责任”，聚焦“四风”、务实重行，深入基层服务群众。坚持“规定动作”不走样。用整风精神抓作风建设。坚持从严审方案，坚持“问题不找准不放过、目标不明确不放过、措施不具体不放过”原则，防止活动跑偏走样。结合党校实际，出台专项整治方案，纠正“四风”问题19个。突出“以上率下”作示范。用领导带头促整体推进。校领导带头参加学习讨论、征求意见、查摆问题、自我剖析，带头整治“四风”问题，带头到联系点指导活动开展，积极推进学教活动的深入开展。注重“开门开放”搞活动。以群众满意为第一标准，始终坚持“让群众知晓、让群众参与、让群众评判”，通过召开民情恳谈会、服务对象座谈会、现场评议、开辟互动平台等多种方式，征集各方面意见建议30条。在群众路线教育实践活动中，党校党员干部服务群众意识得到了进一步提升，共救助困难党员16人次，解决群众生产生活实际困难和具体问题30件，形成调研文章5篇。　（陈 琼）

【承办长沙市第十四届党校行政学院校院长会议】 1月16日，长沙市第十四届党校行政学院校院长会议在芙蓉区委党校召开。会议围绕深入学习贯彻习近平总书记系列重要讲话和中共十八届三中全会精神展开，各院校长充分交流2013年各院校的工作情况和具体经验，就新形势下干部教育培训工作展开讨论。市委党校校长肖良定在总结讲话中充分肯定各区、县（市）党校行政学院在2013年取得的各项成绩，指出各级党校当务之急是贯彻落实中央印发的《2013—2017年全国干部教育培训规划》。他强调党校一定要坚持党校姓“党”的原则，在新形势下，尤其要做好理想信念的教育，把握好教学改革的本质。市委党校常务副校长罗文章提出要统一三个方面的思想，党校意识更浓，系统意识更明，一流意识更强。此次会议为各区、县（市）党校之间交流经验提供了很好的契机，并为接下来的干部教育培训工作指明了方向，以期开创全市党校工作的新局面。市委党校副校长范伯力、郑军武，纪检组长刘国杰等校委成员及各区、县（市）党校行政学院校院长参加会议。芙蓉区委常委、组织部部长、统战部部长周虔出席会议并代表区委致辞。（陈琼）

【举办“群众直通车大课堂”】 根据《2011—2015年芙蓉区干部大规模轮训实施意见》，对全区科级领导干部实行轮训。2014年，区委党校创新性开展“群众工作直通车大课堂”教育培训，按照“一年一训、一月一班、一周一课”要求，分党务综合类、经济类、政法维稳类、城建城管类和社会事务类5大系统，3—10月共举办8期培训班，培训对象涵盖全区所有科级领导干部。培训按照“三课一考”模式，开设哲学方法论、区域经济发展、领导干部素质提升三门课程，按年龄段区分考试方式，45周岁以上学员进行无领导小组讨论面试；45周岁以下学员参与闭卷考试。对参训领导干部的出勤、课堂表现、学习笔记和结业考试等培训情况进行学分制考核，作为领导干部量化考才的重要依据。

（陈琼）

【举办中青年干部培训班】 6月10日—9月12日，举办2014年中青年干部培训班。来自全区各单位和街道取得科级干部任职资格的48名中青年干部参加培训。培训班为期3个月，运用现代培训理念和方法，灵活采取集中授课、案例研讨、现场观摩、情景模拟等多种教育教学方式，分党性锻炼、理论武装与依法行政、公共管理理论与实践、领导科学和芙蓉区经济社会发展的理论及实践五个板块进行教学。教学活动丰富多彩，安排了考验团队精神的拓展训练，探寻青年毛泽东足迹的第一师范和新民学会的现场教学，面对镜头唇枪舌战的演播厅模拟教学，发挥领导才能应对危机事件的桌面推演，井冈山革命根据地的党性锻炼，奉献爱心的社区服务和义工劳动，以及新颖而实用的无领导小组讨论的面试。此次培训旨在使学员们开阔视野、拓宽思路、丰富经历、增长才干，为全区经济社会发展献智献力。（陈琼）

·政策研究·

【概况】 2014年，区委政策研究以中共群众路线教育实践活动为抓手，以深化“优质服务竞赛”活动为载体，始终把握优质服务主题，努力争创一流工作业绩，各项工作取得新成绩，为推动全区发展做出了积极贡献。

紧扣中心抓前瞻调研、抓重点督察，全力做好政务服务工作。政研综调注重优质高效。积极主动地为区委出谋划策、拾遗补漏，先后起草年度工作务虚会、区委四届九次、区政府四届三次全会、经济发展表彰暨项目帮促大会、负责干部大会、党务工作暨绩效考核总结表彰会及中共群众路线相关会议共40次会议报告、讲话等材料。全年撰写各类讲话、报告、理论文章100篇，起草区委常委会议纪要及区委办公室会议纪要32份。围绕区委重大决策和影响全区发展的热点难点问题，组织开展群众工作直通车、加强和创新社会管理、深化改革等事项的调研活动，成功推介滨河路拆迁先进做法，荷花园街道“三定一平台”“双联双执”社会治理模式，深度思考浏阳河产业带发展规划。认真总结和推介全区工作特色、工作亮点和典型经验，在《人民日报》《湖南日报》等市级以上刊物中发表文章20篇，有力地提升芙蓉区在省、市的影响和地位。组织开展全区办公室系统“强修养 显风范”征文竞赛活动，编撰《2014芙蓉区办公室系统“强修养 显风范”征文优秀作品集》。督促检查注重求真务实。先后围绕“清洁城市”集中行动、“红袖章”美洁家园行动、重点工程项目建设等中心工作开展决策督察27次，不定期开展区委常委会议以及作风纪律暗访检查、应急值班情况检查等专项督察15次。全年编发《芙蓉督察》14期。认真落实省、市、区领导批示指示精神，就西垅村村民举报的新华联家园业主纠纷、惟一星城业主违建等多个事件进行全程督办，按时高质量地办理批示件、交办件和“12380”转办的市民投诉举报件10件，做到事事有回音，件件有落实。在教育实践活动专项整治工作中发挥督察督办作用，全区“39+15”项专项整治工作的数据整理、建立台账、自查评估等环节得到省、市一致肯定。尤其是办公用房清理整改和重新调配工作，行动快、力度大、效果好，得到省、市的充分肯定。信息报送注重快捷准确。全面完成省、市委办公厅预约信息任务，组织向市委报送党委信息700条，各类紧急信息、参考信息、舆情信息8000条。

紧扣重点抓月刊建设、抓专项工作，全力做好品牌特色推陈出新。改版提质，打造《芙蓉月刊》展示窗口。把握区情，碰撞思想，立足芙蓉，对话世界，加强专题策划，对重大工作、重点项目和社情民意进行传达宣传推介。创新机制，“大群众工作”格局全方位推进。广泛吸引社会力量，不断整合社会资源。将驻区各省、市直部门，“两代表一委员”以及各类社会精英纳入到群众工作“直通车”中来。重点推出“书香芙蓉”“古韵传承”“民意直通”等文化活动服务群众，并将“东湖夜话”“民情恳谈会”“民主议事吧”等载体广泛运用到与群众的恳谈交流和社区民意收集整理中；重点推出“红袖章清洁家园”“十大民生工程三年行动计划”等活动，重点解决民生领域群众反映强烈的诉求。截至11月底（下同），全区开展各类群众性活动910场次，群工站召开群众座谈会900场次。走访群众3.43万户次，收集群众反映问题3624个，解决2163个，化解各类矛盾纠纷829个。帮扶困难群众1.4万人次，提供帮扶资金225.5万元。比学赶超，抓实“六个走在前列”大竞赛载体。抓全区各单位“六个走在前列”工作的组织和指导。全面安排2014年全区竞赛活动方案、措施和载体，提出工作要求，协调指导全区“六个走在前列”大竞赛活动。抓好了对外对上的宣传和推介。累计向市里报送各类信息100条。做好与全区重点工作、中心工作的结合文章。开展“项目建设百日联赛”活动，市竞赛办对此进行了专题调研，并制作专刊予以推介。纵深推进，全面深化改革工作取得实效。召开两次全面深化改革领导小组专项小组会议，出台下发全面深化改革系列文件，确定推进8大类32项重点改革。配合相关部门重点推进行政审批改革和投融资模式改革。全区行政审批事项仅保留53项，精简率为79%，以互联网金融创新为核心的互联网金融（长沙）创新试验区已经开始建设。

（区委办）

·史志档案工作·

【概况】 2014年，芙蓉区史志档案局按照“突出特色、创新思维，依法监管、强化服务，重点示范，全面提升”的要求，紧紧围绕“六个走在前列”大竞赛活动和“五查五比”主题活动，切实提升史志档案管理和服务水平；开发史志资源，发挥存史、资政、育人作用；开发档案资源，提升档案工作整体水平；为区委、区政府的重大决策服务，为芙蓉区的经济社会发展服务，为人民群众服务。2月，区史志档案局被评为“2013年度全省档案工作先进单位”。

以书励志，编纂《永恒的宗旨》学习读本。区史志档案局于2013年9月开始着手编纂党员学习读本《永恒的宗旨》，2014年2月底付印成书。3月14日，在全区中共群众路线教育实践活动动员大会召开期间，将《永恒的宗旨》一书正式发放到全区党员干部手中，得到省、市、区各级领导的高度评价。

以史育人，积极开展党史宣教工作。组织开展庆“七一”“永远跟党走 党群一家亲”党史宣教系列活动。举办“中共群众路线档案聚焦”展览，开展“传承党史 书暖芙蓉”赠书活动，红袖章党史宣讲志愿者讲党史活动上百场次，《湖南日报》以“芙蓉区党史宣教入人心”一文予以报道推介。

为党修史，有序开展部门史等编研工作。年内，全区第二批部门史编纂工作继续有序推进。韭菜园街道已完成初稿，计生局、民政局正在抓紧初稿的编纂。完成编纂《长沙市芙蓉区党史联络工作纪事》（2002—2014），编写省、市《党委工作纪事》稿件，征集《党和国家领导人在长沙》等有关资料。

做好首部《芙蓉年鉴》编撰工作。本年正式启动首部《芙蓉年鉴》编撰、出版、发行工作。全书约800千字，采用图片专版41页、随文插图103张。全区有84个组稿单位参与编撰工作。完成省市年鉴组稿和参评工作。全年完成市年鉴组稿任务条目11篇、照片19张；完成省年鉴组稿任务条目3篇。推荐申报《长沙年鉴》2013年度人物2名、年度事件3条。积极开展《地方志工作条例》颁布八周年宣传活动。

依法治档，推进档案依法

行政。认真学习贯彻落实湘办发［2014］29号《关于加强和改进新形势下档案工作的实施意见》文件精神，进一步完善了《芙蓉区档案管理工作手册》等规章制度，协助区民政局办理区四届人大三次会议代表提出的“关于依法对律师提供婚姻信息的建议”，并积极给予答复。对全区74家立档单位采取自查和抽查相结合的方式进行执法检查。

积极推进建设项目档案管理工作。3月11日，区史志档案局牵头举办“建设项目档案座谈及业务培训会”。经过学习、走访、调研，于10月14日完成《芙蓉区建设项目档案管理办法（征求意见稿）》，并将收集到的意见和建议进行仔细梳理和汇总，对征求意见稿进行修订与完善，将在下年初正式出台相关管理办法。

开展家庭建档试点。4月，在车站北路社区开展家庭建档试点，并举办“让档案走进社区、走进家庭”主题宣传活动，对在试点中积极参与建档的家庭进行表彰奖励。

加强档案信息化建设。区史志档案局馆藏档案数字化加工已进入第三期。7月，启动馆藏纸质档案数字化外包服务项目，著录条目6.34万条，扫描原文351.11万页，预计下年3月全部完成。9月底，全面启动全区档案管理系统迁入政务内网工程。9—10月，对档案服务器数据进行备份、筛选，并架设新服务器。11月，联合信息中心上门开展网络调试及软件安装工作，并为20家单位协调解决档案专用电脑配备问题。截至年底，区政府院内已有32家单位完成档案管理系统迁移工作。

加强业务指导，提升档案服务水平。年内，组织200人参加各类档案业务及软件操作培训。上门指导验收档案83次，为42家单位解决档案业务方面的具体问题。接收进馆档案877盒，其中，文件级档案约2万件，案卷级档案931卷。主动参与全区重要会议、重大活动拍摄92次。完成接待查档1883人次，帮助解决问题1846个。

开好群众工作直通车。坚持每月定期走访或联系联点帮扶对象，走访联系帮扶家庭102次，送出慰问金、物资约1.5万元，还特别为黄映明、邓仕平两户特别困难家庭送去慰问金3000元。坚持社区接待日制度，并做好入户调查走访工作。深入社区居民家中，了解群众诉求，建立群众诉求台账。

认真开展中共群众路线教育实践活动。区史志档案局坚持环节步骤不减少，“规定动作”不变通，重点要求不打折，“自选动作”求实效，确保教育实践活动扎实推进，达到预期目标。全局8名党员参加教育实践活动，列入2014年完成的整改工作任务全面完成，后续整改工作正在积极整改之中。开展党风廉政建设专项整治工作，严格按照区纪委有关要求，采取召开座谈会、自查自纠、征集群众意见等方式，在全局深入开展各项专项整治活动，制订整治工作的具体措施，确保各项整治工作不走过场。

抓好档案馆窗口服务工作。在档案馆设立“局长接待日”，局长、副局长每月安排两个半天在档案馆接待查档群众，了解民情和需求、解决群众困难。着力解决关系群众切身利益方面问题。为了方便群众查阅档案，从根本上解决档案馆地方难找问题，提出在区政务中心设立档案查阅窗口的设想，经请示分管领导、与政务中心主要领导沟通和协商，工作方案正在抓紧拟定之中。

（李文英）

【《永恒的宗旨》出版发行】 2月，芙蓉区中共群众路线教育实践活动学习读本《永恒的宗旨》出版发行。该书以坚定理想信念、反对“四风”、牢记永恒宗旨为主线，共分六章；每章涵盖精辟论述、格言警句、典型故事、教育启示和学习实践五个栏目，计16万余字。编纂《永恒的宗旨》这一设想，是区委党史联络组、区史志档案局为充分发挥党史和党史联络工作围绕中心、服务大局的职能，找准党史工作与中共群众路线教育实践活动的结合点而主动提出的。2013年11月7日，经区委常委会议研究同意立项，由区委组织部牵头，共同承办编辑工作。为使读本更具针对性，《永恒的宗旨》编辑部通过召开专题调研座谈会，征求基层党建工作者对中共群众路线教育活动和编写读本的建议和意见，并邀请区四大家主要领导成员亲自撰写文章，畅谈对中共群众路线教育活动的感悟和做好群众工作的认知。该书的编纂还得到省、市老领导的支持和关注，省委党史联络组组长刘夫生亲自题写书名，市委党史联络组组长陈香成、副组长唐得之、刘耀杰给予业务指导。（温小慧）

【组织参观“中共群众路线档案聚焦”展览】 6月23—25日，区委党史联络组、区史志档案局联合区委教育实践活动办，在区机关二楼大厅展出“中共群众路线档案聚焦”展览，聘请刘少奇纪念馆专业讲解员进行专场讲解。此次展览内容由长沙市档案局制作并提供，按历史时间节点分为五个部分，由45块展板组成。“中共群众路线档案聚焦”由中央档案馆提供的珍贵历史档案和文献资料图片150张，真实再现党自成立起各个历史时期依靠群众、发动群众、服务群众的动人场景。3天时间，接待区直机关、街道（园、局）76家单位1400人次前来参观。（温小慧）

【开展“歌声献伟人 书香溢芙蓉”党史丛书捐赠活动】6月26日，由芙蓉区委党史联络组、区史志档案局、刘少奇故里管理局、湘湖街道联合举办“歌声献伟人 书香溢芙蓉”——刘少奇纪念馆“三送六进”活动暨芙蓉区党史丛书赠阅仪式在西湖社区举行。赠阅仪式上，区史志档案局向区党史“四进”示范点（定王台街道、西湖社区、湘一芙蓉中学、区老干局）、湘湖街道社区和企业党支部、社区在职党员代表、书香家庭代表等27家单位和个人赠送《中国共产党长沙市芙蓉区历史》（上下册）《中国共产党长沙市芙蓉区历史》（简读本）、部门史、口述史《追梦之路》、中共群众路线教育实践活动学习读本《永恒的宗旨》及《芙蓉区志》《芙蓉区街巷志》等全套13册党史、方志书籍，共计赠阅数量1000本。在活动现场，刘少奇故里管理局精心布置了“刘少奇为民务实清廉”展览并进行专业讲解，花明楼艺术团和西湖社区艺术团联合呈现了一场精彩的文艺大餐——“少奇思想进社区”文艺演出。市委党史联络组副组长、市人大常委会原副主任刘耀杰，市委副秘书长、刘少奇故里管理局党组书记文方，区委党史联络组组长、区政协原主席肖光兰出席活动并讲话。还有省委活动办综合组成员黎敬章，市委副秘书长、市委党史研究室主任毛求，市委党史研究室副主任李敏，区领导夏钟剑、吴敏等以及社区群众300人共同参加活动。新华社、《中国文化报》《湖南日报》等媒体到活动现场采访并予报导。（温小慧）

【首次举办建设项目档案业务培训班】3月11日，区史志档案局举办首次“建设项目档案座谈及业务培训会”，组织区直20个相关单位和13个街道（局）分管领导及档案员约80人进行业务座谈和学习培训。副区长罗玉环出席会议并作讲话，省档案局业务指导处副处长易小青对建设项目档案业务进行具体指导并授课。（李霞）

·老干部工作·

【概况】2014年，芙蓉区老干部工作围绕“六个走在前列——增三力、作表率、当先锋”主题大竞赛活动，以中共群众路线教育实践活动为总揽，以群众工作“直通车”工程为龙头，以“两服务三落实”（服务好离退休老干部、服务好中心工作，落实好老干部两项待遇、落实好离退休老同志作用发挥、落实好上级有关工作布置与作风建设规定）为目标，深入开展老干工作“优质服务年”活动，努力提升全区老干部工作的规范化、科学化水平，完成年度各项工作任务。年内，区老干部局被评为省老干宣传工作先进单位，获得市老年保健知识竞赛第一名和“五老四教”精品课程比赛组织奖、区中共群众路线教育实践活动先进单位、区群众工作“直通车”先进单位。在第三批市级“发挥五老作用”示范阵地创建工作中，汤家岭社区、西湖社区、湘府社区“晚霞爱心公社”和马王街社区“老街坊”五老工作室等受到通报表彰。

以落实“两项待遇”和精神慰藉为着力点，促进老干部服务管理体系建设。加强离退休干部思想建设，抓好各项政治待遇的落实。组织离退休干部开展政治理论学习，邀请专家或先进典型作时事、政策报告；为每位老干部订阅《长沙晚报》和《老年人》杂志，坚持每个月的阅文制度，让老干部及时了解中央、省、市、区委的重要决策和文件精神，加深对经济社会发展形势的认识和理解。定期向老干部通报区政区情，以座谈会的形式征求老干部的意见建议。5月，召开区政、区情通报会暨中共群众路线教育实践活动老干部意见座谈会，认真听取老干部的意见建议。开展走访慰问活动。在元旦、春节、“七一”等重大节日期间，区委书记、区长、组织部长等主要领导以及职能部门负责人深入老干部家中走访慰问。年内，慰问老干部382人次，发放慰问品和慰问金近25万元，慰问生病住院老干部89人次。开展参观交流活动。组织离退休老干部到望城区光明村蝶谷公园等地参观、踏青，让老干部亲身感受社会主义新农村建设的最新成就。以积极创建“五好”离退休党支部为龙头和抓手，认真落实离退休干部党员的组织归属，定期组织老干部过党组织生活。年内，有朝阳街道朝阳社区离退休党支部、文艺路街道机关退休支部、荷花园街道德政园社区明心苑支部推评为市级“五好”离退休党支部。完善离退休干部保障机制，抓好各项生活待遇的落实。积极协调、加大财政支持力度，确保老干部的离退休费按时足额发放，医疗费按规定据实报销，基本养老保险统筹外的各项补贴全部得到落实。按照省社保局要求，做好62名省属国有企业离休干部养老金领取资格认证工作。落实区属困难离退休干部帮扶机制，定期走访有特殊困难的老干部，认真处理老干部来信来访20件（次）；协调有关部门解决老干部医疗、生活、住房以及家庭纠纷等方面的实际困难或问题16件（次）。3—4月，组织离休干部到省中医附一进行体检，邀请省老年保健协会副会长（原湘潭市卫生局局长）何凯华作题为“福文化与健康”的老年健康知识讲座，增强老干部的自我保健意识。筹措资金更新服务车辆（22座新客车），解决老干部用车待遇问题，为行动不便的老干部就医、参加各项重要社会活动等提供便利。全年组织离退休干部分三批到贵州黄果树、云南西双版纳、福建泰宁等地进行实地参观。

在重阳节期间组织离退休干部前往长沙县黄兴故居、许光达故居、江西安源进行实地参观学习。11月11日，区政府常务会研究并解决全区老干部工资福利待遇有关问题，明确区直部门（教育系统除外）和街道离休干部生活补助统一提高到每年1.08万元，退休干部生活补助统一提高到每年9000元，每年分两次发放，此外不再发放任何补助。

以老干部活动中心和老干部大学为平台，推进老干部特色文化体系建设。区老干部大学注重采取“请进来、走出去”的方式，结合“理论大课堂”丰富教学活动。3月，邀请市委党校教研部主任曹习华作《加强和改善党对全面深化改革的领导》讲座；12月，邀请金牌讲师张祖荣作《中共十八届四中全会精神解读》。4月，长沙市、区、县老干部大学校长现场会在芙蓉区召开，听取区老干部大学的工作汇报，并深入课堂参观教学，对取得的成绩给与充分肯定和高度评价。5月，区老干部大学“七彩女子合唱团”参加在广西百色举行的第四届中国老年文化艺术节，并在合唱大赛中获得铜奖。组织基层离退休老干部和社区老年人收看市老干部大学网站上的课程，鼓励支持有条件上网、用网、懂网的老年人自主开展网络课堂的学习，形成老年教育网络课堂的长效机制。区老干局在全区13个街道（局）和老干部大学设立41个老年教育收看点，建立13个示范点，全年有近6000人进行收看学习，满足老年人的精神文化需求。“四就近”（即就近学习，就近活动，就近得到关心照顾，就近发挥作用）服务工作基本形成以单位、家庭、社区三位一体和党委、政府工作部门相结合的新型服务管理体系，确保老干部思想常新。为老干部发放“社区联系卡”，建立社区健康档案，安排“一对一”服务；按照自愿量力的原则，引导老同志参与社区建设，为社区做些力所能及的工作。年内，火星街道月桂社区、马王堆街道马王堆社区、东湖街道韶光社区被纳入市离退休干部社区“四就近”工作示范社区。组织涉老协会（老年保健、书画、地掷球、钓鱼、门球、诗词楹联）开展活动，在市第三届全民健身节上取得门球项目亚军，在市第八届老年人运动会上取得钓鱼比赛第三名，在第二届老干部运动会上，取得乒乓球项目男子团体第二名、女子团体第三名，并获优秀组织奖。

以关工委和老年社团组织为载体，搭建“老有所为”平台，拓展老干部组织体系建设。区关工委以贯彻落实中共十八届三中全会精神为契机，进一步加强青少年社会主义核心价值观教育和“中国梦”教育，大力推进“立德树人·复兴中华”系列教育活动，评选表彰“芙蓉区十佳美德少年”；开展“六一”慰问贫困、留守儿童和“东方红百万公益行动”等活动；联合区“五老四教”办、区老干部书画协会开展“美丽中国·幸福生活·文明长沙”主题书画作品比赛活动，征集书画作品360幅。经专家评审，有42幅作品获奖，80幅作品参展，24幅优秀作品被选送参加市级评比。区关工委以“开展三心活动，关心困境儿童”为载体，以社区（村）为单位，全面调查摸底，对辖区内失学、失足、失亲、残疾、贫困、精神困惑孩子，流动、流浪、留守儿童和服刑人员子女等10类困境青少年的基本情况建立台账，分类管理，采取一对一的方式结对联系。4月和11月，市关工委主任董学生到区调研工作并给予充分肯定。“五老四教”工作。结合中共群众路线教育实践活动展开。4月，区老干局与区委中共群众路线教育实践活动办联合发

图 17　长沙市、区、县老干部大学校长会议在芙蓉区召开

文，要求各单位在中共群众路线教育实践活动中，深入开展“五老”“五讲”（讲政策规章、讲亲自经历、讲切身体会、讲中共历史、讲身边故事），充分发挥“五老”的五种作用（示范作用、宣讲作用、建议作用、整改作用、余热作用）。

以“为民务实清廉”为根本要求，大力加强老干工作者队伍建设。以中共群众路线教育实践活动为契机，以加强作风建设为切入点，在党员干部中深入开展“四对照四查摆”剖析反思活动，强化服务老干部意识，端正服务态度。以开展“学习型党组织”建设为契机，建立每周五集中学习日制度。为推动全区老干部工作上新台阶，6 月，组织召开全区老干系统创先争优工作推进会；7 月，根据区“党纪条规教育年”活动安排，组织人员精心编辑《区老干部局作风纪律制度汇编》，并发放到每个机关干部，使广大党员干部提高自觉防范廉政风险的能力，切实做到廉洁从政。12 月，认真组织学习中央、省老干部工作会议精神，明确工作重点。积极投身全区文明创建、“直通车”工程等中心工作，开展理论调研和信息报送，向外界宣传展示芙蓉老干工作取得的新成果。

（陈奕路）

【张祖荣与其《新三字经》】 张祖荣，今年 84 岁，现任区“五老”金牌讲师团讲师一职。从 2006 年至今，他先后创作了《长沙名人三字经》、八荣八耻《三字经》、学生校园《三字经》、“庆祝建党 90 周年”《三字经》、“喜庆长沙市荣获全国文明城市”《三字经》、“学雷锋作传人”《三字经》和“喜迎中共十八大胜利召开”《三字经》等多部《新三字经》。张祖荣用富有时代特点、地方特色的语言和自编《三字经》，经常深入机关、社区、学校、火车站和工区，义务向青工、青少年学生宣讲《新三字经》470 场，听众 4 万人次，取得很好的社会影响和效果。（陈奕路）

·区直机关党建·

【概况】 2014 年，机关工委坚持“以党建引路，靠服务升华，铸一流队伍，树良好形象”的总体工作思路，坚持以科学发展观为指导，深入学习贯彻中共十八届三中、四中全会精神和全国、全省、全市中共建设工作会议精神，以深入开展群众工作“直通车”工程活动为总揽，以服务中心，建设队伍为抓手，创新举措，狠抓落实，不断加强和改进机关中共建设和作风建设，努力推动“机关党建走前头、作表率”，为建设“湖湘之心、中部标杆、全国一流”的“财富中心、魅力之都、幸福芙蓉”提供坚强有力的保证。

加强思想建设，增强党性修养。年内，区直机关工委结合中共群众路线教育实践活动，积极探索党员教育载体和形式，开展主题鲜明、形式新颖、成效显著的党员教育培训活动。举办区直机关基层党组织书记中共群众路线教育实践活动暨机关党建培训班。此次培训将精品党课、书记上党课、集中学习相结合，组织 130 名基层党组织书记和组织委员前往革命传统教育基地—刘少奇故居参观，重温入党誓词，进一步净化心灵、警省自我。开展“百名党员讲师下基层，百堂精品党课进支部”“微理论、微宣讲”“永铭党恩道德讲堂”等形式新颖的主题教育学习活动，将中共十八大精神及十八届三中、四中全会精神、习近平总书记系列重要讲话精神、社会主义核心价值观、市委《关于贯彻落实〈中国共产党党和国家机关基层组织工作条例〉的实施意见》等内容融入教学活动中，激发大家的学习兴趣和热情，取得较好的效果。开展专题讨论、读书交流。组织机关各党支部深入开展“做群众贴心人”和“入党为什么、为党做什么”的专题大讨论活动，支部书记带头履职提要求，班子成员以普通党员的身份面对面地交流。通过对照《中国共产党章程》剖析自身不足，机关党员对中共性质和宗旨有了更深的认识和了解，坚定自觉践行群众路线的决心。

加强组织建设，创新党员管理。抓好党员队伍建设。提升发展党员工作的透明度，严把党员“入口关”。全年有 18 名入党积极分子参加培训，发展新党员 9 名，23 名预备党员按期转正。认真做好党员组织关系接转等日常管理工作，加强党费的收缴和管理，进一步做好流动党员和区直机关离退休党员的教育、管理和服务工作。“七一”期间开展“送温暖、献爱心”走访慰问活动。落实党建责任制。“一卡四制”

工作（“一卡”即党员承诺卡，“四制”即学习教育制、岗位责任制、联系服务制、综合评价制）结合中共群众路线教育实践活动，重新注入了新的内容，得到进一步的规范和完善。督促党员领导干部落实过好双重组织生活、参加“三会一课”（支部大会、支部委员会、党小组会和党课）、行政工作定期向党员大会通报等制度。充分发挥党内民主，推进党务公开，切实维护党员干部的知情权、决策权、参与权和监督权。扎实开展主题活动。认真落实市委组织部和市直机关工委组织的基层党组织结对共建和在职党员进社区报到等主题活动。对辖区22个有结对安排的机关党组织进行业务指导和工作开展情况督促。组织机关1000名在职党员进社区报到，按照“亮明身份，接受监督，参与服务”的要求参加社区志愿服务，采取不定期抽查的方式督促机关各党组织及时提醒党员开展服务工作。推荐并指导区环卫局党委参加市直机关工委组织的“党建示范点”评定。

加强作风建设，密切党和群众的血肉联系。开展专项整治。区直机关工委制订下发《芙蓉区区直机关关于整治群众办事难问题的实施方案》和《芙蓉区开展“机关工作人员对待群众来访服务态度生硬、推诿扯皮现象”专项整治工作实施方案》，对机关工作人员接待群众来访服务提出具体要求。设置专项整治意见征集箱，指导区直机关单位结合实际制订专项整治方案，采取重点督察等方式发现工作中存在的问题，并督察相关单位及时整改。加大机关作风整治力度。配合区纪委，组织纪检监察、督察室等部门，全面推进机关作风建设。成立专项督察组，采取不打招呼、不听汇报、现场查看、随机抽查的形式开展明察暗访。年内，发现违纪违规案件68起，处分当事责任人23人。

加强群团建设，探索党群协调联动。区直机关工会根据干部职工的个人兴趣和爱好，开展唱歌、摄影、羽毛球、篮球、桌球等“兴趣小组”活动。区直机关工委与区总工会、区文体新局共同举办芙蓉区庆“五一”全民健身运动会，全区各部门、街道和企事业单位近80个、3000人参与。年内，区直机关工会为40名机关干部住院补充医疗保险费用近10万元；对干部职工及其直系亲属和离退休老干部走访慰问200人次；给在职干部职工赠送生日鲜花800人次。机关妇委会加强女性关怀。组织区直机关在职及离退休女干部700名举办“巾帼建新功 共筑中国梦”登山比赛活动，与区文体新局联合组织“圆梦芙蓉·羽众不同”女双羽毛球比赛，增强女干部职工之间的相互协作和友好交流。认真做好离退休老干部服务工作。认真对待老干部来信来访，耐心做好政策解释；组织区直机关近300名离退休老干部开展春游、秋游活动，充分发挥其在教育子女、联系居民群众的优势和作用；认真做好区直机关277位离退休老干部独生子女父母奖励对象摸底工作。（邬凯文）

·非公经济党建·

【概况】2014年，全区非公企业党建工作以中共群众路线教育实践活动为契机，以深入开展非公企业党建“规范提升年”活动为抓手，加强队伍建设、增强服务能力、抓实量化考核，在提升水平、激发活力、促进发展上取得良好成效。

扎实开展中共群众路线教育实践活动，筑牢思想根基。重视动员部署，提高思想认识。区非公党工委按照省、市、区委要求，在抓好本单位群众路线教育实践活动的基础上，负责指导全区非公企业和社会组织教育实践活动的开展。召开全区教育实践活动动员大会，明确“233”（即实施方案、整改方案2个方案、动员会、组织生活会、总结会3个会议、一堂党课、一次谈心、一次承诺3项活动）工作要求。全区577家非公党组织按照单独、联合及依托街道、社区动员的形式，共召开分层分类动员会456堂。通过会议学、培训学、考试学、自主学等方式组织各类学习1240次，使广大非公党员在精神上补“钙”，思想上充“电”，对群众路线和群众观点的认识更加深刻。深入问题查摆，落实整改措施。采取一次座谈会、一个意见箱、一部热线电话、一张征求意见表的“四个一”的形式广泛征求意见建议。利用“党员舒心吧”“党员谈心室”等阵地，非公书记主动与业主、班子成员、党员坦诚相见职工交心谈心。引导非公企业党组织对征集的7496条意见建议主动对接，制订详细的整改措施，明确责任部门、责任人和完成时限，确保问题整改落实到位。紧扣企业发展，彰显活动成效。指导非公企业紧紧围绕服务企业、服务发展、服务员工的理念，将群众路线教育学习活动与企业发展、企业文化有机结合，为企业发展凝心聚力。景鹏集团党委、广发隆平党委，怡清源、翔天大酒店、定王台书市、长沙东方男科医院、湖南航信等党支部分别接受省、市中共群众路线教育活动督导组的检查，怡清源党支部纳入全市中共群众路线教育活动总结会优秀成果展示和宣传推介。

着力加强能力建设，强化服务企业发展的智力支持。提升非公书记能力素质。将非公企业党组织书记培训纳入全区基层党组织书记培训总体规划，采取“每年一次、每期二天”的方式，举办5期非公书记岗位培训。精心编写《责任——2013年芙蓉区非公企业党组织书记述职报告选集》《从起点开始努力——芙蓉区非公企业党员优秀征文选集》等书籍，使书记们在相互交流中学先进、找差距、促提升。选送一批优秀非公书记赴浙江大学进行为期9天的学习培训，使非公书记进一步开阔视野、拓宽思路、提升能力。指导党建指导员履职。加强对党建指导员的管理引导，对街道、社区党建指导员进行轮训，明确党建指导员既当指导员、又当服务员，为企业党员员工办实事，解难题。11月，街道、社区党建指导员对照积分制管理办法对全区非公企业党建工作进行全面梳理总结，使党建指导员重视工作中的差距，履职责任进一步上肩。注重培养党员骨干队伍。积极开展“精品党课进企业”活动，邀请国防科大教授徐佐林、区群众路线讲师团成员以及企业党组织书记讲授以社会主义核心价值观为内容的党课500场次。在培养和发展新党员工作中，重点向非公企业倾斜，组织179名入党积极分子和122名新党员分别参加了2014年非公企业党组织入党积极分子培训班和新党员培训班，使党在非公企业的力量基础不断巩固扩大。

图18　芙蓉区非公企业党组织积分制管理获全省非公党建品牌展示一等奖

规范提升平台建设，筑牢服务企业发展的基层基础。提质升级党建网站，不断优化平台建设。着力打造芙蓉非公党建网，明确专人负责、推行投稿有酬、及时更新内容。芙蓉动态、党支部博客、书记风采、主题活动、优秀征文、红色部落等栏目的设置使网站真正成为推进工作、展示风采的舞台，网站流量已近1.35万人次。非公书记QQ群、微信群及时发布网站最新动态，实现工作、交流、展示三个同步。创新开设“双强博客汇”，及时传递红色正能量。将开通党支部博客作为党建工作信息化的有效探索，利用网络传播交流快、辐射范围广的特点，通过开设党建理论、业务知识、支部动态、活动预告等栏目，随时随地让党员接受教育、掌握动态。年内，全区有14个非公党组织博客亮相芙蓉非公党建网，形成一博客一特色的工作品牌。制订信息报送奖励办法，营造良好舆论氛围。制订下发《芙蓉区非公党建信息报送奖励办法》，通过指定专人负责、分解工作任务、制订奖励标准，为网站新闻信息及时更新、特色亮点宣传推介提供有力保障。截至年底，14个街道（园、局）党工委、45个非公企业党组织积极参与，共报送各类新闻信息120条。

精心打造特色亮点，激发服务企业发展的创新动力。创新实施积分制管理，发挥积分激励导向作用。制订出台《芙蓉区非公企业党组织积分制管理办法》，在非公企业党组织中全面推行积分制管理。6月，以积分制管理办法为依据，对全区17家非公申报单位进行红旗非公党组织的考核考评。年底，对全区577家非公企业实行全面积分制考核，以此作为非公书记评先评优、年度津贴发放的重要依据。深入开展“三学三建三讲”（即学知识、学经验、学业务，建组织、建阵地、建机制，讲诚信、讲节约、讲业绩）活动，将“党员示范岗”、党员“1+2”“一卡四制”“变化在行动当中”征文比赛等活动有机融合，引导党组织和党员以活动促服务、以服务促发展，推动党建工作有为有位。千惠连锁超市、东岸建材等党组织书记带头示范，引领党员骨干当先锋、作表率。广发隆平、翔天酒店等党组织党员通过“1+2”活动帮扶救助王玉、肖梅芳等一批困难党员和职工群众。景鹏、科尔雅党组织积极开展爱心公益活动，捐助贫困学生圆读书梦，进一步提升企业的美誉度。探索实践“125”工作法（一融合即党建与发展融合、二孵化即孵化企业和党组织，五促进即促进发展共商、活动共推、先进共创、责任共担、成果共享），构建联合联动党建模式。在工业园区、商务楼宇、市场商圈等探索开展“125”工作法。银华酒店物业党支部成立党群服务站，推出服务楼宇企业十项承诺，受到入驻企业的充分肯定。广发隆平党委组织园区的21家非公企业和13家党支部102名党员开展“提升正能量·做个好员工”专项理论考试、党内知识抢答赛等形式多样、内容丰富的活动，增强各支部凝聚力和向心力。（杨 欢）

【推出非公企业党组织积分制管理办法】 制订出台《芙蓉区非公企业党组织积分制管理办法》，在辖区内非公企业党组织中全面推行积分制管理。通过科学设置指标、加强管理考核、注重结果运用，着力将党建工作与服务企业发展深度融合，解决企业党建工作抓什么、怎么抓的问题，不断提升非公企业服务型党组织规范化建设水平。党组织积分制管理的创新思路得到省、市、区领导的肯定和好评，人民网－中国共产党新闻网、湖南非公经济党建网、市委先锋潮等新闻媒体对积分制管理进行宣传推荐。12月23日，在全省非公党建成果品牌展示评选会上，芙蓉区非公党工委展示的《芙蓉区非公企业党组织积分制管理》的非公党建品牌荣获品牌展示最高奖项——全省非公党建成果品牌展示一等奖。（杨 欢）

【组织非公企业书记赴浙江大学学习】 9月10—18日，芙蓉区委组织部、区非公党工委组织全区45名优秀非公企业党组织书记赴浙江大学进行领导能力素质提升培训。培训开设中国梦在浙江的实践、非公企业党建热点问题研究、博弈论与思维创新、企业媒体公关与危机管理、企业法律风险与防范等课程，邀请浙江大学知名教授沈志坤、谌远知、兰建平等主讲。培训坚持理论学习与实地考察相结合，组织非公企业书记考察获全国先进基层党组织的浙江党建特色企业——浙江传化集团、浙江小城镇及村庄建设示范县——桐庐县。通过名校培训，使非公企业书记进一步开阔视野，提升思路，反响良好。（杨 欢）

长沙市芙蓉区人民代表大会常务委员会

第四届人大常委会机构及领导人员

主　　任 罗树林

副 主 任 宋晋武　　陈忍冬

　　　　 严国益　　马京沙（女）

　　　　 罗尔曼（女）

委　　员 赵文楷

　　　　 任　剑（女）

　　　　 丁　玲（女）

　　　　 罗际成

　　　　 宋涵惠（女）

　　　　 段向阳

　　　　 徐青春（2014.05 辞职）

　　　　 易淑珍（女）

　　　　 张　军

　　　　 侯　建

　　　　 莫建锋

　　　　 吴艳（女）（2014.10 辞职）

　　　　 方学明（2014.05 辞职）

　　　　 易　琰（女）

　　　　 陈明智

　　　　 王秀贵

　　　　 郭沫华

　　　　 李　胜

　　　　 熊伟红（女）

工作部门

办公室

主　　任 赵文楷

副 主 任 张　璎（女）（2014.03 免）

　　　　 胡尚德（2014.03 任）

　　　　 易利平（女）（2014.03 免）

　　　　 周　率（2014.03 任）

内务司法工委

主　　任 任　剑（女）

副 主 任 耿　铭

农业财经工委

主　　任 丁　玲（女）

教科文卫工委

主　　任 宋涵惠（女）

城建环保工委

主　　任 罗际成

副 主 任 陈　旭（女）

选举任免联络工委

主　　任 段向阳

副 主 任 李莉霞（女）

【概述】2014 年，芙蓉区人大常委会在区委的正确领导下，认真贯彻中共十八大和十八届三中、四中全会精神，紧紧围绕全区工作大局，积极作为，全面履职，年内共召开常委会会议 6 次、主任会议 17 次，听取和审议各类工作报告 18 次，作出决议、决定 7 项，开展执法检查 8 次，组织视察活动 7 次，为推动全区经济社会发展和民主法治建设做出积极努力，较好地完成区四届人大三次会议确定的各项工作任务。

依法监督，认真履行工作职责。认真听取和审议专项工作报告。区人大常委会两次听取和审议国民经济和社会发展计划执行情况报告，三次听取和审议财政预算执行情况报告。主任会议多次专题听取财政工作汇报，审议有关政府融资议案，提出强化预算执行、规范财政收支、防控债务风险、加强绩效管理等工作建议。听取和审议 2013 年区本级财政预算执行和其他财政收支的审计结果报告及整改情况报告，督促整改审计中发现的有关问题。围绕城区规划、基层医疗卫生机构建设、公共文化体育设施建设、禁毒、工会、市政、小区物业管理等工作加强监督，听取工作情况汇报，深入调查研究，有针对性地提出意见建议，有效促进区政府有关工作的开展。积极开展执法检查。区人大常委会以“12·4”国家宪法日和各行业的法制宣传月（宣传周、宣传日）为契机，开展形式多样、内容丰富的法制宣传教育活动。组织开展《中华人民共和国禁毒法》《中华人民和国工会法》《中华人民和国食品安全法》《公共文化体育设施条例》等法律法规的执法检查和调研；配合市人大常委会开展《中华人民和国税收征收管理法》《中华人民和国城乡规划法》《中华人民和国专利法》《中华人民和国森林法》执法检查。修改完善规范性文件备案审查工作规则，加强对区政府报备的规范性文件审查，推进法律法规全面正确地贯彻实施。继续开展“农产品质量安全行”“环保世纪行”“三湘农民健康行”“民族团结进步行”“教育均衡发展芙蓉行”等活动，为解决民生方面突出问题发挥重要作用。着力促进司法机关公正司法。区人大常委会继续深入开展“司法公正长沙行”活动，专题听取区人民法院工作情况汇报，组织常委会组成人员和代表参加区法院、区检察院、区公安分局的开放日活动。充分发挥代表在促进司法公正中的重要作用，多次组织代表旁听法院庭审、参与社会矛盾纠纷调处、参加征收安置听证，推动相关执法部门进一步规范程序、完善细节、依法办案。依法行使重大事项决定和人事任免权。区人大常委会始终坚持科学民主决策，依法对重大事项作出决议决定。审查批准2013年度区本级决算，要求政府重视财源培植、狠抓增收节支、规范举债行为、严管项目资金。审查批准2014年度财政预算调整方案及政府融资与债务偿还计划。坚持党管干部原则，依法行使人事任免权。坚持和完善任前调查、拟任人员法律知识考试、任前陈词等工作程序，提高任免工作的规范性，年内依法任免国家机关工作人员48人。做好代表补选及资格审查，完成四届人大三次会议以来出缺的15名代表补选工作。切实做好人大信访工作。区人大常委会高度重视信访维稳工作，立足畅通民意诉求渠道，将信访工作和履行人大监督职能结合起来，逐步完善信访工作机制。通过受理群众来信来访，对信访案件实行分类甄别，加强与涉访单位沟通协调，改进交办督办方法，妥善化解各种矛盾，切实维护人民群众合法权益。年内，受理群众来信来访85件200人次，落实办理省、市人大转办案件8件。

优化服务，充分发挥代表作用。继续深入开展“双联”（常委会联系代表、代表联系选民和人民群众）活动。区人大常委会认真贯彻落实中共十八大精神，加强区人大常委会组成人员与代表、代表与人民群众的联系。始终坚持主任会议成员接待代表日制度，不定期走访联系代表，主动关心代表的工作和生活。定期邀请区人大工委委员、人大代表列席常委会和主任会议，参与执法检查和视察调研活动，认真听取代表对“一府两院”及人大工作的建议和意见。指导各街道、社区（村）完善“代表接待日”制度，引导代表深入各选区走访联系选民，收集社情民意，帮助解决实际困难。通过区人大常委会认真谋划、各街道密切配合、全体代表积极参与，“双联”活动成效日益突出。年内，区人大常委会组成人员走访代表400人次，帮助代表解决实际问题150个，全体代表走访联系选民5000人次，参与扶贫帮困、助学兴教、创业就业等公益活动210次，捐款捐物价值达460万元。强化代表履职平台建设。区人大常委会按照“双联”工作与群众工作“直通车”工程“平台共建共享、活动互促互进、品牌和谐共赢”的总体思路，安排专项经费，完成省市代表活动室及13个街道代表活动室、75个社区（村）代表民情接待站建设，代表活动室（站）实现标准化建设、规范化运作，成为代表学习的阵地、履职的平台、宣传的窗口、联络的桥梁。省人大联工委领导到区调研时给予“全覆盖、共资源、有特色、重交流、讲实效”评价。着重抓好代表履职学习。4月，全区各街道人大工委主任参加市人大组织的基层人大工作者培训班；5月底至6月初，138名区人大代表、各街道联络员参加区委党校举办的履职学习班；7—8月，区人大常委会组成人员、区人大各工作委员会委员、区人大机关干部、街道人大工委主任及联络员85人参加北京、深圳全国人大培训基地举办的业务学习班。履职学习活动不仅参与面广，而且在学习内容、学习形式等方面都进行积极创新，参加学习人员加强交流、开阔视野，为依法履职打下更为坚实的基础。精心组织代表主题活动。全区各代表小组按照年初制订的活动计划，定期召集本小组的人大代表开展各项活动，如年初的走访交流活动、年中的视察调研活动、年末的述职评议活动等。组织市代表小组活动3次、联组活动2次，指导街道开展代表小组活动68次。加强与辖区内全国、省、市人大代表的联系服务，围绕经济发展、城市建设和管理、民生改善等内容，组织代表视察晚报大道及精彩生活超市沿线道路交通设施情况、湖南农业大学校园周边环境综合治理情况等，有效促进相关问题的解决。开展代表向选民述职活动，2 名市人大代表向区人大常委会述职，26 名区人大代表分别在 13 个选区向 650 名选民代表报告履职情况并接受评议，代表履职责任感和使命感明显增强。加强代表建议意见督办。坚持把督办代表建议作为保障代表权利、督促“一府两院”改进工作的重要途径。对区人大四届三次会议期间代表提出的 52 件建议，区人大常委会及时会同区政府召开交办会，提出交办要求，落实办理责任。通过区人大常委会领导重点督办、常委会各工委对口促办，对建议办理任务较多、办理难度较大的单位开展专项督办检查和“回头看”活动，建议办理质量和代表满意率不断提高。

服从大局，积极融入中心工作。全面参与重点项目建设。区人大常委会领导班子成员按照区委的统一安排，分别牵头负责或参与友谊商店东边旧城改造地块征收安置、火炬村征地安置和其他重点项目建设，加强对联点企业和项目的日常调研，积极协调处理企业、项目存在的困难和问题，确保项目的顺利推进。安排部分机关干部脱产参与重点项目征收安置工作。加强联点单位工作指导。区人大常委会班子成员及县级干部根据区委“四联三为”（联社区、联企业、联项目、联家庭，为群众、为基层、为企业服务）工作部署，加强对联点部门、街道、社区的调研和指导，在文明创建、协税护税、安全生产、矛盾调处以及信访维稳等工作中直接参与、主动担当，有效推进区委铺排的各项工作。积极投身群众工作“直通车”工程。区人大常委会班子成员及全体机关干部深入基层、深入群众，听取意见和要求，全面了解基层困难、群众呼声，协调解决一系列具体问题。各级人大代表与困难群众结对认亲、扶贫帮困、爱心助学，充分发挥了听民声、知民情、解民忧，化解社会矛盾、维护和谐稳定的作用。

转变作风，着力加强自身建设。扎实开展教育实践活动。区人大常委会按照中央“照镜子、正衣冠、洗洗澡、治治病”的总要求，围绕“为民、务实、清廉”主题，周密部署，通过集中培训、学习先进典型、开展专题讨论、撰写心得体会、召开专题民主生活会等多种形式，党员干部普遍经受深刻的党性教育和群众观念教育。区人大常委会针对文山会海、办公用房、公务用车、公务接待等进行专项整改，“四风”问题得到整治和有效解决，党员干部作风转变明显。加强理论业务学习。区人大常委会认真组织班子成员和机关全体党员干部深入学习中共十八大和十八届三中、四中全会精神及习近平总书记系列重要讲话精神，学习《全国人民代表大会和地方各级人民代表大会代表法》《中华人民共和国监督法》《中华人民共和国预算法》等法律法规，学习全国、省、市人民代表大会精神，参加市人大常委会组织的专题培训和专题讲座，参与区委中心组学习，努力提高区人大机关依法履职、服务发展的能力。不断完善规章制度。区人大常委会不断深化对人大工作的认识，主动适应新形势、新要求，修改和完善《关于人大代表建议、批评、意见的提出与处理办法》《关于人大代表向选民述职的实施意见》等 12 项工作制度，进一步促进人大工作制度化规范化建设。夯实基层基础工作。坚持和完善常委会领导分片联系街道人大工作制度，指导帮助街道人大工委开展工作。定期组织街道人大工委主任、联络员召开工作联系会，围绕主题开展讨论、交流工作。加强对代表联系选民、专题视察、代表述职等工作的指导，及时总结推广典型经验和做法。（周　率　罗　均）

图 19　人大常委会主任罗树林在区四届三次代表大会上讲话

【芙蓉区第四届人民代表大会第三次会议召开】 长沙市芙蓉区第四届人民代表大会第三次会议于 2014 年 2 月 26—27 日召开。会议认真学习贯彻中共十八大和十八届三中全会精神，严格落实中央八项规定和省、市、区委改进工作作风要求，在中共正确领导和全体代表的共同努力下，圆满完成会议各项议程，充分发挥地方国家权力机关的作用，营造民主团结、求真务实、精简高效的清新会风。

会议共六项议程：1. 听取并审议通过区长于新凡所作的《政府工作报告》；2. 审议通过《长沙市芙蓉区 2013 年国民经济和社会发展计划执行情况与 2014 年国民经济和社会发展计划（草案）的报告》；3. 审议通过《长沙市芙蓉区 2013 年财政预算执行情况和 2014 年财政预算（草案）的报告》；4. 听取并审议通过区人大常委会主任罗树林受第四届人民代表大会常务委员会委托所作的《区人大常委会工作报告》；5. 审

议通过《区人民法院工作报告》；6.审议通过《区人民检察院工作报告》。全体代表以对人民、对历史高度负责的精神，认真履行宪法和法律赋予的神圣权力，对各项报告进行全面深入的审议，提出高质量的议案、建议、批评和意见，作出符合全区人民意愿的决议和决定。

会议认为，2013年，区政府紧紧围绕“湖湘之心、中部标杆、全国一流”的战略定位和“财富中心、魅力之都、幸福芙蓉”的奋斗目标，深入开展“六个走在前列”大竞赛活动，攻坚克难，奋发作为，实现新一届政府各项工作良好开局。报告中提出的关于2014年政府工作的预期目标和工作重点科学合理、切合实际、操作性强。会议决定批准这个报告。

会议认为，2013年，常委会在区委的正确领导下，认真贯彻中共十八大和十八届三中全会精神，围绕全区工作大局，努力践行为民宗旨，认真履行法定职责，切实发挥代表作用，圆满完成各项工作任务，为全区经济社会全面协调可持续发展做出了积极贡献。报告提出的2014年工作思路和主要任务目标明确，指导性强，代表们表示认可。

会议指出，中共十八大和十八届三中全会对人大工作提出了新的更高要求，区人大常委会要全面贯彻中共十八大、十八届三中全会和习近平总书记系列讲话精神，在区委的领导下，着眼全区发展大局，突出抓好监督工作深化、代表工作创新和履职能力提升，使常委会各项工作更加符合区域经济发展的需要，更加体现人民群众的意愿，更加激发代表履职创业的热情，做好信念度的各项工作。会议强调，要深入开展以为民务实清廉为主要内容的中共群众路线教育实践活动，把中共群众路线贯彻到人大各项工作中，全面增强常委会组成人员、人大代表、机关干部的群众观念，以实际行动密切党群干群关系。严格遵守党风廉政纪律，全面加强作风建设，坚决摒弃形式主义、官僚主义、享乐主义和奢靡之风，注重解决实际问题，保持清正廉洁本色。切实加强常委会履职学习，有计划地组织常委会组成人员和部分代表开展学习培训活动，提高依法履职能力。

2014年，是贯彻落实中共十八届三中全会精神、全面深化改革的开局之年，也是实施“十二五”规划的攻坚之年。会议号召全体代表在区委的正确领导下，认真贯彻本次大会精神，执行大会各项决议，同心同德，锐意进取，扎实工作，不断开创芙蓉区经济社会发展的新局面，为加快建设“湖湘之心，中部标杆、全国一流”的“财富中心、魅力之都、幸福芙蓉”而努力奋斗。

（罗 均）

·专记·

芙蓉区人大常委会人大代表阵地建设

夯实阵地 搭建履职平台

芙蓉区第四届人大常委会换届以来，在完善制度基础上，积极为代表学习、活动创造条件，支持和保障代表依法履职。按照上年度区人大常委会的要求建立“人大代表活动室”。活动的实施方案做到“六有”（有固定场所、有工作制度、有代表专栏、有专人管理、有台账、有书籍资料）。2014年10月，区人大联工委对全区各街道、社区的代表活动阵地建设情况进行督促检查。截至年底，区人大常委会建立了省、市人大代表活动室，面积80平方米，并配置桌椅、投影仪、电脑、空调等办公用品。全区13个街道建立30平方米以上的区人大代表活动室13处。活动室统一了人大代表联系选民、接受监督、小组活动、考勤考核、学习培训等五项制度；统一公布代表信息；统一健全代表履职档案。在社区、村设立“人大代表民情接待室（站）”。年内，全区建立“人大代表民情接待室”77个，开展人大代表“亮身份、接地气”活动，每个联络站均制作“代表公示板”，印发“代表联系选民连心卡”，选民可以直接到站反映问题，也可以通过电话联系代表、约见代表，使接访选民工作，从每月一次改变为随叫随到的全天候代表服务。全年通过联络站反映的200个问题都在规定的时间内予以答复。在楼幢设立“人大代表信箱”。年内，各街道、社区、村在居民楼幢设立民情意见箱90个。对于涉及人民群众迫切要求解决的急难问题，代表接到信件后，及时到现场进行调研，确保问题得到解决。如，东屯渡街道人大工委在每个社区（村）均委派社区书记和一名社区专干为人大代表信息员，协助代表征集民情信息。郭沫华、孙季瑜代表了解到群众反映东屯渡街道扬帆社区东花路“停车难”、交通秩序乱的问题，便与有关部门一起座谈，共同探讨解决问题的办法，促使问题得到较好解决。

深化载体 创新活动平台

始终把“知民心、呼民意、反民情、解民忧”作为人大工作的出发点，不断创新活动载体，激发代表履职的主动性和自觉性。开展“四个一”主题视察活动。组织辖区人大代表开展“为芙蓉献一策，为选区建一言，为社区办一事，为群众解一难”为主题的会前视察活动。代表们积极下选区、进社区、听民声，广泛调查研究，提交代表建议、批评和意见52件，促进了一批民生问题的解决。深化代表个人持证视察。围绕教育、文化、卫生等热点问题，组织社区代表通过明察暗访，自主灵活地查找问题，反映群众意见，代表视察活动效果明显。如，荷花园街道人大代表来自经济、科技、教育、文体、医卫、法制、工商联等战线单位，街道人大工委组织代表就经济、民生、社会发展等方面开展视察，活动中走访接待选民120人次，收集了加快对支五路的修建与改造和尽快统筹协调实行“一街一所”等建议和意见20条。围绕重点集中视察。从党委、政府工作的重点和人民群众普遍关注的问题着手，组织代表开展集中视察。年内，区人大常委会专项工作评议组织代表围绕辖区城市管理、地税征管等方面开展视察、检查和调研活动，深入群众了解城市管理、地方税收征管工作中存在的问题，走访选民2500人次，收回意见征求表1310份，召开座谈会39次，收集各类意见和建议106条，并进行第一次集中测评，有力地推动了被评议单位改进提升工作绩效。

图20　区人大常委会主任罗树林（左一）视察万家丽MALL项目建设情况

拓展优势 构筑共建平台 始终注重发挥代表联系政府、参与社会管理的优势，促进代表更好地服务于和谐社会建设。发挥代表自身优势，着力改善民生。市、区人大代表，区委书记梁仲个人捐赠联点对象贫困家庭大学生黄顺伦学费5000元，并承担每月1000元生活费。梁仲联点东湖街道龙马社区，积极协调解决社区居民的老东湖路路灯、湘研路延伸路段整修、社区的水网改造、电网改造等问题。市、区人大代表，区长于新凡联点朝阳街道人民新村社区，为居民群众解决下水道化粪池堵塞、中国城施工造成路面塌陷、夜市扰民、噪声扰民、拆迁安置以及“平改坡”改造遗留等问题。发挥街道服务优势，促进经济发展。省、市、区三级人大代表，区人大常委会主任罗树林经常走访街道和企业。常委会领导班子成员按照区委的统一安排，分别牵头负责或参与友谊商店东边旧城改造地块征收安置、火炬村征地安置和其他重点项目建设，加强对联点企业和项目的日常调研，积极协调处理企业、项目存在的困难和问题，确保项目顺利推进。安排部分机关干部脱产参与重点项目征收安置工作。发挥企业资源优势，促进社会和谐。积极倡导人大代表中的企业领导为社区居民子女提供见习实习机会，提供再就业岗位服务；积极组织企业代表带头发动所在企业职工参与社会救助、公益行动等活动。如，文艺路街道人大工委组织人大代表开展“七色花”志愿者服务活动（为空巢老人、残障人士、妇女儿童、心理缺陷人群和社会青年等提供七大志愿服务活动）；朝阳街道人大工委组织人大代表开展“五助”（助学、助贫、助医、助残、助业）活动；五里牌街道人大工委推行人大代表社区“四季行”（春送岗位、夏送清凉、秋助学子、冬送温暖）活动。此类活动充分发挥企业代表资源优势，为选民办好事、办实事。全区省、市、区人大代表共联系困难家庭352户。全年扶贫帮困、爱心助学等捐赠合计金额400万元，帮助街道、社区解决就业岗位3000个。　　（熊　刚　罗　均）

长沙市芙蓉区人民政府

政府主要机构及领导人员

区　　长　于新凡
常务副区长　罗玉环（女）
副　区　长　刘熙宇（2014.04免）
蔡　冰（2014.09任）
张庆和
彭尚松
许　凡
彭　娟（女）
黄健元
潘　宏（2014.10任，挂职）

政府工作部门

区政府办

主　任　唐益人（2014.02免）
肖　磊（2014.03任）
副主任　刘孟乾（2014.03免）
徐乐斌（兼）
焦益民（兼）
李跃红（2014.03免）
王怡朗（2014.03免）
欧阳舒平（女）
吴康达（2014.03任）
黄　斌（2014.03任）
易　幸（2014.03任）
喻　林（2014.03免）

区发展和改革局（物价局）

书记、局长　娄国华
副　局　长　李延安　袁　雁（女）
王海鹰　黄　艳（女）

区教育局

局　长　周见阳
副局长　焦　英（女）　杨湘林
江　凌（女）　杨　红（女）
纪委书记　许　芳（女）

区科学技术局（知识产权局）

局　长　余　红（女，2014.03免）
吴立平（2014.03任）
副局长　胡海云　黄建明
戴湘军　彭晓斌

区城乡建设局

局　长　朱志琪（2014.03免）
胡远辉（2014.03任）
副局长　高利欢（女）
朱志琪（兼，2014.03任）
王劲峰（兼）　金元新
刘　艳（女）　喻英杰
纪委书记　刘俊成（2014.03免）
余学武（2014.03任）

区民政局

书记、局长　黄　萍（女）
副局长　陈同舟　蔡日直
黄天明　唐　敏（女）
纪检组长　余学武（2014.03免）
刘俊成（2014.03任）

区司法局

局　长　许平波
副局长　高云林（2014.03任）
邓国平　唐　君（女）
龙群锋（女，2014.03免）
纪检组长　陈　辉（2014.03任）

区财政局

书记、局长　杨爱斌（女，2014.03免）
刘孟乾（2014.03任）
副　局　长　陈晓红（女）
陈　蓉（女，兼）
刘　霞（女）
周德亮
杨　亮
纪检组长　刘振军（2014.03任）

区人力资源和社会保障局

局　长　任　健
副局长　卢　滔
周邦运　王伟京（女）
吴彩炼（女）
肖　莉（女，2014.03免）
李小平（女，2014.03任）

纪检组长 徐　军

区环境保护局

局　长 吴　穗（女）

副局长 朱　玮

蒋树华　金　溪（女）

张经梅（女）

欧阳解征（2014.03 免）

纪检组长 王国新（2014.03 任）

区商务旅游局（招商合作局）

书记、局长 谢小红（女）

副局长 杨汉陆（2014.03 免）

李延安（2014.03 任）

邓志文　曹慧敏（女）

纪检组长 黄越富

区文化体育新闻出版局

书记、局长 成良访

副局长 邓　勇　周先禄

周芸芸（女）

钟海荣（女，兼）（2014.03 免）

区卫生局

局　长 罗菊华（女）

副局长 王卿松

苏　力　张长翃

邓尚初（兼）

刘金龙

纪委书记 陈　莉（女）

区人口和计划生育局

局　长 宾雪丰（女）

副局长 王　冰（女）

陈　斌（女）

屈沪军（女）

周志成

区审计局（政府投资审计中心）

书记、局长 孔　飙

副局长 毛中国　石志红（女）

姚天洋（女）

纪检组长 张　彤

区农业林业水利局

局　长 邹金武（2014.06 免）

谭自然（女，2014.06 任）

副局长 吴昌惠（女）

曾平江　段陆海

李　磊

纪检组长 唐国礼

区食品安全管理办公室（食品药品监督管理局）

书记、主任 胡再平

副主任 易智勇　王洪明

区城市管理局（爱卫办）

局　长 彭　浩（2014.03 免）

陈洪林（2014.03 任）

副局长 危　勇（女）

卢志其（兼，2014.04 免）

余新春（兼）

许建红（兼，2014.04 免）

彭亚军

朱卫东（兼，2014.06 任）

康小红　施　伟

戴建林（兼，2014.06 任）

纪工委书记 叶菊英（女，2014.06 免）

张操巍（2014.08 任）

直属事业单位

区工业和信息化局

书记、局长 李光靳

副局长 周　文

李立春　贺辉可（女）

姚群峰

方建龙

区交通运输局

书　记 戴国良

局　长 李远书

副局长 龙　勇　蒋　浩

杨　静（女）

汤　宇（2013.03 免）

纪检组长 喻守谦

赖建桦（2014.03 任）

区统计局

书　记 肖　萍（女）

局　长 高国宏

副局长 娄志兰（女）裘　可（女）

区民族宗教和外事侨务局

书　记 彭海燕（2014.03 任）

局　长 张　璎（2014.03 任）

副局长 邹　宏　张　杰

区安全生产监督管理局（安全生产执法大队）

书记、局长 张　涛（2014.12 免）

刘顺泉（2014.12 任）

副局长 周　伟　聂忠葵

王　萍（女，2014.12 免）

纪检组长 彭国辉（2014.03 任）

区人民防空办公室

书记、主任 孙立荣

副主任 陈　跃（女，2014.03 免）

李　典（2014.03 任）

王　丽（女）

陈纲要

赵德玉

纪检组长 刘　岳（女）

区住房保障局

书　记 刘建刚

局　长 谭自然（女，2014.06 免）

余新春（2014.06 任）

副局长 童建平

谢　映（女，2014.12 免）

纪委书记 刘　婷（女）

区政务服务中心（优化效能办）

书记、主任 徐乐斌

副　主　任 邓银华　周　巍（女）
叶新球
纪检组长 龙群锋（女，2014.03任）

区工务局

书记、局长 胡远辉（2014.03免）
姜舟（2014.03任）

副 局 长 赵雪梅（女）
吴立峰　易　幸
李　靖（女，2014.03任）
纪检组长 肖　薇（女）

其他事业单位

长沙芙蓉中央商务区管理委员会办公室

主　　任 戴　静（女，2014.03任）
副主任 戴　静（女，2014.03免）
舒志刚（2014.03免）
段　超（2014.03任）

区棚改办（棚改公司）

主　　任 彭　斌
副主任 彭　涛
吴　畏
副经理 湛俊军

区征地办

主　　任 彭红珍（女）
副 主 任 彭水泉　廖奇文
纪检组长 高　鹏

芙蓉基础设施建设投资管理中心（芙蓉城建投）

书记、经理 王劲峰
副 经 理 魏运辉
黄　煌（女）
谭江涛
谭晓世（女）

区市政公司

书记、副经理 姜　舟（2014.03免）
戴建林（2014.03任，2014.06免）
欧　转（2014.06任）
经　　理 许建红（2014.04免）
戴建林（2014.06任）
副 经 理 郭　劼
张　杰（2014.03免）
潘　宏（女）
周　瑾
邹晓斌
黄　海（2014.03任）
纪检组长 陈律严（2014.03免）
李正良（2014.03任）

区园林公司

书记、经理 朱卫东（2014.06任）
书记、副经理 欧转（女，2014.06免）
经　　理 卢志其（2014.04免）
副 经 理 张文博　　吴　彦
纪检组长 熊　伟（女）

区环卫公司

书记、副经理 梁　卫
经　　理 余新春（2014.06免）
梁　卫（2014.06任）
副 经 理 戴建林
解支胜（女）
喻茂良
蔡　进（2014.03任）
纪检组长 李　靖（女，2014.03免）
廖　侃（2014.03任）

垂直管理机构

国土分局

局　　长 粟　尔
副 局 长 康哲新　　张　杰
贺建帮　　罗教沦
孔娇鸿（女）

规划分局

书　　记 张志伶
局　　长 叶银权
副 局 长 杨亮月（女）
执法大队长 段巧玲（女）
执法副大队长 戈　辉

工商分局

局　　长 熊国华
副 局 长 谢慧敏　翁泽林
谭春生　李　维
纪委书记 罗　铭

国税分局

局　　长 潘平波（女）
副 局 长 何　剑　　李雪辉
陈焕新　　王　创
龙曙日
纪检组长 王　创（2013.05免）
曾向明（2013.05任）

地税分局

局　　长 彭清彦
副 局 长 方陵青（女）周跃双
雷艳双（女）王隆生
市局副调研员 邓雪平
工会主席 黄　劲

质监分局

局　　长 夏建军
副 局 长 卢义勇　　余湘怀

重要会议纪要

【第四届区政府第十九次常务会议】 2014年3月17日，芙蓉区政府第19次常务会议召开，区长于新凡主持。会议研究4个问题：一、研究2014年电子政务项目建设计划；二、研究环卫工人工资提标有关问题；三、审定

2013年全区绩效考核结果及区委、区政府表彰奖励名单；四、审定《2014年“六个走在前列”重大项目帮促活动实施方案》。

会议议定事项：

一、会议听取电子政务办关于2014年电子政务项目建设计划的汇报，会议明确：

1. 由电子政务办负责，本着节约资金、方便管理、高效运转的原则，择优选择网络线路运营商。

2. 原则同意网络设备采购计划，并对老旧网络设备进行系统性调整更新，由梁福才负责对采购设备清单具体把关，进一步优化采购方案后实施。

3. 同意对政府门户网站、协同办公系统等进行功能拓展，同意采购一套数字安全认证系统，同意对重点设备引入官方维修保养。

4. 上述采购项目必须严格按照政府采购的相关要求执行。

二、会议听取环卫局关于提高环卫工人工资的汇报。会议原则同意提高全区环卫工人工资标准，将单班月工资提高到1000元/月，通班月工资提高到2100元/月，新标准自2014年4月1日起实施。

三、会议听取人社局、政府办关于2013年全区绩效考核结果和区委、区政府表彰奖励名单有关情况的汇报。会议明确，由政府办牵头，组织各相关部门按会议意见将区委、区政府表彰奖励名单修改完善，并报区委常委会审定。

四、会议听取政府办关于《2014年“六个走在前列”重大项目帮促活动实施方案》的汇报，对该方案提出明确的修改意见。会议明确，由政府办牵头，按会议精神将活动方案修改完善。

（区政府办）

【第四届区政府第二十二次常务会议】 2014年5月8日，芙蓉区政府第二十二次常务会议召开，区长于新凡主持。会议研究9个问题：一、审定财政资金审批流程；二、研究全区安置小区基础设施维护改造有关问题；三、审定《关于扶持互联网产业发展的政策意见》；四、研究安监局配发安全生产信息与执法管理移动终端工作；五、研究全区最低生活保障人员救助工作；六、研究区域规划编制方面有关工作；七、研究调整火车站停车场收费问题；八、审定《2014年度经济发展奖励实施细则》；九、研究全区打击整治传销集中行动。

会议议定事项：

一、会议听取财政局关于精简财政资金审批流程、提高审批工作效率有关工作的汇报，原则同意财政局提出的优化方案，并明确由财政局负责，按会议意见将方案修改完善。

二、会议听取市政局关于全区安置小区基础设施维护改造有关情况的汇报。会议明确：

1. 在安置小区居民群众自愿改造的基础上，区政府原则支持此项改造工程。由各街道负责宣传，由小区居民群众自行向区政府申请改造。

2. 此次基础设施改造的重点是完善安置小区相关设施，使其达到可以正常使用的状态。改造工程由罗玉环、许凡牵头，由监察局、财政局、审计局负责，对居民申报请求改造的小区内需改造项目的工作量进行核定，由市政局负责根据申报顺序实施改造，改造经费由区财政予以保障。

3. 在小区基础设施改造过程中，由相关街道和城管局负责，同步对安置小区环境进行综合整治。

三、会议听取商务局关于制订《关于扶持互联网产业发展的政策意见》的汇报。会议原则同意该政策意见，并明确由商务局负责，按会议议定事项将该政策意见修改完善。会议明确，由区经济发展奖励工作领导小组具体负责执行全区互联网产业扶持政策。

四、会议听取安监局关于配发安全生产信息与执法管理移动终端有关情况的汇报，会议要求安监局认真论证配备该移动终端的必要性，在确认必要性后择时配备。

五、会议听取民政局关于全区最低生活保障人员救助有关工作情况的汇报，原则同意民政局关于进一步加大帮扶力度的建议。会议明确，由区政府设立专项救助资金，设置专项救助项目，依托区慈善会加大对低保人群的救助力度，具体由民政局负责实施。

六、会议听取发改局关于全区产业规划布局、关于“十三五”规划、关于隆平新区产业发展规划编制的建议，原则同意发改局提出的意见。

七、会议听取发改局关于火车站停车场收费有关情况的汇报，原则同意由发改局牵头，邀请上级部门到火车站现场办公，并召开价格征求意见会，就收费问题征集意见。

八、会议听取发改局关于《2014年度经济发展奖励实施细则》有关情况的汇报，明确由发改局牵头，会同相关部门按会议意见将该实施细则修改完善。

九、会议听取政府办关于全区打击整治传销集中行动有关情况的汇报，原则同意政府办提出的实施方案。会议明确，成立全区打击整治传销集中行动工作领导小组，由彭娟、黄健元任组长，根据实施方案在全区范围内开展打击整治传销集中行动。

（区政府办）

【第四届区政府第二十三次常务会议】2014年6月26日，芙蓉区政府第二十三次常务会议召开，区长于新凡主持。会议研究2个问题：一、研究浏阳河风光带相关遗留问题；二、审定《长沙市芙蓉区2013年财政决算（草案）和2014年1—5月预算执行情况的报告》和《关于2013年区本级财政预算执行和其他财政收支情况审计结果报告》。

会议议定事项：

一、会议听取城建投关于浏阳河风光带遗留问题有关情况的汇报，对下一步如何解决遗留问题进行讨论。会议充分肯定前期浏阳河风光带项目开发建设中取得的成绩，肯定城建投与郡原公司成立项目合作公司合作开发和运营的模式。会议明确，政府与开发商双方应共同履行合同职责，对于执行合作协议时出现的新情况，应通过签订补充协议的方式对新情况下双方职责进行明确。会议明确：

1. 原则同意按原协议将应划拨至产业带公司的土地挂牌出让。如需变更合作协议，采用带经营权条件挂牌的方式出让此地块，则需完善相关合作条款，报区委常委会审定。

2. 对于婚庆文化园内公益性公园绿地约55亩的投资，由审计局负责审计，并尽快出具审计结果，区政府根据审计结果进行结算。

3. 由彭尚松牵头负责，组织相关职能部门和街道加快新桥村已统征用地的拆迁扫尾工作。

4. 由罗玉环牵头，组织监察局、法制办、财政局、审计局共同对双方前期合同履约情况进行调查，并于7月4日前得出调查结论。根据前期双方履约情况，与郡原公司商议签订补充协议，完善项目合作关系。补充协议应报区党政联系会议审定后签订。

二、会议听取财政局关于《长沙市芙蓉区2013年财政决算（草案）和2014年1—5月预算执行情况的报告》和审计局《关于2013年区本级财政预算执行和其他财政收支情况审计结果报告》情况的汇报，原则通过两个报告。会议明确，由财政局、审计局负责，分别将两个报告修改完善后提交区人大常委会审定。（区政府办）

【第四届区政府第二十六次常务会议】 2014年10月24日，芙蓉区政府第二十六次常务会议召开，区长于新凡主持。会议研究2个问题：一、研究全区安全生产有关工作；二、研究火星街道环卫市场化试运行工作。

会议议定事项：

一、会议听取安监局关于全区安全生产工作有关情况的汇报，学习了省委办公厅、省政府办公厅《关于采取断然措施坚决遏制重特大事故的的通知》（湘办发电〔2014〕120号）和市安委会《关于认真贯彻落实（湘办发电〔2014〕120号）文件精神的通知》（长安发〔2014〕7号）有关文件精神。会议指出，安全生产工作关系到居民群众的生命财产安全和社会稳定，必须要坚持“谁分管，谁负责”的原则，提高安监能力，理顺安监体制，加强工作调度，进一步落实企业主体责任。会议要求区安委办结合实际制订实施方案，采取果断措施，强化全区安全生产工作。会议明确：

1. 原则同意《芙蓉区安全生产监管能力基本建设三年实施方案（征求意见稿）》，由安监局进一步将实施方案修改完善。

2. 由安监局修改完善《芙蓉区安全生产违法违规案件举报奖励办法》。

3. 由编委办从街道调整四个事业编制至安监局，通过区内选调或对外招聘专业人员，解决安监局人员不足的问题。

4. 各街道要配备3名专职安监员，并明确1名安监站长，安监站长享受街道中层干部待遇。各社区（村）要配备1名专职安监员。

5. 由电子政务办和保密局负责，论证安全生产监管办公系统是否符合相关保密规定，如符合规定，可予以实施。

二、会议听取火星街道有关环卫市场化运行有关工作的汇报，一致认为环卫市场化是当前工作趋势，有助于减少政府行政成本，提高工作效率。会议原则同意在火星街道进行环卫市场化试点，并明确由审计局负责，对火星街道全面积清扫成本进行预核算，根据核算成本，由财政局牵头，监察局、审计局参与，采取公开发布采购信息进行竞争性谈判的方式确定市场化运作公司。

（区政府办）

【第四届区政府第二十七次常务会议】 2014年11月11日，芙蓉区政府第二十七次常务会议召开，区长于新凡主持。会议研究2个问题：一、研究公益性岗位和老干部工资福利待遇有关工作；二、研究行政审批改革和行政综合执法、行政审批许可项目目录、政府机构改革及食安办“三定”工作方案。

会议议定事项：

一、会议听取财政局关于全区老干部工资福利待遇有关情况的汇报，对提高老干部工作福利待遇有关问题进行了认真研究。

会议听取人社局关于全区公益性岗位工作人员工资调整的建议，对调整方案进行了认真研究。会议认为，提高公益性岗位工资水平，要综合总的工资水平、岗位不同及全市各城区情况等因素统筹考虑。会议原则同意了人社局提出的提高公益性岗位工资的方案，并明确该方案从2015年1月起实行。

二、会议听取编委办、法制办关于行政审批改革和行政综合执法、行政审批许可项目目录、政府机构改革及食安办“三定”工作方案具体情况的汇报，对相关事项进行了认真研究。会议明确：

1. 原则同意编委办提出的行政审批改革和行政综合执法工作方案，由编委办牵头，再次征求改革涉及到的职能部门的意见，并将方案修改完善报区委常委会审定。

2. 原则同意行政审批许可目录，由法制办牵头按会议精神修改完善后报区委常委会和上级主管部门审定同意后公布。

3. 原则同意编委办提出的政府机构改革方案，由编委办负责按会议精神将方案修改完善后，报区委常委会和上级主管部门审定同意后实施。

4. 原则同意编委办提出的食安办“三定”工作方案，不减少食安办现有的编制数。关于食安办“三定”工作中的具体问题，由罗玉环牵头组织相关部门研究解决。 （区政府办）

【第四届区政府第二十九次常务会议】 2014年12月15日，芙蓉区政府第二十九次常务会议召开，区长于新凡主持。会议研究3个问题：一、研究2015年全区主要经济指标；二、研究2015年部门预算；三、研究互联网金融创新（长沙）试验区筹建工作。

会议议定事项：

一、会议听取发改局关于设定2015年全区主要经济指标有关情况的汇报，对于具体指标进行了认真讨论。会议认为，设定经济指标时要考虑到全区实际，科学合理。会议原则同意了发改局提出的2015年全区主要经济指标，并要求发改局按会议精神修改完善后报区委常委会审定。会议明确，由罗玉环负责，向区人大常委会沟通调整“十二五”规划中个别实际难以完成的经济指标。

二、会议听取财政局关于2015年部门预算有关情况的汇报，对各部门的预算进行了认真讨论。会议要求各单位要高度重视预算编制工作，科学、慎重制订部门预算。会议明确，财政局在今后的工作中要加强权力下放，赋予各单位更多的经费审批使用权，同时各分管领导要加大对分管单位经费使用的监督。会议原则同意了财政局提出的2015年部门预算，并要求财政局按会议精神将预算方案修改完善。关于城管局的预算，会议明确暂时按此次预算方案执行，并在2015年下半年初对城管局2015年上半年资金使用效率进行评估，并根据具体情况进行调整。

三、会议听取金融办关于互联网金融创新（长沙）试验区筹建工作有关情况的汇报，对筹建的具体工作进行认真讨论。会议一致认为，在当前互联网经济时代，率先进行互联网金融创新，是突破全区土地资源瓶颈障碍的重要途径。会议明确：

1. 原则同意金融办提出的成立互联网金融创新（长沙）试验区建设领导小组的方案。

2. 原则同意将原区住保局办公楼作为互联网金融创新（长沙）试验区建设基地，并与相关单位签订租用合同，明确免除其三年使用租金。 （区政府办）

【区政府常务会议研究事项】 2014年，芙蓉区政府共召开常务会议12次，主要研究事项如下：

2月10日，审定《2013年政府工作报告》《2013年政府国民经济和社会发展计划执行情况与2014年计划（草案）的报告》《2013年财政预算执行情况和2014年财政预算》；审定经济奖励表彰对象。

3月17日，研究2014年电子政务项目建设计划；研究环卫工人工资提标有关问题；审定2013年全区绩效考核结果及区委、区政府表彰奖励名单；审定《2014年“六个走在前列”重大项目帮促活动实施方案》。

4月9日，审定城管体制改革方案；研究补发城管执法大队

2013 年度绩效考核奖金；研究增拨杂交水稻研究中心社区综合环境整治工作建设经费有关事项；研究泉坝路雄天公司建设路段资金结算有关问题；研究定王台书市移交相关问题；研究区疾控中心发放卫生防疫津贴工作。

4 月 17 日，听取对卢志其违纪情况的处理意见；研究政府班子分工。

5 月 8 日，审定财政资金审批流程；研究全区安置小区基础设施维护改造有关问题；审定《关于扶持互联网产业发展的政策意见》；研究安监局配发安全生产信息与执法管理移动终端工作；研究全区最低生活保障人员救助工作；研究区域规划编制方面有关工作；研究调整火车站停车场收费问题；审定《2014 年度经济发展奖励实施细则》；研究全区打击整治传销集中行动。

6 月 26 日，研究浏阳河风光带相关遗留问题；审定《长沙市芙蓉区 2013 年财政决算（草案）和 2014 年 1—5 月预算执行情况的报告》和《关于 2013 年区本级财政预算执行和其他财政收支情况审计结果报告》。

7 月 18 日，研究对东湖街道办事处副主任李韦行违纪情况的处理意见。

9 月 15 日，研究 2015 年全区重点项目投资计划；通报区政府党组中共群众路线教育实践活动整改方案。

10 月 24 日，研究全区安全生产有关工作；研究火星街道环卫市场化试运行工作。

11 月 11 日，研究公益性岗位和老干部工资福利待遇有关工作；研究行政审批改革和行政综合执法、行政审批许可项目目录、政府机构改革及食安办“三定”工作方案。

11 月 27 日，研究“三联三促建三市”联点灰汤镇有关工作；研究行政事业性单位收费、基金项目清理有关工作；听取监察局有关案件情况通报。

12 月 15 日，研究 2015 年全区主要经济指标；研究 2015 年部门预算；研究互联网金融创新（长沙）试验区筹建工作。

（区政府办）

·附·

长沙市芙蓉区人民政府 2014 年文件目录

芙蓉区人民政府发文

◎芙政发〔2014〕1 号 关于下达芙蓉区 2014 年征地拆迁及重点项目建设计划的通知

◎芙政发〔2014〕2 号 关于批准《芙蓉区安全生产监督管理局 2014 年度安全生产监管监察执法检查计划》的通知

◎芙政发〔2014〕3 号 关于表彰 2013 年度建议提案办理工作先进单位和先进个人的决定

◎芙政发〔2014〕4 号 关于印发《芙蓉区 2014 年国民经济和社会发展目标》的通知

◎芙政发〔2014〕5 号 关于开展石材加工业环境污染专项整治的通告

◎芙政发〔2014〕6 号 关于印发《芙蓉区加快互联网产业发展的扶持办法》的通知

◎芙政发〔2014〕7 号 关于调整长沙黄土塘棚户区改造投资有限公司董事会、监事会成员的通知

◎芙政发〔2014〕8 号 关于对全区危险化学品企业进行安全生产大检查的通知

◎芙政发〔2014〕9 号 关于成立湘江长沙综合枢纽工程芙蓉区移民安置及库底清理验收工作领导小组及自验收委员会的通知

◎芙政发〔2014〕10 号 关于调整长沙城东棚户区改造投资有限公司董事会、监事会组成成员的通知

◎芙政发〔2014〕11 号 关于关停金苹果经贸公司金苹果冷库的通告

◎芙政发〔2014〕12 号 关于对住房保障特殊困难急需救助认定标准及流程的通知

◎芙政发〔2014〕13 号 关于印发《长沙市芙蓉

区产业结构调整指导目录》的通知

◎芙政发〔2014〕14号 关于印发《长沙芙蓉中央商务区创建两型综合示范片区实施方案》的通知

◎芙政发〔2014〕15号 关于长沙市芙蓉城市建设投资有限责任公司债券发行募投项目收益土地平衡的决定

◎芙政发〔2014〕16号 关于免征部分区本级行政事业性收费的通知

◎芙政发〔2014〕17号 关于公布芙蓉区区本级行政审批项目的通知

芙蓉区人民政府办公室发文

◎芙政办发〔2014〕1号 关于成立2014年春运工作领导小组的通知

◎芙政办发〔2014〕2号 关于下达2014年主要经济指标任务预安排的通知

◎芙政办发〔2014〕3号 关于进一步加强政府性投资建设项目竣工财务决算评审管理的通知

◎芙政办发〔2014〕4号 关于印发《长沙市芙蓉区"十二五"广告业发展规划》的通知

◎芙政办发〔2014〕5号 关于印发《芙蓉区开展雷锋号示范窗口评选活动的实施方案》的通知

◎芙政办发〔2014〕6号 关于2014年政务信息报送采编工作的通知

◎芙政办发〔2014〕7号 关于印发《芙蓉区国有土地上房屋征收与补偿工作奖励暂行办法（暂行稿）》的通知

◎芙政办发〔2014〕8号 关于印发《芙蓉区国有土地上房屋征收与补偿工作暂行实施细则（暂行稿）》的通知

◎芙政办发〔2014〕9号 关于成立芙蓉区人感染H7N9禽流感防控工作领导小组的通知

◎芙政办发〔2014〕10号 关于进一步加强人感染H7N9禽流感防控工作的紧急通知

◎芙政办发〔2014〕11号 关于成立芙蓉区主干道绿化提质建设指挥部的通知

◎芙政办发〔2014〕12号 关于印发《浏阳河芙蓉区段污染治理工作调整方案》的通知

◎芙政办发〔2014〕13号 关于转发《长沙市优化社会投资建设项目审批流程试行办法》的通知

◎芙政办发〔2014〕14号 关于印发《芙蓉区清剿火患工作实施方案》的通知

◎芙政办发〔2014〕15号 关于印发《芙蓉区2014年石材加工行业职业病危害专项治理工作方案》的通知

◎芙政办发〔2014〕16号 关于印发《浏阳河芙蓉区段流域环境污染整治联合执法行动方案》的通知

◎芙政办发〔2014〕17号 关于印发《长沙市芙蓉区门前市容环境卫生责任制实施方案》的通知

◎芙政办发〔2014〕18号 关于表彰2013年度两型创建示范单位的决定

◎芙政办发〔2014〕19号 关于印发《关于开展"形象工程"和"政绩工程"专项整治工作的实施方案》的通知

◎芙政办发〔2014〕20号 关于对重大火灾隐患单位实行挂牌督办整改的通知

◎芙政办发〔2014〕21号 关于同意对长沙文化广场市场（定王台书市）重大火灾隐患延期整改的通知

◎芙政办发〔2014〕22号 关于对中国电信股份有限公司湖南分公司重大火灾隐患挂牌督办单位重大火灾隐患整改验收情况的通报

◎芙政办发〔2014〕23号 关于成立参加长沙市第八届老年人运动会组织委员会和代表团的通知

◎芙政办发〔2014〕24号 关于对市、区政府2014年《政府工作报告》目标任务实施责任分解的通知

◎芙政办发〔2014〕25号 关于做好2014年人大代表建议和政协委员提案办理工作的通知

◎芙政办发〔2014〕26号 关于调整全区行政审批制度改革工作牵头单位的通知

◎芙政办发〔2014〕27号 关于调整芙蓉区爱国卫生运动委员会的通知

◎芙政办发〔2014〕28号 关于成立长沙市芙蓉区人民政府行政审批制度改革工作领导小组有关事项的通知

◎芙政办发〔2014〕29号 关于长沙市芙蓉区人民政府办公室政务服务人员分工的通知

◎芙政办发〔2014〕30号 关于印发《芙蓉区绿色建筑行动实施方案》的通知

◎芙政办发〔2014〕31号 关于印发《芙蓉区关

于进一步加强政府信息依申请公开工作的意见》的通知

◎芙政办发〔2014〕32号 关于区政府领导成员分工的通知

◎芙政办发〔2014〕33号 关于成立芙蓉区福利中心建设领导小组的通知

◎芙政办发〔2014〕34号 关于印发《芙蓉区关于党政机关停止新建楼堂馆所和清理办公用房的实施方案》的通知

◎芙政办发〔2014〕35号 关于开展2014年住房公积金归集扩面有关工作的通知

◎芙政办发〔2014〕36号 关于印发《长沙市芙蓉区清理行政审批事项开展行政审批项目专项整治工作实施方案》的通知

◎芙政办发〔2014〕37号 关于成立长沙市芙蓉区城市道路交通管理工作领导小组的通知

◎芙政办发〔2014〕38号 关于开展2014年应急知识宣传周活动的通知

◎芙政办发〔2014〕39号 关于做好芙蓉区2014年度地质灾害防治工作的通知

◎芙政办发〔2014〕40号 关于调整区重点工程建设工作领导小组的通知

◎芙政办发〔2014〕41号 关于印发《长沙市芙蓉区2014年打击整治传销集中行动实施方案》的通知

◎芙政办发〔2014〕42号 关于对住房保障特殊困难家庭的申请对象进行调查核实及认定的通知

◎芙政办发〔2014〕43号 关于印发《关于促进经济发展的奖励办法实施细则（2014年修订版）》的通知

◎芙政办发〔2014〕44号 关于印发《芙蓉区住宅小区消防通道专项整治工作实施方案》的通知

◎芙政办发〔2014〕45号 关于印发《2014年芙蓉区促消费系列活动——“芯动芙蓉·快乐Shopping”第二季工作方案》的通知

◎芙政办发〔2014〕46号 关于调整打击传销工作联席会议成员名单的通知

◎芙政办发〔2014〕47号 关于印发《芙蓉区财政资金审批流程》的通知

◎芙政办发〔2014〕48号 关于推广使用公务车辆电子不停车收费系统的通知

◎芙政办发〔2014〕49号 关于切实加强校园安全防范工作的紧急通知

◎芙政办发〔2014〕50号 关于印发《长沙市芙蓉区进一步推进简政放权专项整治工作实施方案》的通知

◎芙政办发〔2014〕51号 关于印发《芙蓉区马王堆蔬菜批发市场外迁工作方案（2014–2016年）》的通知

◎芙政办发〔2014〕52号 关于印发《长沙市芙蓉区街道协税护税任务考核办法》的通知

◎芙政办发〔2014〕53号 关于印发《长沙市芙蓉区2014年度重点领域政府信息公开工作任务分解表》的通知

◎芙政办发〔2014〕54号 关于授予长沙隆平科技创业投资有限公司新增职能的通知

◎芙政办发〔2014〕55号 关于印发《芙蓉区2014年度湘江污染防治“三年行动计划”目标任务分解表》的通知

◎芙政办发〔2014〕56号 关于印发《芙蓉区校园周边高峰期交通治堵工作实施方案》的通知

◎芙政办发〔2014〕57号 关于印发《芙蓉区道路交通安全管理工作实施方案》的通知

◎芙政办发〔2014〕58号 关于印发《长沙市芙蓉区慈善救助低保家庭实施办法》的通知

◎芙政办发〔2014〕59号 关于转发长沙市人民政府办公厅《关于深刻汲取“7.19”特大安全事故教训切实加强安全生产工作的紧急通知》的通知

◎芙政办发〔2014〕60号 关于进一步加强营业性网吧管理工作的通知

◎芙政办发〔2014〕61号 关于成立芙蓉区稳定房地产市场发展领导小组的通知

◎芙政办发〔2014〕62号 关于印发《芙蓉区差旅费、会议费、培训费管理规定》的通知

◎芙政办发〔2014〕63号 关于印发《芙蓉区安全生产大排查大整治大督察集中行动暨重点行业（领域）专项整治工作方案》的通知

◎芙政办发〔2014〕64号 关于印发《芙蓉区特种设备安全专项大检查实施方案》的通知

◎芙政办发〔2014〕65号 关于印发《芙蓉区重要消费品质量安全专项大检查实施方案》的通知

◎芙政办发〔2014〕66号 关于印发《芙蓉区燃

气安全专项整治工作方案》的通知

◎芙政办发〔2014〕67号 关于印发《长沙市芙蓉区安全生产举报奖励办法（试行）》的通知

◎芙政办发〔2014〕68号 关于区政府领导成员分工的通知

◎芙政办发〔2014〕69号 关于将芙蓉区都正街历史文化街区改造建设指挥部变更为芙蓉区都正街棚户区改造建设指挥部的批复

◎芙政办发〔2014〕70号 关于建立商事登记制度改革工作联席会议制度的通知

◎芙政办发〔2014〕71号 关于印发《芙蓉区关于建立查处取缔无证无照经营行为工作长效机制的实施方案》的通知

◎芙政办发〔2014〕72号 关于加强“三公”经费审计监督的通知

◎芙政办发〔2014〕73号文秘人员稿酬奖励办法（试行）

◎芙政办发〔2014〕74号 关于印发《长沙市芙蓉区治理车辆超限超载工作方案》的通知

◎芙政办发〔2014〕75号 关于印发《芙蓉区招商引资活动管理规定》的通知

◎芙政办发〔2014〕76号 关于印发《芙蓉区中、小学校和幼儿园校医配备与管理暂行办法》的通知

◎芙政办发〔2014〕77号 关于印发《芙蓉区危险房屋排查处险实施办法（试行）》的通知

◎芙政办发〔2014〕78号 关于印发《芙蓉区原中小学民办教师和代课教师生活困难补助发放工作方案》的通知

◎芙政办发〔2014〕79号 关于印发《芙蓉区应对霾天气全社会联动方案》的通知

◎芙政办发〔2014〕80号 关于印发《长沙市芙蓉区食品药品监督管理局主要职责内设机构和人员编制规定》的通知

◎芙政办发〔2014〕81号 关于做好芙蓉区2015年全国1%人口抽样调查工作的通知

◎芙政办发〔2014〕82号 关于印发《长沙市芙蓉区安全生产监督管理职责暂行规定》的通知

（区政府办）

政府法制建设

【概况】2014年，芙蓉区政府认真贯彻落实中共十八届四中全会《中共中央关于全面推进依法治国若干重大问题的决定》，以及国务院、省、市政府法制建设会议精神，进一步推进法治政府和服务型政府建设，加强体制机制改革创新，严格落实各项制度，推动了“法治芙蓉”建设进程和全区社会经济又好又快发展。

加强组织领导，强化队伍建设。及时调整全区依法行政工作领导机构，建立以区长为组长的领导小组，统筹协调和指导全区依法行政和法治政府建设工作。研究制订《芙蓉区人民政府关于推进社会管理法治化建设的实施办法》。成立以区长为组长、主管法制工作的副区长为常务副组长，各相关职能部门和街道（局）为成员单位的芙蓉区推进社会管理法治化工作领导小组。并召开专题工作会议，将在推进全区社会管理法治化进程中，涉及到各部门和街道的工作任务进行统一安排部署。

加强制度建设，推进依法行政。推进社会管理决策程序法治化。按照《芙蓉区重大行政决策程序规定》，全程参与重大项目合作谈判，把好法律政策关。切实履行政府法律顾问职能，围绕全区中心工作和重大经济活动，及时提供法律服务，进一步增强做好法律服务工作的主动性、预见性和针对性，做好涉法事务的研究论证，从源头上防范法律风险，为政府依法科学决策提供法制保障。完善政府对外协议审查制度，有效维护政府合法权益。筹备建立政府法律咨询专家库，充分发挥法律咨询专家库在政府决策、咨询论证、法律适用和矛盾化解等领域的作用。

完善社会管理合法性审查机制。按照《重大行政决策合法性审查制度》《重大行政决策社会稳定风险评估制度》等文件，区政府做出重大行政决策前，均由政府法制机构或者组织有关专家进行合法性审查，凡涉及法律、法规的议题必须经区政府法制办审核提出处理意见。同时，建立和实施重大行政决策集体决定制

度，本级政府和本部门法制机构负责人列席参会。严格依据法律，严格按照程序，约束政府行为，防止各种违法违纪违规。加强政府的合同管理，制订《政府合同审查管理办法》，由区法制办对全区的合同进行统一的全程动态管理。共审查合同100份，出具法律意见书60份。有效地防范了法律风险。建立民主和科学决策机制。按照《重大行政决策听取意见制度》《重大行政决策听证制度》《重大行政决策专家咨询论证制度》等文件，对涉及重大投资项目、重大公共利益的事项，在决策前通过政府网络、报纸等媒介充分吸纳各方意见建议，建立专家论证制度和听证制度，实现政府决策的最优化。在区政府组织实施的城乡征收拆迁项目中，明确要求严格按照规定制订“安置方案征求意见公告”“安置方案实施公告”以及相关征拆程序，同时根据住户要求，组织召开听证会，促进了项目的顺利开展。加强规范性文件管理。按照《规范性文件管理制度》《行政机关决策过错责任追究制度》等文件，对出台的规范性文件从制订、审核、备案各个环节严格把关，从源头上保证文件的合法性、有效性。年内，审查政府文件200份，其中4件规范性文件执行“三统一”并报市政府和区人大常委会备案。落实《重大行政决策实施情况后评估制度》，针对政府在决策过程中，从程序到结果存在的问题，采取跟踪调查、考核等措施，对实施的效果予以论证，都做到认真调查、核实，并及时处理和追责。

加快推进社会管理执行的法治化，规范行政执法主体和执法程序。为进一步简政放权，依法推进行政管理体制改革，全面贯彻落实《长沙市清理规范市本级行政职权工作方案》，促使政府权力运行向规范有序、公开透明、便民高效发展。按照区政府的安排，区政府以“清单之外无权力、法定职责必须为”的原则，严格按照法律、法规和规章对全区行政处罚等六项职权进行了全面的清理。通过部门自报、审核依据、优化精简、征求意见、请示上级、甄别核定等流程，历时6个月，清理、优化和完善大量的行政职能事项，共计审定行政处罚1290项、行政强制98项、行政确认46项、行政征用5项、行政裁决4项、行政检查193项，从而构建了权界清晰、分工合理、权责一致、运转高效、法治保障的职权体系。积极开展行政执法案卷评查。上年制订《长沙市芙蓉区行政处罚案卷评查规则（试行）》和《长沙市芙蓉区行政许可案卷评查细则（试行）》，在全区范围内开展行政执法机关执法案卷评查活动，范围为行政执法机关2014年年度办理结案的行政处罚、行政许可案卷，重点抽查区交通局、建设局、城管局、工商分局等部门案卷60份，各单位基本做到了事实清楚、证据充分、适用依据正确、程序合法、内容适当，以评查的手段进一步规范了行政执法行为。行政复议应诉工作依法保障，方式创新。年内，全区收到行政复议申请102件，受理102件，审结85件，结案率83%。行政应诉工作成效显著，全年有45起以区政府作为诉讼当事人的行政诉讼案件均得到市中院一审判决胜诉、省高院维持。通过多年的行政诉讼经验，各行政机关政府法制建设良好，保障行政相对人的合法权益，政府法制建设取得良好成效。　（尹　靖）

政务公开与政务服务

【概况】 2014年，区政务服务中心以践行中共群众路线教育实施活动为主线，以建设“人民满意政务中心”为目标，大力提升政务系统服务基层、服务群众、服务企业的能力和水平，不断优化全区政务服务环境。

窗口管理。按照市政务公开政务服务工作领导小组“六好一高”（场地达标建设好、应进尽进功能好、制度规范管理好、工作热情态度好、代理代办服务好、企业群众评价好、办事快捷效率高）要求，严格实行首问负责制、限时办结制、责任追究制，出台并执行《窗口工作人员绩效考核办法》《中心大厅值班职责》及接待群众来访、投诉处理回复等规章制度。在大厅坚持推行“两立，三声，四一样，五不让”十字服务标准，对窗口工作人员工作流程、工作纪律等作出严格要求。推行中心政务大厅干部轮流值班制度，开辟志愿服务站，设立“共产党员示范岗”，开展“每月之星”先进评比，开展每季一次的主题活动，促使窗口工作人员提高服务质量和服务效率。继续完善政务中心大厅建设，将交管窗口由一个办事窗口改造为四个办事窗口，引入办事窗口排队叫号及服务评价系统，确保为办事群众提供更加高效、便捷、优质的政务服务。全年受理办理行政审批和政务服务事项16.63万件，办结16.62万件，咨询16.87万人次，实现零投诉。

行政审批。配合区审改办开展新一轮行政审批事项清理，进一步优化办事流程，减少审批环节，缩短办事时限。区级行政审批事项由原来249项精简为53项，精简率达79%。审批事项办结时限压缩率达58%。即办件比例由运行初期7.9%提高到29%，承诺时限一般控制在7个工作日以内，与法定时限相比较平均压缩审批时限17.52个工作日。配合软件公司完成区级行政审批在线办理系统升级换代，根据各窗口单位实际定制开发个性化功能模块，确保行政审批项目100%在线办理。全年通过芙蓉区行政审批系统办件信息5640条，办结信息5640条。

信息公开。按照《长沙市芙蓉区2014年度重点领域政府信息公开工作任务分解表》，主动公开财政预决算、“三公”经费、行政事业性收费、专项资金信息145条；涉及保障性安居工程建设、廉租房分配信息58条；食品安全生产15次专项整治行动的检验检测结果，制作展板共计136块，发布信息35条；环境保护信息111条，开通污染源环境监管信息、环境审批信息等栏目，方便群众及时了解芙蓉区环境污染源动态信息；安全生产信息127条，通过短信平台及时发布风险预警及防范措施；征地拆迁信息118条；物价和收费公开信息21条；涉及教育信息245条；医疗信息568条；人事信息、事业单位招聘信息75条。落实《芙蓉区关于进一步加强政府信息依申请公开工作的意见》，明确信息公开责任主体，规范办理程序和行政行为，健全监督保障制度，维护群众的知情权、参与权、监督权。全年受理政府信息已申请公开27件，答复率为100%。

办好“12345”热线。严格执行《芙蓉区“12345”市民服务热线社会求助平台考核办法》，不断完善两办督办督察、舆情收集和分析、考核问责等工作机制，切实解决一批关系群众切身利益的热点、难点问题。全年共签收有效工单2395件，办结工单2395件，按时办结率100%，回访满意度达80%以上。其中，群众对市容环境类问题反映最突出、意见最强烈，占到总签收工单50%以上。

优化发展环境。严格落实全区涉企检查备案制度和行政执法回访制度，重点加大督促检查力度，对涉企常规检查工作进行全面安排部署。7月，会同区纪委开展“门难进、脸难看、事难办”专项整治，对全区部分执法职能部门行政检查情况进行督察，对相关存在问题的部门作出整改要求。进一步规范行政裁量权，依据《湖南省规范行政裁量权办法》，完善处罚幅度裁量基准，对行政处罚裁量标准的应用情况开展监督检查，严查职能部门与中介机构利益捆绑，强制性有偿服务的行为。加大典型案件查办，办理典型案件1件，办结率和满意率100%。10月，启动2014年度“市民评议政府”暨绩效考核社会公认情况评估工作。增加中介调查机构进行意见征集时间，细化入户走访的办法。完成5000份问卷发放调查，经中介机构归纳统计，共计收集到意见和建议119条。

存在的困难和问题：随着政务服务形势发展变化，按照“两集中、两到位”要求，现800平方米的办公场地已难以满足办公需求，亟待提质扩容；区热线办人手不足，难以适应社会服务需求。（周　原）

【街道政务中心标准化建设】按照省、市要求，结合街道实际，落实《芙蓉区街道政务服务中心标准化建设的实施意见》，加强对街道政务中心标准化建设指导，计划用三年时间分三批逐步完成全区13个街道政务服务中心标准化建设工作。3月，第一批4个街道（火星、朝阳、东屯渡、马王堆）通过上年度街道政务服务中心标准化建设市级达标验收，其中，火星街道被评为优秀。12月，第二批5个街道（韭菜园、文艺路、五里牌、荷花园、定王台）通过2014年度街道政务服务中心标准化建设市级达标验收。其中，韭菜园街道、文艺路街道被评为优秀。（周　原）

【“12345”市民服务热线宣传活动】11月7日，区热线办，在芙蓉广场举行芙蓉区“12345”市民服务热线宣传活动。全区13个街道办事处和部分区直机关职能部门的热线工作者100人参加。活动中，热线接线员采取提问抢答形式与现场群众交流互动，向市民介绍“12345”热线受理范围、受理时限、办理流程，发放礼品及宣传资料2000套。

（周　原）

督查工作

【概况】2014年，区委、区政府督察工作围绕党委政府中心工作和重大决策，切实加强和改进督察工作，推进全区决策部署的贯彻落实。

上级交办任务督察。承接“六个走在前列”竞赛活动、文明指数测评、政府工作报告任务分解、各类会议纪要议定事项以及市领导批示件办理落实情况等工作的督导检查，工作成效得到市督察组充分肯定。配合开展市组织的全市重大项目建设和重点工程实施情况、城市环境综合整治、湘江库区水利建设、滨河路建设、安全生产和消防安全、信访维稳等工作的督察。全市绩效考核指标涉及芙蓉区内的各项目标任务均得到落实。

决策督察。按照年初区委、政府工作安排，制订全区年度重要工作责任制任务分解表，明确任务要求、责任单位、主管领导。根据任务分解，制订督察工作计划，全程跟踪督办。围绕区委、政府决策开展督察，半年一次对区委常委会议纪要、区委书记办公会议纪要和区政府常务会议、区长办公会议纪要议定事项开展专项督察，加强议定事项的督办落实，对进展缓慢的跟踪督察，确保议定事项落实到位。围绕区委、区政府重点工作和区领导重点调度的工作开展重大项目拆迁工作、财税收入征管工作、房地产项目建设、基础设施建设、市区重点工程项目建设等专项进行督察。

专项查办。全年督促办理各级领导批示件13件，由区本级办理和落实的市领导批示件5件、交办件3件，均按时限要求办理和答复，到期办结率均达到100%。对《湖南日报》《长沙晚报》、红网等媒体反映的社会管理等方面的一些民生问题，立即着手督办落实，解决一批事关老百姓利益的问题，并将有关整改情况通报相关媒体。

民生工程督办。2014年，承担省、市为民办实事工作考核指标18项，其中省定指标任务11项，市定指标任务7项。年中，为推动民生实事工程顺利实施，督察室参与区为民办实事考核办公室牵头组成的联合督察组，检查和督办各相关责任单位工作开展情况，评估认定各项指标完成情况的数据，分析工作中面临的困难和问题，提出下步工作建议，取得良好效果。

办好建议和提案。在省、市、区人大、政协“两会”上，区政府系统收到建议、提案180件，其中省、市建议和提案14件、区建议55件、区提案111件。经征求各部门意见及召开承办单位协调会，落实主办和协办单位，在建议、提案专题会议上进行交办，并纳入督察工作计划，全程密切跟踪督办，确保所有建议提案均在规定时间内办理完毕，实现了办结率、代表委员见面率、满意和基本满意率100%的既定目标。

信件办理。全年收到“市长信箱”信件346封，“区长信箱”信件128封，办结率达100%。通过“市长信箱”“区长信箱”来信办理工作，较好地解决了部分群众在生产生活中遇到的困难，得到群众的好评。（吴康达）

应急管理

【概况】2014年，芙蓉区深入推进应急体系与机制建设，不断提高科学决策水平和现场处置能力，有效防止重大突发事件发生，最大限度控制一般突发事件的扩散和影响，维护省会城市中心城区的公共安全、环境安全和社会稳定，保障人民群众生命财产利益，促进区域经济社会又好又快发展。

应急管理机制。建立全区应急管理的指挥机构，由区长担任总指挥，分管副区长担任常务副总指挥，应急管理办事机构设在区应急办，与区政府办公室合署办公，充分发挥突发事件预防和处置工作中的综合协调和运转枢纽作用。推进基层应急管理规范化建设，在全区逐步形成统一指挥、反应灵敏、协调有序、运转高效的应急管理体系。全区各相关部门、各街道（园、局）按照部门管理职能和属地管理原则，建立应对突发事件的应急处置指挥机构，实行主要领导负责制，明确应急工作的职责和任务。全区应急管理工已融入区域防灾减灾、安全生产、信访调解、综治维稳、社会治安、卫生防疫、医疗救援等工作中，与广大群众日常生产生活密切相关，在政府机关、企事业单位和社会团体中营造良好的应急管理工作氛围，得到群众积极响应与支持。坚持突发事件信息报告制度，明确规定全区各街道（园、局）、各部门必须坚持24小时值班制度，遇突发事件及时上报，若迟报、误报则给予行政问责和处理。规范突发公共事件信息接收、采集和报送工作程序，明确信息报告要素、时限、渠道和责任主体，强化对重要值班信息的查询、研判、跟踪和汇总，大大提高信息报送工作的效率和质量。

应急宣传演练。加强突发事件信息公开制度建设。按照公开处置、信息透明原则，增强与主流新闻媒体、政府门户网站合作，公开突发事件信息和政府应对措施，引导社会舆论，切实履行政府责任。采取多种形式组织区直部门、各街道（园、局），对企业、学校、商（市）场等人员密集场所负有应急管理职责的工作人员进行培训。利用网站、橱窗、电子显示屏、宣传手册和海报等多种形式，有针对性地开展群众性应急知识宣传普及教育活动。例如以“防灾减灾”为主题，在人流最密集的火车站广场摆放宣传板、播放宣传片、发放宣传资料，向群众演示紧急救护知识。在地铁2号线迎宾路站4、5号出入口举行地铁突发事件应急逃生演练活动，宣传和普及应急知识，提高公众应急避险和自救互救能力。

应急平台建设。按照“统一领导、分级负责，综合协调、分类管理，条块结合、属地管理为主”的原则，建立全区应急工作联络网，形成“政府统筹协调、社会广泛参与、防范严密到位、处置快捷高效”的应急管理工作机制。按照市应急办应急体系建设规划的总体要求，遵循统筹规划、分步实施的原则，积极推进应急平台建设。区民政局设立救灾物资库，区卫生局设立公共卫生药品和疾控防疫物资库，区农林水局设立防汛物资库等，与全市应急联动指挥系统的有效对接，实现统一平台下处置应急突发事件的信息、指令、视频的互联互通、资源共享，为全区应急管理工作实施奠定强有力基础。

应急保障。坚持“专群结合”的原则，按照“一专多能、一队多用”的要求，充分发挥公安、消防、卫生、民兵预备役等队伍在应急管理工作中的骨干作用，以抗洪抢险、医疗救护、群体性事件处置等专业队伍为基本力量，以企事业单位专兼职队伍和应急救援志愿者队伍为辅助力量，加强各类应急抢险救援队伍建设，逐步建立统一高效、上下联动、协调一致、保障有力的应急救援体系。区财政对相关工作等做出专项预算安排，并设立应急准备资金，用于预防和处置突发事件，保障应急工作需要。

处置应对。按照《全区应急工作总体预案》要求，区应急办认真做好日常工作，坚持“早发现、早报告、早处置”的原则，接到突发事件信息后，立即着手查明核实情况，迅速向有关领导报告情况，及时向相关部门传达工作要求，确保各类突发事件的有效处置。三湘南湖大市场家电城“11·29”火灾发生后，区委、区政府当晚成立火灾事故善后处置领导小组，抽调300名工作人员组成6个小组全面开展工作，保证火灾善后工作科学有序推进。2014年全区多次受强降雨天气影响，针对防涝防渍的严峻形势，迅速启动防汛三级应急响应，科学部署调度全区防汛排渍工作，确保城区安全度汛。（张园园）

【地铁突发事件应急演练】 4月22日，在省、市安监部门指导下，芙蓉区联合市轨道公司开展地铁突发事件应急逃生演练活动。上午9点40分，警笛长鸣，地铁2号线迎宾路站4、5号出入口内硝烟弥漫，不时有乘客手捂嘴鼻、弯腰向外跑出，身着地铁服装的工作人员站在出口处引导乘客向外疏散……随后，“110”“119”“120”和市安监局蓝天救援队先后赶到现场开展救援行动。此次演练全程用时约5分钟，共有学生、老人、上班族、社区居民等群体600人参加，穿插老人摔倒、心脏病人发病、学生受伤等情节，检验现场疏散、自救互救、简易包扎等应急能力，达到预期效果，得到现场观摩各级领导和群众的高度评价。应对地铁突发事件成为全区安全生产工作的重要抓手和消防演习演练的常规课目，需不断完善疏散预案、工作措施及属地单位协调机制，提高应急救援能力。（杨 冲）

电子政务

【概况】 2014年，芙蓉区不断完善电子政务网络体系，推进信息技术应用建设，强化网络信息安全措施，优化网站日常管理维护，在改善公共服务、统筹项目管理、节约建设成本等方面取得较大成绩。

推进网络基础建设。区电子政务外网已覆盖至区直机关各单位、相关机构和各街道、社区（村）及各卫生服务中心，共计147个接入点。年初，为加强依法纳税工作，充分发挥协税护税网络功能，在隆平高科技园和13个街道分别增加国税和地税零散税收代征点，营造良好税收环境，有效降低征收成本，减少税收流失。区电子政务内网项目于2009年建成，发展成熟，主要运行与财政相关的业务系统，形成与区电子政务外网完全物理隔离的封闭网络线路，确保重要数据信息安全。

提升网站服务水平。采取一季一通报方式，加大重点领域政府信息公开，对九大重点领域政府信息公开情况实施督察。积极梳理并完善覆盖全区各单位信息公开目录体系，完善“政府文件”“规划计划”等子栏目建设，全方位发布群众密切关注的政务信息。如，“财政”：公布财政预决算报告2篇、部门预决算信息39条、“三公”经费预算信息33条、行政事业性收费信息8条、专项资金（强农惠农补贴）信息63条，相关信息共计145条。“行政改革”：配合新一轮行政审批事项清理，在政府门户网站“芙蓉之窗”上公开《芙蓉区行政审批事项目录》及行政许可项目的办事指南，全年通过区本级行政审批系统办结信息5640条。“住房保障”：发布信息58条，涉及保障性安居工程建设、廉租房分配、廉租房受理公示、廉租房住房配租入住等。“食品安全”：公布政策法规、检验检测、专项整治等方面信息35条，其中公布政策法规类信息3份。“环境保护”：公开信息111条，下发《长沙市芙蓉区环境保护局关于商事制度改革试点工作程序》，完成127家商户的现场核查；开通污染源环境监管信息、环境审批信息等栏目，方便群众及时了解环境污染源动态信息。“安全生产”：公开信息127条，其中制发公文类政府信息71条。“征地拆迁”：发布信息118条，其中征地拆迁项目实施各阶段公示信息76条、工作动态信息4条、征地拆迁政策法规信息37条。“物价和收费”：公开信息21条，其中通过“芙蓉之窗”主动公开19条（含行政事业性收费信息5条、政策法规6条）；通过媒体公开发布火车站停车收费、免征区本级行政事业性收费项目和收费项目清单信息。“教育”：公开信息245条，其中通过政府公报公开信息1条，通过“芙蓉之窗”公开信息75条，通过报刊、网络、短信平台等其他形式公开信息169条。“医疗卫生”：公开信息568条，其中疾控中心公布体检流程1条，全年体检22944人次；公布艾滋病自愿咨询热线，全年接受咨询536人次；通过短信平台向特定人群发布健康信息15期，每期2条，每期覆盖570人次，全年共发布1.7万人次；及时公布卫生监测采样流程、疫苗接种流程及收费信息。“人事和机构编制”：公开信息75条，其中机构职能类信息9条、工作公示信息48条、事业单位招聘信息18条。

强化网络安全措施。按照“整合共享、联合协同”原则，区电子政务办为区内各单位应用系统网络及安全规划提供指导，并为应用系统创造安全运行环境。卫生局卫生系统平台、商事平台登记管理系统、财政局综合治税系统、国税局和地税局零散税收委托代征系统等多个应用系统在政务网络平台上运行。为确保政务网络安全稳定，对机关各终端设备加强日常维护，对中心机房存储系统和灾备系统实施运行维护管理。每月组织华中测评中心对区政务网络服务器、网络设备、安全设备、网站应用系统等进行全面安全测评并实行7×24小时网络安全监控，及时对系统漏洞进行修复，全年未发生重大网络安全事故。组织力量对部门子网站进行安全监测，对出现问题的网站下发《整改通知书》并督促整改到位。按照上级部门政府门户网站备案登记及信息安全登记保护定级工作要求，启动“芙蓉之窗”政府门户网站安全登记测评工作，坚持资源共享、信息互联互通与网络安全保障并重，不断提升安全管理水平。

规划电子政务项目。规范电子政务项目管理机制，加强电子政务项目统一规划，提高项目管理水平，发挥项目管理效益。继续编制芙蓉区电子政务十年规划，对已开展的重大电子政务项目进行综合评估。根据《国家电子政务“十二五”规划》精神，利用云计算等先进技术搭建全区统一电子政务云计算平台，为全区各部门机房、网络、硬件设施、安全设施、灾备中心等提供服务，各部门根据各自需要共享使用，降低电子政务建设和运行维护成本，提高区电子政务发展质量。

（李晓青）

人力资源和社会保障

【概况】 2014年，区人力资源和社会保障工作围绕全区经济社会发展大局，坚持“民生为本、人才优先”的发展理念，以“优人才、保就业、强保障、促发展、惠民生”为主线，为实现全区经济社会发展新跨越提供坚强保障。

人事管理。按规定做好人事调配、工资关系转接、公务员晋级晋档、退休审批、工勤技能岗位升（定）级考核、军转干部及随军家属安置等工作，及时清理在编不在岗人员，规范各类考核及奖励评定工作，完成清理评比达标表彰活动。组织全区机关事业单位4728名工作人员2013年年度考核，表彰奖励评定为优秀的716人，其中记三等功56人、嘉奖660人，认定基本称职、不称职人员40人。开展2014年机关事业单位选调、招聘工作，为区财政局等单位选调招聘工作人员12名。配合区委组织部贯彻实施人才培养“235”工程，引进2名博士、5名高级会计、造价人才和28名本、硕士毕业生，作为政府雇员充实各基层岗位。指导协助区教育局面向社会公开招聘159名教师，其中名优特教师13名、中学教师29名、小学教师116名、择优录用免费师范生1人。指导协助区城管局招募122名城管特勤队员。启动高级人才库建设，对全区高层次人才情况进行了摸底。配合市外国专家局开展外专引智项目培训，共获批引进国外智力项目14项，专项经费43.5万元。抓好人事代理工作，规范流动人员人事档案管理工作。年内，区人才交流服务处新进档案材料1620份、查询档案47份、合同鉴定56份，新进档案65份，调出档案22份。落实人才引进优惠政策，营造各类人才“引得进”“干得好”“留得住”的良好环境，解决他们的实际困难和问题，兑现政府雇员的安家和住房补助。

就业服务。全年举办“春风行动”大型招聘会13场，发放各类宣传材料2万份，进场招聘企业1145家，提供岗位2.76万个，进场求职1万人中，2820人达成用工意向。联合区残联、街道办事处筹办“残疾人就业家园”。5月，举办“收获精彩，共圆创业梦”活动，邀请30家福利企业，为残疾人提供600个岗位，指导并帮助残疾人实现创业梦想。开展“服务进校园，就业在身边”公共就业服务进校园活动，为在校大学生提供面试指导、就业帮扶、创业咨询、帮助他们提高应聘技巧、就业技能、择业能力和社会竞争力，帮助1200人找到就业岗位。定制培训“新菜单”，规范创业、就业培训机构办学行为，为学员提供优质服务。组织芙蓉区2014—2015年创业培训、就业技能培训定点机构公开遴选，择优选取4个民办培训机构定制9个培训项目，针对不同群体的培训需求，为劳动者提供“订单式”培训。区失地农民创业就业服务中心根据企业需求，先后为失地农民开设5期“订单式”技能培训班——维修电工初级培训班、叉车培训班，中级美容师培训班等。既为企业培训急需的专业型技能人才，又为参训学员提供工作岗位。完善信息“数据库”。9月，启动劳动力资源信息采集“百日会战”，采集全区13个街道、62个社区、13个行政村个人劳动力信息18.86万人，用工单位信息5559个。全面掌握企业用工需求状况，劳动力资源的总体数量、基本结构，失业人员对收入、就业、培训需求等方面的基本情况。

劳动维权。全年区劳动仲裁院接待来电、来访2000批次，调处劳动争议案件415件，其中案外调解76件，立案251件（立案后调解结案114件，裁决结案111件，其中5件为集体劳动争议案件，正在审理26件），未立案待处理15件，为劳动者追回经济损失500万元。塑造“法制芙蓉”新名片。按照“两网化”建设要求，深化基层调解组织建设，在全区13个街道挂牌成立劳动人事争议调解委员会，机构、人员、经费、场地、制度和工作“六到位”，及时发现劳资纠纷，将矛盾化解在萌芽状态。建立联动处理机制，加大联合执法力度，快速应对投诉举报、集体性劳资纠纷等重点难点问题。加强劳动监察大队、仲裁科等局内科室与工商、公安的联系，发挥街道劳动保障站的基层保障作用和辅助作用，将专项检查、举报专查、日常检查相结合，及时发现解决集体性劳资纠纷，避免出现重大负面影响。全年巡视和检查用人单位200家，纠正多家用人单位内部管理不合法的行为；受理个人举报14起，投诉328起，为劳动者追讨工资755万元，补交社保金18万元。处理群体性事件5起，为万家丽路改造工程、大汉集团跃进湖片区工地、东湖街道万科红树湾项目等300名农民工追讨工资380万元。

社会保障。依托长沙市社会保险管理信息系统平台，抓好社会保障服务工作。按照五险统一征缴、一票征收的原则，依法做好社会保险费征缴工作。加强社保征缴稽核，防止选择性参保、少报参保人数和瞒报缴费基数，确保“应保尽保、应收尽收”，全年共向1130家（次）欠费单位发出限期缴费通知书，清理欠费单位1164家，收回欠费1680万元。做好社保基金预警信息核查，确保社保基金安全；建立“一院一人”医疗基金监管制度，及时处理医疗保险基金违规行为。提升医疗保险服务质量，全年经办审核支付业务1629人次，支出医保基金（含生育保险）1098.21万元，落实补助人员96人次，划拨补助金98.18万元。畅通“12333”社保服务热线，为百姓提供社会保险、劳动关系、就业服务等政策、业务办理咨询服务。成立热线承办工作领导小组，采取“中转—办理—反馈”工作机制，由区人社局市民服务热线承办，办公室全权负责接办、分办、督办及追究责任。全年共受理“12333”社保热线6258起，“12345”市民热线29起，办结率100%，群众满意度100%。配强服务队伍，面向社会公开招聘3名研究生、3名本科生，政府雇员6名，充实社保窗口办事力量。开展“优质服务窗口创建活动”“窗口单位改进作风专项行动”，完善规范服务。实行“五制”（首问负责制、全程代理制、一次性告知制、限时办结制和责任追究制）、“四公开”（办事程序公开、办事依据公开、办事时限公开、办事结果公开）、“三亮明”（亮明身份、亮明承诺、亮明标准）。严明工作纪律，杜绝徇私越权、泄露服务对象隐私、擅自脱岗“空窗”、庸懒散慢四“杜绝”。推行服务用语。结合窗口服务特点，规定并推行文明服务用语，做到服务语言规范，表达清晰准确，语气亲切温和，手势、姿态具有亲和力。

强化作风建设。将中共群众路线教育实践活动与制度规范相结合，制订《芙蓉区人力资源和社会保障局请休假制度》《芙蓉区人力资源和社会保障窗口单位通用文明用语（试行）》《芙蓉区人力资源和社会保障局纪律要求（试行）》等规章，深入开展“门难进、脸难看、事难办”、违规职务消费和公款吃喝等“四风”突出问题专项整治工作，从言语层面着手，全面整顿工作作风。将中共群众路线教育实践活动与优化工作相结合。听取各科室优化工作的建议，进一步优化劳动仲裁、社保经办等业务流程，明晰工作职责，杜绝人浮于事、工作扯皮，提升工作效率和服务水平。举行全区基层人力资源和社会保障公共服务平台业务能力培训，提升基层工作人员办事能力。将中共群众路线教育实践活动与群众工作“直通车”相结合，积极组织干部进社区、走基层，听取群众“呼声”全局机关54名工作人员分为八个小组，与农科村和嘉雨社区54名对象结成一对一的帮扶。全年走访群众800人次，慰问群众500人次。（黄锦堂）

【社会保险缴费基数试行网上申报】 4月开始，辖区参保单位2014年社会保险缴费基数试行网上申报，通过网上服务平台申报数据。截至12月底，全区有2356家单位在网上完成缴费基数申报工作，极大地方便参保单位，减轻经办机构的工作压力，获得社会好评。（何轶群）

【全区环卫合同工人实现参保】 4月，根据市委、市政府关于切实维护环卫工人社会保障权益的重大部署，按照《中华人民共和国社会保险法》和长沙市人社局、城管局、财政局关于《长沙市城区环卫职工参加社会保险实施意见》等有关法规政策，结合实际，经过5个月的工作，完成全区聘用的环卫工人（扩展到区市政局、区园林局聘用人员）社会保险的参保缴费工作。全区有2416人参保，其中区环卫局2194人，区园林局132人，区市政局90人。从2014年1月起缴纳社会保险费。（何轶群）

【居民养老保险档案达标验收获优】 按照《湖南省城乡居民社会养老保险业务档案管理暂行办法》以及《关于开展城乡居民社会养老保险业务档案达标验收工作的要求》（湘人社函〔2013〕267号），区城乡居民基本养老保险管理服务中心将业务、财务档案进行收集、整理、立卷、归档、保管，确保归档材料真实、完整、安全。7月，经长沙市城乡居民基本养老保险管理服务局、市档案局验收，综合评分达到优秀等级。（何轶群）

【社会保险征缴收入首次突破10亿元】 截至年底，全区社会保险征缴收入首次突破10亿元大关，完成10.16亿元，其中：企业职工养老保险费征缴64295.52万元，大病互助费征缴803.47万元，公务员医疗补助征缴1541.88万元；机关养老保险费征缴988.37万元；工伤保险费征缴896.27万元；失业保险费征缴4724.87万元；医疗保险费征缴27162.97万元，生育保险费征缴1181.92万元。（何轶群）

【公共就业服务进校园】 5月21日，由区政府、湖南农业大学联合主办，区人社局承办的“2014年公共就业服务进校园”系列活动在湖南农业大学修业广场举行。区政府副区长张庆和，长沙市人社局党委副书记、副局长王河，湖南农业大学校长符少辉等领导出席活动。此次活动邀请用人单位460家，涉及IT互联网、金融保险、医疗化工、教育培训、酒店餐饮等多个行业，为毕业生提供约1.1万个就业岗位，现场气氛热烈。会后，各级领导和企业负责人参观大学生创业孕育孵化基地，观看大学生自主创业成果。（曾中）

【劳动力信息采集“百日会战”】 8月，区人社局牵头全面开展劳动力信息采集工作。劳动力资源信息采集内容为个人基本信息、职业技能信息、个人就业信息以及参加社保信息；用人单位基本信息、已享受就业服务政策、参加社会保险信息和单位用人需求信息。此项工作旨在全面掌握全区劳动力资源的总体数量、基本结构、企业用工需求状况和失业人员对收入、就业、培训的需求等基本情况，推进全区城乡就业失业登记工作的全面开展，建立全区城乡就业动态管理机制，提升劳动力资源开发利用水平，打造精细化公共就业服务体系，逐步实现工作绩效量化评估的目的。截至9月30日，区劳动力资源信息采集基本完成，共采集个人劳动力信息18.86万人，采集用工单位信息5559件。

（曾 中）

【召开失地农民创业就业先进表彰会】 11月19日，由区失地农民创业就业服务中心、区人社局联合承办的2014芙蓉区失地农民创业就业先进表彰暨专场招聘会在芙蓉区失地农民创业就业服务中心召开。区政府副调研员张勇、区人社局局长唐宇平，区统战部常务副部长、区工商联党组书记、副会长罗月，东岸街道工委委员、政协联络处主任张曙姣等领导出席活动。张勇调研员代表区政府感谢及社会各界对失地农民就业工作的支持，表彰娄洋波等3位“技术能手”、许佳等3位“就业明星”、廖奇辉等3位“创业明星”、李建国等3个“就业先进家庭”。来自家政、物流、机械制造、酒店、商贸、销售、保洁等行业共40家用人单位参加专场招聘会，为失地农民提供美容美发、销售代表、酒店餐饮、叉车司机等100个就业岗位。现场200多名求职者中78人达成就业意向。（曾 中）

【“乐业芙蓉 春风送暖”赴湖北监利县招聘】 3月，为支持农民工就业和企业招工，区人社局联合湖北省监利县棋盘乡政府共同举办以“关爱农民工、就业送春风”为主题的专项公共就业服务活动。三一重工、蓝思科技、远大集团等6家知名企业“怀揣”着上万个工作岗位与招聘会筹办组一行奔赴湖北监利，为“湖北老乡”送工作上门。来自棋盘乡28个村的1021名应聘者与招聘企业进行详细洽谈。招聘会所有岗位均专门为外来务工者量身打造，囊括生产车间普工、缝纫技工、生产操作员和电子操作员等岗位，提供很大的职业选择空间。招聘活动借助区域协作平台，抛弃以往传统的“等你来找我”的招聘形式，选择“主动送上门”的招工方式，让棋盘乡百姓能在“自家门口”获取用工信息、进行自主选择，现场达成就业意向192人。（曾 中）

【公开遴选创业就业培训机构】 9月9日，芙蓉区举行2014—2015年创业培训、就业技能培训定点机构公开遴选。遴选包含9个培训项目，有6所公办及民办培训机构参选。区人社局、纪委、教育局、财政局、审计局和街道劳动保障站相关负责人及培训行业专家组成评审专家团。6家参选机构通过PPT或视频资料演示本机构办学基本情况、参选项目介绍后，评委们根据现场说明内容提问，并按照各培训机构的教学理念、教学管理及质量、后续服务等评审内容，对参选项目逐一评分。经评选，长沙市职业技术学校，湖南农业大学被遴选为芙蓉区创业培训机构，湖南曙光教育培训学校，湖南国医职业技术学校被遴选为芙蓉区职业技能培训机构。此次公开遴选引入培训项目竞争机制，进一步规范了创业培训、就业技能培训机构的办学行为，为劳动者提供更好的创业培训和就业技能培训平台。（曾 中）

【“订单式”培训班开班】 6月5日，芙蓉区失地农民创业就业服务中心“维修电工初级培训班”在东岸街道东宜社区二楼创业培训室正式开班，30名失地农民参加培训。培训由区人社局牵头，失地农民创业就业服务中心承办。经过对培训学校的综合比较，在众多有专业资质的培训学校中选定长沙湘京教育为此次培训的学校，实行全程免费。“订单式”技能培训即是以企业用工需求为目标，与用工量大的企业达成培训就业协议，进行对口培训，培训出企业急需的专业型技能人才。参与培训的学员通过培训考证合格后，可直接到与签订就业协议的企业就业。全年共开办6期培训班，229名学员全部通过考试取得技能培训合格证，顺利找到工作。（曾 中）

机关事务

【概况】 2014年，区机关后勤服务中心主动服务大局，围绕全区中心工作，高标准、严要求搞好机关后勤服务，解决机关干部反映强烈的“进门难”、职工反映的“排队难”等棘手问题。

设施维护。完成机关大院设施设备大型维修工程4项、中型维修78项、小型维修267次，各项维修项目合格率达100%。电梯、锅炉、燃气报警系统年度检测均合格。每季度对机关大院内的消防设施设备进行调试检测，消防器材（干粉灭火器）全部进行干粉换药，两次邀请消防中队官兵对机关大院管理处员工进行消防培训，定期组织消防演练。

会务服务。坚持会前准备充分、会中注重细节、会后回访整理的思路，为区委、区人大常委会、区政府、区政协四大家提供会议服务586场次，其中大、中型会议72场次，并全部进行专项回访，回访及时率100%，主办方满意率100%。

安保工作。后勤中心实行班子成员带领职工坚持节假日和八小时以外轮流值班查勤，物业项目经理、安保主管实行二十四小时日夜带班制，每周凌晨2—5时之间到各岗位进行巡查，督促员工上岗执勤。10月，机关大院拆围开放后，巡逻队增加在外围和各楼层巡逻频次，维护机关秩序。机关大院大型群体（10人左右）上访约161次，小型上访（含单个上访）约1200人次。开放大院后，办公大楼周边群众人数明显增加，为维护政府良好形象，每个季度以会代训的方式组织全体安保人员进行安全生产知识及执勤业务培训，督促安保人员文明用语，履行职责，培训总计达到160人次。

后勤服务。办理机关工作人员食堂餐卡1200张，全年提供20万人次就餐。坚持对食堂员工进行绩效考核，采取不记名投票方式每季度评选出3名食堂优秀员工，调动员工热情服务的积极性。坚持跟班作业、落实现场管理，把好员工体检关、食品采购关、检测留样关、清洗消毒关，确保食品供应卫生。通过了“健康食堂”年检。邀请卫监所等有关部门对食堂员工进行食品安全生产知识培训，对后厨设备设施加强管理维修，全年食堂未发生食品及生产安全事故。

筹备食堂社会化管理转型。拟定委托经营管理基本方案前，实地参观雨花区和开福区机关食堂，确定委托经营管理标准。3月上旬组织三家响应委托方进行政府采购项目竞争性谈判，长沙市印象麓山餐饮管理有限公司成功中标。做好食堂60多项固定资产清查登记造册工作和食堂人员安排及相关交接工作的准备。

节约型机关建设。在招投标过程中优先购买经国家认证的节能型设备和产品，凡是涉及到基本建设、设施设备、大宗办公用品等方面的采购，后勤中心节能领导小组都进行节约评估，并首先调查机关现有设备利用情况，避免重复购置；利用机关统一管理的有利条件，配合相关部门创新思路，精心策划，广泛宣传，着力抓好行政中心的节水、节电、节气、节油等重点工作，设定量化标准，实施目标管理，加强督导检查，开展考核评价，全面推动节约型机关建设深入开展。

清理办公用房。严格对照中办发〔2013〕17号、湘办发〔2013〕23号和计投资〔1999〕2250号文件的要求和标准，配合区清理办公用房领导小组对机关各单位、各街道及法、检两院进行督察和清理，后勤中心绘制办公用房分布图，对办公室、会议室等共计612间办公用房进行精确的测量摸底，在不改变办公用房建筑结构的前提下，采取迁移、隔断、合并的方式进行整改，对85间办公用房进行了局部改造施工和粉刷，隔断办公室16间，制作电梯分布图、科室门牌及大楼楼层指示标牌836块。先后3次通过省、市“清房领导小组”检查验收。（黄 华）

中共长沙市芙蓉区委员会

①　②
③
④　⑤　⑥

① 芙蓉区中共群众路线教育实践活动总结大会
② 中央编办事改司调研组到区指导事业单位分类改革工作
③ 芙蓉区“六个走在前列”大竞赛暨党务工作会议
④ 芙蓉区庆“五一”暨“五十佳”表彰活动
⑤ 2014 年市对区绩效考核工作会议
⑥ 芙蓉区“邻里守望”学雷锋志愿服务故事汇暨第二届学雷锋“双十创评”表彰活动

长沙市芙蓉区人民代表大会常务委员会

①②⑤
③④⑥

① 芙蓉区第四届人民代表大会第三次会议召开
② 区人大常委会主任罗树林（左前五）率部分区人大代表、人大工作者赴北京全国人大培训基地学习
③ 市人大常委会主任袁观清（右三）一行到区调研
④ 全区人大代表履职培训班开班
⑤ 省人大联工委主任王刚（左三）一行到区检查代表联系群众工作平台建设及工作开展情况
⑥ 区人大常委会视察马坡岭2号安置点项目建设指挥部

长沙市芙蓉区人民政府

① 在“两会”期间，区长于新凡汇报政府工作

② 在第二届“隆平论坛”上，陈锡文作主题报告

③ 友谊商店东边地块征收安置工作会召开

④ 芙蓉区人民政府领导班子中共群众路线教育实践活动专题民主生活会

⑤《芙蓉年鉴（2014）》首发式，街道代表上台领书

⑥ 芙蓉区“四套班子”成员专题学习活动

政协长沙市芙蓉区委员会

① 组织政协委员在浙江大学培训
② 区政协主席会议成员调研都正街建设情况
③ 政协委员赴泸溪县爱心捐赠
④ 区政协“一调研两评议”工作动员会
⑤ 区政协民主监督员委派工作会议召开
⑥ 政协常委会表决通过有关事项

芙蓉区人民武装部

① 芙蓉区退役军人“双带双促”活动动员会召开
② 湖南农业大学“千人首日征兵”活动现场
③ 芙蓉区 2014 年民兵预备役工作会议
④ 芙蓉民兵向雷锋铜像敬礼

中共长沙市芙蓉区纪律检查委员会

① ③ ② ④

① 省纪委副书记李政科（左二）调研芙蓉区纪检工作
② 纪委书记廖铁成主持纪检干部履职报告会
③ 市纪委书记李军（右前二）在丰泉古井社区调研廉政文化建设
④ 芙蓉区 2014 年度区属单位党政正职公开述廉评议大会

隆平高科技园管理委员会

① 省委常委、市委书记易炼红在第二届隆平国际论坛上致开幕词
② 省委常委、市委书记易炼红（左三）来园区调研
③ 市委副书记、市长胡衡华（左前二）调研园区重点项目
④ 隆平高科技园张公岭建成区
⑤ 隆平高科技园主要领导到湖南杂交水稻研究中心看望袁隆平院士

芙蓉区委组织部

①
② ③
④ ⑤

① 芙蓉区中共群众路线教育实践活动动员大会
② 芙蓉区“四套班子”成员赴韶山开展“四个一”专题学习
③ 2014 年中青班开展“破冰训练”现场
④ 区委四届十次全体（扩大）会议述职活动
⑤ 全区非公企业书记在浙大培训合影

芙蓉区委宣传部

① ②
③ ④
⑤

① 区委中心组第七次集中学习
② "中华经典诵读 优秀传统文化展示活动"
③ "好人就在身边"故事汇
④ 校园文化进社区活动
⑤ 举办大型群众文艺汇演芙蓉区专场

芙蓉区政法委

① 副市长李介德（台左四）、区委书记梁仲（台左五）等参加芙蓉区公安工作会议

② 区政法委书记欧干军（右三）、副区长、公安局局长黄健元（右二）组织召开火车站“联勤联动”会议

③ 芙蓉区人民法院群众路线教育实践活动动员会

④ 法律援助宣传

⑤ 国家宪法日宣传活动

芙蓉区区直机关工委

①②
③

① 芙蓉区领导向到区调研党建工作的市直机关工委负责人汇报工作
② 参观长沙简牍博物馆
③ 在宁乡花明楼刘少奇同志塑像前向党旗庄严宣誓

芙蓉区史志档案局

① 《芙蓉年鉴2014》首发式

② 《芙蓉年鉴（2014）》编纂工作动员暨业务培训大会

③ 走进档案——芙蓉区6·9“国际档案日”宣传活动

④ 群众路线教育动员会议

⑤ 举办中共群众路线档案展览

芙蓉区人民法院

① ② ③ ④ ⑤ ⑥

① 服务金融企业
② 法律志愿服务
③ 国家宪法日法官宣誓
④ 交通行政执法巡回法庭成立
⑤ 法官上门调解
⑥ 法院开展亲子普法教育

芙蓉区人民检察院

①
② ③
④ ⑤

① 首次国家宪法日检察官集体进行宣誓活动
② 开展司法警察大练兵活动
③ 举办“行贿犯罪预防和行贿档案查询研讨班”
④ 反渎职侵权局局长柳戈青在雨花区交警队授课
⑤ 派员到芙蓉区国税局宣讲预防职务犯罪

政协长沙市芙蓉区委员会

第四届区政协委员会机构及领导人员

主　席　刘建新
副主席　洪曙光（兼）
　　　　李国开
　　　　谢志鹏
　　　　黄金国
　　　　杨爱斌（女）（2014.02任）
秘书长　成正良
常　委　邓　龙　　田松柏
　　　　任志彬　　孙心也
　　　　李凤英（女）杨　力
　　　　杨相伟　　何　伟
　　　　沈学军　　张　璎（女）
　　　　张文军　　张玉烛
　　　　张敬东　　陆亚林（女）
　　　　罗　月（女）赵小午
　　　　侯万里　　姜雁菁（女）
　　　　徐　元　　殷晓斌
　　　　唐强彪　　黄　艳（女）
　　　　黄德君　　慕　云
　　　　潘向阳　　黎明星

工作部门

办公室

主　任　成正良
副主任　张德林
　　　　王文杰

提案法制委员会

主　任　刘碧君（女）
副主任　罗家农

经济科技委员会

主　任　贺小华

群团联络委员会

主　任　肖爱武（女）
副主任　倪广生

人口资源环境委员会

主　任　左欣荣

文教卫体委员会

主　任　周蔚三

【概述】2014年，芙蓉区政协工作在市政协的指导和中共芙蓉区委的领导下，牢牢把握团结民主两大主题，认真学习贯彻落实中共十八大和十八届三中、四中全会及习近平总书记系列重要讲话精神，始终围绕区委、区政府中心工作，认真履行政协职能，在继承中创新、在创新中发展，为谱写中国梦的芙蓉篇章做出了应有贡献。

拓宽拓深履职阵地，深入开展主题活动。区政协积极拓宽履职阵地，不断延伸履职触角，深入开展“三参三促”（参与“跨河东进”攻略，促进隆平新区加快发展；参与区委“直通车”工程，促进“四联三为”活动取得实效；参与“凝心聚力”活动，促进社会和谐稳定）主题活动，活动内涵与形式不断得到丰富，形成区政协工作的一大特色。围绕中心，主动作为。按照“区委谋什么政协议什么，政府做什么政协帮什么，群众盼什么政协呼什么”的工作思路，区政协各县级领导干部积极参与到火炬村征地安置、友谊商店东边地块旧城改造、涉铁棚改、“专改公”电力改造试点等项目以及在文明创建督察中，协调解决征收拆迁、用地审批、规划设计、资金筹集等具体问题。在帮促城际铁路、大同三小、市场提质改造等项目建设中，广大政协委员发挥联系广泛、视野开阔等优势，迎难而上，献智出力，发挥了积极作用。发挥优势，奉献社会。充分利用政协委员界别优势，为群众提供医疗、法律等专业援助；指导有条件的社区（村）开办“心灵成长驿站”，对放学后无人看护儿童给予学习辅导和心灵陪护；广聚炽热爱心、传递委员关爱，深入开展扶贫帮困、捐资助学等社会公益活动；联合社区成立“同心服务队”，设立

"同心基金"；以"春风润民生"等活动为依托，积极开展"委员送岗位"等活动；赴保靖、通道、隆回等湘西地区开展"义务送文艺下乡"活动；踊跃参与"信访调解进行时"等听证会，化解基层矛盾、协调各方关系、维护基层和谐稳定，等等。据不完全统计，各地区组、各界别组委员共开展各类帮扶活动760次，走访慰问困难群众1350人次，捐款、捐物折价680万元。搭建平台，为民谋利。充分发挥政协组织作为党和政府密切联系群众的桥梁和纽带作用，各街道政协联络处全力推进"委员工作室"建设，实现"委员工作室"全覆盖。依托"委员工作室"设立"委员接待日"，公开委员联系社区及联系方式，既让委员更真实地了解群众意愿、听到群众心声，又方便群众近距离接近委员、反映问题。广大委员以工作室为平台，收集群众意见、反映群众呼声，为畅通民意诉求发挥积极作用。年内，政协委员通过"委员工作室"接待群众800人次，贡献就业岗位1500个，解决实际问题450件。

切实履行政协职能，服务全区发展大局。区政协充分发挥各民主党派、工商联和无党派人士作用，注重体现界别特色，组织各界别、各地区组以提案、社情民意信息、调研报告等形式加强与各界群众沟通联系，表达各界群众诉求，共同为建设幸福芙蓉献策出力。政治协商"多"而"广"。区政协紧紧围绕区政中心工作，组织广大政协委员就一系列重大问题进行广泛协商，涉及经济、教育、医疗卫生、社会保障等多个领域。认真组织集中协商。区政协四届三次全会期间，组织委员与区委、区政府及职能部门领导坦诚相见，就"一府两院"工作报告、财政工作报告以及区政重要问题、群众关心的热点问题进行深入广泛的集中协商。扎实开展专题协商。适时召开政协常委会议、界别会议、提案面商会议，听取政府工作情况通报；组织委员就《芙蓉区产业发展总体规划》（2015—2020）进行专题协商，为促进区域产业转型升级添劲加油。注重发挥大会发言的独特作用。四届三次全会期间，委员们重点围绕加快东片地区教育医疗设施建设、推进朝阳商圈持续发展、提高非公经济发展水平等事关民生民利和经济发展问题发言，发言着眼于改进工作，着眼于惠及民生，观点明确、建议实在，促进了相关工作的开展。此外，《妥善处理拆迁安置遗留问题，创建舒适安全居住环境》等两个建议被市政协全会纳为大会联组发言主题。民主监督"深"而"细"。区政协充分利用各种形式和载体，在民主监督方面开展了大量细致深入的工作。将委员提案作为民主监督的重要形式。进一步健全现场面商、领导督办等提案工作机制，强化提案复后评议，形成广泛参与、整体推进、督办有力、协调高效的提案工作格局。区政协四届三次会议以来，征集到委员提案133件，经审查立案118件，推动解决了一批事关发展和群众切身利益的问题，如《关于在道路路口设立遮阳雨棚的建议》得到省委常委、市委书记易炼红批示，试点工作已经展开；《关于规范引导民间闲散资金投向民营中小企业的建议》引起区金融办的重视，催生了芙蓉总部企业投融资服务中心的建立。将委派民主监督员作为民主监督的重要途径。选派59名委员担任区法院、区检察院、区卫生局等14个司法机关和政府职能部门的民主监督员，并定期组织召开工作会议，交流工作经验。通过委派民主监督员工作，政协委员与职能部门的联系更加密切、为民代言的渠道更加畅通，各部门（机关）接受民主监督意识普遍增强，工作作风和工作效率进一步改善。参政议政"精"而"实"。精心选取一批社会和人民群众高度关注的问题，认真开展调研视察、收集社情民意，取得了实实在在的效果。及时反映社情民意。注重发挥委员广泛联系群众的渠道作用，引导委员深入基层、深入群众，广泛收集社情民意，并及时将收集到的社情民意信息精选30条上报市政协。其中，《关于加快推广医疗家庭契约式服务的建议》获得市长胡衡华批示，市卫生局到区现场调研，总结推介经验；站在市级层面提出的《依托湘江、岳麓山、岳麓书院等人文资源进行'印象·星城'实景演出的建议》被市政协采纳，并获市政协主要领导批示；《关于改变社区居委会电费收取标准的建议》被市政协内刊采纳，并获副市长何寄华批示。

夯实基础完善制度，固本培元成效明显。把加强自身建设作为适应新形势、开创新局面的重要基础性工作，以开展中共群众路线教育实践活动为契机，不断巩固履职思想基础，着力整改"四风"方面存在的突出问题，加强制度建设，大力推进政协工作规范化、制度化、程序化。抓整改重落实，深入开展教育实践活动。根据统一安排，区政协机关深入开展中共群众路线教育实践活动，重点查摆形式主义、官僚主义、享乐主义和奢靡之风等“四风”方面存在的问题，并抓好突出问题整改。认真贯彻落实中央八项规定，各类会议活动同比减少12%，各类文件简报同比减少25%；严格执行公务接待标准，厉行勤俭节约，政协机关干部职工群众观念明显增强，工作作风明显转变。化于心见于行，不断巩固履职思想基础。鼓励委员坚持自学，邀请高等院校专家学者为广大委员作专题辅导讲座，组织委员赴浙大参加委员履职能力提升高级研修班。机关干部积极参与区委中心组学习、“芙蓉讲坛”“道德讲坛”“直通车”大课堂等活动，踊跃参加上级组织的赴清华等高校的培训学习。通过学习教育，政协委员和政协机关干部视野得到拓宽、思维层次得到提升，履职的思想基础得到巩固。整规章强保障，激发队伍履职内在动力。健全常委会工作机制，实行主席会议成员和专委会联系界别制度。全面实施《政协长沙市芙蓉区委员会委员履职管理办法》，健全委员履职考评激励机制。对近年来已有规章制度进行全面清理，就政协机关管理、界别委员组设置、委员工作室建设以及委派民主监督员、反映社情民意信息等工作以制度形式加以明确。通过切实加强制度建设，委员履职有章可循，队伍活力得到进一步激发。（杨利洪）

【提案工作】 2014年，区政协共收到提案133件。经济科技方面的28件，文教卫体方面的25件，城建城管方面的59件，社会法制方面的21件。经审查立案118件，立案率88.7%。提案分别送交41个单位办理，截至11月底，118件提案全部办复完毕。提案所提问题已经解决或基本解决的40件，占办理提案总数的33.9%；正在解决或正列入计划准备解决的77件，占总数的56.3%；因受条件限制或其他原因暂时不能解决的1件，占0.8%。提案办理的见面率为100%，委员满意或基本满意率为98%。（杨利洪）

【调研视察】 2014年，区政协围绕解决全区涉及长沙市60号令拆迁安置小区遗留问题进行重点调研，并组织力量撰写专题调研报告，为区委、区政府决策提供参考。结合区域历史文化资源遗存实际，重点视察都正街历史文化街建设情况，并提出建设性意见。组织委员围绕安全生产、浏阳河两岸建设、加强扬尘污染治理等课题开展重点视察，提出的意见和建议得到相关部门的重视和采纳。（杨利洪）

【民主评议】 2014年，区政协跟踪督办前期民主评议区环卫局等部门所提问题，积极促成环卫工人参保。精心组织委员对区人社局、区国土分局进行民主评议。评议组通过扎实调研，掌握大量第一手资料，对区人社局提出优化公共服务平台、加强队伍建设、改善办公环境等建议，为推动全区就业与再就业、社会保障与劳动维权等工作注入了活力；对区国土分局提出了进一步提高土地资源利用率、从严控制违法违规用地行为等建议，国土部门积极吸收并认真落实，在保障全区用地需求、加强土地执法巡查、推进征地拆迁等方面取得新成效。（杨利洪）

图22 政协主席刘建新在第四届委员会第三次会议上的讲话

【政协芙蓉区第四届委员会第三次会议召开】 中国人民

图21 省政协调研组到区考察浏阳河排污口及长善垸污水处理厂

政治协商会议长沙市芙蓉区第四届委员会第三次会议，于2014年2月25—27日召开。

会议期间，中共芙蓉区委书记梁仲、芙蓉区人民政府区长于新凡等领导出席会议，听取大会发言，并参加分组讨论，与委员们共商全区改革发展大计，共谋改善民生之策。

会议审议并通过了刘建新主席代表政协长沙市芙蓉区第四届委员会常务委员会所作的工作报告、李国开副主席代表政协长沙市芙蓉区第四届委员会常务委员会所作的关于区政协四届一次会议以来提案工作情况的报告。会议听取、协商并赞同区人民政府工作报告，协商并赞同区人民法院工作报告、区人民检察院工作报告，协商讨论芙蓉区2013年国民经济和社会发展计划执行情况与2014年计划草案的报告、芙蓉区2013年财政预算执行情况和2014年财政预算草案的报告。会议认为上述报告对过去一年工作的总结实事求是、客观全面，对2014年工作的安排符合实际、切实可行，鼓舞人心。

会议认为，一年来，全区人民在中共长沙市委、市政府和中共芙蓉区委的领导下，坚持以邓小平理论、“三个代表”重要思想和科学发展观为指导，积极参与“六个走在前列”大竞赛活动，城市建设不断加快，环境品质不断提升，民生事业不断进步，经济发展稳中有进。

过去的一年，区政协在市政协的指导和中共芙蓉区委的领导下，牢牢把握团结和民主两大主题，认真学习贯彻落实中共十八大和习近平总书记系列重要讲话精神，坚持“维护核心、服务中心”的工作原则将服务科学发展作为政协工作的重中之重，在继承中强基础，在创新中增活力，在拓展中显特色，实现了本届政协工作的良好开局。

会议指出，2014年是全面贯彻落实中共十八届三中全会精神、全面深化改革的开局之年，也是全面推进全区政协工作的重要一年。全区上下要按照区委总体部署和政府工作报告的具体安排，按照“一河两岸、双核驱动”的总体格局，推进芙蓉中央商务区提质改造，加快隆平新区开发建设，实施西提东拓战略。切实做好“腾笼换鸟”“空间换地”“电商换市”文章，推进经济转型升级。围绕全国文明城市总测评工作目标，改善城市环境品质，加强城市精细管理，打造宜居宜业城区。统筹发展社会事业，健全社会保障体系，促进社会和谐稳定。

会议要求，面对新形势和新任务，人民政协责任重大，使命光荣。政协各参加单位和广大政协委员要通过多种形式加强学习，把学习贯彻落实中共十八届三中全会精神作为当前和今后一段时期的重要政治任务。要依托各界别、各专委会优势专长，不断激发委员履职潜能，进一步拓展履职深度。要切实加强政协机关制度建设，不断提升服务保障水平。要充分发挥人民政协作为协商民主重要渠道作用，努力推进全区协商民主广泛多层制度化发展。要通过切实尊重委员、正确引导委员、细心服务委员，广泛凝聚委员合力，进一步激发委员履职活力与热情。要围绕全区发展大局，积极建诤言、谋良策、作表率。

会议号召全区政协委员和各界人士紧密地团结起来，一马当先，积极为做大发展“蛋糕”出谋划策，不断在建设“湖湘之心、中部标杆、全国一流”的“财富中心、魅力之都、幸福芙蓉”的生动实践中创造芙蓉人民政协事业新的辉煌。（杨利洪）

中共长沙市芙蓉区纪律检查委员会

区纪律检查委员会机构及领导人员

书　记 廖铁成
副书记 谭利辉（女） 王跃斌
常　委 阳　颖（女）
刘顺泉（2014.12 免）
邹学斌　　邓　宁（女）
邓春兰（女） 黄　革

区监察局

局　长 谭利辉（女）
副局长 刘顺泉（2014.12 免）
唐子茹（女）

【概述】2014 年，全区纪检监察工作以建设"廉洁芙蓉"为目标，以纪检监察机制改革为契机，加大源头防腐力度，突出监督检查主业，深入推进全区党风廉政建设与反腐败工作，为全区经济社会发展提供坚强的纪律保障。

坚决维护中共纪律。按照《芙蓉区落实党风廉政建设党委主体责任、纪委监督责任实施办法（试行）》，将纪委工作重点转移到执纪、监督、问责上来。强化纪律制度执行，扎实抓好党内民主生活会、诫勉谈话、述职述廉、函询和问责等制度落实。年内有14 名个人就公务用车、婚丧事宜等问题向纪委报备，设立的廉政账户收到 147 人次无法退回的红包礼金 52.9 万元。组织 34 名新任领导干部和 4 名重要领导岗位的干部廉政谈话，对城管系统 46 名新任领导干部集体廉政谈话。积极开展纪委负责人同下级党政主要负责人和纪委负责人的谈话 48 人次，对执行区委、区政府指示不力的主要领导予以谈话和约谈 18 人次。抓好问责问效，严肃查处"庸懒散拖"问题 63 个，处理责任人 81 人，查处以权谋私案件 6 起 9 人。开展"门难进、脸难看、事难办"、优化经济发展环境与收费检查等专项治理，解决一批人民群众反映强烈的突出问题。

作风纪律常抓不懈。暗访检查常态化。全年实行"一月一暗访，一季一点评，逢节必督察"的作风建设暗访常态管理，发布作风建设通报 4 期。每次检查完后，都组织召开全区作风建设讲评会议。坚决查办违反作风建设有关规定的典型案件，给予党纪政纪处分的涉案人员 15 人，通报批评 21 人。专项治理常态化。每两个月开展一次大规模、大范围的专项督察，36 例确属违反作风纪律有关规定的单位和个人给予通报批评及相应政纪处理。警示教育常态化。全年发送廉政预警短信 11229 条，在法定节假日，党员领导干部生日等及时预警提醒。严肃查处东岸街道原农机动物防疫站站长刘某某为儿子大操大办婚宴问题，特别是区园林局原局长卢某某等人顶风违纪典型问题发生后，组织各街道、社区（村）、区直单位召开案件剖析反思会，以案说纪、引以为戒。整章建制常态化。牵头督促各相关部门出台《芙蓉区作风建设常态化管理办法》等制度文件 28 份。

严肃查办违纪违法案件。全年全区纪检监察系统接待群众来访及信访举报 200 批 300 人次，受理各类信访 151 件，其中办结答复 126 件，筛选提供案件线索 6 件，初核后转违纪立案 1 件。全年立案查处各类违纪违法案件 46 件 46 人，其中科级干部 11 人（正科级干部 5 人），实施两规措施 1 人，移送司法机关 6 人，开除党籍处分 9 人，全年处理效能投诉件 7 起，办理问责案件 25 件。

整治"四风"顽疾。建立专项工作台账，一周一调度，十天一报表。两次召开专题推进会，省、市交办的 11 个问题全部进行调查核实。按照《党政机关办公用房

图 23　区纪委书记廖铁成在年度绩效考核总结讲评会上讲话

建设标准》，清理在编不在岗人员 117 人，清理编外聘用人员 396 人。全区性会议缩减 20.1%，文件缩减 14.6%，简报、内刊缩减 64.7%，议事协调机构减少 82 个，缩减 75.9%。排查和清理全区工程建设领域突出问题，及时进行通报并督促整改。进一步推进简政放权，全区行政审批事项由 249 项精简为 53 项，精简率为 79%。全面督察党员干部在“六个走在前列”“四联三为”“群众工作直通车”工作中存在的敷衍了事、浮于表面，不走访到户，不联系到人的问题。

科学有效预防腐败。出台《中共长沙市芙蓉区委关于贯彻落实中共中央〈建立健全惩治和预防腐败体系2013—2017年工作规划〉的实施办法》。廉政文化建设基本实现“一街一品，一社区一特色”。连续七年开展“廉政教育月”活动；4 月，组织全区副科级以上领导干部党纪条规考试；制作元旦春节期间作风暗访专题片，拍摄《基层纪检书记的一天》等党风廉政建设题材短片。东湖街道东沙古井廉政文化、韭菜园街道微信“随手拍”、丰泉古井社区廉政文化广场、白沙湾社区“一家老小过廉关”知识竞答等廉政教育品牌效应逐步显现。将“廉政评价预警系统”升级为“党风廉政建设信息系统”。重点将各单位的廉政建设主体责任、监督责任和上级纪委监督的刚性内容形成工作标准。开展党政正职述廉、纪检负责人述职工作。9 月，召开全区纪检系统负责人述职大会，选取 4 名纪检负责人向区纪委全会报告履职情况。11 月，区属单位 8 名党政正职向区纪委全会述廉，接受询问质询。

加大队伍建设力度。构建区纪委抓“面”、街道纪工委管“块”、派驻纪检组驻“点”联动工作格局。年内在原有 29 个区直单位纪检组织的基础上，新设 6 个纪检组织，街道（园、局）配齐专职纪委副书记和纪检专干，按 3 ~ 5 名配备纪委委员，62 个社区中有 10 个社区成立社区纪委，其余均配备纪检委员。出台《关于落实“三转”要求进一步加强全区纪检监察组织规范化管理的通知》，进一步加强全区纪检干部队伍管理。实行业务工作月报告制和区纪委常委分片联系督导制，定期掌握工作动态。区纪委（监察局）机关每周五下午开展业务知识交流，基层纪检组织通过座谈、集训、互相观摩、抽调办案、跟班学习等形式开展学习活动，促进业务提升。（陈律严　丁　强）

【深入开展中共群众路线教育实践活动】区纪委（监察局）中共群众路线教育实践活动于 3 月 26 日开始，按照学习教育、听取意见，查摆问题、开展批评，整改落实、建章立制三个环节推进，各个环节相互衔接，每个环节都组织“回头看”。坚持问题导向，边学边查边改，把从严要求贯穿始终，把上下联动贯穿始终，把解决问题贯穿始终。

“学习教育，听取意见”环节：坚持全面动员、全员参与，将每周五定为区纪委（监察局）“中共群众路线教育学习日”，认真开展“五个一”活动（记录一本学习笔记、写一篇心得体会、每人上一次党课、开展一次大讨论、观看一次主旋律电影）；6 月中旬向全区纪检组织下发《关于进一步加强作风纪律制度教育的通知》，要求各单位梳理作风纪律有关规定，汇编成册；7 月上旬组织全区 500 名副科实职以上领导干部围绕《十八大以来廉政新规》进行考试；8 月联合长沙广播电视台制作廉政微短剧《基层纪检书记的一天》。累计开展集中学习 21 次，开展廉政党课 8 次，学习时间 520 小时，撰写信息稿件 30 篇，学习心得 18 篇，理论文章 8 篇，其中 4 篇在《长沙纪检监察》杂志上刊发。通过上门走访、基层下访、召开座谈会、设置征求意见箱、发放征求意见函等 6 种方式，征求意见 322 条，梳理后的意见建议 188 条（包括领导班子 28 条，班子成员 160 条）。

“查摆问题、开展批评”环节：认真对照整改内容，将班子整理、划分的 20 个问题，班子成员整理、划分的 96 项“四风”方面内容，一一制订详细的整改方案。每位班子成员认领的班子意见不少于 3 条，对班子成员提出的意见不少于 3 条。7 月 30 日召开民主生活会预备会。8 月 7 日召开领导班子专题民主生活会，会上提出相互批评意见 216 条。

“整改落实、建章立制”环节：在制度监督、作风监督和纪律监督方面，先后出台《关于落实“三转”要求，进一步加强全区纪检监察组织规范化管理的通知》《芙蓉区作风建设常态化管理办法》

《芙蓉区党员干部作风建设考核评价办法（试行）》等文件；在解决关系群众切身利益问题方面，成立委局“机关工作人员对待群众来访态度生硬、推诿扯皮现象专项整治工作领导小组”。在自身监督方面，实行“一月一暗访，一季一点评，逢节必督察”，紧紧围绕重点内容、重点单位、重点时段、重点场所“四重点”，采取“一次一授权”“三个不固定”(不固定时间、不固定地点、不固定人员)的检查方式，每个月开展一次大规模、全覆盖的作风建设暗访督察和专项整治情况督察，区纪委（监察局）发布作风建设通报4期，查处25例，处理29人次。切实加大全区面上工作的调度督察力度，严格落实10天定期调度制度，各单位每月的5日、15日和25日定期上报“四风”突出问题专项整治工作进展情况，包括中央和省市部署的“39+15”（包含清理领导干部违规占用办公用房、全面停止新建楼堂馆所、整治“会所中的歪风”、严格公务接待标准、规范领导干部因公出国(境)管理、整治“形象工程”和“政绩工程”、清理纠正党政领导干部违规在社会组织兼职并领取报酬、坚决纠正豪华铺张办晚会现象、整治“门难进、脸难看、事难办”、整治违规设置“小金库”、整治境外招商奢侈浪费和高消费问题等专项整治工作，其中第一批39项、第二批15项）专项整治任务的动态数据情况及整治的进度、主要做法、典型事例、存在问题及下步打算。5月29日和8月22日两次召开全区专项整治工作推进会，督促办理省、市教育实践活动办交办的问题。

（陈律严　丁强）

【专项整治动真格敢碰硬】 在第二批中共群众路线教育实践活动中，按照中央、省、市的部署和要求，芙蓉区纪委（监察局）作为专项整治工作总的牵头单位，除负责全区面上的“39+15”项专项整治任务(中央、省49项，市2项，区3项），还大力开展精简会议文件、公车使用管理、厉行节约反对浪费等专项行动，先行解决涉及群众利益的突出问题，重点解决“会所中的歪风”“门难进、脸难看、事难办”、超面积使用办公用房、超标准使用车辆、在编不在岗等突出问题，以硬制度和硬措施反对“四风”，成效明显群众点赞。

先行解决涉及群众利益的突出问题。以专项整治“倒逼”党员干部改进作风，查处庸懒散拖问题52个，处理责任人65人。查处农村落实惠民政策缩水走样、以权谋私案件4起，涉案人7人，资金39万元。启动“十大民生工程”三年行动计划，计划投入10亿资金，推进47个社区、136个小区提质改造，涵盖水表改造、电力改造、燃气铺设、地下管网改造、社区交通微循环、路灯照明、绿化提质、环卫设施完善、社区服务规范化、农贸市场提质改造等方面，切实服务民生。

重点解决突出问题。腾退办公用房5630平方米，完成全区办公用房的重新调配，县级领导干部人均使用面积13.69平方米，只相当于原来的38%；“三公”经费削减35%；规范领导干部因公出国(境)管理，较活动开展前减少18批、16人次；拍卖超编公车63辆；清理清退在编不在岗人员117人，清理编外聘用人员396人，已清退人数340人（其他56人为教育局代课教师）；清理出超职数配备干部58人；清理出超范围分设党政职务数10个；较活动开展前，全区性会议缩减20.1%，文件缩减14.6%，简报、内刊缩减75%，议事协调机构减少58个，缩减54%。全区行政审批事项由249项精简为44项，精简率为82.3%。

发挥案件警示作用。严肃查处东岸街道原农机动物防疫站站长刘某某替儿子大操大办婚宴问题；园林局原局长卢某某等人顶风违纪典型问题。各街道、社区（村）、区直单位均按要求组织召开案件剖析反思会，以案说纪、敲响警钟，督促全区党员干部特别是领导干部从中汲取教训，引以为戒。

（陈律严　丁强）

【廉政信息管理】 按照长发〔2014〕14号《关于落实党风廉政建设党委主体责任纪委监督责任的意见（试行）》及相关目标管理考核办法，结合实际，4—12月，升级更新“芙蓉区廉政评价预警系统”。新系统以党员领导干部廉政信息档案为基础，以监督履行“两个责任”为主要内容，以基于“三转”（转职能、转方式、转作风）后派驻制管理为架构，涵盖科级实职干部廉政档案管理平台、落实“两个责任”监督管理平台和纪检业务管理平台。领导干部廉政信息包含基础信息、配偶子女信息、个人重大事项、“三重一大”（重大问题决策、重要干部任免、重大项目投资决策、大额资金使用）、作风督察、述职述廉、考核测评、廉政谈话、“一岗双责”（一个领导干部既要对所在岗位应当承担的具体业务工作负责，又要对所在岗位应当承担的党风廉政建设责任制负责）、违纪问责等10类，以负面记录为主，不作定量评价。落实“两个责任”内容包含监督检查党（工）委（党组）8个方面内容主体责任落实情况，监督检查纪（工）委（纪检组）7个方面监督责任的落实情况。系统将主体履职、同级监督和上级纪委监督的刚性内容形成工作标准，两个主体责任的双报告制在一个系统里进行，可比对印证，便于区属各党委和纪检组织做好“三转”不走样。纪检业务管理内容按照“面”“块”“点”的模式，从组织管理、日常管理、考核管理、督察管理、责任追究管理等五个方面，记录纪检干部的工作轨迹，开展绩效考核。截至2014年年底，系统有563人填报个人廉政信息（其中，有361人填报房产情况，218人填报车辆购置情况，130人填报个人因私出国（境）情况，56人填报家庭成员出国（境）情况，40人填报婚丧喜庆事宜，4人填报个人婚姻变更情况），有67家单位主动汇报党风廉政建设主体责任情况，39个纪检组织汇报党风廉政建设监督责任情况。通过信息系统数据反馈情况，查处五里牌街道原党工委委员胡某（副科职）严重违纪问题。（陈律严　丁强）

【一家老小过“廉”关】

8月6日，芙蓉区纪委、妇联联合主办，韭菜园街道承办的“最美家庭”表彰暨“一家老小过廉关”家庭美德知识竞答活动在领导干部集中居住的蓉园社区举行。省老领导刘夫生携夫人作为芙蓉最美家庭代表出席活动并接受颁奖。省妇联宣传部副部长黄蕴，市妇联主席谭慧慧，区委书记梁仲，区人大、区政府、区政协、区委组织部等领导到会指导，活动吸引200名干部、家庭代表及群众参与。

区委副书记夏钟剑为活动致辞，向在全区“最美家庭”系列评选中脱颖而出的先进典型表示最诚挚的祝贺。夏钟剑指出，无论是领导干部，还是普通群众，无论是妇女“半边天”，还是朝气蓬勃的孩子们，都应该将正确的世界观、人生观和价值观植根家庭，辐射社会，提振民族。通过“一家老小过廉关”这一活动平台，全区广大机关干部家庭和辖区单位居民家庭同台比拼演绎，诠释着对反腐倡廉建设的认识和理解，营造全社会以廉为荣、以贪为耻的优良氛围。

活动现场表彰了芙蓉区80户“最美家庭”，其中有祖孙三代为芙蓉教育事业呕心沥血奉献毕生的教师家庭；有凝聚孝德仁义传承良好家风的和谐家庭；有幸福欢唱中西结合的和睦家庭。随后，展开了精彩的知识竞答环节，经过前期激烈地角逐，筛选出的包含干部家庭、普通家庭在内的5个家庭进入决赛，这些一家老小齐参与的家庭中不乏双胞胎兄弟、姐妹，家庭成员齐齐出动，经过精心准备通过必答题、抢答题、风险题三个环节一决高下，八一桥社区代表队占领先机，摘得桂冠。

“一家老小过廉关”是2008年芙蓉区打造的廉政文化进家庭特色品牌，包括“一家老小过廉关”活动图片展、“廉风吹我家，书香飘万家”研讨会、“廉内助”评选表彰、廉洁家训征集等活动，初步形成以助廉为核心，以家庭为基础，以宣教为依托，将“廉风”吹入千家万户的廉政主题教育特色名片。（陈律严　丁强）

群 众 团 体

芙蓉区总工会

【概况】 2014年，区总工会围绕中心、服务大局，在组建基层工会、工资集体协商、扶贫帮困、维护职工权益等方面做出新成绩。全区各级工会组织有60篇反映工会工作的报道被全总、省、市、区报刊（网站）采用。全区有16家工会组织申报模范职工之家，其中10家被评为区级模范职工之家。湖南顺丰速运有限公司客服部高技能班组、湖南省怡清源茶业有限公司电子商务部获评市级“工人先锋号”称号。10月，区总工会受到中华全国总工会通报表彰，获评全国“贯彻落实工资集体协商三年规划先进集体”称号。

扎实推进基层工会组建。区总工会对《非公法人数据库》内的企业进行清查，按“企业是否正常经营”“正常经营企业是否建立工会组织”分别建立台账，摸清底子，开展“清单式”组建大幅度提升组建率；采取职工人数25人以上的企业单独建立工会，25人以下的企业利用区域性、行业、楼宇联合工会形式进行覆盖，全年新增工会组织282家，涵盖法人单位998个，新发展会员1.06万人。

强力推动工资集体协商。区总工会选定湖南颐尔康保健连锁有限公司为工资集体协商示范性企业，同时要求每个街道（园、局）均培育示范性企业，通过示范性企业现场演示及工作推进会等方式，将任务布置、工作交流、业务培训有机结合，取得各驻区企业的支持和重视。全年完成工资集体协商企业1429家，其中50人以上企业单签75家，覆盖职工人数1.02万人；区域性协议16份，涵盖非公法人单位1354家，覆盖职工人数2.46万人。

加大帮扶困难职工力度。组织以“送清凉、送安全、送健康”为主题的高温慰问活动，慰问工地、企业50个，为7000名一线职工赠送防暑降温物品价值36万元。组织“金秋助学活动”，为75名品学兼优的寒门学子每人发放3000～5000元不等的助学金，共计24.4万元。组织对“特困职工送温暖”活动，为1166名困难职工建立帮扶档案。“两节期间”慰问困难职工600人次，筹集发放帮扶资金50万元。2014年，区总工会为参加医疗互助患病住院职工报销医疗费用自付部分534人次，近60万元。对80名困难职工及职工家庭成员进行大病救助25.4万元。年内各项用于职工帮扶服务的资金达到200万元。

积极组织开展各类活动。开展各类学习培训活动。邀请全国、省市劳模代表、一线职工、基层工会主席在道德讲堂宣讲他们的先进事迹，营造学习劳模、争当劳模的氛围。开展评比表彰活动。在全区范围内通过基层评比申报，评出伍紫琴、侯远龙、严春琳、周春国4名市级劳模，受到市委市政府表彰。推荐2名“最美劳动者”（恒达社区党支部书记刘朝辉、湖南颐而康保健连锁股份有限公司盲人按摩师刘涛），在湖南经视进行专题报道。开展职工文体活动。与区文体新局、区直机关工委联合举办第六届“五一”全民健身运动会，全区参赛职工达到8000人。组织5支职工篮球队参加市总组织的全市职工篮球赛。盘活区内资源，广泛开辟职工活动场所。在全区9所学校授牌成立9个“职工俱乐部”：羽毛球俱乐部4个，篮球俱乐部2个，乒乓球俱乐部1个，健身舞俱乐部1个，健美操俱乐部1个。每个俱乐部给予2万元的扶植资金，有效地解决职工活

动场地少的困难。（李静锋）

芙蓉区总工会

党组书记、主席　李凤英（女）

党组成员、副主席

邬武源　黄家旺

【开展“春风送岗”暨“工会就业援助月”活动】3月4日，由区总工会主办、湘湖管理局承办的“牵手芙蓉、温暖就业”大型招聘会暨“工会就业援助月”活动启动仪式在上东印象东侧前坪举行。市总工会党组书记彭惊雷、区人大常委会副主任马京沙、区政府副区长张庆和、区政协副主席李国开、区政府副调研员徐德进、区总工会主席李凤英等各级领导莅临启动仪式现场。活动月内，全区各级工会组织先后组织“春风送岗，服务万家”系列招聘会18场，提供工作岗位3000个，现场有587人与企业达成聘用意向。（李静锋）

【组织“心系女工情满芙蓉”慰问活动】3月8日，市、区总工会联合湖南千惠商贸连锁有限公司为全区843名一线女环卫工人送去爱心早餐。女环卫工人们凭爱心券到千惠超市领取爱心早餐。副区长张庆和和区总工会主席李凤英为环卫女工人送上热腾腾的早餐。（李静锋）

【举行庆“五一”暨芙蓉“五十佳”表彰大会】4月29日，由区委、区政府主办，区总工会承办的以“创造劳动美，共筑中国梦”为主题的庆“五一”暨芙蓉“五十佳”表彰大会在区会议中心举行。市总工会党组书记彭惊雷、区委书记梁仲、区委副书记夏钟剑、区人大常委会主任罗树林、区政协主席刘建新等领导出席。区直部门、街道、社区、辖区企业主要负责人及部分职工代表参加大会。表彰大会通过VCR情景再现、现场访谈、歌舞表演、现场达人秀等多种形式，充分展示了一线职工在各自领域的动人风采。通过集中表彰“十大创业明星”“十大岗位明星”“十大带徒名师”“十大技术达人”“十大先锋班组”等芙蓉“五十佳”，弘扬劳动光荣、知识崇高、人才宝贵、创造伟大的时代新风，树立爱岗、敬业、奉献、创新的社会风尚。（李静锋）

【举办第三届“芙蓉工运杯”篮球赛】10月13日，在区政府机关球场举办芙蓉区第三届“芙蓉工运杯”篮球开幕式，区人大常委会副主任马京沙、区政府副区长张庆和、区政协副主席李国开莅临开幕式现场。29支参赛队伍历经10个比赛日，经历了99场激烈的角逐，安达威体育服务有限公司、中国有色金属长沙勘察设计院、芙蓉区教育局代表队分获本次比赛的冠、亚、季军，连续三届参赛并在前两届进入八强的区直机关代表队，获得第四名。（李静锋）

共青团芙蓉区委员会

【概况】芙蓉区团委下辖28个团工委、75个团支部、5537名团员。2014年，区团委紧紧围绕全区党政中心工作，践行社会主义核心价值观，切实履行四项基本职能，以共青团自身建设、志愿服务工作和预防青少年犯罪为重点，切实提高新形势下做好青年群众工作的能力，推进芙蓉区共青团各项事业的持续发展。

夯实团组织基础，加强团干队伍建设。开展群众路线教育实践活动。年内，通过组织学习、听取意见、对照检查、深入整改四个环节的工作，提出五大方面19条整改措施，逐一整改到位，领导班子整体水平得到提升。切实做好基层团干队伍思想引领工作。1月17日，举行全区团组织系统工作交流会暨团干部素质拓展活动。全体团干部就2013年度“最难忘的一项共青团工作”进行交流，并在素质拓展活动中群策群力，团结一心，完成所有拓展项目。2月18日，召开2014年区团委工作部署会议，讨论全年工作要点，统一年度工作目标和推进措施意见，达成共识。区域化团建工作取得成效。按照共青团中央部署的区域化团建工作要求，在辖区内重点打造文艺路、东湖、五里牌等街道区域化团建工作示范点。8月13日，团中央书记处书记汪鸿雁一行到区调研，实地察看文艺路街道韭菜园社区新青年俱乐部，对芙蓉区的区域化团建工作水平给予高度评价。

深化志愿者服务，展现芙蓉青年风采。开展青年志愿者文明交通劝导行动。2014年“两会”及春节期间，区团委与反扒联盟志愿服务团队、富成真爱团、湖南左撇子志愿者团队合作，在火车站开展“我奉献 我快乐”春运志愿服务活动，为返乡旅客提供出行咨询、排队引导等志愿服务。持续推进共青团系统学雷锋主题活动。3月，区团委、区少工委在全区共青团系统集中开展“学雷锋志愿服务示范月”主题活动。

号召区直机关团员青年开展“走访问计周”活动，街道、社区志愿者开展“关爱服务周”活动，两新团组织、青年文明号“窗口展示周”活动，学校中小学生“爱心成长周”主题活动。特色志愿服务活动引发社会广泛关注。3—5月，区团委策划并开展“幸福芙蓉·志愿有你”圆梦关爱行动。区团委首次采用手机微信平台，打造“心愿二维码”，吸引大批志愿者参与。

服务年轻人成长进步，增强青年工作活力。举办“幸福芙蓉·志愿有你”圆梦记录片发布会暨五四颁奖典礼活动，并对全区先进集体和优秀青年进行表彰。召开“感恩成长路 畅谈中国梦”芙蓉区青年干部交流座谈会。区委书记梁仲在座谈会上指出，芙蓉区青年干部队伍是一支有理想、有才干、有活力的队伍，要吸取相关领导干部严重违纪事件的深刻教训，要进一步完善青年干部选拔任用以及培训教育机制，让更多的年轻干部能够脱颖而出。芙蓉区青年足球队勇夺三连冠。6月26日，在“先导杯”第四届机关青年足球赛冠亚军争夺战中，芙蓉区青年足球队战胜长沙县青年代表队，蝉联2012—2014年区县组冠军、联赛总冠军。举办“为爱向前冲”单身青年联谊活动，为广大单身青年提供婚恋交友平台。

维护青少年权益，营造健康成长环境。开展“新年送关爱 爱心助成长”新春走访慰问。2月，区团委走访慰问农大子弟小学、定王台街道藩后街社区、荷花园街道东方新城社区和东郡社区看望困难家庭青少年，并与他们座谈交流沟通。举办“责任与担当”道德讲堂，弘扬中华传统美德。以“责任与担当”为主题道德讲堂活动，以讲授“社会主义核心价值观”为重点，向少先队员们宣讲“廉洁自律方能有大担当”的道理，收到良好的教育宣传效果。区少先队员代表在市少代会展现风采。10月9—10日，由20名少先队工作者、少先队员代表组成的芙蓉区少代会代表团，在副区长、区少工委主任张庆和的带领下，参加长沙市第六届少先队代表大会，展示了少先队员的良好风貌。（谭瑞英）

共青团芙蓉区委员会

书　记　龙雅俐（女）

副书记　全　甜（女）

【“幸福芙蓉·志愿有你”圆梦关爱行动】 3—5月，区团委策划并开展“幸福芙蓉·志愿有你”圆梦关爱行动。活动面向辖区内的低保家庭、残疾人士、空巢老人、外来务工人员及其子女和贫困学子5类重点人群。通过上门走访，听取和收集他们在生活、工作和学习中的心愿，借助媒体，充分整合各方资源，发动社会广泛关注，招募志愿者为其爱心圆梦。区团委首次采用了手机微信平台，打造出“心愿二维码”，同时还通过芙蓉之窗、芙蓉新闻网站和《芙蓉月刊》以及张贴海报等方式进行传播，吸引大批志愿者的爱心参与，更有来自加拿大多伦多的华人将爱心漂洋过海送来。4月8日，《长沙晚报》头版头条刊载《“心愿二维码”引来爱心潮》的图文专题报道，4月10日刊载活动后续报道《大学生组团轮流陪空巢老人》。（谭瑞英）

【“幸福芙蓉·志愿有你”圆梦关爱纪录片发布会暨“五四”颁奖典礼】 5月4日，区团委主办“幸福芙蓉·志愿有你”圆梦记录片发布会暨五四颁奖典礼活动。区委副书记夏钟剑、区委宣传部部长伍艳飞、团市委副书记赵雪峰等领导出席活动。现场播放关爱空巢老人和外来务工家庭两部记录片，展现芙蓉青年及志愿者无私奉献的事迹，并对全区共青团组织涌现出来的芙蓉区人民检察院团总支、文艺路街道团工委、长沙市芙蓉农村合作银行团委等24个先进集体，以及杨琴、李尚花等12名优秀青年进行表彰。（谭瑞英）

【芙蓉区青年干部交流座谈会】 5月15日，区团委组织开展以“感恩成长路 畅谈中国梦”为主题的芙蓉区青年干部交流座谈会。座谈会上13名青年干部代表围绕“中国梦·芙蓉梦·我的梦”这一主题作精彩发言。区委书记梁仲就青年干部成长成才，提出三点意见：一是要吃得苦，厚积薄发强底蕴。青年干部要沉得下心，注重自身能力的积累、德行的积淀，要把学习当快乐，把历练当财富，把修身当习惯。二是要有悟性，敏行纳言练内功。青年干部要学会“常悟”，不仅要悟做事之法，还要悟为人之道、悟内外之势，从而萌发出思考力、预见力、判断力和决策力。三是要敢担当，知足思为显价值。青年干部要升华出一种信仰、坚守、血性、胆气和担当。要时刻焕发使命感，常怀感恩情，要拥有事业心。他强调，区委、区政府要千方百计为青年干部的成长进步创造条件。特别是对有发展潜力的好苗子，要关心关爱，精心培养，通过多种形式使其经受历练；要对青年干部多支持、多沟通，让大家感受到组织的关怀和温暖；要更进一步完善青年干部选拔任用以及培训教育机制，让更多的年轻干部能够脱颖而出。组织部部长周虔，副区长张庆和等领导出席座谈会。（谭瑞英）

【主办“责任与担当”主题道德讲堂】 6月12日，区团委在五里牌街道主办“责任与担当”主题道德讲堂活动。活动邀请农大子弟小学109名少先队员参与，按照“作一次自省、唱一首歌曲、学一个模范、诵一段经典、学一些知识、发一个善心、送一份吉祥、行一个大礼、做一件善事”的“九个一”流程展开，收到良好的教育效果。（谭瑞英）

【举行“为爱向前冲”单身青年联谊活动】 11月29日，区团委首次举办“为爱向前冲”单身青年联谊活动，共有来自区教育系统、区公安分局、区交警大队、长沙芙蓉农村合作银行等芙蓉区辖区内机关、企事业单位的220名单身青年报名参与。通过自我介绍、游戏互动、八分钟交流等环节的交流，最终促成八对青年朋友成功牵手。本次活动是区团委坚持群众路线、切实服务青年的一次具体实践，也为广大单身青年提供可靠的婚恋交友平台。（谭瑞英）

芙蓉区妇女联合会

【概况】 2014年，芙蓉区妇联全面贯彻全国妇代会十一大和省妇代会十二大精神，紧紧围绕区委、区政府各项工作部署，按照中共群众路线教育实践活动的总体要求，以统筹发展、关注民生、全面小康为目标，服务大局、服务妇女、服务基层，努力推进全区妇女工作迈上新台阶。

提升女性综合素质。区妇联认真贯彻落实中共十八大和十八届三中、四中全会精神，深入开展“巾帼建新功 共筑中国梦”主题教育，“家在芙蓉——践行社会主义核心价值观”系列活动，引导妇女树立正确的世界观、人生观、价值观，坚定中国特色社会主义理想信念，引领妇女为实现中国梦加油助力。打造“芙蓉女性课堂”品牌，依托“三八”妇女节，举办“女人、社会、家庭”为主题的系列道德讲堂、中医养生、科学家教、文明礼仪等专题讲座32场。开展讲师团送课下乡、进企业和在职党员“送健康进社区”以及慢性病综合防控知识竞赛等活动，全面提升女性综合素质。

服务女性创业就业。区妇联以中共群众路线教育实践活动为契机，深入开展“下基层、访妇情、办实事”调研慰问活动，积极为广大妇女群众办实事、办好事。2月18日，区妇联系统举办以“你的健康 我的快乐”为主题的关爱妇幼“三送”（送岗位、送技能、送健康）服务培训。3月，举办女性招聘专场会32场次，组织近300家单位进场招聘，帮助442名女性实现家门口就业的愿望。6月12日，举办女大学生创业与就业交流会，为毕业女大学生创业就业提供平台。4—8月，区妇联走访丰彩好润佳、顺丰速运等企业问需、问难、送服务，搭建政企沟通渠道，促进企业转型升级。积极推进小额担保贷款项目，为有创业意愿的妇女提供资金帮扶，年内为186名妇女发放贷款1488万元，引领妇女走上创业就业自强之路。

开展巾帼建功活动。注重完善巾帼文明岗动态管理机制，开展巾帼文明岗、巾帼建功标兵的创评工作，发动各行各业妇女踊跃参与岗位练兵、技能比武、劳动竞赛、创建岗经验交流等活动，激励全区妇女创先争优。举办纪念“三八”国际劳动妇女节104周年表彰大会，突出宣传28名优秀妇女典型，积极引导学习先进，弘扬社会公德、职业道德、家庭美德、个人品德。3月18日，举办“巾帼建功 筑梦芙蓉”为主题的女领导干部联谊会。

创新家庭文明建设。从2月开始，区妇联组织寻找“最美家庭”活动，发动全社会共同参与，突出以德治家思想内涵，让寻美活动走进社区、学校、园区、楼宇。开展最美家庭故事会、讲述身边家庭故事等各类活动85场次，征集展示优秀家风家训451条、晒“最美瞬间”照片1053张，发放《寻找最美家庭 倡导文明新风》宣传册1万份，组织群众自编自演《最美家庭展新风》文艺节目，寻访辖区百户“最美家庭”，挖掘家庭典型事迹并编印成芙蓉最美家庭实录《瞧！这一家子》。8月6日，区妇联表彰芙蓉十佳“最美家庭”标兵户和70户“最美家庭”之勤廉书香家庭、两型家庭、爱心家庭、平安家庭、优教家庭、孝顺家庭。5月，四代同堂、常年勤俭持家的周海云家庭当选为全省“最美家庭”。

关爱妇女儿童健康成长。年内，为1.56万名妇女提供“两癌”筛查，为4名“两癌”妇女、6名“尿毒症”患者、6名重病残儿童向市

图 24 省妇联儿童部领导到区督导儿童早期发展工作

妇女慈善会申请救助资金5万元。春节、“三八”妇女节走访困难群众45户，发放慰问金4万元；为21名因病致贫妇女向区民政部门申请患病帮扶资金7.75万元。实施“春蕾计划”“流动儿童关爱行动”。年内，为45名贫困女童提供助学资金及学习用品3.5万元。11月18日，组织区女领导干部联谊会结对帮扶贫困流动儿童17名。

维护妇女儿童权益。2月底到3月上旬“三八”维权活动周开展以来，以“维权服务在身边”为活动载体，举办“贯彻男女平等基本国策，维护妇女儿童合法权益”法律宣传咨询活动，发放宣传资料3000份，并接待妇女法律咨询。1月8日，开展“多机构合作反家暴”行动，配合公安、法院、司法、民政、卫生、教育等部门合作调处家庭暴力问题。深化平安家庭创建和“家庭律师社区行”活动，举办各类普法讲座45场。热心接待群众来信来访来电，认真协调办理，全年受理群众来信来访来电43起，信访量同比下降20.9%。推进“律政玫瑰”女律师志愿者进基层，促进妇女干部维权专业化，为妇女儿童提供法律帮助，维护合法权益。

（杨婷娟）

芙蓉区妇女联合会

主　　席　易淑珍（女）

副 主 席　凌陆明（女）

【芙蓉经验在全国儿童早期家庭教育指导会上推介】 6月25日，国务院妇儿工委办公室和联合国儿童基金会在湖北宜昌召开全国儿童纲要实施项目经验交流会。来自全国20个儿童纲要实施项目县（市、区）妇儿工委主任及妇儿工委办公室负责人参加会议。芙蓉区妇儿工委副主任易淑珍以《三化推动芙蓉区妇女儿童工作高位运作》为题在会上作交流发言。11月12—14日，全国妇联在上海召开儿童早期家庭教育指导会议。芙蓉区作为全国3个发言区县之一在会上推介经验。区妇联主席易淑珍以《实施儿童早期发展项目 打造家门口的亲子乐园》为题作典型发言。芙蓉经验在于：始终强化“以儿童为中心，以家庭为基础，以社区为依托”的理念，积极探索公益性、普惠性的儿童早期发展家庭教育服务体系，被誉为家门口免费的儿童福利。全国妇联儿童部领导充分肯定芙蓉区儿童早期发展以社区家庭支持项目为抓手，带动全区儿童早期教育事业发展所取得的成绩。（杨婷娟）

【推进儿童早期发展社区家庭支持项目】 5月5日，区妇联召开早教项目志愿者集中学习与交流会议，并举办亲子观摩活动。9月，邀请省级专家对10个项目点进行督察，专家根据各项目点的情况提出可行性的意见和建议。9月15—18日，启动全国妇联—联合国儿童基金会儿童早期发展社区家庭支持项目湖南省级实操培训，项目组专家就项目宣传方法及计划，亲子游戏、亲子阅读理念与方法等内容进行培训，对项目点实行督导，实施亲子活动实操演练，进一步提升志愿者将理论知识转化为实际操作的能力。11月19日，在马坡岭街道锦林社区召开全国妇联—联合国儿基会儿童早期发展社区家庭支持项目年度工作会议暨现场观摩会，探索多样化的儿童教育阵地建设。（杨婷娟）

【开启家长与孩子共成长主题征文活动】 为集聚家长们独特的教育智慧，1—5月，区妇联在辖区内开展以“我与孩子共成长”为主题的征文比赛。全区各级妇联组织积极响应，广泛发动，截至5月30日，收到稿件156篇，经评委会认真遴选，综合评审，评选出个人获奖作品6篇，其中许浩铭的《宝宝长大点点滴滴》获一等奖，肖映的《宝贝快乐成长》、张晓勇的《超级奶爸的育儿经》获二等奖，李建美、李敏、谭辉的征文获三等奖，周国纯等12人获纪念奖。（杨婷娟）

【开展基层妇女组织建设年活动】 全区各级妇联组织以“基层妇女组织建设年”为契机，打造一批亮点。突出抓好妇女之家建设。以市级示范妇女之家为样本，以点带面、示范推动，实现各“妇女之家”软、硬件同步推进。年内创建区级示范“妇女之家”3个，市级示范“妇女之家”2个。以“妇联系统干部队伍建设年”和中共群众路线教育实践活动为契机，打造一支学习型、创新型、服务型干部队伍。实施女性素质提升工程，安排街道妇联主席参加全市妇联干部能力建设培训班。12月18日，举办“全区妇女儿童发展能力建设培训班”，区妇联执委、区直妇委员主任、街道（园、局）妇联主席、社区妇联专干、村妇代会主任等150名妇女干部参加培训，集中学习男女平等基本国策与中共十八届四中全会精神、妇联工作实务、政务礼仪等知识。通过培训提升妇女工作干部理论素养和发展能力，更好地适应岗位要求，推动经济社会发展，同时也为女干部成长搭建广阔的平台。深入开展中共群众路线教育实践活动，区妇联班子坚持开门搞活动，聚焦“四风”找问题，求真务实抓整改，妇联干部作风建设稳步推进。各级妇联干部深入基层走访调研，把群众利益诉求放在第一位，将帮助基层和群众解决实际困难作为落实点，真正做到沉下身子接地气，转变作风惠民生。（杨婷娟）

芙蓉区工商业联合会（商会）

【概况】 2014年，芙蓉区工商业联合会坚持统战性、经济性、民间性的有机统一，以中共群众路线教育实践活动为总领，立足“两个健康”工作主题，即促进非公有制经济健康发展和非公有制经济人士健康成长，积极开展创业富民工作，促进基层商会建设，增加商会工作的凝聚力。芙蓉区工商联目前有13个街道商会，7个行业商会，1个社区商会。现有企业兼职副会长13人，执常委102名，会员总数1226人。

围绕中心工作服务大局。芙蓉区工商联以“四个强”（强领导班子，强服务机构，强制度建设，强社会责任）推进示范商会的创建。启动车站北路社区商会、楼宇商会、布艺商会的规范化建设。围绕区非公有制经济发展及社会热点难点问题，在区人大、政协全会上提交提案、议案19份，姜雁菁等7人撰写的提案被评为优秀提案，彭立新等7位会员被评为优秀政协委员。组织20家上规模民营企业开展调研工作。结合“党员联社区”活动，走访马王街社区，深入开展中共群众路线教育实践活动。聘请湖南普特律师事务所为区工商联法律顾问。学习《关于深入开展“信誉建设年”活动 加强非公有制经济代表人士“四信”教育的实施意见》。在年内召开的人大、政协两会上，提交定王台书市物流交通运输市内通行证议案，得到市文广新局和市交通局回复：应该支持解决书市运输问题。邀请4位知名企业家开办专题讲座，市工商联主席彭继球、市统战部部长饶福明出席培训活动。先后组织辖区优秀民营企业家参加民间投资项目对接会、2014年内蒙古自治区阿拉善盟招商引资推介会、湘商大讲坛。年内，接待常宁市工商联15人代表团来访。布艺商会为解决开展活动经费难题，成立“湖南沁华贸易有限公司”，先后为会员企业提供担保融资贷款300万元。车站北路社区商会组织会员企业开展招聘残疾人的用工活动，解决残疾人“10分钟就业圈”问题。马坡岭街道商会代表一行8人抵达泸溪县八什坪乡，继续为组成结对帮扶的当地困难学生和留守儿童送去慰问物资和爱心捐款8万元。五里牌街道商会开展“情系乌山”捐资助学活动，将1万元善款和学习用品送到当地贫困学生手中。

着力推进创业富民工作。区工商联开展“创业富民在基层”主题活动，新增个体工商户5331户，新增企业2364家。2014年度创业大学生租金补助20名，补助资金13.76万元，创业富民专项资金项目扶持企业76家，资助额355万元。5月21日，召开芙蓉区青年创业者商会换届选举大会，选举产生以慧吉电子有限公司熊一鸣为会长的新一届青商会领导班子。开展2014年春季新型融资服务对接会“财富芙蓉、成就你我”“春风送暖入东湖、携手共浇创业花”“东湖夜话之大学生创业与就业座谈会”“促和谐、政府送岗，谋发展、马上乐业”失地农民主题活动。区青年创业者长沙家蔬蔬菜销售有限公司总经理文艺，获得“湖南省十佳农民合作社”称号。长沙慧吉电子商务有限公司董事长熊一鸣、长沙帕克酒业董事长吴学力、湖南乐途旅行社总经理刘玉辉等人的业绩，被长沙创业网“创业之星”栏目专题报道推介。

着力加强和改进自身建设。区工商联重建会员数据库，完成13个街道商会、13个行业商会数据库的建立。在3月18日召开的区工商联执委会上，增选湖南随意居装饰有限公司董事长朱辉为区工商联（商会）兼职副会长。全年分别召开工商兼职会长会议，工商联分会会长、秘书长工作会议部署年度工作，制订各商会会员发展计划。开展第二批中共群众路线教育实践活动，召开民主生活会、严格建章立制，召开中共群众路线教育实践活动总结会。参加群众工作直通车工作，与社区联点对象保持联系，每月用4

天时间下街道解决社区工作中的困难和问题。（罗伊凡）

芙蓉区工商业联合会（商会）

主　　席　洪曙光

党组书记、副主席　罗　月(女)(兼)

副 主 席　沈向昕（女）

纪检组长　廖英明

【第五届工商业联合会（商会）执委常委会召开】3月18日，芙蓉区工商业联合会(商会）第五届执委常委会召开。区工商联执委常委成员上百人参加会议。主席洪曙光总结2013年区工商联工作，并部署2014年工作。他表示要继续加强引导，把区工商联建设成为“创新型、服务型、学习型”机关。区工商联副主席、长沙湘贵实业有限公司董事长王静宣读《芙蓉区工商联2013年度先进分会表彰决定》，表彰奖励东湖街道分会、布艺商会、车站北路社区商会等9个获奖集体。车站北路社区商会曾亚斌就商会工作介绍经验。会议根据区工商联（商会）第五届执委常委会选举办法通过举手表决的方式增选兼职副主席（副会长），湖南随意居装饰工程有限公司集团总裁、长沙市芙蓉区政协委员朱辉以全票当选。区委组织部部长、统战部部长周虔对工商联工作及本次会议的召开表示充分肯定，提出区工商联要进一步发挥独特优势，紧扣中心，服务发展大局；要进一步加强自身建设，致力创新，提升工作水平；要进一步强化组织领导，大力支持，提供坚强保障。（罗伊凡）

【举办中共十八届三中全会精神学习论坛】4月29日，

图25　区工商联举办十八大三中全会学习论坛

区工商联举办中共十八届三中全会精神学习论坛。论坛邀请全国人大代表、万家丽集团董事长黄志明畅谈参加全国两会的体会；旺德府集团董事长周晓辉、科佳集团董事长周璟，新振升集团董事长段军如等本土知名企业家、非公经济领军人物共同解读中共十八届三中全会精神，共商当前经济发展趋势和行业面对的挑战与机遇。区委组织部部长、统战部部长周虔致辞，她对举办论坛表示肯定，提出区工商联要继续把引导非公经济人士学习、宣传、贯彻中共十八届三中全会精神作为今后一段时期的重要工作，不断加强工商联自身建设，推动工商联领导班子在科学化水平上取得更大进展，进一步理解十八届三中全会精神的准确内涵，带动全区工商界人士进一步坚定改革信心。市政协副主席、市工商联主席彭继球，市委统战部副部长、市工商联党组书记饶福明受邀出席。区工商联会长、副会长及部分兼职副会长、分会会长以及区工商联执常委、会员、青年创业者代表等160人参加学习。（罗伊凡）

【青年创业者商会2014年换届选举大会召开】5月21日，芙蓉区青年创业者商会（区青商会）2014年换届选举大会召开。会议选举产生芙蓉区青年创业者商会常务委员会成员7名，会长熊一鸣，副会长吴学力、曾宇佳、文艺、彭外斌、周梦雪，秘书长刘切中。区工商联副主席沈向昕对会长、副会长及秘书长分工情况作简要说明。区政协副主席、区工商联主席洪曙光勉励新一届青商会领导班子，加强沟通、互通有无，以认真负责的态度投入商会工作，合力打造一个更加先进、有力量的芙蓉区青年创业者商会。新任会长熊一鸣表示，一定注重与各会员单位的沟通、交流，扎扎实实推进商会建设工作，努力让大家在青商会这个平台合作共赢，将芙蓉区青年创业者商会的影响力不断扩大和提升。区工商联、创业办以及区青商会全体会员代表参加会议。（罗伊凡）

【召开半年度工作会议】7月10日，区工商联2014年半年度工作会议召开。区工商联纪检组组长廖英明总结交流上半年工作，分析当前工商联工作的形势，提出下半年工作思路。各基层商会围绕上半年商会工作成效、方法、困惑等重点汇报交流。区工商联副主席沈向昕总结全区创业富民工作。区工商联主席洪曙光就如何做好商会工作提出要求：要拓宽渠道，凝聚人心，利用自身资源积极开展各项活动，激发商会活力。围绕大局，强化服务，引导民营企业科学发展，打造一支高素质的非公经济队伍。开展调查研究建言献策，促进非公经济人士参与政治和社会事务。强化组织，完善机制，着力提高工作效能。区工商联全体成员、各基层商会会长、秘书长30人参加。（罗伊凡）

【五里牌街道工商联商会情系乌山贫困学子】7月11日，芙蓉区五里牌街道工商联商会“情系乌山”捐助活动在望城县乌山镇举行。芙蓉区政协副主席、区工商联主席洪曙光和来自五里牌街道工商联商会的15名会员将1万元善款和学习用品送到贫困学生手中。商会领导、代表与乌山镇领导、学生家长等进行座谈，详细了解受助10名贫困学生的基本状况、家庭经济状况，并将慰问金发放到贫困学生手中。洪曙光希望这些品学兼优的学生能够不畏贫困、好学上进，用实际行动来回报家庭、回报社会。受助学生表示，一定好好珍惜来之不易的帮助，常怀感恩之心、常存进取之志，努力学习，成为对社会有用的人才。（蒋蓉）

【常宁市工商联代表团来访交流】4月17日，常宁市政协副主席、工商联主席盘芳、常宁市委统战部副部长、工商联党组书记熊崇悦、常宁市工商联副主席何小容等一行17人到区参观学习。区工商联在机关会议室召开工作经验交流座谈会。区政协副主席、区工商联主席洪曙光，区政协副主席黄金国，区委统战部常务副部长、区工商联书记罗月参加。会上，双方重点就开展非公有制人士思想政治工作、参政议政、强化商会服务职能、加强工商联机关建设等方面进行广泛交流，对企业会员发展、行业商会成立、基层商会建设进行深入细致的探讨，并就如何提高机关干部自身素质，适应新时期工商联工作要求，克服困难，完成各项工作任务达成共识。会后，常宁市工商联一行走访了经阁铝材、布艺商会等非公企业和行业商会，对区工商联各方面工作表示充分肯定，认为今后应进一步加强联系，交流工作中的经验成果，为促进工商联工作发展奠定坚实基础。（罗伊凡）

芙蓉区残疾人联合会

【概况】2014年，区残联结合中共群众路线教育实践活动，以普惠加特惠为政策导向，让辖区内的残疾人优先享受发展成果，增强服务对象的尊严感、自豪感、认同感和归宿感，大局稳定，特色鲜明，亮点纷呈，保持并发展和谐进步的工作态势，群众满意度和总体工作水平大幅提升。

突出重点，扎实开展残疾人工作。全面落实湖南省政府为民办实事工程——“0～14岁贫困残疾儿童抢救性康复”项目，全区投入67.2万元，为56名2000年1月1日以后出生的听力、肢体、智力、孤独症贫困儿童实施康复训练救助，每人1.2万元，在康复训练期间还给予400元/人·月的家庭陪护补助。完成“辅具适配进家庭”项目，为40户残疾人免费配备合适的辅助器具。为7名缺肢者免费安装假肢。5月18日是第24个全国助残日，区残联投入40万元，为全区有辅助器具需求的残疾人发放80台轮椅、50根拐杖、60根盲杖等辅助器具及社区康复器材。

强基固本，稳步推进残疾人工作。为50名残疾人开展职业技能培训。组织23个社区参与并成功创建“长沙市残疾人工作星级明星社区”。区本级给创建的社区配备残疾人康复器材，并对23个补证的残疾人联络员补贴工作经费46万元。3名扶残助残先进典型受到长沙市政府残工委表彰。

共享惠残，不断夯实残疾人工作。为全区703名重度残疾人发放生活救助金62.17万元。为100名残疾人申办每人1000元的补助金，为46名残疾人家庭的大学生、高中生申办每人1000元助

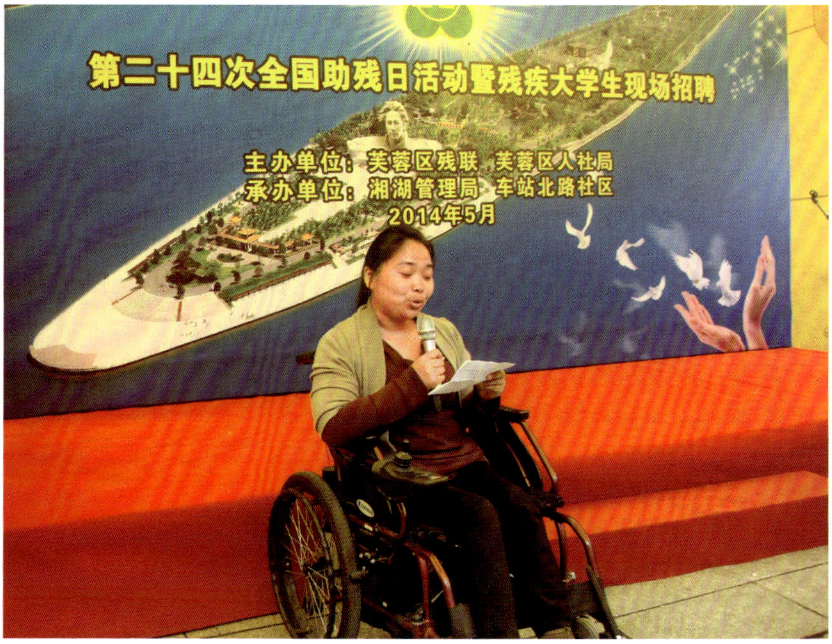

图26 第二十四次全国助残日活动暨大学生现场招聘

学金，共计发放助学资金6万元。发放贫困残疾人创业补助5.5万元。为3名残疾人购买个体工商户养老保险。对67名残疾人发放燃油补贴。开展春节走访慰问工作，慰问各类重度、贫困残疾人100户，发放慰问金及物资共计4万元。（彭 晶）

芙蓉区残疾人联合会

理 事 长　颜剑波

副理事长　熊小华（女）

【康复服务送进家门】 6—12月，区残联投入60万元，在长沙按摩医院成立康复中心，以政府购买的形式，为100名行动不便的肢体残疾人士提供上门服务，给每人提供救助资金1000元，让肢体残疾人足不出户就能得到专业的医疗康复服务。给10名“0～14岁”残障儿童提供智力残疾、智力康复补贴每人1.5万元。为10名“0～14”岁贫困残疾儿童开展了智力残疾手术康复医疗救助，提供手术住院补贴费用每人5000元。为20名两年内中风偏瘫以及脊髓损伤截瘫，骨折后所致的肢体功能障碍患者进行专项医疗救助，并提供0.5万元～1.5万元的康复补贴。（彭 晶）

【眼疾患者重见光明】 根据残障人士的需求，在防盲治盲领域，大胆创新，把政府的财力和社会医疗资源充分融合，开展视力残疾康复服务工作。5—11月，区残联投入50万元与长沙爱尔眼科进行项目合作，深入各社区开展眼疾筛查、治疗服务。全年共筛查300人，全免费救助眼疾患者120名，其中白内障80例，胬肉20例，青光眼、眼底病20例，这些患者的医疗费，除医保报销外，个人支付部分由区残联全额承担，使一批困难患者摆脱眼疾困扰，重获光明。（彭 晶）

【创业孵化帮助残疾人实现创业梦】 区残联投入40万元与湖南成才职业培训学校合作，建成残疾人创业孵化基地。为6名残疾人提供创业平台和为期2年的支持服务，通过给予场地支持和创业补贴及业务指导等方式，最大限度地帮助残疾朋友降低创业成本和资金风险，实现创业梦想。（彭 晶）

【无障碍改造方便残疾人出行】 4—8月，区残联在火星街道月桂、陶家山社区集中开展残疾人家庭和社区无障碍改造工程。通过深入社区和家庭进行调查，监督工程，指导工作，确保工程质量和进度，共进行无障碍家庭改造60户，改造无障碍社区2个，在社区公共场所新修盲道4条共400多米，坡道63处，钢管水泥隔离墩595个，不锈钢扶手600多米，改造方便残疾人的公厕3座。市、区两级投资55万元，为残疾人家庭生活和户外活动提供了极大的便利，受到广大残疾人及其家属的高度称赞。（彭 晶）

法　治

【概述】 2014年，区政法委贯彻落实中共十八大及十八届三中、四中全会和习近平总书记系列重要讲话精神，以及中央、省、市政法工作会议部署，紧紧围绕区委、区政府工作大局，充分发挥政法职能作用。以中共群众路线教育实践活动为抓手，紧扣平安建设主题，全力维护社会和谐稳定，全面排查化解矛盾纠纷，深入开展重点地区整治，妥善处理信访突出问题，着力加强社会综合治理和不断巩固夯实队伍建设，为全区经济社会发展提供坚强保障。全年刑事发案率较上年度下降15.9%，公众民意调查成绩排名位列全省第57名，较上年度前进22位。

全面过硬，强化党风廉政建设责任。按照“五过硬”（政治、业务、责任、纪律、作风）的要求，以巩固第二批中共群众路线教育实践活动为契机，大力加强纪律作风建设，强化问题导向，集中整治人民群众反应强烈的突出问题，努力以铁的纪律打造一支铁的队伍，着力树立新时期政法干警的新形象。坚持“谁主管，谁负责”的原则，签订《党风廉政建设责任状》，建立党风廉政工作责任制。全区政法各单位“一把手”对本单位党风廉政建设负总责，纪检组长具体抓落实，各科室负责人对分管部门的党风廉政建设负主要领导责任，真正做到一级抓一级，一级对一级负责，确保纪律作风建设真正落到实处。结合区文明办的文明建设宣传活动，4月25日，由芙蓉区委政法委承办的全区政法系统道德讲堂“公平正义”主题活动在五里牌街道区道德讲堂总堂开讲，社会群众及政法干警300人共同参加活动，“平安、法治、和谐”主题宣传收到良好的社会效果。

正风肃纪，提升执法为民思想觉悟。以公正、廉洁、为民的司法核心价值为引导，区直政法各单位组织干警认真领会群众路线教育实践活动的意义、要求，时刻牢记中央八项规定及省、市委关于改进工作作风的有关规定，熟悉掌握市委“六个走在前列”等系列文件精神，大力加强司法廉洁教育和警示教育，全体干警思想上有觉悟，认识上有提高。年内，全区政法系统深入开展“一推行四公开”“四联三为”“群众工作直通车”和“百日大走访”活动，其间，走访单位150家次，走访群众2万人次，在为民服务实践中加深政法机关与群众之间的联系与沟通，提高政法干警执

图27　法律服务到群众，法律咨询进社区

法为民的思想觉悟。

聚焦“四风”，塑造政法干警队伍新形象。按照第二批中共群众路线教育实践活动的要求，区政法委通过民主测评、个别谈话、单位收集等途径征集的领导班子意见16条。针对查找出来的问题和征求到的建议意见，政法委领导班子制订《中共群众路线教育实践活动整改方案》。每个班子成员以及党员干部也根据自身查找出来的问题，制订个人整改措施。按照“照镜子、正衣冠、洗洗澡、治治病”的总要求，聚焦“四风”，以即查即知即改力促作风改进。8—9月，根据《关于在第二批教育实践活动中深化“四风”突出问题专项整治的通知》要求，组织动员全区政法各单位集中开展执法部门“关系案”“人情案”“金钱案”问题专项整治。通过专项整治工作的深入开展，建立健全办案质量终身负责制和责任倒查机制，进一步明确执法过错的标准、纠错追责的主体和程序，加大执法过程中的各种“了难”现象、“掮客”行为查处力度，通过案件评查、执法检查、专项整治、信访处理等方式，杜绝了“关系案”“人情案”“金钱案”等执法不公、执法不严、执法不廉问题的出现，切实做到对违法违纪案件查处纠正到位，对违法违纪人员打击到位，对出现违法违纪苗头的预防教育到位。全年查处政法系统违纪行为为11起，其中政法干警5起，巡防队员、流动人口协管员6起。（黄　珣）

【健全应急处置机制】2014年，区委政法委全面加强部门横向联系，随时掌握本地区群体性事件的信息动态，做到信息互通、预警在先、超前处置。建立包案责任机制。认真落实“一个问题、一名领导、一套班子、一个方案、一抓到底”的“五个一”措施，全面实行负责领导包决策、责任单位包方案、办案人员包处理的“三包”制度，确保问题限期解决、矛盾彻底解决。建立严格问责机制。把预防和及时处置群体性事件作为各级各部门的绩效考核内容，两办督察室、区纪委、区委组织部、区绩效办、区信访局、区综治办、区维稳办对信访维稳工作进行联合督察、考核。对因工作不力造成不良影响的事项实施责任倒查，问责到人。2014年，全区收集各类不稳定因素情报信息1529条，排查掌握不稳定问题900个，防范处置群体性事件112起，妥善处置非正常意外死亡35起。（黄　珣）

【强化治安防控建设】2014年，由区公安分局牵头解决街道与派出所不对应问题，对全区派出所进行科学调整，新建定王台、东岸、荷花园等派出所；调整合并原都正街、解放路、府后街、隆平园等派出所，全区共设立14个派出所，全面实现一街一所治安建设目标（蓉园所除外）。依据辖区发案情况、地域分布等因素在全区划定9大治安防控区，有效提升治安巡逻防控能力。认真贯彻落实长沙市政府“天网工程”二期的要求，全年新建社会治安视频监控摄像头680个。全区公共视频监控摄像头达4244个，建设监控平台26个，健全完善视频图像采集功能，基本实现对主要公共场所、治安保卫重点单位及其周边区域、治安复杂区域和公共交通工具视频图像采集的全覆盖。（黄　珣）

【创新基层社会治理】2014年，实施街道、公安派出所联动机制，全区574名巡防队员，由专职民警带队组建巡逻小组，每个社区配备3个巡逻小组，治安复杂社区（村）配备4～5个巡逻小组，对社区背街小巷、“天网”盲点、治安死角重点开展错时巡查值守，全面提高见警率、见巡率。继续深入推进“红袖章”工程建设，积极开展群防群治创新试点工作。5月6日，全省首个街道红袖章联合会在荷花园街道成立。这一创新举措得到社会各界和媒体的广泛关注和推介。10月中旬，全市基层社会管理创新经验交流会议在荷花园街道召开，全面推广“千人红袖章”群防群治工作经验和“双执双联”创新经验。基层社会治理创新实践，得到省、市领导的高度肯定。2014年，全区“零发案”社区（村）45个，申请零发案社区奖励经费34.5万元，较好地调动了基层单位压控发案，创建平安社区（村）的积极性。（黄　珣）

【综合整治社会治安重点】5月，由区综治办牵头，重点督察督办火车站及周边地区、东屯渡街道富家湾地区治安秩序集中整治工作。针对火车站流浪乞讨、非法营运、违规经营等各种突出乱象，协调和组织公安、城管、工商等专业力量1800人次，重拳整治，常态清理。在集中整治期间，刑拘9人，治安拘留15人，处罚102人；查扣黑车32台次，查扣非法营运的电动车、摩托车、三轮车486台，查处违停车辆174台次；收缴钉子户摊贩2人次，站区重点乱象问题得到彻底整治。针对富家湾地区电动车违法盗卖销赃活动频繁，在该地区设立专门警务室，指派专职社区民警，联合街道社区巡防力量开展24小时不间断巡逻，对销赃可疑人员进行随机盘查，及时建立个人治安信息档案。此次专项整治行动，重点整治打击处理9人，配合外地公安机关查获违法犯罪嫌疑人5人，打掉犯罪团伙2个，清理暂扣被盗电动车300台，当地治安状况得到有效改观，群众普遍反映良好。（黄 珣）

【综合治理校园及周边治安环境】 2014年，区委政法委（综治办）持续深化“平安校园”建设工作，充分发挥区综治委“校园及周边治安综合治理专项组”平台优势，督促协调专项组成员单位扎实开展专项整治工作，校园周边治安环境进一步净化。全年检查校园周边文化经营场所72家，立案调查5起，办结5起；清查网吧280家次，立案查处27家次；查处校园周边书店20多家，收缴非法书籍50多册、非法音像制品20多张；检查食堂165家、周边饮食店350家，立案查处6起，查处无证经营门店80家；组织校园及周边食品安全联合执法行动8次，抽测学校食堂及校园周边饮食店食材样品24个。开展“排查一遍身边火灾隐患，进行一次面对面消防知识传授，开展一次报警、逃生演练，赠送一份平安礼物”为内容的“四个一”活动，指导学校做好火灾防范工作。部署校园周边高峰时段交通治堵工作，9月24日，《长沙晚报》以“温情芙蓉：‘畅安校园’打通交通堵点”为题，专版报道芙蓉区校园周边高峰时段交通治堵工作，社会反响良好。（黄 珣）

【推进“天网工程”建设】 2014年，区委政法委按照网格化城市管理勘查布点的需要，稳步推进公共视频监控建设，及时掌握城市大街小巷动态。在城市广场、公共场所、小摊小贩易聚集场所、菜场、建筑工地、河道沿线等区域及盲区及时新增监控点位。年内，全区2405个监控点位，3985部数字高清摄像机，整体并入天网管控平台系统。按照“深度建设和深度应用”的原则，全区公安机关全年通过视频侦查破案98起，打掉侵财团伙9个，打击处理75人。（黄 珣）

【护路护线联防工作】 2014年，区政法委依托“专群结合、企地结合、警民结合”工作模式，坚持义务联防联控为主，比照“五包”（包责任区段沿线爱车护路宣传教育；包责任区段涉铁治安、安全隐患排查和涉铁矛盾纠纷排查化解；包责任区段护路巡逻防控；包责任区段涉铁治安信息及时报送；包责任区段有关重点人员）护路方法，以社区（村）为单位选聘1～2名志愿者，开展本辖区有关“三电”设施（电信、广播、电力设施）及输油气管道护线联防和公路水路联防方面的信息报送、隐患排查、纠纷调处、日常宣传和重点人员稳控等工作，及时发现上报动向性、苗头性、群体性等问题。对照“五个一”（一月一排查、一月一建账、一月一交办、一月一整改、一月一销账）要求，扎实做好涉路涉线矛盾纠纷排查化解，涉路涉线治安、安全隐患整改治理工作。以健全完善“三本台账”（铁路护路“三项”案事件统计表、铁路护路“三项”案事件登记表、铁路沿线废旧金属收购站点情况登记表）为基础，按照“八有”（有机构、有牌子、有人员、有责任图表、有工作制度、有办公场所、有工作经费、有工作台账）的要求，不断推进护路护线组织规范化建设。全面实现“底数清、情况明、信息灵、整治力”的工作目标。坚持以巩固“全国平安铁路示范区”创建成果为主线，以确保铁路沿线治安稳定、运输安全畅通为目标，不断深化“平安铁路”创建工作，狠抓护路联防基层基础建设，大力加强涉路矛盾纠纷排查调处工作，科学管理与使用专业巡防护路队伍，广泛开展爱路护路宣传活动，不断强化铁路治安重点整治力度，有效提高了对铁路沿线的治安防控能力。全年未发生重特大行车事故，未发生盗窃、抢劫铁路物资等刑事、治安案件，继续保持“零伤亡”“零发案”“零事故”的平安铁路“三零”业绩。（黄 珣）

图28 铁路护路巡查

【发动社会力量开展禁毒工作】 2014年，禁毒工作密切与创建“无毒害区”相结合、与创建“平安芙蓉”相结合、与保

图 29　开展禁毒宣传

持"全国文明城市"荣誉相结合，努力提高居民群众知晓率、参与率、"新型毒品"查处率和吸毒人员戒断率，努力提高社区戒毒人员管控水平和管控措施，确保"无毒害区"创建活动取得明显进步。年内，全区破获毒品刑事案件 150 起，抓获犯罪嫌疑人员 192 人，查获吸毒人员 685 人，社区戒毒 312 人；强制隔离戒毒 167 人。缴获各类毒品 87577.55 克，其中冰毒 58142.85 克、K 粉（氯胺酮）278.26 克、麻古 291394.5 粒、海洛因 7.64 克、丁丙诺非 796 粒、大麻 139.48 克。全区稳定参与美沙酮药物维持治疗 220 人，吸毒人员在控率 90%。针对吸毒人员的实际困难，全区为 171 户涉毒家庭办理了低保，为 291 名吸毒人员联系或安排了就业，慰问困难社区戒毒人员 30 人，营造帮助吸毒人员回归正常生活的良好氛围。（黄　珣）

公　安

【概况】　长沙市公安局芙蓉分局下设指挥中心（办公室）、政治工作办公室、纪委（监察室）、法制科、后勤保障科、情报中心、警卫科七个科室；辖人口与出入境管理大队、网络安全保卫大队、单位内部安全保卫大队、国内安全保卫大队（邪教犯罪侦察科）、刑事侦查大队、经济犯罪侦查大队、禁毒大队、第一治安管理大队、第二治安管理大队、第三治安管理大队 10 个大队和东屯渡、朝阳街、韭菜园、定王台、马坡岭、火星、五里牌、湘湖、文艺路、蓉园、荷花园、东湖、东岸、马王堆 14 个派出所。2014 年，分局紧紧围绕将芙蓉区建设成省会长沙最具安全感城区之一的目标定位，扎实推进"六大警务"（公平警务、主动警务、专业警务、创新警务、信息警务、民生警务），突出抓好维稳保安、平安创建、基层基础、公安执法、队伍建设等工作重点，公安工作和队伍建设有明显提升，为全区创造稳定安全的社会环境。

切实履行第一职责，全力维护社会稳定。强化信息研判，依托市局信息平台，搜集上报各类信息 1626 条，其中深层次、预警性信息 278 条，为上级领导决策提供参考依据。强化矛盾纠纷化解。以扎实开展第二批中共群众路线教育实践活动为契机，着力帮助解决人民群众关注的热点问题和影响社会稳定的突出问题，深入推进信访维稳工作，全年接受并办结人民群众来信来访 166 件，打击处理非法信访 64 人。公安信访工作实现零积案，被评为全省公安机关重点信访案件专项治理工作先进集体、全市公安机关信访工作先进集体。强化维稳处突工作。完善区域联席调度机制，进一步深化区域联防体系建设，切实加大对省委、省政府机关二院等首脑机关的安全保卫工作。全年出动警力 1.2 万人次，妥善处置各类群体性事件 294 起，其中集中上访省委、省政府机关二院 196 批次 6000 人次。

深入开展平安创建，全力确保公共安全。在"春雷行动"中，全力确保公共安全，分局以内五区第一的佳绩赢得了这场攻坚战。始终坚持以命案侦破为龙头，年内发命案 4 起，破 4 起，破案率 100%。坚持"打早打少、露头就打"，扎实开展打黑除恶工作，全年打掉恶势力团伙 10 个、破获八类恶性案件 91 起。在更快破大案的同时更多破事关民安的小案，最大限度地提升人民群众的安全感。全局破获多发性侵财犯罪案件 1112 起，比上年上升 134.11%；逮捕、直诉多发性侵财犯罪嫌疑人员 650 人，比上年上升 72.41%；打掉侵财犯罪团伙 76 个，比上年上升 38.18%。在打击经济犯罪工作中，全区立经济案件 77 起，破 67 起，破案率达 87%。在缉毒破案工作中，破获涉毒案件 150 起，比上年上升 17.19%；缴获毒品折合海洛因 87577.55 克，比上年上升 233.74%。12 月 29 日，在市局禁毒支队的指导下，打掉跨湘、粤二省的特大贩毒团伙，抓获团伙成员 23 人，依法刑事拘留 18 人，治安拘留 2 人，现场缴获冰毒 54 公斤、麻古粉 24 公斤、麻古 1.6 万余粒、仿六·四手枪 1 支、子弹 4 发、运毒汽车 4 台。严格落实"三铁查禁"（铁腕查禁、铁规管理、铁面追责）措施，严厉查处涉黄涉赌违法犯罪。年内查处"黄、赌"案件 332 起，比上年上升 97.62%。

着力夯实基层基础，全力带动发展后劲。按照"基础工作信息化、信息工作基础化"的工作要求，严格推行分类管控。全年见面管控 4866 人，录入警务通信息2377人，信息采集2489人。推进“天网工程”建设。完成“天网工程”一期建设终端验收，建成监控点位2405个，架设数字高清摄像机3305部。6月，“天网工程”二期已经立项开建，拟建680个数字高清摄像机并入天网管控平台系统。强化基础信息采集。严格落实网吧、宾馆酒店实名登记机制，实有人口信息动态采集机制，案件视频采集机制，情报信息归集机制，路面盘查采集机制等，全面采录基础信息。年内，旅店业信息上传76.11万条，占全市22.5%；网吧信息上传1572.49万条；两实信息采集121.69万条。

严格规范执法监督，全力促进公平正义。努力提升执法素质。分局坚持把民警的执法教育培训工作摆在重要位置，贴近实战、面向基层，有计划地开展各项执法教育培训，牢固树立理性、平和、文明、规范的执法理念。先后组织开展《刑事案件立案标准》《解读最高人民法院司法解释、指导案例》等执法培训、省厅升级版执法办案系统和阳光警务查询系统的推广应用培训，积极组织参加初级、中级执法资格等级考试。按照“缺什么，补什么”的原则，开设“芙蓉课堂”，定期由业务骨干授课，加强民警实战技能的培训工作。健全完善执法流程。分局制订下发《芙蓉区检察院公诉案件受案标准及案卷装订规范》《长沙市公安局芙蓉分局规范使用办案区“四个一律”专项检查活动实施方案》等一系列执法规范化文件，规范执法流程和执法标准。以完善规章制度为着力点，健全基层执法办案单位监督机制。年内，开展“治虚灭假”和执法不作为专项整治4次，努力完善事前、事中、事后的多元监督制约机制；开展各单位执法办案区“四个一律”（违法犯罪嫌疑人被带至公安机关后，一律直接带入办案区，严禁违反规定带出办案区讯问询问；进入办案区后，一律先进行人身检查和信息采集；违法犯罪嫌疑人在办案区内，一律要有人负责看管；在办案区内开展执法活动，一律要有视频监控并记录）专项检查3次，全面消除安全隐患，进一步促进规范执法，严防执法安全事故发生。加强执法监督指导。以“湖南阳光警务执法办案查询系统”“湖南省警务调查系统”为抓手，大力加强个案监督，从人民群众的投诉中查找执法办案过程中存在的问题，并立即整改规范，进一步提升群众满意度。年内，分局收到阳光警务系统投诉295条，答复295条。

优化警务配置，实行警力下沉。按照“小机关、大基层”原则，推行机关民警到派出所工作制度。分局机关45岁以下无基层工作经历或基层工作经历不足2年的民警都要安排到派出所工作或锻炼；从2014年起，分局机关警力实行零增长，并用3～5年时间，通过多出少进的方式，精简分局机关人员5%～8%，用于充实派出所；新警原则上全部充实派出所。优化警力配置。树立科学公正用人导向，通过中层干部竞争上岗，分局全年提拔中层正职2人，中层副职5人，中队干部13人。结合区划调整对派出所进行配套调整，原有的15个派出所调整为14个，撤销5个派出所，新成立4个派出所，调整11个派出所的警务工作服务范围。同时调整部分中层干部及民警307人，其中中层正职35人、中层副职38人、民警233人、职工1人。加强辅警管理。年内有366名警务辅助人员充实到各科室、所、队，缓解基层警力不足的问题。分局专门组织召开辅警队伍建设调度会，建立辅警档案，完善警务辅助人员管理制度，制订《芙蓉分局警务辅助人员考核实施细则》，对分局辅警管理进行全面、系统的规范。各单位多措并举，关心关爱辅警，着力实现“有章可循、队伍稳定、争先创优、效能最佳”的目标。

健全立体防控，完善打防管控一体化的社会治安体系。主动防控，阵地前移。重点强化常态巡逻和武装联合巡逻，扎实开展“千人红袖章”群防群治工程，在全区形成24小时全天候巡逻车守面、红袖章守线、物业保安守点的巡逻格局，有力提高街面见警率，真正实现治安人人管、安全大家保的群防群治格局。年内，分局辖区内共立刑事案件8904起，比上年10516起下降15.33%；多发性侵财案件发案8309起，比上年9938起下降16.39%。

（胡路虎）

长沙市公安局芙蓉分局

党委书记、局长

黄健元

党委副书记、政委

沈学军

党委委员、副局长

杨　方　杨　忠

成劲林　姜　伟

党委委员、副政委、纪委书记

范　竹

党委委员、政工室主任

周斌胜

【中共群众路线教育实践活动】 芙蓉公安分局党委坚持问题导向，教育与实践并重，纠“四风”与建制度并举，使教育实践活动成为转职能、提效能，改作风、强素质的重要推动力。坚持学习教育贯穿始终。以开展主题教育活动、观看警示教育片、上党课、专家培训等方式积极参加学习教育。在分局党委的带领下，各科、室、所、队党支部采取集中学理论、讲党课、个人自学、召开座谈会等方式，激发广大党员民警的学习热情。所有基层党支部均开展“入党为什么、为党做什么”和“为何从警，如何做警，为谁用警”的大讨论，学习教育做到全面覆盖。聚焦“四风”找准突出问题。广辟意见征集渠道，对内广开言路，开门纳谏，多角度、多层次地征求意见。活动中，通过各种渠道收集意见建议1260条，其中梳理归纳为分局党委班子“四风”方面的意见建议100条，班子成员“四风”方面的意见建议233条。组织召开高质量专题民主生活会和组织生活会。坚持以整风精神开展严肃认真的批评和自我批评，开门见山，直截了当，通过开展积极健康的思想斗争，达到“团结—批评—团结”的目的。立说立行狠抓整改不懈怠。从群众反映强烈的问题改起，开展值班备勤专项整治、查禁“黄赌毒”监管不力专项整治和“庸懒散”专项整治行动。适时推出贴近群众的便民利民措施和贴近基层的优警惠警措施。对24个重点问题制订6大类27项整改措施，分期分批，梯次推进，逐一销号。以上率下标本兼治促长效。始终将教育实践活动摆在首要位置，坚持一把手带头参与、靠前指挥，既把自己摆进去，真正形成自上而下、上行下效的局面。围绕机制考核、正风肃纪等方面，注重制度建设的科学性、有效性和可操作性，修改完善《芙蓉分局机关管理规定》《芙蓉分局会议制度》《芙蓉分局机关值班备勤制度》等一系列制度措施。4月10日、5月29日、9月1日《人民公安报》分别以“五个抓实，确保教育实践活动让群众满意”“领导下基层蹲点征求意见”“长沙芙蓉推行动态处警新模式”为题，5月23日《新华网》以“领导下基层蹲点，广泛征求意见建议”为题，7月6日、9月22日《长沙晚报》先后以“雨夜突击，打掉聚众赌博团伙”“平安幸福路，芙蓉加速度”为题，报道推介分局群教活动的典型经验。（胡踞虎）

【省委书记徐守盛到芙蓉分局视察公安工作】 2月7日，省委书记徐守盛，省委常委、秘书长韩永文等领导到芙蓉分局蓉园派出所实地调研，并亲切慰问正在执勤的公安民警。徐守盛一行实地察看蓉园派出所的综合警务指挥室、视频监控调度室。他充分肯定芙蓉区委、区政府以及全体公安民警对省委及周边的安全保卫工作做出的突出贡献，并代表省委对全体公安民警表示亲切慰问。芙蓉公安分局局长黄健元等陪同视察。（胡踞虎）

【快速侦破“1·5”绑架案】 1月5日9时许，分局接到李某报警称：一陌生男子用其侄女李某手机拨其电话，索要50万元赎金交换李某。接报后，分局局长黄健元、政委沈学军、副局长杨忠第一时间赶到现场指挥，在市局领导的直接指挥下，迅速成立专案组。芙蓉分局刑侦大队联手定王台街道派出所，在市局网技支队、刑侦支队及宁乡县局、益阳桃江县局积极支持和密切协作下，专案工作从调查走访、视频追踪等方面迅速展开侦破，准确锁定犯罪嫌疑人的身份。得知嫌疑人劫持人质后驾车朝宁乡、益阳桃江方向逃窜，专案组又迅速转战益阳桃江灰山岗镇。1月6日凌晨1时许，专案民警在灰山岗镇一农业银行网点将犯罪嫌疑人谭某抓获，并在银行网点附近发现作案面包车，另一犯罪嫌疑人正绑架人质在车上。专案组在益阳警方的全力配合下，经过一个多小时的紧张对峙，顺利将受害人解救，成功将犯罪嫌疑人赵某抓获。至此，历经13个小时的连续奋战，快速侦破“1·5”绑架案。中央电视台对本案进行了专题采访报道。（胡踞虎）

交　警

【概况】 2014年，区交警大队各项工作紧紧围绕务实为民的中心，以队伍建设为根本，以疏堵保畅为要务，推进交通管理创新，加强队伍规范建设，坚持事故预防与交通整治相结合，确保年内稳定正常的交通管理秩序和交通运行安全。

优化社区支路，方便群众出行。年内，对4个街道的9条支路进行微循环交通设施优化。在文运街、顺星桥巷的3条支路实行全路段禁止机动车通行，还路与行人。在南阳街、德政街、高岭街的路侧设置188个停车位，规范停车行为。将高岭街的嘉雨路至古曲路路段设置为单向交通管理，同一社区内的部分支路配对设置单行线，形成单向交通微循环网络，减少绕行，有效提高车辆通行能力。同时，在实行单行线管理的支路路口设置4套电子警察监控设备，确保管理到位。对9条支路上磨损、缺失的交通标志进行更换。

整治校区路段，护航师生交通。区交警大队制订下发《芙蓉区校园周边高峰期交通治堵工作实施方案》，对辖区内23所学校一校一册建立档案，推广“爱心家长志愿者护学岗”制度，对每个学校的护学岗情况进行记录，每天在上学、放学的高峰时段，安排两名警力对学校的护学岗进行不间断巡查，督察护学岗的到岗履职，确保芙蓉区校园周边交通治堵工作落实到位。创建“芙蓉交警校园护学微信群”，将辖区内中小学、幼儿园的责任人与辖区14个中队责任人加入到微信群中，有问题、有困难及时进行沟通和解决。新增和完善校园周边交通标志标牌，全面清理学校周边门店店外经营、流动摊贩占道经营等，禁止一切车辆进入校门周边100米的范围。对部分路段实施交通管制，实行错时放学，上、放学时段除加强交通执法外，在各校安排保安担任交通协管员，安排2～4名家长志愿者佩戴红袖章参与交通疏导，形成公安交警、学校保安、值周老师、治安巡防和学生家长“五位一体”的护校护园岗。全区各学校通过整合资源，在校门周边新增校园专用停车位150个，缓解停车难题。

突出“四风”整治，肃正警队风气。年内，区交警大队领导带头加强自身学习，精诚团结，廉洁勤政，模范执法，树立全局意识，维护整体利益，为民警做表率；主动创新，提高管理效率，强化落实分工，严格责任追究，分管领导下到分管中队实岗当班，与中队协商、探讨工作发展方向，取得实质性的工作经验。坚持以与民警谈心、谈话、家访、慰问的方式掌握民警的心理状况。大队坚持每月两次理论学习，通过深入持久地抓好社会主义法治理念教育和人民警察职业道德建设、信仰教育，切实规范执法行为，真正把以人为本、执法为民、公平正义和“理性、平和、文明、规范执法”的执法理念根植于脑、牢记在心。牢固树立“立警为公，执政为民”的思想，通过群众路线教育实践活动的开展和“四风”整治，进一步肃正队伍风气，提升警队战斗力。

提升服务水平，规范队伍建设。年内，区交警大队始终把队伍建设当作一项重要的政治任务。4月，补充新干警81人，区交警大队以此为契机，推进队伍建设各项工作，大力提高警队凝聚力、战斗力、创造力。大队调整强化中队干部配置，大胆启用一批优秀青年民警，强化指导员的履职实效，全面开展“双聘”工作，中队干部和民警互选，优化民警配置，激发队伍活力。组织“交通手势比赛”“寻找最响亮哨声”等业务评比活动，开展岗位大练兵、法律法规学习、业务能力培训、职业资格考试，提高警员的服务理念、执法水平。组织开展评选每月的大队“巡逻之星”，每季度评选“内务标兵”和“勤务标兵”各1名，评选2至3名“季度交警之星”和“年度交警之星”，考评的结果同民警的政治待遇，评先评优，勤务津贴的二次分配等直接挂钩，奖优罚懒，促进工作。通过支队信息平台、《芙蓉交警》刊物、大队宣传栏展示中队和民警个人风采，大幅提高新警、辅警业务素质，强化警队战斗力。健全执法责任制和执法过错责任追究制，完善值日警官制度、法制员审核制度和特邀监督员制度，增强内外监督力度；落实文明、规范执法各项制度。建立民警日常执勤执法电子档案，规定每位民警的执法项目和数据均在24小时内录入电脑；配备两名科技专干，定期对民警开展各类信息应用平台和计算机网络培训，提高民警科技应用率；加强系统安全管理，不定期开展公安网络安全检查，规范数字证书使用和公安网的使用，确保信息安全。为解决新警、辅警的后顾之忧，大队克服办公用房紧张和经费不足的困难，为新警、辅警腾出20间住宿用房，投入资金添置120套床位设备、3台指纹打卡机，实行统一住宿、夜间按时点名的管理制度。增加大队食堂的后勤投入，优先保障新警、辅警的食宿。

预防整治结合，维护道路畅通。年内，区交警大队根据辖区实际，抓好专项整治行动，突出“春季攻势”“畅通城市”“夏季行动”“畅安行动”，打击各种乱源，净化道路交通环境。全年共查处交通违法行为26.28万起，其中机动车乱停乱放17.08万起，扣查电动车14244台，扣查摩托车4903台，涉牌涉证4871起，社会车辆占用大客车专用道1217起，车外抛物602起，机动车闯灯占道41754起；货车交通违法行为15206起，渣土车交通违法行为986起，客车交通违法行为2160起；货车改型165起，客车改型102起，油改气交通违法行为67起，危爆车交通违法行为33起，行人交通违法行为3384起；的士闯红灯149起，公交车闯红灯85起，渣土车闯红灯154起，机动车乱鸣931起；超员10起，超载23起；酒驾382起，查处发生交通事故应撤而拒不撤现场交通违法79起；其他交通违法行为533起。加强事故预防。大队坚持以宣传教育为龙头，处教中队深入社区、学校、企业等单位开展交通安全授课450场次，受教育人数达3.6万人次，利用车站、集市发放宣传材料2万份，电视台新闻周刊报道活动共160场次，制作事故展板23块。事故处理快速、高效，实行阳光作业。1—6月，处理各类死人、伤人交通事故49起，无一复议案，无一上访案，无一撤销案。坚持集体定责，公开处理，标准上墙，事故回访，提升群众满意率。事故四项指数中财产损失比上年同期上升17.62%，其余三项有所下降。

（张湘阆）

芙蓉区交警大队

大 队 长　胡海民

教 导 员　陶理新

副大队长　秦　杰　李　乐

　　　　　孟献军　全　浩

【易炼红到芙蓉区交警大队调研】 9月30日，省委常委、市委书记易炼红，市委常委、市委政法委书记钟钢，市委常委、市委秘书长陈献春，市政府副市长、市公安局党委书记、局长李介德到芙蓉区交警大队调研公安交通管理工作，看望慰问基层交通民警。易炼红视察特勤大队大功率摩托车警卫装备，先后到芙蓉区交警大队指挥调度分控中心、处罚教育窗口、事故处理窗口、民警值班备勤室等办公场所，听取特勤大队、芙蓉区交警大队负责人的工作汇报，与值班民警、工作人员以及办事群众进行交谈，在大队食堂，与大家一起共进工作午餐。易炼红对公安交警敢于担当，主动作为，全力疏导交通拥堵，打造畅通城市所付出的辛勤劳动表示崇高的敬意和衷心的感谢。肯定城市交警的见警率和管事率明显提高，交通更加有序，拥堵明显减少。强调当前的城市交通管理形势依然严峻，公安交警不能有丝毫的松懈，务必在交通治堵保畅工作上持续加力，形成常态。要始终保持路面高见警率和管事率，不能在日常疏导管控上紧一阵松一阵。要进一步提高交通事故快速处理和快撤现场的效率，对不主动撤除现场造成拥堵的要依法严肃处理，不能因事故处理不及时而加剧交通拥堵。要进一步优化交通组织，尽力多开辟一批单行线，多优化一批交通冲突点，提高道路通行效率。要科学实施节假日和重要活动期间的交通限行预案，有效削减城区交通流量。市文明办、市两型社会创建办要向广大有车族积极倡议“每周少开一天车，低碳出行”，领导干部和全市机关单位要带头遵守执行。要加强万家丽路施工区域的交通管控，尽力疏导交通拥堵；要坚持依法严管重罚；要提供更加便民的服务举措；要切实做好后勤保障工作。希望大家在今后的工作中，再接再厉，不辱使命，为全市经济社会又好又快发展，为全市人民畅安出行，营造良好的道路交通环境，再立新功。市公安局副局长、交警支队长徐波跃，区委书记梁仲，区长于新凡等领导出席此次调研活动。

（张湘阆）

【全面清理整顿公共停车场】 2014年，区交警大队对辖区23处地下公共停车场进行全面整顿清理。大队停车管理中队干警逐一上门查实核对，拍照取证，与业主联系，对违规改变停车场使用性质、挪作他用的单位、企业下达整改通知书，督促其进行整改。截至年底，有17家停车场整改到位，有5家停车场未进行整改。10月24日，大队召开湖南省首例公共规划停车场擅自改变用途行政处罚听证会，对未整改停车场的宇成投资责任有限公司违规改变停车场使用性质的行为依法作出罚款3万元的行政处罚决定。区交警大队加大对违规改变停车场使用性质、将停车场挪作他用单位的整改力度，对违规单位依法予以处罚，进一步推进社会停车场建设，切实规范辖区公共停车场的管理，着力解决市民停车难的问题。

（张湘阆）

【全力保障万家丽路改造期间正常交通】 2014年，万家丽路改扩建工程进入全面围档施工。按照区委、区政府“西提东拓”的战略部署，大队在东二环以东片区原有中队基础上再增加二个路面勤务中队，全力加强万家丽路改扩建工程和浏阳河以东区域的交通疏导和道路交通管理工作，大幅度提高见警率。3月，大队结合万家丽路快速化改造需求突出对以马王堆市场及其周边道路的交通秩序整治。深入企业宣传，分发近2000份宣传通知单；实地增加错时停车路段。对法院路、嘉雨路、支五路等路段实施错时禁停；施划交通标志标线258平方米，完善交通标志标牌45块，增加各类隔离设施36米；重点对违停及货车、摩托车、电动车等违法行为进行专项整治。经过近八个月的整治，处置马王堆蔬菜市场周边的交通乱源1万起，行政拘留28人，马王堆蔬菜市场周边秩序明显好转。区交警大队在万家丽路施工核心区域按照“网格化”勤务布点，共投入130名警力，设置13个交通分流点，其中5个为全天候执守岗（7：30—21：00），加大对过路货车的分流和闯禁处罚力度，全力保障万家丽路施工改造工程期间正常交通。

（张湘闽）

【创建恒达社区交通规范化管理示范经验】 7月，区交警大队计划投入经费1200万元启动在农安和老旧小区等9个小区、73个楼幢和3300余户的居住范围内实施交通规范化管理工程。荷花园街道恒达社区先行先改，大队围绕“因地制宜、疏通经络”的交通理念，在不大面积“破绿”的情况下，通过降坡、整理绿化地块等措施，设置禁停标志27块，新增停车泊位188个，增设单行线、电子警察、监控设备，完善交通标志45块、交通标线498平方米，盘活了社区道路资源，并纳入社区收费管理。大队协助社区对水、电、路、管网、绿化等基础设施建设以及停车位、安防措施、交通设施等全面改造，积极引入社会力量兴建立体停车场，建立智能停车管理系统实现停车秩序居民自我管理，帮助生活困难群众家门口就业，8月中旬，改造基本完成。8月27日，市委书记易炼红、市长胡衡华等领导视察恒达社区，对恒达社区的交通规范化创建工作给予高度评价。恒达社区被评为全市交通规范化管理示范社区并作为典型经验在全市推广。

（张湘闽）

检察

【概况】 2014年，区人民检察院认真贯彻中共十八大及十八届三中、四中全会和中央政法工作会议精神，忠实履行宪法和法律赋予的职责，强化法律监督、强化自身监督、强化队伍建设，各项检察工作取得新进展。5月13日，区检察院获评全国“文明接待示范窗口”称号。

依法履行审查批捕、起诉职责。全年共受理各类提请批准逮捕案件877件1254人，其中批准逮捕636件847人，不批准逮捕241件407人；共受理各类移送审查起诉案件896件1331人，其中，提起公诉817件1202人，不起诉79件129人。严厉打击严重影响人民群众安全感的严重暴力犯罪、毒品犯罪和“两抢一盗”等多发性侵财犯罪，保障人民群众生命财产安全。及时办结“汤某放火案”“杨某醉酒危害驾驶案”“杨某非法携带枪支危及公共安全案”等严重危害公共安全类案件。严厉打击危害食品安全、侵犯知识产权、制售假冒伪劣商品等犯罪案件。全年共办理此类案件6件11人，对非法使用有毒有害添加剂生产、销售“毒”豆芽的吴某等4人涉嫌生产销售有毒有害食品案、邓某等2人销售假冒“西门子”商标的编程电缆案等一批刑事案件追究刑事责任。重点打击金融诈骗类犯罪，服务经济发展。共办理金融诈骗类案件37件37人，其中逮捕5人，起诉22人。

惩治和预防职务犯罪并重。坚持“查办、预防、保护”相结合，惩防并举，全年共查办职务犯罪案件4件7人，其中立案查处贪污贿赂犯罪案件2件3人，立案查处渎职侵权犯罪案件2件4人。

加强对立案、侦查活动的监督。根据审查中发现的某建工集团公司、交通银行、浦发银行等

图30 区检察院召开中共群众路线教育实践活动动员会

单位在内部管理方面存在漏洞提出检察建议，帮助其完善管理制度、防范管理漏洞，预防金融风险。加强对审判活动的监督。在对刑事审判活动的监督中，2013年度1起提请抗诉案件的抗诉意见获得二审法院采纳，2014年已提请抗诉1件。在对民事行政审判活动的监督中，提请抗诉案件4件，再审检察建议3件，执行监督案件10件，支持起诉案件1件，发检察建议书督促履行职责案件2件，违法行为调查案件5件。在关注到《今日女报》讲述的“四个身背巨额夫债的女人集体控诉夫妻共同债务中的‘坑前妻’现象”后，主动与其中一名当事人联系，掌握了申请人陈某和其前夫叶某与他人民间借贷纠纷提请抗诉案的线索，依法提请市检察院抗诉得到采纳，为陈某避免100万元的经济损失。加强对刑罚执行活动的监督。开展减刑、假释、暂予监外执行专项检查活动，针对专项检查中发现的问题，向司法行政机关发出检察建议61份，其中保外就医对象重新收监审查建议48份，监督收监11人。

深入开展下访巡访，广泛走访基层群众。全年共走访人大代表、政协委员，机关、学校、企业、街道和社区基层群众600人次，收回“征求意见表”509份，密切检群关系。认真开展案件回访，采取上门走访、视频接访、座谈交流等不同方式下访、回访案件当事人、律师，对发案单位、案件当事人在长沙的上门征求意见，对在外地的则通过互联网视频接访系统或长途电话回访。全年专题召开律师座谈会1次，以视频、电话方式回访8件案件当事人。

存在的问题：个别干警因“有错无为、不在状态”，芙蓉区委按相关法律规定程序对其进行免职处理。　（舒　慧）

芙蓉区人民检察院

党组书记、检察长

　　凌　云

党组副书记、副检察长

　　李传良

党组成员、副检察长

　　师　伟

　　马　军（2014.07免）

　　白　涛

副检察长

　　戴新时

党组成员、纪检组长

　　杨吉滨（女）

党组成员、政工室主任

　　蔡　铃（女）

党组成员、反渎职侵权局局长

　　柳戈青

【刑事检察工作】 依法打击严重刑事犯罪，切实维护社会大局稳定。深入开展“打黑除恶”“扫黄打非”、打击“两抢一盗”“禁毒”等专项行动，依法严厉打击危害国家安全、黑恶势力、暴力恐怖等严重暴力犯罪和影响人民群众安全感的多发性侵财犯罪，维护社会稳定。严格依法办案，确保审查准确性。依法办结了张某某组织、领导传销案等一批大要案件，维护了社会治安和人民群众合法权益，净化了社会环境。深入推进矛盾化解，强化管理创新，促进社会和谐。办理的袁某某抢夺案，是一起在校学生抢夺案件，造成被害人1700元现金和一台手机被抢，但承办人通过仔细审查案件，发现犯罪嫌疑人袁某某系在校学生，其在案发后如实供述自己的罪行有悔罪表现，且其就读的学校及被害人均出具了请求谅解的书面材料，本着宽严相济的刑事司法政策，向被害人释法说理，后嫌疑人家属与被害人达成了赔偿协议，取得被害人的谅解，嫌疑人写了悔过书。最终以无逮捕必要依法不批准逮捕袁某某。开展执法办案风险评估，妥善处理热点敏感案件，确保涉检信访案件和涉检舆情发现在基层、解决在基层、消除在基层。参加社会治安防控体系建设，服务社会管理创新。积极参加区食品安全、知识产权保护等专项整治活动，依法打击各类影响社会综合治理犯罪，认真总结工作经验、提出治安综合治理可行性建议，为区域治安稳定建言献策。

继续坚持将纠正有案不立、有罪不究、以罚代刑、违法立案等问题作为开展刑事立案监督的重点。通过走访各派出所及开联席会议、与律师沟通、讯问犯罪嫌疑人、走访社区等形式，拓宽监督渠道，纠正有案不立、有罪不纠等违法情形。同时加强侦查活动监督力度，认真听取犯罪嫌疑人的辩解、分析证据的合法性和有效性，及时纠正公安机关在办案过程中违法之处。办理的湖南广成贸易有限公司张某某、胡某某骗取票据承兑一案，系审查的立案监督案件，该案由当事人提交相关材料控告湖南广成贸易有限公司，区人民检察院侦查监督部门依法审查并向市检察院请示后，认为相关案件材料反映的事实、证据已达到刑事案件立案的条件，依据《中华人民共和国刑事诉讼法》第一百零七条规定，依法向公安机关发出《建议立案函》，建议公安机关对案件立案进行侦查，后公安机关依据建议立案函依法立案开展侦查，收集证据，并将犯罪嫌疑人抓获归案。同时，该案经侦查监督部门审查逮捕后，依法对张某某、胡某某作出批准逮捕决定。在审查过程中，还发现长沙市建设工程集团有限公司、交通银行长沙人民东路支行、浦发银行长沙分行等单位在内部管理方面存在漏洞和不完善的地方，特向三家单位提出检察建议，建议相关单位进一步建立健全多渠道、多层次的监督制约机制，完善金融机构审批程序和防止管理漏洞，预防金融风险，及时开展思想教育和法制教育，解决监管不到位的问题，该检察建议得到相关单位的认可与支持。

充分发挥审查起诉职能作用，严厉打击影响人民群众安全感的严重暴力犯罪，保障人民群众的生命、财产安全。及时审结“肖某某放火案”“杨某醉酒危险驾驶案”“杨某非法携带枪支危及公共安全案”等严重危害公共安全类案件，通过审查起诉进一步明确了类似犯罪中行为人就个人行为是否“危害公共安全”的主观认知标准，并通过后续的媒体宣传报道向社会大众传递了公共安全需所有市民共同维护的重要讯息。严厉打击严重暴力犯罪案件。快速审结“赵某某湖南农业大学抢劫案”“赵某某、谭某绑架案”“杨某某强制猥亵、侮辱妇女案”“欧某某持手铐、仿真手枪在大同小学门口挟持来接送小孩的保时捷车主对其抢劫案”“摩的司机王某某抢劫、强奸女乘客案”“叶某某持刀故意杀害按摩女案”“彭某强奸、敲诈勒索案”等一批严重暴力犯罪，及时有效地打击了犯罪分子，震慑了其他潜在的犯罪分子。全力办好常规型、多发型案件。年内共办理“两抢一盗”案件380件583人，毒品犯罪案件140件173人，赌博犯罪案件30件120人。重点打击破坏市场经济秩序、危害食品安全的各类犯罪。全年共办理生产、销售假冒注册商标的商品案、生产销售伪劣产品犯罪案件6件11人。办理的吴某某等二人、钟某某等二人生产、销售有毒、有害食品案，四人为了增加豆芽产量，缩短生长周期，并使豆芽品相变好，添加含有4—氯苯氧乙酸钠和6—苄基腺嘌呤成分的“无根水”“无根豆芽素”等国家明令禁止的有毒、有害非食品添加剂，同时将生产出的成品豆芽运送至长沙市马王堆菜市场，对不特定对象进行销售，非法获利。区人民检察院对这类犯罪从严、从快进行了审查，有效打击了危害人民群众食品安全的犯罪，并通过媒体宣传传递了“食品安全责任重于泰山”的信息，从而保障了民生。同时，针对侵犯知识产权的案件，如王某某、刘某某假冒注册商标案，韩某等四人销售假冒注册商标的商品案，徐某某、钟某某非法制造注册商标标识案，区人民检察院集中力量进行有效指控，维护权利人的知识产权，为经济良性健康发展保驾护航。全年办理经济案件94件156人，在认真审查犯罪嫌疑人的犯罪情节、主观罪过等问题时严格把握入罪标准，明确经济纠纷与刑事犯罪的界限。办理的涂某某等八人对非国家工作人员行贿案中，四人最终均因犯罪情节轻微被不起诉；周某某合同诈骗案、文高某某等四人虚假出资、抽逃出资、对非国家工作人员行贿案中，经审查后五人均因无犯罪事实而被不起诉；办理的“唐某信用卡诈骗案”等金融诈骗类案件，正确看待犯罪嫌疑人超过银行规定期限未还款这一客观行为，不能直接由该行为推断出犯罪嫌疑人具有“非法占有”的主观目的，而是严格依照法律规定的六种情形来审查。将化解社会矛盾放在重中之重，积极参与社会管理创新，服务“三项重点”工作。通过提前介入、羁押必要性审查、风险评估、释法说理、依法办案、全方位协调及时化解西藏人塔某某盗窃案、戴某诈骗案、虞某某职务侵占案的社会矛盾，同时响应上级院的安排，提前介入在全国有重大影响的“葛兰素·史克”案，引导公安机关固定证据；针对社会广泛关注的“邓某某、陈某某生产、销售有毒、有害食品案”，与区人民法院积极配合召开示范庭，向社会传播维护食品安全的正能量。（舒慧）

【反贪污贿赂工作】 反贪污贿赂局全年共立案2件3人，起诉3件4人，判决6件11人，起诉4人均为大案。对芙蓉区马坡岭街道新安村村支书方某某、村主任何某某、芙蓉区东岸街道办事处副主任兼东岸村村支书刘某某立案侦查。方、何二人在任职期间共同非法收受他人钱财，为他人谋取利益，涉嫌受贿犯罪；刘伙同他人共同贪污公款，收受他人贿赂，涉嫌贪污、受贿犯罪。加强线索初查力度。对最高检转办到湖南检察系统，最终由长沙市院交办到区人民检察院的本辖区内东岸街道望龙村相关人员涉嫌职务犯罪的线索进行初查。该线索涉及到望龙村拆迁安置问题，矛盾集中且年代久远，而且牵涉到区机关相关领导。接手该线索后，积极与区纪委进行衔接，并由区纪委牵头成立联合调查组，对该线索积极进行调查取证。鉴于线索没有涉嫌犯罪，将结果交由区纪委进行处理，平息了该村因拆迁安置引发的矛盾。对市院交办的芙蓉区某培训机构涉嫌违法违纪行为的线索进行初查，与省直机关工委密切配合，对相关培训机构的主要人员进行了谈话调查，并在初查中发现严重的违法违纪情况，因该线索涉嫌问题从立案上取证难度很大，且在罪与非罪上存在一定分歧，最终区人民检察院向市院进行专题汇报，并移交给省直机关工委处理。该线索的办理，对培训机构的贪腐问题敲响警钟，也为全省类似问题的查处提供经验。（舒　慧）

【反渎职侵权工作】 反渎职侵权局全年共立案2件4人，已起诉2件3人，已判决3件4人。原长沙市宁乡县公安局玉潭派出所干警喻某某、协警张某某涉嫌徇私枉法罪被立案，喻某某身为玉潭派出所治安民警，明知张某在一环路某小区对面的茶楼开设赌场，但碍于与茶楼老板的朋友关系，不仅不予以制止，还和张某等人协商开设赌场的相关事宜，并为开设赌场提供保护，包庇其不受追诉；张某某身为玉潭派出所的协警，明知张某开设赌场，但碍于同事谢某的情面，不仅未加以制止，还为其介绍场地，包庇其不受追诉。该案侦查侦结，移送公诉部门审查起诉。对“7·19”事故责任中芙蓉区相关工作人员涉嫌渎职一案以事立案。长沙市人民检察院向区人民检察院发交办函，明确王某、卢某某为犯罪嫌疑人，涉嫌玩忽职守犯罪。同日经检察长批准，确定王某、卢某某为玩忽职守犯罪嫌疑人并立案侦查。侦查查明，两人在办理长沙大承化工公司的危化品经营许可证的审查和监管过程中，对大承公司申请资料办理把关不严，未发现和纠正危化品经营企业违规经营行为，未认真履行安全监管工作和监督检查。该案已侦查终结，向公诉部门移送起诉。

（舒　慧）

【民事行政检察工作】 民事行政检察部门全年共办理案件29件，已结案29件，其中提请市院抗诉案件3件，另1件提抗案件作不支持监督申请决定，再审检察建议3件，执行监督案件11件（3件已作出不支持监督申请决定，8件发检察建议书），支持起诉案件1件（法院判决采纳了支持起诉意见书），督促履行职责案件5件（已发检察建议书，已获案发单位回复的4件），违法行为监督案件5件。努力提升自身的群众工作能力和社会沟通能力，竭力化解社会矛盾。办理的长沙市隆唐服饰有限公司申请执行监督案涉及到两个诉讼，中国科技器材进出口湖南公司起诉隆唐服饰公司要求解除房屋租赁合同并支付租金，隆唐服饰公司起诉中国科技器材进出口湖南公司要求赔偿违约解除租赁合同造成的房屋装修等损失。芙蓉区法院在执行前一裁判时，计算执行金额有误，且区检察院认为区法院的执行活动存在重复浪费司法资源的问题，遂发出检察建议书，与区法院执行局沟通，平息双方当事人的对立情绪，该案成功办结，当事人也表示服判息诉。了解到沪昆高速湖南邵阳段“7·19”特别重大道路交通危化品爆燃事故牵涉到芙蓉区某单位，民行部门及时获取3个案源，向芙蓉区安监局、芙蓉区交通局、长沙市工商局芙蓉分局发出督促履职的检察建议书。由于督促履职案目前没有法律明文规定，是一项探索性的工作，民行部门遵循上级指示，先行先试，敢闯敢试，“摸着石头过河”，为高层加强检察改革试验的顶层设计提供丰富的实践土壤。（舒　慧）

【控告申诉检察工作】 全年共接待各类来信来访115件次，其中：受理来信来访分民行科24件；受理举报线索13件，其中转本院反贪局7件，转本院反渎局2件，举报中心初核4件（含初核后移送本院反渎局立案2件）；受理来访转本院侦监科1件；其余均当场答复或及时分流。组织检察长接待24次（接待来访群众32人）。办结赔偿案件1件。办结交办案件2件。救助刑事被害人9人，发放救助金9.9万元。与市院联合救助刑事被害人1人，发放救助金1万元；与区政法委联合救助刑事被害人1人，发放救助金6万元；本院救助刑事被害人7人，发放救助金2.9万元。扎实审查办理刑事申诉、国家赔偿案件。对市检察院控申处转办的罗某不服区人民检察院不起诉决定一案进行审查，决定不予立案，对被害人进行司法救助。对省院交办的王某申诉案，根据湖南省人民检察院湘检刑申复决〔2013〕3号刑事申诉复查决定书，应向王某返还原扣押款142976元，经多次与区政法委、区财政局等单位协调，于1月20执行到位，王某与控告申诉部门当即签订息访息诉协议。依法办结胡某申请国家赔偿案，作出不予赔偿的决定，并做好说理释法工作，顺利息访息诉。（舒 慧）

【监所检察工作】 监所检察工作围绕“加强社区矫正检察监督工作”的主题，依法对社区矫正各执行环节实行监督，做到“三个一批”（维护一批社区矫正对象合法权益，发现一批认罪、悔罪、戴罪立功的社区矫正对象，及时发现一批依法应当收监执行的社区矫正对象），对社区矫正工作中出现的问题提出检察建议，确保社区矫正工作依法、公正实施。全年监外执行人员260人，其中管制4人、缓刑217人、假释24人、暂予监外执行15人。新增矫正对象144人，解矫131人。在社区矫正检察中提出书面检察建议书和纠正违法通知书并纠正数61件。其中建议收监11人、减刑1人。11月，针对社区矫正人员在矫正期间重新犯罪案件派员出庭审查起诉并出庭支持公诉。被告人熊某某非法持有毒品甲基苯丙胺，在缓刑考验期内犯新罪，应当撤销缓刑，实行数罪并罚。在法庭审理期间，向被告人询问了违反社区矫正监管规定的原因以及犯罪动机，并对其进行法制教育，受到了被告人家属及辩护人的好评。此案为近年来首例由区人民检察院监所检察部门承办的社区服刑人员在社区矫正期间重新犯罪案件，填补了以往社区服刑人员再犯罪庭审中的监督空白，切实将法律监督工作延伸到基层一线，该案的办理从源头上了解了社区矫正人员重新犯罪的原因，让法律更加贴近群众，有利于对社区服刑人员的帮助教育。（舒 慧）

【职务犯罪预防工作】 全年共受理各行业、单位行贿犯罪记录查询2267次，涉及被查询单位1790家，被查询个人2710人次；开展预防宣传教育活动7次。2月，职务犯罪预防科与反渎局受芙蓉区工商局邀请开展警示教育廉政宣传活动。针对案件多发行业在制度和管理方面存在的问题，分析案件发生的原因，收集自2013年以来查办的行贿犯罪职务犯罪的数据、案件立案报告等法律文书，对查办的喻某某、人防工程杨某某职务犯罪进行犯罪分析，召开职务犯罪分析会1次。与辖区内14个街道（园、局）就预防职务犯罪工作如何更好地开展成立预防职务犯罪联系工作小组，促进社会管理水平，拓展社会化预防的途径。积极提供预防咨询3次，通过答复咨询单位的各项关于职务犯罪预防的各项问题，有效地减少和防止职务犯罪的发生。（舒 慧）

法 院

【概况】 2014年，芙蓉区人民法院受理各类案件首次突破8000件，达到8568件，审、执结案件6943件，同比分别增长17.98%、9.75%。

刑事审判工作。全年共受理各类刑事案件910件，审结871件。依法判处被告人有期徒刑1259人，其中判处五年至十年有期徒刑49人，十年以上有期徒刑33人。审结故意杀人、故意伤害、强奸等严重暴力犯罪和盗窃、抢劫、抢夺、诈骗等多发性侵财犯罪案件620件，增强人民群众安全感。审结生产、销售有毒、有害食品等危害民生犯罪案件11件，维护人民群众的生命健康安全。审结贪污贿赂等职务犯罪案件8件，推动反腐败斗争深入开展。审结信用卡诈骗、非法吸收公众存款等犯罪案件27件，维护金融市场秩序和安全。精心组织审结了社会高度关注的李颂明等人在高速公路上拦停大巴车的“11·04”案件，以危害公共安全罪判处李颂明等人有期徒刑。依法适用简易程序审理各类刑事案件462件，简易程序适用率为53%。依法快速审结轻微刑事案件8件，积极探索轻刑快办程序的司法改革。严格执行《湖南省适用社区矫正调查评估办法》，全年共对403名判处缓刑的犯罪分子实行社区矫正。

民商事审判工作。全年共受理各类民商事案件5223件，审结3938件。审结婚姻家庭纠纷案件374件，加大对老人、妇女、儿童、残疾人的保护力度，促进家庭和睦。审结劳动争议案件395件，维护劳动者合法权益，促进企业健康发展。审结房屋买卖、租赁、拆迁安置补偿等合同纠纷案件694件，制裁违约失信行为，稳定正常交易秩序。审结借款、票据、信托、实现担保物权等金融纠纷案件973件，维护金融市场秩序。坚持全程调解原则，调解（含撤诉）结案1331件，调解率达33.80%，最大限度实现案结事了。稳妥审理可能因矛盾激化而引发群体性事件的系列案件，实现法律效果、社会效果的有机统一。如审结的120件涉及长沙凯通置业有限公司的房屋买卖合同纠纷案件，当事人均服判息诉，充分发挥民事审判修补破损社会关系的职能作用，促进社会和谐。

行政审判工作。全年共受理各类行政案件168件，审结166件。严格监督行政机关依法行政，判决撤销行政机关做出的具体行政行为11起，切实维护行政相对人的合法权益。审结不服长沙市交通行政执法局、芙蓉区交通运输局作出的城市公共客运管理行政强制决定、行政处罚决定行政诉讼案件71件，其中协调撤诉20件，判决驳回原告诉讼请求51件，行政案件和解撤诉率提高5.9%，促进行政争议实质性化解。充分应对行政诉讼群体性、敏感性案件不断涌现的局面，确保网络热点案件依法、有序审结。深入推进行政诉讼简易程序试点工作，全年适用简易程序审理案件134件，简易程序适用率达80.7%。与省、市、区27个行政机关积极开展司法行政互动活动，进一步规范行政行为，提升执法水平。

执行工作。全年共受理执行案件1985件，执结1700件。积极开展"小额"民生案件集中执行专项活动，着力加大对劳动争议、人身损害赔偿和追索赡养费、扶养费、抚育费、抚恤金等涉民生案件的执行力度，共执结175件"小额"民生案件，执行到位标的269万元。充分利用全国法院失信被执行人名单信息公布与查询网络平台，向社会公布1567名失信被执行人名单，使失信被执行人在高消费、投标和贷款等经营活动中受到应有的制约和影响，促使23件案子的被执行人主动到法院履行义务。不断加大反规避执行力度，全年共司法拘留26人，罚款9.1万元，促使21名逃避执行的被执行人自动履行义务，促成58件特殊主体和"老大难"案件最终执结，有效维护了当事人的合法权益。

司法为民。大力推进诉讼服务中心建设，整合事项告知、信息查询、立案审查、诉前调解、信访接待、司法救助、判后答疑、投诉举报等功能，形成"一站式"服务平台。建立诉讼绿色通道，为32件案件的老、弱、病、残、孕等特殊、困难当事人提供上门立案、邮寄立案、预约立案服务。对涉及民生的劳动争议等案件全部免收受理费，全年共对103件劳动争议案件、17件生活困难人员案件免交诉讼费1.92万元，并为282件案件当事人办理手续缓交诉讼费163.71万元，为27名遭受侵害或侵权的困难当事人提供司法救助45.9万元，惠及429个当事人及家庭，有效地确保了群众不因经济困难而打不起官司。积极运用最高法院远程视频接访系统，对上访群众的诉求向最高法院网上信访平台提交材料，完成远程视频接访6人次。进一步完善诉调对接体系，100名当事人经法律释明后选择非诉途径解决矛盾。继续深入开展群众工作"直通车"工程，安排法院干警定期定点前往新桥村社区和古汉城社区报到值班，接访社区群众，为群众答疑解难，将定点答疑与按期走访形成常态化。全年干警上门走访群众2000人次，接访居民600人次，解决法律问题420个，为群众送去慰问品、慰问金2万元，解决群众生产生活问题10个，有力地服务了社区群众，密切了党群干群关系。积极开展"服务金融企业季"活动，在对建设银行湖南分行、长沙银行、芙蓉合作银行等6家金融企业近3年的诉讼、执行案件进行定性定量分析后，走访互动，集中清积，提高了区法院服务质量和金融企业预防、处理纠纷的能力。加强法律志愿服务，由院领导班子成员、资深法官、法律志愿者等组成法律服务小组利用晚上休息时间到浏阳河风光带、阿波罗商业广场等地开设4场"法律夜市"义务服务群众，并依托法律志愿者工作室驻朝阳、德政园、古汉城、

图31　庭审巡回湖南警察学院

杨家山4家社区工作站，为群众、诉讼当事人免费提供法律咨询、代拟诉状等法律服务1000人次，化解矛盾纠纷120起，把“志愿服务”打造成了芙蓉区的“法治名片”。开展“法律进社区、法律进企业、法律进校园”活动4场，努力普及法律知识，营造知法守法用法护法的法治氛围。

服务大局。分派干警进驻各重点工程建设工地，积极推进拆迁腾地工作。全年派出干警296人次进驻东业早安、十六中和1号、2号安置点、三湘大市场三亩地棚改、城际轻轨、东岸公园、隆平水稻博物馆、九如巷、新桥安置小区等10个重点工程项目上户协调，共协助签订拆迁协议41幢54户。对国土部门申请司法强拆的案件开通绿色通道，共受理司法强拆案件35件，全部执结。依法对6户征拆对象采取强制执行措施，连续18年保持司法强拆工作“零事故”。不断加强巡回法庭建设，全力推进城市文明建设。城市管理巡回法庭共受理163件违章占道停车、违规占道经营、油烟和噪音扰民等9类与民生息息相关的非诉行政执行案件，全部执结，其中158件以自动履行或达成执行和解协议结案。成立全省首家交通行政执法巡回法庭，开通处理交通行政违法案件的快速司法通道和行政相对人依法维权的绿色通道。审结不服长沙市交通行政执法局、芙蓉区交通运输局作出的城市公共客运行政强制决定、行政处罚决定案件71件，快速执结交通行政部门申请财产保全、非诉行政执行案件110件，有效治理了“黑的”非法营运现象。

司法公开。积极开展审判流程公开、执行信息公开、裁判文书公开三大平台建设，不断拓展司法公开的广度和深度。上网发布裁判文书3882份，自觉接受人民群众的检查、检验和监督，应当公开的裁判文书上网率达到100%，上网裁判文书实现零投诉，省高院在其内网上两次通报表扬了芙蓉区法院裁判文书上网工作。建成6个数字法庭，对16件社会高度关注的大要案庭审活动实行同步录音录像，其中4件典型案件的庭审以图文方式进行网络直播，“11·04”案件的庭审被市政法委作为学习案例在全市推广。专人管理法院官方微博，及时更新微博动态，积极与博友交流互动。创新各种形式开展“法院开放日”活动5场，广泛邀请人大代表、政协委员、社区群众参与，普及法律知识，宣传法院工作，展示法官风采，弘扬法治精神，努力培养人民群众自觉守法、遇事找法、解决问题靠法的意识。

队伍建设。深入开展中共群众路线教育实践活动，通过法官轮班接访和走访驻区金融企业、社区群众等形式，全面听取群众意见，虚心接受“四风”问题意见54条，立行立改。继续推行法官值班、首问责任和群众评价工作机制，加强干警群众工作能力。制订、完善《绩效考核办法》《法官行为检查制度》等15项制度，建立预防“四风”问题的长效机制。加强对庭审活动、工作纪律、司法礼仪的日常检查，扎实开展“六难三案”（门难进、脸难看、事难办；立案难、诉讼难、执行难；关系案、人情案、金钱案）和机关干部“庸懒散”问题专项整治活动，严格执行“中央八项规定”和《法官行为检查制度》等，不定期对法官及工作人员行为进行督察，并将督察情况公开通报，全年共进行考勤45次，庭审检查25次，通报8期，其中专项通报1期。坚持周五“学习修为日”制度，以先进典型为标杆，以反面案例为教材，积极开展司法廉洁教育。建成以“公廉”为核心的法院文化长廊，扎牢廉洁司法的思想防线。公开选调4名法官，招聘2名政府雇员，新选任人民陪审员161名，不断充实审执队伍。签订党风廉政建设责任状，落实党组主体责任、纪检监督责任和部门负责人“一岗双责”。完善兼职廉政监察员和人大代表、政协委员组成的特约监督员联动工作机制，防范司法腐败。开通举报网站，与上级法院联网运行。随案发放廉政监督卡，加大对群众投诉举报线索的核查力度，严防重点部门、关键岗位的权力失范，连续8年实现无违纪违法事件发生。　　（李革文　杨孟庭）

芙蓉区人民法院

党组书记、院　长　刘自军
党组成员、副院长　王长江
　　　　　　周平辉　赖　忠
　　　　　　何正良　刘凯（挂职）
党组成员、政工室主任
　　　　　　关长新
党组成员、纪检组长
　　　　　　姚今晖
副　院　长　曾梦佳
党组成员、执行局局长　颜　斌

【依法审结“11·04”案】

案发于2012年11月3日，吴莎、李香、段静玲等人因拆迁事端到北京上访，被区政府接访工作人员安排乘坐京B09705号大客车返回长沙，吴莎等人打电话要求邓生记、李颂明等中途接人。11月

4日，邓生记、李颂明等20人6台车赶到平江服务区，经商议后决定采取分路段守候。19时左右，邓生记见京B09705号车经过，即驾车跟随，又电话通知其他人驾车追赶，于19时45分左右将其逼停在行车道上，以“差点撞上自己的车”为由找大客车司机交涉，在逼停大客车5分钟后将车开走。当大客车行驶至长沙县境内的福临收费站附近时，邓生记再次驾车在大客车前逐渐减速以控制大客车车速，李颂明也指使驾驶员靠大客车左侧斜插至大客车前面，最后共同将其逼停在行车道上。曾武见大客车司机不肯开门，即拿修车用的铁棍将大客车前挡风玻璃砸烂，随后接走吴涉等上访人员，过程持续约10分钟。2014年6月26日，区法院以以危险方法危害公共安全罪判处李颂明有期徒刑三年，判处邓生记有期徒刑三年、缓刑四年，判处刘华免予刑事处罚；以故意毁坏财物罪判处曾武有期徒刑一年八个月。该案的妥善审理，获得了社会的良好反响，并被市政法委作为学习案例在全市推广。

（杨孟庭）

【成立交通行政执法巡回法庭】 8月15日，区法院成立交通行政执法巡回法庭。其主要职责是对长沙市交通行政执法局和区交通运输局申请的交通行政执法案件采取财产保全措施，审查执行由两局向区法院申请的涉及交通行政执法的非诉行政执行案件，包括城市公共客运非法营运、道路客运中无经营许可擅自从事道路客运和其他违反交通客运规定的行为等3类非诉行政执行案件。（杨孟庭）

【开展“小额”涉民生案件集中执行专项活动】 9月，区法院开展标的额小于10万元的民间借贷等“小额”涉民生案件集中执行专项活动，通过对23名有能力履行而拒不履行的被执行人采取限制高消费措施，对21名被执行人予以司法拘留，共执结175件“小额”涉民生案件，执行到位标的额269万元，切实维护了人民群众的合法权益。（杨孟庭）

【开展“服务金融企业季”活动】 1月15日—4月15日，区法院开展“服务金融企业季”活动。通过走访调研中国建设银行湖南省分行、长沙银行等6家金融企业近3年在区法院审理、执行案件情况，认真分析案件特点、成因，对金融企业在贷款发放、风险评估、抵押担保、依法收贷及抵押担保财产变现困难、资产评估收费偏高、资产拍卖流拍现象严重、执行周期较长等问题进行了互动交流，积极探索金融企业预防纠纷，不断完善法院服务金融企业的审执举措。（杨孟庭）

【法院文化长廊全面建成】 区法院文化长廊历时两年，于2014年9月建成。文化长廊分法治、修为两大板块，共计84个展板，布置在办公大楼的一、二层大厅和走廊。其以“公廉”为核心，从“法”文化开篇，跨越古今中外，展述法律、法院、法官、法谚、法治、法学家等文化以及敬业、博学、律己、爱人的典范。文化长廊的建成，为法院干警和来院群众增添了新的法治学习平台。（杨孟庭）

【助人为乐好法官王成】 2月20日，区法院法官王成主动推延婚期，无偿捐献298毫升造血干细胞救助河北一名14岁白血病女孩，为社会注入并传递法官的爱心正能量，树立起芙蓉区法院法官的良好形象，王成法官的事迹被《人民法院报》《潇湘晨报》等媒体广为报道。（杨孟庭）

司法行政

【概况】 2014年，芙蓉区司法局认真履行法定职责，主动作为，勇挑重担，为全区社会和谐稳定、经济社会发展提供优质高效的法律服务和法律保障。

人民调解工作。区司法局全年共组织重点时期矛盾纠纷排查活动10次、排查纠纷394起。各级人民调解组织成功调处各类民间矛盾纠纷1039起，其中疑难复杂纠纷106起，为群众挽回经济损失3459.75万元。通过开展“三调联动化矛盾、息访息诉促平安”专项调解活动，创新引入“两代表一委员”、社会律师、心理咨询专家参与其中，年内成功化解5起全区历史遗留信访积案，筑牢社会稳定的第一道防线。

普法工作。制订下发《2014年度芙蓉区普法依法治理工作意见》，以“法律六进”（法律进机关、进乡村、进社区、进学校、进企业、进单位）活动为载体，相继开展“百个社区百个乡村法制讲座”“农村法制宣传月”“青少年法制宣传教育周”等活动；组织法治文艺汇演4场、法制讲座54场次，制作法律知识宣传展板13块，免费向街道、社区发放《六五普法教育宣传挂图》《公民法律常识1000问》等宣传资料6000册，并在上年成功打造马王堆火炬村法治主题文化公园的基础上，进一步挖掘公共资源，推出湘湖管理局西湖社区法治文化公园和马王堆街道德政园社区法治文化标识等一批法制宣传精品工程，普及法律知识，弘扬法治精神，传播法治正能量。

特殊人群管理。通过建立健全轻微刑事案件快速办理机制、社区矫正工作联席会议和联合督察制度及责任追究制度，运用手机定位，网络视频签到等现代化技术，认真履行社区矫正监督管理、教育改造和社会适应性帮扶等各项职责，防止社区矫正人员脱管、漏管。全年辖区新接收社区矫正人员166名，依法解矫100名，开展社会调查评估149例，警告12人次，对暂予监外执行罪犯收监执行9名。在册的255名社区矫正人员均已列入监管范围，接受矫正教育。通过完善监管场所与家庭、单位、社区帮教管理的衔接机制，进一步落实重点帮教对象必接必送制度，全年刑满释放人员重点帮教对象接送率100%，一般帮教对象接送率65%以上。开展走访、回访活动，对60名家庭困难的刑满释放和社会服刑人员未成年子女建立工作信息台帐，上门走访50次，发放慰问物资、慰问金5500元，逐个制订个案管理方案和帮扶措施，并和民政部门积极协调，办理低保9户。对列管的316名安置帮教人员全部落实帮教措施，有效预防重新犯罪。

法律服务。全面落实法律援助为民办实事工程。开展“法援苍生，与您同行”专项维权行动，把农民工、残疾人、老年人、未成年人等作为法律援助重点对象，提供“三优先”（优先接待、优先解答、优先受理）服务，快速指派律师或法律工作者尽快办理，在提供服务中更加注重质量优化和品质提升。积极开展“便民服务示范窗口”创建活动，推行援务公开、首问负责制、限时办结制并实行制度上墙公示。加强对办案活动的指导、监督，落实跟踪和回访制度。全年办理法律援助案件215件，超额完成法律援助为民办实事任务。芙蓉公证处主动介入经济建设主战场，积极为东岸公园、火炬村拆违、东郡西路改扩建项目等重点工程建设提供优质高效的公证服务。全年办理公证业务426件，收费20万元，为芙蓉区项目建设顺利推进起到保驾护航的作用。

存在的问题和困难：基层基础困难还有待解决，社区矫正规范化建设的力度有待进一步加强，人员力量不足的困难还没有得到根本解决；对推进司法行政机制体制改革的力度不够；部分干部执行力、创新力不强等问题仍然不同程度存在。（刘 歆）

【省司法厅领导到区督察法律服务进社区工作】 2月18日，省司法厅律管处处长向新林率省律师协会、省法律顾问团办公室、市律师协会负责人一行到

图32 图省司法厅调研组领导到区督察法律服务进社区工作

区督察法律服务进社区工作。向新林一行在听取区司法局工作汇报后，对芙蓉区法律服务进社区工作所取得的成绩和效果给予充分肯定，并就进一步推动法律服务进社区提出要求：要把法律服务进社区工作长期不懈地抓下去，给社区居民提供更多的法律服务；要让更多社区群众真正感受到有“自己的律师”，享受到更加便捷的法律服务；要着力化解矛盾纠纷，为和谐平安社区保驾护航。汇报中还就争取经费支持，深入开展律师法律服务进社区（村），建立法律服务进社区工作的长效机制及政府购买法律服务等进行探讨交流。向新林一行还到湘湖管理局西湖社区实地查看法律服务进社区工作开展情况，查看社区法律服务室，查阅律师调解、接访、走访记录和工作日志以及开展宣传活动等相关资料。区司法局局长许平波及部分驻社区律师、社区工作人员参加调研。

（刘 歆）

【市委督察组到区检查社区矫正和安置帮教工作】 7月17日，由市政府督察室、市综治办、市司法局、市财政局、市人社局有关领导和相关处室负责人组成的督察组到芙蓉区检查社区矫正、安置帮教两项工作。在听取区司法局的汇报后，督察组组长、市司法局副局长谢朝辉对芙蓉区社区矫正、安置帮教工作予以高度评价。谢朝辉指出，芙蓉区委、区政府专门就社区矫正、安置帮教工作召开专题会议进行部署，说明对该项工作的高度重视。各职能部门衔接配合到位，整体工作氛围和发展势头很好。要进一步加强基层司法所软、硬件建设，

解决安置帮教“人户分离”瓶颈问题，提升社区矫正专干队伍能力，促进社区矫正、安置帮教工作质量的提高，维护好全区和谐稳定。（刘歆）

【市司法局领导到区督察法治公园建设】1月16日，市委政法委副书记、市司法局党委书记、局长魏华松率市司法局副局长刘永革，市依法治市办专职副主任蒋开明一行到芙蓉区，对马王堆古汉城法治公园建设项目进行督察。魏华松一行实地查看法治雕塑、法治屏风、文化景观石、浮雕文化墙、法治长廊等法治文化宣传景点，对法治公园建设给予高度评价。魏华松指出，芙蓉区司法局能够因地制宜，借助古汉城社区公园原有景观设施，将法治元素巧妙地融入其中，既节约成本，也使居民群众在休闲娱乐的同时，能够潜移默化地接受公平、正义、权利、和谐等法治理念的熏陶。（刘歆）

【主办“法援苍生　与您同行”法律援助宣传活动】7月4日，区司法局主办的“法援苍生，与您同行”法律援助主题宣传活动在阿波罗商业广场拉开帷幕。活动期间，发放法律援助宣传资料2500份、法制宣传袋300个，现场解答法律咨询30人次。长沙市司法局副局长贝先明、长沙市法律援助中心主任郭灿霞、区委政法委书记欧干军等领导参加此次宣传活动。（刘歆）

【“三调联动化矛盾　息访息诉促平安”主题活动】1月，全省三调联动化矛盾专项调解活动启动，区司法局结合群众路线教育实践活动，立足“化解纠纷积案和信访难题，减少赴京上访总量”的工作目标，建立由区委主要领导负责，司法行政部门牵头，相关职能部门各负其责，社会志愿者广泛参与的信访积案化解体系，切实做到“四个到位”（诉求合理的解决问题到位，诉求无理的思想教育到位，生活困难的帮扶救助到位，行为违法的依法处理到位）。历时4个月，使吴某、唐某、石某等5户区内历史遗留问题重点对象转变态度，签订解决问题的协议。（刘歆）

【举办首个国家宪法日法制宣传活动】12月4日首个国家宪法日设立，由芙蓉区依法治区领导小组办公室、区司法局主办，东屯渡街道承办，以“坚持依宪治国，树立宪法权威”为主题的法制宣传活动在浏阳河婚庆公园广场举行。此次活动，有凌霄社区艺术团、芙蓉区青商会、藩后街社区艺术团的文艺工作者们表演的《锦绣家园》《司法之歌》《中国梦》等数十个法制文艺节目和有奖法律知识竞猜群众互动活动，吸引大量市民驻足观看。区司法局还专门制作横幅、展板、宣传手册和宣传画等，通过发放宣传手册和宣传画等形式，增强市民认知宪法、运用宪法的法治意识和法治观念，营造出崇法、守法、用法的法治氛围。（刘歆）

地方武装

国防教育与征兵

【概况】2014年，芙蓉区国防与军队建设及“双拥”工作以中共十八大和十八届三中、四中全会精神，以及习近平主席一系列重要指示为指导，按照“强基固本、风清气正、团结务实、奋发有为”的工作思路，着眼使命任务履行，狠抓军事斗争准备，服务经济社会发展，维护社会和谐稳定，各项工作取得明显成绩。

部队教育管理。紧紧围绕国防和军队建设“三个牢记”重要思想，开展“牢记强军目标、献身强军实践”主题教育、“讲党性、守党规、严党纪”反腐倡廉教育、“雷锋家乡学雷锋”专题教育等系列活动。通过专家授课、辅导讲座、交流谈心、个人自学和参观见学等形式，将教育内容具体化，将教育形式生动化，并认真组织开展民主生活会，进行深刻的自我剖析和对照检查，激发全体部队官兵和干部职工干事创业和履职尽责的主动性、积极性和工作热情。在中共群众路线教育实践活动中，区人武部根据党中央、中央军委、省市两级军区和警备区党委统一部署，深入开展“四风”整治，常态推进建章立制，务求整改工作实效，进一步筑牢“军魂”，确保部队团结稳定和风清气正。

国防教育。区政府在“芙蓉之窗”网站上开辟国防教育网页，“国防教育从娃娃抓起”已纳入全区中小学教育课堂，马王堆街道建立了国防教育一条街，定王台街道浏正街小学成立了少年军校，各街道和社区积极设立国防教育宣传牌，张贴国防教育标语。区人武部深入部队和地方单位组织开展爱国主义教育、国防教育和拥政爱民教育，开展经常性的军民共建活动和“双拥”宣传活动。利用市国防教育基地、秋收起义纪念馆、毛泽东故居、刘少奇故居、雷锋纪念馆等红色教育阵地开展全民国防教育。区委、区政府主要领导在春节、“八一”等节日节点带队走访慰问驻区部队官兵和重点优抚对象，各单位组织召开军政座谈会，街道、社区经常性走访慰问烈军属。芙蓉区抓国防教育、促国防建设的作法在军委总政的宣传简报上刊发，并得到《国防教育》杂志、《长沙晚报》和省、市电视媒体的重点报道推介。

征兵工作。建立地方政府和兵役机关共抓共管的工作机制，成立由区委常委、常务副区长为组长的征兵工作领导小组，并将征兵工作纳入对相关部门和各街道的绩效考核。利用宣传横幅、报纸、电视、网络、电子屏、QQ群、微信群等传播媒介进行征兵宣传，发布征兵信息。与辖区高校开展互动，积极争取青年学生应征入伍。在湖南农业大学举办“千人首日征兵现场报名”活动，派发宣传单3000份，张贴征兵公告3000份。街道武装部通过社区工作人员上门入户做工作，发放适龄青年应征通知书，做好兵役登记工作。构建“立体式”监督制约机制，抓好新形势下科学、规范、廉洁征兵工作，确保兵员质量。在征兵政审环节，所有参加政治考核的人员一律严格执行新的《征兵政治考核工作规定》，落实横向交叉联审、入户走访等制度，建立岗位责任制和领导负责制，层层签订政治考核工作责任状。在征兵体检环节，对全体应征青年进行统一编号管理，实现过程全封闭，防止徇私舞弊。2014年，全区征集男兵144人，大学生兵107人，女兵9人，没有出现一起责任退兵。（杨 冲）

【“八一”前夕走访慰问驻军】 在中国人民解放军建军87周年之际，区委书记梁仲、区长于新凡带领慰问小组先后走访湖南省军区、市警备区、市消防支队等单位，带队看望慰问驻区部队官兵，送去节日问候并赠送慰问金。梁仲高度评价驻区部队官兵发扬拥政爱民的光荣革命传统，积极投身地方经济社会建设，充分展现了新时代人民子弟兵为人民服务的良好形象。梁仲还表示，芙蓉区将一如既往支持部队建设，认真落实各项优抚优待政策，谱写双拥工作新篇章。在区民政局统一组织的慰问活动中，慰问驻区部队22个、军队干休所5个和复退军人4名，受到部队官兵的热烈欢迎。（杨 冲）

【举办“千人首日征兵现场报名”活动】 5月15日，芙蓉区夏秋季征兵“千人首日现场报名”活动在湖南农业大学修业广场举行。区委常委、副区长苏智勇，区人武部部长张勇、政委何元良出席。湖南农业大学副校长陈冬林、副区长苏智勇作动员讲话。大学生陈佳乐代表应征青年发言，表达了参军报国的雄心壮志。活动现场设置政策咨询点、现场报名点，工作人员耐心细致解答相关优惠政策，鼓励青年学子投身军营。许多大学生在现场当即填表报名。湖南农业大学为做好此次应征，在全校范围内开展“八个一”征兵宣传活动（成立一套征兵工作的领导班子、举办一场征兵报名的首日现场报名启动仪式、进行一个月的专场摆点咨询解答、每名学生聆听一堂征兵入伍政策宣讲、每个班级开展一次主题班会、校报（校园网）刊登一期征兵动员公告、给每名学生发送一条征兵动员短信、每名毕业班学生收到一本征兵政策解答手册），有效调动了大学生的应征积极性，网上和现场咨询和报名踊跃。

夏秋季征兵的主要征集对象为18至20周岁的具有高中毕业以上文化程度青年，高学历青年可放宽到24周岁。长沙地区城镇、农村义务兵家庭优待金每户每年分别为1.5万元和6000元，到西藏、新疆等艰苦地区服役的义务兵家庭给予一次性奖励1万元。此外，按照新的“暂行办法”，对于应征入伍的高等学校毕业生学费还有一定补偿或代偿贷款，本科生每人每年最高不超过6000元。（杨 冲）

地方军事

【概况】 2014年，芙蓉区人民武装部学习贯彻习近平主席系列讲话精神，坚持依法治军、从严治军，深化“一拓三改”（拓展训练内容，改进组训方法，改革考核形式，改善保障条件）组训思路，扎实推进民兵应急分队训练，夯实基层建设，积极探索军民融合式发展途径，各项工作重点突出，成效明显。年内，区人武部被湖南省军区评为“全面建设先进团级单位”，被长沙警备区评为“军事训练先进单位”“安全工作先进单位”“民兵工作先进单位”“先进基层党组织”。

军事斗争准备稳步推进。区人武部按照“一拓三改”的要求，狠抓军事斗争准备。战备工作落实到位。及时修订完善各类战备方案，拟制非战争军事行动能力建设实施计划，细化各类处突应急预案。结合节假日、防护期、平时交班会等时机进行形势战备教育。针对“昆明恐怖暴力事件”的特殊安全要求，加强营门的警戒和营门值班力量，增设警棍、盾牌、拒马等设施；投入近40万元升级改造作战视频会议系统。严格武器装备管理规定，完善兵器室的安全防护配置，发现问题及时整改。抓好干部在职训练。积极组织全体现役干部参加省军区团以上首长机关第一阶段集训，进一步提高干部组织调研、示范示讲的能力；组织干部进行体能、业务基础、想定作业、战场环境研究、轻武器的使用和军事理论等为主要内容的学习训练，提高干部个人能力素质。10月，全体干部参加警备区组织的年终考核，考核全部合格。狠抓民兵应急分队专业训练和演练。年内，突出抓好民兵应急分队、舟桥分队、高炮分队和医疗救护分队训练，组织民兵训练300人次；参加省军区组织的“湘江—2014”演习。扎实推进民兵整组工作。在民兵整组过程中，按照“科学合理布局、分解基层压力、确保队员优质”的思路，根据各单位的实际潜力科学分配编组任务，深入基层，分片指导，确保整组工作的实效性。为规范好各类资料，人武部投入经费3万元，为基层武装部制作10类记录本，促进基层资料建设的规范化。

基层基础建设整体推进。区人武部加大基层建设抓建力度。加大对基层武装部的检查指导力度。年初，组织考评组对13个街道、7个高校和13个企业的基层武装部建设进行检查考核，摸排了解情况，掌握专武干部的最新思想动态，倾听民兵心声。对街道拟调整的4名武装部长、2个专武干事进行考察，并召开党委会，研究任命拟调整的基层武装部长和干事，确保武装工作的连续性。全年基层正规化建设主要采取以点带面，通过党委协调地方政府为基层解决经费、库室和器材等问题，重点抓火星街道、荷花园街道武装部和13个基层民兵营正规化建设。做好典型抓建工作的宣传报道。2月，湖南教育电视台国防教育频道和国防教育杂志专题报道推介区人武部典型抓建工作。3月，常德军分区政治部主任一行14人对区人武部典型抓建单位进行实地考察与交流。

参建参治树好形象。结合区情特点，积极探索芙蓉区军民融合式发展路子。全力参与群众工作直通车工程。根据区委的统一安排，春节后积极参与群众工作“四联三为”活动，区人武部领导走访慰问8位联点困难群众，为每户困难群众送去粮、油等物资和慰问金，进一步密切军民关系。按照区委、区政府的要求，全力保障区委中共群众路线教育实践活动专题民主生活会在区人武部召开。积极开展“雷锋家乡学雷锋”活动。积极组织民兵处突维稳。春运和两会期间，先后组织民兵500人次，在火车站和省政府大门维护秩序，确保安全稳定。根据区委、区政府要求，组织应急分队出动民兵400人次，积极参与区里的拆迁维稳工作。积极推进“双带双促”（带头建设家乡、促进经济发展，带头维护稳定、促进社会和谐）活动。根据长沙市委、市政府和警备区“双带双促”动员部署会议精神，区人武部及时将“双带双促”活动纳入议军会议专题研究和部署，成立“双带双促”领导小组和办公室，同意建立退役军人创业基地；通过与区委区政府的积极协调，召开区“双带双促”动员部署会，传达上级精神，并根据本区实际部署“双带双促”工作，下发《芙蓉区“双带双促”实施意见》。根据要求，部署“退役军人之家”典型抓建工作，确定东屯渡街道、军区社区、湖南铭家集团3个单位为典型抓建单位，并组织相关人员前往常德参观学习。典型抓建过程中，区人武部与民政局积极配合，多次深入实地检查指导，并为3个单位解决部分经费。（吴宏瞻）

芙蓉区人民武装部

部　长　张　勇

政　委　肖集林（2014.02免）

何元良（2014.02任）

副部长兼军事科科长　卿青松

政工科长　张柏平

后勤科长　曾宪红

【召开民兵预备役工作会议】　2月25日，区人武部召开民兵预备役工作会议，对上年民兵预备役建设形势进行认真分析，对2014年工作提出新要求，使大家切实认识到民兵预备役工作的重要性和紧迫感。会上表彰先进单位和个人，颁发荣誉证书和奖金，充分调动专武干部的工作积极性。（吴宏瞻）

【开展学雷锋主题实践活动】3月2日，组织区人武部干部、职工及民兵参加省军区组织的“雷锋家乡学雷锋”主题实践活动——“长沙市望城区光明村水渠疏浚清淤活动”和向雷锋塑像敬献花篮仪式。（吴宏瞻）

【召开民兵整组工作会议】　3月，区人武部组织召开民兵整组工作会议，对与会的55名专武干部进行全面系统的业务培训，并组织干部分组下街道检查民兵整组落实情况，点验民兵分队，检查街道单位13个，点验民兵分队10个。（吴宏瞻）

【参加“湘江—2014”演习】7月1—3日，区人武部组织民兵预备役人员参加省军区组织的“湘江—2014”演习，反恐维稳行动演练采取全程图上作业与实兵演练相结合，出动人员150人，出动轻武器、警棍盾牌、防弹衣、头盔和车辆等装备器材200件（套），圆满完成演练任务，受到市警备区通报表扬。（吴宏瞻）

武警消防

【概况】　2014年，在区委、区政府和区公安分局的正确领导下，芙蓉区武警消防部队落实消防安全责任、净化消防安全环境、推进消防宣传教育、提升灭火救援能力，全区消防安全工作扎实推进，在维护芙蓉区安全稳定方面发挥积极作用。年内，区消防大队被评为“先进基层组织”、“后勤工作先进单位”。五一广场中队获评“全市消防部队全面建设先进中队”，定王台中队、五里牌中队被评为“灭火救援先进单位”。下一步，区消防大队将继续以打造“长沙消防品牌战略”为中心任务，为全区人民的生命财产安全提供有力保障。

严格落实消防安全责任。消

防工作由政府领导和各级各部门齐抓共管的工作格局进一步形成。年内，区委书记梁仲无论在全区大会上还是到基层调研，都专门强调消防安全工作，每逢重大节假日亲自带队开展消防检查；区长于新凡多次召开办公会议，专题研究和部署消防工作，解决消防工作的难点问题，为全区消防工作“问诊把脉”。将消防安全工作纳入社会治安综合治理检查考评内容，融入文明城市创建工作和政务督察范围。各街道、公安派出所和社会单位层层签订消防安全责任状，逐级开展责任考评；区消防安全委员会成员单位认真履行职责，共同推进消防事业发展；各社会单位认真落实消防安全主体责任，不断推进消防安全“四个能力”（检查消除火灾隐患的能力、组织扑救初起火灾的能力、组织人员疏散逃生的能力、消防宣传教育培训的能力）。建设和消防安全标准化管理，自防自救能力不断提高。

切实改善消防安全环境。全区消防工作按照区政府统一部署，联合各街道和相关职能部门深入开展“第二次清剿火患”“地下公共停车场”“打非治违”专项整治行动。区消防大队加强对重点单位和重点场所检查整治；各街道及公安派出所积极开展辖区内的“网格化”排查，确保社会面检查到位；区安监、工商、建设、教育等部门按照职能分工加强对易燃易爆、商场市场、在建工地、学校的检查与监管。年内，重点对物流仓储、城中村、棚户区、商贸市场、城乡结合部、“三合一”（即住宿与生产、仓储、经营一种或一种以上使用功能违章混合设置在同一空间内的建筑。该同一建筑空间可以是一独立建筑或一建筑中的一部分，且住宿与其他使用功能之间未设置有效的防火分隔）场所、历史文化街区以及背街小巷等区域性火灾隐患场所开展集中整治；在东岸片区拆除违章临时仓库约80万平方米；对辖区住宅小区消防通道不畅问题进行专项治理；荷花园街道恒达社区建成全区“示范小区”，得到市政府相关领导的高度评价。

深入开展消防宣传教育。2014年，消防宣传的触角延伸到社区、街道、城乡结合部的方方面面，提升了消防宣传工作社会化水平。围绕主题活动广泛开展群众性消防宣传。以“学雷锋活动”“校园安全教育主题日”“六一”儿童节、“安全生产月”“119宣传月”为契机，全年开展消防宣传活动及灭火疏散演练15次，得到广大群众的一致好评。全区以宣传贯彻《全民消防安全宣传教育纲要》为主线，从提高公众消防安全意识和素质入手，充分利用多种途径大力开展消防宣传教育活动。分批组织重点单位消防安全责任人、消防专干、消防控制室等岗位人员参加专业培训，全年培训各类人员600人，指导重点单位组织灭火逃生演练300次，区消防安全委员会印发宣传资料15万份。区消防大队主动对各街道、社区（村）和社会单位及时上门宣传，制作宣传橱窗、专栏，组织学习讲座等形式，在全区形成“人人关注消防、人人参与消防”的良好氛围。

全面提升灭火救援能力。区消防大队通过开展重点单位“六熟悉”（即熟悉消防队责任区的交通道路、水源情况；熟悉责任区内重点单位的分类、数量及分布情况；熟悉责任区内主要灾害事故处置的对策及基本程序；熟悉责任区内重点单位建筑物使用及重点部位情况；熟悉重点单位内部的消防设施情况；熟悉重点单位的消防组织及其灭火救援任务分工情况）灭火救援联合演习、打造消防铁军比武等一系列大练兵活动，全面提升官兵的火场灭火救援能力。切实加强综合应急救援队伍建设，逐步完善应急处置体系，在全区范围内建立火灾事故调度、处置应对机制，确保区应急办、消防、派出所、综治、安监等部门能在第一时间对火灾现场进行应对处置，并能迅速对事故的处置、善后及舆情应对作出及时反应。2014年，全区发生火灾439起，无人员伤亡，直接财产损失2639.81万元。全区消防部队接警出动2086次，其中火灾1198次、抢险救援423次、社会救助219次、执勤保卫15次，出动车辆3321台次，出动警力21983人次，抢救被困人员277人，疏散人员1248人，抢救财产价值2257.7万元。成功处置“11·29”三湘大市场南湖家电城火灾，最大限度地减少人民群众的财产损失。

2014年，全区消防工作滞后于经济社会发展的局面仍然没有根本改变，火灾隐患整治反弹、再整治再反弹等现象仍然普遍存在。尤其是“11·29”三湘南湖大市场火灾事故，暴露一些社会单位在消防安全管理上失控漏管、主体责任不落实、安全意识淡薄等问题。全区火灾隐患仍然大量存在，重大火灾隐患部分还未整改到位，全区居民普遍消防安全意识薄弱，社会消防工作责任体系有待进一步完善，社会化消防宣传工作有待进一步覆盖。

（胡志红 周 静）

区武警消防大队

大 队 长 高 涛

教 导 员 陈 鹏

副大队长 黄 磊 胡志红

副教导员 胡逸舒

【开展第二次“清剿火患”】1月16—17日，区消防大队深入辖区商场、超市、市场开展消防安全大检查，全面开展冬春季节第二次“清剿火患”。重点针对商场消防设施运行、消火栓状况以及灭火器材配置是否完整有效，是否依法办理消防行政许可手续，商场、商铺内是否存在违规住人、电气线路是否存在私拉乱接等现象进行检查。为督促全区各派出所开展“清剿火患”行动，提高派出所民警消防监督执法能力，区消防大队就如何做好派出所消防监督执法工作进行了现场指导，通过剖析派出所在日常消防监督执法过程中遇到的问题，进一步规范消防执法程序、正确运用消防相关法律法规等问题进行深入浅出地讲解。还结合派出所消防监督工作要求，明确社区民警在日常消防检查时应采取的检查方法及重点检查内容；指导和规范派出所日常消防监督和行政处罚所使用的法律文书填写及制作。（胡志红 周 静）

【开展地下公共停车场消防安全大检查】为认真落实区政府领导关于居民小区消防通道被占用及地下公共停车场违规占用或变更使用性质相关问题的指示，特别是市政府督察室下发督察通知（长政督字［2014］6号）中反映的地下公共停车场违规变更使用性质的情况，2月11日，区消防大队联合辖区街道、派出所、交警队等相关负责人在全区针对小区消防通道及地下公共停车场开展消防安全大排查大整治。检查过程中，针对地下公共停车场违规占有或变更使用性质，特别是部分变更为仓库，存放大量可燃物品等问题，执法人员如实填写相应的法律文书，责令相关单位在限定的期限内搬迁；对碧云天大厦、步步高超市龟博士汽车美容店、星光大厦、马王堆陶瓷城恒广A区和B区、双鹰油漆涂料城、长沙赛格发展有限公司、朝阳丽园地下车库、凯通国际城、国合快车、湖南宇成投资公司等多家涉及违规变更地下公共停车场使用性质的单位采取临时查封等强制措施。（胡志红 周 静）

【开展“防灾减灾日”系列宣传活动】5月12日是全国第六个“防灾减灾日”。区消防大队组织宣传小组分别在火车站广场和马王堆国际幼儿园开展“防灾减灾”系列消防宣传活动。发放消防宣传资料2000份，宣传挂图500套，消防安全手册500本，接受群众咨询近300人，并开展安全疏散和逃生演练，广泛普及防灾减灾知识，提高广大民众在灾难面前的自救互救能力，为社会稳定发展奠定坚实的基础。

（胡志红 周 静）

【成功处置“11.29”火灾】11月29日16时31分，长沙市公安消防支队“119”指挥中心接到报警称，位于芙蓉区远大路131号三湘实业总公司三湘南湖大市场家电城四楼发生火灾。接到报警后，“119”指挥中心先后调集五里牌、湘湖、高桥、特勤等21个中队55台消防车、360名消防官兵迅速赶赴现场救援。第一时间出动的五里牌中队于16时35分到达火灾现场并迅速展开灭火。芙蓉区委、区政府迅速向市政府值班室、应急办报告，市区两级立即启动消防应急救援预案。公安干警设立警戒线，组织交通疏导，做好防护和隔离，严密控制现场，湘湖街道和市场组织现场人员疏散，确保无人员伤亡和衍生事故发生。市长胡衡华，副市长、公安局局长李介德等市领导第一时间赶赴现场坐镇指挥救援工作。消防支队迅速组建了火场指挥部，并作出了“顶层压制火势，外围破拆排烟，内部强攻近战”的决策部署。由于该建筑外侧全被铁制广告牌包围，加之建筑内部结构复杂，且存放大量可燃易燃的木质家具、电器设备等，造成火灾载荷大，给消防灭火救援带来极大困难，一时很难从外部施救。经过广大消防官兵和干部群众的奋力扑救，火灾于当晚21时40分得到控制，11月30日凌晨零时30分基本扑灭，30日6时左右火场余火清理完毕，并成功阻止了火势向周边建筑的蔓延，没有造成人员伤亡。（胡志红 周 静）

人民防空

【概况】2014年，芙蓉区人防工作按照“长期准备、重点建设、平战结合”的方针，坚持以《中华人民共和国人民防空法》《湖南省实施〈中华人民共和国防空法〉办法》为总抓手，坚持解放思想、创新思路，真抓实干，坚定不移地推进人防社会化，有序推进工程建设、工程管理、指挥通信、宣传教育等工作，取得显著成绩。10月，湖南省人防办授予芙蓉区素质教育基地为人防教育示范单位。

全区防护体系建设有序推进。年初，区人防工程领导小组组织开展对辖区人防工程督察，“查漏补缺”有序推进防护体系建设。11月14日，举办“2014年度芙蓉区人防工程实力统计年度培训班”，全面落实省人防综合实力统计和市人防办对年度人防工程管理的相关要求。辖区200家人防工程单位参会并完成了人防工程档案填报及人防工程数据汇审工作。年内，市人防办移交人防工程14家，人防工程面积增加4.17万平方米。完成全区人防设施示意图及标示张贴工作。

组织指挥设施建设全面展开。芙蓉区指挥所启动建设，建筑面积达2200平方米，投资约2300万元。全区通信和警报网络设施比较完备，安装有防空警报器35台，其中电声警报器18台，电动警报器11台，数字警报器6台，短波电台1台。指挥通信车辆1台。在警报器的建设中，建立集中控制的警报发放系统，基本实现全区覆盖。警报器统一控制率达85%，35台通信警报器鸣响率和覆盖率均达100%。注重人防信息化人才的培养，委托区武装部结合民兵训练，开展以人防重点目标伪装和人防通信为主的人防专业队伍培训。结合“11·1”人防试鸣日进行人防宣传、人防疏散演练，提高人防应急专业队伍的综合能力以及居民群众防空防灾应急救援能力。

图33 省人防办领导邓建华一行到区指导人防宣传教育工作

坚定不移地推进人防社会化。按照“创新、突破、服务、效益”的总体要求，区人防办积极开展人防宣传教育进机关、进媒体、进企业、进院校、进社区的“五进”活动，大力推进素质教育基地建设。5月12日，区人防办在火车站广场开展防灾减灾宣传活动，发放防灾减灾各类应急知识宣传资料3900份。10月15日，市人防办主任易权吉，副主任莫金文、法规与宣传处处长龙小灿一行到区素质教育基地实地调研，并对推进该项目建设提出指导意见。10月23日，省人防办纪委书记邓建华，人事宣传处处长李微、副处长李飞到教育基地以及军区社区、东湖社区视察并对素质教育基地授牌。11月1日，区人防办在火星街道陶家山社区进行人防试鸣教育宣传活动。活动现场，人防、消防专业人员向居民和小学生们发放人防安全知识手册，讲解防空警报知识，并演示电梯故障救援、救火扑灭过程，还手把手地教小学生们正确使用防毒面罩和灭火器。全年组织集中培训3次，先后有4000人参训，开展大型集中宣传活动4次，约2万人次参加，发放资料及宣传册3万份。

存在的问题：早期人防工程老化，人防投入相对较少。人防建设投入与经济发展速度难以匹配。人防教育宣传难度增大。全民的国防意识相对淡薄，防空意识不强。（汪琳）

【省、市人防办领导到区视察人防项目】 1月13日，省人防办副主任邹文辉、处长李飞，市人防办副主任袁健康、处长龙小灿到区视察“人防天地”人防宣传教育素质基地项目。袁健康对芙蓉区人防工作给予充分肯定，指出芙蓉区人防宣传教育工作已走在全市前列。邹文辉指出：人防宣传教育阵地化建设是当前和今后一段时间要做的重点工作，芙蓉区起到了引领作用，达到了示范效果，人防事业发展、宣传教育先行，全省要推广芙蓉区的经验，促进全省的人防工作再上台阶、再出成果。

（孙立荣 陈跃）

【省人防办领导到区指导人防宣传教育工作】 10月24日，省人防办分管人防宣传教育工作的党组成员、纪检组长邓建华带领机关党委、宣教处、人事处和纪检监察室相关人员到区检查指导人防宣传教育工作。邓建华一行检查了军区社区的人防宣教工作，并到省“人防宣传教育示范社区”东湖社区指导工作。邓建华指出，芙蓉区多年来人防宣教工作一直走在全省前列，希望进一步创新形式，要提炼出群众喜闻乐见、更加通俗易懂、更接地气的宣传方式来推广人防知识。

（陈玥平）

【市人防办领导到区调研人防工作】 9月16日，市人防办主任易权吉到区调研人防工作。易权吉主任一行查看了芙蓉区素质教育基地人防工作宣传室及部光社区防空洞，并听取芙蓉区人防教育的相关情况汇报。易权吉对芙蓉区人防工程建设及人防宣传工作给予高度肯定，认为芙蓉区人防工程建设特别是人防宣传起点高，速度快，效果好。同时也对芙蓉区下一步人防建设提出意见与建议。（汪 琳）

【郴州市人防办领导到区参观人防教育示范基地】 4月23日，经省人防办推荐，郴州市人防办副主任王东方一行4人专程到芙蓉区人防教育示范基地参观、考察。芙蓉区人防教育示范基地一期工程依托区素质教育基地，设置有人防知识展示厅、人防自救体验室、电子打靶室等专门功能区，是全市唯一一家省级人防教育示范基地，每年能培训中小学生近1万人。郴州市人防办领导及同行对芙蓉区建设人防教育示范基地的思路以及人防教育示范基地运行模式高度认同，对人防教育示范基地的建设水平给予高度评价。（陈纲要）

【举办消防知识技能讲座】 4月30日，芙蓉区人防办邀请市普消宣传中心教官陈富沅，为全办人员进行了消防安全知识培训。通过此次讲座，使大家充分认识到火灾的危害性和做好消防安全工作的重要性，掌握防控火灾的基本知识和逃生自救的技能，形成“消防安全人人有责，平安人防人人共享”的氛围。（汪 琳）

【辰溪县人防办主任陈求真到区交流】 5月16日，怀化市辰溪县人防办主任陈求真、副主任刘朝永一行在省人防办人事处处长李微的带领下到区参观与交流。陈求真一行参观区人防教育基地及东湖社区“省社区人防工作示范点”，对芙蓉区人防宣传教育及社区“人防工作示范点”建设给予了高度评价。省人防办李微对芙蓉区贯彻平战结合，强化宣传示范的做法给予充分肯定。（陈玥平）

【召开2014年人防工程管理工作会议】 12月24日，芙蓉区2014年度人防工程管理工作会议召开。各街道人防专干和各社区人防基干、辖区人防工程管理单位负责人参加会议。会议由人防办副主任赵德玉通报全年人防执法检查情况。省消防全民防火中心教官张礼主讲人防、消防相关知识技能。会上，分管人防工作的副区长彭尚松及区人防办主任孙立荣作讲话。（汪 琳）

经济管理

【概述】 2014年，区发展和改革局加强宏观指导，科学谋划发展思路，服务经济社会发展大局，各项工作取得较好成绩。

研究经济社会发展。牵头全区“十三五”规划编制工作，制订《芙蓉区国民经济和社会发展第十三个五年规划编制工作方案》，组织召开十三五编制工作动员大会，制订《芙蓉区产业发展规划研究方案》《芙蓉区十三五产业发展规划》，编制工作按计划逐步推进。广泛征集全区各职能部门和有关单位的意见，对上年制订的《关于促进经济发展的奖励办法实施细则》进行修订，《关于促进经济发展的奖励办法实施细则（2014修订版）》（芙政办发〔2014〕43号）经区委常委会审定后发布实施。组织编制《芙蓉区2014年度国民经济和社会发展目标》，引导全区产业加快转型升级。按月、按季督促检查计划完成情况，及时调度，完成全年和季度全区国民经济和社会发展计划执行情况报告。优先对基础设施、公益事业等民生项目安排资金，把握投资重点，编制《芙蓉区2014年征地拆迁及重点项目建设计划》，计划项目111个，预计总投资226亿元；征地拆迁项目17个，预计拆迁腾地2528亩。

规范项目管理。严格项目审批，全年收到立项申请报告49份，备案11份，可研批复和上报11份，均按程序严格审查，及时完成批复和上报。规范项目变更管理，完成2011年背街小巷、2012年平改坡项目、砂咀子泵站等11个项目变更遗留问题的处理。全力支持重点工程建设，完成32个提质改造项目的申报、审核；配合区城建投做好浏阳河风光带项目服务并完成4类项目申报。争取政策支持，向省发改委申报长沙国金中心、长沙世茂广场等6个项目纳入2014年度省级重点项目，18个重点项目纳入市重大项目计划。

优化招投标管理服务。严格政府投资项目概算审查，出台概算办理须知，加快概算审查流程，全年送审金额为7888万元，累计核减1162万元，为节约财政资金起到积极作用。优化调整限额以下工程招标流程。区公共资源交易中心共承接21个交易项目，下达招标核准批复29份。择优选取项目服务机构，通过竞争性谈判完成十六中学基坑支护项目监测单位、火炬村四片提质改造项目设计单位等11个项目服务机构选取。

推进两型社会建设。编制《2014年度基层两型社会建设综合配套改革试点实施方案》和《长沙芙蓉中央商务区创建两型综合示范片区实施方案》，改革试点项目建设进展顺利，大同三小及幼儿园等项目如期推动建设，隆平杂交水稻博物馆、苏宁云商现代产业园基地等一批产业发展项目已经启动前期工作。示范带动成效显著。培育恒达社区等4家单位为省级两型示范创建单位，培育浏阳河婚庆园等16家单位为市级示范创建单位，马王堆社区被评为“长沙市两型家庭创建示范社区”，并在长沙市两型家庭创建现场观摩会上进行推介。表彰上年度区级两型示范单位16家，发放区级两型创建资金65万元。对创新机制、节能工作突出的13单位给予85万元两型、能源扶持引导资金加以重点扶持。择优推荐隆泰微波热工有限公司的微波技术处理城市生活垃圾，长沙亚欣电器技术服务有限公司的集合型风管清洗研发及推广，长沙金缕实业有限公司的节电系统改造三个项目纳入市级低碳清洁推广项目。

（曹祎婧）

【物价管理】 开展“发展环境优化年”专题活动，对区文体新局、工信局等15个行政事业单位的收费进行专项检查。大部分单位收费政策执行规范、到位，个别存在问题的单位及时整改，共上缴财政资金58.06万元。开展机关行政事业单位”两证“清理审核工作，取消道路运营许可证的办理费用、水利工程机电排灌费等15项收费。及时处置价格举报，全年受理各类价格举报和群众来信来访137起，其中作出行政处罚案件5起。做好价格认证工作，共办理各类刑事案件价格认证308起，标的总金额过亿元。新办理《服务价格登记证》46本，年检37本；注销行政事业型收费许可证12本，更换7本，年检6本。（曹祎婧）

【能源管理】 2014年，全区单位GDP能耗实际下降5.68%，其中单位工业增加值能耗下降9.36%，单位规模工业增加值能耗下降5.25%，单位GDP电耗下降10.21%，各项指标均优于“十二五”目标值。合理利用政策支持，助推区域绿色发展。湖南亚大制药有限公司等10家企业获长沙市节能专项资金55万元；通程大酒店等3家单位获得上年度“节能示范单位”的称号和专项奖励资金30万元；完成湖南美程酒店等三家企业申报长沙市节能备选项目初审，并推荐新增的3个项目进入2014年度长沙市本级财政公共项目预算，通过考察和审核，推荐曙光电子集团等单位的9个项目纳入2015年市本级节能专项资金预算。督促“万家企业”开展节能技术改造和能源利用管理等各项节能措施，顺利完成2013年节能量整体目标1.08万吨标煤节能任务。（曹祎婧）

【改革火车站广场停车场计费收费方式】 长沙火车站广场已不能适应现在的停车需求，此前执行的5元/次的收费标准亦造成大量的社会车辆滞留，给“黑车”提供了廉价接客场所，加剧该地区停车位紧张、紊乱。5月23日，芙蓉区召开火车站广场停车场改革计费和收费方式征求意见会，邀请人大代表、政协委员、居民群众、外来务工人员等社会各界人士面商意见。经研究采纳有关意见后，对火车站广场停车改计次收费为计时收费，改人工计费为电子智能计费。8月1日开始，火车站广场停车场实行“20分钟内免费，一小时收费5元，一天不超过50元”的收费标准，有效改善了群众反映强烈的火车站停车难、收费乱的问题。（曹祎婧）

统　计

【概况】 2014年，全区统计工作深化优质服务，着力“四大工程”建设，区统计局获全市统计工作综合评比先进单位，全市采购经理调查、规模以下服务业抽样调查、贸易限额以下行业抽样调查特等奖，全市规模以下工业抽样调查、城乡住户调查、工业生产者价格调查、经济普查、统计行风、投资统计、社会统计一等奖。

完成经济普查。精心组织，稳步推进，历时10个月，按国家普查方案圆满完成第三次经济普查各项工作，为摸清全区经济家底、促进产业转型升级打下基础。6月23—25日，芙蓉区代表湖南省接受国家经济普查事后质量抽查，在全省四个抽查点中结果最好，受到省、市表扬。

提供统计服务。充分利用统计资源，扎实开展深化统计优质服务主体活动，全年完成统计信息68条，其中被省统计局采用11条、被市统计局采用37条，被区委、区政府采用43条，编印《经济参考》19期，发布《2013年芙蓉区国民经济和社会发展统计公报》和《统计提要》，为《芙蓉年鉴》提供资料，办好《芙蓉统计综合月报》并增加经济指标得分内容，提高统计保障能力。聘请6名大学生对1300户个体经营户纳税情况进行调查，为全区经济发展服务。配合做好市对区绩效考核和区对各职能部门绩效考核中的数据核实工作。

核实单位名录。坚持“先入库、后报数”的原则，扎实开展基本单位名录库工作。工业、商贸、房地产、建筑、名录库等专业人员联合对照企业上报的营业执照、税务登记证、财务报表等资料一一对应查看，对资料提供不完整的企业及时要求补充材料，对暂不符合标准的企业不进行申报，对不符合“四上”（规模以上工业企业、限额以上批发零售住宿餐饮企业、资质内建筑业企业和房地产开发企业、规模以上服务业）标准的企业予以申请退出，全区应进的企业全部录入，该退的企业坚决退出，确保名录库单位数据真实、准确和完整。

做好常规调查。按照统计制度要求，完成农业、工业、能源、高新技术、建筑业、固定资产投资、房地产、批发零售贸易、服务业、

图 34　2014 年区统计工作会议

劳动工资、人口社会、城乡住户调查、国民经济核算、单位名录库等年报及各项定期报表任务。做好节能减排调查、劳动力抽样调查、两纲监测、畜禽监测、采购经理调查等各种专项调查工作。切实加强对基层统计数据的评审力度，提高数据质量。

加强业务培训。通过经济普查和年报会的形式对街道（园、局）统计人员进行业务培训。针对统计工作的重点、难点，出台干部联点制度，全局干部分别联点各街道（园、局），负责联点街道统计业务工作的指导和督促，与街道、社区统计人员对全区“四上”企业实施“一对一”业务指导和服务，逐一对企业进行全面走访，提升全区统计人员业务素质。继续开展统计教育培训，对 2013 年通过国家统计从业资格考试的 107 人颁发统计从业资格证书；组织未取得统计从业资格的统计员和拟从事统计工作人员的从业资格教育；对已取得从业资格证书的人员开展继续教育，全年统计从业资格和统计继续教育报名人数分别为 208 人和 222 人，统计职称报考人数为 27 名。

推进信息建设。要求各街道（园、局）和联网直报单位统计员认真、严格进行联网直报工作，督促各企事业单位配备硬件设施，创造联网直报工作条件，确保各行业联网直报工作顺利开展。充分利用网络平台，与各街道（园、局）、企业实现公文、报表、数据和分析资料的网上快速传输，提高工作效率和统计数据时效。

加强统计宣传。加强统计法制宣传教育。深入宣传《中华人民共和国统计法》《统计违法违纪行为处分规定》，开展以领导干部、调查对象、统计人员为重点的统计普法宣传教育，提高各级领导干部、各界人士的统计法制意识。结合中共群众路线教育实践活动要求，深入基层、深入企业，广泛听取基层统计人员的意见，畅通政府统计部门与基层的渠道。编印统计法相关资料，以及系列统计产品，反映全区经济社会发展成果，体现统计产品公开透明，增强统计亲和力和公信力。开展“最美基层统计员”评选，展示基层统计人最美的心灵和积极向上的工作情怀。健全统计法规制度，继续做好统计证培训和继续教育工作，完善数据质量控制体系，把好数据采集、生产、使用三个关口，确保统计数据真实可信。加大统计执法检查和管理力度，严肃查处统计违法行为，强化数据质量监督机制，增强统计开放度和透明度，接受社会各界对统计数据的有效监督。

（胡　柯）

审　计

【概况】 2014 年，区审计机关全年完成审计项目 291 个（含政府投资审计），其中本级预算执行、重点部门、专项资金审计 7 个，领导干部经济责任审计 19 人，审计调查项目 3 个，政府投资工程结算项目 161 个，政府投资工作预算项目 101 个。预结算核减政府投资建设工程造价 34402 万元，查出违规金额 5293 万元，纠正管理不规范资金 44751 万元，上缴财政罚没金额 8 万元，有效地维护财政资金安全、提高资金使用效益。

财政财务收支审计。以加快建立公共财政框架为目标，围绕经济运行中的热点和难点，对与民生密切相关的社保基金、社会抚养费、民政和水利专项资金等 10 个项目实施专项审计和审计调查，保证专项资金的安全完整和有效使用。重点审查收支预算编制是否完整、科学、合理、结余指标预留不细化等问题。通过收支预算执行审计，分析预算追加调整对预算执行影响；通过专项资金延伸审计，关注财政转移支付资金分配和政策落实，有效促进财政及有关部门健全制度，堵塞漏洞，完善管理。

经济责任审计。严格按《审计准则》程序开展审计，加大经济责任审计与财政审计、投资审计、专项资金绩效审计的融合力度，创新审计方式方法，提高审计工作效率。探索推行“三责联审”，将单一的经济责任审计向用人责任审查、廉政责任审评、编制责任审核拓展，进一步突出干部监督的重点，创新干部监督的方式，提升干部监督的效果。实行“任中、离任交接互审”的经济责任审计新模式，以主要负责干部任职8年以上未经审计、群众反映问题较多或拥有政府资源较多的单位作为重点，强化事前、事中监督，加强对领导干部权力运行的监督制约，及时提出加强内部控制等方面的整改建议，发挥任中经济责任审计监督的作用，使潜在问题得到及时预防和制止。运用“多审合一，一审多用”方式提升经济责任审计效果，实行“五个结合”，即审计与审计调查相结合、自查与抽查相结合、查帐面与查实物相结合、查主管部门与所属单位相结合、查单位与查个人经济责任相结合；一审多用，放大审计效果，既揭示区域经济宏观上管理存在的问题，又对部门和单位微观上存在的问题进行披露，引起被审计领导干部的重视，加强整改，促进管理。

政府投资审计。始终坚持“质量和效率并重、服务与监督并举”宗旨，严格按照“程序办事、制度管人”“预算优先”的原则开展审计工作。组织技术骨干，突出重点，对浏阳河风光带景观工程预算审计、2011年“宜居社区”整治工程与2011年主次干道两厢外墙立面修饰整治工程结算审计中，严格实行招标控制价审计和竣工结算审计，以实地勘测和协调会形式，对项目的“真实、合法、有效”性进行审计监督。

农村征地拆迁审计调查。通过审计发现农村征地拆迁资金管理方面存在问题并提出对策建议，开展农村征地拆迁审计工作的作法与经验在《中国审计报》上得到推介。开展3个征地补偿安置项目综合性的全面审核调查，出具3份审计调查报告，审核资金34378.72万元，查出问题资金2121.29万元，指出问题18条，提出审计建议11条。以审计简易程序开展全区实施103号令以来的延期过渡费、纳入社保人数名单、工作经费和不可预计费以及企业补偿和搬迁费补偿等进行专项审核。以区本级实施103号令工作综合监督组的名义出具45份专项审核及结果情况报告，共核实专项资金6871.56万元。其中：14个拆迁安置项目被征地农户延期过渡费的审核，核实资金3517.80万元；关于东岸、马坡岭、东湖三个街道6个项目的工作经费以及不可预计费的专项审核，核实资金1461.9元，查出问题资金87.24万元，指出问题4条，审计建议5条；8个项目征地范围内被征地农户拟纳入社会保障人员情况，经审核符合纳入社保规定的有1807人；完成对农业户口迁移及新生儿落户661人的审核，经核实符合农业户口迁移政策规定和农业落户条件的有653人；核实2个项目企业搬迁费资金1214.64万元。

审计结果运用。向区人大汇报《关于2013年区本级财政预算执行及其他财政、财务收支审计报告中指出问题的纠正情况和处理结果的报告》。

存在的困难与问题主要是审计力量不足。随着经济社会的发展，经济总量的扩张增加了审计的工作量，经济体制转型时期的种种复杂因素也增加了审计工作的难度，审计人员长期处于超负荷的工作状态；且审计人员长期忙于审计任务，无法从根本上保证学习的时间和精力，工学矛盾的问题始终未能有效解决。

（唐仁华）

工商行政管理

【概述】 2014年，芙蓉区市场主体保有量7.18万户，其中企业2.81万户，个体工商户4.36万户。全年，区工商分局围绕商事登记制度改革、市场监管创新、消费维权服务、队伍作风建设等工作重点，紧扣经济社会发展大局，各项工作取得新进步。

商事登记制度改革。应对繁忙的商事登记新常态，区工商分局新增机关和工商所窗口工作人员27名，增配电脑及带二维码打印功能的打印机41台，开展专题培训11次，采取提前开门服务、推迟下班、安排专人发号、增设咨询窗口、开展窗口预约登记、办照大厅开通免费Wifi等众多举措，推进全区商事登记改革顺利实施。全年新增商事主体1.77万户，同比增长91.6%，新设企业注册资本总额131.5亿元，同比增长171.7%，首次实现新增市场主体成倍增长，增速在全市领先。

市场监管。创新监管机制，全面推广应用商事主体电子地理监管系统，动态标注市场主体7.01万户，标注率达98.5%；严格落实商事主体登记回访制度，回访新设商事主体1.76万户，回访率99.3%。改革监管方式，改巡查监管为分类抽查，重点监管前置、后置许可审批项目经营情况，巡查一般项目经营主体1.19万户、抄告无证无照经营主体861户、纠正违法违规经营276户、巡查外资企业449户，完成率100%；推进年报公示、信用信息公示、黑名单等监管新举措，公开企业违法记录239条。强化监管效能，立案查处各类违法违规案件325起，结案275起，罚没上缴国库金额228万元，其中万元以上案件56起，较上年增长18.6%。食品安全整治，抽检食品196批次，检出不合格食品25批次并予以立案查处，查扣不合格食品2170公斤，案值120万元，其中不合格腊制品864公斤，查扣国窖、酒鬼等假酒1400瓶；商标侵权及虚假广告专项治理，立案30起，罚没入库金额31.5万元；打击传销，清查涉传窝点83处，查获并遣返涉传人员106人；打击融资担保公司违法违规，查处多家担保公司超范围经营违法行为案；打击假冒伪劣，立案116起，特别是查处南央纳销售以次充好电缆案、长沙恒威控制系统有限公司侵犯西门子商标专用权案，罚没金额均在20万元以上，打击和震慑违法行为。

消费维权。健全激励机制，制订《12315评先评优工作方案》，对全区6个消费维权先进集体和22名先进个人进行专项评比表彰；前移维权“关口”，深入开展“五进”工作，新建消费维权服务站12个，全区基层消费维权服务站总数达71个，全年各维权服务站调处各类消费纠纷4208起，实现矛盾化解在萌芽，纠纷调处在一线；处结申诉举报，全年受理消费者投诉举报3739起，同比增长28%，占全市工商系统24.8%，办结率100%，为消费者挽回经济损失538万元。

队伍建设。出台《加强队伍建设、严明劳动纪律的决定（试行）》，每月在OA内网（内部局域网）上公布视频考勤情况，清理在编不在岗人员，病假人员全部按要求履行请假手续；强化劳动纪律、开展规范着装督促检查并及时通报。改进作风，开展中共群众路线教育实践活动，开展专项整治活动6次，整改问题35个，行政审批提速70%，群众办事等待时间大幅缩短；精简发文45%、减少会议51%；“三公”经费同比下降67%。提升凝聚力，为7名干部子女解决入学入托难题；挤出资金给基层工商所和窗口部门工作人员发放岗位补贴；投入资金110万元，完善工商所设施、改善办公环境；新建老干部活动中心和档案室，面积433.56平方米；组织参加全市系统首届职工运动会，取得团体总分第四名、广场舞比赛第一名、徒步比赛团体第一名、象棋比赛团体第四名、拔河比赛第六名，6人获得单项名次，被市工商局授予组织奖。区工商分局再次获评2014年度全市工商系统绩效考核“一等奖”，连续第8年获全市工商系统先进集体称号。（张涛）

【颁发商事登记制度改革首本营业执照】 1月6日，芙蓉区工商分局经过扎实前期准备、人员培训和电脑硬件升级，顺利颁发商事登记制度改革后全区首张企业法人营业执照。分局党委书记、局长熊国华，副局长谭春生共同为湖南洞庭逸溪汉字文化传播有限公司负责人送上崭新的营业执照。与旧版营业执照不同，新注册成立公司不再需要企业实缴注册资本，原361项繁杂的前置审批手续除开19项涉及安全及民生的重要领域外，全部改为后置审批，投资者可以不经过前置审批首先领取营业执照，创业门槛大幅降低，极大地方便市民投资兴业。为应对新的创业热潮，芙蓉分局登记大厅采取提前开门，延迟下班，增派人手，安排专人发号等众多举措应对。1月6日，分局共受理注册登记申请171人次，经过提前受理、当场审核和集中审批，当日成功发放企业法人营业执照51份，商事登记制度改革所释放的“红利”及其所带来的“创业潮”初步显现。

（张涛）

【刘佩智一行督察节日食品市场】 1月16日，国务院食安办副主任、国家食药监管总局副局长刘佩智率中编办、食安办、食药总局有关负责人一行，在省、市食药局、工商局领导陪同下到芙蓉区火星农贸市场督察节日食品市场监管工作。刘佩智仔细察看每一个摊位，不时停下脚步与摊主交谈，详细查看粮油店米质，询问店主临近春节米价是否有波动。在市场检测室，看望和慰问工商分局驻场检测干部，关切询问一年检测批次和检测结果情况。刘佩智看到整个市场及周边整洁、规范、有序，菜品摆放整齐，公平秤等设施一应俱全时，对社区市场管理极为满意，并强调各职能部门要切实负好食品监管责任，确保节日食品市场秩序安全、稳定、有序。（张涛）

【开展打击传销清查整治行动】 5月26—27日，区工商分局牵头，联合公安等部门及相关街道办事处共332人，出动车辆46辆，对荷花园街道、马王堆街道、火星街道、东屯渡街道等重点片区开展打击传销集中清查整治统一行动。区委、区政府专门成立打击传销执法行动指挥部，区委常委、政法委书记欧千军任指挥长，副区长彭娟，副区长、区公安分局局长黄健元，市工商局副调研员、区工商分局局长熊国华等领导任行动副指挥，均到现场进行检查指导和现场指挥。荷花园、马王堆、火星和东屯渡4个街道书记分任行动组长，带队开展此次清查行动。此次行动共清查整治涉传窝点83处，当场查获涉传人员106名并全部带回甄别、审查处理，收缴涉传书籍、笔记本等资料31本（份），查扣电脑5台，暂扣涉传人员手机89台。 （张涛）

【查处恒威工程公司侵犯商标权案】 长沙恒威控制系统工程有限公司因涉嫌侵犯注册商标专用权，于7月31日被区工商分局立案调查。经查明：恒威公司2009—2013年期间分别从深圳、韶关购进“西门子”牌DP接头、前连接器等产品，以加价10元不等的价格，销售给湖南、广西、山东等业务单位。该产品经西门子（中国）有限公司鉴定，非公司生产或授权生产的产品，属于侵权产品。至被查处时止，恒威公司购进上述产品共计价值35.66万元，销售额37万元，从中获利1.34万元。其行为属于《中华人民共和国商标法》规定的侵犯注册商标专用权的违法行为。鉴于公司认识态度较好，积极配合调查取证工作，且违法行为尚未造成严重后果，依据《中华人民共和国商标法》第五十三条和《中华人民共和国商标法实施条例》第五十二条的规定，工商分局作出责令立即停止侵权行为，罚款人民币20万元的处罚决定。 （张涛）

【查处南央纳销售以次充好电缆案】 4月14日，南央纳销售的“宏昕”牌电线标注长度与实际长度不符，涉嫌以次充好，被区工商分局立案调查。经查明：南央纳于2013年10—11月5次从长沙众亿电缆有限公司购进“宏昕”牌电线对外销售。经中国检验认证集团湖南有限公司检验，认定“受检项目长度不符合《定量包装商品计量监督管理办法》的要求”，截至被查获时止，货值金额共计11.33万元，获利3.4万元。工商分局认定，南央纳违反《中华人民共和国产品质量法》的规定，构成以不合格产品冒充合格产品销售的行为。依据《中华人民共和国产品质量法》第五十条规定，对南央纳作出责令停止销售，没收违法所得3.4万元，罚款人民币6万元，合计人民币9.4万元的行政处罚。 （张涛）

·个体劳动者私营企业协会·

【概况】 2014年，区个体劳动者私营企业协会（以下简称个私协会）以服务个体私营经济发展为主线，重点抓好会员的服务与维权工作，促进全区个体私营经济快速健康发展。根据共青团省、市委确定的工作目标，区个私协会继续加大推进建团工作力度，在符合建团条件的私营企业和各类专业市场、商业街、规模较大的个体工商户中建立共青团组织。全区有非公经济团支部115个，年内新增48个。指导35家企业成立关工委组织。全年区个私协会用于非公团工委工作经费支出约12万元，关工委工作经费支出约8万元。始终将服务会员作为区个私协会工作出发点和落脚点，开展走访、帮扶、就业、维权等工作，不断丰富服务内容，构建服务型协会。针对困难企业需求继续开展大走访活动，及时了解企业情况和困难，全年区个私协会与各分会走访会员企业2万户次、协调解决企业困难50次。慰问贫困会员和遭遇重病、火灾等不幸的特困会员与困难群众700人次，慰问资金与物资计13万元。在春节期间和“3·5”学雷锋日、“光彩服务日”开展多种形式的“送温暖”走访慰问活动，依托注册登记、商标广告、公平交易、合同、“12315”等工商行政管理职能，进行法律法规宣传，免费提供法律事务咨询，反映会员诉求，帮助解决矛盾纠纷，维护会员合法权益。受理并解答会员咨询2000人次，帮助会员解决实际问题80件，为会员挽回直接经济损失近300万元。开展银企融资服务活动，帮助12家大型企业在邮政银行、招商银行、长沙银行融资1.28亿元，为促进全区个体私营经济发展做出新贡献。 （唐同新）

·表1·

2014年芙蓉区私营企业基本情况统计表

项目	户数（户）	投资者（人）	雇工人数	注册资本金（万元）	户数占总数的比例（%）	比上年增减（%）户数	人数
合计	28121	51524	116422	4828217.88	100	29.68	21.60
农、林、牧、渔业	103	285	640	38001.40	0.45	45.07	33.80
采矿业	7	18		2380.00	0.03	0	0
制造业	748	1787	6550	140489.30	3.2	11.98	8.04
电力、燃气及水的生产和供应业	14	24	80	12259.00	0.06	133.33	84.62
建筑业	855	1865	2850	213723.50	3.25	48.99	34.17
交通运输仓储和邮政业	263	556	911	66734.50	1.15	38.42	28.11
信息传输、计算机服务和软件业	1119	2428	8714	233818.37	4.9	31.03	26.33
批发和零售业	7899	16982	31008	1320453.79	34.64	20.95	14.77
食宿和餐饮业	183	327	7558	20952.94	0.80	30.71	35.12
金融业	712	1421	1460	175929.50	3.12	40.71	0.78
房地产业	498	1171	14141	115337.16	2.18	20.29	17.33
租赁和商务服务业	5210	11379	11215	840320.31	22.85	41.23	29.87
科学研究、技术服务和地质勘查业	4364	9996	9037	797397.63	19.14	32.72	26.16
水利、环境和公共设施管理业	96	219	634	36850.00	0.42	12.94	5.29
居民服务和其他服务业	367	691	5004	41685.60	1.61	24.40	22.52
教育	30	83	165	5367.00	0.13	36.36	29.69
卫生、社会保障和社会福利业	22	39	509	3064	0.10	37.5	44.44
文化、体育和娱乐业	314	598	4159	54838.98	1.38	44.04	60.32
其他行业	5317	1655	11787	708614.9	18.9	8.27	6.75

·表2·

2014年芙蓉区个体工商业分行业统计表

项目	户数（户）	从业人员	注册资金 万元	注册资金 比上年增减（%）	户数占总数的比例（%）	比上年增减（%）户数	人数
合计	43636	98929	196002.49	45.22	100	33.70	35.50
农、林、牧、渔业	11	25	79.00	12.86	0.03	37.50	38.89
采矿业	3	8	75.20	0	0.007	0	0
制造业	699	2105	4324.68	35.89	1.58	21.42	29.70
建筑业	21	47	100.30	126.41	0.05	162.50	135
交通运输、仓储和邮政业	198	375	1251.48	1514.81	0.47	80	504.84

续表 2

项目	户数（户）	从业人员	注册资金		户数占总数的比例（%）	比上年增减（%）	
			万元	比上年增减（%）		户数	人数
信息传输、计算机服务和软件业	100	249	510.35	38.74	0.24	35.13	37.57
批发和零售业	31573	65547	135363.01	31.03	74.54	23.97	24.12
食宿和餐饮业	4406	15235	27442.19	111.19	10.40	138.16	99.98
房地产业	39	110	125.90	14.56	0.09	18.18	15.79
租赁和商务服务业	897	2015	4922.27	51.89	2.12	30.95	34.42
教育	3	6	18.00	38.46	0.007	50	100
卫生、社会保障和社会福利业	143	495	1502.21	14.80	0.34	18.18	22.22
文化、体育和娱乐业	199	1323	2275.32	216.76	0.47	70.09	50
其他行业	5344	11389	18012.58	17.45	12.2	6.82	7.55

（阎葵）

安全生产监督管理

【概况】 2014年，区安全生产监督管理局按照“推进示范创建、落实主体责任、坚持管理创新、促进宣教维安”的工作思路，以宣传教育、示范创建和标准化创建为依托，以打非治违、隐患排查和专项整治为抓手，推动全区安全生产形势的持续稳定。全年辖区发生各类生产安全事故23起（不含火灾事故），死亡8人，伤14人，直接经济损失543.9万元。发生生产经营性火灾事故51起，直接经济损失3166.1万元。全年生产安全事故死亡人数控制指标8人，实际死亡8人，与上年持平。

安全宣传教育。区委中心组两次学习安全生产相关文件，提升全区领导干部的安全生产意识。邀请专家对全区近130名安监执法人员进行新《中华人民共和国安全生产法》和执法检查专题培训，提高依法行政水平。组织企业负责人、安全管理员、工贸企业标准化建设自评人员360人进行专题业务培训，提高从业人员素质。开展安全生产月、职业卫生宣传周、应急知识宣传周等活动，组织公安、消防、卫生、食品、环保、质监等部门，联合14个街道（园、局），采取摆放展板、悬挂条幅、发放资料、播放视频和现场咨询等方式开展宣传活动，全年共发放各类宣传资料20万份。借助《芙蓉月刊》平台，编印2000份《芙蓉安监》，发放到全区各部门、街道及部分生产经营企业，在重大节日和特殊天气发送安全生产短信12次4.3万条。

整治安全隐患。深入开展安全生产“打非治违”，全年组织专项行动887次，出动执法人员4493人次，检查单位4946家，查实举报的非法违法行为4起；集中4天时间开展烟花爆竹“打非治违”，收缴各类烟花爆竹137标件；查处非法储存危险化学品仓库、经营单位6个，共清理、查封、收缴各类非法危险化学品38吨。开展安全生产大排查大整治大督察，先后对加油站、油漆市场、胶粘剂市场、危险化学品企业、可燃性粉尘进行专项整治，检查单位752家次，下达整改书150份；联合环保、公安、消防等部门开展石材加工行业专项整治，摸查石材加工企业343家，责令停产拆除、拆迁、退出205家。加大隐患排查力度，五里牌冷库、金苹果冷库安全隐患得到彻底解决，定王台书市、粮贸大厦、曙光电子集团动力分厂等安全隐患逐步得以整治。

规范安全管理。持续推进示范创建工作，文艺路街道获省级示范街道称号，火星街道获市级示范街道称号。推进工矿商贸企业和烟花爆竹批发企业安全生产标准化创建工作，全年工商贸企业创建达标74家，完成目标任务185%；烟花爆竹批发企业创建达标9家；完成职业卫生工作用人单位基础建设25家，超额完成5家。开展损害群众利益专项整治工作，有效解决安全生产中介机构乱收费乱发证问题，先后处理油罐车私自加油、火星街道小区、芙蓉公寓制冷机组、废品收购站等多个市民举报的安全隐患；全面推广安全生产责任保险，除烟花爆竹和危险化学品企业全部购买安责险外，辖区内中石油、中石化下属13家加油站纳入安责险范畴。

存在的困难和问题：企业安全生产主体责任远未落实，从业人员安全意识亟待提高，全区安全生产基层基础不够牢固，各负有安全监管职责的部门在日常监管中协作不强，形成合力不够。

（杨涛）

【陈泽珲到区督察安全生产】 8月13日，市委常委、常务副市长陈泽珲一行到区督察安全生产工作。区长于新凡和分管交通、安监、消防的副区长及相关部门人员陪同检查。检查组一行实地检查粮贸大厦、长沙汽车东站和长沙中油安达燃油配送有限公司等单位安全工作后，听取芙蓉区安全生产工作汇报。陈泽珲肯定芙蓉区在安全生产工作方面做出的努力，对存在的困难及问题表示理解，他要求重视存在的问题，对安全责任不落实、从业人员安全意识不强、顽固安全隐患难整改等问题，要想方设法解决；坚决抓好打非治违工作，突出开展“六打六治”，摸清隐患底数，确保取得阶段性成果；建立长效机制，不断建立健全安全生产相关法律法规和规章制度，弥补监管漏洞，确保安全生产工作的长效化。

（杨涛）

【召开全区安全生产工作大会】 12月16日，芙蓉区在区机关会议中心召开全区安全生产工作大会。区委书记梁仲，区长于新凡及部分区委、政府班子成员参加会议。会议由区委副书记夏钟剑主持。区安委会成员单位主要负责人、各街道（园、局）党政主要负责人和分管负责人、派出所所长、社区（村）主要负责人及100家重点企业负责人近300人参加。区委常委、副区长蔡冰通报“7·19”事故处理情况和“11·29”事故案件情况，并就贯彻省市关于加强安全生产工作的有关文件精神及今后安全生产工作进行部署。湘湖街道、区安监局和区交通局主要负责人就如何做好相关工作发言。于新凡作全区安全生产工作报告。梁仲强调各单位要汲取教训，直面安全生产工作薄弱环节，强化责任，严格执法，提升安全事故的整体防范能力，全力扭转全区安全生产形势，促进区域经济社会发展。

（杨涛）

【区领导节前督察安全生产】 1月29日，区委书记梁仲、区长于新凡一行到曙光电子集团、阿波罗商业广场和五里牌肉联厂等单位视察和指导春节期间安全生产工作。检查组一行先后对曙光电子集团的动力气柜区，阿波罗商业广场的消防设施、监控设备和购物环境，潇湘国际影城阿波罗旗舰店的安全设备设施，五里牌肉联厂的抽氨转运等工作情况进行详细检查。检查组指出：企业应积极主动履行安全生产主体责任，提高安全生产意识，夯实企业安全基础，提高从业人员业务素质。要进一步排查治理安全隐患，坚决杜绝各类安全生产事故发生，营造良好的节日氛围。

（杨涛）

【安全生产工作“四不两直”督察】 9月30日，区委书记梁仲，区长于新凡，副区长蔡冰、许凡、黄健元等一行到辖区部分重点隐患单位督察节前安全生产，区委办、区政府办、区安监局、区交通局、区消防大队等部门负责人陪同检查。检查组按照不发通知、不打招呼、不听汇报、不陪同接待，直奔基层、直插现场的“四不两直”方式，对定王台书市、金苹果冷库和汽车东站3个单位进行监督检查。与此同时，区委、区政府领导班子成员带队到各定点联系的街道（园、局）督察安全生产工作，营造“国庆”和中共十八届四中全会期间的安全和谐环境。

（杨涛）

【区政协领导指导安全生产】 6月26日，区政协主席刘建新，副主席洪曙光、谢志鹏、黄金国、杨爱斌，秘书长成正良等一行对东岸片区安全生产进行指导。刘建新一行实地察看东湖渔场村金勃物流园、东湖村仓储物流园、龙马社区泉塘旧家具市场。在听取相关负责人简要介绍后，刘建新指出：要切实加强村民自建仓库和市场的安全监管，及时排除安全隐患，对发现问题的企业和单位要及时责令整改，杜绝安全事故发生。察看结束后，区政协召集区公安分局、区安监局、区消防大队和东岸街道、马王堆街道、马坡岭街道、东湖街道相关负责人召开座谈会，听取区安监局关于全区安全生产工作汇报，区消防大队就全区消防工作的相关情况补充发言。（杨 涛）

【率先开启“安全生产月”活动】 5月30日，芙蓉区在全省率先开展“安全生产月”活动。仪式由区政府副调研员虢中华主持，副区长彭娟作动员讲话。会上宣读《芙蓉区安全生产委员会关于开展2014年“安全生产月”活动的通知》(以下简称《通知》)。《通知》提出全区“安全生产月”活动以“强化红线意识，促进安全发展”为主题，各单位要深入宣传贯彻习近平总书记关于安全生产系列讲话精神，开展安全生产宣传咨询日、生产安全事故警示教育、安全应急预案演练、安全文化示范典型宣传推介等系列活动，要求各单位开展各具特色的行业性活动。会上发出倡议，要求全区上下牢固树立安全发展理念，积极排查隐患，切实履行监督职责，共建安全、和谐、美丽家园。活动期间全体与会人员集中观看安全警示教育片《生命的红线》。（杨 涛）

【根治五里牌肉联厂冷库液氨隐患】 长沙市五里牌肉类联合加工有限公司冷库制冷车间位于城市中心地带，冷库中的液氨储量高达15吨，自1985年使用至今，许多设备已经严重老化，一旦液氨大面积泄漏，就可能造成人员中毒、氨气爆炸等群死群伤事故。为彻底消除隐患，确保人民群众生命财产安全，区委、区政府成立领导小组，召开专题会议，制订工作方案和实施步骤。整个液氨抽转外运准备工作为15天，相关单位各司其职，密切配合，工作安全有序推进。1月23日，经过3天紧张的液氨抽离转运，冷库15吨液氨顺利完成抽转外运工作，标志着这一重大安全隐患得到彻底根治。（杨 涛）

【完成金苹果冷库抽氨转运作业】 金苹果冷库位于中心城区人员密集区域，其涉氨压力容器管道设备超过使用年限，老化严重，存在重大安全隐患。市、区政府高度重视，采取有效措施，力排隐患。9月23日，冷库液氨制冷机组依法按期关停，随即进入抽氨转运准备阶段。11月4日晚，市安监局副局长李建勋、副区长蔡冰现场指挥抽氨转运，市安监局、省特种设备检验检测研究院、区安监局、区环保局、区公安分局、区消防大队、区交警大队、区质监分局等职能部门与街道、社区一起，密切配合抽氨转运工作，株洲市达源实业有限公司、金苹果冷库负责具体实施。抽氨转运作业从当晚9点开始，至次日凌晨2点结束，由区交警大队全程护送，实现安全、顺利转运。运营33年的金苹果冷库彻底退出历史舞台。（杨 涛）

【开展石材加工行业职业病危害专项整治】 3月18日，全区召开石材加工企业专项治理工作联席会议，研究部署石材加工企业职业病防治工作。区安监局、人社局、环保局、总工会、质监分局、工商分局等部门及各街道（园、局）主要负责人参加会议。副区长许凡全面部署专项治理工作。市安监局副局长黄波和市职业病防治所多位专家还对马坡岭街道石材加工企业职业病防治情况进行调研指导。5月17日，区安监局联合环保、消防、城管、工商等部门和马坡岭街道，成立芙蓉区马坡岭地区石材加工企业专项治理指挥部，印发工作方案和管理通告，印制《从业人员职业健康温馨告知书》200份并发放到一线从业人员手中，此后又联系湖南省劳动卫生职业病防治所，对石材加工企业180名从业人员进行职业健康检查。为加大整治力度，指挥部先后组织10次联合执法行动，到11月底止，共强制拆除64家石材加工企业，拆迁拆除144家企业，责令73家企业整改。（杨 涛）

【《芙蓉安监》专刊与读者见面】 5月10日，区安监局携手《芙蓉月刊》编辑部，组织编订《芙蓉安监》安全生产专刊。该书较为全面地展现近年到芙蓉区在示范创建、标准化创建、城市工业灾害防治、安全隐患治理等安全生产工作方面取得的成效，展示安监工作人员风采，梳理部分创新安全生产工作好的思路和方法。《芙蓉安监》印制2000册，分发各街道（园、局）、区直部门、垂管部门和部分企业、学校，送省、市两级安监部门，以扩大专刊影响。编订《芙蓉安监》，目的是在回顾芙蓉区安全生产工作开展情况的基础上，进一步提高全区上下安全意识，为辖区开展安全工作奠定坚实基础。（杨 涛）

【开展职业病防治法宣传周活动】 4月25日，区安监局联合区人社局、环保局、卫生局、总工会、工商分局和质监分局等部门，在东湖街道辖区内的湖南康乾石材市场开展《中华人民共和国职业病防治法》宣传周活动，主题是“防治职业病，职业要健康”。区安监局在康乾石材市场设立宣传咨询点，各职能部门制作精美的宣传资料，供从业人员了解、学习《中华人民共和国职业病防治法》和防治知识等相关内容。从特种设备、作业人员以及工伤保险等方面为企业负责人和从业人员现场答疑解惑。以区安监局帮助指导下的康乾石材市场为样本，从职业卫生管理机构设立、制度建立以及员工职业健康档案等方面着手，示范引导用人单位建设企业职业卫生基础工作。区安监局等各职能部门还和企业负责人进行座谈，就职业病防治和石材加工行业规范等问题深入研究讨论。（杨涛）

【开展安全生产宣传咨询日活动】 6月16日是全国安全生产宣传咨询日，为保证活动效果，进一步营造安全和谐的良好氛围，在区安委会的统一安排部署下，全区10个区直部门和14个街道（园、局）开展宣传咨询活动。在繁华大道、大型市场、广场、车站、学校等人员流动、密集地区设立14个宣传咨询点，发放各类宣传资料3万份，现场参与宣传活动达4000人次，群众反响良好。（杨涛）

【开展安全生产应急预案演练】 6月25日，根据芙蓉区“安全生产月”活动安排，由区政府主办，区安监局、韭菜园街道办事处、长沙粮贸大厦承办，在五一大道粮贸大厦开展安全生产应急预案综合实战演练。区消防大队、区卫生局、交警四中队、韭菜园街道、粮贸大厦入驻单位及市蓝天救援服务中心等单位员工300人参加演练。市应急办主任晏新辉、区政府副调研员虢中华、市安监局应急管理处处长曾红涛等观看演练。此次活动旨在促使大楼管理机构和企业员工掌握实用的火灾预防和逃生自救常识，熟悉应急疏散路线和应急避险集中地点，从容应对火灾等突发事件，提升安全意识。演练采用现场解说与实战运用相结合的形式进行，从事故报告、展开自救到启动应急预案，从紧急疏散、应急救援、伤员救护到灭火演示，整个过程顺畅。各应急救援小组职责清楚，指令明确，行动迅速，现场处置得当，达到预期效果。（杨涛）

【开展烟花爆竹应急救援综合演练】 7月10日，全区组织在东湖街道合平村安置小区开展烟花爆竹零售门店突发事故应急救援综合演练。省安监局应急办主任刘云生、烟花处监察专员张存信，市安监局副调研员李培建，副区长彭娟等领导全程参与。演练以一家烟花零售门店因电器线路严重老化引起线路起火，引发烟花爆竹爆炸为课题。演练中，各相关单位和部门共同配合，抢救伤员、疏散社区居民，呈现一场接近实战的应急救援综合演练，受到领导一致认可，得到周边群众交口赞誉。刘云生、彭娟就演练情况进行总结讲评。市烟花爆竹流通协会负责人、各街道安监站站长、全区烟花爆竹经营单位负责人、蓝天救援队和周边群众近200人参加演练。《长沙晚报》、湖南教育频道、长沙政法频道等新闻媒体做了全程报道。（杨涛）

【开办安监执法人员培训班】 5月7日，区安监局邀请市安监局政策法规处处长李湘平讲授安全监管行政执法。各街道安监站全体人员、社区安全生产专干及区直有关部门安全监管人员130人参加。李湘平就安全生产法律法规、事故调查处理及案例分析、安全生产事故应急救援、高危行业安全生产管理等内容，结合具体事例，进行深入细致讲解。通过培训，解决安监工作人员的疑惑，增强执法的信心和底气。（杨涛）

【举办安全监管人员培训班】 10月13—14日，区安监局举办安全监管人员培训班，加强对新《中华人民共和国安全生产法》的学习，提升全区安全监管人员的执法检查水平。各街道（园、局）、区直相关部门分管负责人和安监专干近90人参加。市安监局副局长曹惠民作《强化红线意识，学习贯彻新安法，努力实现安全生产形势的根本好转》主题授课，重点讲授新《中华人民共和国安全生产法》的十大亮点，并对安全生产教育培训工作要求进行详尽阐述。区安监局主任科员黄一迅，着重讲授安全生产行政执法检查和安全生产应急管理及事故救援等相关知识。（杨涛）

【开办企业安全生产标准化建设培训】 5月29日，区安监局开办芙蓉区2014年企业安全生产标准化建设自评人员培训，邀请国家安全生产专家、湘潭钢铁集团有限公司首席安全专家、高级工程师佘宏彦对拟开展标准化建设工作的50家企业、70名企业自评人员进行培训。佘宏彦从企业安全生产标准化建设的背景、定义、任务、特点及工作流程等方面进行重点讲解，结合自已独有的安全管理理念，深入浅出地讲解企业安全生产标准化建设工作，内容丰富，立论高远。（杨 涛）

【开展《安全生产法》宣传咨询日活动】 12月1日，区安委会组织14个街道（园、局）开展《中华人民共和国安全生产法》宣传咨询日活动，重点宣传新安法修订的目的、意义、重要性及修订的具体内容。各宣传咨询点都做到“五有”（有宣传展板、有宣传横幅、有现场解答、有资料分发、有志愿者参与），切实提升宣传活动实际效果。当日发放宣传资料1万份，现场参与活动群众2500人次。（杨 涛）

【在全市安全生产行政执法质量考核获奖】 6月19日，市安监局副局长谭应球率市安全生产行政执法质量考核组一行，到区督导考核2014年安全生产行政执法工作。考核组重点考核涉及行政执法等规范性文件制订与实施、安全生产行政许可（审批）、执法检查、行政强制、行政处罚、事故调查等具体行政行为的程序和实体合法性及乡镇（街道）安监站行政执法工作情况。考核组听取区安监局汇报后分为两队，一队查阅安全生产行政执法的相关台账和资料，一队到湘湖街道和文艺路街道抽检街道安监站安全生产行政执法情况。经考核，芙蓉区获市安全生产行政执法先进单位。（杨 涛）

【李卫当选“长沙市最佳安监员”】 6月16日，在长沙市“遴选最佳安监人员”活动中，马王堆街道安监站站长李卫当选“长沙市最佳安监员”。此次遴选活动历时九个月，采用网络投票、评委评选、安委办审定等程序。经过三轮严格选拔，全市产生10名最佳安监员。李卫在安监工作岗位上兢兢业业，得到群众广泛认可，先后获得省、市、区安全生产先进个人，区优秀共产党员称号。（杨 涛）

质量技术监督管理

【概况】 2014年，市质量技术监督局芙蓉分局围绕全年质量技术监督管理工作目标任务，服务区域经济发展建设，全面履行综合管理、行政执法和安全监察职能，“食品质量安全”和“特种设备安全”得到有力保障。

食品质量监管。质监分局加强日常监管，对50家获证食品企业进行4次以上巡查，下达各类整改意见750条。保障抽样检测和落实不合格报告后处理，全年抽样送检301批次，总体合格率97.24%；依法进行不合格产品后处理工作，并约谈企业负责人，签定质量承诺书。严格执法，打假治劣，先后开展“两节两会”专项整治、“肉制品”专项整治、食品生产加工环节损害群众利益行为专项整治14次，取缔食品生产黑窝点23个，落实处理食品及其他产品投诉52起，立案查处食品违法案件15起，移送公安机关追究刑事责任案件1起。在质监食品监管职能划转至药监部门期间，主动协助药监部门做好食品监管和接受上级检查，确保过渡期间食品质量安全。

特种设备安全保障。全区特种设备数量多，有锅炉218台，压力容器2979台，电梯4322台，起重机械264台，场内机动车61台，大型游乐设施1套。特种设备使用频率高，监管难度大。为保障安全，质监分局加强使用环节日常监察和专项检查，全年出动执法监管人员360人次，对辖区内特种设备使用单位进行全面检查，加大重点行业、重点单位监管巡查频次，下达特种设备现场安全监督检查记录和特种设备安全监察指令书41份；开展特种设备安全领域“打非治违”等6次专项检查，组织重大节假日特种设备安全专项整治。做好特种设备安全隐患处置工作，重点监控重点设备、重点企业，做到五不放过：隐患不查清不放过，隐患不消除不放过，责任不落实不放过，企业安全管理不加强不放过，企业安全长效机制不建立不放过。质监分局一把手带队，现场调度蓉园宾馆锅炉超期未检、东湖街道金福洗涤服务部锅炉无证运行、金苹果冷库压力容器、中燃加气站等安全隐患，落实整改措施，确保安全。协调省特检院对宝庆金都小区物业公司在电梯检验资金方面存在的困难实行减免。成立专项工作小组，全面做好五里牌肉联厂及金苹果冷库抽氨转运技术保障工作，确保安全隐患顺利消除。开展特种设备安全宣传培训。4月，会同省特检院在东湖街道合平村石材加工市场开展联合宣传活动；6月，在阿波罗商业广场开展安全生产月宣传活动；9月，组织全区各街道、社区安全工作负责人参加特种设备安全知识讲座。

服务区域经济发展。质监分局紧盯民生热点，开展生产领域重要消费品及工业产品质量安全检查，检查各类工业产品企业20家。针对曙光电子集团有限公司无工业产品生产许可证生产氢气、氧气情况，下达责令停止生产通知书，提出整改意见，要求企业将情况及时报送市国资委和相关部门。开展打击假冒伪劣产品专项行动，联合市局稽查支队、区公安分局，捣毁2家假冒涂料生产窝点，其中1家涉嫌触犯刑法而移送公安侦办。借助质量月和电梯安全宣传周活动，大力宣传质量安全知识。9月，区政府召开生产加工领域质量月会议，印制宣传画2000份，发放《特种设备安全常识公民读本》2000本。开展民生计量检查，对全区加油站及加气站开展计量专项检查，联合省计量院对辖区内超市、农贸市场、企业用能源计量器具开展计量检定工作。协助做好火炬村拆迁综合执法工作，对拆迁范围内的生产企业进行全面清查，捣毁非法生产窝点1家。在中共群众路线教育实践活动中，落实中央八项规定精神，狠抓“四风”突出问题整治，制订切实可行的规章制度，进一步规范出勤、工作纪律、公务用车。领导班子成员全部签订廉政承诺书，拒收任何单位和个人的馈赠，拒绝请吃请喝，拒收红包礼金2万元。质监分局领导带队深入基层，走访企业，积极回应服务对象诉求和期待，走访服务对象12家，收到各类意见20条，全部整改到位。

（吴韬）

【开展食品安全月宣传活动】 6月10日，全区2014年食品安全宣传月活动在阿波罗商业广场前坪举行。活动采取发放资料、展板展示、解答市民咨询等形式，大力宣传食品质量安全知识及法律法规。发放宣传资料100份，接受群众咨询40人次。

（吴韬）

【开展石材行业专题宣传活动】 4月25日，质监分局会同省特种设备检测研究院在东湖街道合平村石材加工市场开展联合宣传，各石材加工单位的负责人和一线工人参与宣传活动。现场发放《中华人民共和国特种设备安全法》、特种设备安全知识画册、特种设备安全节能宣传画册及起重机械安全管理要点等宣传资料200份，接受咨询50人次，特种设备安全理念进一步深入人心。

（吴韬）

【开展“质量月”系列活动】 9月26日，全区召开2014年“质量月”主题会，推进全国第37个质量月活动。会议由副调研员虢中华主持，市质监局副局长李有富、副调研员周珺珺、副区长彭娟出席会议。辖区内60家生产加工企业负责人、质量主管参加会议。周珺珺作产品质量安全工作报告，要求企业切实履行质量安全主体责任，全面推进质量兴区。仟吉食品、精彩生活超市和汽车东站加气站分别作产品质量安全、诚信计量和特种设备使用安全的倡议。市、区领导要求把“质量月”作为促进产品质量提升的平台，形成常抓常管有效机制，树立质量标杆，以品质创品牌，促进产品质量提升。会议发放《中华人民共和国产品质量法》《质量发展纲要》等宣传资料800份，宣传海报500张。质监分局还通过发送短信、网络报道、显示屏播放、发放宣传手册、张贴宣传画等开展质量宣传活动，并开展与居民群众生活相关的消费品质量安全专项检查及食品生产企业、特种设备安全专项检查，推进质量月活动深入开展。

（吴韬）

【举办特种设备专题讲座】 9月26日，区质监分局组织特种设备安全管理人员知识讲座，辖区内各街道、社区安全专干、区质监分局全体工作人员106人参加。讲座由区政府副调研员虢中华主持。特种设备安全专家、工程师沈明军讲解特种设备基本知识和安全管理要求，分析特种设备安全现状、存在的问题及做好安全管理工作的对策，并宣讲新颁布的《中华人民共和国特种设备安全法》《长沙市电梯安全管理办法》。讲座为提高基层特种设备安全管理人员的业务素质，提升芙蓉区特种设备安全监察水平打下坚实基础。

（吴韬）

【联合执法捣毁一制假窝点】 8月18日，根据群众举报，副区长彭娟和市质监局局长陈曙光带队，市质监局副调研员周珺珺现场指挥，区质监分局联合市质监局稽查支队、区公安分局出动30名执法人员及协警，6台执法车辆，对位于东湖街道东湖村制假涂料窝点的生产车间、仓库等处进行检查。现场查获假冒立邦、多乐士、美涂士、华润等品牌空包装桶1635个，成品120桶，大量的制假原料以及标签打印机、

排版用电脑等制假器具，执法人员依法对上述物品进行封存。因制假嫌疑人涉嫌触犯刑法，案件移送区公安分局侦办。（吴韬）

食品安全管理

【概况】2014年，芙蓉区食品安全各项工作扎实推进，食品安全保障能力进一步提升，全区没有发生一起重大食品安全事故。

健全食品安全监管体系。按照“统一领导、政府负责、部门联动、多方参与”的原则，健全食安委领导决策、食安办监督协调、职能部门网格化监管、街道（园、局）社区（村）协同配合的工作机制，完善区、街道、社区（村）、楼幢（村民小组）四级监管网络，严格督察考核，确保权责清晰、落实到位。推进工作重心下移，管理关口前移，保持街道、社区（村）食安队伍的相对稳定，强化队伍在排查隐患、发现违法违规线索方面的主渠道作用。按照“发现问题、找准症结、拿出对策、明确责任、加强督察”的思路，区食安办及时通过调度会、讲评会、督办函、交办函等形式，协调解决食品安全管理中的具体问题，织网补漏，接链补缝，促进部门之间、部门与街道之间有效形成工作合力。全年召开部署调度、讲评会11次，下发督办函、交办函21份。

推进食安日常管理工作。检验检测常态化。全年对辖区内种植养殖、生产加工、市场流通、餐饮服务四个环节的食品进行监督抽检，完成食品质量安全检验检测6745批次，合格6649批次，总合格率为98.6%。其中定量检验1652批次，合格1556批次，合格率94.2%；定性检测5093批次，合格5093批次，合格率100%。为有效排除食品安全隐患，专门针对重点时段（夏季、冬季、两节两会）、重点区域（校园及周边）开展5次评价性抽检，抽检食品157批次，其中合格135批次，合格率86%。评价性抽检全部为定量检验。1月21日，针对冬季食品安全评价性抽检中发现的湘霸食品厂2批次产品不合格问题，对该厂负责人进行了约谈；6月30日对在校园及周边食品安全评价性抽检中发现生产、销售不合格食品的长沙鸿伊食品有限公司、芙蓉区铁波食品店、红怡食品店等企业负责人进行约谈。约谈后，4家企业均提交整改报告并认真整改。加强农村集体聚餐管理，认真执行农村集体聚餐管理的申报备案制、卫生指导制、食品留样制。5月22日，开办2014年度农村集体聚餐食品安全管理集中培训暨乡村厨师免费体检活动，重点讲解《芙蓉区农村家庭集体聚餐食品卫生安全操作手册》及食品添加剂相关知识，街、村（社区）食安专干和乡村厨师80人参加培训，发放健康培训证28本。开展文明创建，加强对食品生产经营企业证照办理、进货验收、台账登记、卫生消毒、健康管理等各项食品安全制度落实情况的督察、督办，指导企业开办道德讲堂，倡导诚信文化，牵头开展文明餐桌行动。保障传统节日、重大节会食品安全。坚持节日期间领导值班制度和信息日报制度，加强专项督察和产品抽检，确保省、市、区各级人大、政协会议和春节、端午、中秋等传统佳节期间的食品安全。

开展食安专项整治。突出“三个重点”，即重点区域（城郊结合部、人流集中区）、重点品种（米、菜、油）和重点时段（传统节假日、重大节会）开展专项整治。全年先后组织开展“两节两会”期间食品安全、禁止销售散装食用油、学校及校园周边食品安全、食用明胶及使用明胶生产加工食品、桶装饮用水、违法生产经营儿童鱼肝油、活羊及羊肉产品、中秋——国庆期间食品安全、打击非法添加和滥用食品添加剂、建筑工地食堂、酒类经营、湿米粉湿面条、肉及肉类制品等系列专项整治行动，做到“周周有行动，月月有安排”，检查各类涉食单位6772家，责令整改341家，封存或收缴不合格食品4800公斤。区质监、工商、卫生等职能部门共办理食品安全行政案件151起。对于媒体暗访和群众举报投诉，做到即时处理，全年处理各类投诉举报21起。利用网络平台、印发宣传品、录制音频等多种方式，修订出台《芙蓉区食品安全违法行为举报奖励办法》及举报电话。全年兑现举报奖励3起，发放奖金1.06万元。严厉打击违法犯罪，对食品生产加工“黑窝点”“黑作坊”，发现一家，关停一家。1月13日，查处东岸街道一制作假冒名酒黑作坊，收缴、封存各类假冒名酒及空酒瓶593瓶、制酒机器3台。6月7日，查处马坡岭街道西龙村一无证废弃油脂加工黑窝点，现场收缴毛油16桶。9月12日，查处马坡岭街道西龙村一无证无照肉类制品加工黑作坊，查获问题拆骨肉1260斤。对违法犯罪行为，始终保持高压态势。2月侦办陈某某、谭某某生产销售有毒有害豆芽案。4、5月分别侦办陈某某等6人及赵某、周某某非法经营案(非法屠宰生猪)。6月侦办朱某某生产销售有毒有害油炸圆豆腐案。其中两案移交公安部门处理。

加强食品安全宣传。开展食品安全“五进”活动，新编《食品安全宣传资料》1万份，发至居民、村民家庭。在各社区、村设立食品安全宣传栏，在五里牌、韭菜园、马王堆街道开设“食品安全知识大讲堂”3期。参与学雷锋主题日、消费者权益保护日、防灾减灾日、安全生产宣传月活动，积极为群众解答食品安全方面的疑惑。组织食品安全宣传周系列活动。6月10日，在火车站阿波罗商业广场举行芙蓉区2014年食品安全宣传周启动仪式并开展户外宣传咨询活动。6月12日，举办以“崇德尚善、诚信守法”为主题的食品行业道德讲堂。6月18日，在长沙市仟吉食品有限公司开展“食品安全公众开放日”活动，搭建企业与民众之间的互动交流平台。6月19日，举办食品安全知识竞赛，市政府副秘书长、市食安办主任黄吉邦出席并致辞，14支队伍踊跃参赛。7月18日，举办“我的食安故事”演讲比赛，区食安委各成员单位选派食安系统的20名选手参赛。

存在的问题和困难：城乡结合部的流动无证小摊贩管理较难；餐饮单位对其供货渠道的索票索证不够规范、消毒制度流于形式；小作坊无照无证生产经营的隐患尚未得到彻底根治等。（熊婷）

【举办“食品安全企业公众开放日”活动】 6月18日，区食安办联合区妇联、区质监分局在长沙市仟吉食品有限公司开展“食品安全企业公众开放日”活动。区委副书记夏钟剑、市妇联副主席钟小珍、区人大常委会副主任马京沙、区政协副主席李国开等领导出席活动，区妇联妈妈见证团成员共40人参加活动。此次开放日活动以“尚德守法、提升食品安全治理能力”为主题，各位领导和妈妈见证团成员听取企业情况介绍，分组参观企业食品生产线，近距离直观了解企业生产、管理全过程。通过此次活动，搭建企业与民众之间的互动交流平台，促进食品安全社会共治。（熊婷）

【开展食品安全事故(Ⅳ级)应急演练】 11月21日，由区食安办主办的芙蓉区食品安全事故(Ⅳ级)应急演练在东岸街道芙蓉生态新城三号安置小区项目部举行。市食安办副主任毕则勇、市食安办应急处处长戴理文观摩演练。副区长张庆和饰演应急处置指挥部指挥长角色，区食安、卫生、质监、工商、公安、卫监、疾控中心、农水、商务、建设等职能部门和东岸街道办事处及红十字会医院联合参加演练。演练模拟天天建筑公司工地食堂所用猪肉中盐酸克伦特罗超标而导致40人食物中毒，区政府及时启动食品安全事故(Ⅳ级)应急响应，各相关部门按照区食品安全事故应急预案的要求，迅速行动、果断处置的全过程。演练检阅了芙蓉区食品安全事故应急处置能力和综合协调能力，达到熟悉预案、规范程序、锻炼队伍、提高能力的目的。市食安办副主任 则勇称赞演练准备充分、部署周密、程序正确、处置得当，取得成功。（熊婷）

【创办芙蓉食安微信平台】 12月，区食安办推出芙蓉食安微信公众平台(微信平台一级栏目:微网站、红黑榜、食友圈)，适时展现芙蓉区食品安全监管的新举措、新成效。芙蓉食安微信平台的创办，对增强与居民群众的适时互动，提高群众对食品安全管理工作的参与度，推进食品安全群防群治取得良好效果。（熊婷）

【豆制品集中加工基地落户隆平园】 按照市政府《规范豆制品生产经营行为建设集中生产加工平台的实施意见》要求，区政府对豆制品集中加工基地项目高度重视，设立工作推进时间表。区长于新凡全力支持该项目，副区长张庆和亲自协调调度。选址工作历时一年，于11月，基地落户隆平高科技园，为全面规范豆制品的生产经营打下良好基础，也为逐步规范其他食品品种的生产经营提供了“样本”。（熊婷）

楼宇经济

【概况】 2014年，长沙芙蓉中央商务区管理办公室紧紧围绕建设“湖湘之心、中部标杆、全国一流”的目标，圆满完成全年各项工作任务，芙蓉区楼宇经济实力全面提升。

项目服务与重点招商。继续跟进国金中心、落星田项目、长城宾馆等高端商务楼宇建设服务，全力启动擎天广场、佳兆业广场等重大项目建设。全区新建成商务楼宇5幢，新增商务楼宇面积

20.4万平方米。新引进楼宇入驻企业492家。年底，全区有商务楼宇207幢，登记企业4700家，其中重点楼宇83幢，包括商务写字楼43座、商住楼40座，商务楼宇总建筑面积超过567万平方米。CBD核心区聚集商务楼宇133幢，形成沿五一大道、芙蓉路、韶山路三条楼宇产业带，重点楼宇企业入驻率达90%以上。长沙国金中心、世茂广场、擎天广场等在建面积超20万平方米的大型商务综合体5座，在建总建筑面积300万平方米，建成后将成为全市的地标性建筑。已投入使用的中石油大厦、旺德府国际、红橡国际、亚大时代、中天广场等楼宇达到甲级写字楼标准。全区楼宇入驻企业业态，主要有金融保险证券业165家、商业批发零售业1431家、现代服务业2263家，占楼宇入驻企业总数的80.8%，且主要集中在楼宇核心区内。先后接待新长海集团、富力地产、普华永道等企业及湖南省电子商务协会等组织来访洽谈；加快推动旧楼宇的腾笼换鸟工作，与湖南银华物业公司沟通，成功引进大型农产品电子交易平台“农贸之家”，协调太平财险长沙分公司在银华落户；与区商务局在深圳举办互联网产业专场推介会，配合商务局赴深圳参加长沙市政府举办的招商推介周，派专人赴海南博鳌参加腾讯开放平台招商会，与腾讯公司对接，强力推动腾讯开放平台长沙基地、特斯拉湖南服务中心等项目落地。协助湖南银楼金属现货交易市场有限公司完成商品电子交易市场平台打造相关工作，于11月14日成功举办上线仪式。先后接待西安市碑林区、杭州市桐庐县、首都经贸大学等兄弟城区和高校来访交流。

规划专业楼宇。3月初，在副区长彭娟带领下赴杭州、南京考察学习楼宇经济发展，结合实际，制订了专业楼宇工作方案，并获区长办公会通过。8月5日，由芙蓉区政府主办、长沙芙蓉中央商务区管理办公室承办的“芯动芙蓉·一路有您”芙蓉区商务楼宇招商推介周暨专业楼宇授牌仪式正式启动。区委书记梁仲为中石油大厦、中天广场、恩乎今朝大酒店分别授予“总部大楼”“金融服务大楼”“电商大楼”牌匾，标志着区内首批专业楼宇正式形成。总部大楼有国开证券湖南总部入驻，深圳国泰安信息技术有限公司长沙分公司亦拟入驻该楼；金融服务大楼年内入驻非银行金融机构18家。

提升楼宇服务。4月，长沙芙蓉中央商务区管理办公室在定王台街道成功举办“楼宇服务企业问计于民”座谈会，邀请区直相关部门、定王台街道及部分社区负责人、辖区内知名物业企业代表和商务楼宇入驻企业代表，共同探讨新形势下提升楼宇服务水平。邀请戴德梁行长沙分公司总经理文学，就优质商务楼宇的评比标准、不同类别企业选址的注意事项、长沙未来写字楼发展趋势和方向等课题，举办物业服务精细化管理培训，商务楼宇物业管理项目负责人190名参训。主办“芙蓉区第三届物业服务企业员工技能大赛”，全面提高各物业公司从业人员的专业素质，推进行业及全区楼宇经济健康发展。

拓宽宣传渠道。开展“乐搜芙蓉”手机应用软件开发建设等相关工作，在6月17日区长办公会上得到通过。“乐搜芙蓉”软件是整合“芙蓉之窗网站”等主要内容的政府移动互联网公共服务平台，帮助各界人士更便捷地了解芙蓉区，在全市各区县中尚属首创。软件开发工程历时半年，开发测试工作进入尾声，即将上线及推广。

教育实践活动。开展以解决“四风”问题为主要内容的中共群众路线教育实践活动，收集对领导班子和班子成员建议95条。制订整改方案，建立长效机制，杜绝了领导班子和党员领导干部在“四风”方面存在的突出问题。继续做好“群众直通车”工作，完成200户以上的走访记录，将重点问题反馈给联点社区；重大节日期间主动上门联系帮助困难户家庭，送去慰问金及物资，帮助困难户解决问题。11月17日，携手世界500强企业——中宏保险湖南分公司，在泸溪县八什坪乡希望小学开展“‘衣暖童心’泸溪冬衣捐赠活动”，向留守的贫困儿童捐赠3018件过冬服装。

（方 鹏）

【省政府参事柳思维调研总部经济】 5月16日，受湖南省委副书记、省长杜家豪委托，湖南省“十三五”规划起草专家咨询小组成员柳思维、陆纪汉一行6人到区调研总部经济发展课题。长沙芙蓉中央商务区管理办公室主任戴静介绍芙蓉区总部经济发展情况及面临的问题和建议。柳思维表示，芙蓉区作为中心城区，是长沙市总部经济发展最活跃的区域，也是金融总部当之无愧的聚集地，将整理详实的参考报告，共助芙蓉区乃至全市总部

经济科学规范、可持续发展。副区长彭娟及区科技局、长沙芙蓉中央商务区管理办公室负责人参加调研活动。（方鹏）

图 35　区长于新凡（中）调研 CBD 办，听取工作汇报

【第三届物业员工技能大赛】 10月26日，由长沙芙蓉中央商务区管理办公室主办、芙蓉区楼宇商会承办的“芙蓉区第三届物业服务企业员工技能大赛”在芙蓉区政府大院前坪举行。区委统战部、区建设局、区公安分局、交警大队、消防大队等相关部门领导出席。副区长彭娟在开幕式上讲话。活动展示了芙蓉区各物业公司品牌，提升影响力，搭建行业内企业之间沟通的桥梁，全面提高物业公司从业人员专业素质。（方鹏）

·专记·

长沙芙蓉中央商务区（CBD）

长沙芙蓉中央商务区（CBD）地处长沙城市的核心区域，于2006年8月经长沙市人民政府批准正式挂牌成立。

长沙芙蓉中央商务区传承自汉以来厚重的文脉和商脉，有着独特的区位优势，核心区东起韶山路，西至黄兴路，南临人民路，北抵八一路、中山路，东西轴线五一大道与南北轴线芙蓉路形成中央商务区的“金十字”地带，核心区面积约2.7平方公里，以此辐射周边，形成约9平方公里的协调区。依托成熟的商业街区和悠久的历史积淀，长沙芙蓉中央商务区在长沙乃至湖南都有着无可比拟的优势：

商务楼宇最密集。全区现已投入使用的楼宇有207幢，商务楼宇面积超过567万平方米。其中楼宇经济核心区聚集商务楼宇133幢，据统计，楼宇经济核心区商务楼宇面积占全市的一半以上，是全省商务楼宇面积密度最大的区域。近年来，楼宇经济蓬勃发展，新增商务楼宇面积200万平方米以上，培育税收过千万的专业商务楼宇38幢。

总部企业最集中。CBD金融业、商业、现代服务业蓬勃发展。瞄准世界500强和国内知名企业，芙蓉商务区着重引进总部或区域性总部。目前，该区域共有世界500强企业办事机构21家，国内知名企业17家，省金融监管一级总部机构3家（全省仅4家），金融业机构区域性总部43家（含16家银行的省级分行、10家全国性证券公司的省级分公司、17家全国性保险公司的省级分公司），与金融机构关联度高的准金融配套机构116家，高端企业3家（乐和城、新世界、友阿集团）、三星级以上酒店22家。

经济贡献最显著。2014年楼宇经济核心区完成固定资产投资112.03亿元；社会消费品零售总额262.63亿元；财政总收入46.3亿元；分别占全区的31%、42%和50%。核心区每平方公里实现的固定资产投资41.5亿元、社会消费品零售总额97.27亿余元、财政总收入17.15亿元，各项经济指标稳居全省区县首位，成为省、市经济增长的动力。

投资强度最高。核心区总体规划净容积率为6，规划建筑面积将超过1000万平方米，是全市投资强度最高的区域。如东牌楼（长沙国金中心）项目，总用地面积约140亩，净用地约112亩，净容积率达到10.53，挂牌出售价约5000万/亩，拟建452米的全省最高建筑，建成后总建筑面积将达到99.6万平方米，是全省投资强度最大的城市综合体。

交通路网密度最大。楼宇经济核心区布局城市主次干道16条，每平方公里道路网密度达6.2公里，道路面积率达到19%，规划每平方公里道路网密度达到12.8公里，道路面积率达到34%，逐步接近甚至超过国际成熟CBD水

平。地铁1、2号线从核心区地下穿过，区域内外通达性得到极大改善。水、电、气、公共交通、通信等方面的基础设施完备，学校、医院等市政配套设施一应俱全，具备很强的综合承载功能。

经济环境最优越。为了推动芙蓉楼宇经济的发展，芙蓉区委、区政府出台支持楼宇建设、扶持入驻企业、奖励招商引资、优化经济环境等一系列的配套政策和措施。每年度投入中央商务区建设和发展的资金占地方财政收入的20%以上，奖励扶持企业发展的资金近亿元。根据中共芙蓉区第四次党代会上提出的“湖湘之心、中部标杆、全国一流”的战略定位，长沙芙蓉楼宇经济的建设规划将秉承“山、水、洲、城”的城市格局，延续历史文化和城市发展脉络，把“时光之轴、芙蓉之星、记忆之带、活力之链、长沙之门、缤纷之城”六大空间创意设计巧妙融合，制订“集约高效、活力宜人和形象有力”的设计理念，规划总建筑面积1000万平方米，规划总容积率为4，规划总停车位4.5万个，规划道路总长度35.89公里，规划道路总面积79.92公顷。规划绿地、广场等公共空间21.49公顷。功能配比将实现商务办公30～40%，商业娱乐30～40%，公共设施10～15%，住宅25～30%。长沙芙蓉CBD的交通规划中提出4大举措，力求满足20万就业人口和6万居住人口每天约150万人次和25万车次的出行需求。一是建设快速综合交通通道，构建快捷的区域及对外交通系统。抓住地铁1、2号线贯穿CBD的契机，实现CBD与空港、高速铁路的无缝连接，有机链接空中、地面、地下三位一体的快速交通系统通道。二是加强城市内道路建设，构建“四横七纵”的主次干道网络，打通断头路，连路成网，联网成环，着重交通微循环的改造和提升，提高CBD道路网密度与可达性。三是加强公交优先措施，打造“公交输配环”，构建“资源节约型、绿色环保型”的公共交通系统，规划在五一大道、黄兴路、人民路、韶山路设置分时段的公交专用道，全面实施“公交优先”策略。四是结合CBD核心区的公共开敞空间与轨道站设置，对黄兴路站、芙蓉路站、韶山路站附近地下空间进行科学开发，建设连续的地下步行系统，使其与地面步行系统、二层步行系统有机衔接，与周边公共建筑直接连通，并向南、北跨过解放路、五一路，连接两侧的辅助功能区，构建“环境友好型”多层立体的步行交通系统。

长沙芙蓉CBD的产业发展将体现湖湘文化“经世致用，敢为人先”的精神，增强城市肌理的延续性，塑造高品质的现代商务环境，打造特色鲜明的省会中心形象。其总体目标是以金融、商务为重点，同时带动信息、商贸、中介、咨询、旅游、文化产业和高档房地产，作为全国中部地区主要的商务副中心，湖南省商务中心。

长沙芙蓉CBD的产业布局可以概括为：一核心，即芙蓉广场；两主轴，即以五一大道为东西主轴线，芙蓉路为南北主轴线组成的“金十字架”；三中心：金融中心。加快金融街区建设，改善金融业发展环境，着力引进国内外银行、证券、保险、基金、信托、期货等各类金融机构区域性总部，建设全省金融中心。商务中心。以CBD建设为载体，着眼于产业高端，发展壮大现代服务业，巩固提升传统商贸服务业，集约提升都市工业，建设省内外具有较强影响力和辐射力的综合性、高端化商务中心。消费中心。依托区内传统商贸优势，把握消费结构升级趋势，推进商圈建设，培育和引进高端消费品牌，全面提升消费吸纳力、辐射力、支撑力，建设区域性消费核心区。

市委、市政府高度重视CBD的建设，将CBD的发展作为全市的一个重要增长极予以扶持，按照“规划主导、功能分离、项目驱动、品牌带动、集约提升”的思路，从规划编制、项目服务、招商引资、商务文化四个方面，强力推进CBD的建设。努力将CBD打造成为“品牌展示的窗口、总部聚集的载体、产业发展的高地、经济活力的标志、引领时尚的前沿、城市形象的名片”。

（张大帅）

芙蓉区金融工作办公室

① 省政府副秘书长、金融办主任石华清（中）到区调研金融工作

② “金芙融”论坛研讨互联网金融

③ 融资服务对接会召开

④ 非融资性担保公司专项清理整治工作会议

芙蓉区教育局

①省委副书记孙金龙（右一），省委常委、市委书记易炼红（右二）“六一”前夕到区看望慰问孩子们

②楚怡学校获全国啦啦操赛冠军

③全区第七届校园文化节启幕

④辖区中、小学生获科技创新“市长奖”

⑤在省第三届全民健身操舞大赛中德政园幼儿园获一等奖

芙蓉区科技局

① 家庭消防现场演示
② 保护知识产权志愿者宣传队授旗仪式
③ 2014 科普知识竞赛活动
④ 全国科普日急救知识演练

芙蓉区城乡建设局

① 农民工拿到工资喜笑颜开
② 物业服务行业文明创建工作推进会现场
③ 60号令农民安置房产权登记培训开班
④ 城建档案日宣传活动现场

芙蓉区民政局

① 民政部部长李立国（右前二）到区调研低保工作
② 区委书记梁仲看望慰问敬老院老人
③ 国际社工日活动
④ 殡葬改革宣传活动

芙蓉区环境保护局

①
②
③ ④

① 市委副书记、市长胡衡华(右二)指导芙蓉区环境治理工作
② 区环保联合执法队伍整装待发
③ 约谈企业负责人开展环保工作
④ 环境保护执法现场

芙蓉区文化体育新闻出版局

①	②
	③
④	⑤

① 芙蓉区第六届全民健身运动会暨欢庆“五一”广播操比赛

② “阳光暑假”联合执法行动

③ 芙蓉区第九个“文化遗产日”活动

④ 芙蓉区图书馆年会召开

⑤ 长沙市第二届全民广场舞大赛暨第三届全民健身节广场舞芙蓉区总决赛现场

芙蓉区卫生局

①　②
③　④

① 省、市级慢病专家考察浏阳河健康步道
② 预防青少年近视眼宣讲活动
③ “吃动平衡　走向健康”万人登山活动现场
④ 九道湾健康主题公园建成。图为母子使用体重指数大转盘

芙蓉区食品安全管理办公室

① 食品安全评价性抽检约谈
② 开展学校食品安全督察
③ 食品安全应急演练
④ 食品药品安全知识大讲堂开讲
⑤ 农村厨师培训开班

芙蓉区城市管理和行政执法局

①	②
③	④
⑤	⑥

① 市委副书记、市长胡衡华率市直有关单位到区参加“清洁城市”活动
② 区城管委工作推进会召开
③ 区委书记梁仲在火车站广场参与“清洁城市”志愿服务
④ 省爱卫办主任刘五星（左三）到区参加全国第 26 个爱国卫生月现场活动
⑤ 区长于新凡召开集中交办会
⑥ 区爱卫办举行禁烟控烟公益宣传活动中，副区长许凡同工作人合影

芙蓉区城市管理综合执法大队

①	③
②	④

① 背街小巷徒步巡查
② 整治占道经营
③ 夜间渣土执法
④ 执法队员拆除大型违章广告

芙蓉区安全生产监督管理局

①
② ③
④ ⑤

① 常务副市长陈泽珲（左二）到区督察安全生产工作
② 区委书记梁仲、区长于新凡、副区长许凡检查五里牌肉联厂安全生产
③ 全区安全生产工作大会召开
④ 组织安全生产应急预案综合演练
⑤ 检测五里牌肉联厂液氨残留量达标情况

芙蓉区政务服务中心

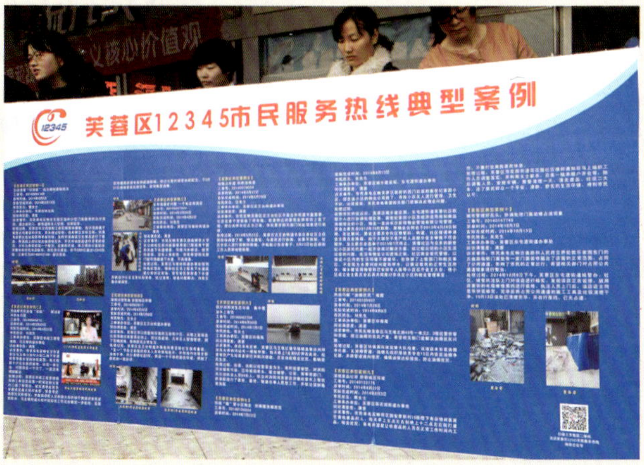

①
②
③ ④

① 政务中心办事大厅
② 荷花园街道政务中心通过市标准化建设验收后启用
③ “12345”市民服务热线案例展
④ 政务中心办事窗口智能排队管理系统平台

芙蓉区市容环境卫生管理局

① ② ③
④ ⑤ ⑥

①省委常委、市委书记易炼红（中）慰问环卫工人
②区委书记梁仲、区长于新凡指导环卫工作
③环卫工人清洗路面作业
④清理城郊结合部垃圾
⑤改建后的压缩式垃圾站
⑥冒雨保洁作业

芙蓉区市政工程管理局

①
②
③ ④

① 区长于新凡在教师村指挥调度微循环改造工作
② 市政局班子成员检查施工材料现场
③ 组织防汛排渍抢险工作
④ 城市管理志愿者服务活动

芙蓉区园林管理局

① ②
③ ④

①“3·12”义务植树活动
②“绿色家园”主题道德讲堂开讲
③开展中共群众路线教育学习参观活动
④人民东路“绿道”景观

芙蓉区总工会

①	
②	③
④	⑤

① 慰问一线作业的劳动者
② “春风送岗”专场招聘
③ “金秋助学”活动
④ 召开工资集体协商会
⑤ “三八”慰问环卫女职工

共青团芙蓉区委员会

①　②
③　④

① 团中央书记处书记汪鸿雁（左六）在韭菜园社区与工作人员合影
② “幸福芙蓉·志愿有你”活动中志愿者为空巢老人送物质
③ 芙蓉区青年足球队在长沙市“先导杯”第四届机关青年足球赛中获冠军
④ “为爱向前冲”单身青年联谊活动

芙蓉区残疾人联合会

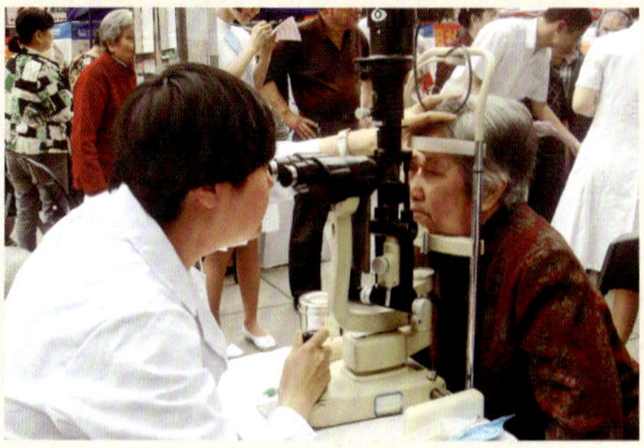

①　③
②
④　⑤

① 区残联主办“情暖芙蓉·共享光明”活动
② “光明快车”活动中医生为老人检查眼疾
③ 开展肢残人日活动
④ 湘湖街道主办助残日活动暨残疾大学生招聘会
⑤ 助残日活动现场

长沙市公安局芙蓉分局

① 公安部部长郭声琨（左一），省委常委、市委书记易炼红（左二）在长沙火车站检查安保工作
② 省委书记徐守盛，省委秘书长韩永文来芙蓉公安分局实地调研
③ 省公安厅厅长孙建国视察长沙火车站地区防控工作
④ 市公安局局长李介德到芙蓉分局指导工作
⑤ 开展形式多样的随岗培训活动
⑥ 组织公安干警在火车站地区巡逻值守

芙蓉区交警大队

①

②

③ ④

① 省委常委、市委书记易炼红（右二）到区交警大队调研
② 执法检查
③ 发放交通宣传资料
④ 收缴伪造车辆牌照

工业·园区

工业

【概述】2014年，芙蓉区工业企业530家，其中，国有企业18家，集体所有制企业25家，私人控股企业415家，港澳台控股企业2家，外商控股企业4家，其他所有制企业66家。区工业和信息化局坚持“高、精、清、新”的工业发展导向，抓好企业协调服务，全力推行企业转型升级，着力推进新型工业化进程，工业经济运行保持平稳高效发展态势。全年完成工业总产值458.2亿元，同比增长11.3%。其中，104家规模以上工业企业完成总产值412.3亿元，同比增长11.5%；实现工业增加值98.8亿元，同比增长11.5%。

抓好园区和重点企业协调。年内，宏观经济形势整体下行压力趋大，工业经济运行调度难度增加，为确保工业经济任务完成，区工业和信息化局通过制订生产计划、组织运行调度工作人员培训、召开企业负责人座谈会、走访调研等形式，随时了解企业生产过程中实际困难和问题，为园区和重点企业在开发新产品、技术改造升级、生产销售、资金政策上排忧解难。全年重点培育5家企业申报规模工业，其中，科裕隆种业、道勤生物、道然茶业3家现代化农业企业申报规模企业。

培育发展新型产业。信息产业形成区域特色：浏阳河以西地区，形成朝阳电子科技街为代表的IT专业楼宇群，经营总面积近18万平方米，驻街商户2000家，IT企业技、工、贸年营业额达138亿元；浏阳河以东的隆平高科技园以电子信息制造业为主，形成以韶光铬版为代表的具有自主知识产权和自主创新能力的电子制造企业，其中规模以上2家，年销售收入达1.5亿元。培育发展新材料新能源产业，以新材料、新能源为代表的产业集群全年实现规模总产值192亿元，同比增长15%。

推进中小微企业转型升级。为协助企业应对复杂经济形势，组织辖区工业企业参与市工信委开展的“与创业同行、管理升级、协同创新、上市对接和转型升级大讲堂”为主要内容的中小微企业服务活动。区内19家企业选择各种类型的公共服务产品，在专家团队指导下进行创业、管理升级、协同创新和上市对接等专业训练，并开展竞赛。帮助企业加快转型升级，协助企业申报技术改造、科技创新、信息化建设、节能减排、农产品及地方特色中小企业发展、贷款贴息等11项省、市项目资金，惠及企业47家次。截至年底，向区内各企业拨付各类项目扶持资金796万元。

全面落实企业安全生产。贯彻落实省、市安全生产紧急电视电话会议和全市安全生产大排查、大整治、大督察集中行动暨重点行业（领域）专项整治动员部署会议精神，把安全生产作为企业发展的前提、基础和保证，开展了2—4月“打非治违”、6月“全市安全生产月”等专项行动。4月，结合中共群众路线教育实践活动，检查走访全区107家工业企业，了解全区工业企业安全生产第一手资料，加强了各企业的安全生产意识。8月5—6日，市工信委对新振升铝材、潇湘玻璃、鼎昌鞋业、西龙助剂、飞翔纸业等11家重点企业进行安全生产检查后予以肯定。

存在主要问题：芙蓉区工业企业面临下行压力较大，企业对扩大生产、技术研发等方面投资意愿明显下降，发展速度放缓。受地域狭小限制，大项目、新项目难以落地，新创企业发展到一

定规模又面临搬迁的窘境，区工业经济发展空间受到挤压。（何芳）

【长沙韶光铬版有限公司】 厂址位于长沙市长椰路88号。创立于2003年8月，股份制民营企业，其前身是国有大二型企业——长沙韶光微电子总公司（国营四四三五厂）下属的匀胶铬版专业分厂，国内第一个集研发、生产经营于一体的匀胶铬版（光掩膜版）、玻璃平面加工和真空镀膜的专业生产公司，占国内产品市场份额75%以上。公司从瑞士、德国引进世界先进全套匀胶铬版生产线，构建100级洁净厂房，积聚韶光老厂30年的生产经验，拥有先进和稳定的生产工艺，具有生产蒸发和溅射匀胶铬版的知识产权，拥有6项实用新型专利，2010年12月被认定为国家级高新技术企业。（文程遥）

【长沙三才电子科技有限公司】 厂址位于隆平高科技园。其前身为株洲市三鑫通信设备制造有限公司，1996年成立，是一家集开发、生产、销售和服务为一体的高科技民营企业。2001年公司迁址长沙并更名为长沙三才电子科技有限公司。其应用于金融领域的产品均获得中国银联、银行卡检测中心认证及工信部电信设备入网证书和中国质量认证中心3C认证证书。产品在全国20个省建设银行、中国银行、工商银行、兴业银行、光大银行、邮政储蓄银行等被5万名用户使用，得到广大用户好评。（文程遥）

【湖南优蜜食品科技有限公司】 厂址在芙蓉区长椰路8号。2006年7月成立，是一家专业从事果汁饮料与液态奶的科技型加工制造企业。公司由原湖南省畜牧研究所牛奶加工厂重组改制而成，为省内最早的乳制品企业。公司拥有现代化生产加工设备，日产过200吨。通过ISO 9001国际质量管理体系认证，拥有优蜜、优氏、卡优等多个知名品牌，40个品种，“优蜜”商标为湖南省著名商标，是湖南省高档餐饮果汁加工企业，省内学生饮用奶生产定点之一。公司荣获湖南省高新技术企业、长沙市优秀农业产业化龙头企业、湖南省首批食品质量与安全诚信试点企业、湖南农业大学食品科技学院教学实践基地、省外国专家局热带水果加工引智基地、长沙市三百之星企业称号。公司董事长先后被评为湖南省创业标兵、长沙市创业新星。（文程遥）

【湖南万通达燃气技术有限公司】 厂址在芙蓉区杨家山职院街199号。2006年6月成立。公司以发展高效绿色可持续能源为目标，是以石油焦燃气、混合优质生物质颗粒、轻烃燃气为主要产品的新能源供应商，开发、研究、生产、销售高效改性石油焦粉、混合优质生物质颗粒、轻烃燃气及相关生产设备、设施系统。采用合同能源管理和BOT—建设—经营—转让模式运营。

（文程遥）

·供电管理·

【概况】 2014年，区工信局加强与供电部门的协调配合，做好辖区内各单位和居民区有序用电工作。一是做好专变电改公变供电模式的协调（以下简称专改公）。上半年，市工信委确定的区教师村专改公模式试点工程，在财政、教育、园林、机关后勤及街道、社区的大力支持下，于9月开工建设。省农科院2个小区、80户居民专改公工程于11月底动工。两项工程预计2015年竣工。二是做好重点工程的协调。做好都正街历史文化街巷改造（杆线下地）和芙蓉国际黄金珠宝文化创意产业城重点工程的电力协调。认真办理人大代表涉电议案，及时解决了农科村支五路变压器迁移工作。三是积极稳妥处理涉电突发事件和纠纷，协调处理“11·29”三湘市场火灾供电设施损毁问题，在短短一个星期内恢复用电，确保了市场的救灾工作和市场的经营秩序。先后协调解决环卫公寓、世嘉国际华城欠费问题和朝阳街道凯通国际城用电计费标准问题。协调解决芙蓉社区、西龙村、南方有色金属铸造有限公司电力增压问题，排除了五里牌肉联厂湘聚大厦涉电安全隐患，确保了人民生命财产安全。（王先兵）

【实施全区“专改公”计划】 6月，区工信局牵头联合街道对辖区专变小区调查摸底。经过1个月的工作，全区13个街道有专变小区147个，其中，物业管理较为规范的小区（含单位宿舍）107个，急需改造的农村安置小区和城市老旧小区29个。其中新桥村、沁园小区、湘湖一村、火炬村4个农安小区外线全是铝线，铺设年代较早，线路老化严重，安全隐患大；部分小区物业公司管理混乱，挪用居民电费时有发生，电力部门数次拉闸停电；部分小区历史遗留问题复杂，矛盾多，居民群众意见大，强烈要求实施专改公。经与街道、社区及建设电力部门协调和沟通，区工

信局制订了改造计划，经区政府同意后报市工信委和国网省电力公司批准实施。（王先兵）

隆平高科技园

【概况】2014年，隆平高科技园累计完成工业总产值365亿元，增长15.3%；完成规模以上工业总产值345亿元，增长16%；完成高新技术总产值255亿元；规模工业增加值增长率13.5%、利税增长率13%、固定资产投资增长率22%。单位面积的投资强度和产出效率全市考核排名第一。新增规模以上工业企业5家，新增高新技术企业9家。连续第十年获评“长沙市推进新型工业化优秀单位”称号。

招商引资。新引进投资11亿元的英氏乳业孕婴童产品产业园和投资约5亿元省、部共建的华智生物水稻分子育种平台项目。平台招商引进中国铁塔湖南分公司和长沙分公司、泓春奥克、欣朗生物、凯德自控等170家高科技、高成长型企业。入园企业总数达555家，较上年增长44%，创业平台租赁新增3.8万平方米。凯德自控和众益传媒实现新三板上市。现代服务业快速成长，集聚了顺丰速运、苏宁云商、掌钱电子商务等行业标杆企业，获全市开放型经济和现代服务业考核两个“一类单位”“长沙市电子商务企业入驻集聚区”称号。协助区委、区政府举办第二届隆平论坛。

项目建设。金茶产业园、雨污分流一期等一批项目完工；投资过10亿元的苏宁云商现代产业园项目、东湖壹号企业总部基地相继启动建设；园区道路提质改造工程申报立项；6家企业完成土地挂牌，1家企业启动土地挂牌。融资拆迁有力推进。建行融资取得突破，为推动园区工作提供有力保障。全年实施3个地块的拆迁。张公岭村303333.3平方米工业用地已基本平地交付使用，京珠东辅道23200平方米商业用地拆迁即将完成，人民东路以南303333.3平方米工业用地项目启动拆迁进展顺利。

创新驱动。全年帮助企业申报科技项目80项，为企业争取资金2000万元。年内，获国家科技进步二等奖1项，省科技进步奖20项，省技术发明奖1项，市科技进步奖6项。新增市级创新示范单位2家，新认定高新技术企业9家，发明专利新增122件。省有色金属研究院启动建设国内最大的有色金属交易平台；湘茶集团成立国内最大的茶叶电商平台；博联航空与上海交大创建国内首个农用无人机联合研发中心。2家企业分获省级、市级院士工作站称号，1人入选“国家科技创新创业人才”，2人获评市第二批创新创业领军人才称号，3人获评市优秀青年科技人才称号，7人入选市“3635”人才计划。

环境优化。全年发案9起，发案率比上年明显下降，继续保持全区发案数最低单位。安全生产实行党政齐抓共管、领导带队检查，加强事故隐患排查与监管，一批企业完成安全生产标准化建设，全年未发生较大以上责任事故。长沙市中小企业服务中心在园区设立河东分中心。评选区级红旗党组织1家。（王勇　罗萍）

图36　隆平高科技园张公岭建成区

隆平高科技园党工委、管委会

芙蓉区委常委、园区党工委书记
王曙光
党工委副书记、管委会主任
黄　滔
党工委副书记、管委会副主任
李明权（2014.01免）
党工委委员、管委会副主任
曾　理
党工委委员、纪工委书记
汤季平
党工委委员
吴清斌
党工委委员、总经济师
易　鹰
管委会副主任
陈　庆（2014.03任）

副县级干部、工会联合会主席
阳林艳（女）

办公室主任
李 毅

规划建设局
局 长 邹远征

招商合作局
局 长 陈 卓

经济贸易局
局 长 徐勐龙（女）

社会发展局
局 长 雷小华（女）

财政分局
局 长 陈 蓉（女）

【全国茶叶标准化技术委员会黑茶工作组成立】 3月4日，由全国茶叶标准化技术委员会、中华全国供销合作总社杭州茶叶研究院主办的全国茶叶标准化技术委员会黑茶工作组成立大会在园区召开。会议由湖南省茶业集团股份有限公司、湖南农业大学承办。会议宣布成立全国茶标委黑茶工作组的决议并进行授牌。这是全国茶标委在湖南成立的首个茶叶标准工作组。组长由湖南农业大学博士生导师刘仲华教授担任，秘书处设在省茶业集团。成立全国茶标委黑茶工作组，是为了全面规范和促进全国黑茶产业发展。在全国茶标委的具体指导和督促下，委托省质量技术监督局进行管理。工作组承担着全国黑茶国家标准制订的规划、立项、起草（或修订）和意见征求等工作，并对黑茶产业的良种繁殖体系推广、加工技术工艺、整体营销推广等进行规范指导，通过黑茶质量标准体系的建立，为国内黑茶产业健康可持续发展保驾护航。（王 勇 罗 萍）

【经阁铝业彩色电氟产品下线】 3月19日，由湖南经阁铝业科技股份有限公司与日本不二铝业历时5年联合研制的节能环保的彩色电氟铝型材下线，打破了国外品牌在高端铝型材领域的垄断。经阁彩色电氟铝型材由PVDF氟碳树脂和丙烯酸树脂混合制成水溶性涂料，再经纳米涂料的改性，显著改善涂膜的耐候性、力学性能和抗沾污性能，其使用寿命达80年，强度达到航天材料标准，产品颜色多样，表面光滑无机械纹路。通过催化作用，能显著提高涂膜的自清洁能力，耐酸耐碱，不沾灰、不沾水、不沾油污，各项指标均创铝型材技术新高。彩色电氟铝型材在生产过程中回收率达99%以上，重金属及有机废物实现零排放，大大减少对环境的污染。（王 勇 罗 萍）

【大红陶瓷研制出红瓷板画《金陵十二钗》】 4月3日，长沙大红陶瓷发展有限责任公司制作出目前国内最大的红瓷板画《金陵十二钗》。该红瓷板画宽2米、高1米，画面上是《红楼梦》里的12位佳丽，个个姿态婀娜。瓷板镶嵌在红木底座上，喜庆而大气。中国红陶瓷板画是国家重点科技扶持的文化科技项目，需要经过4次烧制，温度高达1200摄氏度。大红陶瓷公司前后历时5年攻克高温红色大型瓷器不能高温烧制、易变形、釉面着色不均匀、成器率低等多项技术难题。该项烧制技术和烧制设备均已申请国家专利。（王 勇 罗 萍）

【园区一期排水管网改造项目启动建设】 6月11日，隆平高科技园一期排水管网改造与建设项目开工仪式在雄天路施工现场举行。园区党工委书记王曙光、党工委委员吴清斌出席。参加仪式的有省工程建设监理有限公司项目监理部、市政工程公司项目经理部、园区项目建设指挥部组相关人员。该项目由湖南大学设计研究院有限公司设计，东至新安路，南至隆园一路，西至京珠辅道，北至经开区交汇界线。一期道路雨污分流工程设计规模为1.5万立方米/天，设计管道总长2560米，主要进行长星路污水次干管（隆园一路至雄天路路段）、雄天路污水次干管（新安路至京珠东辅道）、京珠高速东辅道污水主干管（雄天路往北至原雨污合流排水管路段）、京珠高速东辅道穿越京珠高速的污水主干管的建设，总投资约1000万元，通过公开招标，由长沙市市政工程公司承担施工任务。（王 勇 罗 萍）

农业·林业·水利

农　业

【概述】 2014年，全区13个行政村分属5个街道。农村人口3.243万人，耕地面积369.7公顷，主要用于水稻良种选育、试验示范、推广教学等。全年实现农、林、牧、渔业总产值7929万元，同比下降43.9%；实现增加值4135万元，同比下降56.7%。粮食总产量317吨，水产品产量300吨，蔬菜总产量1.5万吨。建成长沙市农产品直销店30个，完成66.67公顷“三边、四旁”（城郊边、江河边、公路边，路旁、水旁、村旁、宅旁）造林绿化，农村居民安全饮水率100%，森林资源蓄积量增长率3.1%。推进“城中村”改造，完成新桥村清产核资前期准备。重点扶持重大现代农业建设项目3个，完成投资3241.42万元；完成农业招商引资项目8个，引资总额36.1亿元，到位资金11.39亿元。随着城市化快速推进，农业生产逐步缩减，传统农业基本退出。（熊笑俏）

·种植业·

【概况】 浏阳河东岸城市建设加速，全区水稻播种面积减到51.3公顷，较上年减少3.27倍。稻田主要分布在省农科院，其中，早稻18公顷，栽培的主要品种有湘早籼45号、中嘉早17、株两优90、创丰1号等；一季稻（中稻）13.3公顷，栽培的主要品种有湘晚籼13号、湘晚籼12号、丰源优326、龙两优981等；晚稻20公顷，栽培的主要品种有黄华粘、创香5号、湘晚籼17号、湘晚籼12号等。落实中央强农惠农政策，全年发放粮食直补、良种直补和水库移民补贴等各项补贴资金34.05万元，惠农补贴政策“明白卡”和补贴存折全部发放到位，并对补贴发放相关情况张榜进行公示。

全区蔬菜播种面积500公顷，同比下降13%；蔬菜总产量1.5万吨，同比下降13%；蔬菜总产值0.675亿元，同比下降13%。全年食用菌种植面积4.55公顷，产值495万元，其中，金针菇、银针菇、香菇、杏鲍菇的种植面积占食用菌种植面积的80%；发展速生叶类菜350公顷，占全年播种面积的70%。加强生产环节安全监管，组织各种宣传活动，引导种植户在蔬菜生产上合理使用农药，禁止使用高毒高残留农药。完善蔬菜农药残留检测室，全年完成蔬菜农残自检任务990批次，合格率100%。（熊笑俏）

·养殖业·

【概况】 2014年，全年生猪存栏0.7万头，家禽存笼0.4万羽，鹌鹑存笼12万羽，奶牛存栏380头；生猪出栏0.95万头，家禽出笼1.2万羽；猪肉类产量646吨，禽肉产量24吨，鹌鹑蛋8吨，牛奶产量660吨；淡水养殖面积10公顷，水产品总量300吨。生猪存栏同比下降57.6%，家禽存笼同比下降80%，牛奶产量同比下降19.7%。（杨婷）

【基础防疫】 1月，区动物卫生监督所为防控重大动物疫情，紧急调拨口蹄疫疫苗3万头份，蓝耳病疫苗1.8万头份，禽流感疫苗12万羽份，采购防护服120套，冷藏冰柜1台，防疫冷藏包10个，套鞋20双。全年共计免疫生猪口蹄疫2万头，牛口蹄疫0.1万头；猪瘟2.4万头，猪蓝耳病2万头，禽流感14万羽，狂犬免疫2160条。年内，开始实行免费强制免疫申报制度，公布官方兽医及监督电话，设立免疫申报信息

管理平台，方便群众及时申报。（杨婷）

【重大动物疫病防控】针对防控形势，修改并完善《芙蓉区重大动物疫情防控应急预案》，重新调整区重大动物疫病防控工作领导小组成员。按照“加强领导、密切配合、依靠科学、依法防治、群防群控、果断处置”的要求做好重大动物疫病防控工作。做好H7N9禽流感防控工作。2月11日启动H7N9禽流感应急响应，成立突发疫情应急处置工作组，部署H7N9防控工作。对辖区内农贸市场、养殖专业户开展病原监测采样，对马王堆、银港、月桂、火星、马坡岭五大环境样品检测呈阳性的农贸市场采取紧急休市消毒，其他市场采取“一日一清洗、一日一消毒、不留隔夜禽”的防控措施。对居民小区散养、规模养殖企业、畜禽交易场等高危区域进行排查，共入户检查305次，排查市场、养殖等高危区域126处，下达禁养通知135份，印发宣传资料2000份。区动监所处理动物疫情举报12起，抽样送检57批次，无害化处理病死家禽468羽，扑杀疑似病禽1682羽。区重大动物疫病防治指挥部在紧急防控期间发放休市补贴、疑似疫情扑杀补助、消毒防控资金。由于防控得力，区内未发生疫情。狂犬病防控工作。区动物卫生监督所确定每年3月为狂犬病防治月，其间开展深入社区宣传活动10次，悬挂标语20条，免疫注射狂犬疫苗1823条，处理狂犬病举报1起，扑杀疑似病例2条。病死动物无害化处理。加大对病死动物巡查力度，划分巡查区域，实行巡查网格化管理。年内，接到群众举报4起，处理浏阳河漂浮猪2起、鱼1起，无害化处理病死动物19头。（杨婷）

【动物疫病病原免疫抗体检测】严格按照动物试验采样要求，对规模场、散养户采集血清样品。年内，采集猪血清34份，家禽血清45份，棉试子45份，进行动物病原、免疫抗体检测。检测结果显示免疫抗体合格。在高温季节期间，组织村、社区、养殖户开展高温季节消毒灭源和动物疫病疫源调查活动，发放消毒药1632瓶。（杨婷）

【畜禽水产品质量安全监管】开展动物卫生监督工作。设立畜禽水产品质量安全举报电话；开展监督执法检查45次，检查生产企业12家、农贸市场14个，发现整改违规生产1起，查处售卖病死猪肉3起。在养殖户、畜禽交易场、运输经营户中检测“瘦肉精”650批次。联合区食安办加强对非法屠宰管理开展肉类非法屠宰整顿18次，出动执法人员105人次，关停非法屠宰窝点3个。

队伍培训。9月28日，开展全区首届动物卫生监督及畜禽水产品质量安全培训班，邀请长沙市专家授课，培训专业人员52名。派出6名兽医参加长沙市的专业培训。（杨婷）

·农产品加工·

【概况】重点扶持烟村专供冰鲜猪肉改扩建、天盛葛根良种繁育及种植示范基地和博航直升机研发和培训基地3个现代农业建设项目；完成湖南景怡立体绿化有限公司、湖南金色农华种业和沁坤农产品电子交易平台3家市级农业龙头企业申报工作。截至年底，全区涉农企业87家，主要分布在隆平高科技园，其中有国家级重点农业产业化龙头企业5家、省级农业产业化龙头企业10家、市级龙头企业17家、世界500强企业1家。在17家市级龙头企业中，主营业务以种苗培育为主的9家，以农产品加工为主的6家，流通类2家；总资产规模500万～5000万元的6家5000万～1亿元的8家，1亿元以上的3家；从事专业技术人员419人；资产总额11.76亿元，固定资产总额达4.99亿元；基地种植面积96.46万亩，主要分布于湖南、江苏、新疆自治区、海南等省区境内；主要产品产量109.65万吨；年销售收入17.09亿元，上缴税金2306.61万元；企业带动农户数179.23万户，带动农户户平获得纯收入2536.4元。（熊笑俏）

林业

【概况】2014年，全区有林地21.6公顷，活立木总蓄积19534立方米，林木绿化率32.3%，林业总产值3.02亿元，同比增加1.39%。

城市林业生态建设。完成浏阳河风光带东岸风光带一期工程绿化，项目总投资17.4亿元，占地约92.5公顷，绿化总投资4亿元。其中，滨河路北起西龙路，南至长榔路，全长9.44公里，路幅宽26米；同步建设的浏阳河东岸风光带平均宽80米，绿化总面积80万平方米，滨河路全面竣工，绿化面积9万平方米；风光带核心段营盘路至人民东路段全面建成并完成苗木种植，绿化面积40万平方米。隆平主题公园占地 20 公顷。全面启动了人民路、远大路、芙蓉路、八一路、韶山路、长善路共 6 条道路的绿化提质改造，以“换、补、增、提”为重点，栽种樟树、银杏、桂花、石楠、樱花等 1 万株，各类灌木 4 万平方米，鲜花 1 万平方米，改造面积 13 万平方米；新建了隆华社区公园、省农科院寒欢社区公园、定王台社区明景公寓小游园、湘湖社区车站北路小游园 4 个社区公园，总建设面积 1.41 万平方米；全面实施主次干道树池提质工程，涉及主次干道 64 条，整治树池 1.11 万个；完成浏阳河西岸河滩总面积 4.67 万平方米绿化美化的规划设计。

林业生态安全监管。安排森林防火专项经费 8 万元，重新调整森林防火指挥部成员，修订并完善《区森林火灾应急预案》。街道、村、组层层签订森林防火工作责任状，领导联点、分片包干。督促东湖街道、浏阳河风光带管理办公室做好火灾的预防和防范。加强东岸木材市场、花卉市场监管，做好松材线虫病、加拿大一支黄花等林业有害生物的普查和预防。做好野生动物保护和病源疫病的监测。配合市林业局对全区范围内的野生植物栽培情况进行全面调查，掌握野生植物栽培的分布地点、数量，及时上报，圆满完成调查任务。加强生态公益林的管护，指导开展施肥、除草、病虫害防治、火源管理等日常维护，按标准发放公益林补偿金。

（李如香）

水 利

【概况】 浏阳河及其支流圭塘河是流经芙蓉区的主要河流，也是防洪排涝的重点区位。浏阳河由南向北穿区而过，在辖区境内河段长 11.38 公里。区内有长善垸和东岸垸 2 个万亩堤垸，两垸一线防洪大堤全长 15.3 公里，其中，长善垸防洪保护面积 21.85 平方公里，保护人口约 40 万人，设计防洪能力达到 200 年一遇水平；东岸垸防洪保护面积 7.2 平方公里，保护人口 10 万余人，设计防洪能力达到 100 年一遇水平。两垸大堤均为土堤，吴淞标高 41.5 米左右。浏阳河芙蓉区段保证水位为 38.31 米，警戒水位为 36 米，近年来的最高水位为 2010 年的 37.99 米。防洪形势总体保持稳定，未发生较大险情。（钱 磊）

【涉水工程】2014 年，监管、指导辖区水利设施和 11 家涉水重点工程，确保堤防安全、水利工程建设安全和城区排渍工作到位。完成湘江综合枢纽库区水利工程建设任务。2012 年开始实施的砂咀子、杉木港、罗溪港、中心泵站、三角塘泵站、东屯渡和亭子港 7 座泵站及其涵闸的重建、改扩建工程全部完工，总投资 4.3 亿元。涉水工程达到库区 29.7 米的蓄水要求，在内五区率先完成市委、市政府下达的库区水利建设任务。年内，全区排渍泵站的供电线路全部采用双电源供电，装机数量及容量为 55 台、25905 千瓦。实施湖南农业大学堤防提质改造工程，设计防洪标准由 30 年一遇提高到 100 年一遇，以确保整个浏阳河东岸片区防洪能力。年底，300 米农大干堤已实施拆除。

（钱 磊）

【防汛工作】 汛前组织召开防汛工作会议，布置相关工作，对防汛工作的各个环节进行全面细致检查。清理大堤杂草、垃圾、河堤种菜等相关问题，确保防汛抢险通道畅通，针对发现的问题，及时督促有关单位进行整改。清查防汛物资。及时更换已损坏和腐烂的编织袋、木材等，防腐处理钢架管，按防大汛要求增补物资。东岸垸备存编织袋 13 万个，箢箕 568 担、铲子 265 把、锄头 466 把、架管 5.7 吨、砂卵石 2000 吨；长善垸备存编织袋 12 万个、箢箕 200 担、铲子 200 把、钢管 4 吨、锄头 200 把。落实防汛抢险队伍。东岸垸防汛抢险队伍 4174 人，其中，巡逻队 64 人，常备队 460 人，预备队 3650 人；长善垸防汛抢险队伍 940 人，其中，常备抢险队 300 人，专业巡查队 190 人，机动抢险队 209 人，后备抢险队 241 人。落实防洪预案修订。按照防大汛、抗大灾的要求，结合实际做好防汛预案的完善、修订、落实和细化，明确责任，落实措施，保证防汛抢险工作有序进行。落实涉水工程备案登记和督察。两垸堤委会分别与人民路污水提升泵站、罗溪港顶管工程、浏阳河风光带、万家丽快速化通道改造 4 个涉水涉堤工程签订防汛责任书，并要求根据预案落实防汛物资和防汛措施。（钱 磊）

【河滩整治】 年内，4 处滩地列入整治规划，其中，区境内浏阳河整治滩地 3 处，分别位于湖南农大塘湾子至邓家大屋、万家丽中路至二环线和二环线至窑洞子；区境内花桥至圭塘河口 1 处。年内已完成开工前期准备，计划投资 150 万元，预计 2015 年 3 月施工。（钱 磊）

城市建设·城区管理

规划管理

【概况】 2014年，长沙市城乡规划局芙蓉区分局以全面深化改革为动力，围绕实现城乡品质提升，通过创新规划理念、推行规划政策、严格规划实施，进一步发挥城乡规划的引领作用，为区域城市建设提供有力支撑。

规划引领。配合市局编制“长沙市城乡建设五年行动规划”，重点梳理五年芙蓉区范围内急需解决的重大城建问题；起草“关于加强城乡规划工作的意见”，进一步规范城乡规划管理；全面服务重点工程建设，结合区级建设，创新管理手段，形成“芙蓉区建设项目规划服务月报表”制度，每月一报。加强项目规划服务，完成都正街历史街区改造的规划指导，做好肇家坪地块规划审批的对接，完成隆平新区沿浏阳河大道及风光带的城市设计，做好芙蓉区“城中村”改造的规划，处理产权遗留问题，切实维护群众利益。

规划编制。配合市局完成“历史文化名城保护专项规划”；加大城市设计力度，研究东部新区规划策略，有序推进隆平新区控制性详细规划修改报批工作，其控规修改通过一年的控规成果已经入库，为隆平新区建设提供有力的规划支撑；加强浏阳河风光带等江河风光带建设。

行政许可。核发建设工程规划许可证41个，总建筑面积9224.37平方米。其中，临时建筑工程规划许可证10个，总建筑面积7535.04平方米；个人住宅建筑工程规划许可证31个，总建筑面积1689.33平方米。

依法行政。参与市局组织的“长沙市城乡规划条例”编写，起草“行政处罚程序规定”“行政处罚裁量权基准”等规范性文件。严格实施批后管理，以“全程监控重及时，批后管理重过程”为目标，切实履行批后管理职责，确保“四个环节”到位率100%。应用卫星遥感影像辅助规划执法，做好卫星遥感影像异常图版的查勘核实工作，芙蓉区第七期2013年11月与2014年5月卫星遥感监测的异常图斑于7月核查完毕，本期变化异常图斑39处，有违法建筑15处，违法建设底层面积9757.08平方米，在区城管、国土、街道做好违法建筑查实工作后予以拆除。

批后管理。全年放线31次，主体封顶检查20次，竣工检查24次；批后验收21项次，验收面积86.2万平方米；网格化巡查332项，受理投诉和举报10次，违法建设立案上报2项，移送城管案12件，下达整改通知16项，下达停工通知书24份；下达行政处罚决定书1份，处罚面积148.69平方米，处罚金额6156元；完成规划公示68处，违法鉴定842份，面积68.48万平方米。做到项目放线、正负零检查、主体封顶检查、竣工检查到位率均达100%，违法建设查处率100%。

存在的困难和问题：近几年城区东扩建设速度较快，有超过700幢村民安置房未能及时办理规划手续，且部分房屋不符合控规要求，将统一报市政府决策处理。查处违法建设的工作压力较大，违法建设处理流程涉及区直多个部门，常因处理不及时造成工作被动。（肖微）

建设管理

·建筑业管理·

【概况】 2014年，全区建安企业总数合计158家，其中，一级资质企业16家，二级资质企业25家，三级资质企业117家。全年完成建筑业产值52.85亿元。3月，区城乡建设局主要领导班子换届调整以后，成立安全生产领导小组，通过完善优化内部制度建设，修改执行相关制度规定，切实强化质量安全监管，严格落实监督执法检查，全区建筑施工安全生产形势持续稳定好转，区管工程连续第十年未出现质量安全责任事故。

质量安全管理。全年开展元旦、春节后复工、雨季汛期施工、高温天气施工、“十一”等8次专项安全检查，排查发现24处质量安全隐患，下达5份《建设工程施工质量安全隐患整改通知书》及1份《停工通知书》，发送4份《工作联系函》，组织11次安全质量标准化阶段性评价。通过对工程建设项目安全生产动态管理，落实工程建设各方的安全生产主体责任，实现全年建设工程质量安全零事故零投诉零上访。注重工作方法，抓好市、区、街道、社区四级联动，不断强化与安监、规划、城管、公安等职能部门的协调，构建建设市场高效执法体系。全年排查违法建设类项目19个，处罚10个责任主体，处罚金13.4万元，查处案件正确率100%，无听证、行政复议和诉讼案发生。组织开展危房排查，对全区纳入台账的113幢、面积2.56万平方米的危房实行动态管理，及时处置、督办各类危房诉求20余起，未发生一起房屋倒塌伤人事故。开展全区瓶装液化气安全整顿治理工作，完成全区7家供气公司100家供气点全面调查摸底。经逐一验收，有合格供气站40个；督促各街道（园、局）对不合格的站点采取强制取缔措施，确保液化气市场规范、有序、安全。

招投标监管。完善相关审查制度，积极引导优秀的设计、施工、监理单位参与辖区项目建设，从源头上减少安全隐患。年内重新梳理施工许可办理流程，优化管理方式，对非拆迁拆除工程、临时工程、私房建设项目采用备案制。压缩行政审批期限，对当事人申请事项一次性告知。全年监管招标投标项目30个，其中，房建工程2个，装饰装修工程7个，市政工程12个，监理7个，设计2个。招标率100%，未出现一例投诉。严格按照要求，对招投标资料进行备案，备案率100%。进一步梳理并优化工程报建流程，全年办理16个工程项目施工许可，采用备案的项目3个，总面积为6.69万平方米，总造价为1.4亿元，均按建筑法及市住建委相关规定要求审批和发放，无违法违规办理现象，报建率100%，办结率100%。施工许可信息及时录入湖南省工程项目监管信息系统和报送建筑工程施工许可月报表，无漏报或迟报。根据区政府有关规定，进一步规范全区政府性投资项目的招投标监管及后续管理工作。每个项目开工后，区招标办均会同区监察局、区财政局、局质安站对项目进行招标后期跟踪检查合同签订情况及项目经理、技术负责人、施工员、安全员到位情况，确保工程项目质量安全。

行业资质和队伍培训。严把企业资质审核关，健全建安企业资质动态核查机制。对申办企业，要求企业及时加入“建筑业信息系统”并按要求上报各类信息，全年办理资质升级企业8家，增项9家，新增企业13家。完成长沙市建筑企业信用等级申报工作，参加信用等级评定的企业有12家，其中，11家企业获得等级，2家企业被评为3A，9家被评为8A。加强一线操作工人的技能培训和鉴定工作力度，全年完成技能鉴定培训人数572人，培训率114%，提升了建筑一线人员职业技能水平，促进建筑工地安全生产工作。

建设领域专项治理。制订《关于进一步深入开展工程建设领域突出问题专项治理工作的实施方案》，把围标串标、资质挂靠等现象列为专项治理中一项重要工作，重点加强对政府投资项目招投标活动监管，开展标后检查。3月、8月对全区所有建设工程项目进行专项检查，监督项目各方主体从业行为履约情况，并建立履约监管台账。对履约不到位、走过场、存在问题较多的单位通报批评，责令限期改正；对监管不力、行政不作为和乱作为以及行政过失等失职渎职行为造成重大损失的，追究责任单位领导和有关人员的责任。记录不及时整改的施工单位、监理单位不良行为，直至将其清出市场。

（谭卿 贺俊姣）

【解决拖欠农民工工资问题】 6月4日，在区城乡建设局和湘湖街道共同监督下，湖南大汉城镇建设有限公司负责人将130万元农民工工资发放到每个农民工手中，延续近一个月的大汉国际项目农民工讨薪上访事件得到有效解决。2014年全区受理23起民工工资和工程款拖欠问题投诉，涉及金额560万元，全部处置到位，保障建筑行业从业人员合法权益，维护行业稳定。（郑佩）

【召开建筑行业企业家座谈会】 5月15日，全区建筑行业企业家座谈会在区政府会议室召开，市住建委副主任程定夫，区长于新凡、副区长罗玉环、区人大常委会副主任严国益及区直相关部门负责人、近30家区属建筑业企业主要负责人参加座谈会。会议由副区长彭尚松主持。各企业结合自身经营发展实际情况，提出制约企业发展的瓶颈性问题，并向区政府提出解决问题的建议。各职能部门负责人表示要进一步改进工作方法，为芙蓉区建筑业发展提供更多优质服务。（郑 佩）

【开展“城市记忆·经典长沙”城建档案日宣传活动】 6月7日，由市城建档案馆牵头在全市开展“国际档案日”集中宣传活动。区建设局展出以“城市记忆·经典长沙”为宣传内容的系列展板，展示芙蓉区城建档案工作历史，集中宣传城建档案法律法规，全面深化改革、服务经济建设与和谐社会建设的新举措、新经验。（郑 佩）

·房地产市场管理·

【概况】 2014年，区建设局开展集体土地上房屋产权办理、房屋中介机构和房屋租赁市场的管理等日常工作，担负全区农民安置房权证办理领导小组办公室具体事务及原东岸地区8个村安置房测绘、国有土地上未登记房屋摸底调查等任务，工作成效明显。

集体土地上安置房产权办理。为尽早尽快解决市政府60号令农民安置房的产权遗留问题，区政府将安置房权证办理作为一项民生工程来抓，投入专项经费，明确工作目标。4月，由区长于新凡亲自调度，副区长彭尚松、政协副主席黄金国牵头负责，成立以区建设局、区规划分局、区国土分局、区消防大队及各相关街道为主的权证办理工作领导小组，每周召开调度会，建立区街联动、合力推进的工作机制。区建设局负责领导小组办公室具体事务工作及协调组织，组织召开调度会30次，形成区长办公会议纪要2份和会议纪要补充1次，推动了60号令产权办理工作进程。全区750幢240万平方米村民安置房的竣工实测、图纸设计、房产测绘等工作均已完成。凡规划、国土等手续齐备的安置房产权登记，做到应办尽办。

房屋市场管理。全年开展辖区内房地产经纪机构及其分支机构备案情况和经纪业务专项检查2次，有效维护行业秩序。严格执行行业市场准入标准、规范执业行为，对不具备资质的中介机构、不符合规定的租赁行为不予办理备案，通过指导督促其完善条件，促进房屋交易市场健康发展。合理设置租赁备案要件，依法依规完成备案业务，全年发放房地产中介机构备案证25本，房屋租赁证78本，管辖面积约28万平方米，收取租赁手续费7.4万元。加强流动人口管理融入房屋市场管理之中，与所辖单位签订《人口与计划生育2014年度综合管理目标责任书》，建立互联关系。

房屋市场信息应用。进一步完善全区集体土地上房屋管理信息资料库，配合辖区内各拆迁项目，对被拆迁房屋的产权档案资料进行查阅及核实，接待来访人员70人次。联合国土、规划、征地办及街道对各拆迁项目的违章建筑、临时建筑进行认定，协助处理凯通国际，雄踞都市、凤凰大厦、银港水晶城、环卫公寓、丰盛国际、新桥村等项目住户上访事件，为城中村改造、征地拆迁、解决产权遗留问题及时提供准确实用的产权依据。（邹 勇）

【开办农民安置房产权登记培训】 5月9日，区建设局按市政府60号令的要求组织的全区农民安置房产权登记业务培训会在区委党校301室举行，区属各相关职能部门、各相关街道、社区（村）负责人及工作人员参加培训。区规划局副局长杨亮月对房地产开发项目的报建流程进行讲解，就“容积率”“建筑密度”“道路红线”“建筑间距”“地域类别”等一系列专业术语进行详细解释和说明；区消防大队工作人员对建设工程消防验收备案和消防窗口办事流程进行介绍及说明，并现场回答相关人员提出的问题；区城建局负责人结合农民安置房实际情况，对建设工程质安监备案及竣工验收和集体土地房屋登记工作予以重点指导和解释。通过培训，增强参训人员对农民安置房产权登记办理工作的认识和理解，为开展农民安置房产权办理工作打下基础。（邹 勇）

·物业服务行业管理·

【概况】 2014年，芙蓉区有物业服务企业172家（其中，一级资质企业5家，二级资质企业16家，三级资质企业119家，外地驻区企业16家，暂定三级资质企业16家），管理单位物业项目279个，总面积累计1852万平方米。新建商品房住宅全部实施专业化物业管理。

物业行业资质监管。全年共受理审核172家物业公司年检资料，并与企业签订人口和计划生育责任书。自2014年开始，物业公司在申报年检资料时，须提供街道社区对物业项目的打分表，促使物业项目对辖区的日常工作、文明创建工作更加配合，加强辖区对物业项目的管理，实现物业监管“四级联动”。物管科在对物业报检资料进行审核的同时，对各项目进行明察暗访，检查项目的环境卫生、电梯运行、治安巡防、消防安全、费用收取、车辆摆放等，未达标者则须整改，多次整改不到位的，则上报市物监处并纳入物业管理“黑名单”，确保辖区内物业管理安全、有序进行。

物业矛盾投诉处理。以创建“平安物业”和构建和谐芙蓉为目标，物业科通过实地查看、居民调查、电话回访、召开协调会等途径解决投诉问题。在投诉接访过程中，坚持以物业行业管理的身份，认真听取业主、物业服务企业、开发商等咨询投诉者提出的问题和要求，从行业专业角度给予耐心解释，提供专业意见。全年受理有关收费、停车、业委会选举、房屋质量、设备维护、通信垄断、破坏房屋结构等投诉115个，通过电话询问、上门查看、召开协调会议等方式积极协调解决，回复区委督察室“12345”派工单46件，回复各类各级收件16封。

指导筹设业委会。按照建设部《业主大会和业主委员会指导规则》规定，业主委员会成立主要由街道社区参与并组织，区建设局负责业务指导。业主委员会成立后需到区建设局备案。为规范业委会的选举和备案，区建设局派员组织培训，加强基层工作人员业务素质，参与会议，确保业务指导到位。全年为21个准备成立业委会的小区发放选举资料并进行业务指导，参与18家正在筹备业委会的小区会议50场次，审批已成立业委会资料并备案16份。

规范行业文明创建。以《全国城市文明程度指数测评体系》为依据，按照物业服务行业测评标准，每季度对物业项目进行打分测评，针对存在问题，及时下发整改通知，推动问题解决。按照在全市社区依托物业服务企业组建学雷锋志愿服务站点的要求，指导辖区内128家物业小区成立学雷锋志愿者服务点，并指导服务点制作志愿者的活动资料。7—12月，分别组织召开物业行业文明创建工作会和“服务群众”主题道德讲堂活动，推动物业项目的文明创建工作，提高物业从业人员的素质水平。

维修资金申报审批。根据市委办公厅、市政府办公厅《关于下放部门市级经济社会管理权限的决定》和长沙市住房和城乡建设委员会《关于进一步落实物业专项维修资金使用工作区级权限下移的通知》，明确长沙市物业专项维修资金使用预算费用3万元以下及应急维修和更新、改造项目审批权限下放到区级管理部门。全年受理维修资金使用申请业务87笔，其中，3万元以下一般维修41笔，应急维修46笔，紧急处理供电、供水、电梯冲顶等突发事件7起。办结业务37笔，其中，3万元以下一般维修20笔，应急维修17笔。 （陈 婷）

【物业文明创建工作推进会】 10月23日，全区物业服务行业文明创建工作推进会在区政府会议中心召开。市住建委副主任杨新武，市创建办督察七组组长蔡传军，区委宣传部部长伍艳飞，副区长潘宏出席会议，各街道（园、局），社区（村），物管企业，物管项目主要负责人参加会议。会议由伍艳飞主持。推进会上，杨新武用“环境好、气氛浓、形象佳、资料全”12个字概括对物业服务行业开展文明创建的工作要求，指出物业管理的最终目标是追求社会效益、环境效益和经济效益的有机统一。会议旨在统一全区物业服务行业工作人员思想，为迎接国检奠定良好基础。 （郑 佩）

重点工程

【概况】 2014年，全区共铺排重点建设项目106个，其中，新建项目66个，续建项目40个，项目开竣工率达95%。完成二号安置房、A2A3、隆平公园等14个征地拆迁项目，腾地158.6万平方米。全年重点项目完成投资额227.2亿元。隆平新区建设步伐加快：砂咀子等4座泵站重建全面竣工，其他湘江综合枢纽库区配套项目建设顺利完工；滨河路竣工通车，红旗北路、杉木路、合平路一期等一批城市主次干道建设全线推进；隆平公园、“一馆三中心”项目中的隆平水稻博物馆前期工作基本完成。长善垸污水处理厂二期、京珠东辅道、二号安置小区拆迁已进入扫尾阶段。廉租房二期和东屯渡安置房基本完工，一号安置小区二期、三号安置小区B地块项目正在抓紧建设。推进中心城区低效能用地再开发项目，紧跟国家加快推进棚户区改造的步伐，完成五一大道东段周边零星地块棚改项目，远大路、九如巷、友谊商店东边地块及火炬村城中村改造等棚改项目拆迁工作加速，二里牌、向韶村、朝阳一村“涉铁”棚改项目也在完善前期手续。产业项目稳步推进，国金中心主体施工顺利，长沙世茂广场A、B座、文化大厦二期、擎天广场、佳兆业广场、芙蓉国·豪廷广场抓紧建设；投资10亿元，用地10.67万平方米的苏宁研发与采购总部破土动工；恒大江湾、东业早安、中房瑞致国际等一批优质地产项目如期推进；万家丽国际商务中心、宽寓大厦、报业大厦、丰盛时代等建成商务楼宇招商工作全面铺开。按照区委的总体部署，项目联点县级领导跟踪服务，深入一线，狠抓落实，协调解决项目建设中的有关问题，扎实做好项目建设的各项服务工作。区发改局严把项目建设审批关，严格执行概算控制预算、预算控制结算、结算控制决算的政府投资管理原则，强化项目前期工作，有效杜绝重复投资和浪费，全年项目建设仅概算审查一项节约资金近2000万元。区建设局、区工务局、区城建投资公司等部门加强项目安全生产管理，组织各项目工地安全生产检查，及时督促整改安全隐患，确保重点工程顺利推进。（年鉴编辑部）

【滨河路竣工通车】 滨河路位于芙蓉区浏阳河东岸隆平新区，南起长椰路，北至西龙路，全长9440米，路幅宽26米。项目于2013年9月分四个标段同时建设，2014年11月基本实现竣工通车。滨河路作为隆平新区连接南北的一条主要交通通道，与人民东路、远大路、营盘路、红旗路、京珠高速辅道等道路及跨浏阳河大桥相连接，使隆平新区“五纵四横”的畅达路网体系基本形成，亦使长沙市城区东片道路与全市道路网络成为联系紧密的体系。（彭 项）

【杉木路一期工程主体建设完工】 杉木路一期位于芙蓉区浏阳河东岸隆平新区，南起人民东路，北至远大二路，全长970米，路幅宽度为26米。项目总投资5200万元，由湖南顺天建设集团有限公司承担建设任务，湖南省建设工程项目管理咨询有限公司承担工程监理。项目于2012年7月启动建设，2014年11月完成主体建设并达到通车条件。杉木路从北向南有机地将远大路和人民东路联在一起，交通拥堵的远大路车辆可通过杉木路转移至人民东路快速分散，有效缓解该区域交通压力。（彭 项）

【东郡西路开工建设】 8月12日，东郡西路开工建设。项目位于荷花园街道，规划为东西向城市支路，东起马王堆中路，西至德政园路，全长410米，路幅宽度20米，双向四车道。投资估算1200万元，预计2015年2月完工。项目建成后将打通人民东路、马王堆路周边交通微循环，为万家丽路快速化改造有效分流，方便周边居民出行。（李 素）

【望龙路即将南北贯通】 7月，位于东岸街道辖内的望龙南路开工建设。其北起人民东路，南至长农路，全长597米，路幅宽36米，双向六车道。总投资估算3000万元。预计2015年5月竣工通车。建成后与望龙北路南北贯通，成为芙蓉区浏阳河东岸连接远大路、人民东路的又一重要干道，将快速促进周边楼宇经济发展，也为周边居民提供快捷便利通道。（李 素）

【砂咀子泵站重建项目】 该项目位于马坡岭街道东岸垸，占地面积2.14万平方平，建筑面积2089平方米，汇水面积544.2公顷，设计流量35.5立方米/秒，设计总扬程7.5米，为中型雨污合流泵站。项目工程总投资估算1.5亿元，2012年11月开工，2014年10月竣工。雨水泵站竣工当月投入使用，污水泵站预计2015年4月底投入使用。建成后解决了湘江库区蓄水后带来的城市电力排水问题及要求，实现由农村排涝标准向城市排水标准转变。（李 素）

【廉租房二期项目完工】 廉租房二期位于芙蓉区东湖街道合平村，南临泉坝路，西至合平路，距人民东路主干道约500米。廉租房二期规划在一期廉租房的基础上增建，包含两幢住宅楼和一层人防地下室，均为二类高层（10层）住宅，高度为28.2米，一层人防地下室面积约1518平方米，住宅总面积约1.35万平方米，均为50平方米以下小户型，共276套。项目于2013年3月启动建设，2014年10月完工。（彭 项）

·表 3·

2014 年部分芙蓉区重点工程项目

单位：万元

序号	项目名称	建设性质	建设规模和内容	起止年限（年）	总投资	2014 年计划
1	京珠高速东西辅道	续建	东辅道总长 2654 米，宽 20 米，其中：北段（西垅路—远大路）长 2102 米；南段（人民路—滨河路）长 552 米；西辅道总长 3650 米，宽 20 米	2013—2015	42000	16000
2	红旗北路	新建	人民路—红旗路浏阳河桥，长 1800 米，宽 60 米	2014—2015	27000	18000
3	滨河路	续建	西龙路—长郴路，长 9440 米，宽 26 米	2013—2015	100000	30000
4	杉木路	续建	人民路—远大路，长 970 米，宽 26 米	2013—2014	5200	1200
5	合平路一期	续建	人民路—远大路，长 1392 米，宽 36 米	2013—2014	11000	2000
6	白竹坡路	新建	京珠东辅道—红旗路，长 1692 米，宽 26 米	2014—2016	11000	7000
7	望龙南路	新建	人民东路—长农路，长 597 米，宽 36 米	2014	3000	3000
8	浏阳河东岸风光带	新建	西垅路至长郴路，滨河路沿线，长约 9400 米，宽约 80 米	2014—2015	78700	30000
9	亭子港泵站改造增容	续建	新增 3 台 280 千瓦排渍机组；进水前池覆盖；增设捞渣设备及检修闸门；重建配电管理用房；改造双电源；现有涵闸改造封堵	2013—2014	3800	1200
10	中心泵站重建增容	续建	新增 1 台 280 千瓦备用泵，涵闸、清污设备改造，增设检修门槽	2013—2014	3600	1100
11	砂咀子泵站重建	续建	新建 4 台 800 千瓦和 3 台 280 千瓦排渍机组	2013—2014	13800	3000
12	隆平园园区道路雨污分流改造项目（一期）	新建	对总长为 2560 米的道路进行雨污分流改造	2014	1400	1400
13	茶叶深加工系列产品产业化（增资）	续建	占地约 3.53 万平方米，建筑面积 3.6 万平方米，主要购置生产及辅助设备，建设科研楼、车间及仓库等	2012—2014	23000	3000
14	名优绿茶精深加工产业基地	续建	占地约 1.18 万平方米，建设 12 层科研楼及生产车间，建筑面积 2.1 万平方米	2013—2014	8200	6000

续表 3

序号	项目名称	建设性质	建设规模和内容	起止年限（年）	总投资	2014 年计划
15	现代农作物种子综合服务电子商务平台建设	续建	软硬件设施建设和扩容升级；种子研发平台及种子繁育基地信息化建设；加工、交易、配送中心系统建设；10000 个以上终端网点建设及服务；农技服务系统和质量追溯系统建设	2012—2014	15300	5100
16	稻之道农产品供应链公共服务平台建设项目	续建	建设农产品供应链信息服务平台、交易服务平台、配送服务平台、企业金融服务平台、农产品质量溯源平台	2012—2014	5700	2400
17	大宗农产品交易及信息综合服务平台建设项目	续建	农产品信息发布子平台、电子交易子平台、仓储物流子平台、网上商城子平台、基础服务子平台、网络支撑平台、为实体市场服务的弱电子平台	2013—2014	3000	2000
18	湖南旺德府种业电子交易中心	新建	占地约 5.8 万平方米，总建筑面积 20 万平方米，由 4 幢 100 米高主楼加 4 层裙楼组成，拟建成国内一流的种业电子交易中心	2014—2016	100000	30000
19	五一大道东段周边零星地块棚改项目	续建	占地约 3.13 万平方米，征收房屋面积 0.49 万平方米，涉及住户 55 户	2013—2014	5500	2000
20	燕山街旧城改造项目（友谊商店东边地块）	新建	占地约 2.33 万平方米，征收房屋面积约 7.66 万平方米，涉及住户约 476 户	2014—2015	126000	63000
21	九如巷棚改项目	新建	占地约 8000 平方米，征收房屋面积约 0.63 万平方米，涉及住户 22 户	2014—2015	12000	6000
22	远大路棚改项目	新建	占地约 8 万平方米，征收房屋面积 13.38 万平方米，涉及 844 户。（其中项目一期位于三湘南湖大市场入口东侧，占地 2000 平方米，征收房屋面积 0.42 万平方米，涉及住户 37 户，单位 1 家）	2014—2015	222000	8500
23	城乡结合部环境综合整治	续建	立面整治、道路、路灯、下水、景观绿化提质改造等	2012—2014	9000	3000
24	社区公园及小游园建设	新建	包括远大社区公园、省农科院寒欢社区公园及隆华社区公园的建设；县正街小游园及明景公寓小游园的建设，总绿化面积约为 3.5 万平方米	2014	2124	2142

续表3

序号	项目名称	建设性质	建设规模和内容	起止年限（年）	总投资	2014年计划
25	道路绿化提质改造	新建	苗木栽植，蔡锷路、窑岭、曙光路、德政街口等8处节点打造，建湘路边坡立体绿化	2014	1800	1800
26	隆平公园及隆平水稻博物馆	新建	隆平水稻博物馆建筑面积约1万平方米，东岸公园方案待定	2014—2016	40000	25000
27	大同三小及幼儿园	续建	占地约2.6万平方米，建筑面积2.1万平方米，其中幼儿园建筑面积为3677平方米	2013—2014	9000	6000
28	大同小学危房改造	新建	占地约8933平方米，建筑面积1.2万平方米，对危房就地拆除重建，教育门面拆除重新规划，垃圾站拆除，厕所可共用	2014—2015	5000	2000
29	河山小学	新建	占地约2.27万平方米，建筑面积9640平方米，共18个班	2014—2015	8000	4500
30	大同瑞致小学	新建	占地约3.53万平方米，建筑面积1.8万平方米	2014—2015	10000	6000
31	合平村社区综合服务楼	新建	占地约820平方米，建筑面积5200平方米	2014	1000	1000
32	芙蓉生态新城三号安置小区配建廉租房二期	续建	占地6666.67平方米，建筑面积14964平方米，共276套廉租房	2013—2014	4600	1600
33	芙蓉生态新城一号安置小区二期AD地块	新建	占地5.27万平方米，建筑面积140803平方米，高层安置小区	2014—2015	84300	20000
34	芙蓉生态新城三号安置小区B地块	新建	占地5.6万平方米，新建建筑面积16.75万平方米，高层安置小区	2014—2015	60000	42000
35	芙蓉生态新城二号安置小区	新建	占地20.8万平方米，建筑面积46.2万平方米	2014—2016	157100	20000
36	东屯渡街道村民安置房高层住宅	续建	占地约6733平方米，建筑面积48240平方米，1#幢31层，2#幢35层，东侧单元9层	2013—2014	20000	10000
37	新桥村高层安置房裙楼及公寓楼装修改造	新建	装修改造面积约为5万平方米	2014—2015	23000	10000

续表3

序号	项目名称	建设性质	建设规模和内容	起止年限（年）	总投资	2014年计划
38	长沙国金中心	续建	占地约9.4万平方米，总建筑面积99万平方米，集大型高端商场、甲级写字楼、酒店式公寓及国际五星级酒店于一身的城市综合体	2012—2016	1660000	300000
39	长沙世茂广场A座	新建	占地约1.4万平方米，总建筑面积约23万平方米，楼高347米，包括2～5万平方米的商业广场、1万平方米的高端影院等	2014—2016	170000	90000
40	长沙世茂广场B座	新建	占地约8666.67万平方米，总建筑面积约8.9万平方米。主要包括约2.5万平方米的高档商场与约3.3万平方米的超豪华精装5A甲级写字楼	2014—2016	80000	30000
41	泰贞国际金融中心	新建	占地约1.07万平方米，楼高160米，总建筑面积11万平方米。地上建筑面积8万平方米，1～4层为裙楼，5～36层为商务写字楼。地下建筑面积3万平方米	2014—2016	150000	50000
42	芙蓉国·豪廷广场	新建	占地约2.53万平方米，总建筑面积21万平方米，集文化传播、购物娱乐、商务接待的综合体，包括一个五星级酒店	2013—2015	150000	50000
43	擎天广场	新建	占地约2万平方米，建筑面积约35万平方米，拟建一个双子座建筑，高300米，77层的城市综合体	2014—2016	390000	100000
44	恒大江湾	新建	占地约17.87万平方米，总建筑面积60万平方米，分5期开发	2014—2017	300000	150000
45	紫御江山	续建	占地约6.93万平方米，建筑面积约20万平方米，由11幢住宅及1幢公寓式写字楼组成	2012—2015	120000	40000
46	壹廷项目	续建	占地约1.85万平方米，总建筑面9.1万平方米	2013—2015	80000	60000
47	长房白沙湾	续建	占地8.33万平方米，建筑面积约25万平方米	2010—2014	120000	15000
48	佳兆业时代广场	续建	占地约3.07万平方米，建筑面积11万平方米	2013—2014	60000	30000
49	佳兆业广场	新建	占地约1.68万平方米，规划建设一幢双子塔座形状的地上18万平方米、地下二层商业三层停车场的纯商务楼	2014—2016	250000	60000

（区发改局）

住房保障

【概况】 2014年，芙蓉区住房保障工作紧紧围绕保障房项目建设，全力推进“六个走在前列”工作目标，在保障房筹建、管理、运营、服务、党风廉政建设、干部队伍与自身建设等方面都有明显进步。

廉租房建设。位于浏阳河东岸三号安置地的“合鑫苑”廉租房建设项目第一期工程343套廉租住房（总建筑面积1.7万平方米）内外装饰工程已全部完成。第二期工程276套廉租房（总建筑面积1.52万平方米）主体工程基本完工。区住房保障局争取资金，协调、协助各相关部门解决工程建设中一系列难题，严把设计关、施工关、安全关。工程按照国家产业政策“四节一环保”绿色建筑要求，率先采用自保温技术体系，全部安装太阳能节能环保材料。省住建厅巡查组到区现场指导时，高度认可并决定在全省推广，取得了较好的试点、引领和示范作用。

公租房筹集。根据2014年市住建局下达的50套公租房筹集任务，按照区政府常务会议安排，投资900万元，在远大二路与星沙大道交汇处“汇一城”项目6号幢中购买50套（间）2000平方米房源作为新增公租房，预计2015年年底建成交付使用。

登记审核。5月，区住房保障局由蔡锷南路98号搬迁至区政府大院内，并在区政府北门一楼设立对外服务窗口。从加强队伍建设、夯实工作基础、加大政策宣传、强化业务考核等措施入手，提高干部队伍为民意识、服务意识、效能意识，出台“一次性告知制度”“首问责任制度”，开展“十个一点”贴心服务，为低收入住房困难家庭提供便捷、优质、高效的保障服务。全年接待来访群众1580人次、开展“服务进社区”综合宣传活动2次，新增审核廉租房实物配租128户；新增审核廉租房租赁补贴152户、办理异动115户，新增审核公共租赁住房69户；新增审核经适房货币补贴81户，实现廉租房租赁补贴总户数达808户，超额完成年度任务的10.7%。

保障房管理。在市住建局的统一部署下，区住房保障局于9—12月集中开展“廉租房专项清查整治工作”。全局干部职工放弃节假日、休息日上门宣传政策法规，处理和纠正121户违规使用廉租房的现象。增加巡查密度。坚持对分布在雨花、岳麓两个区的4个廉租房小区实施周巡查，强化监管力度。加强走访沟通，上门入户与廉租房承租人交流与沟通，避免误会、消除矛盾、增进感情。制订并实施廉租房小区管理制度，加强与小区物业管理公司建立稳定的联络与协调机制，加大租金收缴力度，全年收缴租金19.15万元。（甘泉）

图37 廉租房小区实景

【开展廉租房专项清查整治】 8月，区住房保障局组织全局干部，对所辖廉租房小区的使用状况进行全面、详细调查，逐户核实廉租房使用人的身份信息，居住情况，排查廉租房违规使用情况，共查实违规现象123例。针对承租人违规行为，区住保局采取以“劝导自改”为主，“勒令限改”为辅的方式，开展廉租房专项清理整治。在各楼幢单元显要位置张贴《关于严禁违规转租廉租房的通知》，广泛宣传廉租房使用规范，解释相关政策，号召小区居民一起参与清查整治，提供违规线索。逐户上门与廉租房违规承租人开展面对面沟通交流，了解违规原因和现实困难，详细掌握情况，力所能及地给予帮扶救助，为其解决生活上的一些具体困难，晓之以理、动之以情开展劝导工作。对极个别拒不整改的对象，按程序采取停售水、电等措施。通过专项整治，123例违规中有121例完全整改落实到位。对违规不改的2户，拟启动民事诉讼程序，依法依程序进行处置。（甘泉）

棚户改造

【概况】市政府下达芙蓉区2014年棚改任务户数500户。全年重点实施都正街、文艺街道零星地块（乔庄社区）等棚改项目及火炬村城中村改造项目，完成五一大道东段周边零星地块、九如巷棚改项目征收扫尾工作，完成改造、整治户数612户，改造面积5.98万平方米，完成改造户数总任务的122.4%。完善燕山街、迪马公司、黄土塘、火炬村等棚改项目征收前期手续。协助、指导蝴蝶大厦、火星塑料厂、湘华宾馆项目办理前期手续，指导万顺家园（二期）、金朝阳大厦等社会投资项目理清思路，申报项目立项。配合项目所在街道开展朝阳一村、二里牌、向韶村等涉铁项目调查摸底、成本测算，协助广铁意向投资商编制项目规划方案和征收安置预案。在快速搭建统贷平台的同时，充分发挥原有平台优势，通过开展专项贷款、银行融资、落实社会资本投资、争取上级补助资金及项目资金返还、自有资金理财多元化等方式，全年落实73.75亿元资金渠道（含贷款金额和预授信金额），为政府财政及项目运作提供资金保障。区棚改公司投入资金6165万元，购买7428平方米、127套商品房，用于项目征收安置。在燕山街、黄土塘等项目中顺应群众呼声，采用集中新建安置房的方式就地实物安置居民，加快项目进度。结合“群众工作直通车”工程，组织完成浏正街、都正街等6个地块房屋调查摸底、数据分析及测算工作，调查住户4103户、房屋面积46万平方米，编制芙蓉区2014—2017年棚改项目计划。（廖薇）

【创新都正街棚改项目模式】根据国务院对棚户区改造“因地制宜、注重实效”的精神，结合区情特点，创新棚改模式，按照不大拆大建、不破坏街巷体系的原则，采取将历史街区整治保护与棚户区改造相结合方式，对都正街项目进行以修复修缮、完善配套设施、环境综合整治和建筑节能改造为主要方式的棚户区改造，在恢复街区历史风貌的同时，打造具有长沙传统特色的情景消费商业文化街区。项目在2014年年底实现主街开街，实施效果得到省住建厅、市政府领导及当地居民的肯定。（廖薇）

【启动友谊商店东边地块旧城改造项目】该项目为长沙市首个社会资本参与的成片棚户区改造项目。项目由长沙城东棚户区改造投资有限公司作为业主单位，友阿集团作为出资人。项目总占地约2.33万平方米，需征收房屋面积约7.99万平方米，需征收户数私房住户480户，单位自管产权房16个。在完成项目征收前期手续办理、落实资金、筹集房源等工作后，区政府于11月18日发布项目房屋征收范围公告，启动项目征收程序。（廖薇）

征地拆迁

【概况】2014年，芙蓉区发布14宗用地征地公告，实施东岸公园及隆平水稻博物馆、长善垸污水处理厂二期、火炬村整村改造、京珠东辅道、隆平科技园446亩等10个项目拆迁安置，总拆迁面积2191亩，拆迁房屋1379幢，拆迁安置人口4962人，征地拆迁补偿安置费用达7.83亿元。为1475名被征地农民办理转业转户并纳入社保范畴，缴交社保资金4.28亿元，发放被征地农民社保待遇1.44亿元。落实调标政策，发放滨河路、AD地块、第16中学等项目调标资金1.2亿元。发放被征地农民延期过渡费3530万元，确保已拆待安人员生活平稳过渡。坚持农业户口迁移集体会审制度，组织农村集体经济组织成员户口迁移会审643例。

拓宽安置途径，研究制订《关于鼓励被征地农民采取购买团购商品房方式安置的实施办法》，对已拆迁待安置人员团购商品房给予经济补贴，购买区域内指定楼盘的同时享受优惠折扣。

推动60号令遗留问题处理，全面调查60号令生产用地处置。对收购土地未拆房户生活来源困难、安置小区管理矛盾、安置房产权手续办理、安置建设资金缺口等遗留问题。经区政府专题研究，明确了“区指导把关，街道牵头组织，村为主实施”的基本原则；安置小区设施的管理纳入区市政管理；安置房由区建设局牵头，落实集体土地房屋产权证办理工作。争取区政府支持，组织7044万元资金，采取自愿报名方式，对新安村、望龙村等收购土地未拆房户实施协议拆迁和提前收土转户，60号令收购土地未拆房户生活来源问题得到妥善解决。（李婷）

城区管理

·城区管理与执法·

【概况】 2014年，区城管系统以全市深化城管体制改革为契机，以文明创建工作为抓手，深入开展中共群众路线教育实践活动，积极投身“增三力、作表率、当先锋”大竞赛活动之中，不断加强自身建设，大力推进“美洁家园、幸福芙蓉”创建工作，全面提升城市管理水平。

深化城管体制改革。按照全市深化城管体制改革工作的要求，成立由区委书记为顾问、区长为主任的城管委；区城管综合执法大队成建制下放到区管理，同时承接市级行政审批职能9项以及相应的维护管理任务。出台综合执法、专项整治、社区管理等相关文件10份，不断完善城市管理工作体制。积极推进城管“三进”（进老旧小区、进背街小巷、进城乡结合部），区城管系统同步开展城管服务“四进”（进社区、进学校、进门店、进工地）活动。加强区城管委办公室调度协调职能，向各成员单位下发督办函15份、印发督察通报13期，拍摄暗访督察片13期，组织城管工作调度讲评会23次，周调度、月讲评工作机制初步形成。根据工作需要，分批招聘城管特勤队员122名、协管员80名。开展协管员“三个一”活动（一次培训、一次体检、一次趣味运动会），组织300名协管员体检，150名协管员骨干培训，不断提高协管员队伍凝聚力。

严格执法管理。按照全市最严城管的工作要求，狠抓队伍建设，实行全员绩效考核，不断加强城管综合执法工作，不断提升城管队伍形象。成立城管综合执法领导小组，建立城市管理综合执法行动四项工作制度（联系会议制度、综合执法行动制度、执法案件移送制度、监督检查制度）。依托数字化城市管理平台，实现执法工作从被动向主动、从粗放向精细转变，全力破解城市管理法律依据不足、行政处罚执行难等问题。全年区城管综合执法大队共办理各类行政执法案件5007件，处罚金额127.63万元。其中，市容环卫类1952件处罚83.24万元，市政道路类72件处罚6.8万元，园林管理类22件处罚0.27万元，环保管理类3件处罚1.6万元，机动车占道类2823台（次）处罚28.23万元，户外广告类56件处罚3.14万元，餐厨类79件处罚4.35万元。加强对违法违规行为进行教育劝导和责令整改，教育劝导4.9万处，责令整改2.1万起。区城管执法大队加强对外宣传力度，全年出动流动宣传车宣传城管法规760次，广场宣传182次，社区宣传106次，发放各类法律、法规手册等宣传资料15万份。城管执法行为获得市民的理解和支持，提高人人参与城市管理工作的意识，营造良好执法环境。

推进专项治理。坚持“条块结合，以块为主”的原则，实现属地管理、部门协作相统一。相关部门协同配合，专项突击，确保全区市容面貌有良好改善，实现全区市容秩序常态化管理。继续加强对流动摊担、占道经营、油烟排放等扰民经营行为的整治，防止相关问题出现反弹；落实为民办实事的工作要求，积极推进自来水户表改造工作，积极配合市级改造进场施工，顺利完成市表改造任务。坚持“拆控并举、拆建同步”原则，对重大建设项目进行帮促，协助做好重大项目建设的拆违工作，巩固对违法建筑的整治效果，逐步完善拆违控违管理办法，结合消防、安全生产专项整治以及农安（老旧）小区改造。结合石材加工业专项整治行动扩大拆违宽度，对有安全隐患的石材市场进行专项整治，开展专项行动10次，整治石材市场10处，整治广告招牌4万处，清理1120处堆物、垃圾1000吨。积极推进“十大民生工程”三年行动计划，投入1.5亿元对26个老旧、农安小区的557幢房屋进行提质改造，完善供水、供电、供气等基本功能，改善基础设施，增配安防设施，疏通排水排污沟渠，开辟更多绿化点和公共停车位，惠及1.44万户居民，老旧、农安小区居住环境不断提升；落实景观亮化维护下移的工作职责，建立日常巡查机制，市级新移交的62处景观亮化设备正常运行。认真推进除“四害”工作，投入专项经费185.7万元，以公开招标的方式，实现全区公共区域除“四害”工作市场化运作，投药45.29吨；对全区3万个下水井进行2次集中热烟熏杀。推进规范化设施建设试点，11个试点社区共安装智能灭蚊灯110盏、配发诱蚊蝇笼770个；新增灭鼠投药盒440个。大力开展城乡环境卫生整洁行动，投入资金1825万元，规范农贸市场39家，取缔违规市场10处，清除卫生死角近3000处，清运垃圾2500吨，新增垃圾桶3000个。投资155万元，安装自御式封闭垃圾箱90个；积极开展卫生创建工作，全区共创建长沙市血液中心等2个省级卫生文明单位、湖南省杂交水稻研究所等5个市级卫生文明单位、文艺新村卫生社区1个、无烟单位4个、无烟家庭20个。

推进数字城管建设。进一步完善城管督察考核办法，构建常态化考核机制。不断完善市、区两级数字化平台，建立区级城管工作微信调度群和QQ工作群，整体推进城管工作数字化进程。以数字化平台为依托，开通短信和“城管110”电话举报系统，拓宽群众举报渠道。采用最新信息技术手段升级改造数字化城管无线手持终端，全年数字化平台共受理案卷（含数字化信息采集、市民信息投诉、区城管督察上报、领导交办等）14.1万件，结案率达100%。加强主动巡查和管理，加大区级平台信息采集量，采集8422条，均已结案。着手建设“阳光审批”系统，推行网络化查询审批，实现行政审批、数字化平台和综合执法三方联动。全年办理行政审批事项1615件[临时占用城市道路许可288件、挖掘城市道路许可76件、临时占用城市绿地许可13件、砍伐（移栽）城市树木许可6件、建筑工地围挡广告设置许可7件、占用街道两侧和公共场地进行临时宣传许可1225件]，指导户外招牌设置32处。

加强基层城管建设。针对城管体制改革后街道中队人员增加、任务加重的实际，切实改善中队办公条件，配齐办公、通信、交通、取证等设备设施。全年投入17.5万元购买执法巡逻电动车50辆，投入22.2万元购买执法记录仪120套，为执法工作正常开展提供硬件保障。投入430万元开展社区物业服务，全年创建社区物业市级精品社区4个，样板社区16个；出台《长沙市芙蓉区社区（村）城市管理工作考核办法》，开展社区城管工作“五佳五差”社区评选，充分调动社区城管工作人员积极性。组织门店（单位）重签、补签《门前市容环境卫生责任书》10万份，签订率100%；开展大走访活动，进行“星级门店”评比活动，评选出“四星”级门店120家；加大“门前三包”综合执法力度，开展“门前三包”大纠违行动78次，教育劝导4.2万处，责令整改1.69万起；加大城市管理宣传力度，全年各类媒体正面报道220条（次），发放各类宣传资料200万份。荷花园街道被列为“城市管理示范街道”创建试点之一，其“三定一平台”“5+1+N”的城管新模式在全市推介；定王台街道探索室内监控指挥、室外快速处置的可视化管理平台建设；火星街道网格内捆绑考核试点稳步推进。

群众工作“直通车”。城管系统以中共群众路线教育实践活动为契机，切实加强队伍建设和作风建设，就“三重一大”事项集体决策、开展“四风”突出问题专项整治、“三公”经费管理、车辆维护使用等工作出台制度性文件，不断健全各项工作机制，形成抓党风廉政建设的强大合力。联点黄泥街社区和走马楼社区，开展“向群众承诺、为群众办事”“结对认亲、三个一”活动，努力实现“民情直通、民意直达”。收集各类意见建议72条，梳理自身存在的30个突出问题。积极开展制度建设相关工作，废止制度3项，完善制度6项，新建制度13项。认真解决群众关心的城管问题，通过华声在线“城管局长面对面”“夜话东湖”等活动激发市民参与热情，切实解决群众困难。做好信访工作，全年受理群众来信来访来电199件（含市、区两级政府相关部门交办的信访件），区“城管110”热线接投诉电话3677件，其中市城管局110转派2041件，市民或其他投诉1691件，均已妥善处置。

存在的困难和问题：市容环境整治任务艰巨。各级领导和广大市民、群众对市容环境的要求越来越高，而市容环境整治的力度难以跟上城市发展的步伐，人员力量短缺，各种城市顽疾反复出现，人民群众对市容环境的满意度下滑。各类基础设施建设相对滞后，垃圾收集清运设备不足，清运能力有待加强，还存在着清扫转运漏洞和死角。市政设施建设维护较难，东片地区消防栓、盲道、地下通道等市政设施建设滞后，中心城区部分市政设施如地砖、人行道隔离桩等的维护不够及时。园林绿化苗木基地缺乏。宣传力度不够，市民参与率低。城管系统宣传经费收紧，难以形成有影响力的正面宣传态势，市民对城市管理关注度高，但参与方式有限，没有完全建立有效多元的市民参与机制。

（李焱照　蒲子旺）

【成立区城市管理委员会】根据市委、市政府《关于进一步理顺城市管理体制机制的实施方案》精神，5月26日，成立以区委书记梁仲为顾问、区长于新凡为主任的区城市管理委员会。明确43个成员部门、13个街道（局）、76个社区（村）的城市管理职责职能。区城管委下设办公室和区城管综合执法领导小组。办公室设在区城管执法局，区城管执法局局长兼任办公室主任，办公室负责处理城管委日常工作。区城管综合执法领导小组由分管城管工作副区长兼任组长，区城管执法局局长任副组长，区城管执法局、环保局、交通局、安监局、文广新局、食安办、公安分局、国土分局、规划分局、工商分局、交警大队、巡警大队、城管公安、质监分局、消防大队等部门各明确一名副职为领导小组成员。领导小组主要负责各街道无法单独处理的执法行动，由相关街道根据工作需要向副组长报告，经组长批准同意后，不定期开展联合执法行动。（李焱照）

【区城管综合执法大队成建制下放到区管理】根据市委、市政府统一安排，5月，区城管执法大队更名为“芙蓉区城管综合执法大队”，为区城管执法局所属正科级事业单位，定编253名，实行参公管理。主要行使城乡规划、市容环境、园林绿化、环境保护、工商行政（无照商贩）、公安交通（静态）、市政管理、土地管理（违法占用集体土地修建建筑物和设施）、户外广告设置等相对集中行政处罚权。同时，为进一步完善执法力量配置体系，实施全区城管执法体制改革，形成以13个街道（简称驻街中队）、1个重要区域（火车站广场中队）、2个专业执法（直属一中队、直属二中队）为序列的执法力量配置体系，充实基层一线执法力量；出台《芙蓉区城市管理综合执法行动工作实施方案》，各街道办事处对驻街中队进行日常管理，驻街中队工作绩效实行大队和街道双重考核，增强执法的综合性，提高城管执法的效率。

（李焱照 蒲子旺）

【市领导到区参加“清洁城市”活动】1月25日，芙蓉区按照市委、市政府的统一安排，在阿波罗商业广场周边开展“清洁城市”集中行动，市委副书记、市长胡衡华，副市长姚英杰，区委书记梁仲，区长于新凡等市、区领导拿起扫帚和水枪，在五一路沿线和志愿者一起参加活动。当日，全区出动各类人员2.5万人，出动市政、园林、环卫等专业作业车辆186台，巡逻执法车辆50余台，共冲洗人行道1.7万米，清掏下水管道140处，修整人行道路面40处，维护绿化带1万米，擦洗人行道护栏2万米，清理垃圾桶400个，冲洗地下通道口80处。主要干道沿街1万余户门店自行清理门前堆物，擦洗门面和招牌。（李焱照）

【开展全国第26个爱国卫生月活动】4月28日，芙蓉区爱国卫生运动办公室在阿波罗商业广场东门前广场主办全国第26个爱国卫生月现场活动。这次活动以“远离病媒侵害，你我同享健康”为主题，宣传控制病媒生物对于预防疾病的重要意义，号召全社会关心、支持和参与对病媒生物的综合预防控制工作，加强和提高参与的积极性。活动现场，病媒生物预防控制科普宣传展板依次排开，现场解答市民提问，提供咨询服务，发放宣传资料2万份，并免费提供粘鼠（蝇）板、灭鼠（蟑螂）等病媒防治用品。省爱卫办主任刘五星，市爱卫办常务副主任成菲菲，区爱卫会副主任、副区长许凡参加活动。

（李焱照）

【启动“清洁城市”暨“红袖章”行动】3月18日，芙蓉区深入开展“清洁城市”暨“红袖章”行动动员大会在区政府会议中心召开。全区各街道500名“红袖章”志愿者左手佩戴统一的志愿者袖章参加动员大会。区长于新凡就全区深入开展“清洁城市”行动，进一步落实“门前三包”责任制，强化夜宵摊点管控，加强渣土扬尘整治，提升绿化建设标准和打造畅通的交通秩序等作出部署。荷花园、定王台、东岸街道和长沙松花江饮食文化管理有限公司、长沙虾佬顶汤海鲜酒店、长沙小天鹅戴斯酒店、长沙美好愿京物业管理公司等驻区单位的代表分别发言，表示积极参与开展“清洁城市”活动，用实际行动支持“红袖章”行动。全市最美城管人、荷花园街道恒达社区魏成粮宣读倡议书。区委书记梁仲指出：“红袖章”行动既是贯彻落实全市深入推进清洁城市大行动的率先回应，也是创新性地动员社会力量参与城市管理和社会治理的有益尝试。与此同时，“红袖章”志愿者在长沙车站广场、车站北路沿线集中开展文明劝导行动，城管执法人员在车站广场开出芙蓉区首张针对个人乱扔垃圾等不文明行为执法处罚的罚单。（李焱照）

【启动“美洁家园·幸福芙蓉”创建工作】5月22日，按照进一步加强城市管理工作的要求，全区启动“美洁家园、幸福芙蓉”创建工作。全力推进“十项治理”和“五大提质”工作，在全区实现常态化管理。以各街道为首要责任主体，开展市容秩序、门前三包、夜宵摊担、渣土扬尘、交通秩序、拆违控违、清霾行动、碧水行动、静音行动、非法营运十项专项治理。以区直部门牵头开展农安小区、专业市场、绿化亮化、车站综合、市民素质五大提质升级。在常态化管理工作上积极实施“五大行动”（大清洗、大排查、大整治、大提质、大拆除）。区委书记梁仲、区长于新凡逐一到街道组建“红袖章”志愿者队伍，全区形成2万人的常态化城市管理志愿者队伍，参与人数达到10万人次，各类志愿劝导20万次。每周五常态化的“周末大清洗”机制初步形成，参加人员达7.45万人次，清理堆物9916处7136吨。全区进行全面排查，4844个问题全部整改到位。加大拆违控违力度，全年拆除违法建筑51.30万平方米，其中，历史拆违49.65万平方米，新增拆违1.65万平方米。超额完成全年50万平方米拆违任务。（李焱照）

【完成首批老旧、农安小区提质改造工作】 根据区委、区政府“十大民生工程三年行动计划”启动首批老旧、农安小区提质改造。年内，市政类共计铺设沥青路面约17万平方米，人行道修补改建约2.2万平方米，清掏化粪池约600座、清掏检查井约3000座，新建化粪池246座，新建泄水井1526座，新建检查井721座，提升各类检查井2521座，地坪混凝土路面改造约2.4万平方米，侧石更换约1.3万米，清掏排水管1.5万米，下水管道改建约1.6万米，明沟改造约0.23万米，施划停车位约1500个。园林类补种草皮约0.3万平方米、灌木约0.2万平方米，补栽桂花树95株，苗木移植258株，栽植乔木330株。环卫类共安装小灰桶899个，安装垃圾收集桶3398个，改造垃圾站17座，新建垃圾站1座。街道综合整治类共计拆除违章建筑近200处，拆除违章广告930处，清洗外墙3万平方米，楼道粉饰7.4万平方米，制作门店招牌520块，弱电线路规整约1.3万米。

（李焱照）

【加强市容秩序管控】 加强日常市容秩序控制，执法工作重心由主次干道向背街小巷延伸，坚持守点巡逻、市容巡查、夜间备勤和全员上路等制度，全区主次干道的市容市貌确保在最佳水平。继续推进违章早夜市疏堵结合管理，在加强专项整治的同时，将流动摊担、违章占道停车等不良现象纳入到疏堵结合之中，采取宣传、引导、服务和依法管理等综合措施进行长效管理。

（蒲子旺）

【全方位落实拆控违工作】 年内，区城管执法大队严格落实防违控违责任，对新增违法建筑实行严管严控。畅通信息渠道，完善和落实信息员制度、巡查制度，建立控违预警机制，实施“动态拆除”，将违法建筑遏制在萌芽状态。强力推进重点工程建设拆迁开发项目、媒体曝光、居民群众反映强烈的各类违法建筑的拆除工作，保持整治拆除的高压态势。进一步明确控违拆违过程中案件移送、立案受理、调查取证、强制拆除等方面的职责职能划分，着力解决各部门配合不到位、工作协调难的问题，确保拆违控违工作深入推进。全年拆除违章建筑总面积51.3万平方米。（蒲子旺）

【整治渣土扬尘污染】 区城管执法大队紧密配合渣土管理部门，加强与交警、运政、环卫等部门协调配合，完善联合执法、联动处罚的工作机制。加强对工地洗车设施、卫生清扫、车辆装载等的监管巡逻和渣土运输违章行为的路面巡查，对工地不按要求施工，渣土不按要求运输，沿途漏撒污染马路等违章行为实行严管重罚，及时发现、及时处置。全年查扣车辆191辆次，处罚金额51万元。（蒲子旺）

·市容卫生·

【概况】 2014年，区环卫局以“突出重点、攻克难点、塑造亮点、全面提升”为导向，狠抓环卫精细化管理，大力开展“清洁城市”建设，积极推动环卫管理体制改革，全区城乡环境卫生有效改善，环卫管理水平稳步提升，服务能力迈上新台阶。在全市环卫业务综合评比中，芙蓉环卫获业务综合月排名5个第一，渣土管理月排名6个第一的好成绩，连续9年获全市“环卫管理工作红旗单位”称号，并蝉联全区绩效考核“一等”班子。

“清洁城市”行动。在年初开展的全市“大清洗”行动中，打造了五一大道、八一路、韶山路、人民路、晚报大道等5条全市“样板路”，得到市城管局奖励经费50万元。年内，按照市城管局确定的“五无、五净”标准，扎实开展“清洁城市”行动。投入资金1000万元，购1吨小水车18台、10吨大水车4台、机洗车8台，机械化作业率不断提高。组建专业清洗队，推行“双车作业”模式，每天晚上安排21台大水车强冲，凌晨安排4台机洗车、1台机扫车、20台水车及120名人工配合机洗作业；白天安排6台机洗车、9台机扫车、31台水车人工配合清洗，确保路面见本色。

文明指数测评。以开展“美洁家园、幸福芙蓉”活动为契机，实施全区城乡环境卫生综合大整治，启动环卫设施设备提质提标工作，购置手推式不锈钢垃圾车300台，更换或翻新小灰桶1866个、垃圾收集桶2731个，维修垃圾站、公共厕所等基础设施1.4万座，更换垃圾斗21个、路桥4条，完成6座地下通道大修。抓住老旧社区和农安小区改造的机遇，拆除东片地区零散垃圾围子100处，新购车厢可卸式垃圾车6台，移动式垃圾厢体90个，改变东片地区“垃圾围村”的局面，为2014年城市文明程度指数测评工作提供环境卫生保障。

日常维护作业。结合环卫所下移街道管理的实际情况，重新核定全区13个街道环卫所清扫保洁面积817.36万平方米，绿化保洁面积66.97万平方米，加大清扫保洁力度，全区环境更加干净整洁。搞好全区93座垃圾站、99座公共厕所、21座地下通道、6座人行天桥和年嘉湖隧道的日常维护，确保公共设施设备安全、洁净、方便。局机械化作业队配备洒水车74台、机洗机扫车42台，日均冲洗、洒水道路800公里（城管数字化GPS跟踪数据）。局汽车队装备垃圾运输车54台，日均清运垃圾300车，年消除、清运垃圾29.2万吨（市垃圾中转场登记数据），做到“日产日清”。高度重视数字化案卷处理工作，按照案件处置标准完成平台指挥中心派遣的数字化案卷3084件，处置率和结案率均达100%，环卫各项业务工作始终走在全市前列。

渣土管理和扬尘治理。区环卫局严格执行超载不放行、车轮带泥不放行、车身不洁不放行的“三不放行”制度，对全区50个渣土工地、13个卸区及200台渣土运输车进行全天候、全路段管理。联合环保、交通、城管等部门开展联合执法，对渣土违规违章行为“重拳出击”，全年发出整改通知书20份，停工整顿工地2处，制止违规行为140次。以渣土处理“双责互动”机制为抓手，局渣土管理办公室和各街道环卫所紧密配合，快速处置路面污染900次，全区空气质量优良率全面达标。

环卫管理体制改革。5月，局机关科室增设内审科，二级基层单位新增主干道一环卫所、主干道二环卫所，撤销局二级基层单位四环卫所。7月，为提升东岸片区维护作业水平，将原东岸环卫所拆分为东湖、马坡岭、东岸三个环卫所。8月，为进一步加强精细化管理，提升维护作业水平，对环卫所设置进行调整，实行“一街一所”，全区设13个环卫所。11月，实施环卫体制改革，13个街道环卫所移交街道办事处，区环卫局实行业务指导、检查和考核，全区环卫工作实现“管干分离”。在火星街道试行街道环卫外包的市场化运营试点。

绩效考核工作。进一步修订和完善《绩效考核办法》《业务管理考核实施细则》，将绩效考核工作覆盖到各条线，细化到每个岗位、每名职工，整个考核按“日考核、周反馈、月讲评、年总结”的程序进行，每次检查扣分直接与责任单位考核等次、个人绩效工资和年终奖金挂钩，一次扣分三次处罚兑现。全年组织开展科室联查60次，暗查90次，抽查1500次，绩效扣分8635分，加分2062分，涉及奖罚金额36万元，通过强化绩效考核结果运用，作风明显转变，工作效率大幅提高，真正做到用制度管人、按制度办事。

市容环境卫生工作仍面临一些亟待解决的问题，主要是作业车辆上路作业的及时要求与交警部门的保畅通时间要求冲突；新建垃圾站、公厕因占地太小；国土、规划审批手续难以实现绿色通道；一线临聘员工社保补缴等历史遗留问题尚未有合适的途径解决。（杨 高）

【区领导到环卫局指导工作】2月20日，区委书记梁仲，区长于新凡，区委常委、常务副区长罗玉环及相关区直部门领导一行到区环卫局检查指导工作。会上，于新凡就创新环卫管理体制、提高机械化作业水平和探索全区环卫工作全覆盖等方面提出明确要求。梁仲用“有板有眼、有声有色、有滋有味”三句话，对环卫局取得的绩效和作为给予充分肯定，表示将给予环卫队伍特别的理解和信赖、特别的支持和保障。（杨 高）

【环卫精细化管理】6月，试点组建“快速巡回保洁队”，斥资2.95万元购买电动车4台，安排8名保洁员专职负责五一大道的白色垃圾和路面污染清理。成立专业清洗队，制订《人机配合作业操作规范》，统一规范人行道、路边沟、路标线和地下通道等部位的清洗作业流程与标准，实现人机配合清洗全覆盖，提高路面洁净度。明确精细作业标准，持续加大督察工作力度，路面垃圾按每个点0.1分（长度10米以内）扣分，15分钟内未处理加倍扣分，果皮箱有污渍、垃圾车辆不洁、翻拣垃圾现象等均予以扣分。新推出的作业精细化管理，使芙蓉环卫业务工作真正实现“三到位一达标”的目标，即：早班普扫到位，白天保洁到位，垃圾收集到位，清扫保洁质量达标。保洁质量基本做到“四个一样”：晚上和白天一样，雨天和晴天一样，平时和节假日一样，不检查和检查一样。杜绝以往常常搞突击、运动式的管理方式，促进环卫管理的长效化、常态化。（杨 高）

【火星街道环卫所市场化试点】 按照区政府批准的《火星街道环卫外包移交方案》，经环卫局、火星街道办事处、火星环卫所、深圳玉禾田公司四方核定，确定外包作业面积约83.93万平方（含新增面积约27.8万平方米、公厕12座、垃圾站11座、地下通道1个），并依据区审计局“关于火星街道环卫市场化试运行经费的审核意见”，核定每月承包经费122万元，为期5个月的环卫市场化试点工作于11月1日正式启动。深圳玉禾田公司凭借不计成本的投入、完善的内部管理、灵活的作业模式和良好的激励机制，在每月的业务排名中取得较好成绩。此项试点工作为进一步提高芙蓉区环卫管理水平，发挥督察考核作用，科学预算工作经费以及提升服务质量方面提供了有益尝试，但也出现了工作经费不足、人员安置欠妥、作业质量不均衡、管理存在漏洞等亟待解决的问题。（杨 高）

【双车作业模式提高冲洗效果】 针对以往采用水车强冲作业无法冲洗嵌入路面泥沙和垃圾的问题，1月，区环卫局投入资金24万元，对30台清洗车喷水装置进行改装，在前方加装前冲式喷水鸭嘴，采取“双车作业”模式作业，即前车用前冲式鸭嘴对路面进行强力冲洗，将嵌入路面的泥沙和垃圾冲洗出来，后车再用横冲式鸭嘴将泥沙和垃圾冲至沟边，这一模式的推行较为彻底的清洗了路面，机械化作业冲洗效果大幅提升。（杨 高）

【改建新型压缩式垃圾站4座】 针对城市生活垃圾“量多质轻”且容易造成抛洒等特点，区环卫局从6月起，选择新桥2号垃圾站进行改造试点，加装垃圾压缩设备，将垃圾运输车改装为新型压缩车厢，改建成全市第一个“压缩式垃圾站”，垃圾运输车辆运载率提高近40%，有效降低运输成本，避免二次污染。此后全区相继改造湘湖1号站、和平1号站和滩头坪站3座垃圾站。新型垃圾站改造已列入全区“十大民生工程”三年计划，并在全市推广。（杨 高）

【一线环卫工人参加社会保险】 环卫局积极落实市、区关于临聘员工购买“五险”实施意见的精神，召开专门会议部署，组织环卫工人参保意愿调查，征询书面参保意见，为符合参保条件、有参保意愿的1295名一线环卫工人办理了社保手续，占全区临聘职工的64.75%。全区环卫工人从2014年1月起，正式纳入社会保障体系，一线临聘环卫工人的合法权益得到保障。（杨 高）

【首批10座环卫工班房投入使用】 为进一步改善环卫工人工作和休息条件，区环卫局历时4个月在芙蓉广场、凯通国际城等地建成10座环卫工班房，11月全部投入使用。每座公班房近12平方米，房内配置椅子、挂衣钩、电风扇、饮水机、水杯等日常用品，安装指纹锁。区环卫局统一出台管理制度下发各街道环卫所执行。芙蓉区10座环卫工班房建设在造价最低、关注最多的情况下，成为全市的“样板工程”，得到市、区领导的高度评价。（杨 高）

·市政管理·

【概况】 2014年，芙蓉区市政局以开展中共群众路线教育实践活动为契机，转变作风，扎实工作，圆满完成农民安置小区和城市老旧社区改造、支路街巷提质改造、市政道路下水管网疏浚及堵头堵点改造项目建设和日常性市政设施维护管理等目标任务，确保辖区路平、沟通、市政设施完好，连续六年获得全市“市政管理工作红旗单位”称号。

日常维护管理。区市政局以文明创建为重要依托，强化数字化考核推进辖区市政基础设施的日常维护和管理，创新工作方法，推动“畅通盲道、安装防盗防噪音井盖、街巷提质升级”专项维护，“严防死守”做好辖区防内涝工作，圆满完成各项维护任务。全年摊铺沥青路面4.29万平方米，沥青灌缝3.93万平方米，修补人行道（含盲道）1.21万平方米，整修侧平石2419套米，疏浚下水管网17.43万米，清挖各类井7.38万个，更换各类井970套，设置更换隔离球437个，设置更换隔离柱1762个，清掏化粪池6257个，外运淤泥1653立方米，安装防坠网1055个，安装U型杆2522根。强化路政管理，依法依规履行行政审批职责，窗口受理道路临时占用355件、挖掘103件，退窗33件（占用19件、挖掘14件），收缴道路占用费、挖掘修复费380万元。加强万家丽快速道路前期排水调查、设计，地铁3号线、城际铁路等省市重点工程改造地下管网协调工作。认真处置数字化案件，在全市城市管理工作综合考评活动中，全年12个月市政道路维护与管理取得两个第一名、四个第二名的好成绩。

支路街巷改造。2014年是区市政工程建设项目有史以来最多的一年。按照市、区政府下达的辖区支路街巷改造项目任务，区市政局投资2495.6万元，对滨湖巷、恒大路等20条支路街巷实施改造。完成恒达社区交通微循环区域优化改造试点后，相继对天心丽城小区、东湖社区东湖新寓等8个老旧社区和农安小区实施改造，辖区街巷交通得以改善。除日常对全区市政排水疏浚外，重点实施晚报西街、向韶村等4个项目点排水管网堵头堵点疏浚和改造。完成都正街历史老街各类管网下地的改造。完成桐荫里、人民新村、马王堆商贸城等22个社区8056户自来水户表改造工程路面恢复工作。

文明指数测评。区市政局班子成员分片包干负责，全员上路巡查和守点，认真做好每季度文明指数测评。实行一日一巡查，一日一调度，成立文明创建应急小分队，发现问题及时解决，使全区市政设施保持创建期间水平。

汛期内涝防治。针对长沙市汛期形势，区市政局在汛期前3个月，投入大量的人力、物力、财力，对全区已积水的排水设施管网进行清掏、疏通，清掏各类井7299次。在技术手段上，采用质量较好的“四防”井盖，避免丢失和被雨水冲走。汛期启动防汛机制，坚持24小时值班，按降雨等级将人员、器材、设备及时到位。在6、7、8月强暴雨期间，出动应急队伍22次，195人次，各类车辆35台次，及时处置和解决京珠高速辅道、韶山路、袁家岭立交桥、白沙路、火炬路等汛情，确保城区没发生大面积内涝，得到上级领导充分肯定，湖南各大媒体进行了报道。

存在的主要困难和问题：专业技术人才缺乏，随着辖区市政维护和建设任务加重，对从业人员的专业技术和要求也越来越高，市政局面临专业人才严重短缺问题；管辖权限交叉区域的规范工作未能突破，如市政、交警、城管、街道都对社会化停车坪有管辖权，造成“谁都可以管，谁都没管”的现状；公益性岗位人员待遇偏低，造成人员流动比较大，优秀人才难以留住。（邓子军）

【铺开交通微循环区域和农安小区改造】 4月，长沙市确立恒达社区为交通微循环区域优质化试点小区后，区市政局作为主要实施单位，加大力度，推进恒达社区保利苑和市直教师一村基础设施试点改造。7月18日，区委书记梁仲、区长于新凡一行到教师一村检查交通微循环区域优质化试点小区改造，决定在全区全面铺开交通微循环区域和农安小区改造。市政局加强组织指挥，集中人力、物力，推进项目建设。全年竣工完成恒达社区保利苑、教师一村、天心丽城小区、天心物业小区、芙蓉社区富家湾小区、火车站社区朝阳一村、东湖社区东湖新寓、五里牌蒸菜一条街共8个小区提质改造任务；完成区武装部地坪、马王堆菜市场道路及地坪、区政府大院地坪3个项目点提质改造。通过规范停车位，优化局部区域交通微循环，有效地缓解区域行车难、停车难的问题。（邓子军）

【34条支路街巷改造项目竣工】 按照市、区政府下达的辖区支路街巷改造项目任务，市政局于5月7日开始组织对湘湖街道的滨湖巷、桑梓巷、湘湖路、和光街、晚报西街南段、火炬西路、三湘大道、兑泽街、雍景街及南湖大市场内7条街巷，恒达社区的恒达路，马王堆蔬菜和海鲜大市场的支五路、东湖街道省生物机电学校西门口的生机街、火星二小北侧的朝霞巷共计20条支路街巷进行提质改造，预计2015年元月全部完工，投入金额2495.6万元，为群众创造品质更高的出行环境。加上恒达社区保利苑、教师一村等8个老旧社区、农安小区交通微循环区域改造，晚报西街、向韶村、向阳门第至红旗渠段、二环线杨家山等4个项目点的排水管网堵头堵点疏浚、改造和都正街历史老街改造，区市政局全年完成34条背街小巷提质改造任务。（邓子军）

图 38　区委书记梁仲（右三）在湘湖市场道路改造现场检查指导工作

【省委九所宾馆“调蓄水池”投入使用】 5月，由区市政局承建的省委九所宾馆防汛用调蓄水池通过竣工验收，6月上旬完成调试交接后，经受了6月20日、7月12日和7月15日共三轮强降雨袭击，九所宾馆接待处没出现任何积水，特别是在7月15日的特大暴雨袭击中经受考验。省委接待处特致函芙蓉区政府对区市政局表示感谢。（邓子军）

【杨铁军获评“文明市民标兵”称号】 杨铁军是一名老共产党员，现任芙蓉区市政局道路项目部经理。他爱岗敬业，无私奉献，出色完成各项工作任务，2009—2014年先后获市抗冰救灾优秀个人、区优秀共产党员称号，年年获得区政府嘉奖，2014年被长沙市文明委评为“文明市民标兵”，其所带的班组年年被评为局红旗班组。他是区市政局的“拼命三郎”，虽已57岁，但在工作上不输年轻小伙，对工作充满热情和朝气，早出晚归，加班加点，常年奋战区内各街道社区，为辖区创造良好环境。2014年8月11日，因受地铁施工的影响，五一路迎宾路口地下自来水管渗漏，造成路面严重塌陷。正在医院治疗的杨铁军闻讯出院，组织道路项目部市政施工人员60名，连夜抢修，及时清理路面沥青渣土，利用涵洞用回填沙进行回填，铺设沥青。经过两个昼夜奋战，完成整项工作，确保五一路交通畅通无阻。（邓子军）

·园林绿化·

【概况】 2014年，芙蓉区园林局以“三年大造绿”为指引，围绕巩固创建全国文明城市成果为总揽，提升维护水平，加快项目建设，强化绿化行业管理，全面推进园林绿化工作，城区绿化工作取得较好成绩，获市园林绿化绩效考核优秀单位、区“雷锋号志愿服务队”、区“雷锋号示范窗口”称号。

日常维护。加大对园林绿化管理维护资金投入，提高园林管理标准，提升绿化养护质量。区园林局成立城中、城内、城外三个维护所，采取职工按路段（社区）划分责任范围，做到责任上肩。量化标准，按照《长沙市城区绿化精细化维护作业标准》《维护督察科及工作人员考核奖罚办法》《绿化所管理制度》《绿化维护管理质量考核标准》等规章，对工作过程进行监督，对完成情况进行考核。每月对维护所工作实行打分、排名、公示，奖惩兑现。组织管护人员进行业务培训，培养一批懂业务、会管理的绿化管护骨干力量。定期前往先进发达地区考察学习，汲取先进的养护理念、管理方法及专业技术，提高城市园林绿化的品位和档次。全年补栽乔木695株、小灌木147万株，绿篱2.9万平方米，草皮2.49万平方米，麦冬草10万斤，球灌木3600株；修剪绿篱41万平方米、球灌木7000株、草皮5万平方米，乔木2200株，植物模纹撩尖处理13万平方米、修剪下垂枝5200株，砍伐死危树400株；除杂约21万平方米，中耕作围9600个，施肥85吨，打药除虫用水2850吨，修复园林设施700处，清运垃圾3850吨。处理市数字城管、维护质量监督中心案卷1694条。推进“清洁城市”行动，做好主次干道全天侯叶面降尘、花坛边清洗工作，降尘浇水1万吨。塑造风光带管理精品，加大对浏阳河风光带基础设施建设，适时增加植物品种、改变种植结构，开展造型修剪，进行景观调整，全年更换鲜花6500盆；供水维修88处，维修、更换各类灯具823个（套），整理电源线路327米、维修设备35台。开展文明劝导，劝阻乱踩、乱扔、乱丢等不文明行为170起，制止63起私自挖土动工、车辆破坏绿化带、堤上设备损坏事件，劝离流浪人员10名，制止50起非法经营的流动摊贩。提供人性化管理服务，安排观光车接送退休老领导、老同志到风光带参观、游玩，设置便民服务站，提供学雷锋活动对接，多次承办各类公益活动，圆满完成参观接待任务，受到社会好评。

工程建设。完成八一路、韶山路、芙蓉路、人民路、远大路、浏阳河大道6条主干道苗木补栽补种。以“换、补、增、提”为主要内容对马王堆北路、荷花路、曙光路等13条次干道实施提质改造。启动第一批恒达社区、火车站社区朝阳一村、芙蓉社区、东岸安置小区等9个农民安置小区、老旧社区提质改造，改善市民群众居住环境，提高居民生活舒适度。投资196.42万元，对区政府机关大院实施提质改造，大院绿地绿道与市民共享。打造鲜花大道和鲜花景观节点，采取摆放花箱、栽植鲜花的方式，对朝阳路、人民路、解放路、晚报大道、八一路等路段配植海棠、孔雀草、钻石月季等时令鲜花，提亮空间色彩，提高道路品位，花箱改造投资395.5万元，花卉栽植投资540万元。实施万家丽路快速化改造工程绿化移植，统计苗木数据，编制绿化移植方案和预算，完成465株乔木、300株球灌木、5万平方米地被移植任务，保证工程安全及苗木成活率。

绿化管理。对辖区内已建档古树名木230株按存在问题进行分类处理，处理毁绿占绿城管数字化案卷、文明创建督察问题156个，办理城管“110”“12345”市民热线、市（区）长信箱等事项118起，做到“件件有回复，事事有回音”，处置率、市民满意率100%。加强重点工程建设的监管指导，下达书面整改通知督促长沙市轨道交通集团有限公司、市人防办、市市政局及区工务局、城建投资公司等单位及时整改承建路段的绿化问题，协调解决万家丽路快速化改造中存在的安全隐患树木采取相应保护措施。按照市级下放的行政审批事项，与区编办、区政务中心、区城管局对接，做好行政审批下移工作，制订下移方案、审批流程，规范办理程序、时限，缩短审批时限，提高办事效率；全年办结绿地占用、绿化植物行政许可事项21笔，办结率、回访满意率100%。优化区域经济环境，派出专人办理黄兴路、万家丽路快速道路、京珠西辅道苗木迁移、人民路东延线改造及城际铁路人民中路项目、芙蓉路人防地下通道工程等重点工程行政审批，并协助绿化的移植工作。及时跟进自来水户表改造、移动通信机站改建、水利工程泵站复绿工程。省军区长城宾馆、中房瑞致等“两帮两促”项目优质服务，实现服务意识提高，审批流程提速，服务水平提质。

造绿行动。申报创建绿色社区4家、绿色庭院60家。做好驻区单位的绿化和指导工作，针对不同单位、小区的经济条件和绿化基础的差异，进行分类指导。对条件较好的单位、小区给予技术支持；对条件差、基础薄的加大帮扶力度，达到共同提高的目的。全年完成新增绿地面积52.83公顷，新增公园绿地面积17.28公顷，超额完成市里下达的目标任务。围绕“植树节”“三年造绿大行动”等重要节点，向市民开放义务植树基地，组织区直机关、万和律师事务所、湘天、东岸街道、长沙晚报等36个单位（学校）在远大路、人民东路延长线等义务植树基地栽植树木500株。动员社会团体、企业和群众大力开展绿化活动，营造全民建绿氛围，鼓励市民群众门前植绿护绿、就近认绿养绿，发动社区居民、辖区单位，人人动手，打造家庭绿化、单位庭院绿化，对驻区的学校、医院有条件的倡导建屋顶绿化、立体绿化提供技术指导，构建多层次的城乡绿化新格局。开展各类宣传活动，营造全民参与城乡绿化的良好氛围，向市、区报送各类园林绿化建设信息45条，印发告市民书5000份、绿色城市建设倡议书3000份，在主要街道、广场、公园悬挂大幅标语150条，在各个小区刊出绿化专栏。积极组织志愿者参与爱绿护绿行动，劝导和查处违规占绿、苗木被毁等破坏绿化的行为200起。

存在的困难和问题：随着经济社会的快速发展，城市化进程的不断推进，城市管理水平日趋精细，承担的园林绿化任务越来越重，苗木需求量也越来越大。而区园林局却没有自己的苗木基地，所需绿化苗木均从外地调进，运输及苗木价高，长途搬运成活率相应降低，在大大增加行政成本之余，也严重影响了工作效率，远远不能满足“绿色城市”“靓丽城市”建设的需要，建设绿化苗木基地成为当务之急。（陈 慧）

【市领导到区指导“三年造绿大行动”】 5月20日，省委常委、市委书记易炼红，市委副书记张迎龙等领导到区调研指导“三年造绿大行动”。区委书记梁仲、区园林局党组书记欧转陪同调研。易炼红一行实地查看人民路林荫大道绿化提质改造成效，详细询问八一路、芙蓉路、韶山路等6条城市主干道以及隆华、嘉雨等单位和社区公园的绿化提质情况，并观看芙蓉区“三年造绿大行动”展板。易炼红指出，“三年造绿大行动”是改善生态结构，提升环境品质的大事，必须深入持久地抓紧抓实；要将专业性、科学性与适宜性相结合，打造区域特色景观，提升绿化景观美感；要精心规划设计，强化技术指导，精细管理养护，确保苗木成活率达90%以上。（陈 慧）

【启动首批农安小区、老旧社区绿化提质】 10月，区园林局启动恒达社区、芙蓉社区、荷花园社区、东岸安置小区、东湖新寓小区、朝阳一村、凤凰台安置小区、省花鼓戏剧院、兴合A区第一批9个农民安置小区、老旧社区提质改造，总投资475万元。绿化提质实行“清脏播绿、择空补绿、见缝插绿”，以保留为原则，科学补栽，合理整合，共栽植香樟、银杏、桂花等乔木近千株，红继木球、红叶石楠球等球灌木500株，春鹃、麦冬草等地被、草皮1万平方米。绿化提质与拓增停车位同步实施，通过植草砖间植草皮、车位间适当栽植乔木，新增林荫停车位100个。打开小区封闭绿地，增设游路与健身广场等进一步释放林下活动空间，安装花岗岩树围252套、健身器材20套。通过丰富植物品种、提质园林景观、精细绿化小品等措施，改善社区环境，提升居民生活品质。（陈 慧）

【“绿色家园”道德讲堂开讲】 4月11日，区园林局举办的道德讲堂在五里牌街道办事处开讲。本次道德讲堂活动的主题是“绿色家园”。“道德讲堂”宣讲员、区委宣传部易妹讲述“最美城管人”庞景红在平凡的岗位上干出不平凡事业的先进事迹；全国园林园艺专家湖南农业大学园艺园林领衔导师吴铁明教授解读长沙园林绿化工作现状和问题，介绍湖南省“绿荫行动”建设相关情况，并现场交流家庭养花方面的问题。区园林局还赠送盆景及园艺书籍《创意花草》给与会人员，并号召参会人员积极参加树木认养、“绿色城市”建设活动，建设生态良好、环境优美、现代宜居的绿色芙蓉。区文明办，区园林局班子成员、中层干部及全体党员50人参加活动。（陈 慧）

【卢某某被开除党籍、开除公职】 卢某某，男，1962年3月出生，湖南长沙人，本科文化。1980年7月参加工作，1985年9月加入中国共产党。2009年1月，任区园林局局长（经理）、党组副书记、兼任区城管局副局长，正科级。经查实，卢某某在中共群众路线教育活动期间，于2014年4月9日、12日违反廉洁自律和作风建设相关规定，接受可能影响公正执行公务的宴请、收受红包礼金，吸食毒品等。根据《中国共产党党员纪律处分条例》和《事业单位工作人员处分暂行规定》以及省、市相关处分条规，被开除党籍、开除公职。

（摘自2014年4月区纪委、区监察局相关文件）

国土管理·环境保护

国土资源管理

【概况】2014年，长沙市国土管理局芙蓉分局围绕“紧作风、促创建，优服务、强管理”的工作思路，面对区域土地资源供需矛盾等诸多因素，坚持“尽职尽责保护国土资源、节约集约利用国土资源、尽心尽力维护群众权益”的职责定位，为全区乃至全市的经济发展提供强有力的国土资源保障。

节约集约利用国土资源。依据国土资发〔2013〕3号《国土资源部关于印发〈开展城镇低效用地再开发试点指导意见〉的通知》和长政办函〔2014〕128号《长沙市人民政府办公厅关于印发〈长沙市城镇低效用地再开发工作实施方案〉的通知》要求，全面开展城镇低效用地清理，通过制订工作方案、签订《土地管理和耕地保护目标责任书》等形式，促进工作开展，提高节约集约用地效率。严格执行《芙蓉区土地利用总体规划》，加快建设用地报批速度。全年上报农用地转用征用项目11个、面积150公顷，批回用地项目6个，面积90.2公顷，办理划拨土地收回辅助流程8宗、面积73.4公顷，确保区域经济发展用地需求；严格执行征地预公告制度，根据用地对象的申请，组织召开建设用地项目听证会，收到良好效果。强化项目服务与管理，严格执行国土资源管理部门的各项收费政策，完成规费收缴1109.59万元（其中：完成用地管理费864.05万元、土地收益金163.05万元、信息发证费82.49万元）。开展闲置地清理，在全区出让地范围内清理闲置土地10宗，面积34.35公顷，涉及9个单位，其中：湖南旺德府装饰建材物流有限公司、芙蓉农村合作银行2家单位（3宗地）已与市局签订补充合同；长沙市白果园街区建设开发有限公司、长沙城东棚户区改造投资有限公司2家公司（2宗地）均系划拨用地，属老城区未拆迁；地铁2号线周边5宗地，全部提交市支队处理。

依法依规保护土地资源。认真开展土地利用动态巡查，在充分发挥街道、村组土地巡查信息员作用的同时，通过完善土地执法监察组织网络、巡查制度、督察考核机制，全方位、全时段不间断土地利用动态巡查。全年开展土地动态巡查259次，发现违法用地5宗，面积约4公顷；下达《责令停止违法用地行为通知书》5份，鉴定涉嫌违法建筑851户，违法违规用地行为基本得到遏制。开展新开工项目检查，通过走访现场调查摸底，发现和清理新开工项目用地15宗，其中：初步查明的合法用地11宗，涉及用地面积1.73公顷；涉嫌违法用地4宗，用地面积4.03公顷（其中耕地面积2.4公顷），已全部发放《停止违法用地通知书》并向有关部门去函，及时上报支队查处整改。

尽职尽责维护群众利益。做好窗口服务工作。依据土地管理法和各项行政审批政策法规，在提高服务质量和社会公信度上下功夫，依托市局服务窗口，全年接受群众咨询600人次，受理并办结项目用地前期咨询调查业务15宗931亩，办理个人土地登记发证和变更手续2465件，办结率、群众满意率100%。开展汛期地质灾害防治。发挥基层国土管理所和街道、村组国土管理员作用，落实地灾汛期值班、险情巡查、灾情速报和应急处理制度，全年开展地灾巡查118次，未发生和发现地质灾害事故，有效地维护了人民群众的生命财产安全和正常的生活秩序，维护社会和谐与稳定。坚持“一推行四公开和领导接访日”制度，全年接待群众上访50批100人次，收到省厅、市局和区委、区政府转办信访事项17件，受理并回复信访人21件，办理省厅网上信访件6件，接待登记和回复率100%；严格执行国家、省、市政府信息公开条例及有关规定，全年通过长沙市国土资源政务网站主动公开征地拆迁信息18条，接受市局、区政府政务信息公开转办件20件，直接受理群众依申请人公开政务信息16件，办理“12345”市民热线转办件12件，较好地维护群众的合法权益。

存在的困难与问题：随着国家用地指标、年度计划回到常态，区域面积狭小的芙蓉区征供地的形势越来越严峻，加之历史沉淀的一些安置补偿、权属争议问题，征地拆迁工作难度越来越大。特别是2008年执行长沙市人民政府第60号令征地拆迁政策的长白路项目，由于征地拆迁单位的不支持、不配合，长期未能启动征地拆迁具体工作。（曹 炎）

【征地拆迁补偿与安置】严格执行103号令和“三公告一登记，两级审核、三榜公示”制度，全年召开各种形式的拆迁动员会30次，制作宣传标语、横幅近千条，公示、宣传栏50块；严格执行103号令和“三公告一登记，两级审核、三榜公示”制度，共发布《征地补偿安置方案征求意见公告》7份、《征地补偿安置方案实施公告》3份；下达《征地补偿告知书》30份、《限期腾地告知书》25份、《限期腾地决定书》28份、《限期腾地催告书》11份；先后启动东岸公园隆平水稻博物馆项目、京珠高速东辅道南段、京珠高速东辅道北段、隆平园34.814亩、长沙市长善垸污水处理厂二期、长沙市长善垸污水处理厂改扩建工程配套管廊通道建设项目、长沙市芙蓉区火炬村统征用地、湖南省检察官学院和办案技术用房、长沙市2001年第三批次芙蓉区统征地、浏阳河风光带西岸8号配套用地、浏阳河休闲风光带7号配套用地、浏阳河产业带9号地、隆平园445亩等13个征地拆迁新项目，基本完成A2A3地块、新桥村项目和东岸公园隆平水稻博物馆项目等3个拆迁项目，共拆除房屋287幢，面积44万平方米，动迁人口1470人，实现腾地66.7公顷，及时、准确拨付补偿款8.46亿元，圆满完成市局和区政府下达的征地拆迁任务。（曹 炎）

【土地卫片执法检查】2014年，卫星图片显示芙蓉区在东岸地区范围内有2013年批2014年建（PJ类）图斑54个，面积13.27万平方米，其中耕地9.07万平方米；下发卫片图斑15个，面积7.89万平方米，耕地3.38万平方米，其中：用地批文失效的6个图斑，面积5.38万平方米（耕地2.58万平方米）；合法的1个图斑，面积4413平方米（耕地4120平方米）；未认可的不予变更图斑6个，面积1.86万平方米(耕地3083平方米)；违法图斑2个，面积2013平方米（耕地786.67平方米）。违法占用耕地面积与新增建设用地占耕地面积的比例2.86%，取得芙蓉区有史以来第一次将土地卫片执法检查问责比例降到5%以下的好成绩。（曹 炎）

【国土资源业务培训】为适应新常态下对国土资源管理工作的新要求，芙蓉区国土分局采取“一季一主题、一月一课堂”方式，开展业务知识提升年活动。根据实际工作需要，全年举办“计算机及互联网基础知识、内网运用、征地拆迁网上审批和征地拆迁业务、拆迁安置、社会保障和用地计划、报批等业务知识培训12期，邀请湖南农大、湖南师大、市局拆迁处、区征地办、区人民法院等单位专家和领导授课。通过系统培训，提升干部职工的综合素质和办事能力，收到良好成效。（曹 炎）

环境保护

【概况】2014年，区环境保护局以落实“清霾”“碧水”“静音”三大行动和环保三年行动计划、主要污染物减排为主线，汇聚合力、突出主力、激发动力、发掘潜力、提升内力，开展环境综合整治和监管执法，确保环境安全大局基本稳定，环境质量稳步提升。

“清霾”行动。拆除省老干活动中心、金升食品有限公司燃煤锅炉4台；督促餐饮业安装油烟净化器43台，取缔一批无法整改的餐饮门店；对东屯渡街道1200户居民和商业门面实施天然气改造；继续保留区“治尘办”机构，街道路面清扫率100%，机械化清扫率80%；配合交警部门划定黄标车禁行区域，严控高污染车辆进入禁行区；配合市尾气办深入街道社区办理机动车环保标志，全年在政务中心环保窗口发放575张；淘汰黄标车1335辆。全年辖区空气质量优良率达91.94%(按PM_{10}计算)，超额完成年度所规定的目标值（88.8%）。

“碧水”工程。加强对长善垸污水处理厂一期的管网维护，对箱涵实施清淤，对水云间小区污水截污，完成长善路浏阳河产业带污水管网建设，污水处理厂运行稳定并达标排放；加强减排监测体系建设，污染源自动监控数据传输有效率达到82.9%、自行监测结果公布率达到93.8%，均已达目标要求。启动实施10项排污工程建设，①杨家湾撇洪渠，②姚托撇洪渠，③杉木港排口，④六厘港排口，⑤泉水塘排口，⑥罗溪港排口的截污改造，⑦污水管网建设和临山撇洪渠进厂通道拆迁腾地等7个项目均已完成；国祯污水处理厂提标工程已动工建设；长善垸污水处理厂二期、进厂通道用地手续及拆迁资金进展顺利。全年累计削减化学需氧量945吨，氨氮134吨、二氧化硫154吨、氮氧化物8.1吨，圆满完成年度减排任务。

“静音”防治。在文艺路街道建成区域环境治理示范区，督促湖南旺德府公司对中央空调噪声进行隔音处理和大桶水足浴将中央空调改成分体式空调，解决噪声扰民问题。指导省教育厅崇文阁建筑工地调整施工工艺，采用低噪声设备，有效降低噪声；对东岸地区噪声影响较大的两家歌厅进行污染治理；联合城管、公安、文化等部门，对辖区内80家存在噪声污染的单位进行突击检查，对噪声污染严重、群众投诉多的噪声污染单位下达禁噪通知书。

环境监管。区环保局干部深入各街道、社区（村），排查排污单位319家，确定41家污染隐患整治单位。对湖南省农业科学院等6家不在本级审批和处罚权限范围内的单位依法移送上级部门调查处理，其余37家全部限期整改到位或搬迁关闭。年内组织开展各类联合执法行动15次，出动执法人员近1500人次。借助拆迁、拆违行动，打出环境污染整治组合拳，解决一大批突出环境问题。对杨再兴电镀厂等4家不符合产业政策、无证照经营的违法排污作坊实行关停。行政处罚和行政许可案卷均达到优良，区环保局被市局评为环境行政执法案卷优胜单位。整治石材加工。针对隆平新区石材加工行业较多、污染较重状况，提请政府成立专项整治指挥部，按照关闭一批、搬迁一批、处罚一批、限期整改一批的原则，检查石材加工企业283家，责令145家石材加工企业停产退出，强制拆除60家；责令78家石材企业限期治理。立案查处瑞德石材贸易公司等14家超标排放污染物企业，并处罚到位。防范医疗废水。针对区域小型医疗机构较多、污水处理设施不规范的状况，联合相关部门对全区272家医疗机构开展医疗机构环境专项整治行动，其中应安装污水处理设施的256家，均已督促安装到位。取缔“五小”企业。针对浏阳河东岸片区3个街道47家“五小”企业开展3次联合执法行动，出动执法人员200人次，执法车辆50台，拆除违法生产设备20台，暂扣生产设备16台，有效打击“五小”企业非法排污。打击水上餐饮。加强水上餐饮日常管理，落实两天一查、一周一报的长效监管工作机制，发现一起、查处一起。完成市局下达的6家企业环境责任保险和3家企业主要污染物初始排污权有偿使用费收缴任务；依法依规征收超标排污费60.7万元，全部上缴市财政。为东屯渡街道天燃气改造等3个项目争取环保补助资金，为加强环境保护、促进可持续发展提供内在动力。

环保宣传。开展环保进社区、进家庭、进企业、进学校、进门店等“五进”活动。在德政园社区创建社区“环境教育基地”；编印新《中华人民共和国环保法》和宣传手册各5000册发放至各行政单位、企业、门店进行广泛宣传；制作5000个环保购物袋进行低碳排放宣传；组织开展3场环保主题活动，特别是以“低碳生活”为主题，承办一期芙蓉道德讲堂活动，市区领导、街道社区环保负责人、环保监督员、环保志愿者、学校辅导员、居民代表等200人参加，讲解浅显易懂的环境保护知识，广受好评；充分发挥新闻媒体推介作用，反映芙蓉区环境保护的稿件分别被《中国环境报》采用3篇，市级以上报刊媒体41篇次，其他媒体60篇次。组织指导辖区11个社区和7所学校（幼儿园）对照节能环保社区和绿色学校创建要求，认真开展创建活动，均已通过上级验收。

存在的困难与问题：环境管理、环境执法对专业技能需求日益增强，环保队伍非环保专业人员较多，环境监管与环境执法任务量日益增多。（金溪 张校）

财 政·税 务·金 融

财 政

【概况】 2014年，芙蓉区完成辖内财政总收入92.6亿元，比上年增长1.9%；完成公共财政预算收入38.76亿元，比上年增长3.6%。完成公共财政预算支出50.56亿元，其中，区本级支出46.11亿元，上级专项转移支付收入安排支出4.44亿元。

支持经济发展。推进项目建设，培植后备税源，加大投融资平台建设，采用引进新的金融工具、提高直接融资比例等方式，积极筹措项目资金。全年筹措资金31.2亿元，支持城建投、隆平园、棚改公司等平台项目建设、老旧小区改造以及道路绿化提质等。用活产业资金，扶持现有税源，投入1.18亿元支持商贸服务、科技创新。打造优质经济发展环境，吸引新的税源，取消行政审批近200项，取消行政事业性收费11项。合理配置财政资源，拧紧银政企纽带，招商引进卓越集团、交通银行湖南省分行等大税源，渤海交易所中南总部、美国迈腾集团已有意向入驻，同全省首家民营银行三一重工三湘银行深度对接。

收入征管。面对经济下行压力大、政策性减收因素增加、企业外迁等具体困难，区财政局全力抓好收入工作，进一步规范税收征管秩序，提高财政收入质量，消化积累的历年包袱。对街道和税务部门实行双向考核，严格奖惩，促进税收征管效能和税收执法水平不断提升。财税工作实行联席会议制度和月例会制度，遵循“日上报、旬汇总、月调度”的要求，每日上报财税收入数据，每半月召开一次由财政、国税和地税等部门主管负责人参加的联席会，每月组织各部门及街道召开财税工作分析会议，通报完成情况，分析纳税及涉税信息，制订措施，研究解决存在问题。开展税源清理，加大欠税清缴力度和纳税分析评估，充分挖掘税收征管潜力，着重抓好房地产企业税收结算和土地增值税的清算以及企业所得税的汇算清缴。全面推行委托代征，实行“阳光定税”，加大个体零散税收社会化管理力度，8月，全区13个街道全部实现个体零散税收社会化管理，新增个体零散税收近6000万元，得到国家税务总局肯定并在中央电视台推介。

民生保障支出。不断优化支出结构，在确保机构正常运转基础上，继续加大对教育、社会保障、公共卫生等民生支出力度。全年公共财政预算支出50.57亿元，用于保障和改善民生支出占公共财政预算支出70%。优先教育发展，投入6.17亿元提高基础教育经费保障水平，改善办学条件，农园路、东湖路幼儿园即将投入使用，大同三小全面竣工，十六中学建设稳步推进；落实义务教育经费保障机制、经济困难学生补助等各项资助政策，小学、中学生人均公用经费分别提标至600元、800元。支持医疗卫生、社会保障事业发展，投入1.47亿元提高基本公共卫生服务均等化水平，城乡居民免费享受居民健康档案等11类基本公共卫生服务，社区卫生服务中心和村卫生室全部实施基本药物制度；成功创建“全国慢性非传染性综合防控示范区”，成立全省首家家门口微型养老院“长者康复服务之家”，基层卫生服务能力大幅提高；安排2.8亿元用于社会保险、就业补助和住房保障，城镇居民人均可支配收入达3.88万元，颁布慈善救助低保家庭实施办法，发放低保金、救助金、抚恤金等3570万元。同步推进其他社会事业协调发展，促进文化大繁荣、大发展，推动科技创新，加快实施科技富民强区项目，全年文化事业支出1143万元，科技事业支出9680万元。

基础管理。按照依法理财、科学理财和透明理财的要求，进一步深化各项基础管理工作，不断推进财政管理创新，提高财政管理效能。推进财政预算管理改革，严格控制一般性支出和“三公”经费，出台《芙蓉区党政机关关于差旅费、会议费、培训费的管理规定》《芙蓉区党政机关关于公务接待、加班费、慰问费管理的有关规定》等系列文件，“三公”经费比上年下降35%；推进财政专项资金整合，进一步规范预算编制与管理；扩大财政预决算和“三公”经费公开的范围，提高预算管理的透明度；开展绩效评价管理，将评价结果作为科学安排预算的重要依据。严格国有资产管理，相继出台9项配套制度，从资产“入口”到“出口”等各环节全面加强制度管理，制订新的“资产申购审批表”，细化配置标准，严把资产购置关，引进社会中介评估机构，统一管理全区资产处置，规范资产出口关。优化服务水平，制订《财政资金审批流程》，切实改变资金审批流程复杂、服务效能低下的现状；制订《芙蓉区财政局条线管理改革实施方案》，将预算单位财政业务管理分解到局各业务科室，加强财政精细化管理，提高工作效率，优化财政服务。开展财政监督检查，确保各项财政政策全面落实，对违规职务消费和公款大吃大喝问题、公款送礼问题、违规设置“小金库”问题开展专项检查，进一步严肃财经纪律，强化财政、财务管理；对马王堆社区卫生服务中心、火星街道社区卫生服务中心、芙蓉区红十字医院3个单位进行医疗机构会计信息质量检查，规范医疗机构会计基础工作。（吴湘媛）

【国库集中支付】2014年，区国库集中支付局紧紧围绕加快深化和完善国库集中支付改革这一主题，严格把好支出关，不断提高支付效率。全区纳入国库集中支付预算单位109家（含一级单位57家和二级机构52家）。全年共办理财政直接支付4.28万笔，共计20.9亿元，直接支付比例从上年的96.3%上升至97.9%；严控不合理、不规范资金支出，拒付违规支付资金45笔，金额1935.48万元。提高单位公务卡结算使用率，截至年底，预算单位办理公务卡1706张，结算刷卡笔数1.26万笔，刷卡金额2882.13万元。加强政府性投资项目资金“双控”管理，提高资金使用效率，严格控制建设成本，确保专款专用。截至年底，全区开设“双控”账户11个，双控账户资金余额1.33亿元，支付资金笔数566笔，支付项目资金7.46亿元，基本实现支付额度与项目建设进度同步的要求。（吴湘媛）

【政府采购】2014年，完成政府采购项目627项，其中：公开招标26次，竞争性谈判37次，询价采购5次；协议供货采购项目556批次，单一来源3次。实际采购金额9790万元，其中货物类采购7040万元，服务类采购2750万元。

完善政府采购制度，制订《政府采购工作流程》《芙蓉区政府采购协议供货（定点采购）管理办法》《芙蓉区政府采购项目绩效评价办法》《芙蓉区政府采购代理机构监督考核办法》《关于明确政府采购部分项目权限标准及采购程序的通知》《关于进一步完善政府采购项目申报流程的通知》等系列制度，力求以制度管人、管事。开展事后评价，定期对招标采购项目进行回审，重点对中标价格与预算价格接近、投标人数量接近3家、有质疑投诉的项目进行复核评价，不定期对定点维修服务、保险、协议供货和各项定点服务单位展开检查考核。建立数据库管理，建立采购项目的历史数据库，整理预算价格、中标价格、事后回审价格、采购单位质量服务满意度等信息，加大历史采购项目的信息对称，总结经验，夯实采购成果。规范管理事中各环节，严格采购项目申报工作，认真审核申报依据、需求、标准及经费来源；加强采购项目预算管理，由采购办审定预算，力求采购项目预算贴近市场价格，从源头避免高价采购；加强招标环节的把关，严格执行代理机构抽签制，详细审核招标文件，抓好招标信息发布；加强合同履约及验收，参与重大项目的验收监督管理，对采购单位项目履约验收工作进行专项监督检查。（吴湘媛）

【财政统发工资】2014年，全区统发工资单位122家，其中，区直单位74家、教育部门48家；统发人数5943人（在职3831人，离退休2112人），其中，区直机关2134人（在职1493人，离退休641人），教育系统3809人（在职2338人，离退休1471人）；全年累计发放工资2.65亿元。在做好工资统发日常工作的同时，按时归集和缴纳住房公积金，确保在职人员公平、合理地计提住房公积金。

财政统发工资中心通过规范工作流程，加强日常稽核管理，依据区人事、区编办的批文和相关工资政策，严格对各统发单位人员工资变动情况进行审核、修改。全年办理工资异动698人次，其中，新纳入工资统发人数489人，调出人数55人，退休63人，辞职病故、退职等停发33人；统发工资内部调整58人。工资统发人员严格以“人员编制”为源头，通过编制进行总量控制，清查空饷人员。配合纪检监察和编制部门加强人员编制管理工作。对财政统发工资范围内行政事业单位在职人员的“在岗状态”进行清查核实。对调离等减员人员情况及时掌握，及时实施工资转出、停发。严格维护政府相关文件政策的严肃性，杜绝财政非正常支出。（吴湘媛）

【非税收入征管工作】2014年，全区非税收入管理局以规范和加强非税收入管理为着力点，夯实基础工作，注重工作细节，全区非税收入征收工作取得新的成效。全年区本级非税收入共完成16.67亿元，行政事业性收费收入完成3542万元，罚没收入完成828万元，国有资源（资产）有偿使用收入完成13.59亿元，其他非税收入完成2.64亿元。另政府性基金收入完成758万元，纳入财政教育专户管理的收入2390万元。

非税收入征管。制订《芙蓉非税办事流程》，明确非税业务办理流程，公示办事手续和办结时限；加大挖潜增收力度，针对部分市级权限下放事项，做好对接落实工作，协助单位更新收入票据，确保区级收入及时征收入库；严格财政专户管理，按日核算非税系统数据，及时与银行对账，严格资金进出，确保大额资金调度及时安全；加强执收工作考核，对各执收单位非税收入定期开展检查考核；升级信息网络系统和功能模块，进一步完善基础数据，增强系统控收的作用。

非税票据管理。探索票据管理新途径，坚持实行“购前审批，限量领购，核旧领新，票款同步”的管理办法，进一步推进财政票据精细化、科学化管理；做好财政票据年检，全区34家用票单位上年度财政票据年检合格率100%；领用发放缴款书1.92万份，医药票据49.2万份，定额票据504本，其他票据449本；对全区12家重点非税执收单位进行收入稽查，及时纠正在非税收入单位在执收、缴纳、使用等过程中的问题，进一步优化辖区经济发展环境。

（吴湘媛）

【获评市学习型党组织建设示范点称号】12月，区财政局被市委宣传部授予“长沙市学习型党组织建设示范点”称号。区财政局党组将学习型党组织建设作为党建工作重要抓手，开办“财政大课堂”特色学习载体，设7个学习模块，即党组学习、书记课堂、业务讲堂、专家讲坛、网络平台、群众学校、学习沙龙，指定全局党员干部必读书本，要求写学习笔记、心得。常务副区长罗玉环还对全体工作人员进行学习指导。（吴湘媛）

税　务

·国家税务·

【概况】2014年，长沙市芙蓉区国家税务局下设4个税务分局，负责区内的税收征管服务工作。

税收收入。全年区局累计组织入库各项国税税收收入25.32亿元（含营改增3.93亿元），同比增加3605万元，增幅1.44%。其中，增值税13.51亿元，同比增加3311万元，增幅2.51%；企业所得税11.81亿元，同比增加1129万元，增幅0.97%。

税收征管。面对投资环境受制、收入下滑等因素带来的困难，区局强化税收征管，革新征管模式，推行税户“三级管理模式”以及打造“家门口的税务局”。税户“三级管理模式”，即局机关负责一般纳税人征管、税务分局负责小规模企业征管、委托各街道办事处代征代管个体税户，进一步规范税收秩序，夯实征管基础。“家门口的税务局”，即在区委、区政府的大力支持下，通过加强部门联动，在14个街道（园区）设立个体税收委托代征点，网点覆盖全区，区内的个体税户可就近办理办证换证、购买发票、缴纳税款等涉税事项，纳税人亲切地称之为“家门口的税务局”。中央电视台、湖南卫视、红网等各级媒体对芙蓉区个体税收社会化管理进行报道，社会反响良好。

纳税服务。区局秉承“朝晖芙蓉服务为您”的理念，严格落实《全国县级税务机关纳税服务规范》标准，对28项服务事项进行优化升级，对29项服务事项进行理顺整合，升级服务实行“双人导税”。中央电视台新闻联播对区局相关工作进行了报道。2014年，区局大厅顺利通过省局第二届星级办税服务厅验收，蝉联“五星级办税服务厅”称号。

税收宣传。在第23个税收宣传月活动中，区局结合“便民办税春风行动”，开展“便民办税灯谜会”“税法大讲堂——春风办税送税上门”营改增纳税人座谈会等活动，并制作“八项措施教你便捷办税”指南通过网络平台和纸质资料发放广而告之。截至12月底，区局在中央级媒体发表稿件20篇，省级媒体发表稿件11篇。

队伍建设。依托中共群众路线教育实践活动，组织专题学习、讲座11次；通过座谈、走访等形式收集意见建议47条；开展“百日千人进税户”大走访，了解纳税人诉求收集意见建议114条；组织评选出6名“最美国税人”，其中，胡立国被推荐为市局系统“最美国税人”，《中国税务报》对其先进事迹进行了报道；围绕落实中央八项规定，开展作风纪律督察整风活动，组织窗口代开发票情况和增值税抵扣凭证检查审核的执法监察。进一步加强党员管理，提升队伍形象，让广大纳税人深切感受到群众教实践活动带来的新变化和新成效。

优惠政策。严格把关软件企业、福利企业、图书行业等增值税优惠政策，认真落实小微企业所得税减免政策，精心做好“营改增”企业衔接管理工作，细致开展个体起征点提高后的征管服务。全年完成减免税备案1.07万户次，所得税优惠备案1758户（其中小微企业1685户），全年累计减免税及退税4.46亿元。

（区国税局）

【推行税户“三级管理”模式】 芙蓉区国家税务局积极推行税户“三级管理”模式，全面推进“政府主导、税务执法、街道协管、社会参与”的个体税收社会化管理改革——“家门口的税务局”，倡导“朝晖芙蓉、服务为您”的理念，实行“双人导税”，实现了简捷办税、简化资料、简政放权、简化流程，对29项办税流程进行整合，多个事项办理时限平均缩短30%。2014年，芙蓉区国税局顺利通过省局第二届星级办税服务厅验收，蝉联“五星级办税服务厅”称号，并被省局确定为长沙市城区局内唯一的“2015年纳税服务标杆局”。

（区国税局）

·地方税务·

【概况】 2014年，芙蓉区累计入库各项地税收入32亿元，较上年减收1.77亿元，减少5.24%。入库计划口径收入30.54亿元，为年计划的90.62%，较上年减少1.97亿元，减少6.06%。其中，入库中央级税收6.36亿元，较上年增长2317万元，增长3.78%；入库省级税收4.87亿元，为年计划的84.07%，较上年减少3687万元，减少7.04%；入库市级税收1.06亿元，为年计划的94.59%，较上年减少4514万元，减少4.25%；入库区级税收10.67亿元，较上年减少1.38亿元，减少11.45%。入库其他各费1.46亿元，其中地方教育附加费5613万元；防洪保安资金1306万元，为年计划的123.44%；残疾人保障基金2094万元，为年计划的100.19%；工会经费3055万元，为年计划的94.29%；入库文化事业建设费103万元、社保基金2318万元、罚没收入80万元。

税收征管。面对经济新常态下经济增速放缓、收入下滑、减税增加、基数消化等各种不利因素，区地方税务局着力夯基提质，克难前行，税收征管仍保持较好发展势头。加强私人房产税征收。在区政府的主持下，成立督导组对出租房的房屋产权人摸底造册。截至年底，14个街道（园区）办事处造册登记1.67万户，共征收私人房产税2023.51万元。完善委托代征。区局成立委托代征领导小组，按街道成立地税评税、定税委员会，与14个街道（园区）签订委托代征税款协议书，对代征员进行培训。截至年底，发出代征员证112张。通过协同清理，补办地税税务登记证8576户，委托街道代征税收3517.7万元。破解党政军警税收征管难题。区局创新方式，税源管理二科强化征管，改变过去类似定税的办法，实行“交旧验新、打票计税、以票控税”的办法，实现税收增长。截至年底，8家党政军警单位入库各项税费423.83万元，较上年的192.36万元增收267万元，增长173%。强化“一户一档”征管资料建设基础工作，出台”一户一档“管理制度与办法，对每户单位纳税人建立独立档案，对每一企业都要汇集近3年12项涉税征管资料明细。截至年底，区局共有登记户3.26万户。夯实征管基础，加强税收数据清理，出台税收数据清理工作实施方案，实施三级管理模式，随时掌握清理进度，截至年底，清理错误数据17.9

万条。摸清欠税家底，采取措施追缴到位。欠税户44户，欠税金额共计8918.66万元，其中，死欠148.87万元，陈欠8762.66万元，新欠7.13万元。区局设立欠税约谈室，通过约谈、公告、出红黑板的形式，强化欠税征收到位，截至年底，已收回欠税1239.29万元。推进信息化基础建设，在确保办公系统正常运行的同时，配合省、市局信息中心适时完成大集中系统升级工作，完成大厅设备设施改造工作。

纳税服务。着力“三个服务”（服务大局、服务民生、服务纳税人），对内，规范整理并出台系列管理服务制度，安装“身份证识别系统”，减少录入时间及差错，实行“绿色通道”服务，强化纳税人学校对纳税人的免费培训与税法宣传；对外，强化执法监察，严格依法办事，切实抓好税务行政自由裁量权的管理，防范执法风险，确保处罚公开、公正、公平，提升服务质效，确保省五星级品牌。为适应简政放权和便民的办税要求，纳税服务大厅实施“全方位、全过程、全天候”的“360”办税服务模式，对纳税申报等11项涉税事项减少行政审批签字及简化涉税办事程序，同时通过推出“免填单”、短信通知催报催缴、“同城通办”“一窗式”、纳税人“网上办税厅”宣传辅导培训、上门“三问三送一听取”、短信平台发送政策变化短信等一系列便民措施服务，让纳税人省心、舒心、放心，获得市地税局纳服处的多次好评。

税政管理。围绕“向税政要税源”理念，依法行政挖潜增收。将企业所得税汇算清缴作为重点，3月，组织两场纳税辅导会，对3000家企业所得税纳税人进行集中培训，与重点纳税户举行座谈会进行有针对性的政策宣传。为确保汇缴质量，制订关于企业所得税汇算清缴及地方各税费结算工作考核办法，成立考核小组，分进度对各征收科分局考核。对企业自行汇缴工作、税收管理员下户结算工作、查补税款、入库税款分科所进行对比分析。上半年顺利完成上年度所得税汇算清缴工作。整个汇缴期内实际入库企业所得税3.45亿元，在保利、友阿集团、湖南龙骧等3家公司企业所得税同比合计减收9311万元的情况下，区地税局上年汇缴期内企业所得税同比增收5100万元，增长比例为17.35%。落实房地产应清算项目的清理。年初，对全局所辖169个房地产项目再一次进行全面核实，对达到清算条件的82个项目下达《土地增值税清算通知书》，要求纳税人在规定时间内完成自行清算申报工作。按省、市局对土地增值税清算工作的要求，结合实际情况，重新完善土地增值税清算审核流程，建立清算审核队伍，培养清算审核人员。全年完成清算审核房地产项目14个，清算应缴土地增值税1.7亿元，应补缴7891万元，已入库7794万元。清算项目的平均税负率由上年的0.75%提高到3.49%。营业税清零行动卓有成效。11月中旬，区地税局制订以房地产公司为立足点，以房地产项目为突破口，以点带面多角度、多税种的清零行动计划。抽调20名业务骨干组成10个清零小组，15天时间清理56个房地产项目（公司）。通过此次清理，销售不动产应补营业税1.03亿元，建安业应补营业税5748.39万元，土地增值税3597.44万元，总计各项税款合计1.96亿元。截至年底，共入库税款7953.52万元，确保年税收任务全面完成。

队伍建设。贯彻落实“全市地税系统机关作风建设推进会议”精神，加大考勤作风巡查力度，制订《区局干部劳动纪律作风巡查制度》，下发《芙蓉区地方税务局关于贯彻落实“全市地税系统机关作风建设推进会议精神实施意见》《芙蓉区地方税务局关于进一步加强工作纪律严格考勤制度的通知》，全年开展16次作风纪律的巡查和通报处罚，并在每月底将当月劳动纪律作风巡查通报情况上报市局。认真开展税务中介代理清理审查整顿工作，开展自查自纠，对于规范涉税代理，防止和杜绝发生职务违纪犯罪行为起到较有力的监督制约作用。开展干部职工及其配偶子女经商办企业自查清理工作，对有配偶及子女经商办企业情况进行登记备案和阳光经商承诺活动公示。抓地税特色文化提品质，以道德讲堂为平台打造具有芙蓉地税特色的地税文化品牌，推出“清水芙蓉、幸福（阳光、责任）地税”为核心的文化价值体系。相继举办以弘扬社会主义核心价值观、礼信模范和爱岗敬业、奉献为主题的道德讲堂3期。组织党员到社区扶贫帮困、慰问敬老院、福利院孤寡残疾老人、义务献血、慰问家庭困难干部和劳模以及长沙全国文明城市指数测评志愿者服务等系列活动，弘扬文明精神，提高干部的文明道德素养。组织举办税收业务培训、社会公德教育、廉政勤政教育等学教活动，区地方税务局干部在省、市局业务考试中取得较好成绩。蔡强获市局十佳文秘称号；在省、市局组织的税收业务比赛中，区地方税务局有4人笔试成绩进入市局系统排名前50名，2人进入省局排名前50名；在市局举行的业务知识抢答赛中，芙蓉区地方税务局代表队获得抢答赛团体三等奖，刘慧入选市局抢答赛代表队，获得省局团体三等奖。开展内容丰富、凝心聚力的各类文体活动丰富干部职工业余文化体育生活，树立芙蓉地税良好的团队形象。区地方税务局获评市局组织的礼仪操比赛三等奖，财务管理科获评市级“青年文明号”称号，第二税务分局获评“五星级税务分局”称号，第五税务分局获评“长沙市文明单位”称号，局办公室蔡强绘画作品“上班了”获评全省“三个地税”书画摄影优秀奖、“税务稽查后的账务调整课件”获评全省兼职师资优秀网格培训课件称号。

中共群众路线教育工作。区地税局通过开展多种形式的群众路线教育实践活动，观看党内警示教育片《苏联亡党亡国二十年祭》，邀请省社科院黄海作群众路线教育实践活动专题讲座，邀请市直纪工委书记杨力主讲“落实八项规定、改进工作作风”专题讲座，组织全体党员参观湖南女子监狱，接受现身说法警示教育。组织支部中心组专题学习，征求干部、纳税人意见，局领导和领导班子成员带头对照“四风”问题进行深入检查和认真整改，接受全体党员的监督。对干部和纳税人提出的73条意见归纳整理、研究解决和回复公示，建立健全13项管理制度并全部在内网上公示。开展落实中央八项规定，纠正“四风”问题的自查和专项检查活动，对违反工作纪律等问题及时敲警钟，确保队伍廉政形象。严格控制“三公经费”支出，与上年相比，“三公经费”下降9.7%，招待费下降12.84%，交通费下降8.33%，会议费、培训费、交通费用均有不同程度下降。在省委活动办对全省地税系统机关作风第二次民意调查中，芙蓉区地方税务局在全省系统的排名前进了32位，由全市系统的倒数第二名提升至全市系统的第4名。（蔡　强）

金　融

【概述】2014年，入驻芙蓉区的金融监管一级总部机构有3家，占全省金融监管一级总部机构75%；银行一级总部机构12家，占全省42.9%；证券省级分公司及营业部33家，占全省44%；保险一级总部机构27家，占全省60%，绝对数和占比均居城区之首。新型金融机构健康稳步发展，期货法人机构2家，融资性担保公司19家，开业小额贷款公司5家、筹备开业1家，全区基本形成以国有商业银行为主体、多种金融机构并存的多元金融体系。7月，国开证券全国首家分公司落户芙蓉区。2014年，全区融资性担保公司获得授信125.5亿元，小额贷款公司共发放贷款9.93亿元。

加强监管，实时掌控防范风险。区金融工作办公室开展小额贷款公司和融资性担保公司集中走访工作，对出现风险的公司进行重点监控，并与各部门保持联系。在网站上公开各担保、小贷公司基本情况，实行公众监督、透明化管理，同时制订处理投诉、纠纷的工作流程，逐步制度化、规范化。净化环境，优化金融行业发展氛围。开展防范和打击非法集资宣传月活动，制订防范打击非法集资警示语、宣传图并在重点社区、楼宇粘贴。结合省、市非融资性担保公司清理活动，对辖区内含“担保”字样或经营范围中含“非融资性担保业务”的公司排查摸底，全区形成工商、公安、街道、社区多方联动打击非法集资合作机制。提升服务，创新金融工作发展。采取“走出去”，一对一主动上门的策略，走访多家企业，采取多对一的项目路演和多对多的政金企对接会形式，通过商圈融资、企业群融资等形式服务企业，布局多层次多途径融资模式。设立芙蓉总部企业投融资服务中心，打造“金芙融”品牌。通过“金芙融·咱有好项目”和“金芙融论坛”两大抓手举办各项活动10次，利用“金芙融”网站、“金芙融”微信、《金芙融》杂志等线上、线下服务平台，实现投融资服务的全方位对接。（黄湘娟）

【召开新型融资服务对接会】3月20日，“财富芙蓉成就你我——芙蓉区2014年春季新型融资服务对接会”在区政府会议室召开。长沙市金融办副主任段永松，芙蓉区区委书记梁仲，区委副书记夏钟剑，区委常委、常务副区长罗玉环，副区长彭娟，区政协副主席黄金国出席会议。芙蓉农村合作银行、财富证券、湖南省担保公司、高新创投、麓谷创投等多家金融机构代表，区内80家中小企业代表，以及隆平高科技园、区直相关部门、各街道和政府融资平台有关负责人参

加会议。（徐梦妍）

【召开融资性担保公司工作会议】5月13日，区金融办在区政府会议室召开全区融资性担保公司工作会议，29家担保公司董事长、总经理参加会议。芙蓉区担保公司数量约占全市一半，经省、市多次风险排查和业务检查，监管工作到位，公司运行较为规范，整体实力靠前。会议通报了全区融资性担保行业发展及上年度担保公司年审工作情况，对下一阶段工作进行安排和部署，提出“审慎”“真诚”“尊重”“创新”“健康”的经营理念和发展思路。（徐梦妍）

【石华清调研芙蓉区金融工作】5月16日，湖南省人民政府副秘书长、金融办主任石华清一行到区调研金融工作。市金融办主任李晓斌，副区长彭娟、区金融办主任黄湘娟参加调研。天心区、开福区等五个区县金融办主任，芙蓉区4家小额贷款公司、4家融资性担保公司仪表参加调研座谈会。省调研组分别听取芙蓉区金融产业基本情况及小贷公司、担保公司代表情况汇报，各公司就发展中遇到的问题、行业发展动向等方面提出建议和看法。调研组不时提问，对具体问题进行深入探讨。（徐梦妍）

【开展非融资性担保公司专项整治】7月2日，芙蓉区非融资性担保公司专项清理整治工作会议在区政府楼会议室举行。此次专项整治全区非融资性担保公司非法集资、暴力催债等违法违规行为，是根据中国银监会、省、市金融办相关文件精神，结合芙蓉区实际，由区金融办牵头，对辖区内设立的名称中含有“担保”字样或经营范围中含有“担保”字样，但未取得省政府金融办颁发的“融资性担保机构经营许可证”的非融资性担保（企业）进行清理整治。此次整治排查摸底115公司，其中，完成整改的61家，因工商注册信息不全或办公地址搬迁等原因无法联系的公司54家。7月25日，省督察组、省金融办银行处副处长李奇一行到区调研督察非融资性担保公司清理整治工作。（徐梦妍）

【开展“金芙融·咱有好项目”活动】区金融办推出的“金芙融·咱有好项目”对接会活动，为不同企业寻找合适的投资渠道。通过商圈融资、企业群融资和细化产业融资等投融资方式增强投融资机构与项目企业的信息交流，是全区专业化的投融资服务平台。8月15日，由区金融办和湘湖街道举办的湘湖商圈企业群投融资对接会，在区政府会议室举行。9月26日，由区金融办和东湖街道主办的“金芙融·咱有好项目”——走进东湖投融资对接会在东湖街道举行。（徐梦妍）

【主办金芙融论坛】由区金融办主办的金芙融论坛旨在建立辖区行业交流平台，及时通报国内外金融动态，智慧众筹，共享互联网金融精神大餐。8月19日，召开互联网金融机遇与挑战座谈会。27日，召开金芙融论坛之走近互联网金融专题会议。10月21日，召开融资性担保公司和P2P公司（小贷公司）合作共赢交流会。11月14日，召开金融安全生态产业链建设会议。（徐梦妍）

【创立互联网金融创新（长沙）试验区】10月23日在中国（长沙）科技成果转化交易会开幕式上，芙蓉区政府与互联网金融千人会、湖南大学产业金融研究院、中信汇丰投资管理有限公司签订共建互联网金融创新（长沙）试验区意向协议，在芙蓉区打造以互联网金融创新为核心，集政、社、产、学、研、媒、投于一体的互联网金融创新（长沙）试验区。12月，区政府常务会议同意成立互联网金融创新（长沙）试验区领导小组，将原区住房保障局办公楼作为互联网金融创新（长沙）试验区建设基地。全国人大原副委员长顾秀莲、科技部副部长曹健林，湖南省委常委、常务副省长陈肇雄，省委常委、长沙市委书记易炼红等见证签约仪式。（徐梦妍）

【召开打击和处置非法集资工作会议】12月10日，芙蓉区召开打击和处置非法集资工作会议。会上，传达市打非办文件并通报芙蓉区近期案件情况，各部门对涉嫌非法集资案件进行梳理，分析打非工作形势的严峻性和存在的困难。在经济形势下滑的大背景下，各地发生多起民间借贷纠纷，芙蓉区部分投资公司老板“失联”或“跑路”，严重影响经济活动正常开展，也潜在波及社会稳定。区领导罗玉环、彭娟，调研员梁福才，隆平园纪工委书记汤季平出席会议。

（徐梦妍）

·小额贷款公司·

【概况】2014年，全区开业小额贷款公司5家，即和生小额贷款有限公司、友阿小额贷款有限公司、崇格小额贷款有限公司、旺德府小额贷款有限公司和山水小额贷款有限公司，累计注册资金6.8亿元，贷款余额9.13亿元。年内，全区小额贷款公司共发放贷款624笔，发放金额9.94亿元，同比下降21.67%；上缴税金2125万元，同比增长8%；实现营业收入1.06亿元，同比增长13%。2010年开业第一家小额贷款公司以来，小额贷款公司为全区经济发展做出重要贡献，累计发放贷款2230笔，37.28亿元，上缴税金7025.21万元，实现营业收入3.31亿元，实现利润2.15亿元。

（徐梦妍）

·表4·

2014年芙蓉区各小额贷款公司业务情况

单位：万元

公司名称	注册资本	开业	2014年公司业务情况表						截至12月底贷款余额	
			累计发放贷款		上缴税金	营业收入	实现利润	月平均贷款利率（‰）		
			笔数（笔）	金额					笔数（笔）	金额
和生小额贷款公司	8000	2010年5月	72	10628.3	145	763	393	12.3	61	8985
友阿小额贷款公司	20000	2010年11月	134	26857.9	1705	6894.79	5093.8	17.5	200	43068.84
崇格小额贷款公司	10000	2012年12月	85	11877	146	838	294	11.95	79	10809
旺德府小额贷款公司	20000	2013年8月	152	34004	69.59	1242.68	25.93	16.8	86	18438
山水小额贷款公司	10000	2013年11月	181	16000	60.03	820.47	56.32	9.3	116	9980
合计			624	99367.1	2125.59	10558.94	5863.05	67.85	542	91280.84

·融资性担保公司·

【概况】2014年，全区基本形成以民营资本、集体资本与国有资本等各种资本相结合、担保、联保、再担保资源共享互动的中小企业融资担保体系，全区26家公司业务遍布全省，覆盖各个地州市县。

资产情况。辖区26家公司注册资本金25.8亿元，净资产36.7亿元。注册资本2亿元（含）以上的1家，注册资本1亿元（含）以上的20家，注册资本5000万元（含）以上的5家。

股本结构。26家公司中，国有控股公司为联保、长银、华鼎万诚3家；国有参股公司为金港、恒大、天信和谐3家；其他20家公司均为民营担保公司，由无国资或国资背景公司参股。

银行授信。26家公司授信总额125.5亿元，平均放大倍数约5倍。授信总额过20亿元的公司有联保、友阿2家，授信总额过10亿元的公司有锦源盛世1家，授信总额过1亿元的公司有17家。暂无银行授信的4家。

业务发展。年内，26家公司累计担保4169户，累计担保总额260亿元，在保余额42.8亿元。在保余额过亿的公司有11家，在保余额过5亿元的有2家，未开展融资性担保业务的公司3家。

盈利情况。年内，26家公司担保业务总收入1.02亿元，实现净利润2469.9万元。盈利公司12家中超过千万元的公司仅友阿1家，盈利过百万元的公司6家，长期亏损一直未盈利的公司14家。

风险代偿。融担行业收益低、风险大，受宏观经济环境、银行信贷政策等因素影响，不少中小企业无法归还到期贷款，造成融资性担保机构代偿规模和代偿率迅速增加。截至12月底，26家公司融资性担保代偿总额1.15亿元，出现风险代偿的公司13家，代偿超过千万元的公司7家。（周德才）

商贸服务业

【概述】 2014年，芙蓉区商务和旅游全面完成各项工作任务，获评市招商引资工作一类单位、市商务工作二类单位、市发展开放型经济考核二类单位、市发展现代服务业考核二类单位、肉菜流通追溯工作一类单位称号。

（谭 沁）

招商引资

【概况】 2014年，为加速推进“电商换市”，促进互联网产业发展，率先在全市出台《芙蓉区加快互联网产业发展的扶持办法》，并成功举办芙蓉区互联网产业发展推介会暨阿里巴巴·长沙产业带上线仪式，已有740家企业入驻。精心包装隆平新区、浏阳河产业带、CBD等区域重点项目赴上海、深圳等地开展点对点招商，上门拜访上海新沪商协会、深圳国际商会、平安集团、中南集团、深圳腾讯集团、清华同方和毅德控股等一批知名企业，成功引进平安财富中心、中国铁塔股份有限公司湖南省分公司等一批重量级项目。重大项目顺利推进，平安区域性总部签订协议将入驻落星田地块；万家丽国际商务中心进入全面招商阶段；香港九龙仓国金中心已进行地下室、塔楼、裙楼的建设；隆平新区33号地块成功被长房集团和万科集团联合摘牌。外贸方面，通过与省商务厅共建外贸强区的合作、对全区外贸企业开展走访调研，引进深通北斗等一批优质外贸企业入驻，着力创建全省开放型经济的先进区。全年，完成实际到位外资5.49亿美元，市外境内固定资产投资197.83亿元人民币，引进省外境内资金76.61亿元人民币；完成外贸进出口总额21.83亿美元，加工贸易583.4万美元；外派劳务1047人次；外派劳务合作完成营业额5112.94万美元；境外投资中方合同投资额3402.20万美元；办理外商投资企业审批8家。

图39 芙蓉区浏阳河东岸风光带招商工作见面会

存在的问题和困难：辖区面积小，可供开发的成熟地块少，项目建设成本高，到区考察的多，落地项目少；隆平新区“种业硅谷”的认知度不高，片区发展缺乏支撑性项目和政策支持；辖区内楼宇入驻率虽高，但高品质商务楼宇缺乏，无法满足业主需要，可用于招商项目资源少。（谭 沁）

【兰桂坊集团主席考察隆平新区】 1月13日，香港兰桂坊集团主席盛志文一行7人考察隆平新区。盛志文是第二次到区考察，此次带来兰桂坊集团设计以及拓展团队主要负责人，专门考察隆平新区、滨河路两厢用地。区委书记梁仲，区长于新凡，副区长彭尚松、彭娟等在区政府会议室会见盛志文一行，隆平高科

图 40　阿里巴巴·长沙产业带上线仪式

技园、区商务旅游局、城建投公司、国际种都等部门负责人参与见面会。双方就滨河路开发理念、设计方案进行深入交流。（谭　沁）

【阿里巴巴·长沙产业带上线】 6月9日，长沙芙蓉区互联网产业发展推介会暨阿里巴巴·长沙产业带上线仪式在今朝宾馆举行。副区长彭娟对《长沙市芙蓉区人民政府关于加快互联网产业发展的扶持办法》进行详细解读。商家代表就芙蓉区专业市场提质改造、阿里巴巴·长沙产业带发展战略、恩孚电商大楼项目定位等方面进行了研讨。阿里巴巴·长沙产业带的成功引进及抢抓电子商务发展先机，为实现区委、区政府“电商换市”战略构想奠定夯实的基础，全年有740家企业入驻产业带。省商务厅副厅长周船、省商务厅电子商务处处长胡松强，省电子商务协会副会长唐雄辉、市商务局局长刘素月，区领导梁仲、于新凡、伍艳飞、陈忍冬、彭娟、杨爱斌，隆平园管委会主任黄滔、总经济师易鹰等出席，中国移动、中国联通、中国电信、拓维、中清龙图、苏宁易购、顺丰速运、友阿集团、华菱电子商务、中拓电子商务等企业负责人参加该仪式。（谭　沁）

【徐湘平到区调研开放型经济】 6月12日，省商务厅厅长徐湘平、总经济师周越一行到区调研开放型经济发展问题。徐湘平实地察看湖南省茶叶公司和浏阳河婚庆公园后，调研座谈会在区政府会议室召开。区领导梁仲、于新凡、彭娟及区内重点外贸企业代表参加座谈。会上就芙蓉区外贸工作进行深入交流。徐湘平对芙蓉区开放型经济工作给予充分肯定。梁仲代表区委、区政府表示坚决落实商务工作特别是外贸“破零倍增”工作的具体指示，力争三年内实现外贸进出口总额过百亿。市商务局局长刘素月、副局长汪东华等参加调研。

（谭　沁）

【举办芙蓉（深圳）互联网产业招商恳谈会】 9月3日，“2014芙蓉区——深圳互联网产业招商恳谈会”在深圳京都京基酒店举行，深圳市网博会、深圳市电商协会等50家知名电商企业和协会参加会议。省政府驻深圳办主任李志远，市政府驻圳办主任齐益出席。副区长彭娟介绍芙蓉区区情，区商务旅游局、CBD办、隆平园分别就互联网政策、精品楼宇、金丹电商大厦等作详细解读和推介。深圳各企业、商会企业家就芙蓉区互联网政策等深入洽谈。李志远、齐益希望深圳企业家能投资芙蓉区这片热土，共同引领互联网新潮流。（谭　沁）

图 41　芙蓉（深圳）互联网产业招商恳谈会

【国开证券合作项目签约】 9月24日，在长沙通程国际大酒店举行的2014年湖南长沙国资项目合作洽谈周活动启动仪式上，副区长彭娟与国家开发银行就国开证券项目正式签约。国开证券分公司首家布局湖南，落户芙蓉中路中国石油大厦22楼。原湖南省分行行长王学东表示，国开行将与国开证券在业务协同、人力资源等方面开展全方位合作。芙蓉区作为国开证券首家分公司唯一合作政府，将利用国开证券债券融资支持芙蓉区城市基础设施建设，促进区域经济发展。

（谭 沁）

【于新凡率队参加深洽周】 10月14日，区长于新凡，副区长彭娟，隆平高科技园管委会主任黄滔、总经济师易鹰，以及区商务和旅游局、CBD办、金融办负责人参加在深圳举行的“2014年湖南（长沙）——深圳招商推介洽谈周”活动。于新凡与平安信托有限责任公司常务副总经理高箐就平安财富中心项目签约，平安信托有限公司拟收购芙蓉区世茂B座项目作为平安集团湖南区域性总部办公用地。期间，于新凡一行会见华侨城集团负责人，实地考察欢乐海岸项目，双方就芙蓉区浏阳河产业带建设项目相关细节深入洽谈。佳兆业时代广场、湖南电子产业链整合平台项目作为大会成果签约项目进行展示。（谭 沁）

商贸流通

【概况】 2014年，全区实现社会消费品零售总额646.33亿元，同比增长13.64%。其中，批发业完成零售额139.89亿元，增长20.09%；零售业完成零售额430.97亿元，增长13.55%；住宿业完成零售额13.73亿元，增长-5.4%，餐饮业完成零售额61.74亿元，增长6.06%。全区限额以上商业企业386家，限额以上企业完成零售额354.00亿元，同比增长7.5%。继续推进区域消费。开展“芯动芙蓉·快乐Shopping”第二季系列活动，陆续推出“爱满芯芙蓉 车聚婚庆园”“阿里巴巴·长沙产业带招商推广会”“芙蓉酒吧文化月”“舌尖上的芙蓉”等十大主题促消费活动，制作《芙蓉美食地图》，有效拉抬全区消费热度。培育新的经济增长点。利用阿里巴巴·长沙产业带主推电子商务，省茶叶集团电子商务有限公司等大型电商企业挂牌成立，物产中拓等传统商贸巨头纷纷打造电商平台，协助长沙银楼成功打造湖南首家金属商品电子交易平台。重点做好市场提质改造。通过与马王堆蔬菜市场所属街道、城管和环卫等相关单位的协调和沟通，完善市场周边配套服务工作，重点强化对市容环境整治。逐步完善商贸保障体系。完成市商务局下达的肉菜追溯体系建设年度目标，上报6家农贸市场、2家超市和20家团体消费，共28个试点单位资料，制订《芙蓉区肉菜追溯体系建设实施方案（草案）》《芙蓉区肉菜追溯体系建设标书草案》和《超市对接方案》。规范市场消费秩序，组织3次酒类市场督察，检查150家酒类经营门店；与市商务执法支队、区农林水局、区食安办、区城管执法大队、公安治安大队、区工商分局等部门联合开展2次私屠滥宰专项整治，出动执法人员120人；取缔金域蓝湾小区附近4处私屠滥宰黑窝点，收缴非法肉类1000公斤，严厉打击了非法违法生产经营和私屠滥宰现象。加强安全生产。全年开展安全隐患检查160家商贸企业和专业市场，出动检查人数240人次，发现安全隐患20处，责令企业限期整改，并监督整改到位。

存在的问题和困难：重点商贸企业销售额整体下滑，受电子商务冲击，大型传统商场超市、星级酒店经营额持续负增长，大型餐饮业受政策影响增速减慢；大部分传统商贸市场仍延续旧的经营模式，新兴产业尚未形成规模效应，产业转型压力巨大。

（谭 沁）

【开展商贸消费季活动】 5月16日，“芯动芙蓉·快乐Shopping”第二季在浏阳河婚庆文化园拉开帷幕。省商务厅副厅长吴宜彪，市旅游局局长谭勇，市体育局局长李卓民，长沙晚报总编辑徐辉，市商务局副局长王红，区领导梁仲、夏钟剑、伍艳飞、吴敏、陈忍冬、张庆和、彭娟和友阿集团、家乐福、小天鹅公馆、黄金珠宝城、新玉楼东等企业负责人及市民代表上百人出席活动。活动围绕“芯动芙蓉·快乐Shopping”主题，按照“政府搭台，企业唱戏”模式，以人们生活息息相关的“吃、住、行、游、购、娱”为主要内容，策划组织开展一系列惠民利民促销活动。区委书记梁仲现场向辖区贫困居民代表派发芙蓉区辖区商场、超市购物卡，“芯动芙蓉·快乐Shopping”消费小天使“芙娃”首次上台亮相，与大家见面。开幕式结束后，在浏阳河风光带河堤和婚庆园西侧沙湾路举行“爱满芯芙蓉·车聚婚庆园”系列主题活动之“牵手骑行爱情河”和“新车改时代主题车展”。（谭沁）

【召开安全生产会议】12月25日，在区政府会议室召开全区商贸旅游企业消防安全生产工作会议，辖区内80名大型商场、超市、专业市场、星级酒店、星级旅游景区分管消防安全生产负责人参加会议。副区长彭娟、副调研员虢中华分别宣读《关于切实加强芙蓉区商贸旅游企业安全生产工作有关事项的通知》和《关于加强对劳动密集型企业开展消防安全专项检查方案》，明确全区集中开展劳动密集型企业消防安全专项整治检查内容，要求各企业高度重视，加强领导，树立安全高于一切的意识。区商务旅游局局长谢小红对商贸旅游行业安全生产的相关标准和要求进行解读，区消防大队五里牌支队对企业进行消防安全知识培训。

（谭沁）

旅游服务

【概况】2014年，全区有星级饭店22家，其中，五星级3家、四星级7家，三星级11家，二星级1家，其他宾馆、旅社、招待所1161家，床位3.82万张；旅行社108家，其中，出境社14家，具有经营台湾游资质的旅行社4家，旅行社分社、网点160家；五星级餐馆4家，五星级农家乐1家（东湖金山休闲度假村），长沙市特色旅游示范点2家（颐而康、锦东红瓷），AAA级旅游景区1家（浏阳河婚庆文化园）。全年完成7家旅行社分社、28家网点备案、6单位年度常规性复核。全年旅游总收入263.9亿元，其中，国内旅游收入253.1亿元，入境旅游收入1.73亿美元；接待旅游总人次2009.25万人次，其中，国内旅游者1983.45万人次，入境旅游者25.8万人次，各项旅游指标在全市六区三县中排第一。定期对各旅游企业改善内部环境、完善基础设施、加强安全管理等方面进行指导，印制《社会主义核心价值观》《中国公民出境旅游文明行为指南》《中国公民国内旅游文明行为公约》等宣传资料发放辖区星级饭店、旅行社、景区，提高辖区旅游行业整体服务水平。为保障辖区旅游市场平安、有序发展，组织开展“安全生产打非治违集中行动”“全省旅游质监执法异地交叉检查”“‘五一’小长假旅游市场规范检查”“5·19旅游日宣传”和火车站及周边旅游市场联合执法检查、旅行社合同专项整治检查等活动，出动检查人员100人次，及时发现和制止安全生产隐患。

存在的主要问题是旅游产业规模小和景区（点）开发不足，辖区仅有一个AAA级旅游景区浏阳河婚庆园，无延伸旅游景点，不能满足游客的需求，也难以吸引旅游团队观光。（谭沁）

【承接市下放的星级评定工作】从2014年开始，三星级旅行社初评、旅行社服务网点备案、三星级饭店常规性复核、四星级（含）旅游星级餐饮评定、复核和管理工作由各区县旅游局承接。区商务旅游局积极研究制订相应的配套措施和管理制度，建立健全承接权限的有效机制。4月中旬，成立芙蓉区旅行社星级评定委员会、芙蓉区旅游饭店星级评定委员会。年内，按照《湖南省旅行社星级划分与评定》标准、《旅游饭店星级的划分和评定》国家标准和《星级饭店访查规范》行业标准，区本级星级评委完成2家三星级旅行社评定、6家星级饭店复核。（谭沁）

【市旅游咨询集散中心社区服务点授牌】8月29日，长沙市旅游咨询集散中心服务点授牌仪式在芙蓉区凌霄社区举行。凌霄社区、西湖社区、德政园社区及浏阳河婚庆文化园4个服务点被授牌为长沙市旅游咨询集散中心社区服务点首批试点单位。服务点是旅游产品宣传平台、旅游咨询平台、旅游综合服务平台，也是联络游客与企业、行政管理部门的纽带，树立市、区两级旅游品牌形象的窗口。仪式上，市旅游局局长谭勇、芙蓉区副区长彭娟分别为服务点授牌，并为长沙旅游集散中心凌霄社区服务点揭牌。服务点正式启动，为广大旅游者提供优质的旅游咨询服务。（谭沁）

【组团参加郴州旅博会】9月19日，区商务旅游局组团携辖区重点旅游企业参加在郴州国际会展中心举办的2014中国湖南（第五届）旅游产业博览会。展会期间，通过发放旅游地图、3A级景区——浏阳河婚庆文化园宣传手册进行推介，全面展示芙蓉区旅游形象，宣传推广特色旅游商品，开拓旅游市场。参展的锦东瓷业携公司明星产品进行宣传、促销，提升知名度。（谭沁）

交通·邮电

交通运输

【概况】 2014年，区交通运输局履行职能职责，严把普通货运车辆准入关，开展“打非治违”专项行动、治理车辆超限超载、安全生产监管，做好农村公路建设、城市公交规划编制和文明创建、春运执勤等工作。年内，全区新增办理道路运输经营户1362户，同比增长8%；处罚未按期年审检测车辆1410台，同比增长62%；登记三类机动车维修企业143家，其中新增5家；货运备案35家，新增11家。

打击非法营运。规范执法行为，成立长沙市交通行政执法局芙蓉分局，区交通局增设政策法规科。加强火车站交通稽查，由一名副局长专门负责火车站交通稽查队，联合市交通行政执法局芙蓉大队、区公安分局、区交警大队、区巡警大队、火车站综管办、铁路派出所等职能部门以及朝阳街道、五里牌街道、湘湖街道、马坡岭街道，对长沙火车站、汽车东站及周边地区的客运秩序常态化管理，打击非法营运工作延伸到全区各个角落。全年共取缔火车站周边“黑窝点”34处，查扣火车站周边地区非法营运车辆468台。采取“白加黑”“5+2”错时上下班制度，坚持每周二、四定期开展两次夜间执法行动，加强“窗口”地带、高校周边重点定期整治和流动巡查，及时对辖区内主要干道、商场、医院等人流密集路段、区域进行管控。全年共查扣各种非法营运车辆763台，违规线路牌49块。《芙蓉区关于开展打击非法营运专项整治及站场客运秩序整治责任分解方案》以及公安干警随队执法等经验获得市打非办充分肯定，并在全市推广。

加强安全监管。严把经营资质关、驾驶员从业资格关、车辆技术状况关，对达不到经营资质条件和安全要求的车辆不予办证和年审。配备安全工作专职人员，定期召开安全例会。扎实开展春运安全、汛前安全、国庆安全和冬季消防安全等4次大检查；定期进行“安全生产月”“打非治违”“安全生产大排查大整治”等专项行动，建立安全隐患排查长效机制。年内，检查企业131家、266次，发现隐患90项，发出整改通知书50份，督促整改到位率100%。加大宣传力度，在春运、清明、“五一”等重要节假日期间在客运中心站、人员流动性大的主要场所，开展安全生产宣传活动，出动宣传车20辆次，向驾驶员、经营者发出“交通安全”宣传资料810份。深入基层和企业督察，做到检查有记录、排查隐患或问题整改有落实有反馈，把预防道路交通安全事故工作抓好、抓实。制订《2014年学生用车专项整治行动方案》，配合交警在全区范围内开展4次校车专项整治行动，严格审批校车行驶线路，备案登记校车84台。对无资质车辆一律实行暂扣，并下达整改通知书，对非法黑校车从严从重处罚。规范货运市场管理，严格运输市场资质准入关，规范非常住人口办理货运车辆“道路运输证”，确保人、户、车登记的真实性和监管的可控性。

农村公路养护。市、区投入东岸片区农村公路改建和养护的补助资金32万元到位。“长沙农大—庄家岭”养护工程项目经市农村公路局审定列入市养护计划。按照市交通运输局的统一部署和安排，积极配合市局加快“畅通城市”建设，做好对“西片”城区公交线路的优化工作，高标准规划“东片”城区公交线路。

（李 露）

【交通行政执法局芙蓉分局成立】 6月，根据《关于理顺城区公共客运执法体制等有关事项的通知》精神，成立长沙市交通行政执法局芙蓉分局，组建区级交通行政执法主体，在区交通运输局加挂长沙市交通行政执法局芙蓉分局的牌子，实行两块牌子、一套人马的管理模式。9月，经区编委办批复同意区交通局撤销公路管理科，增设政策法规科，对交通行政执法、行政许可进行全面规范管理。年内，政策法规科办理行政诉讼案件11件，行政复议案件22件，结案率均为100%。（李 露）

【治理车辆超限超载】 9月29日，区交通运输局启动治理超限超载工作。成立芙蓉区治理车辆超载超限工作领导小组办公室，配备专干建立治超稽查队伍，开展巡查汇源物流市场、汽车东站等站场和货运企业超载超限情况。联合工商、质监、交警等部门在货运源头单位和车辆改装企业进行摸底排查，并要求办理年检年审的货运车辆必须签订安全责任承诺书。检查各类货运车辆3000台，查处超载超限车辆90台，治超工作逐渐步入正轨。（李 露）

【规范货物运输市场】 10月23日，区交通运输局下发《关于规范非常住人口在辖区办理货运车辆〈道路运输证〉的函》，对申请办理货运车辆"道路运输证"的非常住人员的居住证及房屋租赁合同进行调查核实，要求各街道提供非常住人员相关居住证明，公安派出所证明其居住证复印件真实性，确保人、户、车登记的真实和监管的可控。年内，全区新增办理道路运输经营户1362户，同比增长8%；办理年审货运车辆1.03万台；处罚未按年审检测车辆1410台。（李 露）

【国务院处理湖南沪昆高速"7·19"特别重大交通事故】 2014年7月19日2时57分，湖南省邵阳市境内沪昆高速公路1309公里33米处发生特别重大道路交通危化品爆燃事故，造成54人死亡、6人受伤（其中4人因伤势过重医治无效死亡），直接经济损失5300万元。11月30日，据国家安全监管总局网站消息，国务院对沪昆高速湖南邵阳段"7·19"特别重大道路交通危化品爆燃事故调查报告作出批复，认定是责任事故，同意对事故有关责任单位和责任人的处理建议。依照有关法律法规，对芙蓉区内的长沙大承化工有限公司法定代表人周添、长沙市新鸿胜化工原料有限公司实际控制人戴飞鸿等4人采取司法措施。根据调查事实和有关法规，芙蓉区政府、区工商局、区安全生产监督管理局、区交通运输局相关责任人受到相应处分。

（摘自《国务院事故调查组公布"7·19""8·9"事故调查报告》）

邮 政

【概况】 中国邮政集团公司长沙市芙蓉区分公司（以下简称芙蓉邮政），下辖10个金融邮政网点，员工126人。2014年，完成业务收入4012.4万元，其中，邮务类收入1486.27万元；代理金融业务收入2248.51万元，增幅2.83%；其他收入277.42万元。邮储余额12.4亿元。人民币理财年销售量7096万元，保有量净增511万元。代理保险全年销售3948万元，完成进度165.6%，进度名列五区第一。至12月31日，完成进度较好的两个专业是：通信代理服务收入36.57万元，增幅59.98%；保险收入71.4万元，增幅112.08%。火星大道网点余额累计净增突破4000万元，保费规模1123万元，列城区网点第一，获湖南省"工人先锋号"称号，网点理财经理、大堂经理分别获得长沙市邮政公司"2014年度个人岗位标兵""2014年度百岗明星"称号。芙蓉邮政以"走出去""请进来" 双向资源整合助力活动营销的发展路子，坚持"三进"宣传和走访活动，开展形式多样的社区活动52场，理财沙龙84场。利用社区联谊会，金融知识讲座，放映电影，孝文化宣讲等形式的社区活动，提升网点服务质量，承担普惠金融的社会责任。邮储期末点均余额1.38亿元，点均净增135万元，活期占比41.94%，活期比重增幅1.73%。通过电话邀约和走访跟进，新邮预订突破200万元，召开新邮首发式2场，实现销售312.9万元，组织开展集邮鉴赏会，实现邮品销售109.8万元。实行团队联合、网点联盟"双联目标"，即打造一支大堂营销的专业团队，使各项业务合理分流，有效反馈，提高综合竞争力；围绕共同发展，做好后台文件共享和前台信息通报。全年组织专项培训15场，案例分享500人次，各项指标完成情况形成日通报、周汇总、季结算的信息化流程，有效拉动各项业务发展。落实风险管控。安全生产责任落实到人，让风险管控意识深入人心。优化内部监督结构，为配合网点转型升级工作，建立“1点2线3面”的内部监督机制，即以服务质量为中心点，实施纵向和横向双线监督，从而保证上级领导、专管员以及基层员工三方面层层监督结构。自查机制落实到位。辖区10个网点均严格执行每月2次安全自查，将组织安全警示教育会议，发放节假日安全生产责任书、学习相关警示案例等纳入常态化管理；排查制度执行到位，专管员每月对网点实施14次履职检查，重点监控金融安全风险高危环节，尤其是调阅监控影像检查钞箱接送及ATM加钞，加强对保险代理授权及销售规范的监督，形成规定动作，发现问题并进行现场整改4起。强化外部监督体系。通过增设神秘顾客，加开服务热线等措施，进一步加强对网点各个环节的基础职能和服务效能的监督。客户有理投诉同比下降19.8%，客户满意度同比提升10%。（李祥 舒梦）

移动通信

【概况】 中国移动通信集团湖南有限公司长沙城北分公司（以下简称城北移动）位于芙蓉区五一大道800号。6月，由中国移动通信集团湖南有限公司长沙芙蓉区分公司更名。现有员工305人，下设综合部、市场部、网络部3个部门和政企客户、宽带营销2个中心，为芙蓉区80万名移动用户提供多元化、差异化、个性化、优质高效的通信服务。

窗口服务。2014年，移动城北分公司实施六项服务承诺，不断提高服务质量。以综合满意度提升为牵引，聚焦服务短板，大力提高综合满意度，提升客户流量套餐适配率；根据客户实际需求推荐适合的套餐，对套餐流量使用量明显不足的客户进行业务需求的引导或套餐的迁移，对套餐流量超标客户及时开展精准销；加强营销行为规范，提升投诉防范力，通过事前抓源头、事中抓控制、事后抓重点等措施，有效降低客户投诉；严格落实国家电话用户真实身份信息登记的有关规定，确保社会合作渠道新增客户实名登记率达100%；全面落实“客户为根、服务为本”的服务理念，为客户提供更加高效、实惠、安全、便捷的“优”服务。

网络建设。坚持“网络质量是通信企业的生命线”理念，加大芙蓉区移动通信网的建设，全面支撑客户需求和市场发展，确保客户的网络满意度持续改善。完成全年LTE（4G）、TD-SCDMA（3G）、GSM（2G） 和传输网等各项建设任务，截至年底，基站累计达到3000个，其中4G、3G、2G基站各约1000个，实现芙蓉区城区和城郊结合部2G、3G、4G移动通信网络无缝覆盖。建设WLAN无线宽带网络热点站点400个，互联网专线及数据专线200条。光缆维护总长6000公里，比上年同期增加62.68%。开展“网络安全大保障”活动，通过对核心网、传送网、城域网的安全改造，实现网络故障管理零事故，用户投诉持续减少，客户满意度持续提升。

业务经营。开拓4G市场，挖掘市场资源，提高营销水平，4G运营成效显著，拉动流量快速增长，量收增长好于上年。全年完成运营收入超过11亿元，客户总量逾130万人，占整体市场份额的70%。加快建立“双核”渠道服务体系，明确营销、宣传和服务的功能要求，市场营销网络得到完善。加强对社会代办渠道的严格管理，严格落实实名制的各项工作，保证对社会代办渠道的有效控制。加大集团客户市场开发力度，创新移动信息化推广模式，积极洽谈跨区域的行业综合信息化方案，推动物联网业务快速发展，与医疗、公安、酒店等领域实现深度合作。流量经营成效显著，累计完成无线上网收入3.6亿元，成为运营收入增长的主要动力。

基础管理。强化自身建设，规范内务管理，促进各项工作规范有序运转。建立考勤管理细则、休假管理制度、车辆使用管理办法等，通过整章建制、完善系统、强化管理三措并举，强化内部管理。深化作风建设，加强管理人员问责力度。贯彻落实相关管理文件精神，加强对管理人员的管理和监督，在涉及到机构调整、利益分配、合作队伍管理等重大事项决策方面，通过分公司办公会以及扩大办公会等形式研究决策，广泛征求各方面意见，最大程度提升管理与监督水平，鼓舞员工士气，营造良好的企业氛围。相继开展“学习型组织”文化推动行动、“创一流”班组建设工程、员工关怀项目，改善员工的工作环境、生活环境、文化环境。

（李方方）

教育·科技

教育

【概况】2014年，芙蓉区有区属中小学校35所，在职教师2328人，在校中小学生42065人，其中：中学生6959人，小学生35106人。辖区内幼儿园101所，其中，公办园19所（区属5所），民办园82所，在园幼儿1.7万人。民办培训机构62所。先后获全国义务教育发展基本均衡县市区、全国全民终身学习活动周优秀组织奖、全国“国培计划（2013）”示范性远程培训项目优秀区县、全国第七届劳技创新作品展评活动优秀组织单位、省首批教育强县（市、区）、省县级人民政府教育工作优秀单位等荣誉。

推进基础设施建设。纳入区政府年度重点工程项目的11个教育建设工程进展顺利，大同三小、东湖路幼儿园全面竣工，长郡芙蓉实验中学（原16中）教学楼基本竣工，农园路幼儿园装修全面完工即将开园，白沙湾幼儿园顺利移交教育局，新增火星二小、修业小学2个城市学校少年宫。投入2000万元，对34所学校进行提质改造。教育城域网升级为“万兆主干、千兆到校”，“三通工程”年度任务提前完成，“数字校园”实验应用集成全面达标。新增幼儿园7所、培训学校3所，认定37所普惠性民办幼儿园，公办和普惠性民办幼儿园数量占全区幼儿园总数55.5%。

强化教师队伍建设。以“师德师风提升年”活动为载体，组织“师德微课堂”“颂师情·最感动的瞬间”摄影绘画比赛、“忆师恩·最难忘的老师”和“做党和人民满意的好老师”征文比赛、“魅力教师”评选等活动，火星二小获评市师德师风建设先进单位，育才小学吴萍获评市“十佳魅力教师”称号。面向社会分两批公开选聘中小学教师145人，选调名优特教师13人。选派25名教师赴新宁县支教，全年共交流干部教师332人，占全区教师总数14.3%。组织特级教师评选推荐和第二届名师及骨干教师评选认定工作，认定区级名师9人，骨干教师98人，五一中路小学范小平被评为省特级教师。率先全省为所有区属学校（幼儿园）配备专业校医44人。分3批组织学校（幼儿园）书记、校长（园长）、副校长及机关干部赴井冈山、浙江大学、北京师范大学学习培训，开办区级中小学学科培训班30期，组织学前教育教师培训活动20场次。成功承办“国培计划”示范性远程培训项目网络研修与校本研修整合培训的全国研讨交流会，被评为全国“优秀区县”（全省仅2个）。

提升素质教育。实施“体验式公民教育”德育项目，确立首批区级试点学校16个和校外实践基地4个，得到市教育局肯定并在全市推广交流。开展“博物馆进校园”“高雅艺术进校园”“京剧进校园”“科普进校园”“民俗节日”“世界视角”等学生体验活动。全区学校特色项目61个，项目覆盖率100%，实现“一校一品、一校多品”发展格局。中小学生参加各级各类比赛成果领先全市，其中，科技创新成果获国际银奖1项、国家级银奖3项、省级金奖5项，3名学生获评科技创新“市长奖”（全市共10人），参加市小学生田径比赛获团体总分第一名，参加市“三独”（独舞、独唱、独奏）比赛获得一等奖109人，参加市美术比赛获一等奖作品306件，居全市之首。

加强组织建设。新成立党支部4个，新升格党委2个。严格按要求发展新党员19名，44名预备党员按期转正，39名入党积极分子参加培训并顺利结业。组织4次中心组扩大学习，开展“党旗飘扬、书香飘逸”图书阅读和机关支部“阅读自助餐”活动，设立“党员学习流动课堂”和“网络视频点播课堂”，燕山二小获评省书香校园称号，育才小学获评市学习型党组织建设示范点称号，育才二小“共享论语、做智慧教师”项目被评为市优秀学习载体。常态化开展工会、共青团、妇联等群团工作，丰富活动形式，举办首届教职工羽毛球团体赛，新增4个教职工俱乐部。长郡芙蓉中学、育英二小获市五四红旗团支部称号，蓉园小学、火星小学、大同古汉城小学、楚怡小学、育英小学获评市优秀少先队集体称号。

优化校园管理。推动简政放权，全面推行全期重点工作及周工作“课表式”管理，下放教职工外出活动、代课教师聘用等审批事项。邀请上海专家及省市专家团队指导开展区域教育发展规划及学校章程规划的编制工作，基本实现“一校一章程”“一校一规划”。组织消防安全、食品安全、校车安全、非法办学治理、校园周边环境治理等专项督察，燕山二小、朝阳小学获评省安全文明校园称号，育才小学创建成省生态文明示范学校，大同小学获评省文明单位称号，育才三小获评市食品安全工作先进单位称号，德政园幼儿园、星城世家幼儿园获评区卫生保健工作先进单位称号。开展大规模“清无”行动2次，清理无证幼儿园14所，连续6年获评市民办教育综合管理优秀单位称号。

教育工作的困难和问题：学位压力仍然较大，新学校建设有待提速；教师工学矛盾较为突出，教育评价有待优化；学校自主办学空间受限，简政放权力度有待加大；教育信息化跟进不快，整合应用现代技术的能力有待提升。

（鲁青松）

【2014年度教师公开招聘】 4月19日，芙蓉区2014年度公开招聘教师笔试在湘一芙蓉二中举行。区纪委书记廖铁成，区编办主任江红，区人社局局长唐宇平等现场指导。为确保公开招聘进行，区教育局组织210人参与现场指挥、保安保密、后勤接待等组织和服务，提供准考证打印点，设置指向牌，安排专门引导解疑人员，为考生考试提供和谐温馨环境。为维护严肃有序的考场纪律，安排信号屏蔽、现场安检和采像等。报考人员约5000人，经资格审查合格的实际参考人员为3820人，计划招聘中小学教师150名，涉及中小学语文、数学、英语、音乐、体育、信息6门学科。5月17日，经笔试及资格审核合格的400名考生参加在长郡芙蓉中学举行的面试，主要内容为试教或说课。设置面试考室14个，候场室6个，备课室6个。区委组织部部长周虔，副区长张庆和等领导现场指导并巡查考场。8月，考试合格录用的145名教师陆续分配到岗。 （鲁青松）

【第八届团委会换届选举】 4月11日，共青团芙蓉区教育局第八届委员会换届选举在育英西垅小学举行，从各中小学及幼儿园民主推荐的10名候选人通过演讲参与竞选。会议当场投票产生芙蓉区教育局第八届团委班子：团委书记王亮（教育局），副书记汤莎（育英西垅小学），组织委员刘杰（八一路小学）、颜俊洁（大同二小），学习委员孔亮（五一中路小学）、刘芬（朝阳幼儿园），宣传委员金铁成（火星小学）、沙玲玲（湘一芙蓉二中），文体委员邹开仕（大同古汉城小学）、李益斌（马坡岭小学）。

（鲁青松）

【芙蓉区名师校长交流成新常态】 2010年以来，芙蓉区采取刚柔并济手段，推出教师均衡配置组合拳：用激励方式引领骨干教师率先流动，以轮岗方式引领干部队伍带头流动，以选配方式引领新进教师定期调整，以设岗方式引领区域教师自主流动，以名校模式引领教师资源融通共享。全区共有180名校级干部实行岗位轮换，2014年，骨干教师学校覆盖率达到100%，形成一批在全省、全国有影响的名师、名校长、名班主任。4月15日，市教育督导团一行11人到区进行评估检查。5月22—23日，省教育工作督导评估专家组一行9人开展义务教育均衡发展县市区考核认定。8月7日，芙蓉区获评全省第一批教育强区称号。9月2日，教育部、财政部、人力资源和社会保障部出台文件，要求推动校长、骨干教师交流轮岗，在3～5年内实现制度常态化。芙蓉区作为湖南省城区唯一的“区域内义务教育阶段学校教师均衡配置”项目试点区，积极探索义务教育高位均衡的工作机制，其实践经验已先后3次在全省推广交流。先行先试的“芙蓉经验”将在这项重大改革工作中起重要引领示范作用。 （鲁青松）

【杨流安应邀参加教育部新春新闻发布会】2月21日，教育部举行新春新闻发布会，通报2013年开展义务教育均衡发展督导评估相关情况。芙蓉区育英西垅小学校长杨流安作为全省唯一代表应邀参加并回答了记者们的提问。杨流安在发言中就义务教育均衡发展政策背景下的学校发展，省、市、区三级政府加大对教育的投入，各级教育行政主管部门对资源均衡配置、教师队伍建设、学校内涵发展，特别是长沙市及芙蓉区教育的均衡发展举措向与会记者一一作了介绍，赢得了与会众多媒体高度关注。会后，新华网、《人民日报》《光明日报》《中国教育报等》中央主流媒体记者纷纷与杨流安交流，对长沙市特别是芙蓉区教育强势推进均衡发展的举措、对育英西垅小学的快速发展表示出极大的兴趣，并表示将深入实地进行专题采访。（鲁青松）

【省博物馆与区教育局共建美术教育研讨会】5月8日，湖南省博物馆与芙蓉区教育局馆校共建美术教育活动交流研讨会在东晖小学举行。省博物馆学校教育处主任李茜子、省美术出版社副社长黎丹出席研讨会，省博物馆教育中心全体员工、区内特色项目所在学校及相关学校行政代表、局属中小学、幼儿园美术教师100人参加活动。会议决定推出“托斯卡纳的光与影”意大利绘画珍品校园巡展，“光影·印象”东晖小学、浏正街小学和东风小学学生作品展，馆校共建美术活动研究课，馆校美术教育活动共建交流会暨特色项目研讨会等合作项目。（鲁青松）

【上海专家指导学校章程及规划编制】8月，区教育局正式启动学校章程与规划编制工作。9月19—20日，上海市教育督导事务中心、教育行政执法事务中心副主任李如海，上海市人民政府教育督导室常务副主任郑万瑜和黄浦区政府教育督导室常务副主任张瑞田应邀到区进行为期两天的学校章程及规划编制培训指导工作。专家们实地走访部分学校、幼儿园，组织“教育发展转型与发展方式变革”“学校章程制订的探索与实践”“规划引领学校发展”专题讲座，开展“学校（幼儿园）章程建设与发展规划制订”“区域学校办学绩效考核与办学水平评估”“芙蓉教育发展核心理念‘让每一位师生享受教育的幸福’诠释与探讨”的专题讨论会，专家团队对芙蓉区区域教育发展规划提出了具体且有针对性的建议，对各学校发展规划的制订工作厘清了思路，加强了方法的指导。（鲁青松）

【25名优秀教师赴新宁县支教】8月28日，芙蓉区教育局选派25名优秀教师赴邵阳新宁县7所乡镇中小学，开展为期一年的支教工作。区教育局党委书记、局长周见阳为支教教师送行。局党委副书记、副局长焦英带队将支教教师送到受援学校，并调研当地教育发展情况。（鲁青松）

【白沙湾幼儿园移交区教育局】9月24日，芙蓉区在长沙东方城房地产开发有限公司举行白沙湾幼儿园移交仪式。副区长张庆和，长房集团副总经理、东方城公司董事长、总经理潘彩炼，长房东方城公司副总经理王新文，区教育局局长周见阳、副局长江凌等出席。仪式由区政府副调研员汤孝泽主持。王新文介绍白沙湾幼儿园建设情况，周见阳与潘彩炼签署移交协议。白沙湾幼儿园是长沙东方城房地产开发有限公司继德政园幼儿园、星城世家幼儿园、东岸锦城幼儿园后又一所无偿移交区教育局管理的幼儿园，也是芙蓉区为民办实事工程建设项目，预计2015年投入使用。（鲁青松）

【教育管理干部领导力提升研修班开班】10月26日上午，芙蓉区教育管理干部领导力提升研修班”在浙江大学开班，区教育局机关干部、二级机构负责人和区属全体中小学校长、幼儿园园长共65人参加。培训班采取专题讲座、实地考察、研讨交流、圆桌对话等形式，开展基础教育改革与发展、领导干部法律风险防范、媒体沟通与危机应对、课堂教学改革、音乐艺术与人文修养、学校管理团队执行力提升等版块的教学，培训学习时间7天。（鲁青松）

【启动“体验式公民教育”德育项目化管理】3月28日，区教育局在燕山二小举行中小学“体验式公民教育”德育项目化管理启动仪式，省少年儿童图书馆、省博物馆教育中心、市教育局，区委宣传部、区交警大队等单位相关负责人，区属各学校校长、中学教育主任、小学大队辅导员及家长和学生代表200人参加。会上确立大同、育英等16所学校为首批试点，确立省博物馆、省少年儿童图书馆、区人民法院、区交警大队4家单位为首批校外实践基地。区教育局作为长沙市德育工作项目化管理的首批试点单位，研究确立“体验式公民教育”德育特色项目，成立管理(创建)领导小组，投入经费40万元，制订“体验式公民教育”德育项目实施方案、评估考核办法等文件，实施“三位一体”，分层推进。社会层面，利用博物馆、医院、军营、大学、社区等社会资源，通过基地共建、主题联谊等形式开展多职业体验活动；区域层面，整合区内教育资源、职能优势，搭建体验式公民教育常态平台，持续开展“阳光假期”公益体验实践、“开心假日”训练营、“流动大篷车”等活动，开发区域“体验式公民教育”主题课程，每年分批组织全区学生进行为期四天三晚的集中体验教育；学校层面，充分利用校园文化、师资、环境等资源优势，以课堂、社团、主题活动为重点，构筑体验式公民教育主阵地。德育工作项目创建按项目申报、考察立项、学校创建、验收评估、公示授牌、考核复查等程序进行。（鲁青松）

【省“两型生活 美丽家园”主题采访活动】 3月28日，省委宣传部新闻处副处长杨镝、省长株潭试验区管委会综合处副处长伍建、市两型办副主任伍进、区两型办主任冀超等参观芙蓉区东郡小学，并携《人民日报》、新华社、央视、《湖南日报》、湖南卫视、红网等媒体记者20名人对学校进行“两型生活 美丽家园”主题宣传集中采访活动。活动全程由学校小讲解员引导，参观学校毕业生书法作品展、书法长廊、书法名家作品展厅、科普长廊、科技发明小制作展区、阅读长廊，多功能活动室以及“聆听地球的呻吟、体验人类的危机”学生体验日记展区；校长肖焱作题为《精心塑造两型校园，推进教育内涵发展》专题汇报。

（鲁青松）

【“立德树人 复兴中华”系列教育推进会】 3月28日，芙蓉区“立德树人 复兴中华”系列教育活动推进会在燕山二小举行，市关工委主任董学生、秘书长罗斌，区委组织部副部长、老干局局长谭永华，区委宣传部副部长李向华，区关工委主任刘海斌，区教育局局长周见阳，区政府教育督导室副主任督学黄传华及各街道分管负责人、关工委专干，各学校校长、大队辅导员和学生家长、学生代表300人参与活动。活动由区关工委常务副主任李剑霞主持。大会宣读《关于进一步推进全区“立德树人·复兴中华”系列教育活动的通知》；燕山二小校长朱志湘作题为《立德树人 面向明天办教育》发言；燕山二小师生共同演唱原创歌曲《追梦的孩子》《燕语呢喃》，教师集体朗诵《园丁之梦》；表彰“芙蓉区十佳美德少年”。

（鲁青松）

【“我的中国梦”道德讲堂总堂活动】 6月13日，由区委宣传部、区文明办主办，区教育局、育英学校承办“我的中国梦”道德讲堂总堂活动在育英学校举行。团市委学校部副部长张国金出席。全区中小学团委书记、大队辅导员、少先队员代表150人参加。整个活动分为“成长的历程”“红领巾心系中国梦”“成长的憧憬”三大篇章，设“九个一”环节，即：学一个模范、诵一段经典、发一个善心、学一些知识、做一件善事、送一份吉祥、行一个大礼、作一次自省、唱一首歌曲。其中，“学模范”环节讲述“身边的雷锋”学生康凌玮爱心资助的故事，介绍育英学校“学雷锋小分队”德育体验活动，号召在场学生向模范学习，积极参加志愿服务活动；“诵经典”环节，由在场学生诵读中华传统经典《弟子规·信》，与会领导领诵关于道德的名人名言；“发善心”环节，则是学生制作爱心卡，贴上爱心树，分送在场领导和师生，将爱心传递。（鲁青松）

【省儿童交通安全主题活动】 5月30日，由省文明办、省教育厅、省公安厅交管局、中国人寿湖南省分公司联合举办的湖南“车时代的安全童年”儿童交通安全主题日暨文明交通“四赛两创”创建活动启动仪式在燕山第二小学举行，省宣传部文明办副主任周梦霞、省教育厅副巡视员贺安溪、省公安厅交管局政委杨能、省交管局副局长贺健钧、省人寿湖南省分公司总经理刘凤全、市交警支队副支队长唐睿等出席。相关职能部门负责人、燕山二小师生代表、幼儿园儿童及家长代表、校车驾驶人代表、交警代表、交通劝导员代表、保险公司代表等300人参加。启动仪式由贺健钧主持。交警宣讲员胡娟宣讲“车时代的安全童年”第一课，幼儿园幼儿与家长代表共同发起“儿童安全乘车倡议”，中国人寿湖南分公司向与会幼儿和燕山二小全体学生赠送交通安全读本《小学生交通安全手册》，易车网络科技有限公司向幼儿家长代表赠送儿童安全座椅。现场组织安全乘车演练活动，模拟儿童汽车安全碰撞测试。活动得到湖南卫视、政法频道、《人民公安报》《湖南日报》《长沙晚报》等24家媒体50名记者的关注与报道。（鲁青松）

【“爱心家长护学岗”活动】 10月15日，由区教育局、区交警大队主办的“小手牵大手，共走文明路”主题“爱心家长护学岗”活动启动仪式在大同小学举行，教育局、交警大队主要负责人和大同小学三至六年级全体师生及部分家长志愿者代表1000人参加。启动仪式上，区交警大队交警为师生们表演交通手势操，讲解10个常见的交通指示标志；家长志愿者代表宣读承诺书，全体师生和家长进行“小手牵大手，共走文明路”庄严宣誓。活动得到《湖南日报》、湖南都市频道、《潇湘晨报》、交通1061电台、长沙政法频道等多家媒体采访报道。（鲁青松）

【长沙“名师大讲堂”报告会】 11月23日，由市教育局主办，区教育局承办的长沙市“名师大讲堂”暨“做党和人民满意的好老师”主题报告会在区政府会议中心举行，省教科院史志所所长刘建琼、市教育局副局长邓芸、工会主席陈仕强、副区长张庆和出席。全市各中小学的校长、教师共600人参加。全国政协常委、北京四中校长刘长铭应邀作《什么是好的学校教育》主题报告。（鲁青松）

【第七届校园文化节暨学生艺术展演】 11月5日，芙蓉区第七届校园文化节暨2014年中小学生艺术展演在育英西垅小学举行，全区30所中小学校的46个节目参加演出。展演分中学组、小学组两大块，包括声乐、器乐、舞蹈、诗朗诵、校园剧6个专场。国家一级演员付辽源、省合唱联盟副主席陶双、湖南广播电视台播音主持委员会秘书长曾致担任评委，育英西垅小学1600名学生通过现场直播欣赏演出并担任大众评审。蓉园小学表演唱《带我到山顶》、大同小学管乐合奏《非洲交响曲》、湘一芙蓉中学校园剧《诗情有话意》、长郡芙蓉中学表演唱《青春修炼手册》、育才三小舞蹈《回来吧，MH370》、大同二小合唱《歌唱二小放牛郎》、育英西垅小学校园剧《消灭害虫》获最受师生欢迎节目。（鲁青松）

【全区小学生田径运动会开赛】 9月26日，2014年芙蓉区小学生田径运动会在湘一芙蓉第二中学举行。运动会设60米、100米、200米、400米、800米、跳远、跳高、立定三级跳、垒球9个赛项，33支学校代表队、670名运动员参加比赛。经过激烈角逐，双新、育英、朝阳、大同、育英二小、育才、燕山二小、燕山小学分获综合团体前八名。（鲁青松）

·附·

2014年度芙蓉区民办教育单位年检合格名单

长沙芙蓉区方舟幼儿园
长沙芙蓉区惟楚競才培训学校
长沙芙蓉区香格里精英幼儿园
长沙市芙蓉区安安中心幼儿园
长沙市芙蓉区奥林教育培训学校
长沙市芙蓉区奥帅学校
长沙市芙蓉区贝尔培训学校
长沙市芙蓉区贝特艺术培训学校
长沙市芙蓉区蓓蕾幼儿园
长沙市芙蓉区博英幼儿园
长沙市芙蓉区长麓培训学校
长沙市芙蓉区超级宝贝幼儿园
长沙市芙蓉区楚材进修学校
长沙市芙蓉区大立培训学校
长沙市芙蓉区大卫省图书馆美术培训学校
长沙市芙蓉区顶呱呱幼儿园
长沙市芙蓉区东方剑桥芙蓉公寓幼儿园
长沙市芙蓉区东方剑桥新世纪家园幼儿园
长沙市芙蓉区儿童家园幼稚园
长沙市芙蓉区格林外国语学校
长沙市芙蓉区广成教育培训学校
长沙市芙蓉区广思培训学校
长沙市芙蓉区红太阳幼儿园
长沙市芙蓉区花蕾幼儿园
长沙市芙蓉区华铭实验二幼
长沙市芙蓉区环球雅思培训学校
长沙市芙蓉区火星凌霄幼儿园
长沙市芙蓉区佳音外语培训学校
长沙市芙蓉区金鹏培训学校
长沙市芙蓉区金色童年东岸梅园幼儿园
长沙市芙蓉区金色童年幼儿园
长沙市芙蓉区金太阳幼儿园
长沙市芙蓉区京翰教育培训学校
长沙市芙蓉区科培培训学校
长沙市芙蓉区马思特培训学校
长沙市芙蓉区南明苑小新星幼儿园
长沙市芙蓉区南阳幼儿园
长沙市芙蓉区培英幼儿园
长沙市芙蓉区七彩阳光幼儿园
长沙市芙蓉区千喜培训学校
长沙市芙蓉区求精培训学校

长沙市芙蓉区狮王教育培训学校
长沙市芙蓉区田田幼儿园
长沙市芙蓉区万星培训学校
长沙市芙蓉区万婴东外滩幼儿园
长沙市芙蓉区文郡博天培训学校
长沙市芙蓉区湘楚文化艺术培训学校
长沙市芙蓉区小花朵幼儿园
长沙市芙蓉区小明星幼儿托管点
长沙市芙蓉区小牛津双语幼儿园
长沙市芙蓉区小童星幼儿园
长沙市芙蓉区新东方培训学校
长沙市芙蓉区新思路培训学校
长沙市芙蓉区阳光幼儿园
长沙市芙蓉区艺花幼儿园
长沙市芙蓉区宇洋教育辅导学校
长沙市芙蓉区智慧树幼儿园
长沙市芙蓉区中德兴培训学校
长沙市三湘电脑会计学校
东方剑桥雍景园幼稚园
芙蓉区八分音符艺术培训学校
芙蓉区鲍得温王焱钢琴艺术培训学校
芙蓉区北美特色蒙瑞英语学校
芙蓉区北雅培训学校
芙蓉区布朗风幼稚园
芙蓉区大卫美术培训学校
芙蓉区迪迪幼儿园
芙蓉区点点艺术培训学校
芙蓉区顶喜羊羊幼儿园
芙蓉区东方之子韶光幼儿园
芙蓉区朵俊幼儿园
芙蓉区高岭幼儿园二园
芙蓉区哈博东玺门幼儿园
芙蓉区海丽尔幼儿园
芙蓉区航天信息培训学校
芙蓉区华铭荷花幼稚园
芙蓉区华星幼儿园
芙蓉区华英教育培训学校
芙蓉区火星幼儿园
芙蓉区佳音英语东郡培训学校
芙蓉区金星幼儿园
芙蓉区快乐宝贝幼儿园
芙蓉区蓝天幼儿园
芙蓉区马思特五一路培训学校
芙蓉区南湖幼儿园
芙蓉区南阳农科幼儿园
芙蓉区农科宝贝幼儿园
芙蓉区人之初宝贝幼儿园
芙蓉区赛达培训学校
芙蓉区树袋熊幼儿园
芙蓉区双新幼儿园
芙蓉区思齐培训学校
芙蓉区童花幼儿园
芙蓉区万婴东方新城幼儿园
芙蓉区望龙幼儿园
芙蓉区韦博语言培训学校
芙蓉区闻达培训学校
芙蓉区湘楚培训学校
芙蓉区湘景超级幼儿园
芙蓉区湘龙幼儿园
芙蓉区小哈佛芙蓉苑幼稚园
芙蓉区小蚂蚁幼儿园
芙蓉区小星星幼儿园
芙蓉区新苗幼儿园
芙蓉区新桥幼儿园
芙蓉区信德康复中心
芙蓉区星麓培训学校
芙蓉区燕沙芭蕾舞学校
芙蓉区音乐人艺术学校
芙蓉区英孚语言培训学校
芙蓉区月桂幼儿园
芙蓉区云艺培训学校
芙蓉区致远培训学校
芙蓉区智多星幼儿园
芙蓉区智艺幼儿园
芙蓉区梓卉幼儿园
国学幼儿园
海丽尔幼儿园马坡岭园
火星紫薇幼儿园
金科小博士幼儿园
兢才修业培训学校
马王堆幼儿园
南阳春天幼儿园
启德教育培训学校
启慧幼儿园
童乐坊幼儿园
新阳光培训学校
扬帆中心幼儿园

（摘自《长沙晚报》）

·表5·

参加竞赛活动获奖情况统计

日 期	活动内容	参加单位（个人）	所获奖项
5月16—19日	芙蓉区“创新驱动发展，科技引领未来”2014年科普知识竞赛	曙光路小学 燕山小学、火星小学	冠军（一等奖第一名） 三等奖
8月2—3日	湖南省第二十一届中小学生棋类锦标赛国际象棋比赛	燕山二小	团体二等奖、最佳组织奖

续表 5

日 期	活动内容	参加单位（个人）	所获奖项
8 月 2—6 日	第十六届“飞向北京·飞向太空”全国青少年航空航天模型教育竞赛总决赛	大同二小代表队 火星小学代表队	金牌 1 枚、一等奖 5 个、二等奖 2 个 铜牌 1 枚、一等奖 2 个、二等奖 2 个
9 月 17 日	“欢乐潇湘——长沙篇 舞动星城 歌涌湘江”第二届全民广场舞大赛暨长沙市第三届全民健身广场舞总决赛	育才二小	第一名
9 月 21 日	2014 年全国科普日长沙主场活动	长郡芙蓉中学林效宇 育英小学肖若溪 大同小学李泽圣 长郡芙蓉中学教师陈水章	第三届长沙市青少年科技创新市长奖 长沙市优秀科技辅导员
9 月 29 日	长沙市“中国梦·家国情”中华经典名篇诵读决赛	火星小学教师唐扬	一等奖
10 月 1 日	“红领巾相约中国梦”小记者风采展示活动	东茅街小学侯睿捷、李天诚 东茅街小学肖润儿 东茅街小学孙潇琳 东茅街小学 教师唐晚君、杨洁	个人展示类一等奖 个人展示二等奖 个人展示三等奖 团体二等奖 优秀指导老师奖
11 月 6—9 日	第七届全国中小学劳动技术教育创新作品展评活动	大同小学、育英西垅小学和长郡芙蓉中学	7 金 4 银
11 月 23 日	三湘读书月——2014 年全省少年儿童“中国梦·我心中的故事”读书活动故事讲述竞赛	育英西垅小学	金奖
11 月 28 日	长沙市中小学生航海模型竞赛	蓉园小学 大同第二小学	一等奖 5 个 一等奖 1 个、二等奖 3 个
12 月 6 日	“美丽中国梦”首届全国校园剪纸邀请赛·长沙市第四届校园剪纸大赛颁奖大会暨优秀作品展	杉木小学 校长李玲获金牌园丁奖	金奖 3 名、银奖 2 名、铜奖 3 名、优秀奖 50 多名，学校获全国校园剪纸教育先进单位称号教师周露获校园山花特别奉献奖
12 月 14 日	长沙市中小学生足球赛	东郡小学足球队	甲组赛冠军 乙组赛第七名
12 月 12—15 日	第二届中国南京啦啦操公开赛暨国际邀请赛	楚怡小学	小学组冠军

（按区教育局提供的相关资料编排）

科 技

【概述】 2014年，区科学技术工作充分发挥科技引领作用，提升科技创新能力；全力推进科普工作，提高全民科学素质；加强科技人才队伍建设，促进区域经济转型发展。区科学技术局（区科学技术协会）获2014年湖南省全国科普日活动优秀组织单位、长沙市科普竞赛优秀组织单位等荣誉称号。（廖汉洲）

·科技管理·

【概况】年内，区科技局不断加大科技经费投入力度，加快产学研合作步伐，推进创新型城区建设，促进高新技术产业稳步发展。

加大科技经费投入。区科技发展专项经费年初预算值为5965万元，占同级财政年初预算数支出1.5%。全年对24个区级科技计划项目立项，投入资金200万元；拓宽科技投入渠道，引导扶持企业自主研发，支持企业成果转化，全年完成市级以上科技计划项目80个，立项资金达1500万元，获得市级以上重大专项15个，立项金额达759万元。推进创新型城区建设。严格落实“一把手创新工程”，将建设创新型城区的各项目标任务逐项分解落实到各级各部门，建立由区委、区政府统一领导，全区共同参与的工作机制，并与“两型社会”建设工作有机结合，确保落实到位。经市级验收，湖南稀土金属材料研究院、长沙迪马斯体育用品实业有限公司、湖南优蜜食品科技有限公司获得“创新型企业”称号，湖南省水稻研究所获得“创新型科研院所”称号，马坡岭小学获得“创新型学校”称号，定王台街道、荷花园街道杨家山社区分别获得“创新型街道”“创新型社区”称号。湖南省农科院植保所、荷花园街道、大同二小、车站北路社区获批市创新型单位创建单位（创建期一年）。

加强产学研合作力度。加强产学研结合，牵头组织协调区域产学研结合工作，支持企业组建研发平台和创新联盟，引导支持湖南绝味食品有限公司等2家企业组建省级企业技术中心2个，引导扶持市级工程技术中心5个。全年，开展“产学研”对接活动4次。完成2014年科交会组委会下达的任务，组织参加2014年中国（长沙）科技成果交易会，全区征集13家企业技术需求21项，科技成果11项，融资项目5项，并促成4家企业现场签约。组织湖南省茶业集团股份有限公司等8家企业赴北京、上海等地开展与知名高校对接活动。

促进高新技术产业稳步发展。全年扶持培育高新技术企业23家，新认定高新技术企业8家。通过引导和服务，高新技术产业规模不断增大。全年高新技术产业增加值125亿元，高新技术产业增加值占地区生产总值比重12.94%，全区高新技术产业研发经费达3.6亿元，同比增长10%。加快科技创新平台建设，科技创新能力不断增强。截至年底，全区已有国家级科技孵化器1个，国家级工程实验室3个，省级科技孵化器2个，国家级技术企业中心1个，省级工程技术中心和企业技术中心11个。（廖汉洲）

【科技活动周启动】 5月17日，全区举行科技活动周启动式。活动周以“创新驱动发展 科技引领未来”为主题，按照政府策划、公众参与、彰显创意、注重实效的原则开展系列活动。活动期间，重点开展“芙蓉区科普知识竞赛”“科技创造美好生活校园科技节”“科技创新创造成果展、残疾大学生创业创新展”“昆虫标本制作及展示进校园”和“科技场馆免费开放”五大主题活动。街道、社区、学校普遍开展科普知识传播活动。市科协党组书记李范坤，市科技局总工程师盛湘饶，市科协副主席易方，区领导，以及区直各部门、各街道、社区、学校、企业相关负责人共200人出席并参加启动式和系列科普活动。（廖汉洲）

·科技普及·

【概况】 年内，区科协通过不断加强科普设施建设，推进科普场馆专业化、科学化，确保新增两所科技普及专业场馆。对各街道科普活动中心进行提质改造，确保全区科普活动中心全部达标。认真开展科普活动，全面提升全民科学素质。结合开展群众“直通车”工程和建设创新型城区的战略任务，整合利用科技活动周、全国科普日等平台，在隆平高科技园、各街道、湖南农业大学及区属中小学等共组织区级科普活动16次，直接参与人数达2500人。6月，荷花园社区获评“全国科普示范社区”称号。

（廖汉洲）

【全国省会城市老科协会议代表到区考察交流】10月

14—16日，全国省会城市老科协与会代表到区老科协及龙马社区老科协分会参观考察。

在经验交流会上，区老科协主席肖光兰就老科协有关工作进行汇报。自2007年以来，全区建立健全各社区老科协组织，夯实基层组织基础；围绕中心开展活动，为社区建设献计出力；发挥知识智力优势，开展科普进社区活动；深入实际调查研究，开展建言献策活动。会上，区老科协龙马社区分会会长欧阳波就全民科学普及、精神文明建设、未成年人思想道德建设、“两型社区”建设、科普示范社区建设等方面工作进行交流。老科协龙马社区分会有成员16名，其中，享受国务院特殊津贴的专家6名，高级工程师1名，研究员11名，副研究员2名，高级教师1名，主任医师1名。在宣传普及科普知识方面，社区分会全力打造社区科普廊，定期在每年5月和10月更换内容，2007年以来共制作大型长廊版面内容102块。自办发行通信刊物，文稿内容由社区老科协成员亲自撰写，刊物紧密结合社区中心工作以及社区居民关心的社会热点问题。龙马社区先后被评为“全国科普示范社区”，获得省、市级“科普示范社区”称号，并获省、区级“老科协工作先进集体”等荣誉称号。

15日，出席全国各省会城市的老科协领导一行参观了湖南杂交水稻展览馆和龙马社区科普廊。在展览馆，每一张照片和每一件实物，详细纪录50年来以袁隆平为首的杂交水稻专家们的辛苦历程，以及他们所获得的丰硕成果。袁隆平亲自接见各位参会代表，并与参会代表一起合影留念。与会代表还参观了由袁隆平题字的“龙马社区科普廊”。省老科协执行会长唐之享、常务副会长兼秘书长郎艺珠出席会议活动。

（肖光兰）

【全国科普日】 9月14日，芙蓉区“全国科普日”启动式活动在荷花园街道举行，市科协副主席王准、市科普部部长张宇、副区长张庆和等领导参加活动。此次科普日宣传分为“应急救援科普知识进社区”“奇思妙想纸质结构模型搭高普及竞赛”等7项重点活动，活动内容接地气、贴民生，现场参与互动的居民群众约300人，志愿参与节目的群众约100人。（廖汉洲）

·知识产权·

【概况】 年内，全面实施知识产权战略，指导企业专利申请1607件，同比增长28.66%，专利授权量达872件，同比增长15.49%，并引导企业专利产业化达15项，企业的技术创新主体地位不断强化。宣传力度持续加大。全面加强知识产权宣传保护力度，“4·26”知识产权宣传周期间，全区组织知识产权进园区、进企业、进机关、进学校、进社区等主题宣传活动。积极配合市知识产权局做好打击侵犯知识产权和制售假冒伪劣商品专项行动工作，全年开展专项行动10次，完成打击假冒侵权案件19起，超额完成任务90%，年底，以全市并列第二名的成绩通过市“双打”办组织的考核，获评双打工作先进区（县）称号。代表湖南城区迎接全国打击侵权假冒办公室考核小组的专项工作督察。（廖汉洲）

【农业部工作组到区考核“双打”工作】 3月3日，农业部农产品质量安全监管局局长程金根带队的全国“双打”工作考核组，到区考查打击侵犯知识产权和制售假冒伪劣商品专项工作。考核组一行先后到定王台图书市场、国储电脑城和马坡岭农资市场，就侵犯知识产权和销售假冒伪劣出版物、电子产品和农资产品等工作开展检查。在实地考核和听取芙蓉区“双打”工作情况汇报后，程金根给予高度评价：市场管理规范、证照齐全，店面整洁，环境优美，诚信经营，秩序井然；知识产权管理制度健全，知识产权保护氛围浓厚，抵制侵犯知识产权和假冒伪劣商品工作扎实到位。省、市“双打”办领导参加考察活动。（廖汉洲）

【国务院部际联合督察组到区检查软件正版化工作】 3月24日，由国家版权局、工业和信息化部、财政部等15家推进使用正版软件工作部际联席会议成员单位组成的督察组对区政府机关办公软件正版化工作进行检查。督察组听取芙蓉区推进市县级政府机关软件正版化工作情况汇报，并查阅相关资料和开展随机抽查、实地检查。督察组领导指出，芙蓉区软件正版化工作机制全面、领导得力、成效显著，要继续强化意识，定期自查，持续推进，确保软件正版化工作走上新台阶。

（廖汉洲）

【查处大润发芙蓉分店商品假冒侵权】 10月9日，由市知识产权局专利执法处、芙蓉区知识产权局、荷花园街道工商所等单位共同组成联合执法组，对大润发芙蓉分店开展查处知识产权侵权联合执法行动。联合执法组检查发现商店内的玩具枪、日用拖把、文具等7类商品存在假冒侵权行为，且不符合专利标识行为，当场要求经营者立即停止侵权行为。市知识产权局责成区知识产权局和工商部门对整改情况要进一步督察。经过立案、协调、督办、整改等程序后，大润发对涉事的商品全部整改到位，并形成良好的自查机制。（廖汉洲）

【开展知识产权宣传周活动】 4月26日是第14个世界知识产权日。2014年芙蓉区知识产权日暨知识产权进市场活动在东湖街道办事处举行，长沙市知识产权局副局长张虹出席。知识产权宣传周期间，芙蓉区主题活动内容包括：知识产权进社区（市场）暨践行中共群众路线教育实践宣传活动；诚信经营企业评选与表彰活动；“打击盗版侵权，保护知识产权”；知识产权知识讲座和“知识产权100问”抢答赛；“鉴真辨假”服务民生知识产权宣传活动；知识产权进企业暨涉农企业“知识产权沙龙”活动；发放《一起走，你我相随》400册展示芙蓉区知识产权工作掠影图册。

（廖汉洲）

·附·

芙蓉区2014年新增高新技术企业名单

湖南柯盛新材料有限公司、湖南威视远讯科技有限公司、湖南智卓创新金融电子有限公司、长沙三才电子科技有限公司、湖南稀土金属材料研究院、湖南科天新材料有限公司、湖南创想伟业科技发展有限公司、湖南省建筑材料研究设计院有限公司

·表6·

2014年度科学技术奖芙蓉区获奖项目

序号	项目名称	单 位	备 注
1	工程灾害智能化监控成套技术	中国有色金属长沙勘察设计研究院有限公司	湖南省科技进步二等奖
2	新型高效环保大粒剂漂浮型制剂	湖南大方农化有限公司	湖南省科技进步三等奖
3	高配合力油菜隐性核不育系S017A的选育与应用	袁隆平农业高科技股份有限公司	长沙市科技进步一等奖
4	高档优质香稻新品种玉针香的选育及名优香米产业化开发	湖南农丰种业有限公司	长沙市科技进步三等奖
5	猪精液保存改进技术研究与应用	湖南光大牧业科技有限公司	长沙市科技进步三等奖
6	羽毛球多项专利产业化	长沙迪马斯体育用品实业有限公司	区嘉奖
7	创建国家级“工业产品质量控制和技术评价实验室”	湖南稀土金属研究院	区嘉奖
8	湖南省发展和改革委员会认定“湖南省企业技术中心”	湖南绝味食品股份有限公司	区嘉奖
9	湖南省环境保护厅同意组建“湖南省环境保护有色金属工业清洁生产与污染防治工程技术中心”	长沙有色金属研究院	区嘉奖

文化·体育

文 化

【概述】 2014年，芙蓉区文化基础设施建设进一步发展，群众文化活动日趋活跃，文化精品不断涌现，文化产业、文化市场健康有序发展，文物保护、非物质文化遗产保护得到加强。1月21日，区文体新局被授予长沙市“扫黄打非”工作先进集体荣誉称号。

立足服务先行，彰显群众文化风韵。坚持以文化人、以文育民的公共文化发展方向，着力创新运行机制，推进文化设施互联互通、共建共享，努力提高服务效率和水平。年内，新建火星街道文化站，提质改造定王台街道文化站，并将嘉雨社区、东湖村等12个社区（村）文化活动中心打造成长沙市示范性社区（村）文化活动中心。

保持高压态势，确保文化市场净洁。坚持“一手抓繁荣，一手抓管理”的工作方针，加大监管力度，确保全区文化市场无各类安全事故发生。动员各方面的力量，采取多种措施，努力构筑全区举报信息网络，力保举报信息渠道的畅通；加强文化市场的自我管理和自我约束功能；发挥协会的自律作用，采取自我管理、自我协调、分片指导、互相监督的方式，规范经营行为，协商解决矛盾纠纷，进一步促进全区文化市场的健康有序发展；构建起全区联合执法网络，持续保持专项治理工作的高压态势。

突出保护利用，挖掘湖湘文化底蕴。因地制宜，积极挖掘区域特色文化。都正街历史文化街区逐步成型；隆平水稻博物馆筹建正式开启，文物征集全面展开；八路军驻湘通信处整修一新；程潜公馆馆藏文物进一步充实、丰富。（涂 瑶）

·公共文化建设·

【概况】 2014年，区文体新局开展打造品牌活动，成功举办第四届芙蓉艺术节。在各街道13场预选赛的基础上，组织音乐、舞蹈、综合3个专场，共57个节目进行激烈的角逐，评选出一、二、三等奖并决定最终入选“欢乐潇湘”区级总决赛的节目。通过精心打磨，芙蓉区选送的《志愿者之光》《中国情》《风雨中的我们》3个节目分别获得市级总决赛一、二、三等奖。书画摄影比赛共收到来自13个街道的书画摄影作品134幅，比赛分为老年组、成年组和少年组，根据专家评委现场打分，共有43幅作品获得奖项。加强基层文化设施建设。新建火星街道文化站，提质改造定王台街道文化站，并将嘉雨社区、东湖村等12个社区文化活动中心打造成长沙市示范性社区（村）文化活动中心。注重提升文化工作者队伍素质。共举办四期业务培训，内容涵盖广场舞、普通话、化妆技巧等；积极组队参加2014年长沙市群文干部业务技能比赛，有10人次参加比赛，其中，2人入选省级决赛，比赛成绩和参与面名列各区县前茅。积极开展文化宣传和文化惠民。举办“让文化遗产活起来——芙蓉区第九个文化遗产日”宣传活动；2014年申报的“徐长兴烤鸭技艺”成功入选市级非物质文化遗产保护名录；全年送戏、送电影300场次，其中，东岸、东湖、马坡岭街道3个固定放映点发挥了带头作用；2014年度图书馆新增办理借书证720本，新增图书5600册全部上架，全年接待读者2.5万人，文献图书借还12万册次；开展元宵灯谜会、图书漂流等活动。组织参加“三湘读书月——2014年全省少年儿童‘中国梦·我心中的故事’

读书活动和故事讲述竞赛”，获市级金奖第一名，并代表长沙市参加省级比赛，获得金奖。（王竣甲）

【召开图书馆年会】1月16日，芙蓉区召开图书馆年会暨“三湘读书月——中国梦、我的梦之书香芙蓉活动”表彰会。会议以顺利通过国家公共文化服务体系示范区验收、顺利开展读书活动、成功塑造芙蓉品牌3个部分总结2013年芙蓉区图书馆的工作。马坡岭锦林社区、东岸街道颐尔康学校、湘湖街道西湖社区介绍图书馆工作经验。芙蓉区少年宫等13个单位获评“中国梦、我的梦，系列读书活动”组织奖；湘湖街道等13个单位获评“书香单位”组织奖；荷花园街道等10个单位获得“书香单位”荣誉称号。区委宣传部部长伍艳飞，副区长张庆和，市文广新局社文处处长胡满生，市图书馆馆长王自洋，区文体新局局长成良访、副局长钟海荣，各街道文化站站长，各社区文化专干，书香单位领奖代表参加会议。（黄支农）

【第四届芙蓉艺术节及百团评选、千团评定工作启动】4月14日，区文化馆召开2014年“欢乐潇湘”第四届芙蓉艺术节及百团评选、千团评定工作部署会。会议对2014年“欢乐潇湘”第四届芙蓉艺术节、第五届百家群众文艺团队评选、千团评定以及示范性社区文化活动中心建设进行了具体部署，并就2014年芙蓉区群文工作提出要求：必须高度重视、全力以赴做好工作，精心策划，努力打造原创节目，展现鲜明的芙蓉特色和生活气息。区文体新局局长成良访出席会议，各街道文化站长、40支文艺团队代表参加会议。（王竣甲）

【举办第九个“文化遗产日”主题宣传活动】6月11日，由区文体新局主办，区文化馆、区文物管理所承办的“欢乐潇湘——芙蓉篇·让文化遗产活起来”主题宣传活动在区会议中心举行，活动分为“让文化遗产活起来”主题文艺展演、“非物质文化遗产”“全国第一次可移动文物普查”知识抢答赛和主题展览三大板块。区委宣传部部长伍艳飞、副区长张庆和、区委宣传部副部长钟海荣出席活动。

（王竣甲）

【举办第四届芙蓉艺术节预选赛】7月7—9日，“欢乐潇湘—芙蓉篇·舞动星城，歌涌湘江”大型群众文艺汇演暨第四届芙蓉艺术节预选赛在区会议中心举行。预选赛为期3天，分为音乐、舞蹈、综合三个专场，50支文艺团队携57个节目进行激烈的角逐。根据专家评委现场打分情况和26位大众评审点赞评审结果，评选出一、二、三等奖并挑选最终入选“欢乐潇湘”区级总决赛的节目。预选赛由区委宣传部、区文明办、区文体新局主办，区文化馆承办。湖南省舞蹈家协会主席杨霞、湖南省群艺馆副馆长向美华、湖南省话剧院副院长王智等专家担任评委。（王竣甲）

【第四届芙蓉艺术节书画摄影作品展】9月26—30日，由区委宣传部、区文明办、区文体新局主办“我们的中国梦”文艺创作暨第四届芙蓉艺术节书画摄影作品展在区政府主楼大厅拉开帷幕。作品展共展出了来自13个街道的书画摄影作品135幅。这些作品以“中国梦”为主题，反映芙蓉区文化建设成果，展示了芙蓉区群众的高尚情怀和审美情趣。专家评委根据老年组、成年组和少年组3个组别分别进行现场打分，43幅作品获奖。

（王竣甲）

【“中国梦·我心中的故事”故事讲述竞赛获金奖】11月23日，由湖南省委宣传部、省教育厅、省文化厅等单位联合举办的“三湘读书月——2014年全省少年儿童‘中国梦·我心中的故事’读书活动故事讲述竞赛”在湖南省音乐厅举行。作为长沙市的代表队，芙蓉区图书馆接到任务后，迅速组织育英西垅小学相关老师开展策划设计，并得到长沙市图书馆的高度重视和全力支持。经过层层角逐，芙蓉区图书馆代表的长沙市代表队参赛作品《爱之校园，梦之沃土》凭借真实的原创，生动的表演，贴切的主题，精心设计的舞美道具和高端大气的背景视频，征服了全场的评委及观众，赢得比赛金奖。

（黄支农）

【举行“我们的中国梦”暨第四届芙蓉艺术节颁奖活动】12月19日，“我们的中国梦”暨第四届芙蓉艺术节颁奖活动在区会议中心举行。活动由区委宣传部、区文体新局主办，区文化馆承办。活动颁发了书法、美术、摄影、音乐、舞蹈、戏剧、曲艺七大艺术门类，老年组、成年组、少年组三个年龄组别的一、二、三等奖，还特别设立“优秀组织奖”“最佳组织奖”“原创作品奖”。

颁奖环节中穿插的作品展示也是一大亮点，众多优秀节目荟萃一堂，成功诠释了“我们的中国梦”这一主题，营造了“文化惠民”“文化乐民”的浓厚氛围，展示了芙蓉区群众的高尚情怀和审美情趣。活动在歌舞表演《共圆中国梦》中圆满闭幕。区委宣传部部长伍艳飞、副区长张庆和、区政协副主席李国开、长沙市文广新局公共文化处处长胡满生、区文体新局局长成良访、区委宣传部副部长钟海荣出席并观看颁奖演出。

（王竣甲）

·文化市场管理·

【概况】 芙蓉区文化市场经营始终保持规范、繁荣的良好态势。依法依规进行行政审批。年内，办理66本各类文化证照，完成全区227家网吧的年检换证工作，顺利完成定王台书市相关工作交接手续。抓实抓细文明创建工作。对文明指数测评工作高度重视，全面动员，将网吧、娱乐场所及中小学周边文化环境作为工作重点，各片区队员实施地毯式巡查，督察组全方位督察、执法、查处违规经营户后，通过信息平台，向全区经营业主通报，确保文明指数测评不扣分、得高分。开展“阳光暑假”网吧专项整治行动。暑假期间，区文化市场综合执法局以“黑网吧”或证照不全、违规接纳未成年人、未按规定核对登记上网消费者有效身份证件及安全隐患为重点对网吧进行集中整治，对辖区内的200家网吧进行地毯式清查，检查网吧1000家次，出动执法车100台次，组织执法队员500人次，查处违规网吧43家，共罚款14.5万元，辖区网吧接纳未成年人现象得到扼制。牵头开展“扫黄打非”集中行动。年内开展“扫黄打非”集中行动8次，出动执法人员230人次，检查图书、音像经营单位420家，印刷、复印单位380家次，汇同工商、公安部门取缔“三印”(打印、复印、影印)企业3家，收缴盗版音像制品计算机软件及电子出版物1.1万张、盗版书刊1500册。

（王　珊）

【督察文化市场节前安全工作】 1月27日，由副区长张庆和率区文体新局局长成良访、区文化市场综合执法局局长邓勇等一行8人对辖区文化、娱乐经营场所开展安全督察。他们先后检查鑫腾网吧、水晶石KTV、梦幻岛传奇电玩城、创世纪网吧等人员密集的文化、娱乐场所，对各场所内的安全通道、网络设施、电线器材、消防设施等进行认真细致的安全督察，切实消除安全隐患，杜绝了事故发生。（欧　芳）

【定王台书市出版物零售行政许可移交芙蓉区】 根据市政府21号会议纪要，定王台书市出版物零售行政许可等事项由市文广新局移交到芙蓉区人民政府。4月15日，市文广新局副局长吴应龙带领出版发行处负责人一行4人，就定王台书市相关工作办理交接手续，将定王台书市2010年以来的办证资料档案130份全部移交芙蓉区文体新局。（欧　芳）

【集中销毁侵权盗版及非法出版物行动】 4月26日是世界知识产权日。根据省“扫黄打非”工作小组和市“扫黄打非”领导小组的统一部署，4月24日，芙蓉区文化市场综合执法局将2014年一季度收缴的30个编织袋共1万张（本）侵权盗版及非法出版物集中送到设在长沙贺龙体育广场的全省侵权盗版及非法出版物集中销毁分会场统一销毁，并组织音像、电子出版物、软件经营单位业主30人参加此次活动。芙蓉区文化市场综合执法局全体执法队员及经营业主代表在“加入绿书签行动”宣传横幅上签名，队员承诺严格执法，经营业主承诺不经营、销售侵权盗版及非法出版物，共同维护芙蓉区出版物市场的繁荣和稳定。（欧　芳）

【开展“阳光暑假”联合执法专项整治行动】 从6月7日开始，区文体新局、区文化市场综合执法局开展为期3个月的“阳光暑假”网吧专项整治行动，以“黑网吧”或证照不全、违规接纳未成年人、未按规定核对登记上网消费者有效身份证件及安全隐患为重点整治内容。该项整治由芙蓉区文化市场综合执法局牵头，区公安、工商、卫生及各街道参与，对辖区内的200家网吧进行了两次地毯式清查，并在重点时段、重点地域对重点对象进行重点排查与执法，检查网吧1000家次，出动执法车100车次，执法队员500人次，查处违规网吧21家。为巩固前期工作成果，防止网吧违规经营现象出现反弹，7月2日，由区文体新局、区文化市场综合执法局再次组织芙蓉区相关部门开展联合执法行动。由副区长张庆和带队，联合行动小组对辖区内的优酷佳、25H、悦视等网吧进行详细检查，并将检查情况及时反馈给网吧业主，督促及时整改。（欧　芳）

【召开全区网吧业主大会】 7月7日，由区文体新局、区文化市场综合执法局牵头组织，区公安分局、工商分局、消防大队等部门及205家网吧业主参加会议。会议就“阳光暑假”网吧专项整治行动的相关要求作出部署，再次强调“阳光暑假”网吧专项整治行动的内容和要求，进一步明确违规经营的处罚标准，发现违规，将从严从重处罚。区公安分局、区工商分局及区消防大队分别就各自管理职能对网吧业主提出了具体要求。 （欧 芳）

【国家新闻出版广电总局领导调研督察定王台书市】 9月23日，国家新闻出版广电总局反非司副司长杨梦东一行实地检查定王台书市及周边书店、音像店。杨梦东充分肯定芙蓉区“扫黄打非”工作，就定王台书市的发展和取得的成绩给予肯定和表扬，希望芙蓉区再接再厉加大对市场的规范管理，加大执法力度，坚决杜绝盗版、非法政治性出版物流入市场。省新闻出版广电局副局长蒋强先、市文化市场综合执法局局长厉江华、副区长张庆和、区文体新局局长成良访、区文化市场综合执法局局长邓勇以及市区两级全体执法人员共同参加督察。 （郑仕清）

·文物保护和利用·

【概况】 2014年，区文体新局坚持“保护为主、抢救第一、合理利用、加强管理”的方针，较好地完成了工作任务。加强文物安全巡防。进一步完善文物巡查制度，严格落实三级联动巡查机制，聘请专职巡查人员，及时上报和反馈巡查结果，发现安全隐患，第一时间进行整改。加强文物保护工作。联合多个部门对八路军驻湘通信处旧址周边环境进行集中整治，对詹王宫墙产权归属问题进行确认，完善南阳街基督教堂、苏家巷36号公馆消防设施，对詹王宫墙文物本体进行修缮保护。8月，收集程潜生平相关文物，拟建成“湖南和平解放纪念馆”，成为还原长沙历史、进行爱国主义教育的公共文化纪念场所。对滨湖古井实行有效保护。开展全国第一次可移动文物普查（以下简称“一普”）。完成国有单位调查摸底和文物信息录入工作，并将“一普”前期工作整理归档，及时向省、市主管部门上报“一普”工作进展。启动“水稻博物馆”文物征集工作，积极与袁隆平院士团队、展陈策划团队、建筑设计团队多次沟通，与财政、发改等单位高效对接，科学制订文物征集方案，与专家团队充分讨论明确文物征集目录；赴省内及贵州、浙江、云南等地稻作遗址考察，学习先进博物馆成功经验，文物征集工作稳步推进。 （魏 芳）

【举办国际博物馆日宣传活动】 5月19日，区文体新局、区文物管理所在马坡岭街道张公岭社区公园主办2014年“国际博物馆日”宣传活动。整场活动采取文艺展演与知识宣讲相互穿插的方式进行。主持人对博物馆日的由来及2014年博物馆日主题进行专题介绍，文物管理所工作人员现场发放博物馆宣传资料和芙蓉区第一次全国可移动文物普查宣传折页。芙蓉区文物管理所和长沙流动博物馆还共同主办“博物馆藏品架起沟通的桥梁”主题展，现场观众免费体验竹简书写等活动。此次活动激发了群众的参与热情，对观众品鉴欣赏起到积极的引导作用。通过参与互动，让博物馆走到广大市民中间，增进大家对博物馆的了解，拉近博物馆与观众的距离。来自全区各街道、社区的居民群众及区属部分学校师生500人参与活动。

（魏 芳）

【联合长沙简牍博物馆送文博知识进校园】 6月16—20日，芙蓉区文管所联合长沙简牍博物馆开展送文博知识进育才二小活动。活动现场展出简牍专题知识栏，并于6月20日开设“简博小课堂”，为孩子们免费送上“简牍知识讲座”。此次讲座内容是从仓颉造字、古代文字载体、简牍知识等不同方面解释文字的产生、简牍的由来，以及文字载体的使用等，让孩子们从不同方面了解古代文字与古人的智慧。同时，现场还进行竹简书写体验，让孩子们亲身体验古人的书写方式，进一步了解在中华大地上使用1000多年的简牍。通过送文博知识进校园系列活动的开展，吸引越来越多的孩子走进博物馆，去领略中华民族的厚重文化，去感知历史，认识现在，探索未来。

（魏 芳）

【召开隆平水稻博物馆项目建筑设计概念性方案评审会议】 9月13日，隆平水稻博物馆项目建筑设计概念性方案评审会议召开。“杂交水稻之父”袁隆平院士、中国设计院总建筑设计师李兴钢、省博物馆副馆长李建毛、湖大建筑学院院长魏春雨、湖大建筑学院教授杨建觉、市规划局总工程师王惠芳等评审专家以及区领导梁仲、于新凡、罗树林、刘建新、廖铁成、伍艳飞、吴敏、张庆和、彭尚松、易鹰等出席会议。会上，袁隆平院士对评审标准作出相关要求；区城建投总经理王劲峰介绍隆平水稻博物馆项目的基本情况；评审专家们对参评的方案进行仔细评议和审定。区委书记梁仲表示，此次评审会议的顺利召开，标志着该项目正式拉开建设大幕。预计10月底开始施工，计划2015年年底全面建成，2016年正式对外开放。（魏芳）

【部门联手整治“八办”周边环境】7月，芙蓉区启动八路军驻湘通信处旧址（以下简称“八办”）周边环境综合整治工作。位于芙蓉区蔡锷路徐祠巷19号的“八办”系省级文物保护单位和省级爱国主义教育基地。为改善文物保护单位周边环境，落实文物保护机制，由区文体新局牵头，市博物馆、定王台街道办事处、区城管局、区市政局、区园林局、区公安分局、区工商分局、区规划分局、城北供电局、区消防大队等相关部门共同参与，经过两个月的集中整治，各部门各司其责，共同配合，“八办”周边市容秩序良好，商铺经营有序，院内绿化树木修剪一新，花坛绿化苗木全部提质更换，设立消防水源、完善了消防设施，强、弱电通过桥架规范架线，自徐祠巷口到“八办”院内沿线墙壁粉饰一新。（魏芳）

【“以文化人”主题活动开讲】11月3日，由区委宣传部、区文明办主办，区文体新局承办的芙蓉道德讲堂总堂“以文化人”专场开讲。道德讲堂上，大家首先做了一次自省，同唱一首歌曲《青花瓷》，学习文物保护相关方面的知识。在主持人的带领下，参学人员郑重签下《芙蓉区文物保护公约》，使“人人都是文物人，人人都是文物迷”成为现实。本次活动每人还收到了小礼品《何谓文化》并填写“善行卡”。整个活动按规定的“九个一”（作一次反省、唱一首歌曲、学一个模范、诵一段经典、学一些知识、发一个善心、送一份吉祥、行一个大礼、做一件善事）环节完成，取得预期效果。副区长张庆和、区文体新局全体干部职工、各街道分管领导、文化站站长参加活动。（魏芳）

图42 “八路军驻湘办事处”旧址周边环境整治工作现场办公

体育

【概况】2014年，芙蓉区体育工作贯彻实施《中华人民共和国体育法》和《全民健身计划纲要》，指导科学健身，开展体育竞赛，为增强人民体质，提高生活质量，推进体育社会化进程，加快体育产业化步伐发挥了应有的作用。

场馆设施建设。全区13个街道（局）、77个社区（村）均设立文化体育站，各社区（村）设有体育健身辅导站，并配有专职工作人员进行科学指导。所有社区均配有社区篮球场，室内和室外体育健身器材覆盖率达100%，80%的村配有体育健身器材。2014年新建篮球场地17个、乒乓球台50台、室外健身路径67套、室内健身房18套、羽毛球活动场地塑胶垫6片。

全民健身活动。4—5月，举办全区第六届全民健身运动会，设有羽毛球团体赛、自行车团体赛、“芙蓉·康弘杯”全国台球邀请赛、集体跳绳赛和广播体操比赛5个大项，有205支队伍，8000人次参加。举办“欢乐潇湘·幸福芙蓉”第二届全民广场舞大赛和“欢乐潇湘·牵手芙蓉”龙舟赛；承办“公仆杯”篮球赛和“羽协杯”羽毛球友谊赛等赛事。组织表演者和观众2961人次，积极参与全

图 43　康泓杯中式黑八台球全国邀请赛开赛

省“2014 全民健身挑战日——美丽湘江行动起来”活动。全面落实 2014 年暑期游泳场馆政府购买服务向中小学生免费开放，接待中小学生 2.08 万人次。

发挥社团功能，激发群众体育热情。全年共有各类体育组织 90 个，单项体育运动协会 12 个，区直机关单项体育兴趣小组 6 个，各类社会体育指导员 2000 人。全区有 50% 以上的人口经常参加体育锻炼，老年人体育组织健全、制度规范、活动经常，形成“年有部署、季有赛事、月有展示、周有安排”的长效工作机制；成年人体育通过建立健全各类体育单项协会和兴趣小组，组织开展训练、比赛。全民健身活动逐渐成为人民群众业余生活的主旋律。

体育竞赛活动。从全区海选出三支优秀队伍参加在中南林业科技大学举办的“欢乐潇湘·幸福芙蓉”第二届全民广场舞大赛市级总决赛，分获金、银、铜奖。东岸龙舟队以“欢乐潇湘·牵手芙蓉”龙舟赛冠军的资格代表长沙市参加全省首届“屈原杯”龙舟赛，获第五名。组团参加长沙市第八届老年人运动会，组织 178 名运动员参加比赛，获区县（市）团体亚军。（廖　攀）

【举办区直机关羽毛球兴趣小组交流赛】 3 月 7 日，区直机关羽毛球兴趣小组交流赛在育才二小羽毛球馆落下帷幕。此次比赛由区直机关工委、区文体新局联合举办，设男双、女双、混双 3 个比赛项目，选手自由组合报名参赛，有 102 名羽毛球爱好者参加比赛。经过一周赛程，3 个项目分别决出冠亚季军。此项比赛受到广大干部职工的欢迎，获得较高的关注度和参与率，发挥了机关干部的示范带头作用，进一步推进全民健身的深入开展。（廖　攀）

【第六次全国体育场地普查工作】 3 月 28 日，芙蓉区召开第六次全国体育场地普查工作会议。副区长张庆和，区文体新局局长成良访，区文体新局副局长周先禄，区教育局、区统计局以及各街道分管文体工作负责人、文化站站长和普查专员参加会议。会议对第六次全国体育场地普查工作的意义、目的、范围、普查内容进行了说明，对普查所涉及到的登记表和各项指标进行讲解。经过摸底统计，上报各类体育场地 464 个，全民健身路径 248 套，城市健身步道 7 条，占地面积 69.09 万平方米，建筑面积 12.46 万平方米，场地面积 42.43 万平方米，并撰写出全区普查工作情况总结和数据分析报告。（廖　攀）

【完成全区 2014 年国民体质监测工作】 从 6 月 16 日开始，全区开展“第四次国民体质检测工作”。历时一个月，对马王堆街道、定王台街道、朝阳街道和东屯渡街道 4 个抽样单位 2200 个抽样人群进行体质检测和问卷调查。测定对象为 60 ~ 69 岁的城镇老年人、20 ~ 59 岁的城镇体力劳动者和城镇非体力劳动者，以及 3 ~ 6 岁的城镇幼儿。监测指标包括身体形态、身体机能、身体素质三大方面。测试项目涉及身高体重、围度、皮褶厚度、肺活量、台阶试验、握力、纵跳、闭眼单脚站立、选择反应时、仰卧起坐、俯卧撑等 20 项。（廖　攀）

【国家体育总局派员到区抽查国民体质监测工作】 7 月 7 日，由国家体育总局监测中心办公室副主任张彦峰带队到东屯渡街道白沙湾社区就芙蓉区第四次国民体质监测工作进行抽样检查。省体育局群体处副处长张志朝、省体科所主任刘建红、省体科所纪委书记朱涛、市体育局副局长江哲明、市体育局群体处处长傅结胜参加检查。张彦峰对芙蓉区国民体质监测工作表示肯定，并对芙蓉区的体质监测流程、现场

实地测试和监测数据准确性提出指导性建议。（廖 攀）

【暑假游泳场馆向中小学生免费开放】 7—8月（暑期），芙蓉区确定5家游泳场馆（长铁游泳池、兴湘国际酒店游泳池、王府花园游泳池、水云间游泳池、辉煌国际游泳池）为政府购买服务向中小学生开放场馆，开放时间为7月11日至8月22日每天14：00～18：00，共43天。采取网上申请（长沙市体育信息平台“星城新动力”网站：http://www.xingdl.com）注册会员号，网上预约，凭号入场的方式进行。政府购买游泳场馆服务向中小学生开放工作是政府为民办实事的重要举措，此项工作安全、有序开展，取得了良好的社会效果。（廖 攀）

【举办全民健身节广场舞大赛芙蓉区总决赛】 8月8日，由区委宣传部、区文体新局、区文明办主办的“欢乐潇湘——长沙篇·舞动星城 歌涌湘江”第二届全民广场舞比赛暨长沙市第三届全民健身节广场舞大赛芙蓉区总决赛在湖南生物机电学院体育馆举行。来自全区13个街道的8支广场舞代表队参加比赛。市体育局副局长江哲民、区委宣传部部长伍艳飞、市委宣传部文艺处副处长周倩、市体育局群体处副处长傅结胜等领导出席活动并颁奖。全区各街道、社区、驻区单位、学校、企业近千人参加总决赛。3—8月，全区开展广场舞海选100场次，包片培训场20次，预选赛2场、总决赛1场，参与人数超过1万人次。火星、朝阳、五里牌街道代表队获前三名。此次赛后聘请专业师资进行辅导，打磨和编排具有芙蓉特色的广场舞作品参加9月上旬举办的“欢乐潇湘”全市第三届全民广场舞大赛总决赛。（廖 攀）

【在全市第三届全民健身节广场舞总决赛中获佳绩】 9月17日，芙蓉区派出3支代表队参加在中南林业科技大学体育馆举行的2014“欢乐潇湘——长沙篇·舞动星城 歌涌湘江”长沙市第二届全民广场舞大赛暨第三届全民健身节广场舞总决赛。在全市31支参赛队伍中，芙蓉区育才二小的快乐排舞队《爸爸去哪里》+《练舞功》串烧以并列第一的成绩夺得金牌，火星街道代表队的民舞《侗乡儿女心向党》和朝阳街道代表队的扇子舞《我的祖国》分别获银牌和铜牌。（廖 攀）

【2014年全民健身工作座谈会召开】 12月19日，芙蓉区召开2014年全民健身工作座谈会。区文体新局副局长周先禄报告2014年全民健身工作，参会代表对芙蓉区全民健身工作的现状与期望展开积极讨论。市体育局江哲明副局长从场地设置、组织建设、活动开展、体育赛事和体育产业五个方面对芙蓉区全民健身工作提出建议。区委副书记夏钟剑指出，要抢抓发展机遇，全面普惠民生。遵循体育事业发展的客观规律，实施竞技体育与群众体育两轮驱动、两翼齐飞，使全民健身国家战略在芙蓉大地上绚丽绽放，开花结果。驻区单位、体育社团（协会）、区直机关工委、区总工会、教育、财政和体育基地、老年体协、社会体育商会等单位参加会议。（廖 攀）

医疗·卫生

医政管理

【概况】 芙蓉区有各类卫生医疗机构272个，其中，社区卫生服务中心12个、社区卫生服务站35个。各类卫生机构拥有床位8996张，卫生技术人员1.09万人。2014年，区卫生系统面向社区，继续推进医疗卫生体制改革，努力提升公共卫生服务水平，成功创建“全国慢性病综合防控示范区”、省级“儿童保健服务合格区”。

医疗卫生体制改革。医疗卫生家庭契约式服务范围从局部到全面，服务内容从简单到丰富，服务对象从单一到多层次，服务资金筹集方式从单纯到整合，通过推进—总结—整改—优化—推进的循环过程，初步形成具有芙蓉特色的“3种契约类别、3样服务礼包、8条探索体会的338”模式。截至年底，全区家庭契约式服务签约4800户，得到市卫生局充分肯定，新华社、湖南卫视、《长沙晚报》等主流媒体大力推介。支持、鼓励社区卫生服务中心与省、市医院互联互通、信息共享，实现机构间结算双向转诊、转检。探索建立业务开展较好的社区卫生服务中心与业务工作较落后的社区卫生服务中心结对帮扶的工作机制，加强社区卫生服务机构人才队伍建设，培训基层医卫人员423人次，进一步提升服务水平和服务质量。率先全省为全区公办中小学、幼儿园配备校医45名。落实基层医疗卫生机构医疗卫生体制改革专项补助经费，全年预算2303万元，按进度80%拨付到位。全区按照国家基本药物目录和省、市增补目录品种共计670种，实行网上统一采购、配送，实行零差率销售。建立健全基层用药的采购、供应、使用、监管新机制。截至年底，全区10个政府主办的社区卫生服务中心、14个村卫生室全部实施基本药物制度，通过芙蓉区基本药物阳光平台进行严格监管，并建立多渠道的长效补偿机制。通过基本药物制度的实施，全区社区卫生服务中心实现“一升两降三满意”，达到居民群众满意、医疗机构满意、政府满意的效果。

图44 国家级慢性病综合防控示范区验收工作会议现场

公共卫生服务。基本公共卫生服务均等化水平稳步提高，全区人均基本公共卫生服务经费补助标准提高到35元。免费为城乡居民提供建立居民健康档案、健康教育、预防接种、儿童保健、孕产妇保健、老年人保健、慢性病患者健康管理、重性精神疾病患者管理、传染病和突发公共卫生事件报告和处理、卫生监督协管、中医药健康管理共11类基本公共卫生服务。截至年底，全区规范化城市居民电子健康档案建档率93.3%，65岁以上老人健康体检率73.4%，基础疫苗接种率95%以上，适龄儿童建卡建证率100%，孕产妇健康管理人数3945人，筛查并专案管理高血压人数4.31万人，筛查并专案管理糖尿病人数1.39万人；组织健康讲座200场，义诊咨询活动129场，参与居民6000人，社区覆盖率100%；编印、发放各类健康教育宣传资料12种约10万份，支持性工具5种，总计约1万份；为基层社区卫生服务机构提供宣传栏模板12块、健康咨询核心信息10条，健康讲座参考教案12份。完成6项重大公共卫生服务项目。继续为全区15岁以下儿童免费接种乙肝疫苗，截至年底，完成1.36万剂次接种，接种率95%。农村妇女及9个城区街道妇女病查治均实行免费TCT检查，与市妇幼保健院签订转诊协议，对普查的妇女建立信息档案，对患病妇女进行指导治疗，对可疑病例及时进行转诊，并追踪管理。各社区卫生服务中心在公共区域设立叶酸发放流程图及增补叶酸预防神经管缺陷的知识宣传栏，并发放宣传册，实行妇幼保健机构和医疗机构两条线发放，实行台账登记，并定期追访。

建设中医药综合服务区。区财政全年投入50万元专项资金用于全区社区卫生服务中心的中医药综合服务区建设，建成后的中医药综合服务区为中医药临床科室集中设置、中医特色突出、中医药服务设施齐备、外观装修装饰体现中医药文化元素，集中医疗、预防、保健、健康宣传于一体的独立诊疗服务区域。并在马王堆、东屯渡、火星、韭菜园四个社区卫生服务中心试点家庭契约式服务与中医治未病相结合工作。在东屯渡社区卫生服务中心新投放一台膏方机，进一步探索中药膏方等新剂型在养生保健中的运用。

信息化建设。进一步优化湖南省社区卫生管理系统，研发质量控制模块，按照“目标设定、流程管理、质量控制、结果运用”四大原则，细化基层医疗卫生服务机构的公共卫生和诊疗业务考核，把机构绩效考核和个人绩效考核有机联系起来。

红十字会和献血工作。区红十字会继续以救护培训为重点，尤其是学校师资的培训和中小学生自救互救急救知识的普及，充分利用各社区卫生服务中心的资源，将急救救护知识普及到居民群众。发扬人道主义精神，广泛发动，为云南鲁甸地震灾区人民募得11万元爱心款。组织各街道、社区、学校积极参与创建红十字模范单位。发动和组织区直各部门、各街道开展无偿献血工作。芙蓉区爱心献血屋1月正式投入使用，圆满完成市下达的无偿献血目标任务。（唐 超）

【率先在中小学、幼儿园配备校医】 10月，区卫生局与区教育局研究提出为区直管的41所公办学校和幼儿园统一配备45名校医，校医“统一招聘条件、统一招聘待遇、统一聘用合同、由各社区卫生服务中心分别聘用”的基本原则。经区政府同意，由区财政拨给校医专项经费。年底，集中培训后的45名校医分配到位。卫生、教育联手推进全区中、小学校和幼儿园校医专业配备改革，采取由卫生系统给中小学校（幼儿园）派遣具有医学专业知识和经验医务人员的模式，芙蓉区走在全国前列。（唐 超）

【率先启动手牵手契约门诊】 8月，全区12个社区卫生服务中心与长沙市八医院共建“家庭契约健康门诊”。市级医院专家教授每周在社区卫生服务中心坐诊，公示坐诊专家教授个人简介和排班表，辖区居民可直接在家门口选择专家教授进行就诊，还可享受市级医院所有体检项目优惠15%、全年累计费用1万元内的住院医疗费用自付比例下降3%等一系列优惠措施。全区初步实现与省、市医院互联互通、信息共享，实现机构间结算双向转诊、转检。（唐 超）

【开展重性精神病患者救治救助工程】 8月，区卫生局、区为民办实事考核办公室、区公安分局、区民政局等8个部门联合下发《2014年芙蓉区为民办实事“重性精神疾病患者救治救助工程”项目工作实施方案》的通知，明确各部门职责，严格按照实施方案及考核要求，每月开展督导，通报进度，发现问题及时整改，各责任单位签订救助项目工作责任状，实行追责制。区卫生局多次组织辖区内社区卫生服务中心主任及专干进行专题培训，重点介绍工作流程及要点。印制500张为民办实事重性精神疾病患者救助项目公告，在“芙蓉之窗”、《潇湘晨报》等媒体及全区各社区公告栏公示。选择中南大学附属二医院、雨花区洞井医院、长沙市第二福利院等3所不同类型的定点救治医疗机构，为救助工程开辟绿色通道，组织精神科专家团队为救助病例提供优质医疗服务。年内，全区为符合审批条件的22名重性精神疾病患者提供住院医治，除城镇职工基本医疗保险及城乡居民基本医疗保险政策范围报销医疗费用外，每人按自付部分5000元/年实行救助。（唐 超）

疾病防控

【概况】 2014年，芙蓉区疾病预防控制工作坚持“政府主导、部门协调、专业指导、社会参与”的工作思路，制订惠民利民的慢性病防控政策，完善慢性病防控工作框架和运行机制。

急性传染病防治。年内，全区无甲类传染病发生，共报告发生乙类传染病15种992例（不包括HIV），死亡5例。全区有35家医疗单位实行传染病疫情网络直报工作，全年开展传染病漏报率调查2次。调查重点传染病个案65起。监测狂犬病暴露人群885例。处理公共卫生突发事件2起。监测禽流感疫情，采集监测禽交易市场样本96份；监测霍乱疫情，采集外环境样本324份；监测手足口疫情，采集样本65份。对全区传染病防治队伍培训4期，对医疗机构、学校开展传染病工作督导2次。开展埃博拉出血热等重大传染病应急演练和食品安全事故应急演练。

艾滋、结核两类重大传染病监测管理。年内，管理艾滋病感染者、病人218例，发放各类关怀救助金22.95万元，接待556名自愿咨询检测者。对辖区内娱乐场所暗娼、男男性行为者、外来务工人员、吸毒者、性病患者五类人群共计1.88万人次实行外展服务，并为2107人提供HIV检测服务，发放宣传资料2.69万份、安全套2.75万只。全区共免费接诊可疑肺结核患者713例，发现活动性肺结核患者246例，其中，新发涂阳62例，复治涂阳2例。收到本区肺结核疫情392例，其中，需转诊、追踪疫情284例，经核实、追踪后总体到位率91.55%。对210例患者进行全程督导管理，筛查涂阳患者密切接触者101人，上门访视管理病人460人次。

免疫规划工作。3月，对预防接种门诊进行资质认定，对26家合格单位发放预防接种单位资格证。举办免疫规划专干和产科两苗（乙肝和卡介苗）接种人员业务培训班，183人参加培训并通过考试取得预防接种资格证。全区免疫规划信息系统更换为“金苗免疫助手”，所有疫苗实行电子监管码追踪管理。全年共接种乙肝1.84万剂次，卡介苗8386剂次，脊灰疫苗2.16万剂次，百白破2.45万剂次，白破5860剂次，麻疹类疫苗1.61万剂次（不包括查漏补种数），流脑A群接种8343剂次，流脑A+C群接种7786剂次，乙脑1.39万剂次，甲肝3769剂次，基础疫苗接种率均达到95%以上，适龄儿童建卡建证率100%。对1.5万名入学入托儿童进行预防接种证查验。10—11月，对适龄儿童开展一轮麻疹类疫苗、两轮脊灰类疫苗强化免疫活动，强化麻疹类疫苗1.47万剂次，脊灰类疫苗2.15万剂次。省、市接种率评估检查获通过，持续开展全国乙肝监测项目。

慢性病管理工作。6月，芙蓉区顺利通过国家慢性病综合防控示范区考评验收；开展城市癌症早诊早治项目，并获全省第二名；完成中国居民营养与健康状况监测工作中的0～5岁儿童和乳母的监测工作；继续承担重性精神疾病防治项目工作任务，全年重性精神病患者管理人数为2016人，通过与中南大学附二医院建立合作，为辖区居民免费诊断疾病开辟绿色通道，“重性精神疾病患者救治救助工程”被纳入区政府为民办实事项目，完成22名贫困重性精神疾病患者救治救助工作。

健康教育工作。年内，开展“健康中国行——全民健康素养促进活动”。通过健康巡讲、重点卫生日宣传等形式，组织健康讲座240场，义诊咨询活动129场，参与居民6000人，发放宣传资料3万份，社区覆盖率达到80%；全区现有健身场所、居民健康教育活动室271个，健康教育宣传橱窗、宣传栏177处，健康书屋15个。区健康教育所编印、发放各类健康教育宣传资料12种10万份，发放支持性工具5种1万份，为基层社区卫生服务中心提供35种宣传栏模板、健康咨询核心信息，健康讲座参考教案。打造健康示范点，全年创建区级示范社区5个、示范单位4家、示范餐厅3家、示范食堂6家、示范学校2家，设立健康加油站2个。建设亮点工程，全新打造九道湾社区健康主题公园，浏阳河健康步道。

疾控服务工作。年内，区疾控中心实验室“二期装备”全部安装到位，在全省区县级疾控机构中处于领先地位。通过引进人才和不断培训，实验室检测能力得到提升。年内，先后参加市疾控组织的“麻疹、风疹检测能力验证”，省质监局组织的“食品中酸价检测能力验证”，省疾控组织的“食品中农药残留检测能力验证”活动。9月，区疾控中心与省预防医学会、省疾控中心、市疾控中心联合参与申报的《社会组织参与艾滋病防治工作模式研究》项目课题经评审通过，获得第四届湖南省预防医学科学技术奖二等奖。

存在的困难和问题：全区疾病防控工作面临机构人员不足，专技人员比例低；作为业务部门，在与其他部门的工作配合中未建立高效的协调机制；面对传染病防控和慢性非传染性疾病防控的双重压力，疾病监控和预警、实验室监测能力仍有待提升。

（杨鹏娇）

【成功创建“全国慢性病综合防控示范区”】 芙蓉区在创建省级慢性病综合防控示范区的基础上，区卫生局、区疾控中心通过强化慢性病监测，筛查高危人群，规范管理慢性病人，倡导患者自我管理，落实口腔疾病干预，举办健康大讲堂进机关、进社区、进学校、进单位活动，大力开展健康支持性环境建设，联合多部门全面实施工作场所干预和控烟工作，继续全面推进慢性病示范区创建工作。年内，结合芙蓉区的人文特色，在九道湾社区主题公园将健康知识传播与市民日常休闲锻炼相结合，营造浓厚的宣传氛围。6月23—24日，接受国家慢性病综合防控示范区现场检查和考评，12月，国家卫计委下文确定芙蓉区为全市首个获得“全国慢性病综合防控示范区”荣誉的区县。（杨鹏娇）

【癌症早诊早治项目启动】 湖南省2014年城市癌症早诊早治项目于6月启动。区疾控中心根据省项目办工作要求，组织辖区内各街道社区卫生服务中心召开城市癌症项目启动会议，明确各项工作要求，合理分配各中心任务。通过广泛宣传发动、印发宣传资料、张贴大型宣传海报、联系并安排大巴接送受检者、定期召开阶段性总结会议、及时通报项目完成情况等措施，保证全区“城癌”项目顺利开展。年内，完成问卷调查9649人，筛查出高危人群4092人，完成体检项目2180个，其中，肺669个、乳腺484个、上消化道273个、结直肠222个、肝脏532个；卫生经济学评估表Q1、表Q3各完成200份、100份。9月，经省项目办考核评定，芙蓉区获全省城市癌症早诊早治项目工作实施单位二等奖。

（杨鹏娇）

妇幼保健

【概况】 2014年，区妇幼卫生工作以实施妇幼基本公共卫生服务项目和重大公共卫生服务项目为核心；以保障生殖健康，提高出生人口素质为重点；以妇女儿童健康为宗旨，“实”字当头，“优”字当先，优化服务模式，拓宽服务领域，全面落实各项妇幼卫生项目，着力突出特色亮点工作，圆满完成年度工作目标，成功创建“湖南省儿童保健服务合格区”。

推进“母婴安康工程”，降低孕产妇和儿童死亡率。年内，继续加强孕产妇健康服务和高危妊娠管理，高危管理人数2726人，结案1819人，其中，≥20分的高危663人，结案502人。健全孕产妇和儿童医疗急救体系，成功救治高危孕产妇795例，孕产妇死亡1例，辖区医疗机构孕产妇死亡7例；救助高危特困孕产妇1人，救助经费0.5万元。完善孕产妇和儿童死亡评审机制，对湘雅二医院危重孕产妇监测工作进行4次质控，开展2次危重孕产妇、新生儿死亡评审。加强产科质量建设、促进自然分娩，全年总体剖宫产率有所下降，总体仍高于规定要求；加强新生儿窒息复苏培训，参加市级培训的县级师资认证1人，县级复训306人。

推进“出生缺陷综合防治工程”，提高出生人口素质。全年完成婚前医学检查技术服务5376人，婚前医学检查率92.15%；检出疾病人数452人，疾病检出率8.41%。规范增补叶酸工作，免费发放叶酸4000人，服用3737人，服用率93.43%。完善产前筛查，全年产前筛查3396人，筛查率97.98%，产前筛查高风险孕妇产前诊断率96%。开展地中海贫血筛查工作，全年辖区地中海贫血初筛5546例，发现阳性50例，确诊10例，地中海贫血初筛阳性干预率76%。加强出生缺陷监测质控，对监测单位进行4次出生缺陷监测质控，监测单位围产儿数3825人，围产儿死亡141人，双胎（或以上）154人，出生缺陷167人。开展新生儿疾病与听力筛查，全年辖区医院活产8223人，进行疾病筛查7902人，筛查率96.10%；听力筛查8096人，筛查率98.46%，确诊患儿均接受治疗。开展儿童眼保健服务，视力测定8567人，发现视力不良1586人。

推进“妇女儿童疾病防治工程”，保障妇女儿童健康权益。

全区20～64岁农村妇女7580人，应检3032人，实检3615人，普查普治率为119.23%。街道妇女查治5581人，发现可疑病例115例，确诊18例，其中CIN1–4例、CIN2–36例、宫颈癌3例、癌前病变1例、乳腺癌4例，确诊病例均到上级医疗机构进行手术治疗。开展预防艾滋病、梅毒、乙肝母婴传播工作。全年辖区医疗机构共分娩产妇8195人，艾梅乙孕28周前检测率为92.93%；艾滋病、梅毒补助21人，补助资金8700元。按照《全国儿童保健工作规范和技术规范》，落实儿童保健门诊服务，0～6岁儿童系统管理率93.33%；做好高危儿童健康管理，发现高危儿童418人。

推进“妇幼卫生服务体系建设工程”，提高妇女保健服务能力。6月23—25日，组织对7家爱婴医院进行督察评估，区级评估合格率100%，市级复评抽查的2家医院均合格。推进儿童保健门诊规范化建设，9月通过市级评审，12月通过省级评审，成功创建儿童保健服务合格区。继续加强托幼机构卫生保健管理，儿童入园体检8467人，筛查出体弱儿624人；幼教工作人员体检2153人，患有相关疾病、不宜从事幼教的330名人员均已离岗进行治疗。

推进“妇幼卫生项目工程”，保障和改善社会民生。推进农村孕产妇住院分娩基本医疗全免费工作，至9月30日，农村孕产妇补助人数446人，补助率102.88%。认真落实《孕妇学校管理项目》，开展健康大讲堂与互动教学。编印《携手健康幸福读本》，免费发放给新婚夫妇。细化信息管理，推进妇幼卫生信息化建设。（黄 宇）

【成功创建儿童保健服务合格区】 芙蓉区严格按照《湖南省儿童保健服务规范化建设标准及考核评分细则》要求，分别从组织管理、服务项目开展、保健质量评价、房屋设备等方面加大监管力度，规范建设儿童保健门诊21个，配备儿童保健专职人员32人。儿童保健门诊能开展常见疾病防治、高危儿童筛查管理、儿童视听保健、心理行为筛查测评、早期发展促进等服务，对幼儿的生长发育、营养监测，及儿童时期常见的身心健康偏离、脑瘫早期治疗有一套连贯、完整的服务。12月18日，顺利通过湖南省卫计委儿童保健专家评审组评审，省卫计委授予芙蓉区为湖南省儿童保健服务合格区。（黄 宇）

卫生监督

【概况】 2014年，区卫生监督所积极开展卫生监督专项整治活动，出动监督人员1.32万人次，检查食品、公共场所、饮用水单位、学校、医疗机构及职业危害用人单位等8.41万户次。全

图45 卫生监督执法检查

年行政处罚登记备案案件41起，罚没金额5.9万元，受理电话或来人举报投诉56起，均已妥善处理。区卫生监督所获市卫生监督工作先进集体、卫生行政执法案卷评查优秀单位称号。（韩晓宁）

【开展早餐食品专项检查】 5月上旬开始，区卫生监督所开展了早餐食品安全专项整治行动。整治对象为全区学校及建筑工地食堂、早餐店、酒楼等餐饮服务单位，重点对杨裕兴等品牌连锁面粉店和城乡结合部等地的早餐店开展了全面检查，确保早餐经营单位服务质量，并邀请多家媒体进行跟踪报道。（韩晓宁）

【开展预防近视眼宣讲活动】 6月9日，区卫生监督所监督员到东风小学开展预防近视眼宣教活动。卫监所监督员从《学

图46 开展预防近视眼宣讲活动

校卫生工作条例》提高预防近视的相关知识，深入浅出地进行讲解，还组织同学们积极参与知识抢答。此次活动发放宣传资料2000册、传单2400份，回答现场咨询550人次。（韩晓宁）

·附·

2014年度芙蓉区民办卫生机构年检合格名单

长沙芙蓉区荷花园街道荷花园社区卫生服务站

长沙离退休医协第一门诊部

长沙市芙蓉区常青树老年公寓

长沙市芙蓉区朝阳街道二里牌社区卫生服务站

长沙市芙蓉区朝阳街道向韶社区卫生服务站

长沙市芙蓉区东方新城社区卫生服务站

长沙市芙蓉区府后街街道走马楼社区卫生服务站

长沙市芙蓉区火星街道陶家山卫生服务站

长沙市芙蓉区健峰残疾人托养服务中心

长沙市芙蓉区马王堆街道古汉城社区卫生服务站

长沙市芙蓉区巍巍居家养老服务中心

长沙市芙蓉区文艺路社区卫生服务中心东广济桥站

长沙市芙蓉区文艺路社区卫生服务中心东广济桥站

长沙市芙蓉区文艺路社区卫生服务中心乔庄站

长沙市芙蓉区五里牌社区卫生服务中心

长沙市芙蓉区湘湖街道东湖社区卫生服务站

长沙市芙蓉区湘湖街道社区卫生服务中心

长沙市荷花园街道恒达荷晏社区卫生服务站

长沙市中医学会门诊部

芙蓉区朝阳街道二里牌社区卫生服务站

芙蓉区朝阳街道人民新村社区卫生服务站

芙蓉区定王台街道南阳街社区卫生服务站

芙蓉区东岸滨湖社区卫生服务站

芙蓉区东屯渡社区卫生服务中心枫树站

芙蓉区都正街金沙里社区卫生服务站

芙蓉区荷花园街道德政园社区卫生服务站

芙蓉区荷花园街道惠泽园社区卫生服务站

芙蓉区火星街道曾家坪社区卫生服务站

芙蓉区韭菜园八一桥社区卫生服务站

芙蓉区韭菜园街道卫生服务站

芙蓉区马王堆街道白沙湾社区卫生服务站

芙蓉区马王堆街道九道弯社区卫生服务站

芙蓉区年轮康复中心

芙蓉区社区居家养老服务中心

芙蓉区文艺路街道识字里社区卫生服务站

芙蓉区文艺路社区卫生服务中心南元宫站

芙蓉区五里牌街道车站路社区卫生服务站

芙蓉区湘湖社区卫生服务中心跃进湖站

芙蓉区欣国康复托养中心

芙蓉区信德康复中心

马坡岭街道锦林社区卫生服务站

（摘自《长沙晚报》）

社会生活

民政事务

【概述】 2014年，区民政工作紧紧围绕“抓亮点、促发展”的思路，坚持重点突破与整体推进相结合、各项业务发展与能力建设相结合、作风建设与群众工作相结合，全面提升民政服务管理科学化水平。年内，芙蓉区获评全国和谐社区建设示范城区称号，定王台、火星2个街道获评全国和谐社区建设示范街道称号，西湖、丰泉古井、德政园、芙蓉、人民新村5个社区获评全国和谐社区建设示范社区称号。

社会救助。根据长沙市人民政府城乡最低生活保障标准，芙蓉区城市低保标准确定为450元/月，农村低保标准确定为340元/月。根据城乡低保动态管理数据，截至年底，全区有城市低保对象2366户、4308人，人均月补差344.07元；有农村低保对象114户、247人，人均月补差194.06元。全年累计发放低保金（含各项节日费、临时性补差）1924.29万元。医疗救助658人次，发放135.74万元；药物救助精神病人2081人次，救助金额17.7万元；救助重症精神病人免费住院45例，救助金额9万元；临时救济468人次，救助金额36.824万元；认定低收入家庭243户。辖区内困难群众的基本权益得到保障。

慈善救助。7月，出台《芙蓉区慈善救助低保家庭实施办法》。依托区慈善会平台，从财政安排600万元专项资金，设立慈善项目，对享受最低生活保障待遇的城乡居民，从幼儿入学到大病医疗，从养老助老金到丧葬补助等多个方面开展救助，确保低保家庭“学有所助、病有所医、难有所帮、老有所养”。全年发放慈善助学金68.9万元，救助学生237名；发放慈善助老金42.14万元，救助低保老人708人；发放慈善助医金3.27万元，救助9人；发放慈善助葬援助金10万元，救助低保家庭25户。

图47 春节期间，区长于新凡（左前二）带队慰问困难群众

拥军优抚。10月，在全区退伍军人中开展“带头建设家乡，促进经济发展；带头维护稳定，促进社会和谐”的“双带双促”活动，在东屯渡街道、军区社区、铭家装饰建立3个“退役军人之家”示范点，慰问22支驻辖区部队。年内，发放伤残补助金、参战补贴等各类优抚资金863万元；接收退役士兵128人；发放家属优

待金、待安置期生活费、一次性地方补偿金421万元。完成2014年度遗留转业士官考试考核工作；完成第六批106名无军籍退休职工的接收移交工作。

殡葬管理。贯彻落实长沙市《关于对城乡居民基本殡葬服务费实行政府补助的通知》精神，全面推行居民基本殡葬服务费由政府买单，实现运输、冷藏、火化、生态葬、卫生棺、骨灰盒6项基本费用全免，全年发放金额10万元补助108户。着力整治辖区殡葬秩序，全区火化率100%。

社区建设。顺利完成村委会换届选举工作。2014年，换届的11个村委会均一次性投票选举成功，成功率100%。这次换届选举出村民委员会成员39名，其中，女性12人，占30.8%；党员38人，占97%；大专及以上学历29人，占74.4%，平均年龄39.6岁。年内，通过社区合并、购买、开发商提供、棚改新建等方式，完成五里牌街道五里牌社区、朝阳街道曙光社区、朝阳街道向韶社区、定王台街道定王台社区、定王台街道黄泥街社区5个社区办公服务用房达标工作。社区服务用房提质改造16个项目列入芙蓉区“十大民生工程三年行动计划”。全年建成曾家坪、德政园、陶家山、滨湖、滩头坪5个精品示范社区，建成艾沙社会工作站、草根讲堂、爱心动车、邻里帮帮帮、金钥匙未成年人服务中心5个市级社区服务品牌。9月，成立芙蓉区社会工作局，明确为财政全额拨款事业单位，归口民政局管理。

婚姻登记。婚姻登记工作坚持优质服务、规范管理，全面实现集中登记和网上在线登记。以婚姻登记优质服务活动为契机，推进婚姻登记工作信息化，开展历史婚姻登记信息补录工作。全年，办理结婚登记5592对，离婚登记1414对，出具未婚证明12509份。

社会福利。2月，积极推动芙蓉区社会福利项目建设，成立社会福利中心建设领导小组，并完成项目的立项工作。依托“96880”（就来帮帮您）为老服务信息平台，通过老人爱心手机网络建立“快乐老人俱乐部”，全年发展会员240名。联合万众和居家养老服务公司，在东屯渡街道设立香缇雅居日间照料中心和荷花园街道内设立德政园日间照料中心，实现老人在自己熟悉的社区环境里，享受到来自社区的专业化养老服务。

社团组织管理。积极培育扶持社会组织发展。年内，对芙蓉区家欣心翼会所、荷花园街道“红袖章”联合会、湖湘文化公益促进会实行直接登记。对社区219个社会团体实行备案登记。截至年底，全区有社会组织251家，其中，社会团体20家，民办非企业单位231家。备案的基层社会组织219家。

存在的困难与不足：芙蓉区社会组织发展不平衡，总体数量较少，结构不合理；人员素质不高，专业化水平较低，社会组织竞争力和发展后劲不足；部分社会组织对行政事业单位依附性较强，不能适应经济、社会发展需要；对社会组织发展的扶持政策较少，政府购买服务和职能转移还不到位；社会组织的党组织覆盖率不高，党组织隶属关系不顺，党员组织关系转移难，没有充分发挥党员及党组织的先锋模范作用。

（区民政局）

【慈善活动】 3月1日，长沙慈善日活动期间，芙蓉区慈善会联合湖南省健瑞儿营养食品有限公司向长沙市第一福利院捐赠价值5万元的婴幼儿奶粉一批，开展“情系孤儿、爱满天下”慈善捐赠活动。年内，春节“慈善送温暖”为低保户、特困户发放救助金24万元；“爱心改变命运”援助89名大学贫困新生16万元；为低保尿毒症21名患者援助5.04万元；“雷锋超市”配送物资112万元，受益家庭上万户；“慈善助医”救助10人，金额14.3万元，其中“心系泸溪送温暖”慈善助医活动，将家住泸溪县的李丽燕接到长沙治疗，治疗期间的一切费用由区慈善会承担，并发动爱心人士为她捐款近10万元。

（李 芩）

【“八一”走访慰问活动】 7月29日，区委书记梁仲、区长于新凡一行到省军区、市警备区、市公安消防支队、省警卫局、省武警文工团、广州军区舟桥84团、区武装部等22个驻区部队和5个军队干休所走访慰问驻军部队官兵和离退休老军人，为他们送上节日的祝福和亲切的慰问。各部队首长代表全体官兵感谢芙蓉区长期以来对部队建设的关心和支持，表示将不辜负人民的期望，继承和发扬军队拥政爱民的光荣传统，支持芙蓉区经济社会各项事业发展，为建设“两型社会”做出更大贡献。 （邹永贵）

【殡改宣传活动】 4月4日清明节前夕，为弘扬“文明、绿色、生态、节俭”的治丧理念，区民政局组织各街道（局）在辖区设置宣传站点，以悬挂宣传横幅，大型宣传标语，制作宣传板报，发放宣传资料，现场接受咨询等多种形式向居民群众宣传殡葬改革的有关政策、法规，引导广大群众以低碳、文明的方式缅怀先辈，提倡“重在孝心养老，简朴绿色殡葬”的丧葬氛围，杜绝搭棚治丧、铺张浪费的不文明丧葬行为。通过宣传，城区的殡葬秩序得到改善，居民投诉率明显降低。（柳 煌）

【打造“长者康护之家”微型养老院】 12月11日，区民政局、荷花园街道联合专业机构打造的微型养老院“长者康护之家”在全市首创居家养老新模式。“长者康护之家”为一幢两层楼房，总面积600平方米，上下两层设置31个床位，配备1名专业护士、10名专业护理员，为老人提供口腔护理、测体温、量血压、膳食、泡脚、散步、就寝等方面的专业性服务。老人有三种入住方式：“餐托”，即老人只在“长者之家”就餐；“白托”，即老人白天在这“小住”，晚上回家和儿女团聚；“全托”，即24小时住在“长者之家”。（范雅茹）

·老龄工作·

【概况】 2014年，老龄工作以区域内老年人优抚为重点，全面提升老年人福利优待力度，积极开展高龄津贴发放工作。贯彻落实《长沙市高龄津贴制度实施方案》（80岁至90岁低保老人每人每月50元，90岁至99岁老龄老人每月100元，100岁以上老人每月300元），全年下发老龄津贴932650元，有866名老人享受到补贴。做好老年优待证的办证工作，全年为全区适龄老人办证5618本。

扎实做好老年人意外伤害保险工作。区民政局根据《长沙市老年人保险工作推广实施方案》文件精神，联合中国人寿长沙市分公司为芙蓉区农村“五保”老人、重点优抚对象、城乡低保老人、城乡残疾老人等1929名困难老人购买老年人意外伤害保险。年内，组织各街道广泛宣传老年人意外保险政策，全面推广老年人意外险。全年为4000名老人购买保险，解除老年人的后顾之忧，维护老年人的合法权益。

提升养老工作服务水平。区民政局制订下发《芙蓉区居家养老服务中心（站）考评细则》，对全区11家居家养老服务中心进行考核评比。通过听取工作汇报、查阅台账资料、查看硬件建设，对居家养老服务站的服务网络建设、服务设施建设、服务队伍建设、服务制度建设、服务成效等方面进行逐一评估，对存在的问题要求及时整改，并进一步拓展居家养老综合服务功能，全面提升居家养老服务水平，多渠道满足老年人多层次、多样化、全覆盖的养老服务需求。2014年，推选芙蓉区居家养老服务中心和扬帆社区居家养老服务中心为市级居家养老示范点。

开展“为老”活动。区老龄办公室开展“敬老月”主题活动。组织参加长沙市第二届老年人博览会，组织第十届关爱老年人健康周活动和“健康阳光老人运动赛”广场舞比赛。各街道以多种活动形式相继开展老年人文艺表演，展示老年人的风貌，丰富老年人的生活。

存在的困难与不足：社会养老服务供需矛盾突出，城市“空巢”老人迅速增加，公办养老机构日益饱和，民办养老机构尚存在许多不成熟因素，养老服务供不应求；养老服务体系发展缓慢，民办养老机构服务设施不足，养老服务专业人员队伍有待稳定，服务水平需要进一步提高。（范雅茹）

·附·

2014年城镇居民生活状况调查分析

一、居民收入持续增长

抽样调查显示：2014年芙蓉区城镇居民人均收入可支配收入为38817.16元，比上年增长9.4%，其中，工资性收入15124.41元，经营性净收入7039.91元，财产性收入11495.61元，转移性收入5157.23元，从构成收入的四大板块看：1.工资性收入成为城镇居民收入的主要支撑，占居民收入比重39%，同比增长0.6%。工资性收入比重同比略有上升，说明芙蓉区在按照中央关于收入分配制度改革的具体落实上初显成效。2.经济环境的逐步好转促进经营性收入增加，占人均可支配收入的比重为18.1%，是拉动居民家庭收入增长的有力因素。随着党中共十八大精神的不断深入贯彻，中共十八届四中全会中央推出的一系列依法治国的方针措施和政府的简政放权进一步落实，给经营户提供了一个良好的经营环境，有力促进了经营性收入的增加，成为居民增收的重要部分。3.财产性收入为居民收入注入活力，占居民人均可支配收入的比重为29.6%。随着城镇居民财产增多和投资理财意识增强，政府积极创造条件让更多群众拥有财产性收入，从制度和体制上为维护和增加芙蓉区居民的财产性收入提供保障，在收入来源多样化的背景下财产性收入成为居民收入不可或缺的组成部分。4. 转移性收入保持平稳态势，占居民人均可支配收入的比重为 13.3%，较上年同比略有上升。随着居民家庭收入的增长，芙蓉区群众工作直通车深入推进，各部门、社区逢年过节慰问贫困户的受赠收入提高，子女赡养长辈及居民家庭间的亲情更加浓厚，使得转移性收入增加。

二、居民消费活跃，消费结构趋向合理

抽样调查显示：2014 年芙蓉区城镇居民消费人均支出为 30183.53 元，同比增长 9.8%，消费结构趋向合理。八大类消费支出呈现“五升两降一平”的格局，其中交通通信和教育文化娱乐服务支出的增长势头尤为明显。1. 食品类支出增幅稳定，恩格尔系数同比下降。随着居民收入的不断增加，消费结构不断优化。芙蓉区食品市场供应丰富，品种繁多，居民更加注重质量的提高，追求食品的营养性、均衡性和多样性，保健环保的绿色食品备受青睐。居民人均食品类支出为 9187.03 元，占消费支出比重（即恩格尔系数）为 30.4%，同比下降了 0.7%，所占比例相对合理，反映芙蓉区居民的生活水平达到了一定的富裕程度。2. 衣着消费水平稳步上升。随着收入水平的提高，市民消费理念不断提升，消费空间进一步拓展，居民衣着消费愈加注重款式、档次和品牌，衣着消费支出增长明显。调查显示：年内，芙蓉区居民衣着人均支出为 2145.48 元，同比增长 11.6%。3. 居住消费支出呈总体下降趋势。随着国家对房地产市场的宏观调控，抑制房价过快上涨，市民对房地产市场持观望心态，购房欲望下降；同时住房装潢支出方面减少以及阶梯电价、水价实施等因素的影响使居民居住支出减少。居民人均居住支出为 6367.49 元，同比增长 -3.3%。4. 家庭设备用品及服务支出有小幅回落。居民人均家庭设备用品及服务消费支出为 1554.12 元，同比增长 -1.8%。随着电子技术发展进步，家电功能不断加强的同时，家电价格一直保持稳定，甚至有不同程度回落，加之网购受到青睐等因素，居民在享受高科技家庭设备用品的同时，也享受到更加低廉的价格。5. 交通和通信类支出大幅增长。随着城镇居民收入的增加和生活质量的改善，家用轿车不断增加，带动车辆零配件和其他交通服务支出的快速增长；通信工具广泛普及，手机更新换代频率加快，通信服务价格优惠，通信服务质量不断改善激发了居民信息消费需求，大大提升了通信消费水平。城镇居民交通和通信消费呈增长态势，居民交通和通信人均支出为 4416.13 元，同比增长 41.6%。6. 教育文化娱乐服务支出增长势头强劲。随着科学技术进步和社会生产力发展，知识更新速度越来越快，经济发展要求人们不断提高自身文化素质，人们对知识需求日益增强，教育支出已成为人们经常性消费支出。居民对子女教育越来越重视，对子女教育投资是全方位的考虑。另外随着城市劳动就业竞争加剧，居民对自身再教育的认识也大幅度地提高。同时随着人们生活水平的提高和文化体育设施的不断完善，居民在满足物质生活的同时，更加注重精神文化生活，旅游、健身和假日消费已成为文教娱乐消费中新的消费热点。居民的教育文化娱乐服务支出达到 4681.73 元，占消费支出的比重为 15.5%。7. 居民医疗支出略有上升。随着社会的发展，人类生存环境不断遭受破坏，且随着人口老龄化进程加快，加之近年来居民患病的特点是疾病复杂，病种增多以及各种职业病和亚健康人群持续上升，消耗大量的医疗资源，导致医疗费用增加。居民人均医疗费用支出为 1347.16 元，同比上升 1.75%。8. 其他商品和服务支出保持平稳。家庭在其他商品和服务支出为 484.39 元，同比上升 1%，相对比较平稳，表明居民现在的消费理念更加理性，消费结构更趋合理。（曾光）

人口和计划生育

【概况】2014 年，芙蓉区人口和计划生育工作坚持以人为本、科学发展的工作理念和稳中求进的工作方针，坚持党政领导亲自抓、负总责，不断夯实基层基础，人本观念更加牢固，基础工作更加扎实，优质服务更加到位，全区人口计生工作保持平稳健康发展的良好态势：人口自然增长率 6.5‰，符合政策生育率 95%，出生婴儿男女性别比为 108 ∶ 66。连续 11 年获评“全国计生优质服务先进单位”“湖南省人口计生工作优质服务先进单位”称号，获得“全省两非典型案件查处工作先进单位”“湖南省先进计生协会”等称号。

加强基础工作。区委常委会和政府常务会多次专题研究计生工作，着重解决计生阵地建设、奖励扶助政策、计生干部政治经济待遇等问题。召开全区人口计生工作会议，举办为期4天的全区计生专干理论及实际操作集中培训及全区街道、社区、驻街单位800名计生专干参加的城镇独生子女父母奖励工作业务培训。2014年区财政预算安排计生经费2271万元，各街道（局）均按标准配套投入，区、街道、社区（村）三级共计投入3500万元，人均投入近60元。完善考评体系，每季度对街道进行考核，对《芙蓉区计生基层基础工作星级考核评估方案》进行修改完善，并按照方案，于10月20—24日对全区街道及社区进行2014年度星级考核评估。全区街道、社区（村）及部分辖区单位全面应用人口网格化信息管理系统。辖区人房关联、人户关联、人业关联率均达95%，数据准确率在95%，建立了人口网格化信息采集、管理服务、拓展应用、决策支持等工作机制。年内，全区13个街道分别进入“长沙市人口计生工作‘十佳’单位”“长沙市人口计生工作模范单位”“长沙市人口计生工作先进单位”行列。

推进服务。全面开展免费孕前优生健康检查。全年为5220人进行免费检查，目标人群覆盖率达90%以上。进一步健全婴幼儿早教综合服务体系，开通“芙蓉区科学育儿乐园微信平台”，建立区级婴幼儿早期发展指导中心2个，社区婴幼儿活动场所10个，为婴幼儿提供公益性的早教服务。实施“单独二孩”再生育政策，全年发放再生育证1037本，其中受理“单独二孩”再生育申请462本。全面落实法定计生优待政策，情况上报及时率、准确率和资金到位率均达到100%。修定出台《芙蓉区计生利益导向政策实施办法》，增加财政投入100万元，提高计生特扶家庭的扶助标准，并逐步建立关怀特殊困难家庭的长效机制。9月，省启动城镇独生子女父母奖励工作后，全区录入及审批通过3.59万人，确保城镇独生子女父母奖励扶助政策按省、市文件要求落实到位。深入开展以计生公共服务均等化和卫生公共服务均等化服务为主要内容的流动人口均等化工作。开展以“春风送暖，乐业芙蓉”为主题的监利县流动人口专场招聘会，达成就业意向192人；监利县派人专门组织在芙蓉区从业的120名育龄群众集中参加区开展的免费生殖健康检查，流动人口服务满意度得到提升。

执法与宣教。全年处理3例“两非”案件。火星街道被评为省计划生育依法行政示范单位，文艺路街道、定王台街道被确定为市计划生育依法行政示范重点培植单位，定王台街道、韭菜园街道、马坡岭街道被评为市阳光计生示范单位。结合“5·29”“7·11”“10·28”等大型节点开展多形式的宣教活动，全年芙蓉区计生新闻宣传报道38篇，其中，省级及以上新闻媒体刊播20篇，被《中国人口报》及《人口与计划生育杂志》评为2014年度先进集体。

协会工作。推进协会自身组织建设、计生基层群众自治和生育关怀工作。全面启动基层群众自治示范社区创建活动，全年创建国家级示范社区（村）1个，省级示范社区（村）3个，市级示范社区（村）6个，打造“同心社区”“幸福快车”“阳光巢”“七色花”等活动品牌。　（周　偲）

【实施单独二孩政策】 4月29日，《湖南省“单独两孩”政策实施办法》下发，单独二孩政策启动。区计生局在各级公示栏、楼幢及政府网站宣传“单独二孩”政策，上门发放“单独二孩”政策宣传资料10万份，采用“随时申请、及时审批、实时公示、适时催告、限时办结”的办证模式，解决群众办证难问题，得到领导和群众高度认可。全年发放再生育证1037本，其中受理“单独二孩”再生育申请462本。　（周　偲）

【启动城镇独生子女父母奖励】 根据湖南省城镇独生子女父母奖励新制度政策，9月23—25日，区人口计生局组织全区街道、社区、国有单位800人培训学习。现场发放资料10万份，发放申请表及一次性告知书10万份。会后，各单位及街道、社区积极组织政策宣传及申报工作。全年录入及审批通过3.59万人，确保城镇独生子女父母奖励扶助政策按省、市文件要求落实到位。

（周　偲）

【开展爱心助孕特别行动】 8月，芙蓉区启动爱心助孕特别行动并成立专门的领导小组，由区计生局、财政局联合下发《芙蓉区计划生育爱心助孕特别行动工作方案》，同时在省、市规定的基础上将服务对象和服务内容进行了提升：一是居住在芙蓉区，一方具备芙蓉区地区户籍，且女方年龄在49周岁以下；原合法生育过子女，现无存活子女的计划生育特殊家庭；经诊断符合不孕不育症治疗条件的对象可以在湖南省计划生育研究所享受一次免费人工授精助孕或试管婴儿助孕技术服务。二是居住在芙蓉区，一方具备芙蓉区地区户籍，且女方年龄在49周岁以下；合法生育，经诊断符合不孕不育症治疗条件，需要进行人工授精助孕或试管婴儿助孕手术的对象可以在长沙市妇幼保健院享受由区财政提供的价值2400元的优惠服务。三是在非定点符合免费援助条件的失独和病残儿家庭在长沙市或市级以上具备助孕技术资质的非定点医疗机构进行助孕手术的对象，到社区（村）、街道计生办、区计生局审批备案后，可凭医疗机构发票和相关病历资料到区人口计生局报销4800元。截至12月底，为1对符合计生政策不孕不育夫妇提供免费助孕技术服务，为11对符合计划生育政策不孕不育夫妇提供优惠服务，为辖区计生不孕家庭节约费用5万元。（周 偲）

民族宗教

【概况】 2014年3月，区民宗外侨局围绕建设“财富中心、魅力之都、幸福芙蓉”的总体目标，结合工作实际，按照新的理念确定新思路，民族宗教工作呈现新面貌。

民族工作。按照党和国家民族政策法规，为全区73名参加高考的少数民族考生审核民族成份，为15名少数民族同胞子女办理民族成份变更初审手续，推荐7名家庭贫困而品学兼优的大学生参加2014年度“全省宗教界金秋助学行动”，帮助他们解决上学难的问题。加大少数民族困难群体帮扶力度。春节前夕，筹措资金对15户少数民族困难家庭走访慰问，送去价值2万元的现金和粮、油慰问品；6月，组织部分企业家到芙蓉区联点的泸溪县，爱心捐赠5名少数民族贫困学生；8月举办“民族情深 与梦同行”活动；10月，联合市民族联谊会芙蓉分会，带领芙蓉联谊会的成员们到泸溪县八什坪乡欧溪村小学实行联建，送去7万元物资、现金；12月，联合湖南农大专家、教授赴泸溪县进行农业知识、生产、销售等方面专业指导和培训。帮助被客车撞伤的新疆居民艾比布拉·伊米堤家属与肇事驾驶员协商事故处理，帮其争取长沙慈善会救助资金4000元。捐助因装修工程老板“跑路”、身无分文的湖北巴东土家族农民工向俊回家车费。加强对少数民族同胞的关心与服务。8月，在“民族情深与梦同行”爱心公益活动暨民族联谊座谈会上成立韭菜园街道少数民族事务服务站以及马坡岭街道少数民族流动人口管理服务站，提高少数民族群众参与辖区活动的积极性，依法保障少数民族群众的合法权益。根据“2014年芙蓉区民族团结进步行”活动安排，由区人大常委会领导率队，到荷花园、火星、马坡岭、五里牌等街道调研少数民族流动人口服务和管理的情况，为制订相关政策提供翔实资料。

宗教工作。抓好宗教打非抵渗。结合省、市关于进一步深化教风创建活动要求，全区开展宗教宣传教育月活动。对区内未登记的宗教场所进行全面走访，宣传宗教法律法规政策。加大宗教执法力度，及时依法打击有境外渗透的基督教私设聚会点，并提前介入妥善制止2起非法基督教聚会活动。参与协调处理涉及民族宗教的矛盾纠纷，坚持维护法律尊严，维护人民群众合法权益根本原则，耐心细致、积极稳妥化解矛盾，及时配合相关部门妥善处理7起涉及民族宗教的矛盾纠纷。承接市级六项宗教处罚下放权限，建立健全承接权限事项的有效工作机制，制订承接方案，规范工作流程，并利用公示栏对外予以公布，确保工作有效落实。

（盘 敏 黄洪文）

【开办民族宗教知识培训】 6月25日，区民宗外侨局举办民族宗教知识专题培训，全区13个街道（局）分管领导、专干和76个社区（村）工作人员110人参加培训。区民宗外侨局局长张璎主持并作动员讲话。市民宗局副局长彭晓军结合国内外形势，提出民族工作的热点和难点，并作详细讲解分析。市民宗局民族处处长赵萍根据芙蓉区实际情况，就藏族同胞贩卖管制刀具及维族同胞乱设摊位经营问题进行具体分析并提出可行对策和意见建议，以具体案例讲述尊重少数民族风俗习惯和涉及少数民族问题的处理原则和方法；新疆吐鲁番地区驻长办主任王强结合自身新疆工作经验，介绍部分少数民族风俗禁忌和做好民族工作的要点。

（盘 敏 黄洪文）

【举办爱心公益活动暨联谊会】 8月28日，区民宗外侨局、市民族联谊会芙蓉区分会在银华大酒店举行“民族情深 与梦同行”爱心公益活动暨民族联谊座谈会。市民宗局局长刘佳勇、副局长彭晓军，区委副书记夏钟剑，区人大常委会副主任罗尔曼，副区长彭娟以及市民族联谊会芙蓉区分会会长黄德君和民族联谊会部分会员参加。刘佳勇、夏钟剑为芙蓉区少数民族群众服务活动试点单位韭菜园和马坡岭街道少数民族服务站授牌，并积极鼓励创新少数民族事务管理的新方式。爱心公益活动，确定了全区首批26个少数民族困难家庭，市、区领导为4名少数民族困难群众代表发放慰问金。座谈会上，区民宗外侨局书记彭海燕介绍全区民族工作情况。彭娟就全区民族工作提出“高度重视、乘势而上、创树品牌”的要求。与会代表针对民族工作情况提出许多好的建议和意见。市局领导对芙蓉区民族工作取得的成绩给予充分肯定。

（盘敏　黄洪文）

【市局领导到区调研民族工作】 11月11日，由市民族宗教事务局局长刘佳勇带领市人大民侨委、市委统战部组成的民族工作专项检查组到区开展调研。调研组分别走访全区少数民族流动人口较为集中的五里牌街道和位于韭菜园街道辖区的新疆维吾尔族自治区吐鲁番地区驻长办事处，详细了解芙蓉区民宗外侨局在流动少数民族管理方面的主要做法，听取五里牌街道党工委书记范伟民，新疆维吾尔族自治区吐鲁番驻长办副主任徐辉关于少数民族管理与服务的意见和建议。刘佳勇对芙蓉区民族工作给予充分肯定，并提出对少数民族流动商贩要采取疏导为主、治理为辅、疏堵结合的管理模式，在合适的地点力争打造“民族特色商品一条街”。副区长苏智勇参加调研活动。

（盘敏　黄洪文）

【邀请农大专家传“经”惠果农】 12月11日，区民宗局与湖南省农业大学统战部联合开展“科技扶贫共筑中国梦”活动，邀请农大柑橘种植专家教授谢玉明等一行到泸溪县白羊溪乡，为椪柑种植大户及果农讲解椪柑科学采收、采摘分级、贮存保鲜、冬季修剪培管、采后清园防冻及病虫害等相关知识，现场解答果农在生产过程中遇到的技术疑难问题。此前，区统战部、民宗局牵头，把科技“直通车”陆续开进泸溪，先后邀请湖南农大柑橘、葡萄、草莓种植方面的专家教授深入田间地头现场指导，培训农民1000人，推进贫困县科技兴农，产业增收。

（盘敏　黄洪文）

【承接市宗教事务下放六项权力】 4月，区民族宗教和外事侨务局承接市宗教事务下放的六项行政处罚权限，并发出《芙蓉区民宗外侨局承接市级宗教事务下放权限情况说明》。承接的六项行政处罚权限是：假冒宗教教职人员进行宗教活动的行政处罚为责令停止活动，没收违法所得；在大型宗教活动中发生危害公共安全或者严重破坏社会秩序，主办的宗教团体、宗教活动场所负有责任的行政处罚为撤销寺观教堂的登记；民间信仰活动场所违反政策法规规定，情节严重的行政处罚为撤销民间信仰活动场所登记；非宗教团体、非宗教活动场所组织，举行宗教活动，接受宗教性捐赠的行政处罚为责令停止活动，没收违法所得，罚款；擅自组织穆斯林到国外朝觐的行政处罚为责令停止活动，没收违法所得，罚款；擅自设立宗教活动场所的，宗教活动场所已被撤销登记仍然进行宗教活动，擅自设立宗教院校的行政处罚为没收违法所得。区民宗外侨局制订承接方案、工作流程已公开发布。

（盘敏　黄洪文）

【两街道少数民族服务站建立】 8月，区民宗外侨局分别在马坡岭、韭菜园街道建立少数民族服务站。马坡岭服务站开展为少数民族流动人口志愿服务，春节期间持续12天在汽车东站开展志愿服务3次，为回家过年的少数民族朋友提供路途保障；组织少数民族流动人口计生知识培训，开展免费计生健康检查，生殖健康知识讲座；邀请辖区内少数民族流动人口子女参与社区文化活动，提高少数民族参与辖区活动的积极性。韭菜园服务站选出愿为民族事业奉献的少数民族理事7名，通过“你满意吧QQ群”、街道微信平台，开展少数民族事务专项协商座谈工作。建立和完善涉及民族因素的矛盾纠纷排查机制，调处矛盾纠纷，依法保障少数民族群众的合法权益。

（盘敏　黄洪文）

湘湖街道

①	②
③	
④	⑤

① 全市专业市场提质改造工作交流会在湘湖街道召开
② 提质改造后的三湘南湖大市场家电城外貌
③ 西湖社区获评“全国和谐社区建设示范社区”称号
④ “歌声献伟人 书香溢芙蓉”文艺演出暨芙蓉区党史丛书赠阅仪式
⑤ 辖区道路全面提质改造

湘湖街道社区分布示意图

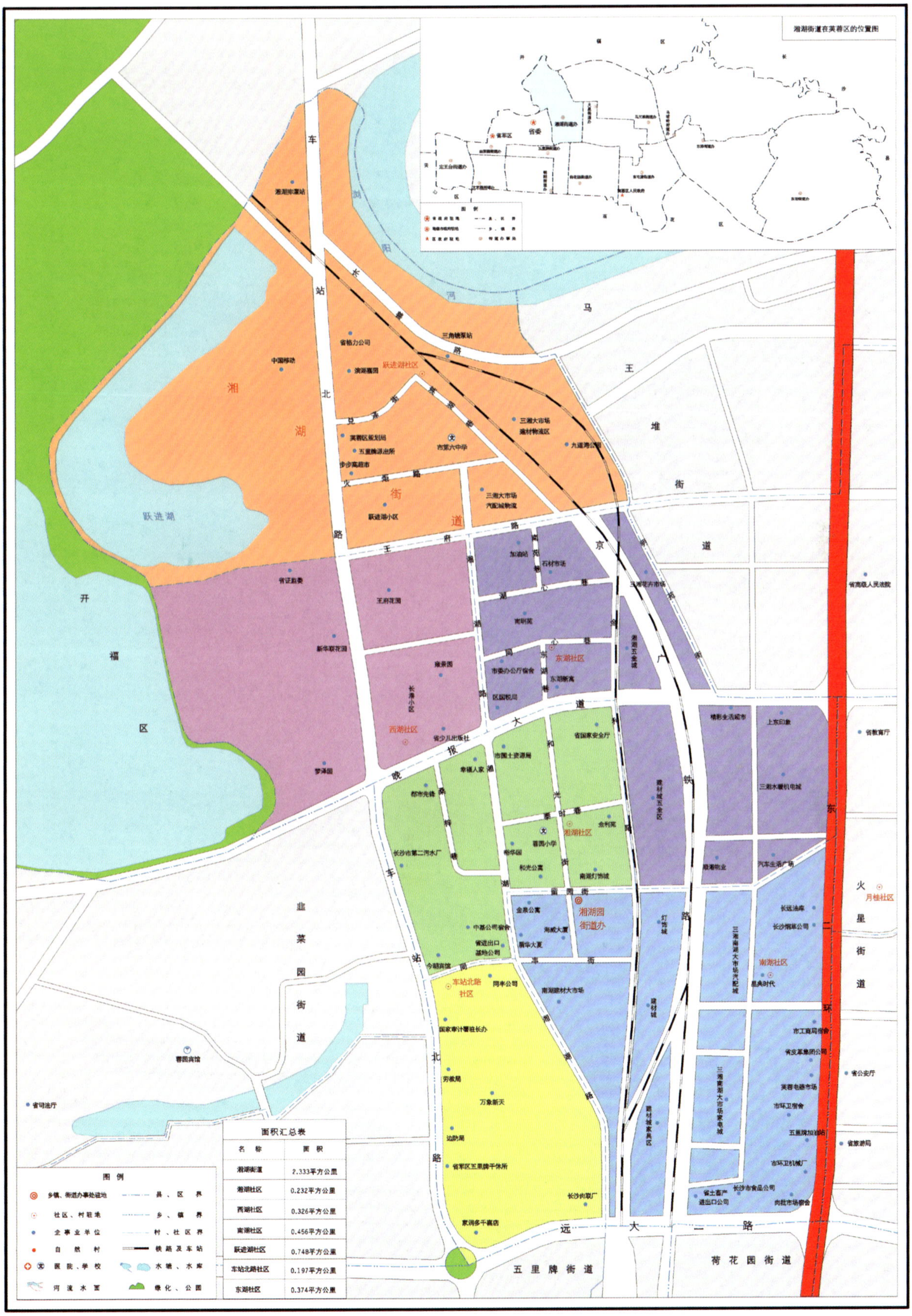

面积汇总表

名称	面积
湘湖街道	2.333平方公里
湘湖社区	0.232平方公里
西湖社区	0.326平方公里
南湖社区	0.456平方公里
跃进湖社区	0.748平方公里
车站北路社区	0.197平方公里
东湖社区	0.374平方公里

长沙市芙蓉区人民政府编制　湖南省民政厅监制　1 : 5000　二〇一三年十二月

定王台街道

①②
③
④⑤

① 省委常委、市委书记易炼红（前右三）调研都正街项目
② “微文明 让红袖章飘起来”学雷锋志愿服务活动
③ 中共群众路线教育实践活动动员会
④ 市长胡衡华（左四）调研都正街历史文化街区改造项目
⑤ 整修后的长沙老街——都正街揭幕

定王台街道社区分布示意图

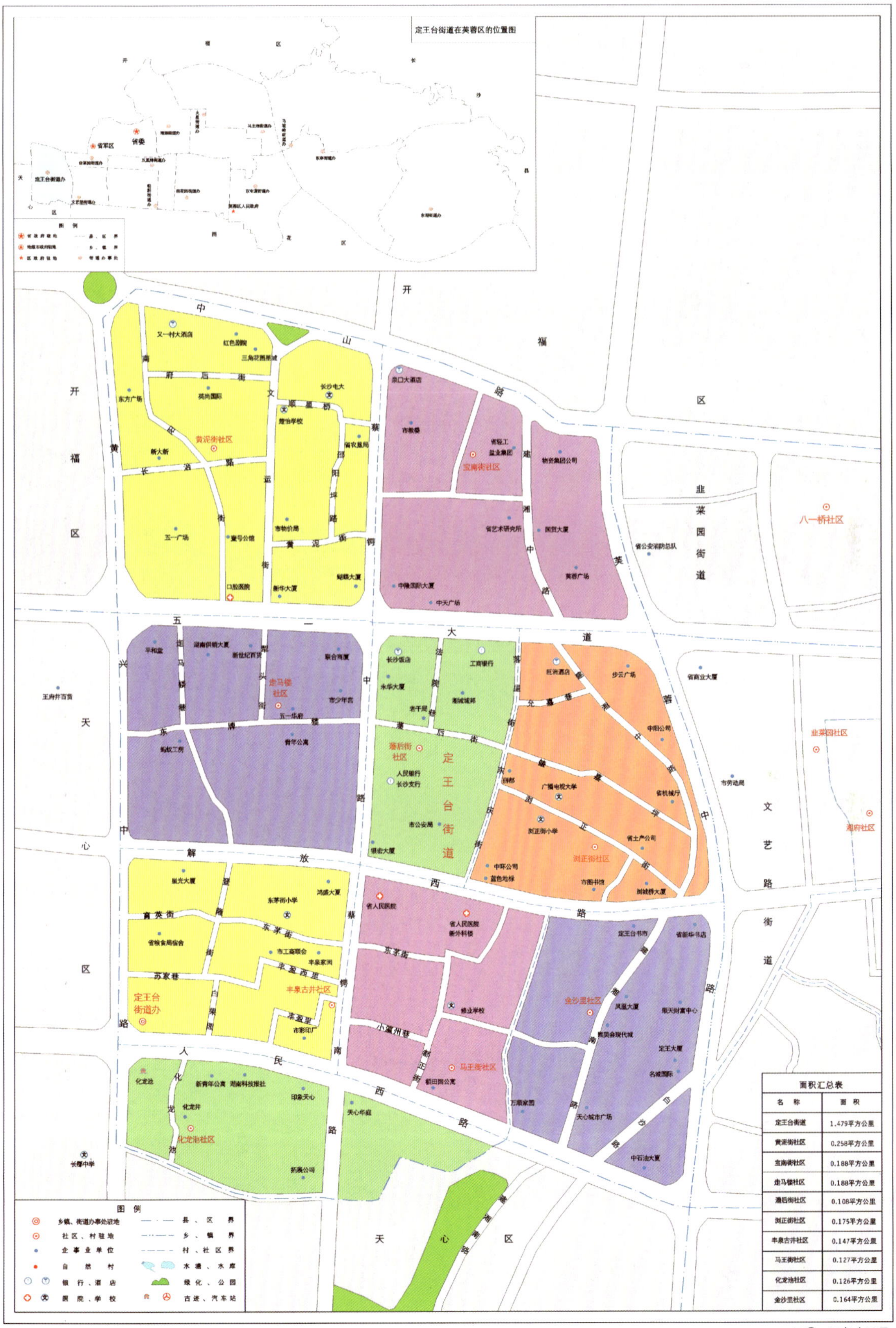

面积汇总表	
名称	面积
定王台街道	1.479平方公里
黄泥街社区	0.258平方公里
宝南街社区	0.188平方公里
走马楼社区	0.188平方公里
藩后街社区	0.108平方公里
浏正街社区	0.175平方公里
丰泉古井社区	0.147平方公里
马王街社区	0.127平方公里
化龙池社区	0.126平方公里
金沙里社区	0.164平方公里

长沙市芙蓉区人民政府编制　湖南省民政厅监制　1：4500　二〇一三年十二月

韭菜园街道

① 在职党员进社区报到领岗
② “红袖章”邻里守望活动启动现场
③ 汤家岭社区为11位老人举办“1000岁”活动
④ 汤家岭社区 “娃娃法庭” 模拟开庭
⑤ 中共群众路线教育实践活动动员会
⑥ 蓉园社区“民族戏曲”进校园

韭菜园街道社区分布示意图

长沙市芙蓉区人民政府编制　湖南省民政厅监制

二〇一三年十二月

文艺路街道

①
② ③
④ ⑤ ⑥

① 街道组织“品读芙蓉 邻里书吧”活动
② 街道首届商会成立大会
③ 居民自治项目讨论会
④ 20 世纪湖南圣经学校旧址
⑤ “七色花”志愿者俱乐部开展“红袖章”美洁家园行动
⑥ 开展“真情浇灌七色花 生育关怀暖万家”活动

文艺路街道社区分布示意图

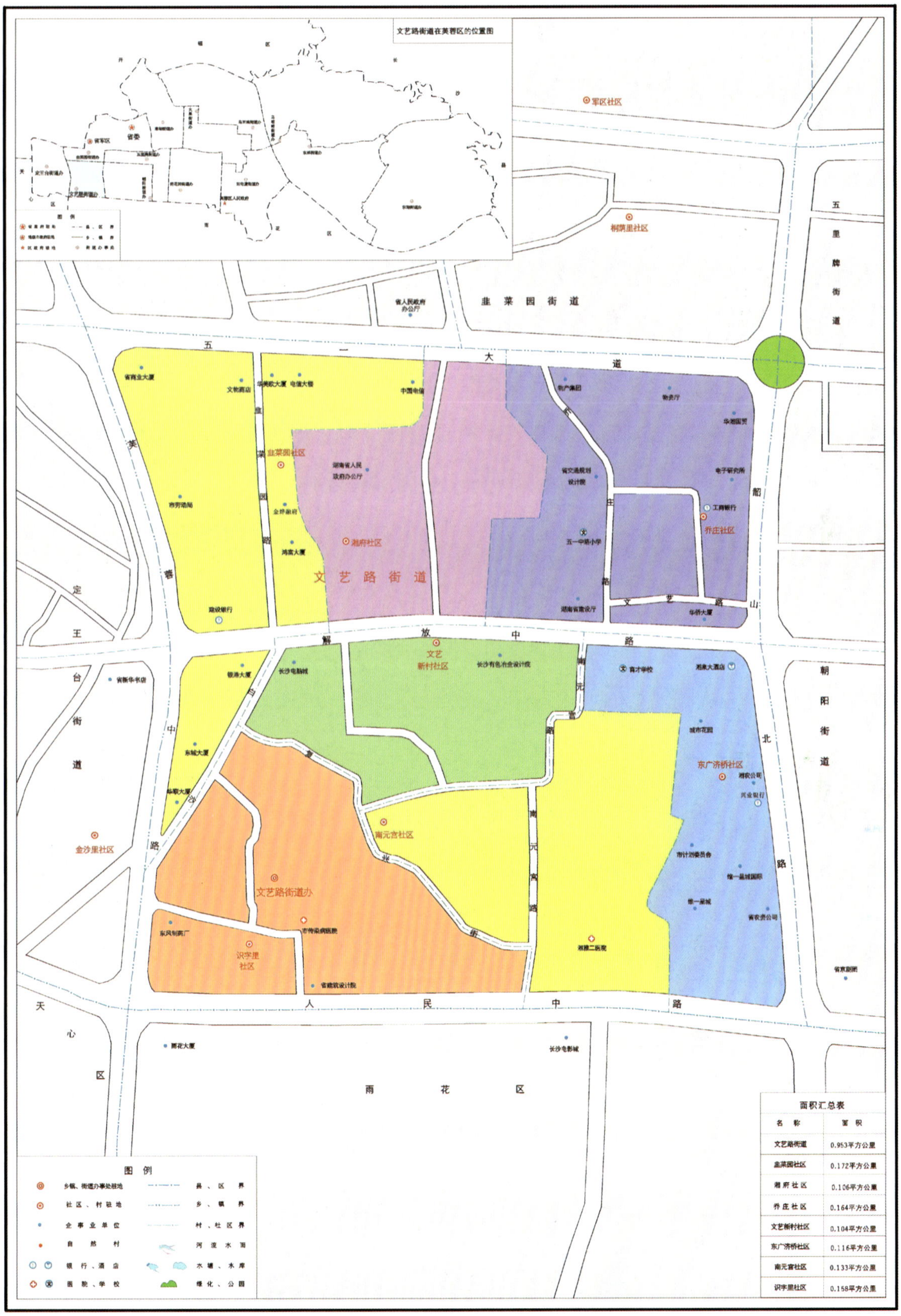

面积汇总表

名　称	面　积
文艺路街道	0.953平方公里
韭菜园社区	0.172平方公里
湘府社区	0.106平方公里
乔庄社区	0.164平方公里
文艺新村社区	0.104平方公里
东广济桥社区	0.116平方公里
南元宫社区	0.133平方公里
识字里社区	0.158平方公里

长沙市芙蓉区人民政府编制　　湖南省民政厅监制　　1 ： 3500　　二〇一三年十二月

朝阳街道

① 全国总工会副主席、书记处书记、党组副书记刘国中（右）到曙光集团慰问特困职工
② 国务院妇儿工委办儿童处处长胡道华（右一）到区考察人民新村社区妇儿工作
③ 街道召开“戴上红袖章 推进大融合”动员会
④ 街道组织培育和践行社会主义核心价值观暨全民修身宣传展示活动
⑤ 街道成立慈善会

朝阳街道社区分布示意图

面积汇总表	
名称	面积
朝阳街道	1.360平方公里
二里牌社区	0.202平方公里
向韶社区	0.215平方公里
五一东村社区	0.151平方公里
人民新村社区	0.272平方公里
曙光社区	0.285平方公里
朝阳社区	0.235平方公里

长沙市芙蓉区人民政府编制　长沙市民政局监制　1：4000　二〇一二年六月

五里牌街道

① ② ③ ④ ⑤ ⑥

① 中共群众路线教育实践活动动员会
② 在阿波罗商场内进行消防演练
③ 感恩社区提质改造好，锦旗深表百姓心
④ 开展全民终身学习宣传活动
⑤ 金苹果冷库抽氨工作顺利通过验收
⑥ 开展新修改安全生产法宣传活动

五里牌街道社区分布示意图

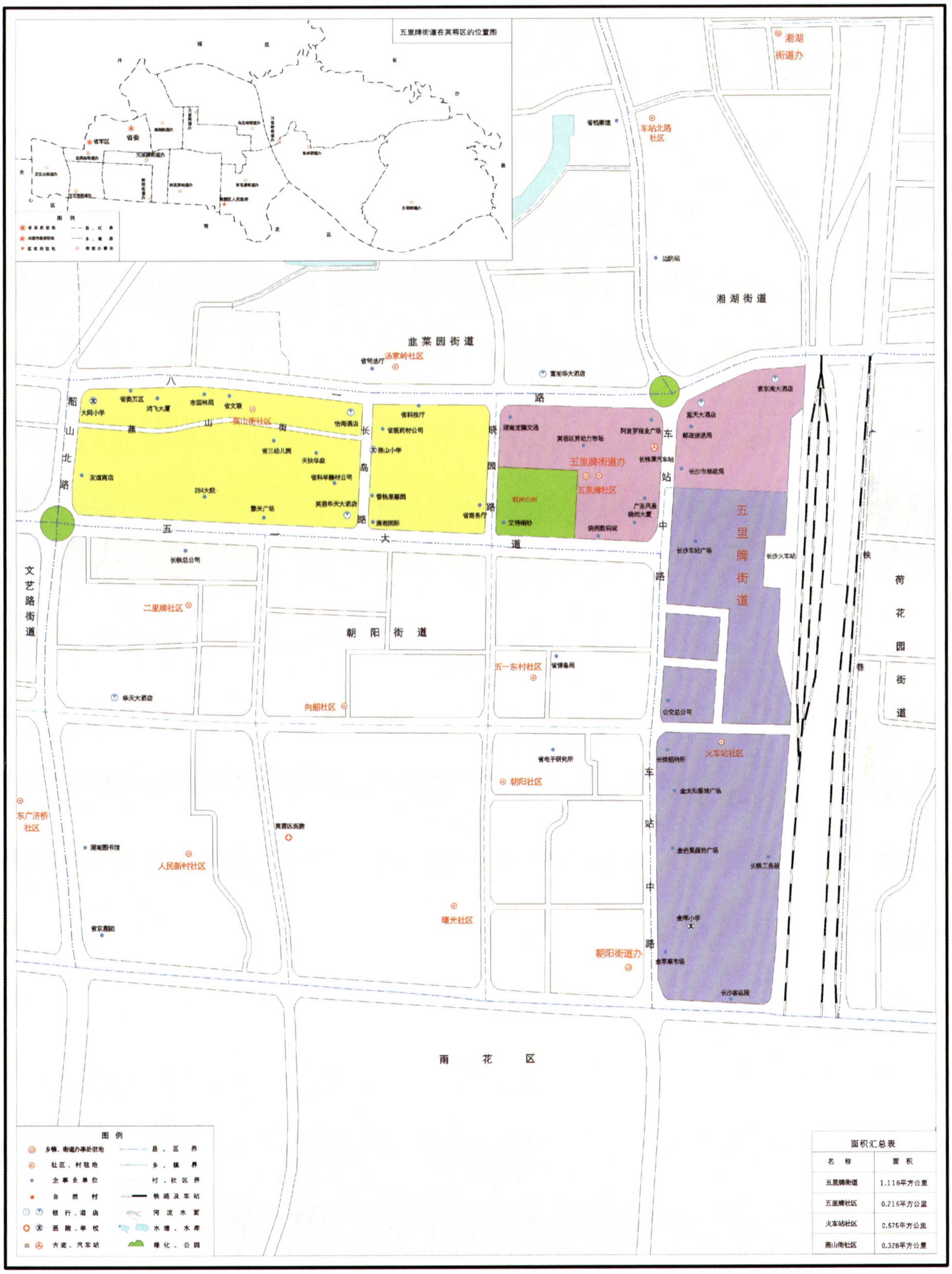

湖南省民政厅监制　　长沙市民政局监制　　1 ：5400　　二〇一三年十二月

马王堆街道

① 区委书记梁仲到马王堆街道为民解忧现场
② 火炬村党组织和第九次村民委员会换届选举工作动员会现场
③ 区长于新凡（左一）到马王堆街道指导社区工作
④ 在火炬村开展综合执法行动，现场丈量违章建筑
⑤ 执法人员张贴催搬公告
⑥ 街道“工资集体协商”推进会暨现场签约仪式

马王堆街道社区分布示意图

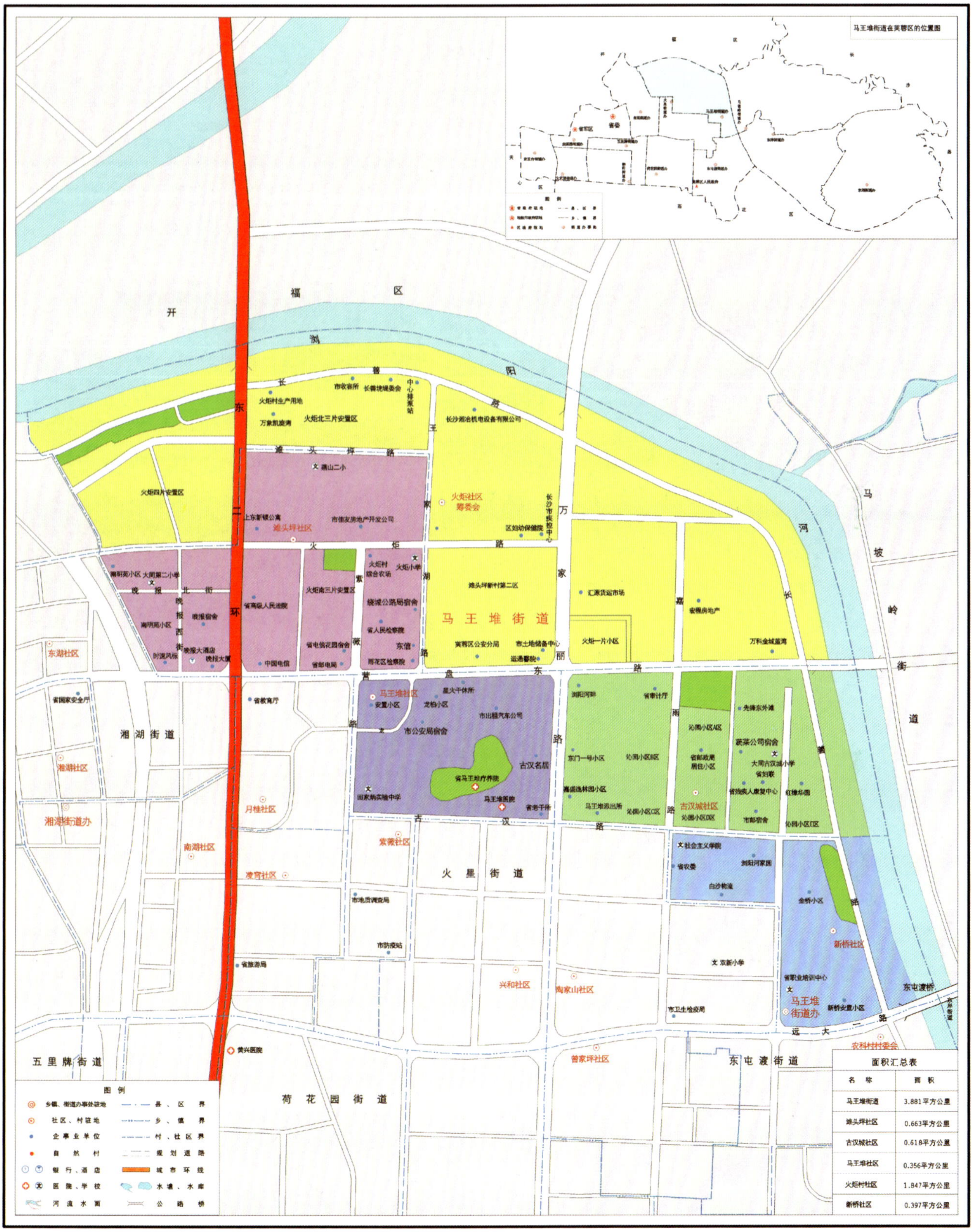

长沙市芙蓉区人民政府编制　湖南省民政厅监制　　1 ∶ 8000　　二〇一三年十二月

荷花园街道

①街道成立“千人红袖章”志愿者联合会
②区长于新凡（前一）到荷花园社区体验科学生活馆
③开展“护校护园”行动动员大会
④街道召开“双联双执”公开述职公开评议大会
⑤未成年人文化墙
⑥街道成立后备联动小组

荷花园街道社区分布示意图

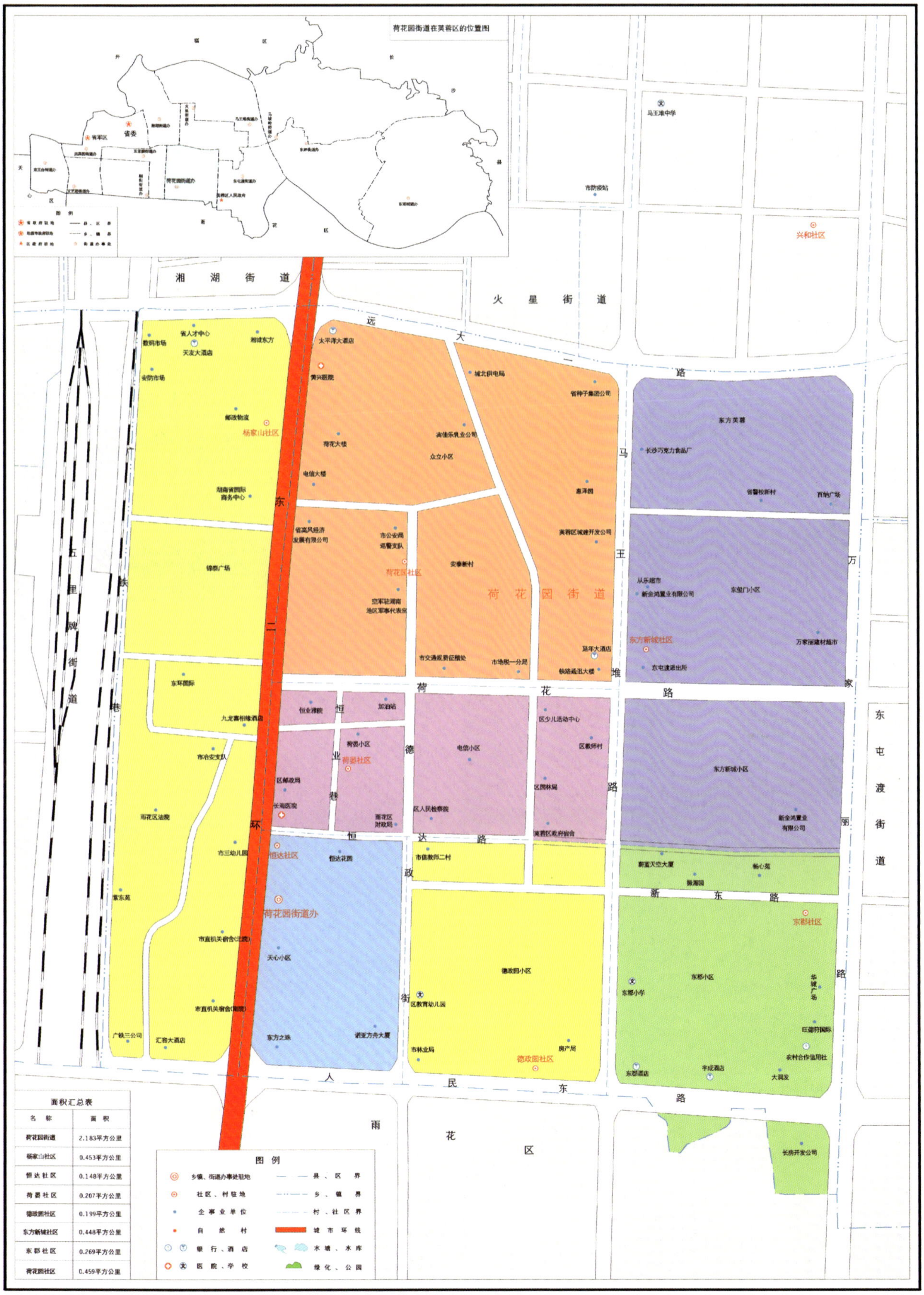

面积汇总表

名称	面积
荷花园街道	2.183平方公里
杨家山社区	0.453平方公里
恒达社区	0.148平方公里
荷晏社区	0.207平方公里
德政园社区	0.199平方公里
东方新城社区	0.448平方公里
东郡社区	0.269平方公里
荷花园社区	0.459平方公里

长沙市芙蓉区人民政府编制　　湖南省民政厅监制　　1：4500　　二〇一三年十二月

东屯渡街道

① 街道承办宪法进社区活动
② 嘉雨社区成立应急救援志愿服务站
③ 荣获2014年度湖南“最美家庭”称号的周海云（左前三）教孩子们制作剪纸作品
④ 东屯渡社区居民认真听取银行工作人员关于防诈骗知识讲解
⑤ 街道举办“我是宣讲达人”选拔赛

东屯渡街道社区分布示意图

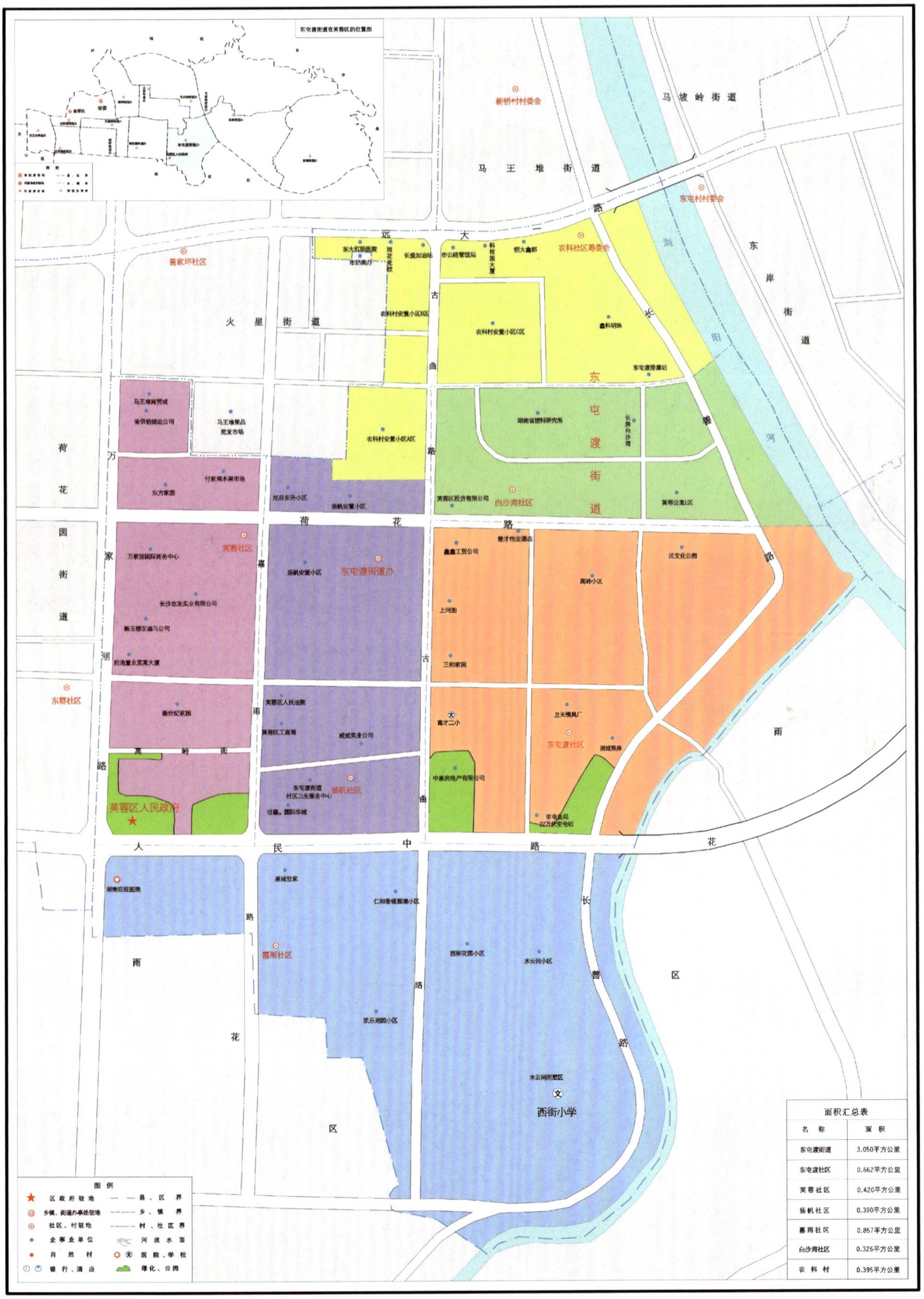

长沙市芙蓉区人民政府编制　湖南省民政厅监制　1：5500　二〇一三年十二月

火星街道

①民政部部长李立国（左）到区视察凌霄社区低保管理工作
②楼幢直通车载来街巷平安
③街道开展“亲子廉政诵读会”暨“世界人口日”主题宣传活动
④省人口计生委主任詹鸣（左前三）到街道调研计生工作
⑤街道开展“红袖章”行动

火星街道社区分布示意图

面积汇总表	
名称	面积
火星街道	1.805平方公里
紫薇社区	0.171平方公里
月桂社区	0.212平方公里
凌霄社区	0.241平方公里
兴和社区	0.408平方公里
曾家坪社区	0.308平方公里
陶家山社区	0.465平方公里

长沙市芙蓉区人民政府编制　湖南省民政厅监制　1 : 5000　二〇一三年十二月

东岸街道

① 红十字医院到社区义诊
② “快乐做慈善 爱心满东岸”慈善救助活动
③ 失地农民专场招聘会
④ “邻里一家情 守望宜家人”爱心奉献活动
⑤ “三八”妇女节活动
⑥ 中秋节团圆活动

东岸街道社区分布示意图

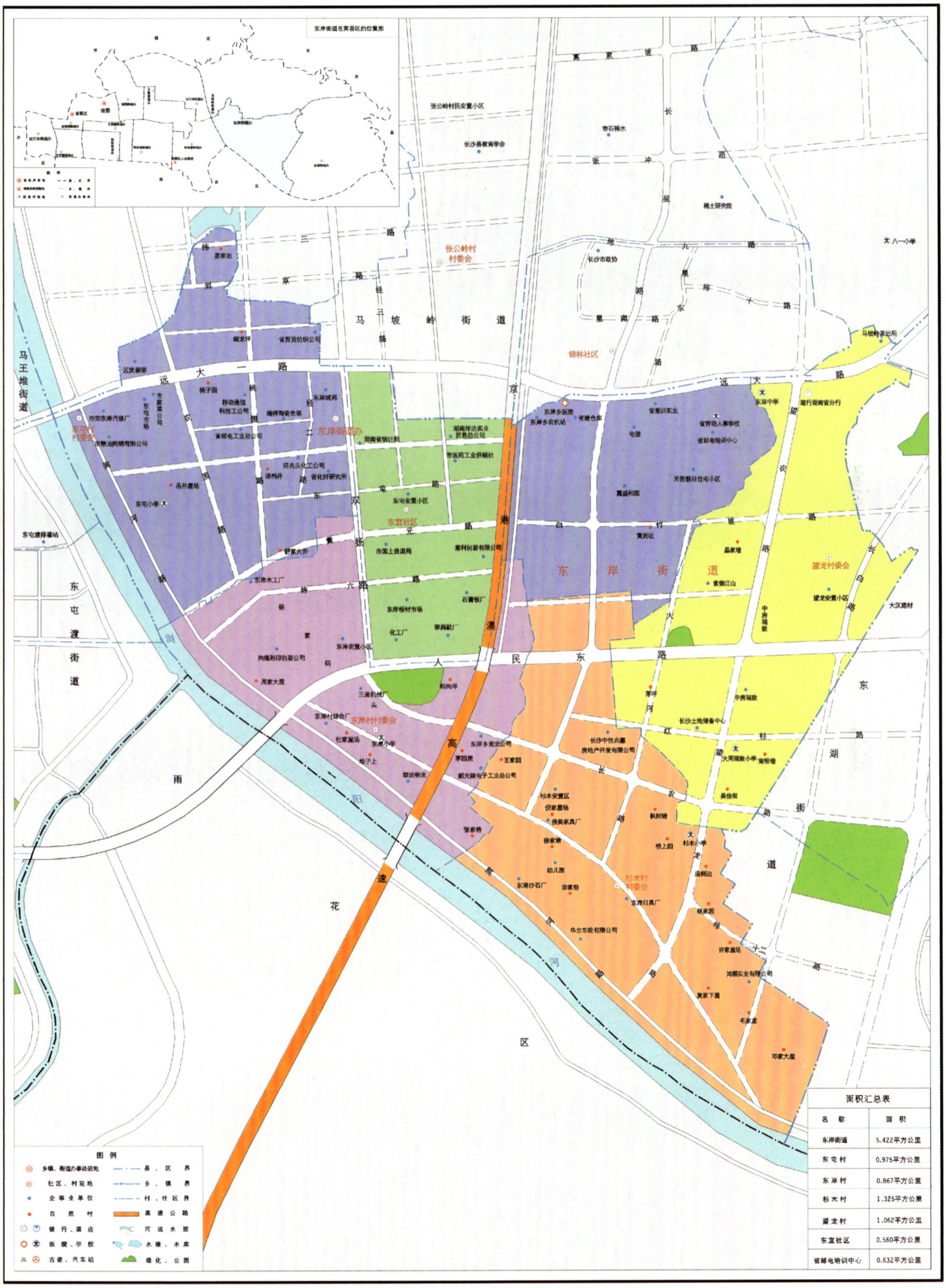

面积汇总表	
名称	面积
东岸街道	5.422平方公里
东屯村	0.975平方公里
东岸村	0.867平方公里
杉木村	1.325平方公里
望龙村	1.062平方公里
东宜社区	0.560平方公里
省邮电培训中心	0.632平方公里

长沙市芙蓉区人民政府编制　　湖南省民政厅监制　　1：8500　　二〇一三年十二月

马坡岭街道

①
③
④
②
⑤

① “七一”党建活动
② 街道开展安全生产月宣传活动
③ 锦林社区“邻里节”活动
④ “红袖章”美洁家园启动仪式
⑤ 科技活动周

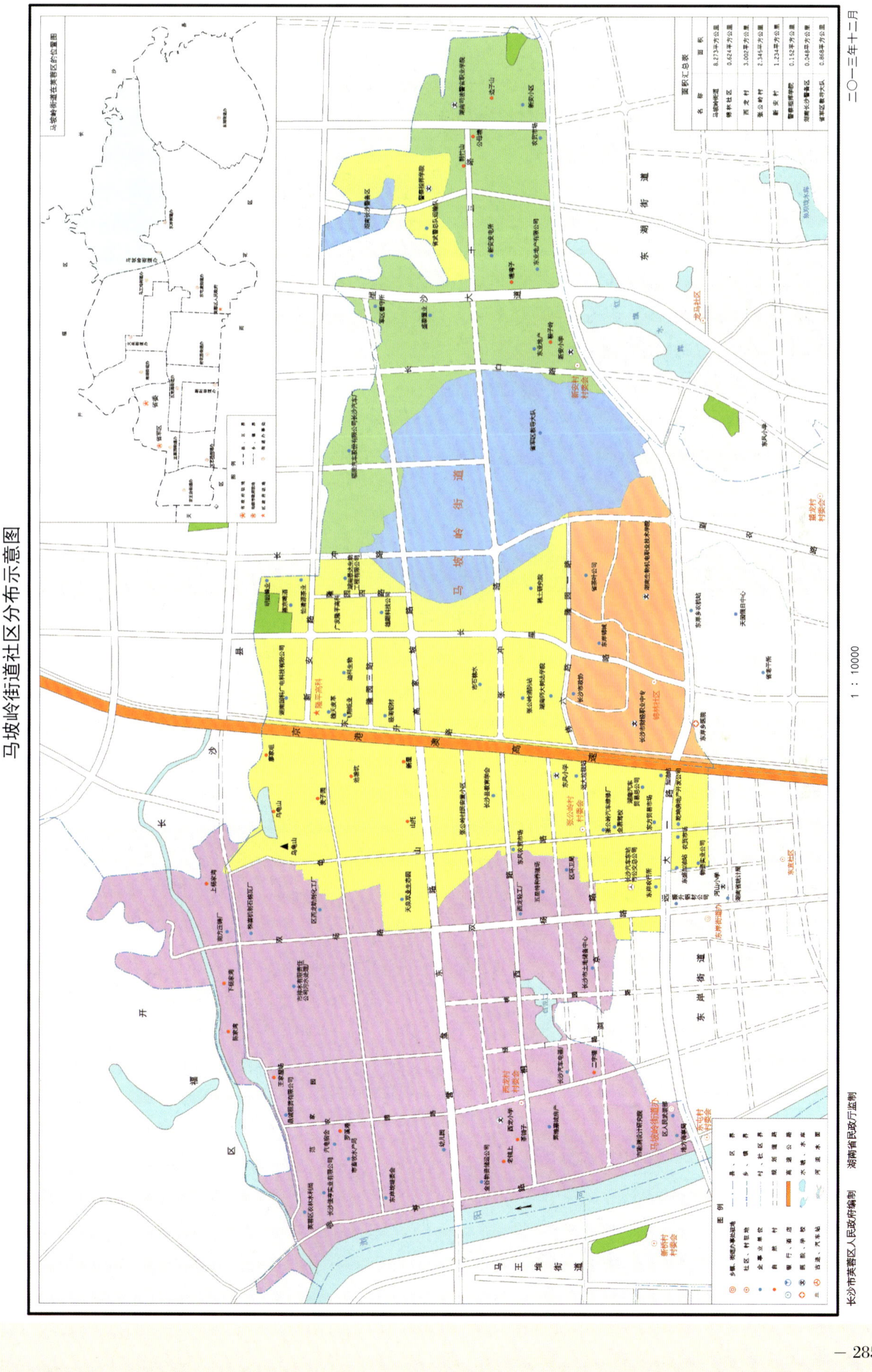

马坡岭街道社区分布示意图
面积汇总表
名称 面积
马坡岭街道 8.273平方公里
锦林社区 0.624平方公里
西龙村 3.002平方公里
张公岭村 2.345平方公里
新安村 1.234平方公里
警察指挥学院 0.152平方公里
湖南长沙警备区 0.048平方公里
省军区教导大队 0.868平方公里
1：10000
二〇一三年十二月
长沙市芙蓉区人民政府编制　湖南省民政厅监制

东湖街道

①来自美国的Darren与其他“红袖章”志愿者一起，将一株株樱花树种植在韶光社区花园里

②长沙市“大手牵小手”未成年人手绘比赛中，小朋友和父母在志愿者的帮助下共同完成心中的“美丽长沙”画卷

③“浏阳河九道湾”发展问计问策研讨会在东湖街道召开

④街道以“清洁城市 美丽家园”为主题的首场“东湖夜话”活动在龙马社区举行

⑤街道组织欢迎袁隆平院士载誉归来

东湖街道社区分布示意图

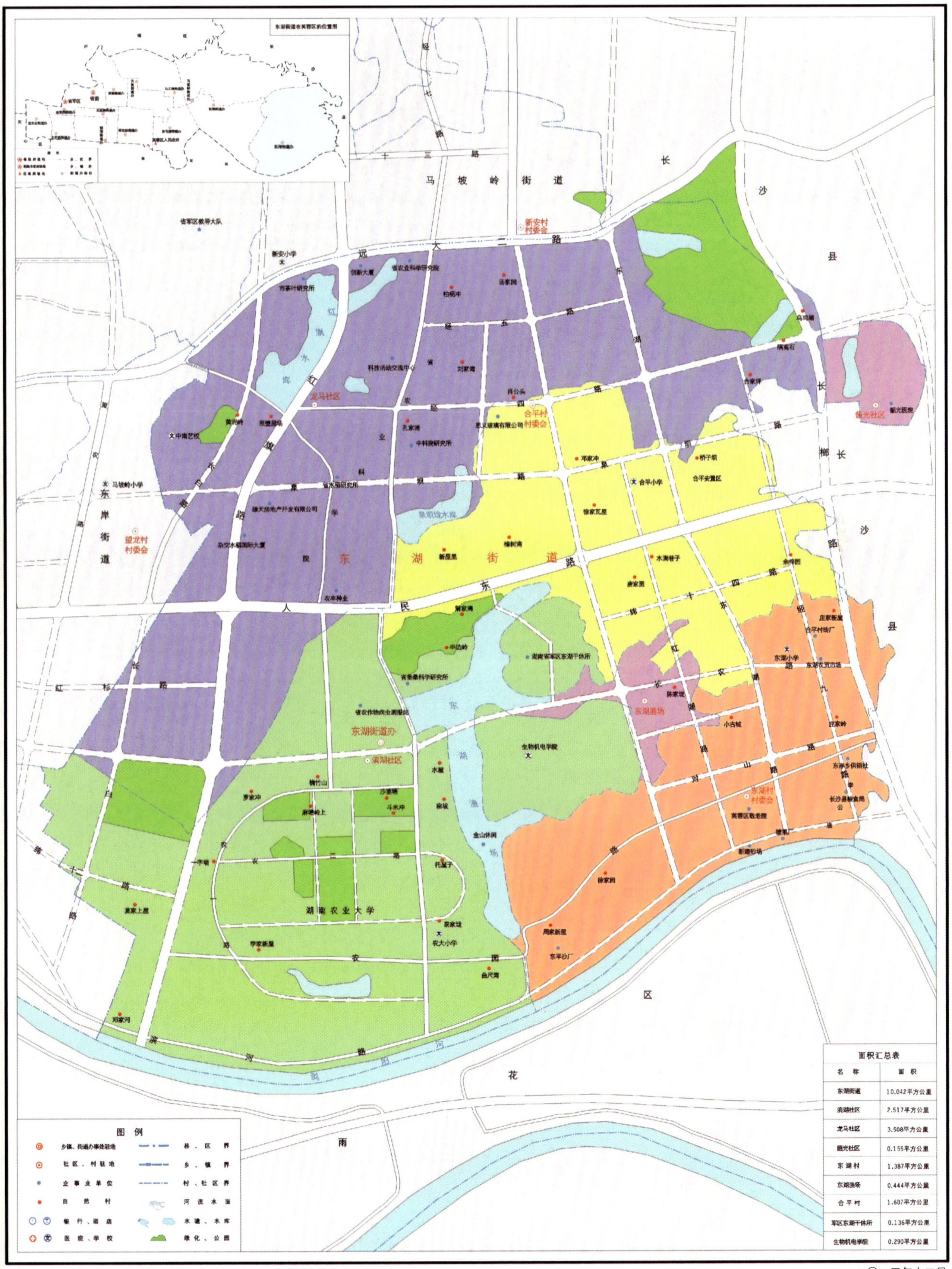

面积汇总表	
名称	面积
东湖街道	10.042平方公里
滨湖社区	2.517平方公里
龙马社区	3.508平方公里
韶光社区	0.155平方公里
东湖村	1.387平方公里
东湖渔场	0.444平方公里
合平村	1.607平方公里
军区东湖干休所	0.136平方公里
生物机电学院	0.290平方公里

长沙市芙蓉区人民政府编制　　湖南省民政厅监制　　1 : 10000　　二〇一三年十二月

街　道

湘湖街道（湘湖管理局）

【概况】 湘湖街道下辖东湖、南湖、西湖、湘湖、跃进湖、车站北路6个社区和三湘南湖大市场实业总公司（由家电城、建材城、灯石城、汽配城四大专业市场以及富丽华大酒店组成）。湘湖街道辖区东临二环线，西至车站北路，南至远大路，北靠浏阳河，面积2.32平方公里，家庭户1.43万户，户籍人口为1.86万人，常住人口4.28万人，人口自然增长率为6.5‰。2014年，湘湖街道以科学发展观统领全局，围绕“市场提质、产业转型、项目驱动、民生改善”的工作主题，以市场提质改造为重点，努力推动企业转型发展；以项目开发为龙头，注入湘湖发展的新动力；以文明创建为抓手，塑造湘湖品质的新形象；以民生事业为根本，夯实湘湖稳定的新基础；以改革创新为途径，探索湘湖未来的新方向；以作风建设为契机，彰显湘湖队伍的新气象。年内，湘湖街道（湘湖管理局）获评全省和谐社区建设示范街道、市人口和计划生育工作模范单位称号。

经济指标走在前列。2014年实现税收4.07亿元，完成工业总产值8.6亿元，规模工业总产值1.94亿元，完成全社会固定资产投资15.98亿元，实现社会消费品零售总额69.98亿元，限额以上社会消费品零售额完成38.2亿元，完成省外境内到位资金2.61亿元，市外境内固定资产投资6.16亿元，合同利用外资和实际到位外资都为1800万美元，主要经济指标全部完成或超额完成区下达的指标。年内局属企业“四城一酒店”主动适应新常态，奋力开创新局面，确保经营业绩的稳定，除家电城因“11·29”较大火灾事故影响未能完成任务外，建材城、汽配城、灯石城和富丽华都全面完成或超额完成年内经营指标任务。

项目建设成效明显。10月，湘湖街道完成三湘南湖大市场家电城整体、灯石城、建材城和汽配城部分区域提质改造项目，市场形象、品质、竞争能力得到显著提升；打造全市专业老旧市场提质改造的“升级版”，全市专业市场建设及提质改造工作交流会在湘湖街道召开，省委常委、市委书记易炼红给予高度肯定，《市委通报》和《长沙晚报》头版头条专题进行报道。实现城际铁路湘湖段的平稳拆迁，项目涉及土地76亩、市场经营面积5万平方米、经营户700户。推进远大路棚改项目征收拆迁，完成1家单位1565.5平方米征收补偿和20户私宅征收补偿。完成湘湖一村、东湖新寓、佳天雅苑等6个老旧小区的提质改造；完成三湘大道、湘湖路、和光巷、滨湖巷、火炬路等11条主次干道6.9万平方米路面的提质改造，实现街巷面貌新改观与品质大提升。

文明创建有所建树。街道有效整合城管执法队员、城管协管员、治安巡防队员、环卫工人等专业队伍，组织辖区1000人红袖章志愿者队伍，成立市场综合管理队伍，完善责任追究制、督察通报制、奖罚兑现制，实行“定岗位、定职责、定目标、定时段”的网格化管理模式，城市管理基本实现常态化、精细化。发挥共驻共建、居民自治力量，通过组建社区商会、行业商会、就业联盟等民间组织，引导社区居民和市场商户广泛参与文明创建和城市管理；利用各级主流媒体、道德讲堂、社区学校等宣传阵地，积极弘扬主旋律，激发正能量；举办诚信文化进市场宣传展示活动，开展诚信经营商户评选，推进文明诚信市场建设，文明创建名列全区前列。

市场转型升级步伐加快。年内，注册成立三湘南湖云商公司，与阿里巴巴·长沙产业带等达成战略合作关系。富丽华积极拓展网络、微信等平台，在一年一度的“互联网最佳口碑酒店”评选活动中获湖南地区高端酒店中唯一的“最佳酒店服务奖”。灯石城大力强化主业态（灯饰、石材），积极发展新业态（媒体营销、电商平台），果断调整旧业态（就地加工），在同领域竞争优势进一步巩固。建材城在市场服务中心组建消费维权服务站，对铺面式经营实现商场式管理，受到省工商局的充分肯定，并启动“网络南湖大市场”建设。汽配城在继续调整经营业态的同时，成立专门机构，开发“三湘购”电子商务平台，引导经营户纷纷上网“触电”，推动实体市场与电子商务的深度融合和互动发展。家电城注重招大引强，新引进180家品牌商户，形成大客户、大品牌增多，新业态、新力量聚集的良好局面。

社会事业和谐共进。社区建设水平全面提升。西湖社区着力提升管理和服务水平，获评全国和谐社区建设示范社区、国家级“侨爱工程——暖侨敬老行动”联系示范社区等称号；东湖社区全力推进“人和·民谐”建设，在农安小区、老旧市场改造等民生工程中取得突出成绩，赢得老百姓和经营户的充分肯定；车站北路社区在引导推进社区商会自治、帮扶残疾人创业就业、社区家庭档案建设等工作中特色鲜明；跃进湖社区在协税护税、妇女工作、解决信访疑难问题等方面成绩明显；湘湖社区居家养老服务、开放式物业服务、“民族之家”建设等工作开展得有声有色；南湖社区“民声回复大喇叭”走进街巷楼幢，解决群众关注的民生难题，受到各界广泛好评。街道的各项惠民政策落实到位。落实符合独生子女父母奖励政策对象800人；发放各类救济金、慰问金26万元，救济物资718套，受益人数近千人次；实现下岗失业人员再就业609人。信访维稳基础更加夯实。强化信访维稳日常管理，发挥人民调解作用，调处各类矛盾226件，调处成功率达100%，协议履行金额600万元；对重点上访对象落实包掌握情况、包解决困难、包教育转化、包稳控管理、包依法处置的“五包一”措施，切实做好稳控工作，重点解决颜家嘴小区房屋产权、南湖家具市场拆迁纠纷、大汉集团与民工劳务纠纷、东协盛医院医患纠纷等问题。

教育实践活动扎实开展。党员干部学习教育入脑入心。开展书记讲党课、专题讲座、专题讨论、专题观影、专题报告会、参观红色故里等“六个一”系列的学教活动，广大党员干部普遍接受了一次群众路线的再教育。广泛听取民意。召开9场征求意见座谈会、发放书面征求意见表500份，深入走访党员群众600人，共征集意见建议378条。开展“真刀真枪”的批评。党政班子成员带头开展批评和自我批评，班子民主生活会开出了“辣味”，得到市、区督导组的肯定。街道各级党组织也分别召开专题民生生活会或组织生活会，广大党员接受了一次严格的组织生活洗礼。问题整改立说立行，聚焦“四风”立行立改。针对干部群众意见，开展资金账户清理，纠正账户分散、管理松散的乱象；严格限定公务接待的范围和标准，杜绝非公务接待；制订《局属企业投资建设项目管理办法》，规范投资管理；加强审计监督，防止资金腐败，重点对项目建设投资进行了严格审计。

存在的问题和困难：三湘南湖市场提质改造虽然取得了一些成绩，但市场业态相对落后、配套设施不足、安全隐患较多、企业管理粗放型等突出问题还没有根本改变。发生的“11·29”较大火灾事故，暴露出相关企业落实安全生产制度不严，相关职能部门和干部履行安全监管职责不到位等问题。　（刘武强）

湘湖街道（湘湖管理局）

书　记　陈春旗（2014.01免）
　　　　李明权（2014.01任）
副书记、局长
　　　　欧阳文江（2014.01免）
　　　　唐益人（2014.02任）
副书记、副局长
　　　　朱卫东（2014.06免）
副书记、武装部部长
　　　　陈　新
副书记、纪工委书记、人大工委主任
　　　　毛远强
副局长　熊小明　李雄文
　　　　张　斌　赵　慧（女）
　　　　吴旦伟（2014.03任）
政协联络处主任
　　　　蔡　琼（女）

【民政部政权司领导到西湖社区调研】　3月10日，民政部政权司副司长朱耀根，省民政厅副厅长李劲夫及各市州民政系统有关领导到湘湖街道西湖社区调研社区建设工作。朱耀垠一行参观社区服务大厅及社区各服务阵地，对社区志愿者活动站、金老师工作室、党代表工作室、社区雷锋书屋等进行重点了解，对社区“办公场所最小化，活动场地最大化”的工作理念予以充分肯定。朱耀垠认真翻阅了近7年来的《西湖之家》报纸，通过62期的《西湖之家》了解社区发展的重要活动、社区建设等情况。在参观雷锋书屋时，朱耀垠对社区居民能够主动担任图书整理义工的行为表示赞许，并关心询问居民是否常来读书看报，补充知识。朱耀垠对西湖社区建设工作予以充分肯定，认为社区切实考虑到居民生活所需，提供多样化、个性化的服务，工作很到位，社区金老师工作室、洋义工、爱心存折等特色服务深得居民喜爱，是一个很好的探索。区领导于新凡、吴敏等参加调研。（刘武强）

【省委组织部领导到西湖社区调研党建工作】7月24日，省委组织部副部长蔡建和到西湖社区调研社区基层党建工作。蔡建和一行认真查看西湖社区党建网格构成，详细询问解西湖社区党建网格化工作模式和在职党员进社区活动开展情况。蔡建和强调，要进一步加强社区服务型党组织建设，坚持把“服务”作为社区党组织的基本价值取向和功能定位，完善服务体系，强化服务力量，健全服务机制，提高服务成效，不断提升社区党建工作科学化水平。市委组织部部长程水泉，区领导夏钟剑、周虔等参加调研。（刘武强）

【承办第六届湖南汽车用品交易会】3月1日，由湖南省汽车行业协会主办，三湘汽车用品城、湖南省汽车行业协会汽车配件用品业联合会承办的第六届湖南汽车用品交易会在三湘南湖大市场汽配城举行。交易会以“车饰界·潮生活”为主题，努力为广大汽车用品厂家、经销商搭建友好合作的商贸平台，打造汽车后市场的主题文化。汽车经销、维修、美容400多家单位的主要负责人，与国内众多汽车用品生产厂家及代理商代表现场洽谈业务和集中采购，约2万名市民到现场观摩咨询，直接促成交易额超1000万元，达成合作意向2200万元。此次交易会巩固了三湘南湖大市场汽配城在汽车饰品、配件行业的地位。（刘武强）

【“就业援助月”活动启动】3月4日，由区总工会主办，湘湖街道工会联合会承办，各街道（园区）工会联合会、湘湖街道妇女联合会及东湖社区工会联合会协办的“牵手芙蓉　温暖就业”大型招聘会暨“工会就业援助月”活动启动仪式在上东印象东侧前坪举行。由100家用人单位提供工作岗位1100个，数千名高校毕业生、下岗失业人员、外来务工人员等前来咨询应聘，现场近百人签订就业意向。（刘武强）

【启动“红袖章”美洁家园行动】5月5日，湘湖街道“红袖章”美洁家园行动动员大会在车站北路步步高广场隆重召开。区领导梁仲、夏钟剑、伍艳飞、徐德进、陈碧展出席该次活动。区人大机关、人防办、史志档案局、园林局机关干部志愿者，湘湖街道全体机关干部职工，城管队员，社区全体工作人员，社区居民，辖区企事业单位，非公企业党组织代表，门店从业人员代表，社区义工等各类“红袖章”志愿者队伍400人参加活动。区委书记梁仲作重要讲话，就如何开展好“红袖章”美洁家园行动提出了明确要求，区委副书记夏钟剑为湘湖“红袖章”志愿者服务队授旗，标志着湘湖街道“红袖章”美洁家园行动正式拉开序幕。（刘武强）

【西湖社区再次获评“全国和谐社区建设示范社区”称号】11月2日，民政部网站公布《民政部关于确定全国和谐社区建设示范单位的通知》，湘湖街道西湖社区获得“全国和谐社区建设示范社区”称号，这是西湖社区第二次获此殊荣。2013年和2014年，西湖社区紧紧围绕“打造温馨家园、创建和谐西湖”的目标，坚持从社区实际出发、从群众的需求做起，大力加强社区基础设施建设，完善社区组织结构，健全社区管理机制，强化社区综合服务功能，全力打造社区党建、侨务工作品牌，全面提高社区建设整体工作水平，取得显著成效，得到居民群众普遍好评和各级领导的充分肯定。（刘武强）

【承办诚信文化进市场活动】11月8日，“长沙市诚信文化进市场大型宣传活动”在刚刚改造升级的三湘南湖大市场家电城举行。活动现场，播放以三湘南湖大市场为背景的诚信微电影；发布芙蓉区第三季度诚信红黑榜、善行义举榜，为获得“十佳”星级文明诚信商户进行表彰颁奖，揭晓三湘南湖大市场的“诚信公平秤”。此次活动由市委宣传部、市文明办、芙蓉区文明委主办，区委宣传部、区文明办、湘湖街道和三湘南湖大市场承办。市委常委、宣传部部长张湘涛，区领导梁仲、夏钟剑、罗玉环、伍艳飞等领导出席。张湘涛充分肯定芙蓉区，特别是三湘南湖大市场在推进诚信建设方面取得的成绩，要求芙蓉区继续努力探索，不断创新工作方法，深入推进诚信文化建设，建设更高水准的文明城区，为长沙率先建成"三市"、强力实施"三倍"、大步践行"六个走在前列"、加快推进现代化进程，做出新的贡献。来自三湘南湖大市场的商户代表、芙蓉区各行业代表以及市民群众500人参加宣传活动。（刘武强）

【三湘南湖大市场"11·29"火灾事故】2014年11月29日16时30分，湘鑫钢结构公司施工人员在三湘南湖大市场家电城2幢阁楼楼顶切割通风口时违规作业，导致起火，火势蔓延迅速，接到报警后，市区领导、消防、公安、街道和市场工作人员立即赶赴现场组织救援。经消防官兵、公安民警和当地干部群众合力救援，火灾于当晚22时许得到控制，11月30日凌晨0时30分基本扑灭，火灾造成直接经济损失2496.9万元，没有发生人员伤亡。火灾发生后，省市领导高度关注，市区两级连夜召开紧急调度会，对火灾事故善后工作进行安排部署，区主要领导坐镇现场指挥善后工作，区直相关部门和湘湖街道全力以赴投入事故善后工作，迅速从"现场管控、紧急救济救助、现场勘灾定损、市场秩序恢复、商户情绪稳控、受灾楼幢处置、消防安全整改"等七个方面开展善后工作，有效确保了商户情绪的总体稳定和市场秩序的大局平稳。此次火灾事故的发生充分暴露了相关单位和责任人员安全生产意识淡薄、安全设施不足、安全生产制度落实不严、安全监管不力等突出问题，相关人员受到相应处分。（刘武强）

定王台街道

【概况】定王台街道下辖丰泉古井、金沙里、黄泥街、宝南街、藩后街、走马楼、马王街、化龙池、浏正街9个社区，辖区面积1.42平方公里。家庭户1.86万户，户籍人口6.58万人，常住人口5.93万人，人口自然增长率9.14‰。2014年，街道强势推进"中部第一街道"，积极争当"六个走在前列"大竞赛活动排头兵，在建项目抓服务，拟建项目抓包装，建成项目抓招商，实现楼宇经济由招商引资到招商选资的转变，确保全年各级经济指标任务完成；努力建设历史文化名城街区，做好维修改造和招商工作，努力融合衙署文化、王府文化、公馆文化、学府文化、餐饮文化和戏曲文化等6种元素，打造"最长沙"的历史街区；维护社会稳定、创新社会管理，及时掌握街道网格化智能服务平台"网格服务e点通"的进度和相关情况，深入社区、深入群众开展矛盾纠纷的排查调处，全力做好不稳定因素的排查，确保各项社会事业走在前列；实施"红色网格连心服务工程"，充分发挥党员在基层服务型党组织建设中的先进性和主体作用，激发各级党组织的整体合力，开好让群众满意的"直通车"。年内，获评市经济社会发展综合实力十强街道、市城管工作十佳街道、全国和谐社区建设示范街道、市计生工作模范街道、市综治工作红旗街道、全市创建国家公共文化服务示范区建设先进单位等荣誉称号。

经济指标全面完成。2014年，街道工业总产值完成6.21亿元，规模工业总产值4.47亿元；完成社会消费品零售总额167.17亿元，限额以上商贸业社会消费品零售总额82.75亿元；完成社会固定资产投资74.80亿元，为年度目标任务的100.86%，其中，市外境内固定资产投资27.5亿元，占年度目标任务的102%，省外到位资金完成14亿元，为年度目标任务的116%；全年完成税收22亿元，同比增长21.3%，确保税收及时足额入库。

项目建设稳步推进。积极推进重点项目建设，对在建的项目长沙国金中心、丰盛时代广场、世贸广场、报业文化大厦、泰贞国际项目深化服务。都正街历史文化街区改造项目一期工程基本结束，并于年底揭幕。街道有27幢大型商务楼宇，入住金融、证券、保险企业共65家，其中，总部17家，世界500强企业8家。有亿元楼宇5幢，税收过千万元楼宇12幢。税收超亿元的楼宇有中石油大厦、中天广场和顺天财富中心、名汇达、新闻大厦。8月，中石油大厦被区政府授予"总部大楼"称号，中天广场被授予"金融大楼"称号。

文明创建常态长效。进一步完善组织领导体系，全面推进"红袖章"网格化服务，全街干部职工实行网格化管理；街道研发的"GIS云网"（采用中心调度指挥模式，以信息员对应社区的原则，通过385个探头实时监测，及时发现辖区内监控城市管理乱象的智能化城管系统）为文明创建和城市管理提供精细化服务，制订落实各社区每月文明创建及城市管理的排名制度，形成具有定王台街道区域特色的文明创建“网络联动管理”模式，在全区文明创建工作季度排名中，街道获评第一、二季度全区排名第一的成绩。特色活动鲜明、道德典型突出，举办两次邻里节主题活动，被中国文明网报道推介；化龙池社区居民段如意获评“长沙十大孝星”称号。

城市管理严格到位。街道坚持以“固态模式引领、合理划片助推、机动力量攻坚”为突破口，形成了具有定王台特色的“城管新气象”。7月，全面打造智能化城管，融合公安天网技术升级系统的全程监控，打造全新的GSI云网，推进城市管理工作超前发展。全年受理市数字化指挥中心交办有关民生重点、难点、热点问题的案卷1.57万件，受理案卷办结率为99.9%。《湖南日报》《长沙晚报》等媒体对全市首个智能化城市管理平台进行了宣传报道。

信访维稳措施得力。做好防范和处置群体事件、突发事件及非法上访工作，各类事件得到妥善处置，成功调解明诚国际大厦长沙瑞厚进出口公司拖欠工程款等18起重大群体性事件。坚持及时接访，耐心劝访，年内接访、劝访60次；充分发挥社会矛盾纠纷调处中心的作用，全年调处各类矛盾纠纷169起，街道范围内未发生民转刑命案。做好“拒绝邪教、崇尚科学”的宣传工作，加大力度做好“两会期间”“4·25”“5·13”“6·4”“7·22”等各敏感期邪教防控预案及邪教重点人员防控工作。

确保安全生产万无一失。严格落实安全生产责任制，重点整治人员密集场所消防安全疏散通道和安全出口，完善消防防火患设施。重点排查化龙池酒吧46家、宝南街手机市场11家、定王台书市120家，并对全街辖区内的56家中小型家庭旅馆进行消防排查。由街道组织55个检查组，167人次开展针对消防、建筑工地、装饰装修、危险房屋、楼宇外墙高空作业等行业领域的安全生产检查工作，检查单位、企业842家，处理违规生产行为12起，各类隐患58处，排查出全街危险房屋80处。

民生状况不断优化。2014年，街道切实关注和解决民生问题，狠抓各项工作的落实，全年办理社保补贴近300人次共计250万元，为1257人次的失业金领取者进行失业金领取认证，发放失业金128.9万元。年内，举办各类企业培训10期，培训技能人员650人，新增就业岗位开发1510个。街道及各社区干部职工走访慰问困难群众2100户，发放米油等物品1520份，送出慰问金30万元。获评全国和谐社区建设示范街道，通过长沙市政务中心标准化建设和长沙市街道人力资源和社会保障公共服务平台标准化建设达标验收。

计生服务贴心周到。街道注重投入，增强配备，从日常管理入手，开拓创新，扎实工作，年内办理准生证762本，其中，一孩证664本，二孩证98本，符合政策生育率98.56%；组织已婚育龄妇女查环孕检4230人，免费优生检测1545对；建立居民健康档案6万份；新婚或待孕对象发放叶酸543瓶，向早孕对象发放叶酸735瓶，产妇建卡1113份；辖区新生儿1030人，接种一类疫苗3851人次，接种二类疫苗3600人次，接种率达95%以上。举办各类健康知识讲座80次，发放各类宣传资料2万份，开展各类巡查，制作卫生监督协管记录表382张，制作卫生监督意见书60张。

教育实践活动实效明显。定王台街道党工委高度重视中共群众路线教育实践活动。“一把手”率先垂范，带头学习整改，自我剖析反思；班子成员积极配合，扎实推进各阶段工作；街道教育实践活动做到了边学边改，立行立改，不走过场，实效明显，得到省、市督导组的高度肯定。教育实践活动中，组织学习7次，撰写心得体会80篇，征求各类意见建议440条，出台专项整治文件15个，完善各项规章制度45项，整改效果明显。1—11月，街道公务用车维护费同比下降10.3%，公务接待费同比下降50%，会议费同比下降78.4%。

宣传文体争先进。全年在市区媒体发表新闻报道稿件200篇，在市级刊物《长沙通信》《决策与咨询》上发表调研文章2篇。“文化惠民”硕果累累。3月，街道文化站获评全市创建国家公共文化服务示范区建设先进单位称号；全年举办“请来都正街，欢乐闹元宵”等10场大型广场文化活动，在全区“全民健身活动日”比赛中，连续三年取得全区广播体操第一名。

存在的问题与不足：老旧社区改造问题突出，停车难、店外经营顽疾难以根治；机关干部作风与人民群众期待还有较大差距，有待提高；经济发展转型效果不明显，发展质量有待提高。

（蔡益　范波）

定王台街道

书　　记　练大智
副 书 记　尹卫东（2014.03 免）
　　　　　孔　干　杨　兵
　　　　　黎国辉（2014.03 任）
工委委员　徐一斌
　　　　　纪岳亮（2014.03 免）
　　　　　袁　曦（女）（2014.03 任）
主　　任　尹卫东（2014.03 免）
　　　　　孔　干（2014.03 任）
副 主 任　吴齐成（2014.03 任）
　　　　　王桂红（女）胡　超
　　　　　陈　璞（2014.03 任）
　　　　　李　睿
　　　　　袁　曦（女）（2014.03 免）

【省政府领导到定王台街道检查消防安全工作】 12 月 25 日，湖南省政府副秘书长、省政府政研室主任虢正贵带领副区长蔡冰、区公安局局长王建元、副区长彭娟、副区长许凡到定王台街道检查消防安全工作。检查组一行重点检查辖区内乐和城中心购物广场及水木年华酒吧，对这几处单位的消防设施器材配备、消防设备控制运行、消防安全宣传教育等工作进行了详细检查，并询问相关负责人消防安全责任制落实情况，对定王台街道节日期间针对消防安全采取的各项措施给予肯定。副秘书长虢正贵在检查中强调，各级、各部门都要对消防安全工作常抓不懈，进一步增强消防安全意识，抓好消防安全主体责任落实，全力消除各类安全隐患，全力确保人民群众生命财产安全。定王台街道工委书记练大智、办事处主任孔干参加检查活动。（范　波）

【省、市领导到浏正街小学检查双拥创建工作】 12 月 4 日，湖南省军区政治部副主任刘明建、市委副书记张迎龙、市警备区政治部主任曹清军、市民政局局长曹再兴等领导一行到浏正街小学检查双拥创建工作。检查组一行先后参观了浏正街小学的少年警校文化墙、儿童画展示区、乒乓球馆及学校特色项目展示门厅，听取学校负责人介绍相关历史和办学特色。在主席台上，各位领导饶有兴趣地观看了学生军事训练，学生们的精彩表现赢得各位领导的掌声。浏正街小学是创建于 1946 年的名特老校。1992 年，由武警湖南省总队、芙蓉区委、区政府、区武装部、区教育局共同与该校联合创办了长沙市第一所也是至今唯一一所少年武警学校。该校每学期组织一次军事训练，在培养学生的军事素质和增强国防意识方面起到了重要作用，得到社会各界的好评。区委书记梁仲、副区长蔡冰参加检查活动。（范　波）

【市委督导组督察定王台街道群众路线教育实践活动】 6 月 26 日，市委中共群众路线教育实践活动第五督导组副长彭鉴西一行到定王台街道进行专题调研。督导组一行到定王台街道化龙池社区察看教育实践活动开展情况，查阅活动资料，听取社区书记朱泽蓉关于中共群众路线教育实践活动第一阶段工作汇报。彭鉴西充分肯定化龙池社区开展中共群众路线教育实践活动各 项工作，特别赞扬了社区在酒吧一条街环境治理中多方参与的举措，认为此举有效地解决噪音扰民问题，为周围居民群众办了件大实事，说明社区群众路线教育实践活动不走过场，注重实效。督导组一行在街道工委书记练大智的引导下到都正街历史文化街区项目现场参观，实地查看项目建设情况。督导组领导还观看都正街相关影片资料，认真听取社区“特邀主任”余东海介绍都正街拆迁改造过程中依靠居民群众全程参与的做法，并给予高度评价。区委组织部部长、统战部部长周度，区委组织部副部长田松柏等参加调研。（范　波）

【市纪委书记李军到街道调研廉政文化】 6 月 10 日，市委常委、纪委书记李军率市纪委常委及长沙六区三县纪委书记到访定王台街道调研党风廉政建设工作。李军书记一行实地察看丰泉古井社区廉政文化广场、解放西路白果园历史文化街巷、东茅街廉政门联及社区廉政书画作品，并仔细观看定王台街道党风廉政建设工作宣传片。李军赞许定王台街道党风廉政建设的做法，特别肯定廉政文化进社区的举措，并强调各街道、社区要高度重视党风廉政建设工作，完善规章制度，形成长效机制，同时要与开展的群众路线教育实践活动结合起来，与为老百姓办实事结合起来，真正形成风清气正、廉洁务实的工作作风。区委书记梁仲，区纪委书记廖铁成等领导参加调研。（范　波）

【市领导调研程潜公馆旧址修缮】 11 月 19 日，副市长夏建平带领市文物局、文广新局等部门负责人到位于定王台街道的程潜公馆旧址调研，研究旧址修缮工作。夏建平一行实地参观程潜公馆旧址，听取丰泉古井社区书记龙欣介绍公馆相关历史及管理情况并主持召开修缮程潜公馆旧址座谈会，市文物局、文广新局负责人就程潜公馆修缮提出了具体思路和详细方案。副区长张庆和表示将全力配合相关部门工作，确保改造工程质量，同时也指出施工中存在的问题和困难。夏建平对市、区相关部门保护程潜公馆旧址所做的工作给予充分肯定，他强调要继续加大保护力度，努力将程潜公馆旧址打造成为长沙历史文化名城新的名片。

（范 波）

【化龙池酒吧自治协会成立】 6月5日，由市环保局、化龙池社区居委会组织酒吧街业主在社区召开会议。会上，社区主任陈戎通报各酒吧经营情况，定王台城管中队就酒吧环保问题进行通报，环保局领导宣读严防化龙池酒吧环境噪音惩治措施。与会人员围绕酒吧环保问题展开了讨论，大家一致认可成立酒吧自治协会，由各酒吧业主进行民主投票，选举会长和副会长。最后，会长由K2酒吧、喜马拉雅酒吧经营者李云龙担任，6名得票居前的经营业主担任副会长。该协会致力于打造酒吧文化，规范行业经营，提高从业人员素质，确保消防安全。

（范 波）

【举办化龙池酒吧文化节】 6月28日，由长沙晚报报业集团联合市旅游局、市商务局、芙蓉区政府、定王台街道、喜力啤酒共同举办的湖南长沙化龙池酒吧文化节开幕。该次文化节以第20届世界杯足球赛为契机，以“追求时尚消费、品味酒吧文化”为主题，在6月28日至7月13日开展观看世界杯有奖竞猜、赠送酒水等促销活动，奖品包括足球造型冰箱、迷你桌上足球、喜力车载冰箱、球衣等，将化龙池个性鲜明的酒吧呈现给广大消费者。市商务局副局长王红、副区长彭娟和区商务局副局长李延安出席揭幕仪式。

（范 波）

【“盛夏盛情送岗位 自强自立向未来”专场招聘会】 6月10日，定王台街道在中天广场前坪举办“盛夏盛情送岗位，自强自立向未来”专场招聘会。此次招聘会，秉承以为民务实开展群众路线教育实践活动为主旨，经过前期的精心准备，在区人力资源和社会保障局、区社会救助局的支持和协助下，以面向全街零就业家庭、低保家庭成员为主要聘用对象，精选80家劳动密集型企业，提供物业管理、物流公司保管员、酒店停车管理员等近1500个岗位，组织600名需就业人员进行应聘，吸引求职者纷纷前来咨询、应聘，有230人填写“求职人员登记表”，35人与用工单位现场签定用工意向书。（范 波）

【组建评理帮帮团】 2014年，定王台街道邀请热心公益事业、有奉献精神的当地居民(老党员、老干部、老教师、老军人、老楼幢)组建一支100余人的“说句公道话”评理帮帮团，专门调解身边没人管、管不了、管不好的烦事和难事，全程提供免费服务。评理帮帮团还经常对辖区内存在的安全隐患、楼幢卫生等焦点、热点问题进行评论，并组织检查卫生和义务巡逻等，把矛盾纠纷化解在老百姓的家门口。该机制推行以来，已受理并化解了近60桩纠纷。

（范 波）

韭菜园街道

【概况】 韭菜园街道下辖蓉园、军区、汤家岭、桐荫里、八一桥5个社区，区域面积3.2平方公里，家庭户1.6万户，户籍人口4.13万人，常住人口3.1万人，人口自然增长率3.1‰。2014年，街道以中共十八届三中、四中全会精神为统领，全面投身“六个走在前列”大竞赛活动，攻坚克难，推动项目建设；转型升级；强化综合治税；直通直达，做实群众工作；创新社会管理，构建社区服务品牌；科学管理，落实目标责任制，全面推动“首善之街”取得新进展。年内，获评市文明示范街、市优秀达标服务中心、市创业服务之星、市学以创业先锋、市人口均等化示范街道、市十佳调节室、市义务献血先进单位等荣誉称号。新闻宣传工作全区排名第一，财政工作被评为区级目标管理先进单位。

完成年度经济指标。全年街道实现工业总产值4.73亿元，比上年增长13.5%；其中，规模以上工业总产值3.87亿元，增长14.3%。完成社会消费品零售总额31.07亿元，占年度预定目标83.2%；限额以上商贸业社会消费品零售总额19.46亿元；限额以上批发企业商品销售额67.40亿元，增长17.1%。完成税收6.03亿元。完成全社会固定资产投资19.2亿元，增长54.8%。实际到位外资2650万美元。

优结构抓安全。街道依托CBD区域优势和便捷交通，以实现“腾笼换鸟”为理念，完成全国第三次经济普查，摸清亚大时代等楼宇企业外迁和新建长城、湘邮等楼宇的招商和竣工情况，指导招商，统筹调度，优化结构。积极搭建银企平台，成立经贸联盟，为企业开辟绿色通道、设立微创业实践基地、扶持小微企业、圆大学生创业之梦。培植新增税源，增设街道机关国税和向阳门第地税两个委托代征点，提供便捷纳税服务。积极推进安全知识进学校、进社区、进农村、进企业、进家庭“五进”教育，确保“安全”GDP。加大安全生产监管力度，执行安检单位853个，912次，查处隐患17处，下达限期整改文书9份，执法质量检查列全区第一。在长沙地铁开通前，组织600多名市民、学生参加首次地铁站突发事件应急演练和芙蓉区安全生产应急预案实战演练。

基础设施建设。3月，街道领导换届后，积极推进九如巷拆迁项目扫尾工作；协调解决壹廷项目停工搁置遗留问题，完成黄土塘棚户区约1300户拆迁项目的前期调查摸底。为改善辖区居住环境，加固桐荫里90号重点危墙，重修桐荫里部分化粪池，增建小区花坛、座椅、4条健身路径、2套室外乒乓球台和室内健身器材，设立残疾人居家养老服务中心，并针对辖区绿化不足现状在重点主次干道如五一路、八一路、银华酒店路段完成补绿提质。完成街道服务中心达标建设，增设食堂，修建厨卫设施，改变街道老、旧环境面貌。

城市管理执法。实行网格化定格定人管理路段，对违章建筑、黑车营运、违规停车、店外经营、流动摊贩零容忍治理。加大宣传力度，搭建微信平台，鼓励全民参与。全年拆除新建违章建筑4处，及时制止违章搭建行为10次。开展黑车营运专项整治6次，出动执法人员100人，处罚违法经营黑车30台。发放规范停车“温馨提示卡”2000份。处罚违规经营人员300人次。月排查、季整治，年内上报设施缺损信息4000条，及时解决问题3000个。为畅通群众参与渠道，率先设立全市第一个“文明随手拍”微信平台。联合湖南大学、八一路小学、湘一芙蓉中学、街道执法中队共同建立社会体验基地，通过开展“一日城管”等活动，让学生、市民零距离体验城市管理。落实“红袖章”行动，完成全年文明指数测评。

综合治理目标管理。全年调处纠纷37起，涉案资金300万元，其中，重大纠纷8起，成功率达100%。较好地解决湘邮阳光权问题（向9户居民发放补偿费60万元）以及小天鹅宾馆、金牛角王中西餐厅和长城宾馆等一系列纠纷，有效地维护辖区和谐稳定。年内，发案341起，同比上升2.4%。街道组织及时排查，做到“小矛盾不出社区，大纠纷不出街道”，全年无一例进京上访和吸毒事件发生。辖区城市户籍在册社区矫正对象有25人，无脱管、漏管、重新犯罪现象发生。年内，创建无邪教社区——军区社区。完成年初计划的110人民兵分队组建工作。在普法宣传进社区活动中，制作板报专刊24期、横幅标语200条，发放宣传资料5000份，与辖区单位签订综合治理目标管理责任书80份，接受法律咨询20次。

社会保障服务。全年实现失业人员再就业419人，完成年初计划的142%；就业困难对象再就业199人，完成172%，零就业家庭动态就业援助100%。创业培训29人，完成145%；企业职业培训132人，完成165%；再就业培训35人，完成100%；办理小额担保贷款5笔计40万元；发放灵活就业人员社会保险补贴86人，34万元；采集劳动力资源个人信息19920条，单位信息386条；办理就业失业登记证93本，完成年审859本。城镇居民养老保险参保159人，缴费率100%；征缴城镇居民基金2.55万元，完成243%；5871人参加城镇居民医疗保险，征缴基金402284元，缴费率100%；申办医疗特困救助7户，7人办理小型服务行业工作保险，办理失业证69本，失业人员认证718人，申报失业人员技能培训补助1.02万元。完成辖区179家单位网络化和网格化“两网化”系统录入工作，专项调查辖区20家企业人工成本和企业用工薪酬，处理辖区劳动人事争议7起。

民生服务。全年开展退休人员活动12次，办理企业退休人员认证1675名，代发民政工资960万元。走访慰问困难家庭419户，发放慰问金12.2万元，米油440份。为蕴钰、周晶等发放助学金3万元。发放殡葬补助1万元。募集国家工作人员慈善基金2万元。为辖区80位高龄老人，发放补贴9.6万元。全街低保对象121户，209人，发放城市居民低保金78870元，完成低保认证58户；大病救助44户，其中，低保家庭26户，发放救助金10.42万元；精神病人救助87人次，8734.3元；救急难“一门受理”慈善助学16户，4.6万元；慈善助老25人，5000元。实现公共租赁住房24套，廉租住房补贴10户。

计生服务。以网格管理为平台，建立全员人口信息库，核实修改系统中13125条未匹配数据，网格关联率达 99%。清查流动人口 7800 人，核实湘籍入粤反馈出生未报 341 人次。办理“一孩准生证”252 本，“再生育证”64 本，“流动人口生育证”26 本，“独生子女证”93 本。已婚妇女接受普查 1991 人，普查率 40%，其中有 260 例患病。失独家庭“话家常，解心扉”走访慰问 20 人；全年发放奖励扶助资金 31 万元；323 户独生子女保健对象奖励扶助金 36780 元。春节慰问特困家庭 19 户，发放慰问金 7100 元。开展“婚育新风进万家”活动，举办培训 56 次，孕前优生检查 160 对，发放宣传资料 3000 份，上门宣传服务 100 次。全面推进“阳光计生行动”，使计生“12356”阳光服务深入民心。

宣传和文体活动。街道新建组宣办，公开招聘英才，组建 27 人信息队伍，出台奖励办法，完善工作机制。全年发表新闻、信息、署名文章 124 篇，其中市级 26 篇，全区排名第一。街道获评芙蓉区第六届全民运动会最佳组织奖，广播体操一等奖、羽毛球第二名、自行车第九名四项优异成绩。推出民俗文化进社区、“送戏、送电影下社区”等惠民活动；主办“邻里守望，崇德向上”“文化志愿广场”“向国旗敬礼，做友善少年”等系列活动。在芙蓉区第四届艺术节总决赛中，由街道选送的木芙蓉艺术团的《志愿者之光》、省老干艺术团的《我是一支歌》、风采艺术团的《银铃大歌》分别获评一、二等奖。

基层党建。截至年底，街道有基层党组织 63 个，党员 1069 名，其中新党员 14 名。街道坚持“党建引领、区域联动、资源共享”的工作理念，各社区结合群众工作直通车工程，创新开辟了“先锋家园”“圆梦快递”“锋善之旅”等党建服务平台，积极引导辖区在职党员们发挥自身特长，服务人民群众。以党员到社区“报到领岗”“组团服务”等方式参与志愿服务，以“党员服务银行”“积分制”激发活力。全年在职党员到社区报到人数近 3000 人，开展大型主题活动近 20 次，参与社区建设及群众服务集中活动 545 人次。街道通过与市直、区直部门结对共建提升党建水平，与非公企业党支部联点共建强化服务职能。积极指导汤家岭社区和银华物业创建红旗党组织。在巩固党报党刊、社区报、宣传栏等固有宣传阵地的基础上，搭建微信、QQ 群等信息平台。坚持“三会一课”、周五课堂，用多元化教育方式提升党员、干部理论水平。

践行中共群众路线。年内，认真落实推行干部联点驻村，公开联系方式、公开岗位责任、公开监督机制、公开考核方法的“一推行四公开”工作制度和“直通车”工程，以践行中共群众路线教育实践活动，严格落实党风廉政建设为己任，通过观看《焦裕禄》《袁隆平》等宣传片，参观刘少奇故居、走访省监狱、开办“周五课堂”、开展典型报告会，认真开展对照检查、查摆问题、整改落实，举办主题活动 21 次。对外以“直通车”定网定人的方式，深入基层群众，汇集社情民意；对内规范管理，完善机制，出台奖惩措施，狠抓“四风”问题，建立健全督察、举报、投诉、通报等监督机制。

社区建设。2014 年，蓉园社区获评湖南省两型创建单位、市首批文明创建示范社区、市级职工书屋示范点称号；军区社区获评市级绿色社区、和谐社区建设示范单位、两型创建示范社区、社区特色服务品牌、创雷锋号志愿服务站、节能环保示范社区、安全社区创建示范单位、省人防办“五进”教育示范社区称号；八一桥社区获评市级残联三星级社区称号；汤家岭社区获评市“发挥五老作用”示范阵地、市文化活动示范阵地、市开放式物业示范社区称号；桐荫里社区获评市流动人口与出租屋管理示范站、市开放式社区物业服务样板社区等荣誉称号。

存在的困难和问题：街道地处长沙市老城区中心地段，占地面积小，人口密集，流动人口多，交通拥堵；商务楼宇建设年代较早、专业化程度较低，行业跨度较大，楼宇经营规模不一、受诸多因素制约，招商引资，整体提质困难，经济增速缓慢，潜力不足；在建工程和规划项目短期不能产生效益，税源不足，税收压力大；党建工作存在直管党员年龄偏大，组织生活难开展，党建经费保障困难；受人事变动影响，工作交接过程中的一些潜在问题有待解决。

（董春梅）

韭菜园街道

书　　记　肖　磊（2014.03 免）
　　　　　徐青春（2014.03 任）
副 书 记　饶　诚（2014.03 免）
　　　　　王庄（女，2014.03 任）
　　　　　李典（2014.03 免）
　　　　　张亮（女，2014.03 任）
　　　　　张文彪　刘彦（女）
工委委员　陈　彪　宋　闵（女）
　　　　　张　亮（女）
主　　任　饶诚（2014.03 免）
　　　　　王庄（女）（2014.03 任）
副 主 任　易忠兰（女）　汪利忠
　　　　　诸怡君（女）
　　　　　杨友林（2014.03 任）

【徐守盛到蓉园看望慰问干部群众】 2月7日是马年春节长假后的第一个工作日。上午，湖南省委书记、省人大常委会主任徐守盛来到芙蓉区蓉园社区服务中心、蓉园派出所，亲切看望慰问在一线工作的社区工作人员、公安民警和居民群众，并送上新春祝福。徐守盛充分肯定了蓉园社区为省委机关周围创造和谐安定的环境做出的成绩，并向社区的同志们表示感谢。他强调：基层工作很繁琐，活动多，难度大，既要讲服务，又要讲境界，还要讲带头，很辛苦，很重要。更重要的是社会需要这样一批扎根基层、乐于奉献的人。如果没有这样一批人，湖南想发展，想富民强省、想搞好，那很困难。所以，大家工作在基层非常光荣。省委常委、省委秘书长韩永文，省委办公厅等相关负责人参加慰问活动。

（董春梅）

【市长胡衡华调研黄土塘棚户区改造项目】 7月13日，市长胡衡华到韭菜园街道黄土塘棚户区调研。他勘察黄土塘部分严重破损的危房，详细询问片区规划情况，听取区棚改办等部门的汇报。胡衡华指出，棚户区改造是全年的一项重点工作，也是政府为百姓办实事的一件大事，要确保棚改工作在平稳有序中进行，切实把市委、市政府的惠民工程落到实处，改善居民的生活环境，提升居民的幸福感。为此，他要求：各级部门必须提高认识、高度重视积极回应群众关切的问题；密切配合、协同作战，以创新的理念、方式和机制实施好棚改各项工作；要切实保证科学规划、和谐有序地推进棚改工作。副市长姚英杰、区长于新凡、街道工委书记徐青春等参加调研。

（董春梅）

【市委组织部部长程水泉调研蓉园社区党建工作】 3月4日，市委组织部部长程水泉到韭菜园街道蓉园社区调研基层党建工作。蓉园社区书记诸怡君汇报了基层服务型党组织建设情况和下一步工作计划。程水泉重点询问社区工作经费保障、工作人员待遇、困难党员群众帮扶、在职党员进社区情况，他充分肯定“红袖章志愿服务队”“平安小喇叭”邻里守望服务队、美洁家园等行动，并当场捐出2000元善款慰问困难群众。（董春梅）

【市总工会主席张建国走访八一桥社区困难群众】 春节前夕，市人大常委副主席、市总工会主席张建国走访慰问八一桥社区，看望慰问社区工作人员和市总工会“一推行四公开”驻社区群众工作组的同志，并为黄土塘70号82岁的特困户杨满秀老人送去慰问金和慰问物资。

（董春梅）

【梁仲督办九如巷棚改项目】 6月17日，区委书记梁仲到韭菜园街道九如巷督办棚改项目进展情况。梁仲现场听取了棚改工作情况汇报，仔细询问项目建设中遇到的困难，肯定已取得的成绩，并强调棚户区改造是党和国家改善民生的重大举措，是政府实现旧城改造的重点工程，要继续加大力度，创新方法，力争项目高质量完成。区委办公室副主任罗希奠、街道工委书记徐青春、办事处主任王庄、工委副书记张文彪、工委副书记刘彦共同参加。（董春梅）

【周虔调研街道党建工作】 9月22日，区委组织部部长、统战部部长周虔到韭菜园街道桐荫里社区、八一桥社区调研基层党建工作。周虔仔细询问了社区党建网格化管理、非公党建、先进党员推荐、党员队伍建设、社区经费保障、基层工作人员待遇、工作队伍构建等情况，并同街道和社区人员共同探讨社区办公面积不足问题的解决方法，鼓励街道和社区要克服困难，以“软件”补“硬件”的短板。区委组织部副部长田松柏、街道党工委书记徐青春、街道主任王庄等参加调研。（董春梅）

【建设“首善之街”】 早在1995年韭菜园街道就享有“中国街道之星”的美誉。承载历史的荣光，街道以科学发展观为统揽，以服务群众为宗旨，全力推进“首善之街”建设。2014年，街道着力在三个方面抓落实：“和”——多项举措促和谐。“圆梦快递”通过收集派发将涵盖居民生活方方面面的诉求心愿落实到位；“阳光巢”计划让上门服务的温暖直达老人；“直通车”结对困难群众扶危济困；在职党员进社区报到领岗，提供便民服务，营造辖区和谐氛围。“爱”——友爱互助见真情。为发挥志愿服务实践育人的功能，街道增设高校、NGO（志愿者社团）、街道内志愿服务队的服务快线，在义务家教、心理咨询、家政服务、健康护航、基金捐助等互帮互助活动中传递爱意。“美”——共同参与创建城市环境美。顺应媒体时代的新潮，街道在全市率先设立首个“文明随手拍”微信平台，畅通居民参与社会管理途经，使人民群众成为美洁家园环境的“监视器”，有效弥补网格化监管的短板；设立社会体验基地，让市民通过多种形式共同参与文明创建。（董春梅）

【完成全国第三次经济普查任务】 自2013年8月至2014年6月底，韭菜园街道经过前期准备、清查摸底、正式普查和数据汇总四个阶段，在上级的支持指导和街道全体普查人员的共同努力下，完成全国第三次经济普查本辖区的普查任务。此次普查，全面采用手持电子终端设备(PDA)进行电子录入登记。普查结果显示：辖区登记法人单位878家，产业活动单位142家，个体经营户1951家，比对清查阶段法人及产业活动单位803家，个体户1630家，分别增长27.02%和19.69%。较好地完成普查工作任务。（董春梅）

【盘活楼宇促经济转型升级】 韭菜园街道地处中心城区，辖区机关单位多，商业网点少，土地资源稀缺，楼宇经济成为实现税收的主要途径。街道现有亚大时代、信息大楼、银华大厦、粮贸大厦、昊天大厦、锦华时代、日出东方大厦、天佑大厦、瑞源大厦9幢约23.3万平方米商务楼宇，其中，企业租用和自用营业面积占19.7万平方米，入住企业297家，平均入住率80%。作为中心城区CBD楼宇形成了以金融、商贸、现代服务为主的格局，每年税收占全年的50%。年内，街道全力优化综合环境、改善配套设施、提升整体规划、盘活楼宇、联合招商、高端引进、加快项目建设，实现楼宇经济转型升级。（董春梅）

【长沙市首个城管微信平台】 4月，街道率先在全市设立24小时接受群众反映问题的“随手拍”城管微信平台，方便居民随时反馈手机拍下的辖区内违章问题和有损市容环境的不文明行为。由街道组织每月评选最佳“拍客”，并予以奖励。截至年末，微信平台解决了涵盖违章搭建、园林绿化、占道停车、流动摊贩、堆物、牛皮癣等1100多个问题，真正实现了城市管理共同参与，文明创建“人人有责”。（董春梅）

【快速检测“助”食安】 3月12日是食品检测开放日。街道食品安全专干携“食品安全快速检测箱”在辖区清水塘菜市场为市民提供包括注水猪肉、蔬菜农药残留、米粉吊白块、海产品、肉制品、酒等快速检测服务，并现场指导居民肉、米等的选购和蔬菜残留农药的去除方法。在八一路小学，教孩子们如何利用试纸、仪器辨别食品真伪，提醒孩子们路边摊点存在的食品安全隐患，教育孩子们把好“入口”关。（董春梅）

【开展爱心助残】 为迎接“全国助残日”的到来，5月13日，街道举办了由市、区领导、人大代表、政协委员以及社会各界爱心人士和数十位残疾人代表共同参加的“相聚五月，助残济困”活动。现场为八一桥社区12年前不幸患上绝症的24岁女孩曹晶晶募得11386元善款。6月3日，联系长沙市爱尔眼科医院，在八一桥社区开展残疾人免费上门检查服务。7月，街道设在八一桥社区的残疾人康复活动中心正式对外开放，实现了残疾人居家养老的心愿。为鼓励残疾人积极就业，街道先后举办技能培训活动4场次，并为14名残疾人落实最低生活保障金，为33名特困残疾人开展一对一结对帮扶服务。（董春梅）

【引进太阳能“灭蚊神灯”】 9月15日，由街道引进的首批灭蚊灯在桐荫里社区绿化带和广场全部安装到位。太阳能“灭蚊神灯”白天自动关闭灯光，吸收太阳能贮电，夜晚自动启动太阳能紫外线光源，产生“光生伏打”效应，诱杀害虫雌体，杜绝害虫繁殖。这种新型节能环保的灭蚊方法，在杀灭害虫的同时，有效减少了农药的大量使用，减少了污染，保护了环境，减少了蚊虫传播的疾病的发生。（董春梅）

文艺路街道

【概况】 文艺路街道下辖识字里、文艺新村、韭菜园、乔庄、东广济桥、湘府、南元宫7个社区，总面积约1.08平方公里，总人口数4.54万人，其中，家庭户1.32万户，户籍人口3.92万人，常住人口3.8万人，人口自然增长率4.78‰。2014年，街道把握经济建设“一个中心”，突出作风建设和群众路线“两个重点”，做好服务基层、服务群众、服务企业“三项服务”，继续深入实施“产业兴街、特色亮街、管理强街、和谐立街”的发展战略。抓项目，强服务，确保街域经济平稳提升；抓创建，优环境，推动城市管理工作创新；抓民生，重实效，促进群众工作和谐共进；抓作风，促效能，激发机关干部工作活力，努力将街道建设成为全市“经济强街、城管名街、宜居老街、和谐新街”。年内，街道获评省安全生产示范街道、省城市街道区域化团建工作示范点、市综治工作先进单位、市计生优质服务模范街道等称号，被评为全区绩效考核一类街道。

负重争先，街域经济高位运行。2014年，街道完成总税收11.23亿元，完成全社会固定资产投资8.16亿元，完成年计划102.1%；完成社会消费品零售总额59.04亿元，完成年计划94.4%；完成市外境内固定资产投资9.21亿元，完成年计划111%；实际到位外资2650万美元，完成年计划100%；完成规模以上工业总产值3.86亿元；完成限额以上批发企业销售额418.75亿元，同比增长12.6%，完成年计划98.2%；全年培育高科技产值达到24.16亿元，R&D经费9898万元，新增高新企业5家；做好第三次经普工作，获评市全国第三次经济普查目标考核优秀单位称号，完成2014年地区生产总值能耗降低率目标，各项经济指标均完成区内目标任务。

常态创建，城市管理更加有序。创新城市管理网格化模式，分片管理，守点控制，机动巡查，社区联动，全员覆盖。强化城管综合整治，全年收缴流动摊贩840个、违规招牌、广告灯箱400个；落实门前三包责任制，强力规范早夜市，每周定期进行大清洗活动，全年开展综合整治行动172次。加强城市基础设施建设，实施背街小巷提质改造，妥善处置宜居社区建设遗留问题，疏通小区沟渠500米，维修路面3000平方米，粉刷墙面4000平方米，清理恢复停车位320个，《长沙晚报》“你说话吧”栏目予以专题报道。城管工作区内年度考核排名第三。

治防兼顾，社会大局保持平安稳定。全面落实安全生产责任制，集中开展专项整治和“节假日”安全生产大检查，排查单位694家，现场整改隐患100条，全年未发生任何重大安全事故。切实加强治安防控，刑事案件发案率下降48%，湘府社区连续6个月实现零发案。热情接待群众来信来访，受理调处纠纷102起，涉及金额164.73万元，成功协调解决省护路办民工意外坠亡、省建行人员分流群体性上访等事件，基本做到矛盾不出街道，实现零进京上访、零群访、零重特大事故的目标，被评为2014年度市创建无邪教达标单位。

重视民生，各项事业实现全面发展。深入推进群众工作直通车工程，妥善处置乔庄宜居社区建设遗留问题30个，规范整治南元宫巷复兴街口沿线招牌，得到居民群众的普遍赞誉。切实加大民生保障力度，为567名生活困难居民发放低保资金17万元、医疗救助资金10万元，为191位下岗失业人员申报社保补贴资金69万元，帮助782人实现再就业；协助8500人养老金领取认证、1236人失业金领取认证；申报廉租房、经适房等17户、廉租货币补贴20户。获评市政务服务中心标准化建设先进单位、市人力资源和社会保障公共服务平台标准化建设先进单位。深入开展计生优质服务，举办各类计生主题活动20次，一对一结对帮扶计生困难家庭190户，为3474名育龄妇女免费检查，投入计生特困家庭补助资金33万元，建立计生依法行政阳光网站，实施“360健家”（三种服务、六方携手、零项失误），具体指推进均等化服务、人口家庭服务、社区代办服务，促使社区、机关、学校、物业、部队、企业携手，实现计生工作零失误、零投诉的目标。计生服务品牌深入人心，计生工作区内年度考核排名第二。加大食品安全宣传巡查力度、文化市场协管力度，积极落实文体教育为民办实事工作。强化党管武装，完成年度民兵整组和征兵工作。

强基固本，自身建设取得新成效。切实加强基层党建工作，继续开展党员亮身份、在职党员进社区、结对共创等活动，并以党建带团建、带妇建、带工建，形成“四位一体”，被评为区内工会工作先进单位，韭菜园社区基层党建工作得到省、市领导充分肯定。创新深化党建服务品牌，“七色花”志愿者俱乐部注册人数3300人，服务群众6000人次，睦邻志愿服务品牌被《长沙晚报》《湖南日报》专题报道。深入开展教育实践活动，组织集中学习、座谈会、专题讨论各10次，发放征求意见函242份，撰写学习心得112篇；专项整改“慵懒散”“三公”经费支出等问题30项，群众诉求办结率提升93%，群众工作测评满意率100%。加强党风廉政建设，深入开展“三转变三提升”活动，严格督察干部职工工作纪律情况，切实转变工作作风，党风廉政建设工作区内排名第二。

存在的不足和难题：街域面积狭小，发展空间受限，土地资源开发趋近饱和，缺少大型商务地产项目；老旧城区基础设施薄弱，电线线路老化，消防设施滞后，危旧房屋较多，存在较大安全隐患；城市管理标准提升，执法对抗性矛盾增加，宜居社区建设遗留问题较多，居民群众意见大；大量工作、人员和责任向基层下移，社会综合管理难度加大，街道事务管理和干部队伍建设面临新的挑战，需要继续攻坚克难，采取措施予以解决。（黄雪）

文艺路街道

书　　记　梁汝岚（女）
副 书 记　易德文　杨幸子（女）
　　　　　李应龙
工委委员　王　敏　王庆能
　　　　　虞　正（2014.03免）
　　　　　陈超然（女，2014.03任）
主　　任　易德文
副 主 任　王庆能　陈莉群（女）
　　　　　张萍（女）　汤道建

【民政部验收组到文艺路街道指导和谐社区建设】 8月18日，民政部全国和谐示范城区验收组到文艺路街道韭菜园社区检查验收和谐社区建设。韭菜园社区地处城市中心，商业楼宇林立，社区结合“单位多，年轻人多，流动人口多”等特点，积极组织辖区单位青年举办活动取得良好的社会效益。如何在现有基础上提升社区活动品质成为当前社区提升公共服务水平的重要课题。民政部验收组以某先进社区经验为例，从扩宽服务楼宇企业员工的思路、创造条件促进居民自发组织活动等方面给予韭菜园社区提出工作建议：转变服务方式，把为社区居民提供优质、便捷服务作为根本，经常主动深入居民群众，关心并解决普遍存在的关系群众切身利益的困难和问题；密切党群干群关系，提高服务居民的质量和效率，用更加到位的服务获得社区居民的支持和认可；健全工作体制机制，丰富服务内容，完善服务功能，提升服务水平，推动社区建设工作再上新台阶。省民政厅副厅长李劲夫，市民政局副局长丁文，芙蓉区区委办主任吴敏、区民政局局长黄萍、街道工委书记梁汝岚、办事处主任易德文参加该项活动。（黄雪）

【省委组织部领导到社区调研党建工作】 7月24日，省委组织部副部长蔡建和，省委组织部组织指导处处长龙稳铠、副主任科员倪菁等一行到文艺路街道韭菜园社区就社区党建工作进行专题调研。年内，韭菜园社区党总支充分发挥辖区各种资源优势，全面加强社区党建工作品牌的培育和完善。社区党总支以服务促合力，打造服务型基层党组织；以发展志愿服务为工作思路，在2012年打造社区“新青年俱乐部”服务团队；以社区年轻的直管党员、在职党员、入党积极分子为服务主力；以社区党建“新青年先锋工作室”为阵地，积极开展志愿服务活动，密切党群干群关系。社区党总支以创新促活力，打造创新型基层党组织；组建非公党支部16个；积极开展“非公支部书记活动日”，指导非公支部开展各类党员活动；牵手非公党组织，实现共驻共建齐发展。社区通过民主选举，任命恒和商务发展有限公司支部书记陈尚志担任韭菜园社区的兼职委员，充分调动各非公党支部参与社区事务管理的积极性。社区党总支以学习促动力，打造学习型基层党组织。始终把强化党员理论知识学习作为抓好党建工作的关键，采用“网联党员”，构建党建网络服务平台；以“流动党校”的管理机制，对社会单位的流动党员分片分组，分别集中“送学”上门，实现了在“无形空间”的“有形互动”，提高辖区企业党员的学习主动性。市委组织部部长程水泉，副部长、基层办主任陈昌佳，芙蓉区委副书记夏钟剑，区委组织部部长、统战部部长周虔，副部长、基层办主任田松柏参加调研。街道工委书记梁汝岚，街道工委副书记、办事处主任易德文及韭菜园社区全体工作人员参加调研。（黄雪）

【海南省直机关工委领导到文艺路街道调研在职党员进社区工作】 9月2日，海南省直机关工委副书记、纪工委书记娄东风，海南省直机关工委组织部部长谢卫国，海南省海口市直机关工委常务副书记林养等调研组一行人到韭菜园社区对社区在职党员进社区工作开展专题调研。从2013年8月开始，社区党总支以争创“和谐社区”和“党建示范社区”为目标，围绕“以人为本，服务居民，奉献社区，创先争优”的工作思路，认真落实开展“在职党员进社区”活动，积极采取有效措施：科学接收安排，把在职党员“引”进来。指定专人负责，做好在职党员报到接待工作；加强服务引导，增进在职党员社区认同感；实施网格管理，促进在职党员亮身份比服务。精心搭建平台，带领在职党员“动”起来。实行按需设岗，搭建在职党员为民服务平台；注重资源整合，发挥在职党员自身服务优势；结合集中性活动和自主性活动，联系社区管理和单位管理，调动在职党员为民服务积极性。结合党建品牌，让在职党员“活”起来。通过信息化平台为在职党员服务搭起便捷通道；发展“新青年俱乐部”为在职党员搭建活动舞台；利用“非公书记活动日”为企业在职党员创新交流平台。2014年，有51名在职党员到社区报到登记，有6名社区党员到居住地社区报到，形成“工作在单位、活动在社区、奉献多岗位”的党员管理新模式，架起党员和群众之间的“连心桥”。调研组领导高度评价韭菜园社区党总支在职党员进社区服务的工作经验，就其中的一些细节同社区工作人员进行询问和探讨，希望在新的起点上扎实工作，努力创新，推动在职党员进社区工作迈向更高的台阶。市直机关工委委员于安全、徐克娇等领导陪同。（黄 雪）

【省委宣传部领导到韭菜园社区调研睦邻志愿服务】 9月11日，省委宣传部宣教处处长龚定名、副处长刘文典到文艺路街道韭菜园社区调研睦邻志愿服务品牌。和谐邻里关系是构建和谐幸福街区的基石。韭菜园社区在完善居民自治、加强社会管理的基础上注重社会组织新生力量的培养，用心打造全新的社区志愿服务品牌——睦邻Morning。韭菜园社区地处长沙市中心城区，楼宇经济发达，流动人口众多，按照群体各自的特点，社区成立相应的志愿者组织定期开展活动，将邻里守望化入生活，让志愿服务成为习惯；积极开展共驻共建，搭建政企互动平台。以优质服务拉近政企感情，以群团组织引导企业健康发展，以活动开展带动企业活力。大力倡导志愿服务，营造温情互助氛围。积极培育社会组织，拓展志愿服务领域，打造志愿服务品牌。强化活动交流沟通，增进邻里诚信友好。依靠开展形式多样的睦邻活动，促进和深化居民与企业之间、街道与企业之间以及居民相互之间的互动联系。龚定名充分肯定街道和社区在开创新型邻里关系的工作上所取得的成绩，认为让置身在快节奏生活中的都市人回归到互信友爱的传统邻里关系中去，既能有利于社会风习的改善，又能对消极问题进行群防群治。他强调指出，要进一步强化对先进典型人物、活动的宣传介绍，提高居民群众的知晓度，扩大积极正面影响。对于已经实施并取得良好成效的经验和做法，希望街道和社区能够主动梳理总结，以便发扬、推广。区委宣传部副部长彭良厚参加调研。（黄 雪）

【文艺路街道首届商会成立】 10月30日，文艺路街道召开首届商会成立大会。区工商联纪检组组长廖英明，区工商联副主席沈向昕，街道办事处主任易德文、副主任王庆能及全体会员单位负责人出席会议。会议由沈向昕宣读关于文艺路街道成立商会的批复；王庆能说明了街道商会筹备工作情况。易德文代表街道党工委和办事处发言。他指出，街道商会的成立是打开对外发展窗口的迫切需要，也是辖区内企业界人士的共同呼声，将为企业人士之间、政府与企业之间的交流互助、业务拓展、资源共享提供一个良好平台。他建议街道商会要明确组织方向，树立良好形象；强化自身建设，确保优质服务；积极投身市场，发挥桥梁作用。廖英明代表区工商联向商会的成立表示祝贺，并希望文艺路街道商会能够找准定位，加强自身建设；努力搭建非公经济人士参政议政、维权服务、爱心奉献和宣传教育等平台，发挥商会各项职能作用；街道工委要积极谋求争取各方支持，为商会的建设发展创造良好的外部环境。大会表决通过文艺路街道商会章程和有关制度并选举产生首届商会会长、副会长及秘书长人选。（黄 雪）

【启动“芯动芙蓉·快乐shopping”第二季消费节】 12月23日，芙蓉区“芯动芙蓉·快乐shopping”第二季，“福满星城、湘品进芙蓉”活动在文艺路街道浏城桥电脑城前坪启动。长沙市商务局副局长王红、芙蓉区副区长彭娟、区商务局局长谢小红、文艺路街道工委书记梁汝岚、办事处主任易德文等领导和来自惠农科技、锦东瓷业、荣川贸易、绿管家科技、长乐玉昆甜酒、搜农坊等企业负责人及市民代表上百人参加活动。“芯动芙蓉·快乐shopping”第二季是2013年成功举办以来的延续，主要围绕“芯动芙蓉·快乐shopping”主题，按照“政府搭台，企业唱戏”的政府、企业整体联动模式，以各种主题活动为平台，以与人们生活息息相关的“吃、住、行、游、购、娱”为主要内容，开展系列惠民利民促销活动，宣传优质的芙蓉商贸企业、本土品牌，实现企业得发展、品牌得培育，消费者得实惠、政府得民心多方共赢的活动成效。此次活动宣传优质湖南企业品牌，展示特色产品，促进本土品牌走进社区、走近市民，激发市场主体活力，增强消费内生增长动力，增强消费的便利性、实惠性、循环性、安全性和可持续性，不断提升消费对经济增长的贡献率和拉动力，达到政府、企业、居民共驻共建、共同发展的目的。王红、彭娟、谢小红、梁汝岚、易德文等领导及惠农科技有限公司运营总监梅小明共同点亮“福满星城、湘品进芙蓉”启动球，并为辖区困难群众发放企业资助的慰问金、慰问“湘品”。现场开展了湘品展销、知识问答等活动环节；在舞台上对产品进行介绍和限时展销，同时穿插产品知识问答，奖励答题观众。此次消费节在宣传本土特色产品的同时，也倡导快乐消费的理念，赢得群众认可。

（黄　雪）

【食品安全专项整治】 文艺路街道积极探索食品安全管理的长效机制，构建起食品从“源头”到“餐桌”各环节质量安全的监控体系，保障全街人民群众食品安全。街道按照社区划分为7个网格，班子成员“一对一”的联点每个网格；各社区按照自身情况相应的划分为2～4个网格，由社区工作人员联点，实现监管定格、定人、定责，责任到格、到位、到人，形成“纵向到底、横向到边”的街道、社区二级食品安全管理网格化机制，针对薄弱环节和隐患领域，因地制宜开展专项整治活动。开展校园及周边食品安全专项整治、“违禁超限、假冒伪劣”专项整治、违法添加非食用物质和滥用食品添加剂专项整治、无证查处及小型餐饮专项整治、餐饮具消毒监管，年内开展专项检查6次；开展肉类、食品添加剂、保健食品、粽子等专项整治行动4次；组织开展在浏城桥、文华菜市场、五一路、文艺路口等地开展食品安全快速检测20次，接待群众500人次。主动创新监管方式，招募140名“七色花志愿者”为首批食品安全监督员、信息员，协同卫监所、工商所、城管执法队、户籍民警、社区工作人员检查餐饮店厨房卫生情况、协助食品药品监管执法人员开展主动上门服务，督促商户持证、亮证诚信经营。年内没有发生群体性食物中毒事件，无制售伪劣食品事件。4月，街道被长沙市人民政府办公厅授予“食品安全示范乡镇（街道）创建工作先进单位”。

（黄　雪）

【获评市级社会管理综合治理平安街道】 文艺路街道牢固树立“发展是第一要务，稳定是第一责任”的观念，抓住落实综治维稳责任制这个龙头，建立健全综治维稳的制约和激励机制。把综治维稳工作纳入领导干部目标责任制，作为绩效考核的重要依据；纳入工委考核使用干部的必备条件；纳入评先评优的必备条件。街道和社区、社区和辖区单位签订责任状，纵向到底，责任到人，形成综治维稳工作人人有责的工作格局。年中检查和年度检查，采取“听、查、看、议”等方式，把综治维稳工作检查结果与各社区、部门的工作业绩奖惩挂钩，做到奖勤罚懒。3月，街道被长沙市委、市人民政府授予“社会管理综合治理红旗街道”“平安街道”称号。文艺路街道工委副书记、政法书记李应龙被中共长沙市委办公厅授予“先进个人”称号，并荣立三等功。

（黄　雪）

【乔庄社区获评省级“扫黄打非”示范点称号】 2014年，文艺路街道乔庄社区将“扫黄打非”工作与整顿和规范市场经济秩序及社会治安综合治理工作紧密结合起来，全面深入开展推进“扫黄打非”进社区工程。聘请8名“五老”同志（老党员、老专家、老教师、老战士、老模范）、楼幢义务巡查员和社区工作人员组成社区“扫黄打非”义务监督员队伍；在辖区主要巷道、路口设置“扫黄打非”宣传专栏、宣传板报、宣传标语30块，制作“扫黄打非”警示牌10块；编印发放“扫黄打非”宣传手册3000份；利用便民利民服务日、科技周宣传日、社区邻里节等开展“扫黄打非”法律法规咨询活动计4场次；社区将原乔庄社区东二里牌老旧办公室改造成扫黄打非工作室、图书阅览室、文体健身活动室等综合性多功能活动中心。年内，组织社区工作人员协助执法部门在辖区内开展了以网吧、电子游戏、网络文化市场、歌舞娱乐、出版物市场和文化市场安全等为重点的专项整治行动。针对节假日期间文化市场的特点，社区以保护未成年人健康成长为重点，严查网吧违规接纳未成人和书报刊店销售影响青少年身心健康成长的违法出版物等违法违规行为10余人次。两会期间，组织文化市场监督员和安全生产协管员对地区商务楼宇、网吧、歌舞娱乐、书报刊市场等场所进行联合安全大检查，切实消除了文化市场安全隐患；对辖区五一中路小学周边的彩票投注站进行了搬迁。3月，乔庄社区被湖南省“扫黄打非”工作小组授予“扫黄打非”“社区工程”示范点称号。

（黄　雪）

朝阳街道

【概况】 朝阳街道下辖朝阳、五一东村、向韶、曙光、二里牌、人民新村6个社区，面积2.2平方公里。家庭户2.08万户，户籍人口为4.86万人，常住人口为4.06万人，人口自然增长率4‰。2014年，街道以建成全面小康之市、两型引领之市、秀美幸福之市，共圆小康梦、两型梦、幸福梦，实施产业倍增、收入倍加、城乡品质倍升为统领，以加快经济发展为主线，以“电子科技中心，文化创意基地，安居乐业热土”为定位，深入开展群众路线教育实践活动，积极投身“六个走在前列”大竞赛活动，以党建引路、靠项目兴业、依服务升华，凝心聚力，提质增效，努力建设科技朝阳、文化朝阳、幸福朝阳、和谐朝阳。年内，街道获评省计划生育依法行政便民服务先进单位称号，人民新村社区荣获全国和谐示范社区称号。

经济发展取得新突破。街道牢牢抓住经济发展主线，坚持稳中求进的工作总基调，各项经济工作有序推进。2014年，实现工业总产值1.20亿元，按照可比价计算比上年增长16.0%；其中，规模以上工业总产值6359万元，增长22.0%。完成社会消费品零售总额80.67亿元，占年度预定目标的103.4%；限额以上商贸业社会消费品零售总额37.94亿元；限额以上批发企业商品销售额49.24亿元，增长14.5%。完成税收10亿元。完成全社会固定资产投资19.22亿元，增长69.9%。实际到位外资2650万美元，市外境内资金形成固定资产投资15亿元人民币。项目建设稳中有进，文化大厦二期项目、宇成朝阳广场项目、友阿总部项目正式动工，向韶、二里牌铁路棚改拆迁项目准备工作基本完成。招商引资稳中提质，市外境内到位资金、到位外资等均超额完成任务。积极协助凯通公馆项目、华天大酒店美食街的招商工作，并提前介入在建项目的选商引资，积极打造街域经济新的增长点。

党建工作凸显新特色。街道积极探索党建工作新模式，充分发挥党建工作“推动力”和“催化剂”作用。街道党工委严格按照上级各项要求，查找“四风”及其他方面的问题55项，收集建议82条，为群众办实事好事回应23条，提出4大类12项制度建设思路，做到学习教育深入、查摆问题深刻、整改落实到位，活动成效得到市委督导组充分肯定。街道在年内重点打造党代表工作室和党建“手拉手”活动两大品牌，其中，党代表工作室被评为市“十佳”党代表工作室，先后被省委组织部、《中国组织人事报》、湖南领导人才网、湖南经视新闻等报道推介；党建“手拉手”活动被《湖南日报》专题报道。综合运用绩效考核、党员评议、表彰优秀、违纪查处等多种方式狠抓作风建设，党员干部工作作风得到根本转变，全年没有一起违法违纪行为。

城市品质实现新提升。贯彻落实市、区深化文明创建及最严城管年的工作要求，创新思路，多措并举，不断提升城市品质。全面启动老旧社区提质改造工作，完成湖南省花鼓剧院的提质改造任务。采取“政府主导、企业参与”模式，与国储共同筹资62万元完成朝派路路面改造和门面整改，并推动朝阳后街道路的提质改造。投入35万元用于公益宣传，把公益广告做到群众身边。深入居民楼幢、商业门店、物业小区发放《文明创建 美德传承倡议书》1万份，围绕“幸福朝阳”品牌建设，组织开展“守望联盟 幸福起航”“邻里守望”便民志愿服务、全民修身宣传展示等系列活动，让文明新风吹暖人心。街道积极应对市、区两级重心下移带来的变化，依托“融合工作法”，以网格化管理为框架，有效整合辖区资源以及相关职能部门，打造“朝阳大城管”综合执法模式。落实门前三包责任，对流动摊贩、店外经营、乱丢垃圾、机动车侵占人行道及盲道等违章现象进行责改，使“最严格、最精细、最到位”成为城市管理新常态。

社区建设迈上新台阶。解决曙光社区办公用房问题，让居民群众办事更快捷、更方便，对人民新村社区和向韶社区也进行全面提质改造。通过面向社会公开招考的方式引进全日制大学生5名，全部安排到社区锻炼，充实基层社区工作力量。街道在3个社区推广开放式物业管理模式，顺利通过全市物业化管理社区检查验收。年内，人民新村社区获评全国和谐示范社区、市五老四教示范阵地称号，朝阳社区获评省两型示范社区、市离退休先进基层党支部称号，五一东村社区获评市文明社区、市红十字模范社区、市科普示范社区称号。

社会治理呈现新局面。坚持以法治思维不断改进社会治理方式，大力开展“平安朝阳”建设。严格落实安全生产目标责任制，定期开展安全生产大检查和“打非治违”专项检查，积极组织曙光集团、景鹏物业等企业进行安全生产标准化培训，辖区无重大事故发生。开展“五清查一打击”专项整治行动，全年清查流动人口 7862 人，办理居住证 2519 本，登记出租房屋和签订治安责任 6287 户。积极调解矛盾纠纷 81 起，包括 798 酒吧劳资纠纷、中国城戴斯酒店员工意外死亡善后等突出问题，调处率 100%。深入推行“治安管理网格化”“防控巡逻常态化”，辖区发案率较上年同期下降 10%。积极协调衔接相关部门，朝阳二村居民产权证基本办理完毕。妥善处理朝阳二村 7 处架空层、安置房工程质量、居民水表改造以及长沙市电化教具厂、长沙市石油化工厂两家改制企业历史遗留问题。

民生事业取得新进步。街道不断加快以民生为核心的社会建设，使发展成果更多地惠及民生。用群众工作“直通车”打通“最后一公里”，组织党员干部每月定期走访居民，全年走访社区群众 2256 人次，收集意见建议 372 条，做到条条有记载、事事有回音。化解人口计生工作“天下第一难”，积极宣传和落实“单独二孩”政策，扎实推进城镇独生子女父母奖励扶助申报工作，任务完成量居全区第一。因地制宜建立起“独立式”“联合式”和“挂靠式”三种形式的流动人口协会，该模式被《中国人口报》专题报道。筑牢社会保障救助“社会安全阀”，成立全区第一家街道级慈善会。开展扶贫帮困工作，走访慰问低保、特困、残疾、孤寡老人家庭 1138 户，并与社区居家养老服务中心签订协议，定期为辖区 25 名老人提供上门援助服务。以文化平台绘就“文化新朝阳”，积极协调湖南大剧院、省图书馆、省新华书店、省花鼓戏院、曙光 798、科佳摄影城等文艺单位，整合辖区文化资源，以“刘姥姥艺术团”为样板，搭建“社区大舞台”开展文化进社区活动。

存在的问题及不足：社区情况复杂，社会管理难度大。朝阳街道毗邻火车站，属于老旧城区，条件简陋，社区人员构成多样，社会治安形势严峻，治理任务艰巨。产业转型升级慢，经济增长动力不足。产业业态较为落后，结构比较单一，新兴产业如文化创意产业、电子商务等发展缓慢，缺乏新的经济增长点。楼宇经济亟待提质，电子科技街效益降低，电子商务冲击传统卖场。社区服务水平有待提升。社区服务功能还不够完善，服务水平还不高，在引导居民自治方面还有待加强，离居民需求仍有一定的差距。行政效能与群众的期望仍有差距，部分干部职工开拓创新动力不足，服务态度、服务质量还需要进一步提高。（李毅自）

朝阳街道

书　　记　李学军
副 书 记　邓　勇（2014.03 免）
　　　　　甘丽丹（2014.03 任）
　　　　　肖可为（女）
工委委员　郑德新　刘正军
　　　　　吴齐成（2014.03 免）
　　　　　周旻（女，2014.03 任）
主　　任　赵小午
副 主 任　刘正军　宋　曦
　　　　　罗芝蓉（女，2014.03 免）
　　　　　周旻（女，2014.03 免）
　　　　　纪岳亮（2014.03 任）
　　　　　肖　科（2014.03 任）

【刘国中慰问曙光集团特困职工】 1 月 8 日，全国总工会副主席、书记处书记、党组副书记刘国中一行专程来到位于朝阳街道的曙光集团走访慰问困难员工。刘国中一行首先来到曙光集团会议室听取企业汇报，并叮嘱企业多关注职工的情况。刘国中慰问了患有尿毒症的职工方小杰和残疾人彭端阳，他将慰问金和物资送到方小杰、彭端阳手中，希望他们有困难一定向工会反映，并勉励所有困难员工保持乐观心态，坚信日子会越来越好。刘国中还来到省级劳模孙高新家中走访，仔细询问孙高新生活境况和身体状况，他表示如果家中有什么困难可以找当地政府和有关部门解决，并提前恭祝孙高新及全家春节快乐。副市长何寄华等参加慰问活动。（李毅自）

【国务院妇儿工委办领导考察人民新村社区】 12 月 18 日，国务院妇儿工委办儿童处处长胡道华一行到朝阳街道人民新村社区考察开展妇女儿童工作情况。胡道华先后参观社区早教中心、绿色网吧、读书阅览室、居民健身房、道德讲堂、群工站等工作阵地。人民新村社区书记马雨菲汇报了在芙蓉区妇儿工委的业务指导下，通过优化组织、整合资源、创新载体、畅通渠道，打造组织资源联动、主体多元互动、服务机制长效的妇女儿童工作新模式。人民新村社区获得全国和谐社区建设示范社区、省文明社区、省创建和谐社区先进社区、省巾帼文明示范岗、市妇联先进集体、区零家庭暴力示范社区等荣誉称号。胡道华高度评价人民新村社区是“妇女儿童的温

馨家园”。省、市、区妇联主席等领导参加考察活动。（李毅自）

【全民修身宣传展示活动】10月30日，由市委宣传部、市文明办、区文明委主办，区委宣传部、朝阳街道承办的“美丽长沙　美德先行”培育和践行社会主义核心价值观暨全民修身宣传展示活动在曙光路小学开幕。活动围绕“全民修身　美德长沙”主题，精心组织“廉、诚、善、志”四大篇章，深刻诠释新时期“修身”的科学内涵。重点突出“全民修身”这一元素，在歌舞、书法、小品、快板等节目当中融入了“全民修身”的相关内容，通过说、唱、写等表演形式，使群众在参与活动过程当中对“全民修身”的意义实践有进一步的升华。本次活动寓教于乐，旨在吸取中华优秀传统文化和现代文明精髓，打造富有长沙特色的修身文化，提升群众的文化认同和心灵归属。市委宣传部副部长、市文明办主任郑力虎，市文明办学雷处处长朱治东等领导出席活动。（李毅自）

【“敬老月”系列活动启动】9月29日，湖南省第五届“敬老月”活动、第三届“敬老文明号”创建活动暨长沙市庆祝“老年节”系列活动启动仪式在湖南省图书馆举行。本次活动以“孝暖三湘、爱在金秋”为主题，对全省百岁老人和困难老人代表进行慰问，并为6000名五保困难老人赠送老年人意外伤害保险。副省长陈肇雄，省政府副秘书长，省老龄委副主任虢正贵，省民政厅党组书记、厅长、省老龄委常务副主任段林毅，市政府常务副市长、市老龄委主任陈泽珲等领导出席开幕仪式。省民政厅、省文化厅、中国人寿保险股份有限公司湖南分公司、湖南省图书馆、湖南新奥燃气有限责任公司、湖南巴士公共交通有限公司，芙蓉区政府、朝阳街道办事处等领导和代表参加活动。（李毅自）

【“七七事变”77周年大型诗歌朗诵会】7月6日，由市委宣传部、市文明办、长沙晚报集团、芙蓉区文明委主办，朝阳街道协办的“不能忘记”——纪念“七七事变”77周年大型诗歌朗诵会在朝阳街道科佳摄影城举行。由“朗诵达人”诵读巴金的《给死者》、赵尚志的《黑水白山·调寄满江红》、苏叔阳的《我是卢沟桥》、戴望舒的《我用残损的手掌》、梁启超的《少年中国说》等优秀诗篇热情讴歌中华民族反抗侵略、保卫和平、争取民族独立与自由的伟大精神，表达了长沙人民牢记历史、不忘过去、珍爱和平、开创未来的共同心愿，大力弘扬社会主义核心价值观，为实现中国梦凝聚人心、积聚力量。市委宣传部副部长、市文明办主任郑力虎，市文明办副主任胡述斌，区文明办主任李向华等出席活动。（李毅自）

【成立全区首家街道慈善会】11月28日，朝阳街道举办慈善会成立大会暨第一届第一次会员大会。此次会议宣读了《关于街道慈善会筹备工作的情况报告》，审议通过《长沙市芙蓉区朝阳街道慈善会章程》及街道慈善会第一届理事会成员建议名单，并由第一届理事会第一次全体会议选举产生慈善会领导机构。街道工委书记李学军当选为名誉顾问，街道办事处主任赵小午当选为会长。区慈善会副会长、秘书长、民政局局长黄萍，区民政局副局长蔡日直出席会议。蔡日直宣读了《关于同意成立长沙市芙蓉区朝阳街道慈善会的行政许可决定》，标志着朝阳街道慈善会正式成立。朝阳街道率先在全区成立慈善会，旨在弘扬中华民族扶贫济困的传统美德，动员和组织社会各界力量，募集慈善资金，开展社会救助，扶助弱势群体，促进辖区经济和社会各项事业的健康发展。（李毅自）

【承办“4·26”知识产权宣传周活动】4月25日，由芙蓉区人民政府主办，区科学技术局、区知识产权局、朝阳街道办事处承办，五一东村社区、赛格数码广场协办的践行中共群众路线教育实践活动暨2014年芙蓉区“4·26”知识产权宣传周活动在五一东村社区赛格数码广场前坪举行。区科技局局长吴立平，科协主席黄霞辉，科技局副局长彭晓斌、黄建明、戴湘军，朝阳街道主任赵小午及辖区企业代表、商户代表、居民代表200人参加活动。吴立平、黄霞辉为知识产权保护市场示范点单位和诚信商户进行颁奖。赛格数码广场获知识产权保护示范点称号，创捷数码等6名经营户获诚信商户称号。与会为商家、代表在承诺正版正货签字板上署上自己的名字。朝阳街道还为保护知识产权志愿者宣传队进行授旗，他们将肩负广泛宣传知识产权知识，营造全社会保护知识产权良好氛围的光荣使命。（李毅自）

【开展百日城管整治行动】从7月16日开始，由朝阳街道工委牵头，带领城管执法中队、朝阳派出所、城管办及社区工作人员、协管员和巡防队员等近100人组成的综合执法队开展百日综合整治行动。此次行动，朝阳街道坚持“条块结合、以块为主；全民动员、统一指挥”的原则，对辖区内6个社区的主次干道两侧乱贴乱画的小广告进行集中清理；对重点路段、窗口地带存在的乱停乱放、占道经营等现象进行集中查处，情节轻微的给予警告，情节较重的限期整改。整治行动拆除未经批准的横幅广告10条，清除乱贴乱画小广告180处，清除占道经营126家，限期整改违规行为60起，暂扣物品责令整改60起，强制拆除违建构筑物2起，呈现出整洁优美、秩序规范的良好面貌，受到居民群众的一致好评。（李毅自）

【文化大厦二期项目奠基仪式】 9月5日，湖南省演艺集团举行文化大厦二期项目奠基仪式。湖南省演艺集团文化广场（二期）项目是由朝阳街道招商引资的成果，项目地块位于解放东路和韶山北路交汇处，占地面积8.79亩，建筑高度180米，建筑面积约7.6万平方米，整幢有42层，地下4层。该项目将打造成高档写字楼。1～6楼为裙楼，以金融、证券、保险业为主，7～12楼属于文化项目专用，将成立非物资文化交易中心、文化拍卖中心，中南地区最大的动漫基地。以上项目全部落户后，文化大厦将成为省内最大的文化集散地，将进一步改善朝阳辖区面貌，提升城市品位，促进朝阳文化产业健康发展。省委宣传部、湖南省演艺集团、湖南省宏源投资开发有限公司、芙蓉区政府、朝阳街道办事处各级领导及嘉宾出席奠基仪式。

（李毅自）

【人民新村社区荣获“全国和谐社区”称号】 11月2日，民政部网站公布的《民政部关于确定全国和谐社区建设示范单位的通知》，人民新村社区获“全国和谐社区建设示范社区”称号。人民新村社区以“零距离社区”建设为载体，通过开展特色社会工作，打造“亲情工作室”创新服务品牌，努力将社区营造成为管理有序、服务完善、治安良好、就业充分、文化繁荣、环境优美、人际关系和谐的家园。社区把服务作为社区建设的出发点和归宿，在深化服务上不断增强服务内容，探索服务特点，提高服务水平，努力用优美的环境打造“舒心社区”，用良好的治安铸造“放心社区”，用充分的就业构造“称心社区”，用完善的服务构建“贴心社区”。通过一系列社区服务让居民安居乐业，充分享受社区带给居民的优质服务，实现便民服务进家庭、志愿服务进社区。同时，加强社区专业社工介入，参与组织开展形式多样、各具特色的社团活动，逐渐培养居民的文明意识和文明素养，让社区居民在活动中感受社区活力，增强幸福指数。（李毅自）

五里牌街道

【概况】 五里牌街道下辖五里牌、火车站、燕山街3个社区，域面积1.26平方公里，家庭户5139户，户籍总人口1.84万人，常住人口1.73万人，人口自然增长率7.82‰。2014年，五里牌街道以群众工作“直通车”工程为统揽，以中共群众路线教育实践活动为契机，以“六个走在前列”大竞赛活动为主线，以项目建设为发力点，进一步深化“创先争优”，优化社会治理；进一步加快转型升级，壮大产业支撑；进一步提升街区品位，加快城市发展；进一步改善民计民生，促进社会和谐，全面推进“经济强街、窗口名街、和谐新街”的建设进程。年内，街道获评市级社会管理综合治理平安街道、先进街道、市级安全示范街道、市食品安全示范街道、市计划生育先进街道、市级文明单位、市“五四”红旗团委称号。

区域发展提质增效。2014年，全街实现工业总产值7481.57万元，按照可比价计算比上年同期（下同）增长12.3%；其中，规模以上工业总产值3344.6万元，增长20%。完成社会消费品零售总额78.55亿元，占年度预定目标的98.3%；限额以上商贸业社会消费品零售总额56.24亿元；限额以上批发企业商品销售额56.94亿元，增长89.8%。完成税收2.05亿元。完成全社会固定资产投资30.62亿元，增长27.1%；实际到位外资2.2亿万美元；市外境内资金形成固定资产投资15.9亿元。

经济建设稳健有力。街道充分发挥区位优势和资源优势，大力发展现代服务业，辖区有徐记海鲜、好食上等著名饮食店，有友谊华侨、友谊阿波罗、金苹果等大型专卖商场，有华天紫东阁、芙蓉华天、7天连锁等知名酒店，有长沙火车站、长株潭汽车站等交通枢纽。2014年，街道为进一步增强招商引资力度，引进湖南中南锑钨工业贸易有限公司、湖南凯美医疗科技有限公司、长沙心思电子科技有限公司等国内外知名企业入驻辖区商务楼宇。结合“两帮两促”和“四联三为”工作，深入楼宇了解企业需求及异动情况，及时跟进在建楼宇项目，并积极组织企业参加“阿里巴巴长沙产业带招商推广会”“芙蓉区产业发展规划调研”“心动芙蓉·快乐购物”第二季等活动，营造优良的发展环境，积极帮促二次招商。集中优势力量，积极组织征收拆迁和建设服务。燕山街旧城改造项目的征拆工作已全面启动；新楚·擎天广场项目基坑支护和土方开挖已基本完成，正筹备转入地下工程混凝土浇注施工；佳兆业广场项目地下室一期支护和土方工程已完成80%，工程进展顺利；潇湘国际项目土地已摘牌，正在抓紧报规报建，筹备施工进场；大同小学改扩建项目已发布第三公告，征收前期准备工作基本就绪。

城市管理提标提档。街道购置办公场地800平方米，启动五里牌社区提质改造项目，建立设施齐备的服务中心，增设治安巡防站点3个，顺利通过长沙市标准化示范社区验收。不断完善网格化管理，围绕主次干道、建筑工地、大型商场、窗口单位等文明创建关键领域开展综合治理，对店外经营、流动摊档、夜宵早市等开展严格执法，集中整治街区“脏乱差”等现象，街区文明形象大幅提升，在季度考核中一直位居中上水平。启动“红袖章”美洁家园行动，建立1000人的“红袖章”志愿服务队伍，出台实施方案，根据所辖社区特色分别打造“邻里守望工作站”“365管家服务中心”“党员微公益平台”三个特色品牌，其中，火车站社区打造的“邻里守望工作站”被中央电视台《朝闻天下》以“老社区里的亲邻里”进行报道。

民生福祉有效改善。街道切实强化惠民安民举措。积极开展“喜迎新春送吉祥　红红火火过大年”“我的中国梦欢乐过元宵”“粽情端午　电影进社区”“我和美丽有个约会”“我们的中国梦”“牵手芙蓉广场文化月月演”等主题文化活动，吸引辖区居民积极参与，丰富群众的业余生活。大力开展“单独二孩”和城镇独生子女父母奖励政策宣传，发放宣传资料上万册，办理二孩再生育证36本，“独生子女父母光荣证”67本，共审核、录入奖励对象2900人，做到应奖尽奖。持续关爱街区弱势群体，帮扶110人，救助金额20万元，免费办理残疾人爱心卡160张，帮助6名残疾人走上就业岗位，10名困境少儿顺利入学，燕山街社区获评长沙市残疾人服务星级社区称号。

社会大局和谐安定。街道处置隐患事件12件，调解纠纷80起，涉及纠纷金额400万元，其中包括3起非正常死亡纠纷。强化辖区安全生产监察，清理无证照生产经营场所8处，取缔非法经营危险化学品生产经营单位2个，排查整改各类安全隐患65处，解决芙蓉华天大酒店危墙、金苹果市场冷库等重大安全隐患，连续八年被评为“长沙市社会治安综合治理先进单位”。

精神文明亮点纷呈。街道以文明创建工作为抓手，加大精神文明建设投入，大力弘扬社会主义核心价值观，全面实施公民道德建设工程。街道承办的“芙蓉区道德讲堂”总堂周周办、月月讲，成为市民群众的“心灵课堂”。先后打造出“晓园公园志愿服务站”“365管家”“‘五老’志愿服务队”“银发先锋队”“爱心银行”等一大批有影响力的志愿服务品牌，涌现出“长沙市优秀志愿者”周志敏、“长沙市道德模范”张祖荣等优秀志愿者，赢得良好的社会反响。

党建工作不断深化。街道着力强化基层党组织的战斗堡垒作用，狠抓班子和党员干部队伍建设，力促能力素质提升。精心组织，深入开展教育实践活动。严格按照学习教育、听取意见，查摆问题、开展批评，整改落实、建章立制的阶段要求，深入开展中共群众路线教育实践活动，街道班子、中层干部、辖区非公党组织、党员干部职工参与率都达100%；梳理归纳意见建议387条，整改387条，活动测评满意率100%。真抓实干，致力转变工作作风。针对“门难进、脸难看、事难办”，公款送礼、公款吃喝等39项问题开展专项整治，逐项整改落实到位。建立街道常态考勤与督察机制，全体干部必须每天按时签到、认真履职，扭转“慵、懒、散”的不良作风，干事创业的氛围空前浓厚。突出特色，发挥党建的示范引领作用。完善街道“大工委制”和社区“兼职委员制”，不断拓展“张爷爷先锋工作室”的参与率和影响力。年内，张祖荣新编《社会主义核心价值观》《加快建成“三市”强力实施“三倍”之歌》等三字经8首，开展先进性教育讲座20场，《光明日报》以《82岁的“孩子王”和〈新三字经〉》对其进行报道。

存在的不足与困难：全街旧城改造与项目建设的步伐有待加

快，发展空间不足、产业层次不高、骨干企业不多的因素依然存在；城市管理和配套与经济发展不同步，市民群众在城市管理方面的满意度有待提升；机关党工委的自身建设还存在薄弱环节，创新能力和服务意识仍有待加强。

（文 阳）

五里牌街道

书　　记　范伟民
副 书 记　吴立平（2014.03 免）
　　　　　石　峰（2014.03 任）
　　　　　王宏武　张　谊
工委委员　唐学勤
工委委员　陈思兰（女）
　　　　　罗宏（女，2014.03 免）
　　　　　胡　稳（2014.03 任）
主　　任　吴立平（2014.03 免）
　　　　　石　峰（2014.03 任）
副 主 任　杨寿军　谭仕武

【启动友谊商店东边地块旧城改造项目】 11 月 19 日，芙蓉区启动友谊商店东边地块旧城改造项目。该项目东起中国电信集团湖南省电信公司，西至友谊商店，南临五一大道，北达燕山街。由于该地块内的建筑大多建于 20 世纪八九十年代，道路狭窄、环境脏乱，存在消防隐患，许多市民居住的房屋狭小老旧、配套设施缺失，地段内更是难觅绿地身影。为了改善人居环境、提升城市主轴旁的产业业态，此次启动的旧城改造项目将推动棚户区向城市综合体转变。该处占地约 32 亩的棚户区，将成为五一大道旁一处多功能城市综合体。改造项目的地下空间将与地铁 2 号线对接，乘客可直接从地铁站厅进入城市综合体，其地下停车场与毗邻的擎天广场、佳兆业广场的地下停车场互通，让市民从火车站商圈行车至袁家岭商圈更加便捷，三大城市综合体抱团发力，还将为五一大道集聚更多人气商流。　（文 阳）

【金苹果冷库隐患抽氨转运作业完成】 金苹果冷库为长沙人民做出过贡献。因该冷库位于中心城区人员密集区域，涉氨压力容器管道设备超过使用年限，老化严重，存在重大隐患，受到市、区政府的高度重视。9 月 23 日，冷库液氨制冷机组依法按期关停。11 月 4 日，市安监局副局长李建勋，副区长蔡冰现场坐镇指挥，市安监局、五里牌街道办事处等职能部门密切配合，金苹果冷库抽氨转运作业顺利完成，隐患彻底排除，标志着这家为长沙人民服务了 33 年的冷库完成历史使命，退出历史舞台。　（文 阳）

【个体税收代征点挂牌运行】 2 月 20 日，五里牌街道个体税收代征点正式挂牌运行。作为芙蓉区综合治税及委托代征的工作试点，五里牌街道个体税收代征点在街域范围内开展增值税、所得税、消费税申报和征收，税务登记证办理，税务发票的销售和缴销等工作，积极配合税务部门开展政策宣传及协税护税工作。"开门办税"，广泛接受纳税人和社会各界监督，办税过程更加阳光透明，营造辖区经济社会发展良好的税收法治环境。市国税局副局长梁健、征收管理处处长李守坚、信息中心主任孙建国，区国税局副局长陈焕新、龙曙日等领导到现场检查指导工作，五里牌街道办事处主任吴立平及街道班子成员出席活动。（文 阳）

【开展"党员微公益"行动】 5 月 28 日，五里牌街道开展"党员微公益"行动。"党员微公益"行动以满足群众诉求，将"红袖章"志愿服务工程做实做细为宗旨，以群众反应强烈和社区自查发现的问题为着力点和出发点，不设定固定时间与地点，依托社区建立的党员 QQ 群、微信群，及时发布公益劳动需求，及时组织有时间有意愿的志愿者抽出时间开展集中活动，及时缓解或解决与社区居民生产生活息息相关的各类问题。首站活动以"公益劳动 1 小时"为主题在晓园公园展开，20 名党员志愿者主动参与。党员志愿者自带工具对园内绿化带进行养护，清除杂草，并对草坪里的烟蒂、纸屑等垃圾进行清理；针对园内乱丢垃圾等现象微笑相迎，开展"文明劝导"。

（文 阳）

【启动"邻里守望 温暖新春"活动】 1 月 23 日，五里牌街道举行"邻里守望 温暖新春"服务活动启动。2014 年春节期间，街道以社区为重点，以空巢老人、留守儿童、农民工、残疾人等困难群体为服务对象，广泛开展以亲情呵护、文明出行、环境美化、文体娱乐、平安保障等为内容的"邻里守望"主题志愿服务及文化惠民活动，在新春佳节之际为广大群众送去温暖，带去欢乐，营造互助友善、喜庆祥和的节日氛围。来自街道和社区 100 名志愿者和居民代表参加活动。　（文 阳）

【全民终身学习活动周】 10 月 21 日，由区委宣传部、区文明办、区文体新局主办，五里牌街道承办的"我们的中国梦"牵手芙蓉广场文化月月演暨全民终身学习活动周活动在阿波罗商业广场前坪举行。街道以“全民终身学习活动周”为契机，广泛开展各类教育培训和学习活动，整合全民终身学习资源，完善全民终身学习机制，提升居民素质和生活品味，积极引导居民投入到健康向上的文化娱乐之中，进一步营造“时时能学、处处可学、人人皆学”的书香芙蓉浓郁氛围。来自街道和社区近200名志愿者和居民参加活动。（文　阳）

【“阅读走廊”活动】 4月23日，五里牌街道办事处组织机关干部职工利用午休时间在办公楼走廊开展荐书赠书读书活动。活动着重向干部职工推荐和赠送一批精品书籍，供大家现场阅读，还组织进行阅读大讨论，鼓励同事间彼此交流读书的心得体会，互相促进学习。街道将继续在机关开展常态化“阅读走廊”活动，营造全街阅读的良好氛围，引导干部职工多读书、读好书，让他们在丰富知识的同时，找回日常阅读的乐趣，并通过荐书、赠书、心得交流会等形式，对机关干部职工的读书学习情况进行评比、表彰，激励干部职工做到学有所获，学以致用，共同打造文明街道的文化番号。（文　阳）

【获评市平安街道称号】 2014年，五里牌街道工委、办事处牢固树立“稳定就是政绩、平安就是财富”的工作理念，把“平安街道”创建工作作为执政为民、保一方平安的一项基础工程，积极推行项目化、网格化管理，建立一支由社会事务协管员、社区干部、社区民警和楼幢管理员相结合的网格化服务管理队伍，统筹承担基础信息采集、社情民意收集、纠纷隐患排查、治安协防等任务，有机整合基本公共服务、群众自治服务、社会市场化服务，有效提升群众满意度。强势推进重点区域治安整治工作和“平安细胞”工程建设，完善立体化社会治安防控体系，有效遏制“黄赌毒”等社会丑恶现象，对群众反映的突出治安问题和治安混乱区域及时排查整治，消除社会治安隐患，提高人民群众的安全感。5月16日，街道获得长沙市委、市政府颁发的“长沙市平安街道”奖牌。（文　阳）

马王堆街道

【概况】 马王堆街道下辖滩头坪、古汉城、马王堆3个社区及新桥、火炬2个村。街域总面积3.9平方公里，总户数1.1万户，户籍总人口2.68万人，常住人口2.8万人，人口自然增长率6.06‰。2014年，街道坚持以中共十八大及十八届三中、四中全会精神为指导，紧紧围绕“湖湘之心、中部标杆、全国一流”的总体目标和街道既定的发展目标，致力于加快推进火炬村、新桥村的城中村改造步伐，化解矛盾纠纷，妥善处置火炬村、新桥村拆迁安置历史遗留问题；致力于提升城市管理水平，深入开展城郊结合部综合整治，提升社会治安、消防安全、食品安全监管等方面的综合管理水平；致力于夯实基层工作基础，抓好村支两委换届选举工作，选优配强村支两委班子；致力于创造一流成绩，坚持“一居（村）一特色”，将马王堆地区建设成为东片城区产业发展的新高地、文化繁荣的新阵地、休闲娱乐的新天地。年内，街道获评省级规范化财政所建设单位、市街道政务服务中心标准化建设达标单位、基层人社公共服务平台标准化建设达标单位、老年体育工作先进集体、计划生育工作模范街道、无偿献血先进街道称号。

街域经济稳步发展。2014年，实现工业总产值4.69亿元，按照可比价计算比上年增长11.7%；其中，规模以上工业总产值1.52亿元，增长15.6%。完成社会消费品零售总额12.2亿元，为年度预定目标的117.2%；限额以上商贸业社会消费品零售总额6.02亿元；限额以上批发企业商品销售额2.55亿元。完成税收2.1亿元。完成全社会固定资产投资18.37亿元，增长14.4%。实际到位外资3000万美元，市外境内资金形成固定资产投资12.02亿元人民币。

项目建设全力推进。完成火炬村的规划调整、用地手续办理，全面启动火炬村一、二片拆迁安置工作，截至12月30日，签订拆迁安置协议61幢、96户。新桥高层安置房建设全面竣工验收，分房回迁工作进展顺利，群楼招商引资工作稳步实施。截至12月30日交房近400套，大部分回迁村民在春节前入住新居。新桥村拆迁扫尾工作稳步推进，协议拆迁11户，剩余4户已移交区法院按相关法律程序拆迁。启动九道湾安置房建设，村民生产安置用地处置稳步推进，启动“南三片”生产安置用地招商工作。完成万家丽路快速干道火炬段的腾地工作。红橡华园、万象凯旋湾项目建设和销售基本完成，华泰尚都、佳兆业时代广场等项目建设进展顺利。

城市管理成效显著。年内，开展城管综合整治行动68次，拆除违章建筑8万平方米、违章亭棚4312平方米、灯箱广告近800个、违规门店招牌230个，清除堆物2000立方米,铲除“牛皮癣”20万张，增设垃圾桶103个，全面启动农安小区提质改造工程。大力开展生物防治和环境卫生工作，全力做好灭鼠灭蝇工作，投放药品4.2万吨，积极做好灭鼠灭蝇动态管理记录。以“美洁家园、同享文明——‘红袖章’”行动为契机不断加强城市管理工作，巩固提高文明创建成果，市容市貌有了新的改观。食品安全工作取得实效。不断强化监管责任，完善制度建设，组织开展18次食品安全专项整治行动，收缴白板肉2200公斤、漂白粉10袋，过期快餐面30盒，过期化妆品40瓶，过期调味品10袋，取缔5家无证屠宰场，刑拘6人，判刑2人，整治环境卫生差的餐饮门店28家。

文教活动精彩纷呈。秉着“以人为本、文化惠民”的服务理念，不断丰富群文活动，拓展活动载体。街道组织开展“我们的节日‘元宵节’”“中共群众路线教育实践活动”“校园文化进社区”“老年体育年终展演”等主题的大型文化活动4场；组织居民及健身队伍参加国民体质测试，全民健身挑战日，广场舞海选等活动。在全省“欢乐潇湘”大型群众文化活动中，街道潇湘红艺术团节目《中国情》在区级比赛中获一等奖，并代表芙蓉区进入市级决赛获优异成绩。全力抓好未成年人思想道德教育。寒暑假，各村、社区利用“16:00驿站”“绿色网吧”“农家书屋”“社区学校”等载体组织中小学开展“手工剪纸”“创编优秀童谣”“美丽红袖章、我是小义工”“趣味科普拼装大赛”“消防知识讲座”“青少年犯罪法制教育讲座”“亲子课堂”、汉道课堂“丝网花制作”等活动30场次，受益学生2000人次。加强对贫困学子的帮扶力度，联合九三学社在古汉城社区开展“爱心助学、科普宣传”公益活动，募集善款1.6万元，资助贫困学生11名。联合大同二小在社区开办“家长夜校”，邀请学校经验丰富的老师或心理咨询师为家长授课，及时解决家庭教育当中的难题，“家长夜校”开讲3次，受益家长300人次。

计生工作卓有成效。优化计生干部队伍，完善《马王堆街道计生工作考评办法》和《考评细则》，严格落实有关措施。开展以“阳光计生”“关爱女孩”“婚育新风进万家”为主题的大型活动，发放“致流动人口慰问信”2万份，宣传卡片、折页、环保袋、扇子等3万份，制作展板15块，发放避孕药具等。加大日常清理清查力度，深入推行人口网格化信息管理系统上线和完善工作，全年抽取户籍人口3000人次，流动人口4200人次，其中流动人口已婚育龄妇女2400人次，发出协查信息1400条。联合社区卫生服务中心为辖区内的育龄群众免费提供系列健康服务，免费为育龄妇女提供妇科病普查3219人次，B超孕检4896人次，孕前优生检测175对，四项手术费报销2.2万多元。办理一孩生育证271本，审批、发放再生育证131例，独生子女父母光荣证240本，流动人口婚育证明13本。网上办证48例。接受群众来信来访204人次，依法征收社会抚养费16.5万元，计生服务工作群众满意率99%以上。全面落实政策，关爱独生子女家庭。纯居民独生子女保健费发放2081户、22.86万元，发放到位率100%。特别家庭扶助7例，扶助金额3.36万元，到位率100%。上报城镇独生子女父母奖励1347例，全年慰问独生子女困难家庭138户，发放慰问金及物资9.4万元。

民生保障力度增强。促进就业创业，全年完成职业技能培训90人次，下岗失业人员再就业290人。组织以“创业带动就业”为主题的现场招聘会，联系招聘单位40家，提供就业岗位700个，有40人与用人企业达成聘用意向，5人当场签订用工合同。提升社保管理，全年完成307万元医疗保险征缴金。修改医疗服务信息27人次，报送区级有关信息修改105人次，核定三类人群（三无人员、重残人员、低保人员）。政府补贴三无人员（无生活来源、无劳动能力、无法定抚养义务）85人，审核13人城居医疗补助申请，全街合计补助金额11.2万元，清理未续保 人员565人，为1548名退休人员进行生存认证。规范住房保障，对13户22人发放3520元廉租房租赁补贴，新增廉租房实物配租6户，经济适用房货币补贴3户，确保辖区内住房保障应保尽保。加大社会救助力度。全年城市低保发放37.45万元、保障684户、1111人次。农村低保发放6.17万元、保障126户、300人次。对患重大疾病的特困家庭给予适当医疗补助，全年街道累计救助25户、7.06万元。免费为尚未参加城镇职工医疗保险的城乡精神病人提供基本的控制性药物，全年街道救助87

人次、8763元。

社会大局和谐稳定。加强社会综合治安管理，成立民兵应急分队，深入开展“打击非法传销”“流动人口清查”“扫黄禁赌”等专项整治行动，端掉非法传销窝点6家，遣散传销人员113名，捣毁隐藏涉黄窝点41家，销毁赌博机40台，辖区治安形势明显好转。积极化解矛盾纠纷，结合群众工作“直通车”，开展矛盾纠纷排查和化解工作，收集整理火炬村一、二片拆迁安置各类历史遗留问题30个，解决问题10个，调解各类纠纷183件。通过法院判决、多方协调，妥善处理东方大酒店资产问题。狠抓安全生产工作。深入开展消防安全隐患排查整治行动，完善应急预案，确保街域安全生产形势稳定。

党建基础不断夯实。深入开展中共群众路线教育实践活动”，利用“社区学校”“芙蓉学习日”“群众工作大讲堂”“党员远程教育”等平台，开展“五好”班子及“学习型党组织”创建活动，组织“书记讲党课”3次、邀请专家、教授开展“十八大精神解读”“作风建设永远在路上”等知识讲座6次，组织党员干部集中学习10次，全街1000名党员、干部参加，撰写学习心得、读书笔记约30万字。抓实作风建设。在中共群众路线教育实践活动中，通过“自己找、群众提、上级帮”等形式开门纳谏，收集班子意见700条（机关支部65条），并聚焦群众反映强烈的“四风”问题，开展3项专项整治行动，整改问题600个，查处党员干部违纪案件2起、2人，树立“为民、务实、清廉”的良好形象。抓好基层党组织“领头雁”工程实施，完成火炬村党组织的换届选举，换届后平均年龄43岁，大专以上文化程度占37%。优化村、社区及长善垸堤委会等基层干部队伍配置。加强硬件设施建设，全年投入20万元完成九道湾、滩头坪等社区办公用房装修与改造，完成新桥社区办公用房的选址工作。扎实开展好“群众工作直通车”及认真落实“六个走在前列”重要精神，开展“增三力、作表率、当先锋”主题竞赛活动，优化“汉道社工工作室”“同心工作站”“法律氧吧”“民声汇”“5+1幸福快车”等特色服务平台，提升为民服务水平。

存在的问题和不足：社会建设创新不够，服务水平有待提升；历史遗留问题解决及拆迁安置推进缓慢；城市建设相对滞后，城乡环境亟待改善；基层党组织战斗力缺乏，解决问题能力有待进一步提升。（杨　静）

马王堆街道

书　　记	佘国宏	
副 书 记	曾志伟	朱向东
	周宏彬	高　佳（女）
工委委员	徐军杰	刘满青（女）
	曹　磊	
主　　任	曾志伟	
副 主 任	曹　磊	廖　勇
	谢　意（2014.03免）	
	鲁海洋（2014.03任）	

【省、市有关领导调研马王堆街道统战工作】 4月15日，省委统战部副部长汤新华率市委统战部部长文树勋等相关部门领导一行到马王堆街道古汉城社区调研统战工作。汤新华一行实地查看“同心工作站”，社区负责人就“同心工作站”工作情况进行详细汇报。“同心工作站”自2013年7月25日成立以来，本着以“同心、同梦、同行”为主题，以扶贫济困为工作重点，以统一战线、爱心企业、爱心人士资源为优势，建立“五彩服务队”，为贫困、残疾家庭提供就业帮扶、法律援助、捐资助学等多项服务，使辖区民主党派、统战人士与社区联系更加紧密、关系更加融洽，实现辖区资源共享，共驻共建，推动和谐社区建设，真正实现双赢。汤新华对社区“同心工作站”工作给予充分肯定，他强调，社区统战工作呈现地位日益提升、影响日益扩大、作用日益凸显的特点，区、街要认真总结社区统战的工作经验，努力践行群众路线，进一步开拓进取，完善和提升统战工作。区委组织部、统战部部长周虔，街道工委书记佘国宏等参加调研。（杨　静）

【市领导调研、督察火炬村拆迁、拆违工作】 9月22日，省委常委、市委书记易炼红到马王堆街道火炬村调研拆迁工作。易炼红一行到火炬村拆迁指挥部，详细了解拆迁安置指挥部“5+2”（5个正常工作日+2天周末）、“白+黑”（白天+晚上）全方位为民服务的工作方案。易炼红强调指挥部要以强烈的责任感、使命感和担当精神，全力以赴帮助“城中村”里的住房困难户改善生活条件是大家义不容辞的责任；要以啃“硬骨头”、打攻坚战的精神推进“城中村”改造工作，按照“四增两减”（增加公共绿地、公共空间、配套设施和支路网密度，减少居住人口密度、开发强度）的要求，确保对群众的承诺不打折扣、全部兑现。市委政法委书记钟钢、副市长姚英杰，区委书记梁仲、区长于新凡、区政协主席刘建新等领导参加调研。11月6日，市委副秘书长夏文斌带领市委督察室、市政府督察室、市国土局、城管执法局、规划局、商务局等部门分管领导及市指挥部相关人员，到马王堆街道火炬村拆迁安置指挥部，督察城乡结合部环境综合整治拆违控违工作。夏文斌一行在火炬村一、二片现场察看马王堆街道的拆违情况。区政协主席、火炬村拆迁安置指挥部指挥长刘建新详细介绍火炬村拆违控违工作的进展情况以及拆迁工作计划。夏文斌对前期工作给予了肯定，对后段工作寄予期望，要求继续保持拆得下、拆得稳的好势头。副区长许凡参加督察活动。（杨 静）

【启动火炬村拆迁安置工作】 9月12日，火炬村拆迁安置工作动员暨培训大会召开。会上，梁仲、于新凡及刘建新分别作了动员讲话。他们一致强调火炬村的拆迁安置工作是芙蓉区中共群众路线教育实践活动中为民办实事的重点工程，是提升城市品质的重点工程。要求全区上下统一思想、树立信心、狠抓落实，坚持“遵循依法依规、阳光拆迁、和谐征收、让利于民”四个原则推进征拆工作。动员会议的召开，标志着火炬村的拆迁安置工作全面启动。联合区城管执法大队、城管公安、公安分局、工商、税务、安监、消防、交通、交警等多个相关职能部门成立“综合执法行动工作组”，在火炬村范围内依法依规依程序开展系列综合执法行动，及时完成违章建筑的集中丈量、认定及商户的催搬催拆。截至12月30日，开展综合执法行动20次，拆除各类违章、临建仓库5万平方米，签订协议61幢、96户。区委书记梁仲、区长于新凡、区政协主席刘建新及四大家相关领导干部，区直各单位、部门主要负责人，以及火炬村拆迁安置指挥部全体工作人员参加会议。（杨 静）

【获评市计划生育工作模范街道称号】 2014年，街道计划生育工作以“创先争优，服务大局”为主线，以“争创基层群众自治示范村（社区）活动”为契机，以“五彩同心服务”为载体着力打造计生协会工作特色。“五彩同心”服务队由社区计生协会会员组成，五彩颜色代表五种不同服务，红色同心文化服务队，主要利用社区人口学校阵地开展计生知识讲座；绿色同心宣传服务队，主要进行计生知识和政策宣传；蓝色同心咨政服务队，主要针对计生热点、难点问题帮助居民答疑解惑；白色同心健康服务队，主要组织开展免费妇科病普查、心理健康辅导等医疗公益服务；橙色同心帮扶服务队，对计生困难家庭信息进行收集统计，开展帮扶活动。街道充分发挥滩头坪、马王堆两个社区国家级“基层群众自治示范社区”的示范效应，打造古汉城社区“五彩同心服务”品牌，古汉城社区成功申报全国基层群众自治工作示范社区、滩头坪计生协会被评为湖南省计划生育先进协会。12月，马王堆街道计划生育工作获评市计划生育模范街道称号。（杨 静）

【古汉城社区获评基层群众自治示范社区称号】 古汉城社区以“争先创优 服务大局”为总揽，坚持以群众满意为标准，不断夯实基层基础，优化服务手段，深化生育关怀。发动辖区60名各界人士，打造“五彩同心服务队”“一张同心牵手卡”“一份同心基金”的“三个一”同心特色工作，积极开展“红色同心文化”“绿色同心宣传”“蓝色同心咨政”“白色同心健康”“橙色同心帮扶”等一系列形式新颖、内涵丰富的综合性自治联创特色活动，为辖区广大育龄群众、外来务工人员、计生困难家庭等人群提供政策咨询、卫生保健、困难帮扶、法律维权、劳动就业等方面的优质服务。吸引、凝聚广大居民群众，实现自治全方位的优质服务，提升辖区居民群众幸福指数。2014年，古汉城社区先后获评国家、省、市基层群众自治示范社区称号。（杨 静）

【马王堆社区获评省健康示范社区称号】 马王堆社区以汉道社工工作室为载体，因地制宜整合辖区医院、干休所、学校、幼儿园、出租车公司等资源，创新社会管理与服务模式，以创建全民健康生活方式示范社区为契机，不断完善社区基础设施建设，加强健康教育宣传阵地建设。广泛开展“健康知识讲座”“科学养生课堂”“汉道手工坊”“老年电脑班”“夕阳百步走”“快乐钓吧”“汉道书画笔会”“保健按摩义诊”“是药三分毒科学用药讲坛”“送药上门”“趣味运动会”等群众喜闻乐见的活动，倡导居民养成健康的生活方式，提高居民社区归属感。建立龙柏健身队、汉道太极队、马王堆健身队等健身团队，发展舞蹈小组、门球兴趣小组、钓友俱乐部、手工兴趣小组。早练太极拳，晚跳广场舞，棋牌手工，球类运动是社区的健身常项，社区逐步形成全民健身的良好氛围。2014年，社区获评省健康示范社区称号。

（杨 静）

【马王堆社区获评市“两型家庭”创建示范社区称号】 马王堆社区以创建五好文明家庭为载体，通过家庭影响社区，社区带动全民参与创建“两型家庭”示范点。充分发挥家庭特点、妇联特色、妇女作用，在“两型”创建中撑起“半边天”、充当“排头兵”。在各个家庭中深入开展“零距离授点子”“变废为宝”“两型家庭、两型院落评比”“巾帼环保引领美洁家园”等活动，为部分家庭赠送节能灯、节水桶，宣传普及“两型”知识，引导居民树立节俭养德，行文明环保的意识。围绕“两型”创建活动，发动社区汉魂艺术团、龙柏健身队、七色花舞蹈队等妇女团体，利用环保宣传日、广场文化活动等机会进行“两型”知识宣传。充分发挥“老妈红袖章”“巾帼环保队”“热心娘家人”的优势，鼓励她们积极参与城市管理工作，在社区范围内形成“联系妇女一人，带动家庭一户，发动小区一片”的良好共建共创氛围，促进社区“绿色、人文、环保”品质的提升。11月，社区获评市两型家庭创建示范社区称号。 （杨 静）

【滩头坪社区获评市开放式社区物业服务样板社区称号】 滩头坪社区按照市委、市政府将长沙打造成“创业之都、宜居城市、幸福家园”的目标，进一步巩固提升文明创建成果，不断整合社会服务资源，健全工作机制，完善开放式社区物业服务“五规范”（物业服务招牌、场所、服装、责任标识和便民服务卡），全面推行社区物业化服务，发挥居民群众自我管理的主体作用，着力提升物业服务工作水平。社区物业化服务工作按照“居民自治”的原则，成立以社区党支部书记、主任为物业服务中心主要负责人的作风好、品行正的物业服务队伍，开展以“公共亮化、公共保洁、公共安全秩序、绿化养护、基础设施日常维护、下水道化粪池清理”六项为服务内容的免费物业服务。2014年10月，社区争取10万元资金为芙蓉苑、环路公司宿舍、东南名苑小区解决了基础设施差、公用配套设施不足的问题。物业服务队为辖区居民绿化养护20次、基础设施维护12次，疏通下水道13次。12月，滩头坪社区获评市开放式社区物业服务样板社区称号。 （杨 静）

荷花园街道

【概况】 荷花园街道下辖德政园、荷花园、东方新城、东郡、杨家山、恒达、荷晏7个社区。区域面积2.36平方公里，家庭户1.54万户，户籍人口4.12万人，常住人口5.18万人，人口自然增长率为2.5‰。2014年，街道深入推进和全力建设“兴盛荷花、和谐荷花、先锋荷花、活力荷花”，创新城市管理精细化、区域交通优质化、志愿服务制度化、公共服务均等化、条块管理扁平化的“五化”发展模式，成立城市管理议事决策的街道大城管委；成立街道红袖章志愿者联合会，实行执法工作“双联双执”联动机制；成立城区街道应急处突分队及后备联动小组。街道呈现出经济平稳健康发展、社会大局和谐稳定、全街上下政通人和的良好局面。年内，街道获评省“铁路护路”优秀单位、市学习型组织示范单位、市科技创新型街道、市“两型”街道等称号；先后被确定为全市门前市容环境卫生责任机制创新试点街道、全市创建城市管理示范街道，被评为区绩效考核一类街道。各社区分别获评全国和谐社区、全国科普示范社区等荣誉30项。

扎实开展中共群众路线教育实践活动。群众意见集中听。街道以“三问三提三转”（即：有什么、缺什么、做什么，提目标、提举措、提建议，转观念、转方式、转作风）、“直通车”“大走访”“民情面对面”等方式，集中讨论听意见，上门入户听意见，广泛征集听意见，党员、居民群众参与讨论30场次2000人次，收集“四风”问题127条，其他建议意见292条。及时、准确了解党员群众所思所盼，传递街道社区大事要事，统一思想，凝聚共识。群众路线集中学。坚持“党组织书记讲党课”普遍学，书记讲党课30场次，保持党员忠诚度教育常态化；坚持主题学习对照学，开展“干部选拔任用六用六不用”（即：选拔重用政治坚定、忠诚可靠的干部，选拔重用改革创新、开拓进取的干部，选拔重用勤奋敬业、扎实肯干的干部，选拔重用公道正派、坚持原则的干部，选拔重用顾全大局、维护团结的干部，选拔重用作风优良、清正廉洁的干部；坚决不用信念不牢、品德不佳的干部，坚决不用固步自封、精神不振的干部，坚决不用作风散漫、纪律松弛的干部，坚决不用以权谋私、行为失范的干部，坚决不用拉帮结派、破坏团结的干部，坚决不用“官”念过重、脱离群众的干部）、“四对照四查摆”（即：对照理论理想，查摆理想信念、宗旨意识、党性修养等方面存在的问题和差距；对照党章党纪，查摆遵守政治纪律、组织纪律、财经纪律、群众工作纪律和“八项规定”等方面存在的问题和差距；对照民心民声，查摆为民服务、保障民生、维护群众合法权益等方面存在的问题和差距；对照先辈先进，查摆弘扬优良传统作风、发挥先锋模范作用、争创一流业绩等方面存在的问题和差距）等主题学习；坚持专题讨论深入学，召开“做群众的贴心人”“入党为什么，为党做什么”专题讨论会。掌握群众路线精髓，提高践行群众路线自觉性、坚定性。群众难题集中解。着力解决“家门口”的问题，做好水、电、气、路、池、位等关系居民切实利益的问题。坚持“护校护园”与“一校一策”综合整治。优化“家门口”的环境，打通主干道，盘活“微循环”，成为全市样板。用心提供“家门口”的服务，社区平均办公服务用房面积1462平方米。群众享受到“家门口”的就业、就医、就学、健身、养老、美育、科普等便捷、贴心服务，党组织的动员能力、引领能力切实增强。

经济发展稳中有进。经济指标增速向好。2014年，街道完成财政总收入3.01亿元；完成规模以上工业总产值1.34亿元，占全年任务100.5%；完成城镇固定资产投资16.6亿元，占全年任务110.9%；完成社会消费品零售总额17.3亿元，占全年任务92.9%；完成内资17.6亿元，占全年任务110%；完成外资3000万美元，占全年任务120%；全年新增商贸企业4家。招商引资成效较好。主动参加各类贸易会、洽谈会，加大宣传推介力度，重点培育税源大户旺德府国际大厦，引进万家丽快速通道建设项目。积极开展楼宇二次招商，加大引进优质企业入驻重点楼宇，湖南国际商务中心、东方之珠、诺亚方舟、蔚蓝天空、东方银座，入驻率100%。项目建设扎实推进。结合“群众工作直通车”及“四联三为”（联社区、联企业、联项目、联家庭，为群众、为基层、为企业服务）工作机制，制订党政领导联点企业、联点项目制度，积极帮助企业解决实际问题50起。加大湘域中央、百纳广场、华诚广场、东方芙蓉、中庭国际等项目的跟踪服务力度，提前介入、主动引导，努力形成街道经济产业链和发展合力。加大项目建设力度。百纳广场二期9月开工；万家丽路快速化改造工程、东郡西路在建设中；汇通财郡已建15楼。紫薇南路完成违章建筑拆除，支五路违章拆除在进行中。

民生事业持续改善。落实各项惠民政策。健全就业公共服务信息平台，实现下岗失业人员再就业414人，完成全年任务121%。小额贷款还款率和零就业家庭动态就业援助100%。街道为94户低保家庭167人，发放最低生活保障57.8万元。大病医疗救助13人次，支出3.77万元。积极开展全街低保、特困户、残疾人、军属慈善慰问活动，支出10.6万元、物资1031套。着力开展计生服务。给确认为独生子女保健费发放对象787户，发放金9.18万元。给计划生育家庭特别扶助对象29人，发放扶助金13.92万元。抓好免费优生检查项目工作，全年组织89对待孕夫妇参加孕前优生检查，600名育龄妇女参加妇科体检。参加或承办“长沙市幸福家庭公益大讲坛”、“5·29”协会活动日活动、“7·11”世界人口日主题活动等强化宣传教育。优化居民生活品质。以“公共服务均等化”为目标，通过新建、调整、改造等多种方式，进一步完善社区公共服务中心及其配套建设：新开辟“荷花文化走廊”，新建乒乓球馆等文体场地7处；卫生服务中心、精神康复中心2所；街道政务中心1所，社区平均办公服务用房面积1462平方米。全年举办各类群众文化活动50场次。

社会大局保持稳定。狠抓综治维稳，确保安定团结。全年发生各类刑事案件647起，同比下降25.72%；接受群众来信来访65件，接待群众来访300人次，积极调处矛盾纠纷54起，调处成功率100%。建立健全信访调处联席会议制度，对涉及群众切身利益的信访案件，如荷花园社区拆迁安置、东郡西路、东郡小区围墙等问题及时召开联席会议，查找问题症结，积极研究制订解决办法。狠抓安全管理，确保和谐稳定。全年对企业开展600次执法检查，出动检查人员300人。领导干部带队检查安全生产每周开展一次，年内检查150家企业；安全生产大排查、大整治、大督察，检查企业160家，组织督察组22个；安全生产打非治违检查生产经营单位145家，出动执法人员66人次，组织集中执法行动16次。全年排查出重点安全隐患6起，一般性隐患100起，完成处理上级督察交办隐患2起，全街无一起重大事故发生，确保了安全稳定。

城市管理规范有序。创新工作机制。按照年初提出的定人员、定职责、定奖惩、建平台“三定一平台”工作思路，通过“定人员、定职责、定奖惩”和组建城管执法队员1人、协管员2人、工商队员1人、社区城管专干1人及环卫工人1人的“5+1”工作小组，推进门前责任制履行。通过发放联系卡、实地调研、签订责任状等方式进行宣传发动和详细摸底；实行各单位班子成员联组执勤轮值制，负责对当日门前三包责任制的落实和“5+1”行动小组到位情况等进行巡查并通报，并对重点案件和地段实行联合执法；每月评选出“十佳”门店和“十差”门店。开展集中整治。对街道范围内的市容市貌、市政、环卫、园林等方面的问题进行摸底排查，针对流动摊贩比较集中的地段，每天早上7：30及下午16：30以后分时段集中整治，全年开展集中整治行动60次，整治店外经营500家，摊担800个。全年拆除违章建筑3142平方米，户外广告招牌及电子显示屏80处，清理垃圾和堆物60处，约40吨。确保文明常态。狠抓街域环境卫生整治、背街小巷建设等，促进区域进一步净化、美化、绿化和亮化。全街所有社区均达到区级文明社区标准，其中，1个全国文明社区，1个省级文明社区，2个市级文明社区。

存在的问题，主要表现在个别大楼历史遗留问题虽得到一定程度的解决但未彻底；原农场开发建设的遗留问题难以解决，群众信访事件时有发生。（李文芳）

荷花园街道

书　　记　喻霞元（女）
副 书 记　丁迎秋（2014.03任）
　　　　　许琼山（2014.03免）
　　　　　张　军　刘光耀
工委委员　邓文斌　罗明立
　　　　　吴艳君（女）
主　　任　许琼山（2014.03免）
　　　　　丁迎秋（2014.03任）
副 主 任　罗明立　黄继文（女）
　　　　　刘朝辉（女）
　　　　　刘紫陌（女）
　　　　　莫志坚

【易炼红、胡衡华视察荷花园街道城管工作】 8月27日，省委常委、市委书记易炼红，市委副书记、市长胡衡华等市领导一行来荷花园街道恒达社区视察城管工作。荷花园街道通过完善基础设施、规范停车管理、强化安防管理、美化小区环境等举措完成恒达社区提质改造，着重在拓宽社区大物管、优化小区常态管理、试行支路停车管理等方面进行有益探索。易炼红对荷花园街道“打通主干道，盘活微循环”的思路及老旧小区提质改造给予充分肯定，表示市委、市政府将实行史上最严格、最精细、最到位的城市管理，做到基础设施、环卫保洁、严管重罚进社区。他强调要发挥政府主导作用，引导广大居民积极参与城市管理，自觉遵守规章制度，共同维护家园形象。（李文芳）

【全市基层治理能力提升现场会】 11月17日，长沙市基层治理能力提升现场会在荷花园大厦会议室召开。市委副书记张迎龙、市委政法委书记钟钢、副市长李介德等市领导出席会议。参会人员一行参观了荷花园街道教师一村老旧小区提质改造和停车管理情况、恒达花园安防系统、千人红袖章墙报及文明墙绘。在经验交流会上，街道工委书记喻霞元介绍街道始终突出“五个坚持”，在提升“城市管理精细化、区域交通优质化、志愿服务制度化、公共服务均等化、条块管理扁平化”方面取得的成效和经验。市委政法委（综治办）、区城管局、荷花园街道派出所等相关单位分别结合自身工作实际，从社会管理创新、城市管理“三进”（进社区、进背街小巷、进城郊结合部）、派出所“三创”（维稳创安、服务创优、警务创新）等方面着眼，共同交流探讨基层治理能力提升方面的所闻、所感、所思。张迎龙充分肯定荷花园街道在破解社会治理难题方面进行的探索实践，理念新、力度大、措施实，为全市基层治理改革创新提供有益启示。市委政法委（综治办）、市委政研室、市委组织部等13个市直部门主要负责人员，各区县（市）相关负责人员，媒体记者代表等100人参加会议。（陈　静）

【启动门前市容环境卫生责任制试点】 3月14日，荷花园街道启动门前市容环境卫生责任制机制创新工作试点。街道实行“门前三包”责任制“三定一平台”管理机制是在广泛走访调研、紧密结合一线的基础上确定的。通过定责任、定人员、定奖惩，建立门店台账和街道“门前三包”责任制信息平台，把市区管理幅度分解到街道，管理压力传导到街道，主导力量发动在街道。定责任就是通过签订责任书，填写登记表，建立信息库，做到各方知情、知责、知标准。定人员就是通过组建“5+1”行动小组，实现责任块、段、点结合，“5+1”同时延伸到“5+1+N”，“N”即门店或门店联组，门店联组实行“1天1店1轮值”制度，佩戴“流动红袖章”，“十佳”门店挂“流动红旗”。“N”也包括大工委委员及单位、大城管委成员及单位、物业公司、志愿者等街道辖区其他力量，做到信息收集、宣传教育、日常巡查、行政执法、自觉参与和社会监督“五位一体”。定奖惩就是定期评选“十佳”“十差”门店并奖罚。各社区和“5+1”行动小组具有第一推荐权和监管权，让知情人投知情票。建平台就是通过建立街道层级信息平台，问题发现在街道，解决在街道，减少层级，传递压力，提高效率。街道先后在万家丽地下通道、杨家山社区职院街，锦泰广场等13处重点地段进行32次集中执法行动，组织行动力量千余人次，收缴流动摊担140个，清退流浪人员14名，解决居民投诉问题13个，形成各方力量齐抓共管、教育执法警示并重、堵疏治标治本结合的良好氛围，得到居民的广泛好评。（李文芳）

【老旧小区提质改造观摩会】 7月31日，副区长许凡率全区各局、街道、社区负责人一行200余人，分两批到荷花园街道恒达社区教师一村观摩老旧小区提质改造现场。恒达社区老旧小区改造项目是芙蓉区群众工作直通车“十大民生工程三年行动计划”的重点项目之一，涉及保利苑小区、教师村小区、聚心苑小区、天心丽城小区、天心小区、恒达花园、诺亚方舟、东方之珠8个小区。工程预计2015年8月上旬全面完工。自2014年恒达社区被确定为长沙市交通微循环道路区域优质化试点单位以来，街道以“打通主干道，盘活微循环”为思路，围绕停车、行车、管车、控车等重点开展工作，提质改造、挖潜增效，实现了车位供应充足，停车规范有序，行车正向引导，管车反向控制，安全动态监控“五位一体”的目标。各局、街道、社区负责人实地走访恒达社区教师一村，观看小区改造前后对比展板，对改造工程的高质量、高效率及街道和社区的凝聚力、向心力称赞不已，表示将认真汲取改造经验、全面借鉴成功模式，做实做细民生工程、做好做优民生服务。（李文芳）

【完成恒达社区“微循环”道路改造项目】 4月，街道提出“打通主干道，盘活微循环”为核心内容的“区域交通优质化”创新思路，并以恒达社区为试点，对老旧小区进行全面提质改造。通过留乔木、去灌木、降坡、平地面，换位、改道、划线及向“小区”要空间，规范支路停车收费管理，整治占道停车，疏导交通拥堵地段，以管理促规范。8月，“微循环”畅通工程改造完成，各小区新增停车位30%，路面绿化整洁靓丽，消防通道畅通，有效解决居民群众停车难、出行难等问题。教师一村、保利苑小区成为全市“微循环”改造的样板工程；远大路、万家丽路、人民路、东二环路绕辖区而行，人行道提质改造，绿化、净化、亮化等相继改善升级。

（李文芳）

【成立街道大城管委】 4月，由街道组织召开座谈会，统一思想，形成共识，成立包括市政、园林、工商、城管、公安、物业公司、两代表一委员（党代表、人大代表、政协委员）、志愿者代表等主要负责人在内的荷花园街道大城管委，作为推进街道城市管理工作的最高议事决策机构，明确各方职责，整合各方力量，实现齐抓共管。街道办事处主任任大城管委主任，辖区城市管理实行共同研讨、定期调度、社会监督等系列制度，搭建共驻共建、共商共享的机制平台。（李文芳）

【实行执法工作“双联双执”联动机制】 6月，街道整合辖区公安、城管（环卫）、工商、交警、巡警、消防、安监（食安）等7大执法主体，实行以联组执勤、联合执法为主要内容的“双联双执”联动机制。联组执勤是指在各特护期、重要节日及双休日期间，实行各“双联双执”成员单位班子成员联组执勤轮值制。联合执法是指以属地为基础，以街道为单元，根据工作需要，整合各执法力量，有计划、有重点地开展联合行动。“双联双执”单位每半年一次向街道大工委、大城管委述职，接受包括居民代表在内的行风评议团评议。“双联双执”开展护铁护路、春雷行动、打击传销、食药品清查、消防安全、城管综合整治等联合行动108起，各单位班子成员208人次联组执勤71个工作日。街道发案率持续下降，无重大安全事故，综合治理工作位列全区第一，被评为市红旗街道、省铁路护路优秀单位。

（李文芳）

【首个街道应急处突分队成立】 6月17日，荷花园街道应急处突分队成立。应急处突分队由民兵20人，公安辅警10人组成，属街道和派出所的双重领导。主要负责辖区的机动巡逻、急突发事件处置，并长期开展辖区内中小学和幼儿园的“护校护园”行动。应急处突分队在街道划定了巡逻点布局图和路线图，每次巡逻行程35公里，耗时1小时40分。10月，还组建荷花园街道治安防控及应急处突后备联动小组。年内，应急处突分队巡逻行程约5200公里、450小时，及时处置德政园公交站交通事故等较大事项约60起，发案率同比下降25.72%，居民群众的安全感和满意度大幅提升。（李文芳）

【举办首届荷花文化艺术节活动】 12月4日，首届荷花文化艺术节暨千人红袖章表彰活动在区政府会议中心举办。此次艺术节特色明显，活动主题突出。紧扣志愿者这一主题，以街道千人红袖章志愿者联合会为载体，大力弘扬社会正能量。街道对联合会30名优秀个人，慈嫔驰乘务岗、罗维周欣馨互助会等7个优秀组织进行表彰。以社会主义核心价值观和“中国梦”作为题材，荷文化艺术节特举办首届“荷花杯”未成年人书、画、文作品大赛。在街域范围内广泛征集未成年人优秀作品2000幅，并从中评选出100幅作品展示在文化墙上。节目量多质优。首届荷文化艺术节文艺汇演节目取材多元、内容丰富，涵盖器乐合奏、舞蹈、戏曲、团体操、小品、独唱等类别。参与人员广泛。参加艺术节的有街道，社区，旺德府集团、特巡警支队、华铭幼儿园等驻街单位，大工委委员、大城管委委员、双联双执成员单位的积极响应。还组织残疾人、低保户、空巢老人等约50人，外来务工人员、环卫工人、“十佳”门店业主代表50人，党员、居民志愿者代表70人前来观看。为弘扬社会主义核心价值观，丰富荷花园街道群众文化生活，展示荷花园街道健康积极的精神风貌，街道决定，从2014年起，每年在国际志愿者日（12月5日）前后举办荷花文化艺术节，使其成为街道文化活动的品牌和深受群众喜爱的艺术盛会。市委原副书记秦卓夫、市政协副主席石长松，市委宣传部、市委组织部、市纪委等10多个市直部门领导，芙蓉区委书记梁仲、区委副书记夏钟剑等区领导出席。（陈　静）

【荷花园社区获评全国科普示范社区称号】 荷花园社区依照“一切为了群众，一切依靠群众”的服务准则，以“崇尚科学、热爱科学、传播科学”为宗旨，改建150平方米的社区科普学校；配备有11台电脑、投影仪等设备，以“荷花月谈”“荷花讲堂”等形式开展科普宣传教育活动。社区高标准建设阅览室、科技馆、养生馆、健身馆等科学生活馆和科普阵地，完成3个10米科普画廊，并坚持每季度更换新的内容。社区利用假期组织中、小学生开展“幸福假期”“科普小制作”等活动；利用节假日，组织居民开展“提倡科学生活、提高生活质量”科普活动及知识讲座，与市科协联合举办“防灾减灾科普知识宣传活动”等大型科普宣传活动。10月，荷花园社区被评为“全国科普示范社区”。（李文芳）

【德政园社区获评“全国文明单位”称号】 德政园社区自2009年获评全国文明社区以来，继续坚持高站位、高标准，重持续、重实效，让文明社区持续文明，进一步提升市民文明素质。2014年，社区广泛开展“争当雷锋精神传人、弘扬社会文明新风”活动，坚持学雷锋活动与深化文明创建、加强和改进未成年人思想道德建设、广泛拓展社会志愿服务领域结合起来，使广大居民在活动中受到高尚的思想熏陶，现代文明意识、文明言行举止、和谐人际关系更加增强；我为人人、人人为我的文明氛围更加浓厚，重信誉、守信用、讲信义的良好风尚蔚然成风。进一步建设宜居幸福家园。社区着力提升建设水平，注重全域覆盖、全民参与、全面进步，推动公共服务更加均等、更加人性，更能满足人民群众的需要；让文明真正走进家庭、走进生活、走进心灵，让广大居民生活得更舒适、更愉快、更幸福。进一步加强社会管理创新。注重整体推进，把思想政治教育、创新群众工作和加强法治建设贯彻于社会管理之中，着力重点突破，在“治堵”“治难”“治乱”“治差”“治脏”上下功夫；通过深化创建，激发居民群众参与管理、自我管理的积极性和主动性。

（李文芳）

东屯渡街道

【概况】 东屯渡街道面积2.66平方公里，下辖东屯渡、芙蓉、扬帆、嘉雨、白沙湾5个社区，农科村1个村和东屯渡建筑公司、迪马公司2个直属企业。

全街道家庭户6918户，户籍总人口17870人，常住人口40528人，人口自然增长率6.4%。2014年，街道以实现街域经济转型升级为目标，以万家丽国际购物中心为依托，大力发展高端商贸业，以浏阳河婚庆园为平台，加快现代服务业品牌集聚，打造集购物、休闲、娱乐为一体的产业片；以楼宇经济增强发展后劲，实现街域经济整体提质增效；以解决拆迁安置遗留问题为着力点，加快安置收尾步伐，解决拆迁安置遗留问题；以提高社会管理水平为抓手，提升居民群众安全感和满意度；以群众路线教育实践活动为契机，狠抓纪律作风和基层服务性党组织建设，努力开创东屯渡街道工作的新局面。年内，街道先后获评全国和谐社区建设示范单位、雷锋号志愿服务示范单位、湖南省文明单位、全市两型创建示范单位（家庭）和两型创建工作先进单位等荣誉称号。

经济指标稳中有升。2014年，实现规模工业总产值1.02亿元，按照可比价计算比上年同期（下同）增长9.7%，完成社会消费品零售总额25.93亿元，完成年度计划；限额以上商贸业社会消费品零售总额16.71亿元，限额以上批发企业商品销售额6.13亿元，完成社会固定资产投资21.31亿元，国税地税征收入库2.7亿元。引进省外境内资金完成7亿元，完成年计划107%；市外境内固定投资完成16亿元，完成年计划106%。合同利用外资3300万美金，实际到位外资2500万元人民币。

项目建设全力推进。长房白沙湾主体完工；湘域熙岸二期、鑫科明珠、长房白沙湾二期、芙蓉明珠商务楼及汇城尚东项目正在预售；中惠景堂项目加快推进；万家丽国际MALL商场招商基本完成；浏阳河婚庆园成为东片城区消费新热点，并辐射带动周边的商贸产业的快速发展，乐天影城、小天鹅国际公馆、大驾光临、树栖酒店、漫咖啡、鱼吧吧、弗洛KTV、红馆汇、玖润台等一批连锁品牌相继入驻。

城市管理不断强化。以城市文明程度指数测评为契机，扎实改善市容环境。组织开展“红袖章”美洁家园行动，落实网格化管理，推进志愿服务常态化。落实“门前三包”责任制，签订责任书1.7万份。开展市容整治，清理流动摊担1.3万次，劝导店外经营2.5万次，拆除违章亭棚2000平方米。开展城郊结合部综合整治，拆除违法建筑物268处3650平方米，清理各类裸露垃圾860处1750立方米。加强农安小区提质改造工作，投入3000万元，完成富家花园C区改造，加快推进扬帆小区改造。开展全街大清洗行动，在辖区内主次干道、背街小巷开展每周大清洗行动，全年出动志愿者1.3万人次，发放宣传资料7万份，清理“牛皮癣”6.5万处，清理堆物2600处750吨。开展春季灭鼠行动，发放各类灭鼠、灭蟑、灭蚊药物1650件，爱卫工作受到上级领导和居民群众的一致好评。

集访矛盾妥善处置。按照“重大事项居民做主”原则，东屯渡街道在市纪委、区委、区纪委的直接领导下，组织上访群众不断进行讨论、交流并选出上访代表，同时组织区国土局等单位组成东屯渡集体资产清算组，对东屯渡214.7亩生产安置土地进行清理清算，得到了广大上访群众的支持，他们接受了214.7亩生产安置用地的事实，明确了东方家园40亩，世嘉国际110亩，芙蓉区政府的芙蓉公寓50亩和零星14.7亩土地的位置，以及在这之上所产生的收益全部划归“60号令”的拆迁群众，提供其生活补贴。为了稳妥推进这一进程，扎实做好身边的群众工作，街道通过广泛听取群众意见，逐步讨论形成了《东屯渡街道办事处（东屯渡农场）两安集体资产管理章程》，组织全体受益对象分为3个选区进行村民代表选举，于2014年10月选出了45位场民代表，并产生了9位核心委员，通过场民代表和委员们不断的讨论、交流意见，多次召开代表大会和委员大会，终于制订和通过了《东屯渡农场“60号令”两安集体资产管理章程》《东屯渡农场“60号令”集体资产受益对象条件》《东屯渡农场“60号令”集体资产分配方案》及一系列管理制度，长期困扰东屯渡的历史遗留问题终于进入实质性解决阶段。妥善处理金苹果扬帆市场和金苹果农科大市场的矛盾纠纷。金苹果扬帆市场门面纠纷问题由来已久，街道依法依规与金苹果扬帆市场管理公司进行沟通，于7月10日向金苹果扬帆公司发出《关于解除〈房屋租赁合同〉的通知》，7月14—18日，门面业主在维权委员会的组织下通过换锁的形式收回门面。街道积极引导市场经营户与业主直接签订租赁合同，实现市场经营的平稳过渡；金苹果农科大市场租金上调问题较多，按照“政府引导、村民做主”的原则，派出工作组协调农科村金苹果市场门面业主和市场方的关系，缓和矛盾，解决租金上调问题，市场经营秩序又重新步入正轨。

社会大局和谐稳定。坚持每日巡查制度，实行24小时流动巡逻机制，查处的各类案件呈大幅减少态势，发案率明显下降。组织辖区17家单位、各小区楼幢长和物业负责人、各社区、村安全生产专干等成立120人的安全生产联组，涵盖城管、综治、保安各方面，定期组织摸排，准确掌握辖区社情民意和不稳定因素，及时开展专项整治。全年开展安全生产大检查731家/次，发放宣传资料1.6万份，排查发现安全生产隐患12处，整改率100%。组织和开展打非治违与日常监管工作，关闭违法经营单位3家。及时发现、妥善处置矛盾，成功化解新世纪家园、世嘉国际华城小区物业矛盾、旺旺医院医患纠纷和重大信访纠纷9起，调处各类矛盾96起，调处成功率100%。

民生保障全面落实。关注失地农民就业问题，举办专场招聘会2场，为480名下岗失业人员实现再就业。全面落实救助及社保工作，落实“四个必访”（特困群众必访、重症病人必访、孤寡老人必访、留守儿童必访），实现送物资到户、送资金到人，实实在在的解决困难群众问题。进一步规范和完善城乡低保制度，优化大病医疗救助和困难救助制度，为全街低保家庭275户448人次，发放低保救助金15.2万元，发放大病困难家庭医疗救助17人次，发放医疗救助金4.87万元。为精神病困难家庭患者提供2次免费体检，每月免费提供药物救助，全年救助83人次，免费发放药物总价8326.3元。持续开展“四联三为”（即：联企业、联项目、联社区、联家庭；为群众、为基层、为企业）等主题活动，全街结对帮扶困难群众241户，受理群众各类诉求146起，走访群众3650户。开展“向群众承诺、为群众办事”活动，承诺办结18个具体问题。全面完成扬帆小区燃气改造、芙蓉公寓水表改造、芙蓉社区市政环卫管网清理工作。完成远通地块建设的3幢村民自建房，将原东屯渡农场选择村民自建房的166人全部安置到位。村民高层安置房主体竣工，正进行内外墙装饰，可安置居民300户；农科村10幢村民安置房已竣工，可解决400多名村民的安置问题。

社会事业均衡发展，进一步完善基层文化设施。街道投放室内室外健身器材6套，篮球架3套。开展“我们的节日”主题系列活动。举办“第一届职工趣味运动会”，组织480名居民参加长沙市第四次国民体质测试。开展“创业手牵手、帮扶一加一”结对活动，建立“东屯渡创业富民台账”，有6项创业富民资助项目通过区创业办审批。老体协参加长沙市第八届老年人运动会，获广场舞二等奖。组织参加芙蓉区第六届全民健身运动会暨欢庆“五一”广播体操比赛，获团体二等奖。进一步加大信息公开力度，简化办证流程，实行首接责任制和“一站式”服务；计生志愿者与辖区“失独”家庭开展“一对一”“多对一”契约式服务。认真落实城镇户口独生子女奖励政策，为734户独生子女发放独生子女补助金8.61万元，慰问计生困难家庭39户。开展“单独两孩”政策宣传，对符合政策的对象组织参加免费孕前优生检查，政策知晓率100%。深入开展计卫合作，组织1744名育龄妇女进行免费妇科防癌普查。推广卫生服务中心“家庭契约式服务”，全年帮扶1274人。

党建工作突破创新。认真抓好中共群众路线教育实践活动。按照区委和督导组要求，完成各阶段规定动作，征集到领导班子意见39条，已全部整改到位。组织街道、社区党组织书记公开述职，并现场进行民主评议和群众测评。开展“在职党员进社区”活动，有1257名在职党员在社区报到，党员志愿者在服务“E”平台开展大型活动40次。继续推行“一卡四制”（党员承诺卡，学习教育制、岗位责任制、联系服务制和综合评价制），规范非公企业党建，大力开展“三学三建三讲”（学知识、学经验、学业务、建组织、建阵地、建机制、讲诚信、讲节约、讲业绩）主题实践活动。基层党组织按期转正预备党员17名，新发展党员11名，培养入党积极分19名。出台《东屯渡街道考勤制度》，编印《改进工作作风有关规定汇编》，加强纪检监察，落实党风廉政建设责任制。全面推行阳光政务公开工作，按要求建好农村“三资”（资金、资产、资源）平台。扎实做好党务公开，进一步完善财经制度，严格控制“四费支出”（招待费、交通费、差旅费、会议费支出）。扎实推进“廉政文化进社区”活动。举办“一家老小闯廉关”廉政知识抢答赛，组织开展以“勤俭廉洁”为主题的演讲比赛，在辖区各楼幢张贴廉政帖、设置廉政宣传栏，营造浓厚的廉政文化氛围。深入推进学习型党组织建设和“芙蓉学习日”活动，制订《2014年度干部教育活动实施方案》。开展“每月一学”，组织集中学习18次，每名党员干部均完成万字以上的学习笔记。组织开展“微理论·微宣讲”比赛，选出优秀理论宣讲人才，促进基层理论普及。创新开设“东屯渡街道微课堂”微信公共平台，定期发送最新动态和学习资讯，方便党员干部随时随地开展学习。

存在的问题和困难：拆迁户安置、金苹果扬帆市场等历史遗问题还没有从根本上解决好，村民高层安置房建设存在资金缺口，公共服务水平需进一步提升、干部群众思想观念与不断加快的发展步伐之间有待磨合。（谭博文）

东屯渡街道

书　　记　厉　锋（2014.03 免）
　　　　　聂海宗（2014.03 任）
副 书 记　罗加祥　周　炫
　　　　　贾　茜（女）
　　　　　虞　正（2014.03 任）
工委委员　彭伊娜（女）
　　　　　黄　斌（2014.03 免）
　　　　　刘化祥
主　　任　聂海宗（2014.03 免）
　　　　　罗加祥（2014.03 任）
副 主 任　黄　斌（2014.03 免）
　　　　　龚　班　杨　鲲
　　　　　余世文　曾德志
　　　　　舒志刚（2014.03 任）

【开展“红袖章”美洁家园行动】 4月17日，东屯渡街道在浏阳河婚庆文化园银兴乐天影院前召开“红袖章”美洁家园行动动员大会。会上，街道书记聂海宗就“红袖章”美洁家园行动作部署发言，介绍行动的目的和意义，号召志愿者常年长效常态开展活动，使街道整洁有序，无裸露性垃圾、无卫生死角，无店外经营、无流动摊贩，进而提升东屯渡街道总体环境水平。辖区单位、五小门店、社区“红袖章”志愿者代表先后做表态发言，承诺将以实际行动开展美洁家园志愿活动，共同创造东屯渡街道的美好家园。区委书记梁仲在动员会上指出，东屯渡街道的“红袖章”工程基础良好，优势明显，应先行一步将“红袖章”美洁家园行动办出成效。号召全体志愿者增进共识，把责任担起来；营造氛围，把精神养起来；力求常态，把效果显起来；使志愿者充分发挥文明创建的“劝导员”，保洁保序的“维护员”、民情信息“采集员”，社会事务“管理员”作用，他还要求全体志愿者守誓言、起作用、做表率，推进志愿服务制度化、常态化、长效化。动员大会结束后，志愿者在浏阳河风光带开展“捡白色垃圾，清洁浏阳河”行动；在荷花路开展“劝导店外经营、清洁绿化带”活动；芙蓉社区、扬帆社区、嘉雨社区等将大街小巷服务区域分块，由辖区内志愿者认领，开展大规模环境清洁、整理脏乱等行动，廖铁成、伍艳飞、李国开及区联点部门、街道、各社区（村）全体工作人员、辖区单位志愿者代表、居民群众志愿者代表、门店志愿者代表约1000人。（谭博文）

【开展打击传销集中整治行动】 5月26日，由区公安分局、东屯渡派出所、区工商分局、东屯渡街道联合组成行动组在全街范围内开展一次大规模打击传销集中整治行动。此次行动对街域9个疑似传销窝点进行集中整治，查处取缔传销窝点9个，查获传销人员30人，收缴非法书籍206本，传销资料1400份。现场教育、劝返遣散被骗群众后，工商局约谈涉嫌提供传销窝点出租房的10名房东，明确告知按照《禁止传销条例》规定，希望房东们出租房屋时发现问题及时拨打“110”、“12315”电话举报。东屯渡街道书记聂海宗介绍：此次打传行动真正做到出其不意，让传销分子措手不及、无法抵赖。一旦核实传销窝点，对顽固不化沉迷传销的进行强制遣送；对受迫胁或被逼的传销分子能自行遣散的自行遣散，不能遣散的护送遣散。对疑似传销头目带回审讯，对相关窝点采取停水、停电、停气、换锁的“三停一换”措施，让传销失去立足空间，源头打击违法犯罪。街道还将与社区、社区与居民、出租房主之间层层签订责任书，不定期开展排查行动，清除传销滋生的土壤，防止传销在社区蔓延，确保打击、传销工作不断向纵深推进。（谭博文）

【搭建平台扶持下岗失业人员创业就业】 年内，东屯渡街道通过搭建“四个平台”，大力扶持下岗失业人员实现就业创业。搭建信息平台。街道通过宣传橱窗、宣传手册、广告牌等多种形式、全方位、多角度地宣讲政府放宽创业准入条件、降低创业门槛、减轻创业负担等创业优惠政策，并建立创业富民政策咨询点。10月，在举办科技周活动中设立创业富民宣传走廊，宣传市、区创业优惠政策，发放创业宣传资料发放创业手册2000册。搭建培训平台。街道与区人力资源和社会保障局联合举办创业技能培训，让参训人员熟悉国家相关的政策和法规，了解创办微小企业必备的知识和程序，掌握经营管理的基本方法，以提高创业成功率。全年有60名下岗失业人员获得国际劳工组织、国家劳动和社会保障部颁发的创业培训合格证书。搭建对接平台。街道加强与各企业的联动和对接，举办2次大型招聘会，长沙比亚迪汽车有限公司、万家丽建材市场、东方家园、湖南老百姓医药连锁有限公司等用工单位到现场招聘，有150人达成就业意向。搭建创业平台。街道积极探索失业人员创业的相关工作，通过加大宣传、电话联系、上门服务、现场登记等方式组织有创业意愿的居民群众参加培训；围绕政策咨询、项目推介、创业孵化、小贷服务、开业指导和后续服务六个方面的内容，形成“六位一体”的创业扶持机制；建立和完善“一站式”“一条龙”创业服务制度，帮助创业者走出一条适合自身发展的创业之路。（周 婷 谭博文）

【破解水果市场周边交通拥挤难题】 东屯渡街道富家湾水果市场是全区东片区的水果批发集中地，东临嘉雨路，北靠马王堆蔬菜市场和海鲜市场，西侧是东方家园、万家丽建材市场，人流、车流量大，公交车、大货车、私家车混杂在一起。为有效解决芙蓉社区富家湾水果批发市场周边交通拥挤的问题，东屯渡街道、芙蓉社区与交警管理部门多次进行沟通和协调，同意在水果批发市场非机动车道划分临时停车线。8月5日，街道召开富家湾水果市场现场会，广泛听取临街业主意见和建议。并于一周后，在靠富家湾水果市场的嘉雨路人行道上依次划分“电动车停放区”“卸货区”，预留出一定数量的机动车位，供进出市场的群众免费泊车卸货。对临街商户、过往群众开展宣传教育，重点劝阻、疏导随意停车、占道经营，阻碍交通现象；规范业主经营行为，要求经营户不得超线摆放，让出车道，方便车辆通行；在荷花路与嘉雨路的入口处指派专门人员对入场车辆进行引导分流，疏导交通，并严禁在嘉雨路两侧非划线区域内停车。实行多措并举，富家湾水果市场及嘉雨路周边停车、拥堵乱象得到有效缓解，居民出行、市场经营秩序顺畅有序。（谭博文）

【拆除“寄生”木棚】 10月19日，“寄生”在芙蓉区农科村安置小区A区内十一幢居民楼一层的几百个违章木棚被拆除，拆除总面积近800平方米。农科村有90幢农民安置房，A区自1998年建成后，便陆续有业主在一层搭建木棚、板房等违章建筑。由于A区建设时间最早，租金相对比较便宜，不少从事餐饮等经营行业的租户居住在此，违章搭建现象在整个安置区内也最为严重。在违建拆除完成后，下一步街道将加大对于新建违章搭建的控制力度，防止死灰复燃。与此同时，农科村已经列入2015年农安小区改造计划，届时安置区内将进行下水道及化粪池改造、路面提质、招牌规范、弱电线路规整、墙面清洗。目前正在设计阶段，到时农科村面貌将焕然一新。

（谭博文）

火星街道

【概况】 火星街道下辖凌霄、月桂、紫薇、曾家坪、陶家山、兴和6个社区，街域总面积2.76平方公里，家庭户1.05万户，户籍人口3.36万人，常住人口2.92万人，人口自然增长率7.47‰。2014年，街道围绕“推进服务体系建设，创新基层管理方法；推进社区文化建设，引领文明风尚；推进平安社区建设，创建和谐稳定环境；推进两型社区建设，创建生态宜居环境；推进社区民主建设，创建高效管理环境”工作目标，持续开展“六个走在前列”大竞赛活动，抓好中共群众路线教育实践活动，打造亮点工程，持续开展“群众工作直通车”工程，进一步坚定信心，促进区域经济发展；改善民生，加快社会事业发展；加强基层中共建设，提供强有力的组织保障，强力推进“繁荣、宜居、文明、和谐”火星的全面建设和各项工作任务的完成。年内，街道获评“全国和谐社区建设示范街道”“国家慢病防治示范单位”“省人口和计划生育依法行政示范单位”“省全民健身生活方式行动健康单位”“市就业工作先进单位”称号；月桂社区、曾家坪社区获评“长沙市充分就业社区”称号。

经济运行态势趋好。2014年，全街实现限额以上社会消费品零售额46.87亿元，全社会固定资产投资20.33亿元，工业总产值1.05亿元；高新技术产业7.76亿元；实现招商引资内资14亿元、招商引资外资2500万（美元）；新增企业7家。全年完成税收3.23亿元，其中，国税1.4亿元、地税7100万元、省直2100万元；委托代征1亿元。5月，街道自主研发的个体税收预警系统投入使用，运行情况良好。

项目建设推进有序。街道强化服务，“新南天·古汉国际广场”项目年初开工；“芙蓉国·豪廷广场”项目5月4日开工；“温州大厦”项目进入正常审批程序，预计2015年8月动工建设；“华全置业”项目、省教育厅崇文阁项目已全部认购完毕，预计2015年投入使用。

社会大局和谐稳定。街道推进社会管理软硬件建设，全年采购电动巡逻车4台、新增对讲机50部，补充配备自行车、强光充电手电筒、警棍、头盔和肩灯等警具用于治安防控；设立社区警务室和治安岗亭，有专职巡防队员40人、专职流动人口协管员30人；全年办结各类信访件143件，成功率99%；开展食安行动12次，全年无一食安事故发生；企业安全生产监管率100%，全年无一重大生产安全事故发生。

城市管理成效显著。全街接受数字化城管信息案卷5000起，按期结案率100%，全区城管工作排名中，街道3次位居前三名。全年清理大型垃圾、堆物2000处；清洁楼幢594幢、墙面粉刷近万平方米，铲除牛皮癣5000处；清运各类堆物、垃圾2000吨。引进深圳市玉禾田物业清洁管理有限公司参与街道的环卫市场化运作工作，完成环卫所、街道、公司三方协商与交接。

文明创建有序开展。创新性地开展文明城市网格化管理工作，按照1个社区划分6个创建片区网格，全街划分为49个工作网格。网格的中心职责是环境卫生保持、门店证照监管、基础设施维护以及店外经营、流动摊贩管理和网吧监管。街域内环境清洁、设施齐全、管理有序、舒适安全的文明社区逐步形成，网格化管理工作得到居民群众一致称赞。

民生保障全面落实。3月13日，民政部部长李立国到街道视察基层低保管理工作，高度认可和充分肯定街道的民生保障工作。街道全年为142人次发放低保金97.23万元，发放社保补贴64.1万元；完成城乡养老保险缴费3.87万元，完成年计划的126%；完成援助失业和就业人数487人次，完成年计划的167%，零就业家庭动态就业援助率100%。

基本国策切实推行。2014年，辖区慢性病防治管理工作获评“湖南省全民健身生活方式行动健康单位”；“单独两孩”政策宣传工作分别在《长沙晚报》、湖南卫视和湖南经视等报刊和媒体上进行专门报道。社区卫生服务中心募集到家庭契约式服务专项资金10万元，为832名爱心契约的特困户、低保户等弱势群体每人发放1000元爱心医疗金。

群众工作常态开展。通过设立“民情舒心吧”“便民意见箱”“小巷直通车”等新载体，全年接待接访群众625人次，受理群众投诉246人，受理群众投诉145件，收集意见建议124条，解决群众实际问题102个，群众工作受理率100%、办结率99%、满意率98%。

基层党建不断加强。4月，中共群众路线教育实践活动在全街46个基层党组织和756名党员中开展，10月下旬结束。完成学习动员和听取意见，查摆问题和开展批评，整改落实和建章立制等工作。基层党组织建设全面加强。加强非公组织建设，开展基层党组织和非公企业“一对一”结对帮扶活动，推动非公组织建设制度化，规范率100%；全年选送17名入党积极分子到区党校学习、发展新党员11名；建立党员信息库，完成党员基本信息的采集、整理、上报以及党费收缴常规工作。党风廉政建设持续强化。结合中共群众路线教育实践活动，配套出台《“十个”严禁》《机关工作人员守则》等规定，严格作风建设和管理；开展创建“无烟机关”活动，全街上下风清气正，营造出廉洁从政的良好氛围。

困难与不足：由于辖区内没有规模工业企业，工业经济相对薄弱；区域内新增经济附加值不高，缺乏土地闲置资源，在全社会固定资产投资、工业总产值等关键指标上难见激增效应；辖区人口流动频繁，对管理工作均提出不同程度的挑战。　（刘夏娃）

火星街道

书　　记　刘长学
副 书 记　刘　宪　易　鑫（女）
　　　　　李泰辉
工委委员　唐利民　彭　江
　　　　　刘颖（女，2014.03免）
　　　　　黎念光（2014.03任）
主　　任　刘　宪
副 主 任　彭　江
　　　　　鲁海洋（2014.03免）
　　　　　卜玉龙
　　　　　谢　意（2014.03任）

【省人口计生委领导到街道调研计生工作】 6月19日，省人口计生委主任詹鸣到街道调研计生工作。火星街道全面落实基本国策，坚持依法行政，坚持优质服务与基础工作并重、奖励兑现与依法行政并举，全街低生育水平保持稳定，计划生育率保持在99%以上，人口自然增长率7.47‰，独生子女领证率、奖扶政策兑现率100%，居民健康档案建档率95%，计生工作呈现良好势态。詹鸣一行还到凌霄社区，详细察看了解社区计生服务阵地建设、信息化建设、计生政策落实等相关情况。市人口计生委主任周敏，副区长张庆和参加调研。

（刘夏娃）

【“红袖章在行动”主题活动】 4月19日，以“红袖章在行动”为主题的“红袖章”美洁家园行动动员大会在凌霄社区广场举行。区委书记梁仲，区委常委、宣传部部长伍艳飞，副区长许凡等领导出席，区机关联点部门、街道社区全体工作人员、非公支部在职党员、志愿者代表共300人参加。梁仲书记亲自为志愿者代表佩戴红袖章，并高度肯定和赞扬了街道创新观念、勇于突破的精神和举措。街道将把“红袖章在行动”作为一项长期推行、长期坚持的常态活动，把组织开展志愿服务活动作为提高文明素质和文明程度的一项战略任务，努力形成人人争当志愿者，人人参与志愿服务的良好局面。

（刘夏娃）

【市政务服务中心标准化建设观摩会在街道举行】 3月24日，市政务服务中心领导班子成员、长沙市各区政务服务中心主任30人来街道政务服务中心现场观摩标准化建设情况。他们先后参观街道政务服务大厅窗口、大厅办公区和就业服务指导中心，详细听取政务服务中心运行情况和经验介绍。火星街道政务中心完善领导小组成员责任制，积极推行多功能服务机制，实行“三站一办一中心”（人力资源和社会保障服务站、社会救助管理服务站、住房保障管理服务站、经济环境优化办、政务服务中心）优化管理体制，着重从人本管理、制度建设、网络完善三方面推进标准化建设工作，取得良好成效，历年来作为窗口服务规范管理示范单位，接受省内外同行及各级领导专项调研考察，赢得良好口碑。

（刘夏娃）

【市文广新局领导到街道检查文化示范单位创建工作】 7月16日，市文广新局副局长吴应龙，市文广新局公共文化处处长胡满生等一行到凌霄社区检查文化示范单位创建工作。火星街道全力推进公共文化服务体系示范区创建工作，制订《创建长沙市公共文化服务体系示范区实施规划》，设置6个方面28项具体任务，分4个阶段推进。经过近两年的创建，全面落实规划中所设立的项目：建成社区文化活动室6个，全街有健身队6个、文艺表演队6个、文艺骨干200名；建成覆盖全街的公共文化服务设施网络体系，群众基本文化需求得到保障，群众文化活动参与度不断提升，群众文化生活出现喜人变化。吴应龙对街道的文化示范单位创建工作表示肯定。他强调，要积极挖掘街道资源，使文化站成为基层文化娱乐的中心，带动街道、社区文化网络向纵深发展；加强基层文体设施的综合管理，建设高标准的群众文化健身休闲服务中心场所，改善街道的室内外活动场所、文体设施等基础性建设，为社区居民日益增长的文体需求创造良好的活动环境。区文广新局局长成良访，区文化馆馆长王竣甲等参加调研。

（刘夏娃）

【街道迎检“国家慢性病综合防控示范单位”】 6月23日，由原国家卫生计生委监察专员姚晓曦，国家卫生计生委疾控局慢病防控处副处长李光琳，中国疾控中心慢病中心助理研究员崔娟等组成的专家验收组到街道进行“国家慢性病综合防控示范单位”的验收工作。火星街道积极预防辖区居民和干部职工的慢病，定期组织开展“健康长跑”“环湘江自行车赛”“春季拔河赛”“社区及驻街单位足球联赛”“羽毛球联赛”等大众体育活动；每季开办各种健康培训班，邀请专家医生主讲“吃动平衡”“居民健康素养66条”“生活方式与身心健康”“应急救护”“科学食盐”“科学用药”等健康知识，参加学习和培训的居民群众1000人。居民签订《芙蓉区社区卫生服务机构家庭式服务协议书》，便能享受到12项免费的基本公共卫生服务及“健康小管家”“诊疗直通车”“医疗大礼包”等多项各项化服务，积极防控慢性病的发展。姚若曦指出，各相关部门要做到主动作为、积极行动、有效工作，努力降低慢性病产生的危险因素，提高居民群众的生活健康和幸福指数。强调要夯实慢性病防控基础，及时发现和科学干预高危人群，实现对高危人群干预的无缝隙覆盖；要做好宣传发动，在辖区普及健康生活知识和运动常识；要完善社区健身场所，营造“天天运动、人人健康”的浓厚氛围；要充分发挥政府的主导作用，联合社区卫生服务中心，加强信息化管理，以规范化管理为重点，深入开展慢性疾病综合防治工作。省疾控中心党委书记黄跃龙，省卫生厅疾控处副处长李孝军，区卫生局局长罗菊华参加验收工作。

（刘夏娃）

【楼幢直通车载来街巷平安】 2014年，全街有6辆楼幢直通车每天穿行在6个社区的大街小巷里，车上载有流动便民意见箱、急救医疗包、灭火器等设施。每天白天停靠在居民楼前收集民意，晚8时起至次日清晨6时则穿行街巷保一方平安。楼幢直通车开到居民家门口，民情打包收集，问题快速解决，既是社情民意上传的始发站，也是帮难解困的先锋站，更是护卫平安的巡逻站，得到广大居民的高度赞扬。5月11日，该项工作被《长沙晚报》头版报道。（刘夏娃）

【媒体推介街道群众工作】 2014年，火星街道积极探索做好群众工作的新路子、新办法，将群众工作与“三分钟到位工作圈”“走出大厅、走进家庭”“楼幢直通车”“民情舒心吧”等特色工作有机结合起来，根据自身实际情况和辖区居民群众需求，以“民意随时表达，民情快速反映，民需及时解决”为出发点和落脚点，为群众畅通“最后一公里”、唱响“为民好声音”，辖区群众工作成效斐然。11月3日，街道群众工作被《湖南日报》进行专题报道。（刘夏娃）

【获评“全国和谐社区建设示范单位”称号】 火星街道坚持“人与人、人与社会、人与自然之间的和谐”的理念，探索形成社区建设“五化”模式，即：构建“三位一体”（社区党组织、社区事务工作站、社区居委会）的社区组织构架，体制改革系统化；打造的“三社联动”（社区、社团、社工）社区治理模式，服务管理社会化；构建功能完善的社区工作平台，保障机制多元化；营造两型宜居的社区生活氛围，社区环境人本化；践行惠民利民的社区服务宗旨，服务项目精细化，大力推进和谐社区与和谐街道建设，推动社会事业全面、协调与和谐发展。11月，火星街道获评“全国和谐社区建设示范街道”称号。（刘夏娃）

东岸街道

【概况】 东岸街道下辖东屯、东岸、杉木、望龙4个村和东宜社区，辖区面积4.45平方公里。街道总户数3625户，户籍总人口1.03万人，常住人口9280人，流动人口约2万人，人口自然增长率为6.4‰。2014年，街道围绕“建设隆平新城，打造国际稻都”的目标，把经济建设作为发展的第一要务，把项目建设作为发展的第一抓手，抓好城郊环境综合整治和安全维稳工作，探索解决拆迁安置遗留问题的方法，尽力做到完善基础设施配套，解决群众实际困难；增加群众收入，进一步加大帮扶救助力度，全力以赴抓落实，让东岸成为“六个走在前列”的排头兵。年内，街道获评长沙市综治工作红旗单位、市护路护线先进单位、市人口和计划生育工作模范单位、芙蓉区信访先进单位、区人口和计划生育工作五星级街道、区科普知识竞赛组织奖。

实现经济财税新增长，把握发展关键。街道始终把财税工作作为经济工作的总揽，不断壮大街道经济实力。狠抓税收征管，按照“抓大不放小”的原则，源头把关。严格按照要求做好第三次全国经济普查、地产税清查等工作，确保税收及时均衡入库。服务好辖区项目企业。协调区中央商务区办、商务局，对辖区的宇成大厦、东岸城邦、I尚国际、中房瑞致、紫御江山项目商业用房大力宣传推广，协助搞好招商工作。以企业“直通车”为抓手，重点做好中房瑞致、华驰置业、旺德府项目、振升铝材、潇湘玻璃、鼎昌鞋厂等企业的协调服务工作，帮扶企业发展。全年，街道完成工业总产值37.85亿元，社会消费品零售额7.6亿元，完成社会固定资产投资42.1亿元，招商引资实际引进市外境内固投资金12.41亿元，完成国地两税1.47亿元，辖区经济稳步发展，完成各项指标任务。

完成重点项目征拆腾地，突出工作重点。5月，街道在拆迁氛围不佳的大环境下，克服困难，完成A2A3项目拆迁腾地任务，在3个月时间内拆迁面积200亩，拆除房屋110幢，动迁人口500人。7月，启动东岸公园、隆平水稻博物馆以及望龙村白竹坡路项目征拆工作，拆除房屋60幢，动迁人口约300人，腾地180亩，保障重点项目如期推进。年内，完成旺德府项目的建设用地腾地、中房高压铁塔腾地工作以及望龙村C区和杉木村安置房建设工作，并派出工作组指导村民分房入住。完成滨河路、AD地块、杉木路、京珠西辅道项目扫尾工作，并切实做好项目建设施工外围环境保障工作，各个项目建设进展顺利。

提升城市序化美化水平，优化人居环境。将村民安置小区改造纳入城乡结合环境综合整治范畴，并在东岸村安置小区启动试点，对小区基础设施进行彻底修缮和改造，疏通下水管网，修复破损路面，解决天然气入户、户表改造及停车划线等困扰居民多年的难题。完成90块门店招牌提质提档工程，面积1000平方米；清洗楼幢立面1.4万平方米；统一门店卷闸门油漆颜色，面积1400平方米；粉刷居民楼幢内墙面1.3万平方米；规范捆扎小区架空弱电线，完成小区下水道、化粪池清掏及改造20处，修复花坛70个；维修改造路面1000平方米。以“清洁城市大行动”为契机，壮大志愿者队伍，持续改善人居环境。全面清理陈年、成堆裸露垃圾和堆物150处，约800车，翻新、维修垃圾池18处，修砌、美化围墙10处，约300米。对望龙安置小区、新农园路、龟山南路、长白路等非主次干道临街门店店外经营、违规亭棚及违章广告招牌等违规现象，开展专项整治行动，拆除违章广告招牌350块，面积4000平方米。在沿线各村（社区）安置小区及村际道路增设、修缮环卫设施，并加强后续的监管、维护。全年无一例新增违章，拆除历史违法建设8万平方米，使辖区环境得到美化，也让群众得到实惠。年内对污染环境的“五小”企业三次全面摸底，建立台账，开展环保执法行动三次，取缔污染环境的“五小”企业6家。

加大民生投入保障，促进社会事业统筹发展。严格按照“四联三为”工作机制和区群众工作直通车领导小组工作要求，推进直通车工程融入各项民生工作，形成长效机制。全年慰问特困家庭742户，发放救助金15.18万元，发放米、油等物资742套，发放优抚金31万元，发放小额担保贷款20万元。扶残助残，免费发放辅助器具25件，联合爱尔眼科医院开展“光明直通车”活动，免费为110名眼病患者提供筛查和健康咨询，为7名患者提供免费手术治疗。加大民生工作投入保障力度，通过引进公益性岗位、举办专场招聘会、就业培训班等一系列举措促进失地农民就业增收，街道再就业人数达378人，完成目标任务的200%，新增劳动力转移就业303人，完成目标任务的200%，失业人员培训28人，完成目标任务的130%，农村劳动力转移培训180人，完成目标任务的120%。居民医保、城乡养老保险、城市（农村）低保等均完成或超出任务指标。街道居民医保缴费人数6598人，城乡养老保险缴费人数1887人，完成目标任务的100%。全年发放农村低保金16.9万元，发放城市低保金6.2万元。计生管理服务工作顺利通过区星级考评，成功创办市首个科学育儿基地。举办“邻里一家情，守望宜家人”“月满人团圆，幸福生活梦”“聚校园精品，赏传统文化”等一系列群众文体活动。

实践安全稳定工作新机制，保障发展环境。全年接待来访群众220人次，受理群众各类诉求24起，办理省、市、区信访交办函47件，信访件回复率100%。调处各类矛盾纠纷25起，涉及金额120万元，其中，突发性事件6起，调解成功率100%，实现早发现、早介入、早调度、高效化解的效果。积极探索实施综治维稳队伍由多头管理转变为集中管理的新模式，收效良好，实现辖区信访总量和发案率的持续下降，社会大局保持稳定。按照“大安全”的工作思路，整合力量，狠抓安全生产和食品安全监管。重点组织安全知识的宣传普及和隐患排查整改，致力于街道辖区营造安全文化氛围。进一步创新机制，将安全知识宣传与治安巡防相结合，深入辖区单位、学校和幼儿园、仓储场所和建筑工地，不间断宣传安全知识，起到很好的警示作用，形成强大的舆论声势。落实“横向到边、纵向到底”的监管措施。吸取年内周边单位安全事故的教训，将安全生产“一岗双责”落实到人，由班子成员带队，按照联点安排对各自责任区全面梳理排查隐患，并定期督察、通报结果。全年签订安全生产责任状900份，修订各种工作方案、制度、标准200份（条），组建400人的安全志愿者队伍，下达执法文书375份，查处隐患329处，整改率100%，合格率90%以上。对隐患“重灾区”加大投入，化被动为主动。重点对消防安全隐患集中的杉木村加大投入，增设专项经费，购置消防水塔、消防车，打通消防通道，彻底改变旧貌，打造全区的仓储示范点。对违章建筑、仓库厂房密集、基础设施薄弱的地段，投入专项经费更换消防灭火器材，及时打通消防通道，辖区范围内全年未发生一起生产安全事故。

落实群众路线教育实践活动，深入推进党建工作。街道党工委严格按照区委统一部署，紧扣为民务实清廉主题，聚焦“四风”问题，着眼“三严三实”，扎实完成各项任务。把握学习教育的“总开关”，采取“个人学习与集中学习”相结合的方式，扎实开展“三学三思三比”（学经典理论，思考入党为什么，比立场信仰强不强；学重要讲话，思考在党做什么，比履职尽责好不好；学党纪党规，思考形象怎么样，比作风建设硬不硬）活动。开展“四听四问”意见征集活动，一是做到“四听”，即深入基层向下听；积极求教向上听；敞开大门向外听；广开言路向内听。二是做到“四问”，即问效果，了解各阶层对自身作风情况的看法和评价；问怨声，了解社会各界对干部作风的怨言和怨气；问根源，了解党员干部作风方面的问题和症结；问对策，了解改进作风的对策和措施。在全体党员中开展“入党为什么、为党干什么”专题讨论落实“五个一”活动要求，即开展一次谈心谈话活动；开展一次专题讨论会；观看一部专题教育片；召开一次典型先进事迹报告会；书记讲授一堂党课。召开“四对照四查摆”剖析反思工作会议，对照理论思想，查摆理想信念、宗旨意识、党性修养等方面存在的问题和差距；对照党章党纪，查摆遵守政治纪律、组织纪律、财经纪律、群众工作纪律和八项规定等方面存在的问题和差距；对照民心民声，查摆为民服务、保障民生、维护群众合法权益等方面存在的问题和差距；对照先辈先进，查摆弘扬优良传统作风、发挥先锋模范作用、争创一流业绩等方面存在的问题和差距。对“四风”问题进行全面排查，并对班子存在问题的原因进行深层次的剖析，明确整改措施。特别是启动“问政群众、干部下访”活动，全体干部进企业、进门店、进家庭，深入走访掌握村情民意，解决问题、化解矛盾，收效良好。聚焦“四风”狠抓整改，盯紧突出问题开展专项整治。街道大幅度精简会议文件、减少活动支出，压缩“三公”经费、降低行政成本。第一时间清理清退超标超配公车、办公用房，规范管理。对村、社区、二级机构财务支出加强监管，果断处置惩治顶风违纪的单位和人员。促使过去迎来送往、大操大办、挥霍浪费的遗风陋习得到根治，得过且过、庸懒散奢等不良风气也从根本上得到遏制。在活动开展过程中，领导率先垂范，树立标杆，发动群众积极参与，通过批评与自我批评，切实抓好整改落实，完善制度建设，实现党员干部受到教育、工作作风切实改善、组织活力得到提升、群众利益得到维护的预期目标。

存在的困难与不足：城市化进程开发任务繁重，问题矛盾突出，建设资金不足；产业经济亟待转型升级，村级经济项目储备和新发展手段匮乏；基础设施建设相对滞后，城郊环境综合整治有待加强，人口综合素质有待提高。（刘树　陈美霞）

东岸街道

书　　记　廖　斌
副 书 记　韦进文　卜小平
　　　　　谭千华　罗拾平
工委委员　张曙蛟　李　敏（女）
主　　任　韦进文
副 主 任　李　敏（女）　郭　浩
　　　　　陈　幢　赵惠敏
　　　　　刘英期（2014.05 免）

【创办首个科学育儿基地】 5月28日，由芙蓉区人口和计划生育局主办、东岸街道承办的“点燃希望　放飞梦想”芙蓉区科学育儿基地启动仪式在东岸梅园小区前坪举行。省培训中心主任谭吉芳、市人口计生委副主任刘激扬、区副区长张庆和及省市区其他相关领导出席活动，区计生局领导、东岸街道领导及各村、社区婴幼儿家庭约300人参加活动。活动以文艺汇演、微信公众号集赞有礼和亲子游戏等多种形式深入诠释科学育儿理念。街道以村（社区）为依托，以“科学育儿基地”为核心，聘请专业的科学育儿师资队伍，开展向家庭辐射的多元化科学育儿指导和服务模式。“芙蓉区科学育儿基地”的成立，标志着芙蓉区科学育儿工作进入一个新的发展阶段，必将推进芙蓉区科学育儿工作的全面发展和指导服务水平的提高，对进一步践行中共群众路线，促进科学育儿全面协调发展具有重要意义。（刘树　陈美霞）

【失地农民招聘会】 11月19日，东岸街道在东岸梅园举行2014年度失地农民创业就业先进表彰暨专场招聘会活动。活动现场评选出“就业明星”“技术能手”“创业明星”和“就业先进家庭”等，在现场给予表彰奖励。区政府副调研员张勇对此次活动给予充分肯定，他鼓励失地农民自主创业，承诺区政府将在用人单位与求职人员之间搭建沟通渠道及服务平台，切实解决失地农民就业再就业难的问题。活动现场外围，辖区各企业单位开展现场招聘活动。区人力资源和社会保障局和各街道、社区、村就业专干在指定地方布置展台、展板、主题横幅等，为居民现场讲述成功创业典型人物事迹，并对职业培训、小额担保贷款等相关政策进行现场解答。区委统战部常务副部长、区工商联党组书记、副

会长罗月、区人力资源和社会保障局局长唐宇平应邀出席、东岸街道全体领导班子成员一同出席活动。（刘　树　陈美霞）

【启动爱心捐助活动】　1月15日，结合群众工作“直通车”工程，东岸街道在机关大礼堂举办年内首场爱心救助活动，不仅在物质上扶贫帮困，更在精神上给予支持。活动现场为辖区42户贫困家庭发放一次性救助资金1000元及米、面、油等物资。当天所募善款作为单独慈善基金用于救助重大疾病、贫困在读大学生、残疾人、精神病人及贫困家庭。同时为解决失地农民创业就业问题，组织联系东岸建材、瑞祥陶瓷、潇湘玻璃、望龙机械水泥制管厂等30家本土企业提供岗位1000个，80人现场提交申请表，30人当场签订就业协议。此次活动为困难群众提供及时有效帮扶，帮助他们逐步走出困境，得到群众的广泛赞誉。区政府调研员尹上敏、区民政局副局长蔡日直及街道全体党政领导、机关干部、企事业单位代表、各村及社区两委成员、人大代表、政协委员、各界爱心人士和慈善企业家约200人参加大会并纷纷慷慨解囊，现场募得善款11万元。

（刘　树　陈美霞）

【开设“问政群众　干部下访”互动平台】　6月，东岸街道根据区委开展中共群众路线教育实践活动为民、务实、清廉的主题，积极开展“问政群众、干部下访”活动。设立“问政室”“接待日”制度，现场办公，接待群众，解决群众诉求，组织街道百余名干部、工作人员走访企业、家庭、门店1200户，收集整理意见700条。实行代理代办服务机制，发挥自身优势服务群众，着力解决各种疑难问题；坚持重点群体关爱与分类长期帮扶相结合，帮助困难群众逐步走出困境。此次活动不仅使党群干群关系更加密切，而且使机关党员干部服务群众的水平和能力得到提高，也使街道整体工作作风得到改进和加强，基层党建的整体水平得到明显提升。

（刘　树　陈美霞）

【“强化红线意识　促进安全生产”主题活动】　6月16日，东岸街道在东宜社区举办“安全生产月”宣传咨询活动，并以“强化红线意识、促进安全生产”为主题开展企业、群众共同参与的安全知识抢答赛活动。活动现场设立安全知识咨询台、流动宣传车和宣传展板横幅对安全法律法规、交通安全常识、消防安全知识等进行宣传展示。在知识竞赛环节，来自街道各村和企业的6支代表队进行现场比拼，经过激烈的角逐，望龙村代表队荣获第一名。此次活动还设置观众互动答题环节，发放安全知识答题奖品600份，发放宣传资料8000份，引得周边群众纷纷踊跃参与，使他们得到实惠，让他们学到更多安全知识。（刘　树　陈美霞）

【违章招牌广告专项整治行动】　7月2—16日，东岸街道开展为期两周的违章招牌广告专项整治行动，重点对辖区内东岸村、望龙村、杉木村、东屯村农民安置小区的门店招牌开展拉网式排查整治，严格按照“一店一招”的要求落实整改措施，收到良好成效。为确保行动顺利进行，街道制订专项整治方案，各村成立违章广告招牌专项整治小组，对违规广告招牌进行细致摸排并拍照记录登记造册。在集中整治过程中，出动相关工作人员及“红袖章”志愿者500人次，组织执法人员30人，执法车辆7台，大型吊车2台，专业拆除人员10人，对安置小区各类违规广告设施依法拆除，整治落地灯箱70处，引导自拆招牌30块，依法拆除违章广告招牌50块。集中整治结束后，继续进行常态监管，巩固整治成果，确保整治效果持续良好。（刘　树　陈美霞）

【校园文化进社区】　9月30日，东岸街道在东岸·梅园小区开展庆新中国成立65周年暨校园文化进社区主题活动。来自马坡岭小学、杉木小学、东屯小学及颐而康学校的全体师生为1000名观众奉献一台别开生面的文艺汇演。此次活动，实现学校和社区文化资源的互惠共享，使群众文化生活更加丰富，也使公共文化服务水平和广场文化水平得到进一步提升。区文体新局局长成良访、宣传部副部长钟海荣出席活动。（刘　树　陈美霞）

【行政村完成“支委”换届选举】　3月13日，东岸街道按照上级的统一部署和要求，街域内行政村顺利选举产生第九届村支部委员会班子。在坚持充分发扬民主的基础上，经过宣传发动，党员群众推选产生初步候选人，组织考察、确定正式候选人，党员大会通过选举等程序，以“两推一选”（党员推荐、群众推荐，党内选举）的方式，4个村选举产生支委班子20名成员，其中，女性4人，年龄在55岁以下，均具备大专以上文化程度。新一届的支委班子成员在年龄和文化程度上均有较大的优化，为村级干部队伍注入新鲜血液，增添新的活力。（刘 树 陈美霞）

马坡岭街道

【概况】马坡岭街道下辖西龙、张公岭、新安3个村和锦林社区。区域总面积8.45平方公里，家庭户5690户，户籍人口1.48万人，常住人口3.3万人，人口自然增长率17.4‰。2014年，街道紧扣区委、区政府“一梁四柱”中心工作，以中共建设“一梁”为总抓手，夯实项目发展、城市管理、信访维稳、安全生产“四柱”基础，牢牢把握稳增长、促改革、调结构、惠民生的要求，从东片地区宏观发展定位出发，结合自身区位优势，深耕地产项目经济，加快城市管理转型，维护社会稳定大局，推进街域平安建设。全年获评省创建学习型党组织先进单位、市学习型党组织建设示范点先进单位、2011—2014年度长沙市老年体育工作先进集体称号。

经济稳步增长。街道经济运行保持“总量平稳增长、投入稳中求质、结构不断优化”的基本态势。全年，实现工业总产值30.8亿元，按照可比价计算比上年同期（下同）增长13.3%；其中，规模以上工业总产值21.6亿元，增长15.9%。完成社会消费品零售总额6.54亿元；限额以上商贸业社会消费品零售总额3.5亿元；限额以上批发企业商品销售额9.3亿元，增长69.4%。完成全社会固定资产投资42亿元，增长27.2%。市外境内资金形成固定资产投资11.3亿元。全年完成税收1.59亿元。积极开展科技工作，锦林社区获得省级科普示范社区称号，帮助金镂实业有限公司、南方有色金属有限公司、福华塑料有限公司申报科技专项资金。

项目建设加速推进。年内完成污水处理厂、二号安置点、隆平园34.8亩、京珠高速东辅道项目的扫尾工作，其中，签定企业拆迁协议25家，签定房屋拆迁协议128户，完成房屋及临建拆迁面积15.21万平方米。围绕隆平新城区建设规划，加快滨河路、京珠西辅道、京珠东辅道等一批基础设施建设；启动污水处理厂二期工程、2号安置点、十六中学等一批公益性项目建设；推进辉煌国际城二期、卓越皇后道、东业早安、汇一城、恒大江湾等开发项目建设。西龙村、张公岭村、新安村完成安置房办证的前期工作。

城市管理成效显著。以整治乡村环境为主线，提升城市管理水平。大力开展城乡整治行动，完善基础设施建设，全年新增绿化2.4万平方米、安装及更换垃圾桶（箱）252只、改造垃圾池16处，清理裸露垃圾1900立方米，拆除违章招牌3579平方米，违章建筑186646.54平方米。教育劝离流动商贩1000人次，发放《门前“十不”工作标准》500份，“温馨提示单”210份，与沿街店面签订《环境卫生门前三包责任书》1000份，城区环境面貌有了明显改善。受理数字化指挥中心交办的有关民生重点、难点、热点问题案卷1728件，案卷办结率为100%。强化污染治理，关停纯居民楼餐饮门店10个，对双杨路两厢石材企业进行专项整改70家。

民生保障不断完善。全年实现再就业323人，失业人员培训21人，企业技能培训63人，农村劳动力转移就业培训200人。康复救助方面，配发残疾轮椅4把，上报6名重残补助，为11名贫困残疾人申请“情暖芙蓉·康复进家门”贫困残疾人康复训练补助项目，白内障复明筛查304人，进行手术12人。大病救助8人次，金额3万元。实施精神病药物救助70人次，金额5000元。为97户195人发放城乡居民低保金71.09万元，医疗救助金7.65万元，慰问生活困难居民418人次，发放优抚金15.6万元，大米300袋、食用油300瓶。城镇居民医疗保险基金征缴249万元。审查申报经济适用房2户，廉租房实物补贴3户。

社会大局和谐稳定。加大安全生产力度，对危化企业、非法改装、石材加工企业、燃气门店等安全隐患重点领域6次大型的摸底。组织开展安全生产宣传培训工作，组织3次职业卫生培训，5次安全应急培训及演练。深化安全监管，扎实开展安全生产隐患大排查、大整治、大督察行动，全年派出1100人次，检查484家企业，下达执法文书680份。积极强化职业病防治，统一制作职业病告知卡、操作规程、职业病防治制度、安全警示标志。加大综治维稳工作力度，全年接待来访群众402人次，受理群众各类诉求82起，处理各类信件44起，信访件回复率达100%。投资建成4个治安岗亭，案件处置率100%，合格率100%。做好反邪教、禁毒工作，认真落实打击传销。积极推动民兵队伍建设及年度征兵工作，对14名应征青年进行体检及政审，5名合格青年应征入伍。

社会事业稳步提升。群众文体活动蓬勃开展，元宵节举办“欢欢喜喜闹元宵”民俗文化广场大汇演活动；3月，举办“牵手芙蓉·月月演暨‘童心飞扬 墨彩留香’马坡岭街道校园文化进社区”文化活动；5月，举办“欢动五月——寻找‘艺’中人第四届芙蓉艺术节初赛暨‘中国文化遗产日’”宣传活动。10月，举办“牵手芙蓉·月月演暨‘终身向学·创出彩人生’全民终身学习活动周”广场文化活动。各村、社区组织居民开展厨艺、育婴、中老年保健、彩妆、书画、编织等系列活动。社区教育形式多样，以社区学校为阵地，开展多规格、多层次、多内容、多形式的知识讲座和培训活动，利用失地农民培训平台、道德讲堂，建立“道德驿站”。加强计生优质服务，锦林社区被评为长沙市计划生育基层群众自治示范村（社区）。开展妇科普查服务，发放宣传资料5000份，计生药具1.6万份，接待咨询1800人次，育龄妇女孕检率、妇科普查率96%。举办“出生缺陷筛查 怀孕必知”等知识讲座5场，有400对夫妇参加孕前优生免费检查及咨询。建立流动人口服务基地、社区人口学校等宣传基地，发放宣传资料1万份，发放挂图、音像制品200套，举办文艺汇演、免费义诊等活动。发放独生子女保健费835户、农村奖扶（农村户口、一个子女或二个子女都是女孩、年龄满60周岁、有土地承包合同）56人、计生特镇独生子女奖励1200人、放弃再生育奖扶4户，年内发放金额25.54万元，计生慰问金2万元。

党建工作创新发展。有党支部18个（其中非公党支部12个），党员568人。街道继续深化“学识动车组，才智加油站”学习型党组织品牌，全年组织18次集中教育，策划开展“直通最后一公里，服务群众零距离”暨七一表彰总结会，“红袖章”志愿服务工程，“思辨明理、德治与法治”主题辩论赛，组织干部到长沙县青华铺镇、浏阳文家市爱国主义教育基地系列活动，锤炼党员精神境界。2月，街道获评长沙市学习型党组织建设示范点先进单位称号。街道获全省创建学习型党组织先进单位称号。深入推进群众工作直通车及基层服务型党组织建设“四比四看”（比服务阵地，看组织保障度；比服务队伍，看党员参与度；比服务载体，看工作创新度；比服务效果，看群众满意度）主题竞赛活动，创新开展实现资源共享、服务联动。密切加强与省茶叶公司、翔天酒店大工委制兼职委员合作，聘请红十字医院、师大树达学院党组织负责人担任社区兼职委员，充分发挥辖区大工委委员和社区兼职委员作用，真正实现共驻共建、共享共赢。推进368名在职党员进社区报到，建立党员教育管理“一卡四制”，要求发放党员承诺卡，建立党员学习教育、岗位责任、联系服务和综合评价制度，引导直管党员践诺履诺，切实提高服务水平。强化村社区党组织阵地建设，对村转社区进行提前规划，初步完成马坡岭街道城中村转社区的前期规划工作。年内，完成了3个行政村的换届选举工作。

存在的问题和不足，主要表现为：经济总量还不够大，环境吸引力还不够强，维稳形势依旧严峻，拆迁安置步伐有待加快等。

（孟建中）

马坡岭街道

书　　记	周旭东
副 书 记	石　峰（2014.03免）
	陈高峰
	邓　勇（2014.03任）
	吴旦伟（2014.03免）
	管奕锋（2014.03任）
工委委员	岳安龙
	张　敏（2014.03免）
	彭海燕（女，2014.03免）
	欧阳静（女，2014.03任）
主　　任	石　峰（2014.03免）
	陈高峰（2014.03任）
副 主 任	张　敏（2014.03免）
	杨秋发　　张友如
	徐　铁
	罗芝蓉（女，2014.03任）

【马坡岭街道获评省创建学习型党组织先进单位称号】

2014年，马坡岭街道深入贯彻落实中央、省、市委关于推动学习型党组织建设的决策部署，践行“六个走在前列”关于建设学习型街道的要求，结合“学识动车组，才智加油站”学习型党组织活动平台，组织机关干部及村（社区）工作人员利用每周五进行集中培训，开设“理论夯实、领导讲堂、部门交流、学员论坛、先锋引路”五个板块，实施“一季一规划、一人一笔记、一课一实践”学习方式。全年开展大型集中培训18次，内容涵盖党建、公文写作、群众工作、公务礼仪、安全生产等方面。街道组宣办负责培训的组织与实施，建立“全员学习”与“动态考核”机制，实现机关和村社区党员干部“同等培养、同等比较、同等考核”，细化管理确保培训取得实效。2014年，马坡岭街道获全省创建学习型党组织先进单位称号。（孟建中）

【开展全街生活环境“大清洗”】8月9日，区政法委、街道环卫所、城管执法中队街道，社区（村）干部职工及志愿者、门店业主共2000人在张公岭村社区公园举行“大清洗”活动启动仪式。此次活动对辖区内的广场、主次干道、背街小巷内的垃圾、小广告、积尘，楼道内的堆物，绿化带内的杂物等进行清扫。动用洒水车、洗地机、垃圾车等设备清理卫生死角50处，清洗街道及广场1.28万平方米，清理各类垃圾400吨，清运垃圾38车，清除“牛皮癣”685处。组织居民进行爱护公共设施、爱护环境卫生的宣传；动员部分居民积极参与到环境卫生大清扫活动中来；对过往行人进行讲文明、讲卫生、讲社会公德的宣传；积极引导经营户做好“门前三包”工作，为辖区居民群众营造清新靓丽的生活环境。（孟建中）

【开展“低碳日”活动】6月18日，街道“加快两型社会建设中走在前列”大竞赛暨庆祝全国“低碳日”活动在树达学院张公岭校区举行。活动以节能低碳新生活，绿色环保进社区为主题。现场组织“两型”知识抢答赛、废旧物再利用“两型”发明竞赛、废旧电池换节能环保用品和百姓讲台等活动。发放《废旧电池回收倡议书》等宣传资料818份，回收废旧电池889节，参与居民人数超过500人。引导居民群众正确处理废旧电池，减少电池对环境造成的危害；宣传普及节约资源能源、保护生态环境、保障安全健康、促进创新创造等节能环保知识，达到宣传范围广、宣讲知识新、活动效果好的目的。（孟建中）

【锦林社区获评省和谐社区建设示范社区称号】2014年，锦林社区获评湖南省和谐社区建设示范社区。锦林社区依托阵地建设，积极推进社区软硬件建设，开辟社区建设新阵地，推出“四个一”软阵地（短信互动平台、QQ群、官方微博、官方微信），开拓社区工作新局面。积极整合资源，独创“幸福家园”先锋工作室，幸福“三部曲”（创建“淘书乐俱乐部”、十分钟阅读圈、阅读“大篷车”），推进亲子阅读，将文化快车开进周边小学；开展“飞鸽传书”，关爱贫困地区儿童阅读，为贫困地区儿童送图书，传递正能量。社区通过开展“爱心义教”“爱心义诊”“志愿服务”等活动，全力打造便民驿站，为社区居民提供各项服务。（孟建中）

【开展食品安全整治专项行动】6月10日，街道食安办联合长沙市食品药品监督管理局药监所，街道城管办、城管执法中队等相关职能部门，对辖区内的餐饮门店、学校、企业食堂等单位进行食品安全督察。市食品药品监督管理局药监所书记邱志鹏，马坡岭街道办事处副主任杨秋发带队指导工作。这次检查是落实区食品安全委员会发起的“食品安全周”活动，迅速行动，周密部署，深挖案源线索、排查风险隐患、打击食品安全违法行为。此次行动重点检查餐饮门店的经营资质、卫生条件状况、食品原料来源、制作加工流程等相关情况；对环境卫生差的餐饮门店，现场下发整改通知书，并要求歇业三天，落实整改。（孟建中）

【开展社会救助宣传活动】6月6日，马坡岭街道在锦林社区开展以“托底线、救急难、促公平、惠民生”为主题的社会救助宣传活动。此次活动，采取发放《社会救助暂行办法》、国务院45号文件《关于进一步加强和改进最低生活保障工作的意见》宣传手册、现场答疑等形式。全街社会救助专干、低保户、特困户、残疾人及广大关心社会救助事业的热心群众参加活动。通过开展救助宣传活动，进一步规范街道社会救助管理：阳光低保规范到位，真正做到“应保尽保，应退尽退”，打破低保“只进不出”的瓶颈；医疗救助实施到位，严守程序，确保大病医疗救助规范，试行政企合作模式，注入社会救助力量；老有所养保障到位，努力营造辖区“敬老爱老”良好社会风尚，发挥社区日间照料中心作用，为辖区老年人、“五保”对象、优抚对象的晚年生活提供保障。“微”帮扶服务到位。大力弘扬“雷锋超市”扶贫济困理念，细化帮扶内容，延伸帮扶区域，吸纳志愿服务团队，根据困难群众的需求信息搭建绿色结对互助通道，使帮扶渠道更宽广、形式更透明、效果更直观。区民政局副局长邓青到现场指导工作。（孟建中）

【举办工会干部培训暨工资集体协商会】5月30日，马坡岭街道工会举办工会干部培训暨工资集体协商会。区总工会副主席黄家旺、街道办事处主任陈高峰、工会主席邓勇及街道、社区工会专干、劳动保障专干，辖区企业负责人、工会负责人等100人参加会议。邓勇通报了街道工资集体协商工作的开展情况。全街工资集体协商合同覆盖企业74家，覆盖职工4700人，签订企业数比上年增加20个，增长40%，已建工会的企业工资集体协商建制率达85%，较好地完成了全年的工作任务。现场观摩长沙翔天酒店有限公司开展工资集体协商情况。陈高峰就街道工会工作提出要加强领导，精心组织。要成立由企业负责人、办公室、工会、劳动工资科等有关科室负责人为成员的工资集体协商工作领导小组，及时协调解决工作中遇到的问题。要加强学习，提高自身素质。工资集体协商是一项专业性、技术性强的工作，要在推进工资集体协商普遍存在的“三难”（企业经营者不愿谈，企业工会组织不敢谈，职工协商代表不会谈）问题上破题。要多深入基层，多上门指导企业，向企业法人及职工代表全面讲解开展工资集体协商的重要性和必要性，提高企业法人及职工对此项工作的认识。黄家旺强调，要充分认识推行工资集体协商制度对于稳定职工的岗位和收入，维护企业和职工双方的合法权益，促进劳动关系和谐稳定，实现经济和社会协调发展的重要性和紧迫性。（孟建中）

【承办芙蓉广场文化月月演活动】 10月24日，由区委宣传部、区教育局、区文体新局主办，马坡岭街道办事处承办的“牵手芙蓉广场文化月月演‘终身向学 创出彩人生’全民终身学习活动周”广场文化活动在张公岭社区公园举行。活动节目有歌伴舞《群马奔梦》、舞蹈《老妈妈》，合唱《我心飞翔》《一首有趣的歌》，快板《教育进社区》，时装秀《中国情》等，采取群众喜闻乐见的形式，积极开展丰富多彩的全民终身学习活动，为社区居民营造“人人皆学、时时能学、处处可学”的学习型社会氛围，参与活动的居民群众有300名。（孟建中）

东湖街道

【概况】 东湖街道下辖东湖、合平、东湖渔场3个村和滨湖、龙马、韶光3个社区。区域面积9.91平方公里，总人口5.46万人，其中家庭户1.49万户，户籍人口3.3万人，常住人口3.6万人，人口自然增长率1.43‰。2014年，街道深入贯彻落实中共十八大及十八届三中、四中全会和市委十二届六次全体会议精神，以区委、区政府“隆平新区、种业硅谷、生态家园”建设思路为统领，加快推进东湖城市化进程。以经济发展为核心，促生区域活力；以城乡整治为主线，改善辖区环境；以社会稳定为目标，优化综合管理；以作风建设为抓手，增强工作质效；以群众利益为根本，提升幸福指数；全面推进“活力东湖、和谐东湖、生态东湖”建设步伐。年内，街道获评2011—2014年度长沙市老年体育工作先进集体、市城市管理“五佳”街道、市百佳群众文艺团队先进团队、市社会管理综合治理先进街道、市人口计生工作模范单位、市安全生产示范街道。

全年，街道实现工业总产值9.74亿元，按照可比价计算比上年同期（下同）增长16.3%；其中，规模以上工业总产值4.72亿元，增长23.7%。完成社会消费品零售总额6.43亿元，增长3.5%；限额以上商贸业社会消费品零售总额2.01亿元，增长33.98%；限额以上批发企业商品销售额4.85亿元，增长15.5%。完成税收5967万元。完成全社会固定资产投资12.79亿元，增长13.2%。实际到位外资2280万美元，市外境内资金形成固定资产投资6.6亿元。

加快经济发展，区域实力增强。项目建设稳步推进。10月16日，街道启动长沙市2014年第二批次城市建设、长沙市隆平高科技园项目，截至年底，签订补偿安置协议17户，签订倒房承诺12户，房屋完全倒地4户。8月8日，动工建设“东湖一号”企业总部基地二期项目及三期高层住宅楼。加大招商引资力度。召开“浏阳河九道湾”发展问计问策系列研讨会，现场调研6次，出版书籍《浏阳河九道湾》，创作歌曲《东湖是个好地方》，为浏阳河产业文化经济带发展招商引资做好准备工作。优化企业服务质量。组织辖区内40家重点企业负责人召开重点企业座谈会和银企座谈会，7家企业与银行成功对接。对街道登记法人及产业单位488家，个体经营户1979家进行全面普查，完成全国经济普查工作任务。

狠抓环境整治，市容市貌改善。重点抓好城乡环境综合整治。年内，组织整治行动22次，出动人员3000人次，出动机械100台次，累计拆除和整治违章广告招牌8400平方米，拆除违章建筑8万平方米。清运堆物7548吨，维修道路1600平方米，共清退废塑料加工厂3家，石材加工厂1家，完成牲猪退养5家。整治纠正车辆乱停乱放260台次，限制40台“摩的”上路营运，查处、劝阻非法营运“摩的”70起，制止占道经营、流动经营150次。完成土地绿化68.82亩，共种植苗木5万株。强化宣传提高居民环卫意识。组织村、社区门店老板集中上课，宣讲城市管理法规政策。利用宣传车、宣传册、宣传板报等载体开展环保知识宣传，提高居民环保意识。落实“门前三包”责任制，与辖区内的2000户商家店铺签订了《城市管理行政执法门前市容秩序公约》。聘请“红袖章”民情信息员参与城市管理和宣传。防控与治理相结合使街区面貌和人居品质得到明显改善和提高。

关注民计民生，提升服务水平。完善社会保障。发放民政专项资金239.6万元。年内，低保户对象255户，528人。全年为57名失地农民发放103号令培训补贴18.34万元，办理“就业失业证登记”234本，为72人申请社保补贴22.36万元。开展劳动力资源信息采集工作，调查录入人员9424人，录入单位93家。落实社会福利、优抚安置和残联等工作，关怀孤老病弱，开展社会救助。为辖区内114名重度残疾人办理重残护理补贴，为154名残疾人办理公交爱心卡，联合长沙爱尔眼科医院为1100名居民进行眼疾筛查。为辖区内9名残疾人，申报23件生活辅具。以创业促就业。3月举办“春风送暖入东湖，携手共浇创业花”东湖街道创业富民、就业现场招聘会。56家知名企业参与现场招聘，提供800个待遇合理、职业前景良好的就业岗位。6月12日晚，在湖南生物机电职业技术学院举办“东湖夜话”之大学生创业与就业座谈会，现场20位创业大学生与200名在校大学生面对面交流创业心得。优化计生服务。截至9月30日，计生常住人口管理对象27225人，流动人口7204人，办理生育证312本，独生子女父母光荣证260本，摸底审核上报城镇独生子女父母奖励对象1780人，符合政策生育率96.4%。落实独生子女保健费奖励金9.8万元，农村奖扶对象奖励金4.32万元；计生家庭特别扶助对象奖励金7.68万元，城市低保计划生育奖励扶助金额0.8万元，春节慰问特扶家庭8户，发放慰问资金0.32万元。注重计生政策宣传入户，重点策划举办“7·11”世界人口日单独两孩政策咨询会、“解密青春，为爱守航”青春期健康教育进校园等大型计生宣传活动6场次。加强食品安全监督。重点打击取缔食品加工“黑作坊”、违法窝点及虚假宣传场地6个；特聘64位大学生食品安全监督员，加强高校周边督察监管。完善公共文化体系。建成16个文化活动室内外场地，承办各类文体艺术活动20次，组织全街1000名老年人参加市八运会，5月，组织举办东湖街道首届全民健身体育运动会。

创新社会治理，提高幸福指数。创新群众工作方式。全年举办“东湖夜话——把话筒交给群众”为主题的夜话座谈会25次，采集群众诉求297条，解决252条，45条正在协调解决。聘请百名“民情信息员”，畅通群众诉求渠道，优化服务群众水平。加强辖区安全巡防。建立健全综治网格体系，组织600人的“红袖章”群防群治义务巡逻，与派出所加强联动，有效打击违法犯罪。调处及参与处理各类矛盾纠纷69起，调处率、成功率100%。辖区村、社区实现零发案22个月、无群体性恶性事件、无新增信访事项、无火灾事故。加强生产经营性单位消防安全检查。联合消防大队、派出所、安监等有关执法部门开展生产和消防安全的全面排查。年内，检查企业506次，下发各类检查文书515份，其中，现场检查记录500份，整改指令书9份，整改复查意见书6份，排查发现隐患92处，整改92处，责令停产整顿企业1家，取缔非法生产经营建设单位2家。加强精神文明建设。4月13日，街道与驻区高校湖南农业大学、湖南生物机电职业技术学院对接，成立千名“美丽长沙”建设公益联盟“红袖章”青年学生志愿者队伍，全年开展大中型“美丽长沙，美德先行”志愿服务活动20次。打造“爱的社区”邻里守望志愿服务、“呵护雏鹰”教快乐英语、“大手牵小手”未成年人手绘等活动品牌。广泛开展市民道德教育和送文化进社区（村）活动。不断强化党员干部、居民群众的志愿服务意识和奉献精神，引导未成年人健康成长，树立文明新风尚。

筑牢组织基础，夯实基层党建。辖区有党支部19个（含非公党支部12个），党员785人。共驻共建抓党建。在各村、社区分别建立先锋工作室、党员服务中心站、“红色信仰之家”义工服务点、“村情民意说事点”，搭建党员服务活动平台。铺开党建“大工委”工作体系，搭建共驻共建共享活动平台，同驻街单位党支部联合开展在职党员进村（社区）志愿服务活动。打造学习型党组织。设“充电大课堂”，采用专家、人办主任、青年干部讲学方式，举办读书会、朗诵比赛、闭卷考试等，年内举办15期集中学习活动，机关干部参学率

100%。重视培养后备干部，组织后备干部任职资格考试，有19名青年干部参加考试。抓实党员干部作风建设。落实党风廉政工作责任，建立健全党风廉政制度。举办“沙水水无沙，亲民民更亲”廉政主题征文征联活动，收到来自全国各地征文105篇，楹联215幅，评选出优秀征文30篇，优秀征联5幅。

认真落实党管武装工作制度。开展人大代表和政协委员参政议政活动，组织好调研视察、提案勘察和提案办理工作。加强党务政务财务公开、编制、人事、档案工作。1月1日，开辟“长沙东湖街道”微信公众平台，加强政策宣传和信息公开。充分发挥工、青、妇、协会等群团组织作用，推动街道经济社会健康稳步发展。

存在的问题和困难：东湖街道地处城乡结合部，辖区大型企业少、经济总量小，道路、水、电、气等基础设施建设相对滞后，城乡居民社会保障、拆迁工作带来的各种矛盾、历史遗留问题和工作难度大。（黎　宏）

东湖街道

书　　记　唐宇平（2014.03免）
　　　　　尹卫东（2014.03任）
副 书 记　王庄（女，2014.03免）
　　　　　李　清
　　　　　石　磊（2014.03任）
　　　　　张　鹏
　　　　　张　敏（2014.03任）
工委委员　陈云蓉（女）
主　　任　王庄（女，2014.03免）
　　　　　李清（2014.03任）
副 主 任　刘光明
　　　　　管奕锋（2014.03免）
　　　　　林　灿
　　　　　肖泽圣（2014.03任）

【袁隆平院士载誉归来】 1月10日，国家科技奖励大会在北京召开。袁隆平院士主持和组织的全国协作攻关项目《两系法杂交水稻技术研究与应用》，获评2013年度国家科学技术进步特等奖。1月11日，东湖街道、龙马社区全体工作人员与省农科院全院干部职工、隆平研究生分院师生及居民群众自发列队欢迎袁隆平载誉归来。袁隆平挥手向大家致意感谢，并讲述他在人民大会堂接受党和国家领导人颁奖的场景和喜悦心情，特别是习近平总书记勉励他“再接再厉，再攀高峰”的话。袁隆平决心加倍努力，尽快实现亩产1000公斤目标。

（黎　宏）

【“沙水”征文活动】 为进一步传播“沙水”品质，弘扬清风正气，5—9月，东湖街道纪工委发起以“沙水水无沙，亲民民更亲”为主题的征文征联活动，通过网络转载、媒体宣传等方式面向全国征稿。以东湖街道近期发现的东沙古井为背景，围绕“如何推进基层廉政文化建设”“如何改进作风，为民办实事”展开论述。活动举办以来，收到征文105篇，对联215副。参赛作者身份涉及各行各业，他们结合自身经历，从不同角度阐述对征文主题的理解。经过专家综合评审，最后选出优秀征文30篇，优秀对联5副，全部收录《沙水文集》。

（黄晶晶）

【“美丽长沙”建设公益联盟成立】 4月13日，东湖街道开展“美丽长沙　美德先行”为主题的“美丽长沙”建设公益联盟系列活动暨芙蓉区“红袖章”美洁家园行动，成立千名“美丽长沙”建设公益联盟青年学生志愿者队伍。启动仪式上，街道为“红袖章”美洁家园行动队授旗，并为首批高校和街道办“美丽长沙”合作结对单位授牌。市委宣传部部长张湘涛、区委书记梁仲等市、区、街、高校领导参加活动。此项活动，有利于引领和带动社会各界、广大干部群众和青年学生，积极投身“红袖章”志愿服务，主动参与城市管理和社会治理，践行社会主义核心价值观，努力营造文明有礼、遵德守礼的社会氛围。（黎　宏）

【举办“东湖夜话”座谈活动】 2014年，街道为发挥人民群众在社会发展和民主建设方面的主体作用，让百姓表达诉求、参与决策、监督工作，举办“东湖夜话”。自5月28日启动“东湖夜话”座谈活动以来，邀请市、区领导，举办25场群众座谈会，参会群众达2000名，收集群众反映问题297条，涉及环境卫生整治、基础设施建设、生活服务等方面，已解决问题252个，45个正在协调解决。“东湖夜话”真正做到情况在一线了解、问题在一线解决、决策在一线落实，开启群众工作新的模式。（黎　宏）

【百名民情信息员活跃大街小巷】 为解决联系服务群众的“最后一公里”问题，解决社区群众实际困难，提升社区为民服务水平，东湖街道聘请100人组建民情信息员队伍。按照街巷划分片区，每个片区安排一名信息员。建立社区信息员个人信息和管理的区域档案，建立考核制度，社区负责对信息员进行日常考核，形成一条横到边、纵到底的基层民情信息网络。按监督内容分类为党风建设监督员、城管监督员、食品安全监督员和环境卫生监督员。百名民情信息员活跃在大街小巷，收集居民信息，获取居民群众工作生活遇到的困难、问题信息，并及时采取有效措施，帮助解决，协助政府部门将问题解决在基层，化解在萌芽状态。

（黎 宏）

【首届全民健身运动会开赛】 5月28日，首届全民健身运动会在东湖街道合平安置小区开赛。此次运动会设置拔河比赛、集体跳绳、挑水比赛等健身项目。来自各村、社区和企事业单位的12支居民代表运动队伍，近千名居民在此迎来健身“嘉年华”。该次活动的宗旨是以体育系列活动为平台，以社区居民为主体，进一步丰富基层群众体育文化生活的盛会。（黎 宏）

【千名老人赶“快乐集市”】 9月28日，“快乐老人嘉年华”暨东湖街道千名老人“穿越千年”赶“快乐集市”活动在湖南生物机电职业技术学院体育馆举行。在活动现场，有街道干部职工舞龙狮表演，全国顶尖的茶艺表演，品东沙井水茶，献礼百岁老人，书画家现场书法绘画表演和赠送作品，猜谜语等体验游戏。活动方提供了6800枚两马楚币，可兑换3万元的小礼品。每位参加游戏老人都能获得相应的马楚币，凭马楚币兑换重阳节奖品。“快乐老人嘉年华”活动是东湖街道“美丽长沙，美德先行”长沙市第二届孝文化节暨“我们的节日·重阳”系列活动的主场活动，现场同时启动“蓝丝带”微孝志愿服务队关爱空巢老人活动。（黎 宏）

【东湖文化墙手绘比赛上演】 6月14日，东湖街道组织辖区内小学生举行“美丽长沙，美德先行”——大手牵小手未成年人手绘主题活动。此次活动，有100名小画家和他们的父母、志愿者共同描绘自己心中美丽的长沙，半日，完成手绘作品100幅。此次活动启发大家共同维护美好的环境，树立爱护长沙、美洁家园的意识，自觉成为美丽长沙、美洁家园的践行者。（黎 宏）

【农民收藏家办红色主题展】 12月25日，由农民收藏家莫铁良历时40余年收藏的“文化大革命时期”的油画、丝织绣和金丝绣作品、毛瓷等40余件红色题材藏品在湖南省军区东湖干休所展出。干休所内的老红军和部分老红军遗属来到展览现场，观看毛泽东主题系列展品。展出展品包括油画《毛主席去安源》《红军过草地》《井冈山会师》《开国大典》，丝织绣《毛主席在北戴河》，金丝绣《毛主席去安源》以及文化大革命时期的各式毛主席像章等。89岁高龄的书法家陈国恩还将连日创作的数十幅“福”字书法作品献给干休所老红军和红军遗孀以表问候。（黎 宏）

社 区 建 设

社区服务

【概况】2014年，各街道社区坚持组织社区志愿服务活动与驻区单位相结合、无偿服务与低偿服务相结合、服务社会化与产业化相结合的社区服务体系。积极探索社区服务市场化运作模式，投入430万元资金推进开放式社区物业服务，全年创建社区物业市级精品社区4个，样榜社区16个。社区服务在实现“一街一特色、一社区一品牌”的基础上，形成“一社区多亮点”的服务格局。西湖、丰泉古井、德政园、芙蓉、人民新村5个社区获评全国和谐社区建设示范社区称号。（袁 霞）

【开展“国际社工日”主题宣传活动】3月20日，芙蓉区2014年“国际社工日”主题宣传活动在荷花园街道东郡社区举行。活动以“弘扬社工精神，服务困境人群”为主题，社工代表宣读倡议书；市爱乐社会工作服务中心展示自闭症康复及“鸡屋剧社”项目，万众和居家养老服务中心、芙蓉区家欣心翼会所、东郡社区健身队等9个社工机构都进行了项目展示和文艺表演。副区长许凡高度肯定各社工组织开展的公益活动，希望大家要宣传社工理念，把最专业的技能方法展现出来、最具特色的服务项目呈现出来，让更多市民了解社会工作，为更多困难群体开展专业服务，为芙蓉区的社会工作事业健康快速发展营造良好的社会环境。市民政局纪委书记肖金平，区民政局局长黄萍等领导出席，各街道民政分管领导、民政专干及部分社区的书记、主任、社区志愿者等100人与长沙市爱乐社会工作服务中心、湖南农业大学社工协会等9家社工机构代表参加宣传活动。（李文芳）

图48　开展国际社工日活动

【湘湖社区举行民族联谊会】11月14日，由区民族宗教和外侨事务局、湘湖街道联合主办，省花鼓戏保护传承中心和湘湖社区承办，主题为“醉美民族风，情牵友谊桥”的民族联谊会，在湘湖街道湘湖社区举行，主旨为“唱响民族团结主旋律、谱写和谐发展新篇章”。活动由湘湖社区文艺队带来歌舞《湘女多情》拉开序幕。省花鼓戏保护传承中心带来的经典剧目《补锅》获得观众的喝彩。社区小演员们带来的彝族舞蹈《带我去山顶》，在音乐声中演绎出少数民族的游子思乡之情，跳出对故乡的思念，对童年的回忆和对母亲的牵挂。整台联谊会节目编排着眼弘扬维护社会稳定、促进民族团结、弘扬民族文化展开，炫目的形式、丰富的内容和精湛的艺术，受到现场观众好评。2014年，湘湖社区登记少数民族115人，包括土家族、苗族、瑶族、回族、满族、布依族、侗族、朝鲜族、壮族、白族。湘湖社区牢牢把握“共同团结奋斗、共同繁荣发展”的民族工作主题，全力打造湘湖社区少数民族服务中心，不断推进社区的民族工作建设。年内，被定为区民族“三进”（进社区、进学校、进企业）工作试点单位。

（刘武强）

【“重阳节”开展志愿者关爱行动】 9月21日，由市文明办、长沙晚报社主办，长沙晚报星恒传媒、唐人文化、三珍虎园承办的“美丽长沙　美德先行”第二届孝文化节暨“我们的节日·重阳”志愿者进社区关爱行动在文艺路街道识字里社区启动。为弘扬和传承中华民族传统敬老文化，增强全社会敬老意识，营造尊老敬老的社会氛围，志愿者将为老年读者送上重阳祝福“爱的老花镜”。“爱的老花镜”系列活动包括志愿者进社区关爱行动、寿桃小子送寿桃和老年读者重阳快乐行三大主题。活动期间，年满60周岁的老年读者只要填写相关资料，便获赠一副“爱的老花镜”及相应的礼包套餐。唐人文化负责人何文沅表示，本次活动秉承着中国人“爱老”“敬老”的优良传统，为老年人送来重阳节的礼物。带着报名参加万寿卡活动的老人去游虎园、品高端养生酒，参观长沙的名人老宅，让老人们亲近大自然，感受名人的气息。（黄　雪）

【德政园社区构筑“360°服务圈”】 荷花园街道德政园社区打造“360°服务圈”，把居家养老、青少年素质提升、文化健身等服务资源送到居民家门口。社区居委会压缩办公场地，将更多的服务空间留给居民；16:00爱心驿站、引进的专业培训机构让孩子放学后有人管、有人教；600平方米的排练室向居民免费开放；与专业居家养老中心共同设立“96880”热线，老人拨打电话可享受到日常生活料理、精神慰藉等10项服务。社区还开设爱心帮扶通道，符合条件、家境困难的居民，在需要专业机构服务时，可获得相应的免费或优惠。温馨的家园氛围激发居民群众倡导文明、守望互助的热情。社区党员成立“党员110”，宣传政策法规、倡导社区文明、调解邻里纠纷；老年志愿者组建“慈娭驰乘务岗义工队”，两年来参加志愿服务近500人次。（李文芳）

【二里牌社区成立“马上来帮您”服务队伍】 3月5日，朝阳街道二里牌社区成立“马上来帮您”志愿者服务队。该服务队汇集各具特长的热心义工，以五种颜色作为象征：橙队由擅长维修水电的爱心居民组成，维修居民家里的水电小故障；绿队由社区环保人士集结，负责街头树丛及小区绿化；蓝队由辖区单位和企业组成，为扶贫济困出力；社会事务队、健康加油队分别以红、白两种颜色为标志，居民可以根据实际需求按颜色选取服务。二里牌社区内有居民上万人，其中三成以上是60岁以上的老人。“马上来帮您”志愿者服务队以这类人群为重点帮扶对象，让上门服务成为一种常态，让居民尽享家门口的温暖与感动。（李毅自）

【蓉园社区开设“微网格”便民服务】 韭菜园街道蓉园社区有在职党员3000名，约占居民总数的1/4。自实行在职党员进社区报到领岗以来，在职党员成为社区双岗多责的“服务先锋”。2013年，社区根据每个党员先锋网格的规模、空间分布和党员数量，按照“就近、灵活、小型、分散”的原则，采取“点、线、面”结合的方式，实施“党员入网”“服务入网”“活动联网”形式，将辖区党员纳入社区党建服务中，建立在职党员社区登记、活动记录、表现反馈制度。2014年，社区将现有4大网格划分成12个“微网格”，每个“微网格”成立党小组，定期收集群众服务诉求，定期发布到在职党员短信平台或志愿者QQ群，方便困难居民及时得到“服务专员”的帮助。市公安局刑侦支队党支部在职党员末福群住蓉园社区，作为网格平安先锋岗的“安全排查专员”，他习惯了每天下班后到社区各处巡查。在蓉园社区像他这样的“服务专员”有283人，他们利用自己的专门特长提供便民服务。

（董春梅）

【西湖社区成就爱心“小富翁”】 湘湖街道西湖社区17岁少年刘柯贝是位“小富翁”，他的财富是一本社区发放十星级“爱心存折”，上面记录着他的爱心故事：从6岁起，每个月为社区雷锋超市捐赠一袋米、一壶油；与其他社区残疾家庭结对，每逢节假日都前去帮忙和探望等等。社区工作人员记录下孩子每次公益活动的时长和内容，根据星级评定标准，爱心存折上攒满10颗星，社区就往孩子所在学校发喜报，鼓励他们的爱心文明行为，在核心价值观践行和传递上形成“社区—学校—家庭”三方互动。截至年底，西湖社区已向608名学生发放“爱心存折”，共资助贫困学子74名，捐赠金额6万元，还帮助新化县奉家小学建起“西湖爱心书屋”。（刘武强）

【汤家岭社区开设“爱心银行”和“心愿箱”】1月20日，韭菜园街道汤家岭社区“党员社区银行”正式开张，来自各行各业的社区热心党员都是储户。爱心银行的储户们通过参与社会公益活动并获得认可后就在爱心存折上积分，累计到一定分值便可享受街道和社区提供的家电维修、家政服务、健康体检、消费折扣等优惠或免费服务。心愿箱则是街道设在各个社区用来征集市民诉求的便民箱。爱心银行开张第一单储户，便是圆了社区79岁书画达人的刘礼堂“心愿箱”中开办个人画展的夙愿。“党员服务银行”和“心愿箱”成功地在资源和诉求之间架起桥梁，邻里互助。全年完成居民诉求60项。

（董春梅）

【省扶贫办联合湘府社区举办爱心宣传活动】10月17日是第22个国际消除贫困日，也是中国首个扶贫日。省扶贫办联合湘府社区、党员志愿者和居民群众在省政府机关二院前门开展“心系扶贫，大爱三湘”全国首个扶贫日爱心活动。活动旨在引导各界关注社会贫困问题，关爱贫困人群，关心扶贫工作，宣传凡人善举，培育良好风尚。本次活动分为现场签名、扶贫知识宣传和爱心募捐三个环节。省政府办公厅服务中心、省经委、省国资委、市环保学院工作人员及近千名志愿者参加。主办方为活动制作20块展板和400张宣传页，采用“生活图片+故事说明”的形式生动直观地反映老少边穷地区贫困群众生存难、行路难、求学难等问题。相关专题纪录片循环播放，则希望能为那些生活在困苦中的人们尽一点绵薄心意。爱心活动的举办，引发居民群众对贫困问题和贫困人群进行关注，是传承民族优良传统、倡导友善互助社会主义核心价值观的实践。

（黄雪）

【滩头坪社区开展援助玉树贫困学生活动】8月23日，马王堆街道滩头坪社区达佳爱心工作站牵头发起的“心连玉树 爱心圆梦1＋1”对口援助青海玉树贫困学生活动在社区启动。由爱心家庭与贫困学生对接，每学年给对口援助的贫困学生不低于3000元的资助，包括2400元现金及600元衣物、书籍、文具等物资，直至贫困学生完成九年义务教育的学习，受助学生每学期向资助的爱心人汇报学习及生活情况。滩头坪社区居民、南雅中学初1309班20多名学生家庭及社区爱心人士捐款捐物，周朱卓钰、郭牧华、谢莎莎等20个家庭对口认捐援助首批17名藏族贫困学生，当天认捐资金45100元，募集过冬衣服600件，《少年达佳》等书籍500册、4台移动手机及部分文具。来自青海玉树的青年志愿者昂文罗周代表17名贫困学生在现场接受捐赠。他非常感谢长沙人们对玉树藏族贫困学生的深情厚爱，表示首期全部助学款物将在秋季开学前送达到每一个贫困学生手中。此项活动发起人为滩头坪达佳爱心工作站的志愿者王达佳，她曾获全国百名优秀志愿者、省金牌义工、市道德模范等称号。此次活动也是滩头坪社区达佳爱心工作站组织的系列爱心活动之一。（白立平）

【南湖社区开展爱心救助幼童活动】10月，从湘潭来长沙经营不足10平方米粉店的谢龙

图49 滩头坪社区开展援助玉树贫困学生活动

风遭遇噩运，2岁8个月大的儿子不小心掉进米粉店滚烫的骨头汤锅里，造成重度烫伤，虽被送到医院抢救，但一直未脱离生命危险，巨额的医疗费压得他几近崩溃。得知消息后，南湖社区迅速发出爱心捐助倡议书，开通捐助热线电话，设立捐款箱，爱心倡议得到居民群众的热烈响应，三湘南湖大市场建材城、家电城、汽配城、民生银行、长远油库、南湖社区、湘湖社区、车站北路社区、跃进湖社区等单位，爱心妈妈、星城义工等志愿团体，湘湖街道机关干部、社区居民纷纷加入爱心捐助的行列。在10天时间内，南湖社区将募集捐款11.55万元送到谢龙凤手中，救治幼童。

（刘武强）

【宝南街社区开办楼宇邻里节活动】 10月17日，由长沙晚报福卡俱乐部主办，定王台街道办事处、宝南街社区、长沙移动城北分公司、广发银行长沙分行、长沙年轮骨科医院共同承办的“楼宇共建邻里情，志愿服务一家亲”主题邻里节活动暨定王台“楼宇创业帮扶沙龙”启动仪式在芙蓉广场举行。活动现场，长沙年轮骨科医院为宝南街社区授牌，设立“年轮康复中心宝南街社区服务点”，建立医院与社区互动康复模式，向残疾人发放免费“助残医疗卡”，为白领、居民进行免费骨密度测试，并向居民发放“骨骼理疗卡”。长沙移动城北分公司为社区40名残疾人征订2015年度《长沙晚报》，发放爱心入秋被。区政协副主席洪曙光为中天写字楼物业公司授“楼宇创业帮扶沙龙中天站”牌。广发银行长沙分行开展“道德银行创业分行”，对创业者提供无抵押贷款扶持。仪式结束后，众多白领和当地居民“大闹”趣味游艺场，现场开展趣味投篮、超级相扑、趣味闯关和由泉昇大酒店、绿城物业公司、家乐福超市等12个企业代表参与的拔河友谊赛等互动游艺活动。还有众多党员和白领志愿者陪护残疾人和空巢老人一起乘坐地铁，同游橘子洲，给老人们送上“买菜购物车”。

（范 波）

【军区社区策划“白领相亲会”】 4月22日，韭菜园街道军区社区上演社区版创意相亲会。身着“嫁给我吧”T恤的4位小伙子成为现场亮点。姑娘和小伙们竞相展示拉丁舞、太极拳及歌曲等才艺。由军区社区精心策划的“相亲会”为日常忙于工作，少有时间与外界沟通的白领们提供走出写字间的交友平台。

（董春梅）

社区治安

【概况】 2014年，各街道社区（村）始终坚持“打防结合，预防为主”的方针，整合社会治理资源，积极构建“335”基层基础模式，即街道设立3个中心：便民服务中心、综治维稳中心和网格管理中心，社区（村）对应设立3个站：便民服务站、综治维稳站和网格管理站；建立健全5支队伍：社区专职工作者队伍、网格信息员队伍、志愿者队伍、流动人口协管员队伍、治安巡防队伍；广泛开展“四个十佳”评选活动，全面推行社区（村）综治工作述职制度，积极试行农村治安保险试点工作，为全区3953户农村居民群众购置15万元治安保险；推动单位、系统、行业的平安建设，全力开展平安酒店、平安物业、平安工地、平安学校、平安铁路、平安电力、平安医院等形式多样、内容丰富的平安建设活动，真正把平安力量充实到基层，把平安成果巩固在基层。着力加强普法宣传教育，全面落实“六五”普法规划，实践“法律六进”工作模式，利用社区宣传平台，增强法制宣传的针对性、实效性，拓展辖区在校学生学法途径，强化学校教育主渠道作用，开展“人人学法、全民守法”等法制宣传主题活动，不断拓展普法教育的覆盖面。深化“民主法治示范社区（村）”创建活动，努力提高基层法治水平。发展基层民主，健全村（居）民会议和村（居）民协商议事会议制度，完善民主选举、民主评议、议事协商等民主议事和决策制度，完成基层换届选举工作。（黄 珣）

【启动家庭律师社区行】 12月2日，由省妇联、省律师协会联合主办的国家宪法日宣传活动暨湖南省“家庭律师社区行”在荷花园街道德政园社区启动，居民群众需要家庭律师帮助，可以拨打“12338”进行咨询。湖南省“家庭律师社区行”活动计划在3年内，组织广大律师志愿者深入社区家庭，举办1000场普法课堂，培训10万名妇女群众和社区居民，发放100万份宣传资料，并开展普法精品课程的培育和优秀家庭律师的选拔，使这项活动能够长期、规范、有效地开展下去，真正让普法宣传深入千家万户，惠及广大居民群众家庭。（李文芳）

图 50　开展“扫黄打非”活动

【社区守护神“红袖章”在行动】 6 月 23 日，马王堆街道马王堆社区上演“红袖章”奋勇抓小偷的一幕，骑着电动车仓皇出逃的小偷被社区“红袖章”们当场抓获。当天上午，在马王堆社区 7 片 15 幢单车棚内，居民彭国强发现一名 20 多岁的年轻人形迹可疑地在棚内停留，一直贼头贼脑地四处张望,他意识到有人在偷电动车。正在巡逻的马王堆街道副主任廖勇、社区书记文军彪带领“红袖章”志愿者们一起追向正开着被盗电动车逃窜的小偷，后面追前面堵，小偷仅开了二三十米就弃车而逃，被众人逮个正着。得知发现小偷的居民彭国强也是“红袖章”的一员，失主何佑华非常感动：“这次能幸运地追回电动车，全靠‘红袖章’们帮忙。”这群“红袖章”志愿者是马王堆街道“红袖章”美洁家园行动千人队伍中的一部分，他们中有居民志愿者代表，有社区义工，还有社会事务协管员等。

（丁　玲）

【恒达社区开展“魅力红袖章”行动】 3 月 7 日，荷花园街道恒达社区启动群防群治“魅力红袖章 我们在行动”活动。社区组织志愿者、楼幢组组长、直管党员、小区物业公司保安、企事业内保人员等力量，在各个小区开展巡逻防控、环境整治志愿服务活动，倡导“邻里互助为乐，志愿服务为荣”的精神。实行“五个一”（对本楼道、车库及周边绿地每天巡视一遍；对附近公共设施每天检查一次；对左右邻宿每天守望一下；见不文明行为规劝一下；见好事、善事参与一下）行动，为打造平安社区，建设和谐生活环境积极努力。（李文芳）

【开设社区应急救援志愿者服务站】 4 月 21 日，长沙市首个应急救援志愿者服务站在东屯渡街道嘉雨社区星城世家小区成立。此次开设应急服务站工作目的是“立足预防，消防结合，服务社区，便利居民”。应急服务站主要承担防灾减灾、培训、便民利民等三项服务职能。应急服务站内摆放着手提式灭火器、消防面具、安全绳索、切割机、空气呼吸器、照探灯、流行性疾病所需的药品、轮椅、拐杖、骨折固定托架等一系列应急救援器材，还有应急救援志愿者手册、消防知识、卫生知识等系列宣传资料，工作人员定期将应急服务站的物品进行更换、补充。嘉雨社区有志愿者 298 名，具备较强的专业救援知识与技能。应急服务站还对社区人员、小区居民开展应急救援、应急知识培训和宣传，一旦出现紧急突发事件，志愿者可抓住“白金十分钟”，利用应急服务站内应急器材施救，第一时间抢救受灾群众，让服务“救”在身边，为预防、控制、处置事故发生提供坚实的保障，也为小区增添一道安全屏障。街道以嘉雨社区紧急救援志愿者服务站开设为契机，对辖区符合社区紧急救援志愿者服务站建设条件的小区进行全面摸排，在省、市、区应急办的指导下，积极配合推广“社区紧急救援志愿者服务站”建设，争取更多的服务站落户东屯渡，形成“预防危险，有急必应”的长效机制。省应急办主任罗建军、副主任鲁明，市政府办公厅副主任谭海，市应急办主任晏兴辉、周畅军以及市公安局、市教育局、市气象局、市消防支队主要负责人，芙蓉区副区长罗玉环，区政府副调研员徐德进等相关负责人出席活动。（谭博文　周　静）

【荷晏社区开展应急救援演练】 9 月 15 日，芙蓉区全国科普日启动式暨应急救援知识进社区活动在荷花园街道大润发广场拉开帷幕。此次活动由荷花园街道千人红袖章志愿者联合会荷晏社区分会承办，以“科普进社区，全民共参与”为主题，以宣传应急救援知识为主要内容，通过模

图 51　消防演习

设，建立警民联系制，构建“打防控一体、点线面结合、警民义联动”的社区治安防范新格局。社区民警日常巡逻有居民群众参与，居民发现隐患有民警查办。在保证警力配备，强化硬件保障的基础上，社区内的居民安防力量经过整合被分成若干小组，按照地域和时间开展巡逻防控、完善信息采录、加强情报搜集、整治热点问题、排查民间矛盾、强化便民服务等具体工作，有效保证社区安全，消除治安隐患，化解邻里纠纷，促进社区和谐。

（谭博文）

拟演示、互动参与、知识竞答、展板宣传等形式，使居民群众在面对急性疾病、火灾、地震等突发事件时，懂得应急抢救、自救等，对有效减少自然灾害、急性疾病等发生时的损害起到积极作用。活动中，荷花园街道为荷晏社区 9 名“庭院安全员”颁发证书，倡议居民积极参与邻里守望、邻里互助、平安服务、义务巡逻等群防群治活动，共创平安家园。

（李文芳）

【汤家岭社区少儿法庭开庭】 4 月 1 日，全市首个少儿模拟法庭在韭菜园街道汤家岭社区开庭。在专职律师指导下，孩子们头戴白色假发，身着黑红相间法官服，担任法官、书记员、原告、被告等角色，核对当事人身份、宣布庭审纪律、开庭、审理、法庭辩论，一桩生动逼真的家庭赡养案审理精彩亮相，全程清晰紧凑，寓教于乐向孩子们普及法律知识，用鲜活的教育方式，激发孩子们从小学法知法的兴趣。

（董春梅）

【首个社区戒毒（康复）工作站成立】 12 月 17 日，定王台街道社区戒毒（康复）工作站及指导站成立，是全区首个社区戒毒（康复）管理工作站及指导站，由芙蓉区司法局、长沙市长桥强制隔离戒毒所、定王台街道办事处联合成立。该站以街道为主体，对辖区内社区戒毒及社区康复人员进行监督管控，指导戒毒人员开展戒毒康复治疗，并向自愿参与社区戒毒的吸毒人员及其家属提供免费的咨询、辅助戒断、尿检、心理辅导等服务。通过社区平台，运用科学手段积极帮助吸毒人员戒除毒瘾，回归正常生活，维护社会的和谐稳定。市司法局副局长肖建中、监所处处长贺望文、市长桥强制隔离戒毒所所长周年春、区司法局局长许平波等出席揭牌仪式。（范 波）

【东屯渡社区警民联动】 东屯渡街道东屯渡社区民警充分发挥社区在治安防范中的主体作用，发动、组织、指导群众性治安防范力量积极参与平安社区建

社区就业

【概况】 2014 年，全区各街道社区根据“六个走在前列”要求，坚持就业优先战略，充分发挥社区在促进就业特别是推进实现更高质量就业方面的积极作用，围绕“创建充分就业社区”这一目标工作，着力解决失业人员就业问题。经由街道推荐和区级督导，市人力资源和社会保障局评估认定文艺路街道乔庄社区、韭菜园街道军区社区、湘湖街道南湖社区、火星街道凌霄社区、荷花园街道恒达社区、东屯渡街道扬帆社区、马王堆街道古汉城社区、东湖街道龙马社区等 25 个社区为“长沙市 2014 年度充分就业社区”。

（曾 中）

【五里牌街道“春风行动”专场招聘会】 2 月 21 日，芙蓉区人力资源和社会保障局、五里牌街道在火车站科佳商业广场联合举办“春风行动”专场招聘会。此次招聘主要为高校毕业生、城

镇失业人员和农民工等群体提供及时有效的就业服务，促进实现就业再就业，帮助有创业意愿的劳动者实现自主创业，提供政策扶持、项目推荐，并为有需求的用人单位搭建信息交流平台。五里牌街道在区人社局的大力支持下，与辖区内酒店、物业、药店、房地产、科技等多个行业的用工企业取得联系，吸引65家用人单位，现场提供3500个就业岗位，达成初步就业意向性协议110份。

（文　阳）

【火星街道开展“就业在芙蓉”活动】 3月14日，由区人力资源和社会保障局、火星街道主办的“春风行动”之“就业在芙蓉”企业用工现场招聘活动在湖南丰彩好润佳超市广场举行。此次活动本着“走出大厅、服务家庭”服务宗旨，在提升高质量就业上定位思路，再启街道公共就业服务群众直通车，把“双向服务”作为就业工作重点，与企业单位协作，共同帮助求职者选岗位，为用工单位推荐人才。招聘前，制作宣传大型广告和海报2000份，发放《求职推荐卡》6000份，前来应聘人员中有200名达成就业协议或签约用工单位。湖南卫视对此进行专题报道和推介。（刘夏娃）

【荷花园街道举行开春招聘会】 3月18日，荷花园街道人力资源和社会保障网站启动仪式暨“映日荷花朵朵红　芙蓉园里尽朝晖”现场招聘会在大润发超市前坪举行。招聘会邀请三一重工、爱尔眼科、东方人力资源有限公司等50家用工诚信单位，提供1200条空岗信息，涵盖管理人员、会计、业务员、保安员等岗位，给辖区周围失地农民、失业人员及就业困难对象等提供选择空间。区、街300人参加本次招聘活动，其中现场求职登记114人。街道充分利用荷花园街道人力资源和社会保障网（http://www.0731hhy.com/index.html），通过网络发布用工信息3000条，政策解答，政策法规咨询600人次，共为160人找到适合的工作岗位。

（李文芳）

图52　“就业在芙蓉”企业用工招聘活动

【东湖街道举办大学生创业与就业座谈会】 6月12日，东湖街道在湖南生物机电职业学校举办东湖“夜话”之大学生创业与就业大型座谈会。此次座谈会以“强化实践教育促进大学生就业创业”为主题，采用现场互动，各方嘉宾阐述观点的全新交流模式，并通过现场解答互动的方式与场外观众互动，全方位获取各个层面的观点。应邀而来的嘉宾们，在轻松愉快的氛围中来了一场“头脑风暴”。在座谈会上，长沙市创业办主任饶福明和长沙市委常委、统战部部长文树勋就学生提出的就业问题进行答复，他们阐述了大学生就业应该具备沟通交流能力、参加过实训或实习、自主持续学习能力、团队合作能力、独立发现问题和解决问题的能力。对于应届毕业生，务必加强实际操作能力的锻炼，正确评估自身的工作能力，建议有志创业的大学生先创业，再就业。

（曾　中）

【东湖社区搭建就业服务平台】 湘湖街道东湖社区以“就业长廊”为依托，发布政策法规、招聘信息、服务流程、公告公示等，实现24小时海量信息直接发布。建立人社工作QQ群服务平台、微信群服务平台，微信公众服务号，为企业与求职者搭建就业安置平台，为群众搭建咨询服务平台，率先实现人社工作网络化服务。年内，为近400家单位发布招聘信息，展示就业岗位近万个，有800人到社区填写求职登记表，实现就业207人。为了将服务普及，充分利用社会资源，社区还充分利用社会资源，成立“王鑫磊就业联盟”。王鑫磊系社区的一名商户，同时也是湖南浙江商会常务副会长，区人大代表。王鑫磊创业多年，有着丰富的经营方式与经商之道，并热心社会公益事业。通过多方协商，共同成立“王鑫磊就业联盟”服务品牌，吸引上百家企业加盟，热心为应届毕业生、进城务工人员和下岗失业人员提供就业岗位、就业指导、就业培训和生活帮扶。（曾 中）

【社区开办下岗职工创业培训】 10月31日，由东屯渡街道芙蓉社区承办的2014年创业培训班结束，本次创业培训为期10天，有近60名失业下岗职工参加。为强化创业培训质量，芙蓉社区特别邀请教学和实践经验丰富的创业培训专家前来授课。在教材规定内容的基础上，培训班灵活确定创业培训的内容，使参训人员重点熟悉国家相关的政策和法规，了解创办微小企业必备的知识和程序，掌握经营管理的基本方法，以提高创业成功率。培训采用老师与学员之间互动的授课方式，在老师的指导下，每一位学员都争相发言，充分阐述自己的见解，尽情发挥自己的潜能，通过互动来加深对学习的理解，将理论知识与具体创业案例相结合，拓宽眼界，增强创业意识。培训结业后，参训人员都将获得国际劳工组织以及劳动和社会保障部颁发的创业培训合格证书，并享受小额贷款免息和企业减税的优惠政策。（谭博文）

【韭菜园社区用真心帮助失业人员成功创业】 何媛是文艺路街道韭菜园社区居民，现年29岁。2014年对何媛来说是难忘的一年，突然的失业让她感觉天好像塌了下来，开始对前途感到迷茫和无助。“春风行动”开始后，街道社区就业专干上门找到何媛，主动对她进行就业指导，并帮她申请了“就业失业登记证”。在社区专干的鼓励推荐下，参加了区里组织的SYB创业培训班，系统地学习了如何为小店经营准确定位，提高利润增长点。自主创业的小店经营一段时间后资金不足，社区就业专干指导其申报政府免息小额担保贷款。不久，何媛申请的8万元小额贷款批下来了。拿到这笔资金后，她立即将店内商品结构进行了调整，因此有了固定的客源，并且吸引了大批新顾客，小店做出了可观的效益。（曾 中）

社区生活

【概况】2014年，各街道、社区始终把提升服务能力作为和谐社区创建的出发点和落脚点，坚持以人为本，贴近生活、贴近群众，不断扩容社区服务内涵，不断提升社区人文魅力，进一步增强社区居民群众的认同感和归属感，营造了“零距离”的家园氛围。在加强城市管理，服务居民生活，促进社会进步方面进一步推进社区居民生活质量的提高。坚持以改善环境质量为目标，积极引导社区居民广泛参与节能环保创建活动，提高市民环保意识。加大宣传教育力度，增强居民爱护环境，节水节能理念，推动节能降耗，改善居住环境。完善监督管理体系，建立环保志愿者队伍，检举、揭发、制止各类环保违法排污和破坏生态行为，推进生态文明，保障群众健康。年内，全区有文艺路街道识字里社区、韭菜园街道军区社区、荷花园街道德政园社区、马王堆街道古汉城社区4个社区荣获2014年度市“节能环保示范社区”称号，定王台街道金沙里社区、朝阳街道五一东村社区、五里牌街道燕山街社区、火星街道曾家坪社区、东屯渡街道扬帆社区、东湖街道龙马社区、湘湖管理局东湖社区7个社区获评市级“节能环保社区”。（苏 洁）

【开展“红袖章”美洁家园行动】 5月15日，文艺路街道在韭菜园社区华美欧大厦前坪举办“红袖章”美洁家园行动暨“七色花”志愿服务活动动员大会。区委书记梁仲，区人大常委会主任罗树林，区委宣传部部长伍艳飞，辖区居民群众、驻街单位、经营业主、党员干部以及“七色花”志愿者200人参加活动。此次活动主要目的是进一步动员发动社会公益力量积极主动参与城市管理工作，共同维护家园环境，形成社会治理“人人参与、共创共享”的良好氛围，从而优化街域发展环境，优化社区人居环境，为建设“经济强街、城管名街、宜居老街、和谐新街”贡献力量。美洁家园行动将延续三年，按照动员部署、实施推进与总结提高三个阶段推进；将会常年长效常态开展。会议要求，全体党员干部、志愿者要充分发挥带头示范作用，为美洁家园行动做出表率；各社区、各部门负责人要充分认识到“美洁家园”行动的重要性，齐心协力、扎实苦干开展好美洁家园行动；五小门店要严格落实“门前三包”责任制，保持责任区域卫生，消除店外经营和占道经营等行为，营造良好的经营环境；

各驻街单位要充分积极参与到环境整治、文明餐饮、秩序维护等志愿者服务活动中来，共同营造共驻共建的良好氛围。开展“红袖章”美洁家园行动是志愿行动的具体方式，是民心工程，是管理工程，是作风建设工程；是践行中共群众路线的具体行动，是展示党员志愿者良好风貌的具体表现，是转变作风的重要组成部分。志愿者代表法国友人赛琳娜，育才小学学生志愿者代表曹一明，辖区企业代表分别作了表态发言。出席动员大会的领导为3名“千人红袖章”队员代表授予红袖章，为2名门店代表授予流动红旗。

（黄 雪）

图53 开展“邻里节”活动

【市首届孝文化节“邻里守望一家亲”活动举行】 1月24日，由市文明办、区文明委主办，区委宣传部、区文明办、区妇联，定王台街道承办的“崇德向善迎新春，红红火火过大年”长沙市首届孝文化节“邻里守望一家亲”活动在定王台街道化龙池社区举行。活动旨在让居民群众过个红火热闹年，以实际行动践行孝文化，弘扬邻里守望美德。活动中，“黄手绢”孝行联盟志愿者开展“邻里守望”结亲帮扶活动，志愿者向楼幢内空巢老人赠送慰问物资并递送“邻里守望”结亲卡，承诺为老人提供日常看护，卫生清洁等服务。同时社区志愿巡防队启动了春节期间群防群治活动，志愿巡防队员3人一组，为各自负责的楼幢提供安全宣传、巡逻值守、隐患排查等服务。（黄丹旭）

【韶光社区马年“赛马会”拼创意】 2月12日，东湖街道韶光社区举办2014年“禧出马年祝福韶光”社区民间创意作品大赛。参赛作品内容都与马有关，结合中国福文化、生肖文化，制作成剪纸、雕刻、手工制作、书画作品等。66岁居民李戊昭亮出一对憨态可掬布偶马，让人大赞“好萌”。“旧棉衣可以制作马身，毛线是最形象的马鬃，至于马的两只大眼睛，用扣子代替就行了。”李戊昭一番解说，更让人对其变废为宝的手艺竖起大拇指。“快看我的‘马上有米’，原料和名称可是相得益彰。”黄希菲用颗颗饱满的大米制成惟妙惟肖的白马。7岁的丑博先则带着一群小伙伴，在揉好的面团里加入蔬菜汁、红萝卜汁等，大家一起动手，捏出的一群彩色面马、有的四蹄飞驰，有的低头吃草……让人看后大饱眼福。（黎 宏）

【韭菜园社区打造新型邻里关系】 高楼林立成为现代都市的标志，文艺路街道韭菜园社区位处芙蓉CBD核心地段，楼宇众多、企业云集。2014年，韭菜园社区为破解邻里间“同住一个门，相遇不相识”都市病，依托社区平台、通过网络手段搭建起“都市新型邻里关系，从一声Good morning开始！”的“睦邻服务”，构筑起新型文明邻里关系。其中，睦邻家园通过活动打造，倡导高楼邻里敞开心扉、守望互助；睦邻网来是居民通过QQ群、微信朋友圈你来我往；睦邻驿站是帮忙解困的先锋站。“睦邻服务”让社区居民互敞心扉，拥有一技之长的单位和企业职工等也尽己所能给予回报。金融机构的年轻人们组成“理财帮帮组”，助居民们打理家业；电脑维修高手定期免费上门服务，修理故障电脑、坏手机；定期举行的图书交流更吸引来外国人参与，感悟中国文化、感受邻里温情。社区还不断创新互动平台，充分利用QQ、微信、贴吧等现代沟通手段的便捷，让更多人从陌生变好友，让高楼林立变为高楼邻里。（黄 雪）

【火车站社区开设“邻里守望”工作站】 9月11日，五里牌街道火车站社区“邻里守

图 54　元宵节千人同吃元宵活动

望”工作站正式启动。区委宣传部部长伍艳飞现场为五里牌街道火车站社区“邻里守望”工作站揭牌。活动现场，社区志愿者开展多种志愿服务活动，医疗志愿者为市民提供量血压、营养健康、康复保健、常见病诊断；法律志愿者为市民提供法律知识咨询，发放法律法规的宣传资料。“邻里守望”工作站旨在从关爱做起，用邻里守望编织社区的爱心网，让空巢老人身边有儿女般的关怀，让农民工身边有朋友般的关照，让留守儿童身边有父母般的关心。该站志愿者将长期向居民免费提供维修家用电器、理发等服务。街道开展“邻里守望”志愿服务和群众性文化体育活动等形式多样的文明创建活动结合，形成横到边、纵到底的宣传声势，引导广大群众积极支持和参与。（文 阳）

【社区“辣婆辣妈”解民忧】 9月13日，五里牌街道在火车站社区启动“邻里守望秋日行”活动。火车站社区聘请在社区里有威望、有经验、有优势的人员，组织专业或兼职服务的辣婆辣妈20名，推行“婆婆妈妈敲您门”，成功解决流动摊贩扰民问题。面对社区上百名空巢老人，辣婆辣妈们经常去主动聊天并照顾他们。52岁的周菊兰“一对一”帮助82岁的万铭老人，承担帮老人提菜的“差事”。社区还建立“爱心传递银行”，针对社区36户低保户家庭、33户残疾家庭等特困、遭遇重大变故的家庭，建立“一对一”“一对多”的常态、长效的扶贫帮困机制。（文 阳）

【86岁老人托社区献爱心】 7月2日，文艺路街道东广济桥社区志愿者给邹光群家送来3500元爱心款。这笔爱心款是同住一个社区的杨德吾委托社区工作人员送来的，希望自己的绵薄之力能为邹光群一家提供帮助。家住城市花园的杨德吾已有86岁高龄，是长沙第二纺织厂的离休干部，多年来一直坚持做慈善献爱心。2008年汶川地震发生后，他先后几次到社区进行捐款，却从来不肯留名。（黄 雪）

【蓉园社区实施“阳光巢”计划和发放“孝心卡”】 韭菜园街道蓉园社区根据辖区内空巢老人多的情况，制订解决老人们生活需求的阳光巢计划，精心制作发放“孝心卡”。阳光巢计划共分5部分：“巢有爱”，在召唤儿女常回家看看的同时，组织志愿者上门陪老人聊天，提供家政服务；“巢有医”，依托社区卫生服务站，为老人建立健康档案，开设养生学习班；“巢有乐”，为丰富老人们的晚年生活，社区组建老年歌舞俱乐部，供老人们交流娱乐；“巢有助”，让爱心志愿者和“巢爸巢妈”结对帮扶；“巢有为”，让身体力行的老人有所作为，发挥余热。人们有了社区发放的孝心卡，无论是身体不适、还是维修家电、买油买米，打个电话就有人帮忙。“阳光巢”和“孝心卡”的诞生，解决老人们的生活难题，充实老人们的心灵，是社区文明建设和志愿服务创新之举。（董春梅）

【社区开办“寿星俱乐部”】 韭菜园街道汤家岭社区80岁以上高龄老人近150位，“寿星俱乐部”是社区为老人们搭建的温情相处、快乐交流的平台。5月20日俱乐部成立，俱乐部的首场活动是为11位近期过生日的老人精心策划的“千岁”生日会，寿星们最大的96岁，最小的也有88岁。大红的寿字、“happy birthday”造型的水果拼盘，居民亲手制作的插有11位老人年龄总和“1000”的双层生日蛋糕，欢声笑语中11位老人一起吹灭“1000”岁的生日蜡烛，一起切开暖心蛋糕，边吃蛋糕变畅谈各自的长寿诀窍。（董春梅）

【五里牌社区开办空巢老人过中秋活动】 9月4日，五里牌街道五里牌社区书记汤娇和其他志愿者在晓园公园陪伴社区里的空巢老人、孤儿、失独老人等，给他们提前过一个温馨的大团圆中秋节。为让社区50多名孤寡老人、空巢老人、残疾人等特殊家庭的居民过好节，五里牌社区开展“情暖中秋，我们陪你一起过节”系列活动，组织志愿者帮助老人做家务事，并采取“一对一”“二对一”形式，开展结对帮扶亲情服务，带领他们到晓园公园“秋游赏景看变化”。 （文 阳）

【社区为百岁老人寿辰拍祝福视频】 吴早秀是韭菜园街道汤家岭社区的百岁老人，育有3个儿女，如今五世同堂，全家44口散居在湖南、四川、国外等地，老人百岁生日到来之际，社区组织居民拍摄并剪辑了一段有20多名居民参加的祝福视频，与社区工作人员一同为老人庆贺。老人向居民们介绍：家庭和睦，不发脾气，宽容理解是老人的长寿秘诀。 （董春梅）

【德政园社区“慈娭驰”乘务岗】 2014年，由67岁的池凤英和社区的退休人员组成的乘务岗志愿者队伍为社区提供义务志愿服务，配合文明创建、维稳做了大量工作。无论节假日，炎热的夏天，慈娭驰乘务岗的队员们都巡逻在德政园商业内外街各苑楼幢、幼儿园，全年超过50次；走访社区60家经营户，并与经营户的负责人签订“门前三包”责任制。他们配合社区将各项中共政策、宣传资料分楼幢送到居民手中；还组织开展“童心向党、幸福成长”幼儿百米长卷亲子绘画等志愿活动，这支以退休人员为主体的慈娭驰乘务岗为社区文明、和谐建设奉献余热，成为德政园社区一大亮点。 （曾 中）

【向韶社区开设“暖心小餐桌”】 朝阳街道向韶社区是一个老居民住宅楼幢聚集的社区。社区的老龄人口多，有独居、空巢老人63人，其中高龄空巢老人16人，还有部分老年居民的子女长期不在身边，无人照顾，生活孤单，起居和日常生活料理都有困难。向韶社区辖区人健集团捐款为启动基金，整合辖区资源，从老年人的实际需求出发，开设“暖心小饭桌”。每周从周一至周五中午，由社区食堂为部分独居空巢高龄老人提供卫生、营养、丰盛的定制用餐，并由社区工作人员、党代表、共青团员等红袖章志愿者组成“送餐团”，为行动不便的老人提供免费送餐上门的服务。通过此平台，社区协同、组织志愿者对辖区独居、空巢、残疾、高龄及特困老年人进行走访、慰问，为他们提供力所能及的帮扶，形成尊老爱幼、老少共融的良好社会风尚。向韶社区从2012年开展“暖心小餐桌”邻里守望志愿服务活动以来，服务人数从少到多，就餐方式从“到社区就餐”到“送餐到家”，“小餐桌”已经成为社区“知名品牌”，得到广大居民群众的高度认可和肯定，“小餐桌”构建了社区“大家庭”。 （李毅自）

【军区社区开办家庭废品插花赛】 3月10日，韭菜园街道军区社区举办了一场别开生面的家庭环保插花比赛。此次比赛是由居民利用家庭的废旧物，制作成各种环保插花。参赛作品风格各异，有柚子皮、铅笔头、硬纸壳等制作的美丽花瓶，也有大气“牡丹”、娇嫩“马蹄莲”、坚强“丝袜花”……鲜花和废品，巧妙组合，其中一个用花枝缠绕、麻绳串起的散发着果香的柚子皮花篮，成为众多作品中的亮点。由社区开办的环保插花赛，在比创意的同时丰富了社区的居民生活。 （董春梅）

【韶光社区引领居民健康生活】 9月，走进东湖街道韶光社区，迎面扑来的便是沁人心脾的桂花香，随处可见桂树身影。整个社区有桂花200株，30年以上树龄的有50多株。社区工作人员带领居民群众将落下来的桂花收集起来，做成桂花枕头、桂花糖等，并提醒大家，新鲜的桂花不要食用，建议腌制晾干后食用。桂花可以作为食品，也是一味中药。桂花茶不仅散寒、化痰，还可缓解痛经，但桂花是温性的，脾胃湿热的人要少喝，建议孕妇和小孩不要食用。做桂花糕、桂花糖其功效和桂花茶相似，是温性的；桂花酒可散寒、祛风湿，还有美容养颜的作用；桂花枕头有催眠功效，还可以治疗颈椎病，最好用纯棉布料来装桂花。 （黎 宏）

【识字里社区倡导垃圾科学分类】 9月，文艺路街道识字里社区推出“绿色百宝箱”，环保箱箱高1.4米、宽1米，上面有个大入口，居民可放衣服等大件废旧物品，中间有两个小入口，可放进废旧电池、灯泡和书籍等。仅用一周时间，回收旧衣服800件，旧电池、旧灯泡100个。环保箱的设立旨在倡导垃圾科学分类的同时，注重垃圾的后期处理。识字里社区主任袁焱表示，对回收的旧衣物，联系环保企业进行消毒处理。质量好的捐献给社会慈善公益组织及贫困家庭；质量较差的主要用于加工成帐篷和毛毯等日用品；废旧电池和灯泡等也将会重新应用于工业生产，改变了以往垃圾分类“前期不到位，后期一锅烩”的现象。（黄雪）

【东宜社区推广垃圾分类回收】 12月23日，东岸街道东宜社区开展“冬至宜家人”活动，倡导居民将垃圾分门别类放到垃圾分类回收箱里，方便回收处理和循环再利用。智能垃圾分类机采取以垃圾换积分的方式，居民可在社区居委会办理“乐投卡”，按照固废类、危废类等六类将垃圾进行分类投放并刷卡，智能机会根据垃圾的类别和重量等因素，往“乐投卡”返送积分，当积分达到一定数量时，便可在社区居委会兑换礼物。随着各种垃圾分类机、分类箱进入社区，两型环保理念逐渐深入人心。

（刘树 陈美霞）

社区卫生

【概况】 2014年，全区12个社区卫生服务中心完成设置居民“15分钟医疗服务圈”，落实群众“小病进社区，大病才进医院”的就医问题，已创建国家示范中心2个、省示范中心3个。在全省率先开展家庭契约式服务，服务范围从局部到全面，服务内容从简单到丰富，服务对象从单一到多层次，服务资金筹集方式从单纯到整合，通过推进—总结—整改—优化—推进的循环过程，初步形成具有芙蓉特色的“3种契约类别、3样服务礼包、8条探索体会的338”模式。截至年底，全区家庭契约式服务签约达到4800户。此项工作得到市卫生局的充分肯定和湖南卫视、《长沙晚报》等主流媒体的大力推介。全面推进社区“红袖章”志愿服务。各街道社区广泛发动志愿者参与社区环境卫生管理、门店劝导、堆物清理等工作，全区形成2万名红袖章志愿服务队伍。各类志愿劝导达20万次，全年参与人数10万人次。每周五的“周末大清洗”，全年参加人员达7.45万人次，清理堆物9916处、7136吨。全力推进爱卫基础性建设和服务工作。投入专项经费185.7万元，实现全区公共区域除“四害”工作市场化运作，投药45.29吨，对全区3万个下水井进行2次集中烟熏杀。推进规范化设施建设试点，11个试点社区安装智能灭蚊灯110盏、配发诱蚊蝇笼770个，新增投饵盒440个；投资155万元，安装自御式封闭垃圾箱90个，清除街巷卫生死角近3000处，清运垃圾2500吨，新增垃圾桶3000个；积极开展卫生创建工作，全区共创建省级卫生文明单位2个，市级卫生文明单位5个、卫生社区1个（文艺新村社区）、无烟单位4个、无烟家庭20户。

（苏洁 李焱照）

【社区居民有了家庭医生】 一份爱心契约服务书、一张爱心医疗卡、一个爱心小药箱，社区居民一个电话，全科医生团队便会上门提供免费的公共卫生服务。自2012年芙蓉区启动家庭契约式卫生服务工作。2014年，东屯渡街道社区卫生服务中心成立4个家庭医生服务团队，以社区慢性病人、老年人、残疾人、精神病人等为重点服务对象，为签约人群提供连续动态的健康管理与中医药服务。社区卫生服务中心医生转变服务模式，变被动性服务为主动性服务，签约辖区居民1200户，充发挥居民健康“守门人”作用。居民有小病基本不出社区即可解决。74岁的王伟雄经常在社区卫生服务中心的中医理疗室中做治疗，他患有心脑血管疾病，子女不在身边，上医院看病不方便。家庭医生只要一个电话就会上门问诊，让他感到温暖。家庭医生还会根据签约家庭的实际情况定期给病人做体检、打针、送药，待病人就像朋友一样。他转变了观念，一般小病，更愿意到社区医院去找大夫看，而不会跑到大医院去排队。社区卫生服务中心开展家庭契约健康门诊，还邀请大医院的专家在社区坐诊，不用去大医院排队挂号，便可以在社区卫生服务中心看专家号，满足社区居民多样化和个性化就医、就诊的需求。（谭博文）

【全市首家精神康复会所在社区成立】 4月16日，芙蓉区家欣心翼精神康复会所在荷花园街道杨家山社区正式挂牌成立。芙蓉区家欣心翼精神康复会所是以“让每位精神障碍人士都能完全康复，重拾生活信心，重获美满生活”为工作理念的非营利性社会组织，以“工作日”的形式为会员提供职业训练、心理疏导、行为矫正、教育支持和社交就业等服务，最终达到帮助会员重获友谊，重获教育、就业机会，重新投入家庭、融入社会的目的。

精神康复会所有会员 24 名，通过开设电脑、摄影、养花、舞蹈等方面的知识课程，开展“给你阳光，我心灿烂”“中医义诊，防治结合，关爱精障人士健康”等互动公益活动等，让会员们乐在其中，在愉快的氛围中不断提升自我。市民政局副局长范凤芝，区委办主任吴敏、区民政局局长黄萍等领导出席揭牌仪式。（李文芳）

【社区开办“家门口”养老服务】 12 月 11 日，荷花园街道德政园社区长者康护服务之家正式成立。由区民政局、荷花园街道及社区联合专业居家机构万众和服务管理有限公司共同建立的“微型养老院”，在德政园社区开展试点工作。德政园长者康护服务之家，由 31 名失独、失智、失能的老人和照料老人、帮助老人康复的 10 名专业人员组成。长者康护之家，配备有专业护士，每 4 位老人配备有专业护理员，所有护理员实行夜间轮班制，确保 24 小时有专人悉心照料；配有娱乐室、健身康护室、电视室、电脑室及其他康护设施。长者康护之家除提供日常生活照料、膳食服务、健康护理、肢体运动、康乐及社交活动等基本服务外，还根据每位老人实际情况，实行个性化服务，如家人客餐、老人定时喂药及老人们的各种临时性、特殊性需求等。万众和公司还组建了由中、西医临床学教授组成的专家顾问团队，每天通过“就来帮帮您”“96880”信息平台动态检查长者们的身体情况，为长者们提供医养结合的专业康复服务。（陈 静）

图 55 开展“红袖章”美洁家园行动

【打造社区残疾人“折翼天使之家”】 文艺路街道文艺新村社区残疾人 92 名，包括一级残疾 12 人，二级残疾 27 人，三级残疾 25 人，四级残疾 28 人；其中，视力残疾 16 人，听力残疾 14 人，肢体残疾 35 人，智力残疾 10 人，精神残疾 16 人，多重残疾 1 人；重度残疾人数为 39 名；重度残疾人得到国家补贴的 26 名。年内，为进一步服务社区残疾人，改善残疾人的生活状况，文艺新村社区创新思维，依托党员志愿服务站，积极争取与市、区两级红十字会进行对接，整合社区党员志愿服务站和社区红十字会志愿服务站优势资源，成立由社区书记、党员职工牵头，社区居民党员，辖区单位、非公支部、非公企业党员参与的“折翼天使之家”。社区通过多途径、多方式积极宣传服务理念，充分发挥辖区单位、非公支部、企业的积极性，先后搭建残疾人康复中心，开通助残心灵直通车，开办帮残博爱超市，组建扶残党员亲友团等方式为社区残疾人服务。2014，文艺新村社区连续三年获评“长沙市残疾人工作五星级社区”称号。（黄 雪）

【火星街道开展“国际残疾人日”活动】 12 月 3 日，火星街道举办“国际残疾人日”助残活动。在欣国残疾人托养服务中心，来自湖南农业大学的志愿者手把手教轻微智力残疾人使用电脑办公软件；由志愿者对辖区残疾人进行专业技能培训；街道人大代表与残疾人结对帮扶；以爱心救助置换小物品的助残跳蚤会等活动也在现场进行。此次活动募捐现金近 2 万元，将作为专款用于帮扶各社区贫困残疾人。（刘夏娃）

【张公岭村党支部把健康送到家门口】 11 月 18 日，马坡岭街道张公岭村党支部开展“把健康送到家门口”的活动。村党支部考虑到部分老年村民行动不方便，儿女又不在身边，上医院看病体检比较困难，主动协调芙蓉区红十字会医院的专家及检测仪器到村医务室为辖区 600 名居

图 56　家欣心翼精神康复会所成立

民免费进行体检。此次体检包括：身高、体重、腰围、臀围、血压、血糖测量、心电图、B超、内科、外科、五官科等检查。年内，还对6000流动人口进行妇科免费体检，实现计划生育服务均等化，并建立居民健康档案，真正做到，急群众之所急，想群众之所想。

（孟建中）

【农科村“光明·关爱”服务贫困眼疾患者】7月15日，东屯渡街道农科村联合长沙市残联、长沙市爱尔眼科医院，在金苹果市场大门口开展为辖区内居民群众进行免费眼睛健康检查，并为贫困白内障患者实施免费复明手术。活动现场，医务人员为前来求医问诊的群众量血压、测视力，耐心解答如何合理用药和医疗保健，详细介绍白内障、胬肉等常见慢性病的预防措施，积极宣传眼科疾病的预防和保护眼睛的重要性。街道工作人员在发放宣传品健康知识资料的同时，告知居民哪些因素易得眼病，如何预防眼部疾病，并提醒广大居民不要在光线太暗的地方看书、不经常性地点眼药水，多吃含维生素A的食品保护视力等；还利用横幅、宣传栏提醒居民如何预防老年性白内障，糖尿病患者应该怎样预防白内障，手术后应注意哪些事项等内容。此次活动，有60人参加检查，其中，13名患者需要进行手术，有7名患者被专车送往长沙爱尔眼科医院进行手术前期检查。发放“视力表，眼科疾病预防手册”等宣传单资料100份、礼品50份。（谭博文）

【农工党市委为社区30位脑瘫儿童赠救助卡】3月20日，农工党长沙市委联合区统战部、农工党芙蓉区综合支部，在湘湖街道社区卫生服务中心开展“学雷锋·献爱心——康复资助”活动。本期公益活动按照党派献爱心与社区医疗救助相结合的原则，向30位符合条件的脑瘫儿童每人发放面值1000元医疗救助卡，受助对象可凭“医疗救助卡”到合作的医疗机构，享受1000元内的免费医疗服务。活动由农工党长沙市委发起，旨在帮助困难弱势群体中的部分患者解决就医、康复困难问题。农工党长沙市委负责人表示，今后将动员更多的支部、组织更多的力量，进一步推进统一战线“同心社区”创建活动，坚持把“学雷锋·献爱心”活动作为民主党派开展社会实践活动的品牌活动。（刘武强）

【东湖街道为社区居民发放“健康教育处方”】5月5日，东湖街道红十字会和计生办举办应急救护户外演练活动，将“健康教育处方”发到居民手中。演练内容包括异物入眼、扭伤等家庭突发应急事件的紧急应对方法。“健康教育处方”简称“一二一”（日行一万步，吃动两平衡，健康一辈子）。日常活动都可以换算为一千步的活动量，中速骑自行车七分钟、拖地八分钟、慢跑三分钟、家务劳动十五分钟等。正常人每天摄入的烹调油不应超过25～30克，盐的摄入量不宜超过6克。比如，三口之家每月用盐不宜超过250克，也就是全家每天总共用盐一小汤勺（约8克）。本次活动吸引社区200位居民参与演练。

（黎宏）

【德政园社区太阳能灭蚊卫士站岗】荷花园街道德政园生

活小区处处是树木、花草和喷水池，却难得看到蚊蝇。在小区的绿化带里，安装着灯柱超过两米的太阳能灭蚊灯，这种灭蚊灯白天用太阳能充电，晚上可自动开启，低碳环保，有害飞虫被高效诱蚊灯管吸引过来，瞬间就被静电击杀，没有化学药剂带来的污染。年内，德政园社区在全市首个建立病媒生物预防控制。全区已在44个社区、单位推广，开展灭蚊、灭鼠、灭蝇，受益居民上10万人。（李文芳）

社区教育

【概况】2014年，全区社区学校覆盖率100%。湘湖、荷花园街道社区学校创建为市级示范性社区学校。全区各街道76个学习中心全年累计开展各类教育活动825场次，培训4.53万人次。各街道社区学校根据自己的特点制订详实的培训课程表，培训做到“六有”（有计划、有通知、有签到表、有教案、有过程、有小结）。依托长沙市终身教育学习网，积极组织市民参加网上注册学习，全年新增注册人数3294人，新增学分6223分，在全市名列前茅。东屯渡社区学校的“社区体育健身专业课程”、马王堆社区学校的“合唱与指挥”等两门课程选送长沙市第二批特色课程评选。7月，在市社区大学举办的“终身学习，成就梦想”征文活动中有2人获奖，“锦绣家园——长沙和谐社区、学习社会生活摄影大赛”有5人获奖。8月，在长沙市首届微课程评选活动中，“无线网络的搭建”“戚风蛋糕的制作”“校园日常礼仪”分别获评一、二、三等奖，芙蓉区社区学院获优秀组织奖。（熊兆鹏）

【年度社区教育工作会议】5月8日，2014年度芙蓉区社区教育工作会议召开，省、市、区各级分管社区教育的领导应邀出席，区社区教育工作领导小组全体成员，各街道（局）分管负责人及专干等60人参加。会议由区委宣传部部长伍艳飞主持。副区长张庆和作大会工作报告，报告总结了2013年社区教育工作，部署了2014年工作，并对新年工作任务进行详细分解和解读。市教育局高教处处长丁郭在讲话中强调，发展社区教育的主要目标是构建好全民终身学习体系，从高点定位、重心下移、强力推进等3个方面提出了具体要求。省教育厅职成处副处长周芳友发表讲话，充分肯定芙蓉社区教育工作近年来取得的成绩，更寄望芙蓉区社区教育工作不断进步，在全市乃至于全省发挥积极的示范带头作用。区委副书记夏钟剑代表区委、区政府作指示。他强调，全区社区教育工作者要进一步提高认识，增强发展社区教育的使命感、责任感，增强社区教育的实效性，强化社区教育的保障力。要坚持面向基层，关注学习者对学习的多样化需求，为学习者的个性化学习服务；要敢于创新，创新社区教育的管理体制和运行机制，创新社区教育的载体平台，为社区教育工作持续发展注入活力和动力。（熊兆鹏）

【开展“品读芙蓉 邻里书吧”活动】4月23日，由区文明办主办，文艺路街道承办的“品读芙蓉 邻里书吧”读书交流会活动在韭菜园社区举行。区委书记梁仲、区人大常委会主任罗树林出席活动。活动现场，梁仲、罗树林与知识母亲代表冀超、老党员代表张云凌、袁炳林，法国友人赛琳娜，《芙蓉月刊》执行主编吴业华，读书小达人毛冠中，学界代表龙欢，新青年俱乐部志愿者代表李亚超，《长沙晚报》

图57 “呵护雏鹰，守候未来”关爱留守儿童之教快乐英语活动

首席记者、副刊部主任范亚湘，新华网房产频道长沙站陈爱萍，华天物业经理毛效力等交流读书心得。梁仲将自己喜欢的书籍赠与育才小学学生毛冠中，鼓励他在今后努力学习，成为国家有用之才，并结合自己学习经历、工作经历、人生经历，与大家分享读书心得，倡导大家弘扬中国传统优秀文化；鼓励大家多读书、读好书，让阅读乐学盛开芙蓉，手不释卷蔚然成风，经世致用造福民众。梁仲表示，他十分高兴能在韭菜园社区参加“世界读书日”活动，这项活动对促进全民读书有着十分重要的意义，值得在全区开展和推广。文艺路街道工委书记梁汝岚、办事处主任易德文参加活动。（黄 雪）

【社区教育专项示范项目在全国获奖】 中国成人教育协会社区教育专业委员会于2014年下半年开展的全国青少年校外教育示范项目评选活动揭晓：芙蓉区选送的“‘蓝丝带’公益教育活动项目”获一等奖，“素质教育基地综合实践课程”获三等奖，“青少年心理发展咨询、评估与训练项目”获优秀奖。

“蓝丝带”公益教育活动项目，立足于学生的身心健康和谐发展，构建学校教育和社会教育相互融通的校外教育体系，推进创新教育资源“立体式”发展，致力于推进未成年人思想道德建设，不断提升教育功能，为学生终身发展奠定基础。“蓝丝带”公益教育项目，遵照“公益性、群众性、实践性、趣味性”的原则，芙蓉区少年宫2009年创建实施至今，开设了“创意梦工厂”“高雅艺术进校园”“开心假日 多彩体验”活动项目、“德育讲坛”公益活动项目、“爱心蒲公英”公益实践活动项目、公益“特培”教育计划、教育国际交流项目、“健康宝贝”关爱行动等活动项目。

素质教育基地综合实践课程是芙蓉区素质教育基地秉承延伸课堂，全面提高学生素质教学理念，开发了由国防教育、人防教育、情商教育、综合实践、生命与健康教育组成的完整的素质教育基地课程体系。该基地以区小学五年级和初中二年级的学生为活动对象，并根据基地的场地实际和学生需求情况，主要推出了心理体验式课程、动手实践活动、国防人防教育三大类课程。旨在培养学生正确的人生观与价值观、树立高尚的人格与品德、激发潜能与表现、提升爱心与情商，使每一位受教者的潜能都能得到充分的开发和发展。

青少年心理发展咨询、评估与训练项目由芙蓉区未成年人心理健康辅导中心主持。此项目以“关注学生心灵，健全学生人格，促进学生健康成长”为服务宗旨，通过积极开展青少年心理发展评估与训练，开发“青少年心理发展系列训练课程”；围绕“促进儿童心理健康发展”，开展家庭教育宣讲系列活动。从健全人格和发展智力两个层面，引导青少年在不同的成长阶段，从认知、情感和行为三个维度，对学生的“心理资本”进行干预与调整，影响青少年及家庭的个体主观幸福感、工作学习绩效和生活满意度。（熊兆鹏）

【首家社区“科学生活馆”开办】 荷花园街道荷花园社区科学生活馆是由市残联、市科协、市侨联、荷花园社区共同建设的全市首家社区“科学生活馆”。科学生活馆设在社区服务中心4楼，面积约300平方米，包括儿童益智、老年健康、乐居安全三大方面。该馆以趣味性、体验性、实时性为特点，既能丰富老年人的生活，又能解决孩子放学无处去的问题，还能为中青年人的工作和生活提供居家科学知识。馆内有智能语音玩具、智慧语音课堂、手蓄电池、听话的小球、少儿科学课等内容；有数字健身游戏、人体成分检测仪、健康检测顾问、智慧生活墙、智能多媒体互动系统等项目；还有造型吊顶、乳胶漆分色、造型墙面等室内装饰布展。年内，科学生活馆每天约接待居民群众20人次。（李文芳）

【芙蓉社区开展亲子早教活动】 10月26日，东屯渡街道芙蓉社区联合小星星幼儿园举办免费儿童早教活动，有30位宝宝在家长的陪同下参加亲子游戏，体验科学早教的乐趣。此次活动，小星星幼儿园刘老师分别从0～3岁半、3岁半～8岁两个阶段讲述孩童逆反期的形成、应对方法以及在早期阶段孩子自信心和自尊心建立的重要性。早期教育专家许老师根据0～3周岁阶段宝宝的年龄特点，设计了认识身体、做项链等亲子游戏节目。“这是鼻子”“这是嘴巴”“这是宝宝的鼻子，那是妈妈的鼻子，每个人都有一个鼻子，但每个人的鼻子都长得不一样。”老师和家长首先进行认识身体的游戏，妈妈与宝宝面对面坐在地板上，妈妈触摸宝宝身体的每一部分，并说出其名称，教会孩子认识身体的不同部位。项链亲子游戏是由妈妈和宝宝用针线把五颜六色的彩色纸条连成一串，宝宝分辨出特征明显的红、黄、蓝、绿等几种颜色，激发幼儿动手的乐趣。做好项链之后，小朋友亲手为妈妈戴上项链，从而增进母子感情，和谐家庭文化。此次活动是芙蓉社区“全民终身学习活动周”的内容之一，其实用性得到居民群众的高度赞扬。

（谭博文）

【锦林社区推出“雏鹰展翅”暑期计划】 8月22日，马坡岭街道锦林社区推出“雏鹰展翅”暑期计划，丰富社区青少年假期生活。活动以伴随孩子成长，和谐亲子关系为主线，与快乐为伴，提升孩子素质。活动之前，锦林社区加强宣传，通过张贴海报及口头、电话、短信、微信等形式，扩大广大青少年的知晓率。此次接受报名55人，每位小朋友参加1～2项暑期活动。同时对社区范围内的青少年素质状况进行调查摸底，积极调动他们的主观能动性，鼓励青少年主动参加社区组织的各项活动。针对低龄小朋友，社区积极主动地邀请家长一同参加活动，增进亲子关系，营造良好的家庭交流环境。社区为满足不同爱好的小朋友们的暑期需求，在辖区范围内开设“小小图书管理员”“小巷总理”“洁净天使”等多种活动项目。“小小图书管理员”是爱读书孩子的福利，既可以饱览群书，又可以过一把图书管理员瘾。“小巷总理”每周半天代理社区主任，处理社区日常事务，全方位熟悉社区各项事务的流程。“洁净天使”，倡导社区是我家，爱护靠大家，让社区小主人参与社区环境的清洁活动，成为环境保护的小卫士。

（孟建中）

【杨怀保到嘉雨社区传授孝道】 11月1日，全国道德模范、十大孝子杨怀保来东屯渡街道嘉雨社区参加“正德读书会”，与社区30多名家长和学生一起分享他的人生经历。杨怀保是陕西省汉中市勉县人，自幼家境贫寒，12岁便开始操持家务，历经无数家庭苦难，坚持不懈、自强不息、孝老爱亲，勇敢地承担起照顾全家的责任，被评选为“全国孝老爱亲道德模范”“十大孝子”，创立了中国首家敬老公益组织“孝基金”。他背着全家读完大学和研究生，并在学校帮助千名贫困大学生突围贫困。他积极响应中共号召，于2009年捐助善款近千万元，发展志愿者2.3万人，开展公益活动120次，照顾服务老人20307人，资助困难学子1356人，开展公益宣讲219场，教育引导青少年30万人，编辑专著2本，多次受到胡锦涛、习近平等中央领导亲切接见。杨怀保以他的切身经历和体会与孩子和家长们分享中华传统美德——孝道、仁道，用朴实的语言讲述如何战胜困难、勇敢面对，不断努力的奋斗经历，并与现场的学生代表进行交流和互动，孩子们都被杨怀保的精神感动，表示一定会珍惜学习机会，以优异的成绩回报家长和社会。

（谭博文）

【社区举行“亲子廉政诵读会”】 7月22日，区纪委常委阳颖、区妇联主席易淑珍、街道党工委书记刘长学和300名机关党员干部在火星街道曾家坪社区聆听了“清风颂廉韵　雅墨绘丹青”大型亲子廉政诵读会。此次活动旨在营造良好的汉文化和亲子廉政文化氛围，弘扬清风正气，引导和教育党员干部清正廉洁，树清风正气，增强反腐倡廉宣传教育的实际效果。整场活动内容丰富，题材广泛，形式多样，既有个人朗诵、又有配乐诗和武术表演。各社区演出队用诗歌、配乐、话语，讴歌了当代社会廉政勤政的精神风貌以及廉洁奉公、文明服务、秉公执法、乐于奉献的先进典型，充分展现街道党风廉政建设的优秀成果，体现辖区广大党员干部的拼搏精神和昂扬斗志。8月5日，《湖南日报》对该项活动进行专题报道。（刘夏娃）

【军区社区开办国防教育工作室】 9月22日，韭菜园街道军区社区在省军区、省国防科技工业局大院开办两间陈列着飞机、坦克、舰艇、战壕、坑道、碉堡等150多种军事模型的活力迷彩国防教育工作室。社区组织60名青少年开展亲子游戏和军营体验活动，让孩子们在快乐中接受国防教育。

（董春梅）

【火星街道开展人防知识进社区活动】 11月1日上午9时30分，随着长沙上空呜呜的防空警报响起，街道陶家山社区上百名小学生迅速排成两队，仅30秒就疏散到附近的人防工事里。这是街道在全省人民防空警报试鸣日，组织人防、消防等部门专业人员走进社区开展人防、消防知识宣传活动。在陶家山社区活动现场，专业人员向居民和小学生们发放人防安全知识手册，讲解防空警报知识，演示电梯故障救援、救火扑灭过程，还手把手地教小学生们使用防毒面罩和灭火器。《长沙晚报》对此次活动进行专题报道。

（刘夏娃）

【韶光社区开办"雏之家"活动】 7月8日，来自湖南农业大学国际学院的5位"洋爸洋妈"们到东湖街道韶光社区，为孩子们带来了一场别开生面的英语课。他们带着孩子们边看投影图片，边做有趣的英语游戏，在生动的肢体语言中，逐步引导孩子们理解并记住英语单词，让孩子们学习美式英语口语，更见识快乐有趣的英语。此次活动是韶光社区"呵护雏鹰，守候未来"关爱未成年人系列活动之一，除"雏之家"生动有趣的英语口语教学外，还有中外美食厨房等集体活动以及学生志愿者与24名留守儿童结对子，帮助他们过快乐的暑假等内容。 （黎 宏）

【区社区学院获全国2014年"全民终身学习活动周"优秀组织奖】 10月20—26日，芙蓉区开展了以"书香芙蓉·出彩人生"为主题的"2014年全民终身学习活动周"，据统计，期间共开办活动项目84个，各类讲座、报告会63场次，组织宣传或展示活动阵地21处，参与群众达4.2万人次，发放学习宣传资料近9000份。健康人生、消防安全、家庭花卉种植技能、"我和美丽有个约会""吃动两平衡、走向健康"等培训讲座，"重温经典，重拾信仰"文明礼仪大讲堂活动，"亲子共同成长"家庭教育活动，"环保天使在行动"志愿者活动，"继承传统文化 弘扬剪纸艺术"等内容丰富，形式活泼，受到广大市民的积极响应，传递了健康文明、积极向上的正能量，得到上级领导和市民朋友的广泛好评，产生了良好的社会影响。《长沙晚报》、长沙新闻频道等多家媒体对活动予以报道，芙蓉区荣获全国"2014年全民终身学习活动周"优秀组织奖。 （熊兆鹏）

社区文体

【概况】 2014年，全区提质改造了定王台街道文化站，新建火星街道文化站，并将嘉雨社区、东湖村等12个社区（村）文化活动中心打造成市示范性社区（村）文化活动中心。辖区内各社区广泛发动、积极组织，参加第四届芙蓉艺术节，海选节目参加街道级、区级音乐、舞蹈、综合3个专场比赛；海选书画摄影作品134幅参加书画摄影作品比赛，群众文化活动蓬勃发展。全区新建设篮球场地17个、乒乓球台50台、室外健身路径67套、室内健身房18套、羽毛球活动场地塑胶垫6片、象棋桌6台、围棋桌2台、台球桌2台。举办第6届全民健身运动会、"欢乐潇湘·幸福芙蓉"第二届全民广场舞大赛、"欢乐潇湘·牵手芙蓉"龙舟赛、"2014全民健身挑战日——美丽湘江行动起来"等活动、赛事，掀起全民健身热潮。 （涂 瑶）

【恒达社区举办第十届文化艺术节】 6月28日，荷花园街道恒达社区第十届文化艺术节"我们的家 越来越精彩"主题活动在育英第二小学举行。文艺演出在乐队合奏《迎宾演奏》中拉开序幕。由恒达枫叶红艺术队编排的《快马加鞭中国梦》，舞出普通居民追求"中国梦"的激情。歌舞表演《时间都去哪儿了》、独唱《田野的春天》、合唱《天上太阳红彤彤》、舞蹈《全家福》等节目形式多样、精彩纷呈。国家一级演员、表演艺术家刘赵黔、任寿云表演的"一家老小向前冲"，优秀青年歌手、星光大道获奖选手许露独唱《杠凝眉》等将活动推向高潮。恒达社区从2005年起，将每年的6月28日定为社区文化艺术节，定期给居民朋友送文化送活动，历时十年从未间断。社区居民宋阿姨说："在社区生活12年了，恒达社区的活动一年比一年丰富，我们是日子一年比一年幸福"。 （李文芳）

图58 "我们的节日·春节（元宵）"社会主义核心价值观主题庙会

【袁隆平为龙马社区气排球比赛开球】 5月13日，由东湖街道龙马社区举办的“邻里和谐杯”气排球友谊赛在社区气排球场开赛，此次比赛持续4天时间，有24支代表队200名社区居民报名参赛。热爱排球运动多年的袁隆平为比赛开球并参赛。身披1号战袍84岁高龄的袁隆平虽然跑不快跳不高，但依然反应迅速，在比赛中还为球队得了分，赢得现场观众的掌声。芙蓉区民宗局局长张璎，湖南省农科院党委书记柏连阳，湖南省农科院副院长余应弘等出席开幕仪式。

（黎 宏）

【校园文化进社区】 6月13日，芙蓉区2014年“校园文化进社区”演艺活动在荷花园街道东郡社区广场举行。来自湖南农业大学、育才第二小学等学校的师生，为现场300名社区观众献上了一台别开生面的文艺展演。为了践行中共群众路线，探索校园文化和社区文化建设的新路径，芙蓉区明确规定辖区内每个街道要与一所高校和一所中小学校形成长期合作，让文化服务直通基层常态化、群众化、品牌化。通过政府购买、专家点评、包片辅导等形式培训和挖掘文艺尖子，创编一批具有时代记忆和芙蓉特色的文艺精品。 （李文芳）

【社区版“星光大道”开锣】 12月4日，荷花园街道首届荷花文化艺术节开幕，草根唱主角、”邻里一家亲“，一波接一波的表演让居民连呼看不够。该场草根才艺秀，不仅让居民大饱眼福，更邀请来环卫工、外来工、孤寡老人等特殊群体当观众。花甲爹爹献舞艺，精气神连年轻人都羡慕；社区名角秀京剧，唱腔台风都是专业范。而当67岁的池凤英和一群优秀“红袖章”志愿者走上台，讲述起自己的故事时，更是引发掌声雷动。听到池凤英创办的慈娭驰乘务岗义工队，连续两年参加志愿服务近500人次后，许多居民现场发起微信，让更多人向这些奉献之星致敬。 荷花园街道相关负责人表示，以节相聚、以节相知的文化艺术节每年都会举办，让居民们在说说唱唱、乐乐呵呵中感受文化的魅力，实现心灵的交融。 （李文芳）

【韭菜园社区在邻里书吧传播书香】 4月23日世界读书日，文艺路街道韭菜园社区在邻里书吧举办“品读芙蓉·七色花俱乐部读书交流会”活动。推动社区文化建设也是新华房产“泛社区”活动的主旨之一，新华房产长沙站参与其中。此次交流会有老师、公务员、学生等来自不同行业的读者近20名参加。他们根据自己的喜好向大家推荐各类书籍，分享读书心得及对书的理解。来自法国的赛琳娜跟大家分享了《唐诗三百首》，表达对中国传统文化的理解和喜爱。芙蓉区区委书记梁仲和大家分享了自己的读书心得：“从学校到参加工作20多年的时间里，我写下了数十本读书笔记，读书让我终身受益。” （黄 雪）

【扬帆社区书香工作室新年送“福”】 1月，东屯渡街道扬帆社区书香工作室召集草根书法家开展免费“写春联送福字”活动。书法爱好者杨罗生、孔年坤、贺升平、郑宇迪“四大才子”书写了“善良人家好运常在 尚勤尚俭吉祥满门”“勤劳善良聚祥瑞 守信明礼自平安”等春联和各式花样的“福”“马”等作品，社区居民纷纷邀请“四大才子”书写祝福语。大红的纸上写着真挚的祝福，传递着浓浓年味。此次活动提供近300副春联和300个福字作品，在春节前夕送至居民家中。 （谭博文）

【涂世顺剪纸作品“中国梦”】 12月14日，荷花园街道德政园社区居民涂世训向街坊邻居展示自己新创作的剪纸作品“中国梦”系列。此次涂世训展示的新作品“中国梦”，两幅剪纸作品都采用中国传统元素，但却各有侧重。其中一幅以奔腾的骏马为边饰，拥簇着宏伟壮观的天安门，将大国风范与马年飞腾的美好寓意融合一起。而另一幅则精心剪刻出一圈精美的杜鹃花，位于作品中央的爱晚亭更是惟妙惟肖。作品构图精致，刀工细腻。爱好剪纸艺术40年的涂世训有一个雄心勃勃的计划：“从明年起以湘江风光带为蓝本进行创作，剪刻出一幅长沙版的《清明上河图》”。 （李文芳）

【将军书画进社区接地气】 11月5日，朝阳街道曙光社区特邀湖南省将军书画院14位将军书画家，开展“将军书画进社区 助圆公益梦想”活动。参与本次“将军书画进社区”活动的将军主要由退休军事院校、省军区和退休的军旅书画家组成。活动中，将军书画家们共创作100余幅作品，表达了对祖国和对人民的深深热爱，对国家昌盛、民族复兴的热切期待。社区居民们

图 59 朝阳街道第二届将军书画进社区活动

面对面与将军接触交流，陶冶情操、提高艺术品位和素质。活动后，将军们的作品也将进行拍卖，拍卖款项全部用于慈善事业。

（李毅自）

【老街巷墙上绘制创意画】 2014 年，定王台街道丰泉古井社区从里仁巷到丰盈西里的巷墙上，绘制了 41 幅漫画，其中有与老巷设施融合一体的创意画，也有“不要乱丢垃圾”“请爱护花草”等文明提醒图，让老巷焕发新颜。作品创作费时一个月。青年绘图者卢银科与他的团队们为了让画作融合老巷实际，让每幅画都体现价值，根据老巷原有的布局、居民生活设施的特征，进行因地制宜的改观，用可爱逗趣、怀旧复古、不拘一格的风格，把文明礼仪、传统经典等融入画中，让居民能够有学、有看、有乐。经过反复修改，最终一幅幅新颖奇趣或洋溢中国风的漫画呈现在街巷的各个角落。创意漫画改变小巷外观，改善了巷壁乱贴乱画现象。丰泉古井社区还打算利用更多的巷墙，为孩子们开辟描绘梦想的空间，增添更多色彩飞扬、文明和美的老街巷。 （范 波）

【湘绣大师走进社区教人“作绣”】 6 月 28 日，荷花园街道恒达社区展出以《毛主席像》为代表的 200 多件湘绣精品。“别看这件《毛主席像》幅面不大，颜色也不复杂，可做出这样一件精品足足需要半年多呢。”国家级工艺美术大师、《毛主席像》制作者江再红说“最近几年湘绣人才青黄不接，希望通过与恒达社区合作在此展览，可以让大家更加了解湘绣，进而喜欢湘绣，学习湘绣。”此次展品中，威猛的老虎气势逼人、优美的风景令人沉醉，一件件惟妙惟肖的湘绣作品获得社区居民的称赞。江再红的弟子张雨燕现场为大家表演起湘绣《芭蕾舞少女》，飞针走线之间，一位美丽的少女仿佛要从画里走出来。“看到这些精美的湘绣作品，真是为咱们湖南感到骄傲。”小区居民王翠兰赞叹不已。 （李文芳）

【嘉雨社区开办魔术学习活动】 9 月 4 日，东屯渡街道嘉雨社区在市民学校举办了一期“小小魔术家”快乐学习班。魔术老师一上场就接二连三地亮起各种招式：手帕一挥，变出花束；白纸一晃，变成红绸；扑克牌越变越小，最后竟然变没了，几个小魔术接连亮相，看得学生们目瞪口呆。活动中，魔术老师利用绸布、绳子、纸牌、吸管等简单道具，表演“变幻红绸布”“变花”“剪不断的绳子”“听话的纸牌”“扭扭拉吸管”等小魔术，讲解了表演的步骤、蕴含的技巧和科学原理。小朋友在认真观看学习的同时，踊跃举手，积极参与表演互动，和魔术老师一起做道具，多次反复练习，在轻松快乐的学习氛围中，向青少年传递学习科学、掌握技巧的重要性，丰富青少年的生活。辖区内 30 名青少年学生参加活动。 （谭博文）

人　物

钟建林

钟建林，1975年生，长沙市芙蓉区人民法院法官，法学学士，中共党员。1998年大学毕业后先后在师范高等专科学校任教和政府法制办公室工作。2000年通过律师资格考试，取得职业律师资格，并调到芙蓉区法院工作。2002年3月，通过国家首届统一司法考试，取得法律职业资格证书。2003年以来，先后在芙蓉区法院行政审判庭、民事审判二庭、民事审判一庭工作，担任过书记员、助理审判员、审判员，现为民事审判一庭副庭长。2014年，获评“全市党员学习明星”称号。

学习意识强烈。钟建林积极主动学习党中央有关司法审判工作的路线、方针和政策，深刻领会“科学发展观”的思想内涵，牢固树立社会主义法治理念，不断增强以实践“公证司法、一心为民”理念为核心的法官政治素质，将“终身学习”作为长期坚持的内心认同和行为状态。他有着良好的阅读习惯和浓厚的阅读兴趣，家中藏书数千册。

学习途径多样。他经常自费购买《人民法院案例选》《民事审判指导与研究》等理论书籍，自费订阅《最高人民法院公报》等专业杂志，不断加强学习，切实提高自身法律业务素质。向先进地区法院和法官学习，每逢出差到外地，公事之余都到当地法院转转，搜集学习他们优秀的裁判文书、调研论文等，已经收集了北京、上海、深圳等地有代表性的法院优秀裁判文书、调研论文集。向身边的领导和同事们学习，学习他们好的办案经验做法，不断提高自己的办案水平。

学习方法科学。他习惯以写促学，结合工作实际积极撰写调研文章。自参加审判工作以来，已有多篇案例分析文章在《湖南审判研究》《湖南法学》《长沙审判研究》，长沙市中级人民法院审判委员会工作刊物《司法裁判参阅》等省、市报纸杂志上发表，有多篇案例分析文章被选入《湖南法院案例选》(第二辑)，其中一篇还被收入最高人民法院的《人民法院案例选》。尤其是2010年以来，在北大法律信息网、中国民商法律网、东方法眼、湖南法院网等十余家网站上发表《法官手记——为了让当事人安心过年！》《关乎柴米油盐的法律忠告—如何防范“打借条”的法律风险？》等数十篇工作体会、案例分析文章，弘扬了社会主义法治精神，宣传了芙蓉区法院乃至长沙法院系统“公正司法，一心为民”的良好形象。

学习成果丰富。2012年9月，钟建林汇集自己十余年的办案经验体会，出版38万字的专著《理性与激情——一个基层法官的工作、生活纪实》一书进行普法，系长沙地区基层法院法官出书第一人。该书经《潇湘晨报》、凤凰网等媒体广为传播介绍，并在东方法眼网、中南大学法学院官网设立全文下载地址，免费供社会公众下载阅读和收藏，积极而正面地宣传芙蓉区法院的工作，传播现代法治理念，为促进社会普法、增进社会和谐做出了独到的贡献。

积极组织社区庭审和法律咨询。2010年以来，钟建林或者作为独任审判员独自审判，或者作为审判长参审，每年都精心挑选与群众日常生活紧密相关的民事案件到社区公开开庭，让法庭走进社区，让群众了解司法：2009年到东岸乡农大社区开审一起交通事故案件，2010年到文艺路街道韭菜园社区开审一起民间借贷纠纷案件，2011年到文艺路街道人民新村社区开审一起婚姻家庭案件，2012年到东屯渡街道嘉雨社区开审一起抚养费纠纷案件，还于2010年和2012

年两次到湖南大学给法学院学生观摩开庭。2010年到湖南农业大学给法科学生做专题讲座，以《以“帕累托改进理论”指导民事司法实践初探》为题介绍自己的工作经验体会，促进了法院司法工作与高校法学理论研究的深入交流。积极参与法院组织的法律咨询活动。积极参加2009年以来的芙蓉区法院“法律志愿者工作室”面向社会的法律咨询活动；积极参加长沙市人大常委会组织的“司法公正长沙行”活动所要求的各种法律咨询活动；积极参加芙蓉区法院根据芙蓉区“直通车工程”活动以及市、区政法委“百日大走访”活动所要求的以“法律三进”为主题的街道社区法律咨询活动。在芙蓉区妇联干部培训班上讲授“人身保护令”和反“家庭暴力”“婚姻法司法解释（三）”等课程，实打实地传授预防婚姻家庭法律纠纷的经验技巧。

陈介辉

陈介辉，1956年生，大学本科学历，中共党员。历任湖南省文化厅办公室副主任、文化市场管理处副处长、省文化稽查总队总队长、文化市场管理处处长等职。他多次获全国、省扫黄打非先进个人、湖南省创先争优先进个人及省文化厅厅直系统先进个人称号。1998年因扶贫工作成绩突出被省政府荣记二等功；曾任长沙市开福区政协常委，2012年当选芙蓉区人大代表；2013年，荣获湖南省“全省文化体制改革工作先进个人”称号；2014年，被文化部评为全国文化系统劳动模范。

2009年2月，陈介辉调任湖南省文化艺术产业集团（现更名为湖南省演艺集团）筹备负责人兼湖南大剧院总经理。当时的湖南大剧院负债经营。经历六年，大剧院的年收入已从2008年的1500万元提升到2014年的7200万元，一举扭转连续10年的亏损并以每年收入近千万元的速度递增；同时投入设施、设备改造升级资金2000万元，偿还贷款和债务3000万元。受湖湘文化的熏陶，特别是在新业态的发展方面，他又推出全国首创现场演艺与有线电视播出结合的新模式开设“潇湘直播大舞台”频道（2012年12月9日已开播）；与中国电信、中国移动达成协议组建的“三网合一”平台，开通网络演艺，走在全国的前列；建立金思达网络公司，打造网络监控平台与省网吧监控平台相接，建立网络赛事评比评选、投票平台；“清园教育”（目前合作幼儿园600多间）、“易得票务”（2012年10月20日正式推向市场，已经与60家影院签订票务代理协议）以及文化消费移动手机支付平台等，为大剧院成为演艺集团核心产业打下基础。

2013年11月1日—12月1日在湖南省森林植物园成功主办“湖南首届国际马戏艺术节”，总计演出53场，观众人数达到10万人。演艺集团于2013年12月10日成功举办授牌仪式，成功签订了19个重要合作项目。湖南省演业集团逐步形成“演艺为主，多元发展”的新格局。

夏显忠

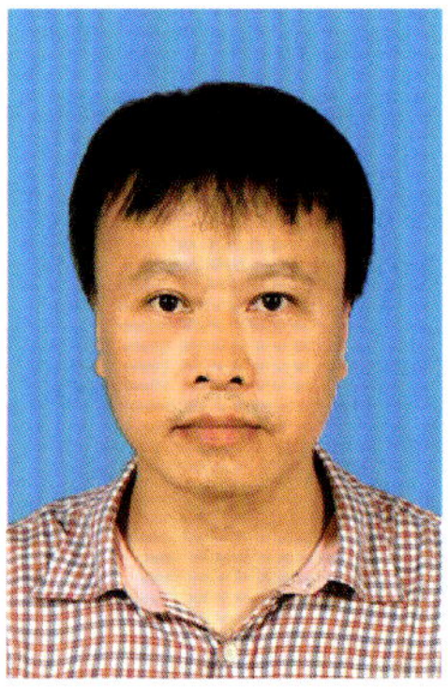

夏显忠，1969年生，硕士研究生，高级工程师，现任江苏捷诚车载电子信息工程有限公司副总经理兼湖南分公司总经理。他主持研制的军用加固型计算机设备广泛应用于全军各军兵种，先后被总装备部聘为军用电子元器件型谱系列“军用机载TFT液晶显示器首席专家”“大尺寸模块化TFT液晶显示器首席专家”“空间用液晶显示器首席专家”“载人航天与探月工程重大专项载人航天工程后续任务实施方案编制专家组成员”。获得国家发明专利5项，实用新型专利24项，在国家核心刊物发表过显示技术、加固技术、EMC技术等方面论文。

夏显忠从2009年开始主持“数字化飞机平显和头盔像源”项目和总参谋部信息化部“xx值班工作平台”项目的研制工作，其中“数字化飞机平显和头盔像源”项目为国内首次实现和应用超高亮度、高对比度的液晶像源产品，在国产数字化飞机平显和头盔显示器件领域取得了零的突破，部分型号在2010—2011年完成飞机实验和技术鉴定，开始为某型飞机列装。他先后获全国“五一”劳动奖章，湖南省劳动模范、长沙市优秀专家称号、中国电子信息产业集团公司第三届“突出贡献科技工作者”等荣誉。

尹国杰

尹国杰，1959年生，大学本科学历，高级物流师，现任湖南星沙物流投资有限公司、湖南广发隆平高科技园创业服务有限公司董事长。他一直致力于物流行业规范管理与发展、理论研究、公益事业等。在他的带领下，湖南星沙物流投资有限公司从最初的名不见经传，发展成为资产规模过亿元，拥有8家全资、控股、参股单位的现代物流企业。他先后获“湖南省十大杰出经济人物”“全国物流行业劳动模范”“湖南省十大优秀物流师”等称号。

针对中小企业“融资难”的问题，尹国杰创新性地在湖南第一个提出动产质押融资模式，大力拓展物流金融领域，自主开发物流金融服务产品——“银仓通”，被评为“湖南省名牌产品”，成为全省物流行业唯一获得名牌产品认定的产品。从此在全省迅速活跃起物流金融这一增值服务市场。

尹国杰还分别成立2个公司，为中小企业增服务、谋发展、创效益。湖南广发隆平高科技园创业服务有限公司是一个综合性“孵化”园区，专为中小企业及新创办的高新技术企业提供创业场地，并从创业辅导、商品融资、知识产权、财务审计、法律咨询、项目申报等多方面为入驻创业的企业提供综合配套服务，为国家级科技企业孵化器长沙广发隆平标准厂房开发有限公司是一个综合性“加速”基地，致力于为高新规格标准厂房8座，总部大楼2幢，建筑面积6.1万平方米，为长沙首个“科技企业加速器”。

尹国杰积极履行应尽的社会慈善与道德责任，建立“扶贫帮困爱心基金”，在物质生活方面经常给予贫困孤寡老人关心和资助；对因贫失学儿童特别是孤儿，实行“一对多”长期资助计划，帮助其完成学业，健康成长。

伍紫琴

伍紫琴，女，1975年生，中共党员，大学文化，现任湘湖街道西湖社区党总支书记、主任。她在基层

岗位13年，敬业工作，不忘作为一名社区书记的担当；她开拓创新，走出一条社区党建工作的新路子；她热心为民，想方设法为居民群众办实事做好事。

2009年，伍紫琴调任西湖社区党总支书记一职时，就面临长港小区长期无人管理的情况，她召开小区党员会议，成立长港小区党支部，并牵头成立老党员安全队伍，开展轮流对小区进行治安巡逻。2012年，她经过入户走访，发现社区有近20%的党员处于流动状态。为此立即收集流动党员的网络信息，并建起流动党员的QQ群。流动党员们在网上上党课、交流学习心得、参与民主生活会等，把流动党员紧紧地团结起来，增强了党总支的向心力和凝聚力。出彩的党建工作，伍紫琴带领西湖社区连续获得“芙蓉区红旗党组织”称号。2012年，获得“湖南省创先争优先进基层党组织”称号。

群众工作顺民意，雷厉风行得民心。长港小区存在居民用水难问题，伍紫琴不顾天气炎热，主动积极与自来水公司、市政局联系沟通，经过几个月的奔波，小区拖欠3万元水费得以免除，每户还以500元的最低安装费实施了水管改造，路面开挖修复2万元费用也在协商中免除，彻底解决居民吃水难，水费贵问题。雍景园的居民反映，小区1幢C座和2幢C座前面露天阶梯所铺的瓷砖未做防滑处理，存在安全隐患。了解这一情况后，她多次与物业公司、业主委员会和楼幢居民代表协调沟通，由三方共同分担资金，对这两处阶梯进行防滑处理。2014年，长港小区居民反映房屋漏水渗水问题，“居民的需要就是命令”，她立即召开总支会议作出“迅速解决”的决定，带领总支委员亲临现场查看，召开屋顶漏水整治会议，让长港居民全程参与整治工作，终于解决小区居民心头上的大难事。

居民群众无小事，一枝一叶总关情。家住长港小区的杨瑞兰老人和残疾儿子相依为命，因家庭困难找到伍紫琴寻求帮助。伍紫琴召集党员义工，花费1600元解决外墙渗水问题，并对老化的水管、电线重新走线，还老人平安宁静的居住环境。伍紫琴主动与归国华侨彭滢建立起结对关系，帮助他照顾家住王府花园的父母，上门与老人聊天，陪老人买菜，提醒老人做身体检查，给老人买药这些琐事干起来十分用心。老

人逢人就夸伍紫琴是自己“没有血缘的女儿”。2014年，伍紫琴获评“长沙市劳动模范”“雷锋式群众贴心人”。她带领西湖社区先后获得全国、省、市、区等荣誉50项。

杨流安

杨流安，1968年生，中共党员，大学本科学历，小学高级教师，现任芙蓉区育英西垅小学校长。他从教30年，始终坚定着当一名优秀教师的信念，先后获得中国教育学会先进工作者，长沙市师德标兵、市促进教育公平奖、芙蓉区优秀党员、明星教师、优秀教师、先进教育工作者、教学能手、优秀党务工作者等荣誉，当选为中共芙蓉区第四届党代会代表，并记三等功一次。

2014年2月21日，杨流安作为湖南省唯一代表应邀参加了教育部举行的新春新闻发布会并作精彩发言；4月21日，新华社以《让每个孩子上好学》为题报道学校快速发展和内涵提升的经验；11月27日，湖南都市频道报道学校改善办学条件，迅速提升办学品质的发展情况；12月11日，《长沙晚报》以《家门口“名校”越来越多》为题报道学校发展情况。学校还先后被评为长沙市优秀少先队集体、示范性家长学校和综合实践基地学校。杨流安坚持“为孩子成就一个快乐的童年，让教师享受幸福的教育人生”办学思想。面对一所80%以上都是外来务工人员子女的学校，为确保新建的全区面积最大的育英西垅小学在秋季开学，让在临时搭建的过渡板房里生活学习的近千名师生搬进新校园，他带领团队排除一切障碍和阻力，整个暑假扎进新校园的建设中，从每一样材料的进场，到每一块地板的铺设都亲自把关，做到物尽其用、保质保量。开学报到前一天，面对学生课桌椅还没到位的困难，他排除万难协调供货商加紧送货，组织教师帮忙组装，一直忙碌到深夜，力保1000套课桌椅于学生报到前搬入教室。开学前一天，为了给学生一个干净整洁的新校园，他组织全体教职员工进行校园清洁，最后一个离开校园。正是在他及他的团队的齐心协力下，1400名师生顺利入驻新校园，开始新生活。

殷蓉

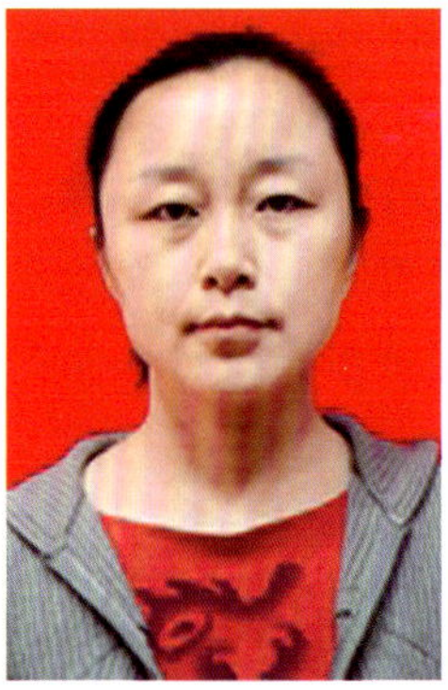

殷蓉，女，1971年生，本科学历，中共党员。现任芙蓉区小学数学教研员。先后获评全国模范教师、全国劳模；教育系统巾帼建功标兵；省、市小学数学理事会会员；省级规划课题主持人；数学学科国培、省培专家，芙蓉区小学数学首届、第二届名师工作室顾问。

殷蓉在小学一线从事数学教育21年，她是第一个从2002年至今都在课程改革第一线坚持新一轮教材实验的实施人；第一个被市外教师进修学校邀请开设专题讲座的学科带头人；第一个参加各级教学竞赛年份长达17年的学科带头人；第一个对市、区实验教师连续进行新教材培训的学科带头人。从2011年开始，她开始思考全区400多位数学教师的培训和教研工作。每月、每期、每年，总能让不同年龄层次、不同专业素养的教师都学有所得，学有所获。2012年开始，她担任区小学数学名师工作室顾问，多次指导工作室骨干和学员参加各级各类教育教学活动；多次组织、参与省级现代教育信息技术培训活动，为全省各地州市培训教育技术骨干上千人次。2014年，殷蓉组织省级教材研讨、交流活动；在长沙市小学数学教师素养比赛中，指导两位教师获得市级课赛特等奖，两位教师分获才艺比赛特等奖和一等奖；组织承办全市小学数学教师讲题比赛，指导9位教师获得一等奖。作为《教师》杂志9月封面人物，专程接受杂志记者的采访。年内，她承接吉林省和湖南省培训者骨干研修班的培训任务，作题为《统计与概率》《小学数学教学重点难点分析》专题讲座，被评为全国“优秀教研培训者”。

张小兰

张小兰，女，1965年生，初中文化，中共党员，现任韭菜园环卫所管理员。1997年，调到芙蓉区环卫局，从一名普通的清扫工转变成一名优秀的清扫班长，从一名普通的群众成长为一名优秀的共产党员。2001年，被省总工会评为“湖南省百名优秀女职工”。2005年，获“湖南省城市市容环卫先进工作者”称号。

2006年，当选为长沙市第十一届党代会代表，被评为区“优秀共产党员”、“文明形象大使”。2007年，参加长沙市第二次妇女代表大会，2010年；被评为“湖南省劳动模范”。2014年，获市城管局首届“最美城管人”称号。

张小兰坚守“宁愿一人脏，换来万人洁”的行业精神，全身心投入环卫工作中。在2014年1月道路集中清洗大行动中，她不顾刺骨的寒风，每天带着水车，一直工作到晚上11点，鞋子、裤子被水淋湿了也顾不上换，双脚长满冻疮，红肿溃烂，仍然坚持和清洗人员一起清洗马路。为管理好责任路段，她每天早上6点多钟就穿梭在大街小巷，细致入微检查路面普扫或清洗效果，拨开绿化带查看卫生情况，伸手摸一摸果皮筒擦洗是否干净，顺手捡拾沿线白色垃圾，及时处置突发情况。在重大活动或评比检查期间，她巡查更为频繁，而对于一些由物业公司管理范围的不洁现象，也常常协助管理，带人帮助清扫，她认为都是“举手之劳，无须分彼此”。张小兰家住在桐荫里，距她负责管辖的路段只有5分钟路程，但她从未在工作时间回去过一次。她还是个心灵手巧的人，清扫员手上不好使的扫帚、坏了的撮箕、用旧了的保洁车，都能修补过来。所里来了新进清扫员工，她手把手地教他们“横扫”“直扫”，耐心地告诉他们在工作中自我保护，亲手为他们整理衣帽。清扫员衣服扣子掉了，她自己掏钱配好钮扣给他们缝上，反光背心电池没电了，她自己垫钱买来电池给他们及时装上。在芙蓉区大大小小的街巷里，很多地方都留下张小兰的身影。她用自己的实际行动践行着一个共产党员的庄严承诺，她言传身教，模范带动，培养了也激励着一批又一批爱岗敬业、甘于奉献的环卫后辈们。

谭里和

谭里和，1980年生，两岁时患小儿麻痹症导致右腿瘫痪，现为湖南《今日女报》社首席记者（报社地址：长沙市芙蓉区韶山北路1号）。

2005年进入新闻行业，2007年入职《今日女报》社，近10年都坚守在基层一线采访，拄着拐杖跑遍了三湘四水，撰写了近200万字的深度报道，连续7

年荣获报社“最佳采写奖”、“湖南新闻奖”一、二、三等奖20次。系《今日女报》创刊以来唯一的残疾人记者。2014年6月，谭里和因工作成绩突出被湖南省委宣传部，省新闻工作者协会评为“湖南省十佳记者”。2014年8—10月，在中共中央宣传部、国家互联网信息办公室、国家新闻出版广电总局、中华全国新闻工作者协会联合主办的“好记者讲好故事”比赛活动中，经过层层选拔，谭里和作为湖南新闻界唯一代表，入选全国10名讲好故事的优秀记者之一，参加中央电视台中国记者节特别节目——《好记者讲好故事》的录制，该节目于11月8日播放。11月，中央电视台《新闻联播》三次报道其感人事迹，并评论说：“记者谭里和笔下的新闻，是爬出来的，更是用情用心写出来的。”《人民日报》刊文说：“一个残疾人能不能成为一个记者？这不仅涉及到职业，更涉及到尊严。湖南《今日女报》社首席记者谭里和，用自己的行动和付出，肯定地回答了这个问题。”

祝　刚

祝刚，1961年生，中共党员，湖南颐而康保健有限责任公司董事长（总部：长沙市芙蓉区解放东路15号），现任世界盲人联盟亚太区按摩委员会主席、中国盲人按摩学会副会长、湖南省残疾人联合会主席团副主席、省盲人协会主席、省盲人按摩学会名誉会长、省第十届和第十一届政协委员、省针灸学会推拿保健专业委员会主任委员、主任医师。他曾获全国自强模范、省劳动模范、省自强模范荣誉称号，获得“中国残疾人自学成才奖”，并被选为第十三届残奥会火炬手。他被录入《中国残疾人名人词典》《中国名医列传——当代卷》《中国专家人才库》《中国当代医药名人》《中国大陆名医大典》等书中。

祝刚，因患先天性视网膜色素变性，从小视力不好的他比一般人都努力学习。1975年，他选择学习盲文和按摩技术。1980年以优异的成绩毕业参加工作。

1989年，他报名参加全国高等教育自学考试，取得中医医疗专业的大专学历，并成为全省第一个通过自学考试获得大专文凭的盲人。他还在医疗学术刊物和学术会议上发表论文20篇，获得中国残疾人自学成才奖。

1997年，祝刚拿着借来的2000多元，带着几位残疾人朋友，自主创办按摩门诊部。17年来，颐而康的保健企业已经发展成为拥有80家连锁门店、营业面积十万平方米的连锁化集团企业，规模居全国同行业前列。一直以来，颐而康坚持“为人类健康事业服务”的理念，以“舒适+功效”为特色的足疗按摩为数以亿计注重健康的人们提供服务，得到政府、社会的高度赞誉，先后获得“全国文明单位”“全国就业先进企业”等200多项荣誉称号，其中诸多荣誉是同行业企业中唯一拥有。

2008年，祝刚报考湖南大学的经济管理专业，成为湖南第一位报读高级管理学科的盲人企业家。通过企业管理的进一步规范，他创办的颐而康公司成功跨出国门，登陆荷兰和英国，用精湛的技术服务欧洲注重健康的人们。

2004年10月，颐而康与湖南省图书馆合作创办首家盲人图书馆。祝刚将2000册自藏盲文图书及价值近5万元的配套设备全部捐赠给图书馆，为全省33万盲人朋友奉上丰富的精神食粮。“湖南图书馆颐而康盲人图书馆”被省内数家媒体评为“湖南最具特别关怀的公益事件”。

2005年7月，颐而康承办“湖南省助残扶贫、促进就业‘春风行’活动”，受益于“春风行”活动的人员近万人，他们都掌握一门技术，通过自己勤劳的双手，走向致富之路。

17年来，颐而康公司先后安置600名盲人及近万名下岗职工和贫困农民就业。现在公司就业的400残疾员工，依靠颐而康提供的平台，80%以上的残疾员工都在长沙买房，成家，过上幸福的小康生活。颐而康公司被国务院授予“全国就业先进企业”称号，湖南省委、省政府授予“湖南省文明标兵单位”。

邱声俊

邱声俊，女，1949年生，长沙市芙蓉区文艺路街道湘府社区居民，退休前是湖南省政府办公厅职工。

邱声俊和刘唯一是邻居，从1980年搬进去算起到现在35年，邱声俊住四楼，刘唯一住三楼。1985

年9月30日，刘唯一的大女儿骑自行车遇车祸而死；次年4月29日儿子在过马路的时候因车祸而死；这两件突发噩耗将这个原本不幸的家庭打入了万丈深渊。两个孩子的车祸现场、手术台上、太平间里惨烈场面以及身后事，邱声俊都陪护在刘唯一身边。69岁的刘唯一是聋哑人，他的丈夫也是。2008年，刘唯一的丈夫去世，独身一人的她更孤独了。邱声俊不会手语、哑语，为交心，她想尽了各种办法，用简单的肢体语言、用细腻的眼神，去学校学手语。为更好地方便知道刘唯一的情况，邱声俊装了一盏“闪光门铃”，门铃开关在刘唯一房外，灯泡在刘唯一房内，每次只要按门铃，房内的指示灯就会闪光，刘唯一就开门报平安。邱声俊每天都会去按门铃，以确保刘唯一在家安全。刘唯一成了邱声俊心头永远的牵挂。“闪光门铃”无声胜有声。对刘唯一的帮助，邱声俊在赢得许多赞赏的同时，也有人指指点点，说她图先进图表现。看到这样，一直以来支持她的丈夫和两个女儿也有意见了，再加上邱声俊随着年纪越大，身体的腰椎盘毛病也加重，家人担心她跑上跑下，身体会吃不消，劝她以后减少去刘唯一家。但邱声俊依然如故，每天还是不间断地去按门铃。有一次，刘唯一指着邱声俊发线的裤脚，小拇指比划几次，原来是要邱声俊换下来，让她补好。有时，她把仅有的一个橘子塞给邱声俊，朋友给她送特产，她一定跟邱声俊分享。

广场舞是邱声俊组织的。居住的湘府社区60岁以上的老人有1200多人，占了总人口的1/4多，是个典型的老龄社区。4年前，邱声俊联络两个年龄相仿的老人共同组织湘府社区“老年舞蹈队”，从最先的几个人发展到如今的100多人，4年来一直坚持义务为舞蹈队管理音箱，每天第一个到，为大家放音乐。邱声俊说，就是希望唯一活得更快乐。刘唯一虽然听不到音乐，但是也可以照着大家的样子动动。

2014年，湘府社区开展扶贫湘西贫困学子活动，她一次就捐助1万元。大悲悯，始有大爱。正是因为邱声俊满怀这种大爱，才能36年如一日的照顾一个聋哑邻居。2014年6月和8月，邱声俊先后两次被成功推荐到中国文明网“中国好人榜”，2014年10月被评为“长沙好人模范市民”和“长沙五好老人”。

彭延坤

彭延坤（艺名：彭延昆），1937年生，婴儿时因点错眼药水导致双目失明。儿时常在家中开设的“日要书场”静听民间老艺人谭济公、舒三和等弹唱传统节目，并模仿说唱。六岁时就能站在桌台子上做词童演唱湘剧，九岁能说唱弹词挣钱。两年后坐棚说书即崭露头角。新中国成立后，居住在芙蓉区朝阳街道一幢普通住宅楼的彭延坤，正式拜长沙弹词老艺人胡兆林学弹月琴说唱长沙弹词。彭延坤现任湖南省、市曲艺家协会荣誉主席职务。

在长沙人的眼中，彭延坤就等于长沙弹词的生命守望者、活化石。新中国成立后，彭延坤紧跟时代命脉与时俱进创作演出了不少讴歌党、颂扬时代命脉的一些弹词作品，如“仇上加仇”“美国活饭桶”“斗倒恶霸戴金生”“打虎英雄史叔云”“红军进长沙”“抗日战争胜利五十周年”“庆祝香港回归祖国”“颂歌献给党”“庆祝中共生日八十周年”“游湖南”“游长沙”等。这些弹词均由省、市人民广播电台录制并连续播放。他演唱的“三打黄花院”“悼潇湘”“宝钏记”曾经录制赠送香港大公报秘书长孙淡宁，使香港同胞得以欣赏到具有浓郁湖湘文化特色的艺术。台湾网上“中国十八般曲艺中”代表湖南地区的就只选登了彭老唱的“东郭救狼”。彭老所唱的长沙弹词曲目也有不少人在旅游新、马、泰时在国外听到过。

从20世纪50年代至今，彭延坤将湘剧、花鼓调、丝弦小调、黄梅戏、京剧的一些唱腔融入长沙弹词说唱中，自成一派，他博采众长，在长沙弹词平腔、欢腔、柔腔、悲腔、大悲腔、怒腔、神仙腔的基础上，自创“滥腔”，使长沙弹词韵味更为深长，极大地发展了长沙弹词的艺术表现力。1958年，他在省曲艺、木偶、皮影汇演中，以长沙弹词“曹大嫂”获二等奖。1959年11月创作演出的《我们的今天》荣获湖南省盲人文艺会演一等奖并发表在全国盲人月刊上。1982年3月配曲的《骂男人》获文化部举办的全国曲艺调演（南方片）编曲二等奖。1996年湖南省电视曲艺大赛获特别奖。1996年10月邀请录制“新三笑”录音带，由湖南群众艺术馆、潇湘电影制片厂音像出版社出版。2007年12月，长沙市委宣传部表彰其为“长沙市曲艺事业先进工作者”。2010年，彭延坤在法国巴黎中国曲艺节上表演的《悼潇湘》，获得“卢浮”银奖。

2006年，经湖南省人民政府批准，长沙弹词成功列入省级非物质文化遗产保护名录。2007年，彭延坤又着手积极配合进行长沙弹词申报国家级非物质文化遗产保护名录工作。2009年，长沙弹词被列入国家级非物质文化遗产名录，他也成为2009年曲艺类唯一一位列入国家级非物质文化遗产项目代表性的传承人。

张定浙

张定浙，1940年生，中共党员，中学高级教师，湖南省特级教师。2000年4月，他从燕山小学校长的岗位上退休。2000年底任燕山小学关工委常务副主席。2005年兼任芙蓉区教育局关工委常务理事。2010年9月起任区家庭教育讲师团团长。2011年任长沙市五老四教讲师团成员。为了把宣讲工作做好，不断补充自己的理论知识，每年花上千元订阅《长沙晚报》《潇湘晨报》《三湘都市报》等5种报纸，订阅《湖南教育》《中国小学教育》《辅导员》《基础教育论坛》等教育杂志，关注教育，关注青少年一代的成长。

2011年5月，张定浙被市委组织部、宣传部、老干局聘为政治宣传员，参加五老四教活动，分工党史教育。他通读《中国共产党历史》第二卷，撰写《学习中共历史，做中共好孩子》的讲稿，以故事形式向孩子们讲中共历史，鼓励小学生学党史、颂党恩、跟党走，听众达2000人，该讲稿被市五老四教领导小组办公室评为二等奖。中共十八大以来，他撰写的《努力办人民满意的教育》讲稿，获市级二等奖。并先后到机关、学校宣讲《十八届三中全会为我们绘制了深化改革的宏伟蓝图》《共产党人要经受起新时期历史赶考的考验》《牢记宗旨，努力办人民满意的教育》等内容，受到机关干部和学校师生的欢迎。

2011年，张定浙参加省教育厅关工委组织的中小学生思想状况、家庭教育现状调研活动，先后到娄底、邵阳两地调研。参加由教育厅关工委主持的《小学生家长必读》编写工作，该书已于2012年5月出版，为家庭教育提供了一本好教材。他反复学习《中共中央国务院关于进一步加强未成年人思想道德建设的若干意见》，中共十八大报告和《中共中央关于全面深化改革若干重大问题的决定》，撰写《塑造孩子们纯洁的灵魂》《青少年如何学雷锋》《理顺关系 拓展渠道》等论文，比较系统地阐述了青少年思想道德教育的一些作法，提出当前青少年思想道德教育一些带规律性的问题，受到中央有关学术部门的好评，有的还被教育部关工委评为优秀论文。

张定浙先后以主编、执行主编、主笔的身份编著芙蓉区第一部党史、第一部军事志、第一部教育发展史、第一部英烈传和英名录。他还采访老红军、老八路，地下党员、南下干部，以他们口述的亲身经历的革命故事，编写《追梦之路》一书，撰写《青年毛泽东在长沙求学的故事》，并发表在《辅导员》2013 年 12 期上，这些史志书籍和文章约有 400 万字。他和团中央《辅导员》杂志合作，以编委会副主任的身份，参加编写《中小学生媒介素质 100 问》，于 2013 年 3 月正式出版，用儿童的视角和语言，100 个生动有趣的问答故事，细说谋介，为中小学生呈现了一个气象万千的媒介世界，帮助青少年了解媒介、学会正确使用媒介，提高享用传播资源的能力，消除网瘾，产生了积极作用。2014 年 10 月，他被评为长沙市第二届十佳五老。

曹国家

曹国家,1950 年生，因儿女们都在长沙工作，2004 年退休后搬来长沙，现居住在王府花园小区。曹国家热心公益，服务群众，将“奉献、友爱、互助、进步”的志愿者精神传承与发扬。

每逢星期三是王府花园小区五老志愿者一起捡白色垃圾的日子,为此,他发明了清理“神器”，利用钓鱼竿的伸缩性，把家里的废旧钓鱼竿装上一个挂钩，这样便能很轻松地把树枝上的东西清理下来。平时有事没事便会带着自制的长铁钩在各小区里巡视，一旦发现树上有垃圾就及时地清理掉。他还经常利用休息时间为小区居民义务疏通下水道、安装锁具、为空巢老人修理家具电器，从不收费，甚至连一口水都不喝，小区的居民打心底感谢他。自从义务担任王府花园小区的楼幢长以后，他更是经常收集治安、消防、计划生育等方面的信息反馈给社区。每个月按时把社区报《西湖之家》送到每家每户。长沙市创建文明城市期间，他不仅宣传文明创建，还协助社区清理楼道堆物，铲除“牛皮癣”，检查消防器材，主动协助更换楼道照明灯。在公交站和交通路口进行文明劝导，维护上车秩序，制止闯红灯、抢道等不文明行为，还为外地人指路，领盲人及行动不便的人过马路等。他连续 11 年利用休息时间在雍景园小区里义务检查电梯的安全性，逐个门地进行检查、测试，找到问题电梯的根源所在，保持小区电梯 6 年无故障。

罗维周

罗维周，1939 年生，中共党员，退休前是沈阳军区 40 分部第 209 医院传染科主任。2000 年退休后回到长沙市芙蓉区荷花园街道恒达社区居住。他退休落户社区后，在家中开设 24 小时义务“健康咨询热线”，开办免费医疗诊所，为群众解决医病难题超过 3 万人次，节减医疗费用 50 万元。他义务担任社区老科协副会长、“低保评审员”“红袖章巡逻队队长”等 5 个“编外”职务，帮助社区处理棘手问题 300 件，恒达社区成为全市零案件文明社区。他创立“罗维周欣馨扶贫基金”，凝聚各界人士为残疾人、贫困家庭和儿童捐款 10 万元，促成 42 个扶贫帮建对子。罗维周以党员干部“永不退休”的革命底色、践行当代核心价值观，传递正能量，影响带动居民群众。罗维周先后被沈阳军区评为先进退休干部，长沙市表彰为“优秀共产党员”“优秀文明标兵”“长沙十大慈善人物”。

（年鉴编辑部根据相关单位报送资料或其他资料编撰）

统计资料

·表 7·

芙经济及社会发展主要指标

指标名称	单位	2014 年	2013 年	2014 年比 2013 年增长 ±%
一、地区生产总值	万元	9402003	8680941	8.5
其中：第一产业	万元	4137	9096	–55.4
第二产业	万元	1532169	1534769	11.0
第三产业	万元	7865697	7137076	8.0
二、年末常住人口数	万人	53.92	53.33	——
三、人均 G D P	万元	17.53	16.32	——
四、农业总产值	万元	7930	13556	–43.9
五、工业总产值	万元	4581516	4115229	11.3
其中：规模以上工业总产值	万元	4121113	3696751	11.5
六、社会消费品零售总额	万元	6463251	5687354	13.64
七、全社会固定资产投资	万元	3613572	3106920	16.3
八、城镇居民人均可支配收入	元	38817	35484	9.4
九、财政总收入	万元	925958	908817	1.89
十、实际引进省外境内资金	万元	766121	676838	13.2
十一、实际利用外资	万美元	54915	47844	14.8
十二、人口自然增长率	‰	4.84	6.57	——
十三、辖区内城镇登记失业率	%	2.78	2.21	——
十四、小学生入学率	%	100	100	——

说明：本表中部分 2014 年的统计数据已根据相应统计制度变化后的要求相衔接。

·表 8·

芙蓉区工业经济主要指标

指标名称	单位	现价工业总产值		2014 年比 2013 年增长 ±%
		2014 年	2013 年	
一、工业总产值	万元	4581516	4115229	11.3
#规模以上工业总产值	万元	4121113	3696751	11.5
二、工业增加值	万元	1043983	1106969	10.4
#规模以上工业增加值	万元	987823	885939	11.5
三、高新技术产品总产值	万元	3796914	3261006	16.4
四、高新技术产品增加值	万元	1215209	1030673	17.9

·表 9·

芙蓉区规模工业产值（按经济类型分类）

指标名称	单位	2014 年	2013 年	2014 年比 2013 年增长 ±%
合计:	万元	4121113	3696751	11.5
一、按经济类型分				
1. 国有及国有控股企业	万元	16412	13045	25.8
2. 集体企业	万元	55550	38098	45.8
3. 股份制企业	万元	3854221	3446502	11.8
4. 外商及港澳台投资企业	万元	194930	199106	-2.1
二、按轻重工业分				
1. 轻工业	万元	1850474	1696935	9.0
2. 重工业	万元	2270639	1999816	13.5

·表 10·

芙蓉区全社会固定资产投资

指标名称	计算单位	2014 年	2013 年	2014 年比 2013 年增长 ±%
一、固定资产投资	万元	3613572	3106920	16.3
其中：公有制经济类型	万元	595146	726559	-18.1
其中：固定资产投资（不含房地产）	万元	2525579	2199861	14.8
房地产投资	万元	1087993	907059	20.0
二、工业技术改造	万元	357335	393524	-9.2
三、工业和生产性服务业投资	亿元	1768837	1611102	9.8
四、商品房销售面积	万平方米	54.25	94.99	-42.9
五、全区重点项目个数	个	48	48	0
六、重点项目投资总额	万元	1212755	897245	35.2

·表 11·

芙蓉区固定资产投资基本情况

指标名称	计算单位	2014 年
一、施工项目个数	个	705
其中：基本建设	个	269
改建和技术改造	个	387
房地产开发	个	49
二、竣工项目个数	个	600
其中：基本建设	个	223
改建和技术改造	个	357
房地产开发	个	20
三、全部房屋施工面积	万平方米	692.40
四、全部房屋竣工面积	万平方米	102.12
五、新增固定资产	万元	2627162

·表 12·

芙蓉区建筑业基本情况

指标名称	计算单位	2014 年
一、资质建筑企业个数	个	104
二、资质建筑企业计算劳动生产率平均人数	人	92417
三、资质建筑业总产值	万元	2270983
四、全部建筑企业增加值	万元	488186
五、资质建筑企业利润	万元	83125
六、资质建筑企业全员劳动生产率	元 / 人	245732
七、资质建筑企业本年施工面积	万平方米	1136.22
八、资质建筑企业本年竣工面积	万平方米	381.88

说明：本表数据为总承包和专业承包企业数据，不包括劳务分包企业数据。

·表 13·

芙蓉区社会消费品零售总额

指标名称	单位	2014 年	2013 年	2014 年比 2013 年增长 ±%
总　计	万元	6463251	5687354.4	13.64
一、按销售单位所在地分	万元			
城镇	万元	6394089.9	5626926.5	13.63
其中：城区	万元	6222515.9	5432009.5	14.55

续表 13

指标名称	单位	2014 年	2013 年	2014 年比 2013 年增长 ±%
二、按行业分组	万元			
1. 批发业	万元	1398863.5	1164793.5	20.09
限额以上	万元	798968.6	570154	40.13
限额以下	万元	599894.9	594639.5	0.88
2. 零售业	万元	4309674.3	3795276.6	13.55
限额以上	万元	2557275.3	2369744.9	7.91
限额以下	万元	1752399.	1425531.7	22.92
3. 住宿业	万元	137330.5	145168.2	–5.4
限额以上	万元	72023.6	91513.3	–21.3
限额以下	万元	65306.9	53654.9	21.72
4. 餐饮业	万元	617382.7	582116.1	6.06
限额以上	万元	160626.4	309043	–48.02
限额以下	万元	456756.3	273073.1	67.27

·表 14·

芙蓉区全年物价指数

指标名称	同比（上年为 100）
1. 商品零售价格总指数	101.7
2. 居民消费价格总指数	102.7
3. 通信服务价格指数	100
4. 城市间交通费价格指数	101.8
5. 服务项目价格指数	102.7
6. 工业生产者出厂价格指数	97.4
7. 新建住宅销售价格指数	93.2

·表 15·

芙蓉区城市居民生活状况

指标名称	单位	2014 年	2013 年	2014 年比 2013 年增长 ±%
一、城镇居民人均可支配收入	元	38817.16	35484.31	9.4%
二、城镇居民消费性支出	元	30183.53	27487.22	9.8%
1. 人均食品类消费支出	元	9187.03	8546.14	7.5%
2. 人均衣着类支出	元	2145.48	1922.41	11.6%

续表 15

指标名称	单位	2014 年	2013 年	2014 年比 2013 年增长 ±%
3. 人均家庭设备用品及服务	元	1554.12	1582.27	-1.8%
4. 人均医疗保健支出	元	1347.16	1323.93	1.7%
5. 人均交通和通信支出	元	4416.13	3117.68	41.6%
6. 人均教育文化娱乐服务支出	元	4681.73	3928.17	19%
7. 人均居住支出	元	6367.49	6587.38	-3.3%
8. 人均杂项商品和服务支出	元	484.39	479.38	1%
三、城镇居民家庭恩格尔系数	%	30.4%	31.1%	——
四、城镇居民人均使用面积	平方米	33.8	——	——

说明：部分数据采用 2014 年统计口径。

·表 16·

芙蓉区地方财政收入和支出情况

指标名称	单位	2014 年	2013 年	2014 年比 2013 年增长 ±%
一、财政总收入	万元	925958	908817	1.89
其中：公共财政收入	万元	387562	374023	3.62
税收上划	万元	517460	519262	-0.35
二、公共财政支出	万元	505534	438271	15.35
其中：一般公共服务	万元	89340	114420	-21.92
教育	万元	60972	85297	-28.52
科学技术	万元	10801	11050	-2.25
文化体育与传媒	万元	1225	840	45.83
社会保障和就业	万元	18930	19952	-5.12
医疗卫生	万元	14733	9232	59.59
城乡社区事务	万元	259252	160174	61.86

·表 17·

芙蓉区招商引资情况

指标名称	单位	2014 年	2013 年	2014 年比 2013 年增长 ±%
一、招商项目个数	个	213	198	7.6
其中：外资项目	个	20	13	53.9

续表 17

指标名称	单 位	2014 年	2013 年	2014 年比 2013 年增长 ±%
内资项目	个	193	185	4
其中：一产业项目	个	3	1	200
二产业项目	个	30	24	25
三产业项目	个	180	173	4
二、招商引资完成情况				
1. 直接利用外资	万美元	54915	47844	14.78
2. 实际引进省外境内资金	万元	766121	676838	13.19
3. 市外境内资金形成固定资产	万元	1978269	1652380	19.72

· 表 18 ·

芙蓉区环境保护基本情况

指标名称	单位	2014 年
一、城市污水集中处理率	%	85
二、城市生活垃圾无害化处理率	%	100
三、重点工业企业污染治理情况		
1. 工业废水排放达标率	%	99
2. 工业二氧化硫排放达标率	%	100
3. 工业烟尘排放达标率	%	100
4. 工业粉尘排放达标率	%	100
5. 工业固废综合利用率	%	90
四、建成烟尘控制区个数	个	4
五、建成烟尘控制区面积	平方公里	20.8
六、建成环境噪声达标区个数	个	2
七、建成环境噪声达标区面积	平方公里	20.8

· 表 19 ·

芙蓉区教育事业基本情况

指标名称	单位	2014 年
一、学校数	个	35
其中：小学	个	32
中学	个	3
二、在校学生人数	人	42065
其中：小学	人	35106

续表 19

指标名称	单位	2014 年
中学	人	6959
三、小学生入学率	%	100
四、小学生普及率	%	100
五、小学生巩固率	%	100
六、普通初中入学率	%	100
七、教职工数	人	2328
八、适龄人口入学率	%	100
九、在校学生辍学率	%	0
十、小学毕业生升学率	%	100
十一、初中毕业生升学率	%	98

·表 20·

芙蓉区社会保障基本情况

指标名称	单 位	2014 年
一、城镇新增就业人员	人	19466
二、失业人员再就业	人	6199
三、年末城镇登记失业率	%	2.78
四、新增失业保险职工人数	人	13694
五、领取失业保险金人数	人	1748
六、新增养老保险人数	人	14498
七、新增基本医疗保险人数	人	22223
八、基本养老保险发放率	%	100

·表 21·

芙蓉区社区服务及社会福利事业基本情况

项　　目	单位	2014 年
一、城市社区服务设施	处	63
二、基层社区服务中心	个	63
三、敬老院床位数	床	128
四、敬老院供养人数	人	72
五、接受社会捐赠	万元	68
六、全年共发放低保金	万元	1977.5

续表 21

项　　目	单位	2014 年
七、全年领取最低生活保障救济人次	人次	54960
八、城镇居民得到政府最低生活保障	人	4308
九、城镇各种社区服务设施	个	63
其中：综合性社区服务中心	个	63

·表 22·

芙蓉区城市环境卫生基本情况

项　目	单　位	2014 年
一、完成工作量		
1. 收运垃圾	吨	279000
2. 清扫面积	万平方米	892.5
二、环卫专用设备		
1. 垃圾运输车	台	54
2. 真空吸粪车	台	1
3. 洒水车	台	74
4. 机扫车	台	32
5. 融雪车	台	1
三、环卫设备		
1. 公共厕所	座	97
2. 垃圾站	个	107

·表 23·

芙蓉区文化事业发展情况

指标名称	单　位	2014 年
一、艺术表演团体	个	156
二、文化馆	个	1
三、公共图书馆	个	1
四、博物馆	个	0
五、纪念馆	个	0
六、广播电台	座	0
七、体育场	个	492
1. 体育馆	座	192
2. 运动场	个	280
3. 游泳池	个	20

·表 24·

芙蓉区医疗卫生基本情况

指标名称	计算单位	2014 年
一、　　医疗卫生机构数	个	272
其中：社区卫生服务中心	个	12
社区卫生服务站	个	35
二、医疗卫生人员数	人	10856
三、年末医疗卫生机构床位数	张	8996
四、五岁以下儿童死亡率	‰	3.41
五岁以下儿童死亡数	人	12
五岁以下儿童活产数	人	3520

图 60　芙蓉广场景观

文献选编

中共长沙市芙蓉区委员会
深入开展中共群众路线教育实践活动实施方案

芙蓉发〔2014〕4号

（2014年3月13日）

根据《中共中央关于在全党深入开展中共群众路线教育实践活动的意见》（中发〔2013〕4号）、《中共中央办公厅印发〈关于开展第二批中共群众路线教育实践活动的指导意见〉的通知》（中办发〔2014〕4号）、《中共湖南省委关于深入开展中共群众路线教育实践活动的实施意见》（湘发〔2013〕5号）、《中共湖南省委办公厅印发〈湖南省开展第二批中共群众路线教育实践活动实施方案〉的通知》（湘办发〔2014〕3号）和《中共长沙市委关于深入开展中共群众路线教育实践活动的实施意见》（长发〔2014〕5号）精神，我区中共群众路线教育实践活动在全区各级党组织和全体党员中开展。为扎实开展教育实践活动，结合我区实际，制订如下实施方案：

一、总体要求

深入开展中共群众路线教育实践活动，是新形势下坚持党要管党、从严治中共重大决策，是顺应群众期盼、加强学习型服务型创新型马克思主义执政党建设的重大部署，是推进中国特色社会主义伟大事业的重大举措，是贯彻落实中共十八大和十八届三中全会精神的重要内容和重要保证。开展好中共群众路线教育实践活动，对于继续深化群众工作“直通车”工程，增强广大党员、干部宗旨意识和群众观点，保持党同人民群众的血肉联系；对于着力解决党员、干部特别是领导干部作风方面存在的突出问题，保持中共先进性和纯洁性，巩固中共执政地位和执政基础；对于凝聚全区智慧和力量，推进“六个走在前列”，加快建设“湖湘之心 中部标杆 全国一流”的“财富中心 魅力之都 幸福芙蓉”具有十分重要的意义。

深入开展中共群众路线教育实践活动，要以中共十八大和十八届三中全会精神为指导，认真贯彻中发〔2013〕4号文件确定的指导思想、目标要求和方法步骤，认真贯彻习近平总书记系列重要讲话精神，以为民务实清廉为主题，落实中央八项规定精神、《党政机关厉行节约反对浪费条例》等规定、省委九项规定、市委作风建设“两规定一办法”要求，突出作风建设，贯彻整风精神，坚决反对形式主义、官僚主义、享乐主义和奢靡之风，着力解决人民群众反映强烈的突出问题，提高做好新形势下群众工作的能力，使党员、干部思想进一步提高、作风进一步转变，党群干群关系进一步密切，为民务实清廉形象进一步树立，基层基础进一步夯实。

要把“照镜子、正衣冠、洗洗澡、治治病”的总要求贯穿活动全过程，充分借鉴运用第一批教育实践活动成果和经验，主题不变、镜头不换，发扬认真精神，坚持正面教育为主，坚持批评与自我批评，坚持讲求实效，切实做到“六个注重”：注重领导带头、层层示范，注重聚焦“四风”、解决问题，注重敞开大门、群众参与，注重分类指导、有序推进，注重上下协力、衔接带动，注重严格要求、真督实导，确保活动不虚不空不偏，不走过场。

要以区级领导机关、领导班子、领导干部，区直机关和街道的领导班子和领导干部为重点，突出抓好直接联系服务群众的执法监管部门、窗口单位和服务行业，注重抓好村、社区等基层组织，统筹抓好非公有制经济组织、社会组织等其他基层组织的教育实践活动，切实加强广大党员、干部马克思主义群众观点和中共群众路线教育。

二、重点任务

开展中共群众路线教育实践活动，主要任务是紧紧抓住反对“四风”这个重点不放，着力解决领导机关、领导班子和领导干部“四风”方面存在的突出问题，对作风之弊、行为之垢来一次大排查、大检修、大扫除。同时，回应群众关切，注重解决关系群众切身利益的实际问题，把改进作风的成效真正落实到基层，真正让群众受益。

（一）着力解决“四风”突出问题。在形式主义方面，主要解决知行不一、不求实效，文山会海、花拳绣腿，贪图虚名、弄虚作假等问题；在官僚主义方面，主要解决脱离实际、脱离群众，高高在上、漠视现实，唯我独尊、自我膨胀等问题；在享乐主义方面，主要解决精神懈怠、不思进取，追名逐利、贪图享受，讲究排场、玩风盛行等问题；在奢靡之风方面，主要解决铺张浪费、挥霍无度，公款送礼、公款吃喝，生活奢华、骄奢淫逸，甚至以权谋私、腐化堕落等问题。

区级领导班子和领导干部重点解决政绩观不正确、搞“形象工程”、“政绩工程”，片面追求发展速度、忽视群众利益，搞“上有政策、下有对策”，求稳怕乱、不敢担当、争先意识不强等问题。区直部门重点解决大局观不强、部门利益至上，信心不足、妄自菲薄，庸懒散拖、推诿扯皮，搞“上有政策、下有对策”，被动应付、习惯于等靠要或请示汇报，工作不落实，“中梗阻”等问题。执法监管部门、窗口单位和服务行业重点解决吃拿卡要，“门难进、脸难看、事难办”，乱收费、乱罚款、乱摊派，办事效率低下，服务不主动、不作为、慢作为，执法不公等问题。街道领导班子和领导干部重点解决心思浮躁、动力不足、责任心不强，作风漂浮、疏远群众、落实惠民政策缩水走样，只求过得去、不求过得硬，方法简单、回避矛盾，出假数字、做假政绩，与民争利等问题。社区、村党组织主要解决软弱涣散，服务群众的意识和能力不强，陈规陋习见怪不怪，办事不规范、不公开，糊弄群众、侵害群众利益等问题。非公有制经济组织和社会组织党组织主要解决中共组织和工作覆盖不到位、职能作用发挥不够、身份意识淡漠、基础保障不力等问题。各级机关事业单位和基层组织都要注重解决组织涣散、纪律松弛的问题。

（二）着力解决关系群众切身利益的问题。坚持为民、利民、便民，本着尽力而为、量力而行的原则，切实落实各项民生政策，解决群众在教育文化、医疗卫生、社会保障、创业就业、交通出行、安居工程等方面的基本需求问题，解决生态环境、食品药品安全、安全生产、拆迁安置、社会治安、涉法涉诉等方面损害群众利益的问题，解决困难群众的生产生活问题。畅通群众诉求表达渠道，让群众办事更加便利、得到更多实惠，切身感受公平正义。

（三）解决联系服务群众“最后一公里”问题。以加强基层服务型党组织建设为抓手，进一步深化基层党组织分类定级、晋位升级工作，扩大中共组织覆盖和工作覆盖，建设守信念、讲奉献、有本领、重品行的基层党组织书记队伍，带领广大党员为群众提供更多更好的服务。深入实施“联投联管递增”强基保障工程，完善街道、社区便民服务中心等基层服务阵地建设，提质改造社区办公用房。全面强化街道大工委和社区兼职委员制、推广完善网格化党建“一网四图”模式，充实在职党员到社区报到活动内涵，加强先锋工作室、党代表工作室、党员服务站、党员志愿服务队伍建设，打造资源联动、主体多元、机制长效的区域化党建新格局。深化“一推行四公开”、“四联三为”、机关和基层结对共建、“三有两评”等活动，推动人、财、物等服务资源向基层聚集，落实关爱基层干部政策，充分调动服务群众的积极性，让群众话有地方说、事有地方办，困难有人帮、问题有人管。落实市委“1+3”文件精神，以“服务直通车、党建联心桥”活动为载体，推进标准建设、健全考评体系、完善长效机制，使基层党组织有资源服务、有能人服务、有常态服务。继续深入推进群众工作“直通车”工程，以重建强大的自然社区自治组织为着力点，进一步实化“四联三为”工作机制，充实和完善“区一街道一社区（村）”三级网络网格调度机制，实行联点干部、社区专干、专职人员包干居民网格，充分落实各项属地管理责任，利用直通车动态台账数据库，做到件件有回音，事事有反馈。

三、方法步骤

我区教育实践活动2014年9月基本完成，具体到每个单位，集中教育时间一般不少于3个月。按照学习教育、听取意见，查摆问题、开展批评，整改落实、建章立制三个环节推进，各个环节要相互衔接、贯通起来，每个环节都要组织“回头看”，达不到标准要求的坚决责令重来。坚持问题导向，边学边查边改，把从严要求贯穿始终，把上下联动贯穿始终，把解决问题贯穿始终。

（一）学习教育、听取意见

1. 抓好思想发动。召开动员会议，及时传达中央和省、市、区委开展教育实践活动的一系列指示精神，对本单位本部门教育实践活动作出动员部署。抓紧组建教育实践活动领导机构和工作机构，研究制订切实可行的实施方案。深入细致做好思想发动工作，把各方面积极性和主动性充分调动起来，组织开好动员大会，全面推进教育实践活动各项工作。动员会议后，要对领导班子和党员领导干部进行民主评议。

2. 结合实际开展学习教育。采取多种方式，组织党员、干部认真学习中国特色社会主义理论体系，学习党章、中共十八大报告、十八届三中全会决定，学习习近平总书记系列重要讲话精神，尤其是在教育实践活动动员大会和第一批总结暨第二批部署大会上的讲话精神，学习中央编发的《论群众路线——重要论述摘编》《厉行节约、反对浪费——重要论述摘编》《中共群众路线教育实践活动学习文件选编》，以及《论共产党员的修养》《中国共产党历史》《浴血荣光》《苦难辉煌》等读本，加强党员干部群众路线教育和忠诚教育，增强理想信念、宗旨意识和服务意识。区直部门和街道要组织集中学习、专题讨论，时间安排一般不少于3天，其他基层组织要运用灵活多样、务实管用的方式抓好学习教育。

要以“学经典理论，思考入党为什么，比立场信仰强不强；学重要讲话，思考在党做什么，比履职尽责好不好；学党规党纪，思考形象怎么样，比作风建设硬不硬”为主题，开展“三学三思三比”活动。在区级领导机关、领导班子、领导干部，区直机关和街道的领导班子和领导干部中重点开展“当群众贴心人”的专题讨论，在全区各级党员中开展“入党为什么、为党干什么”大讨论，论出差距、论出症结、论出对策。区属各党（工）委书记要以群众路线为主题讲授一次公开党课，并接受党员群众的测评。每周五为全区“中共群众路线教育学习日”，区委成立群众路线教育活动讲师团，开展“百名党员讲师下基层、百堂精品党课进支部”活动。各级各单位要结合实际，制订集中学习计划。各级领导干部要带头学习，带头宣讲，带头辅导。对其他基层党员，特别是离退休党员、年老体弱党员和流动党员的学习教育，可以采取上门送学、结对帮学、网络助学、远程教学等灵活多样的方式，使教育活动更加生动、深入，确保参学率100%。

3. 直接听取群众意见。把“面对面”与“背靠背”结合起来，把“个别听”与“集体谈”结合起来，把“走进群众听”与“组织群众评”结合起来，以“四听四问”活动为载体，广泛听取干部群众意见和建议，倾听民声、了解民意、查找差距，实现民意诉求与为民办事的“无缝对接”。

要分四个层次立体式开展征求意见活动，做到“四听”：一是深入基层向下听。以调研走访、谈心谈话等形式，进万家门、听万家言、知万家情、管万家事、解万家难、暖万家心，搜集基层干部群众意见。二是积极求教向上听。多请示、多汇报、多衔接，收集上级主要领导和主管部门的意见。三是敞开大门向外听。通过问卷调查、设立征求意见箱、接待来信来访、借助“12345”市民热线平台等传统途径，以及注重发挥网站、微博等新传媒作用，扩大群众和社会参与面，广泛征求服务对象、社会各界的意见和建议。四是广开言路向内听。通过发放征求意见表、召开座谈会等方式，听取领导干部、离退休老同志、“两代表一委员”等的意见和建议，并综合运用绩效考核、纪检监察机关、组织、信访、审计等渠道收集到的意见和建议。

要结合本单位工作职责，紧紧围绕解决“四风”问题，全面准确征求意见，做到“四问”，即问效果，了解各阶层对自身作风情况的看法和评价；问怨声，了解社会各界对干部作风的怨言和怨气；问根源，了解党员干部作风方面的问题和症结；问对策，了解改进作风的对策和措施。对听取到的意见建议，要原汁原味梳理反馈，认真讨论研究。注意统筹做好征求意见工作，防止相互征求意见搞“公文旅行”、“函来函往”，防止“一窝蜂”下基层、重复征求意见。

（二）查摆问题、开展批评

1. 找准突出问题。坚持为民务实清廉要求，对照理论理想，查摆理想信念、宗旨意识、党性修养等方面存在的问题和差距；对照党章党纪，查摆遵守政治纪律、组织纪律、财经纪律、群众工作纪律和“八项规定”等方面存在的问题和差距；对照民心民声，查摆为民服务、保障民生、维护群众合法权益等方面存在的问题和差距；对照先辈先进，查摆弘扬优良传统作风、发挥先锋模范作用、争创一流业绩等方面存在的问题和差距，切实查找“四风”问题的具体表现。此外，各级各部门还要对照《党政机关厉行节约反对浪费条例》和《党政机关国内公务接待管理规定》，村对照《农村基层干部廉洁履行职责若干规定（试行）》

进行检查。要通过群众提、自己找、上级点、互相帮、集体议等方式，认真开展“三学三找”，学党纪、找问题，学理论、找根源，学典型、找差距。

2. 深入谈心交心。召开民主生活会前，各级领导班子要集中开展谈心谈话活动。区领导要与“直通车”联点单位和分管部门主要负责同志逐一谈心，党组织主要负责同志与每位班子成员之间、督导组与每位班子成员之间、班子成员之间、班子成员与分管部门负责同志之间要深入谈心交心。谈心时间安排要充分，既要肯定成绩，又要指出问题和不足，要敞开心扉、坦诚相见，多作自我批评，有话讲在当面，力求谈开谈透、达成共识，把矛盾和问题解决在民主生活会前。

3. 撰写对照检查材料。对照检查材料要逐项列出“四风”问题的具体表现和典型事例，对“三公”经费开支、职务消费、人情消费、公务用车、办公用房和住房、家属子女从业等情况作出说明；从理想信念、宗旨意识、党性修养、政治纪律等方面剖析根源；明确努力方向和整改措施。班子主要负责同志要主持起草领导班子对照检查材料，并在一定范围内征求意见。班子成员要自己动手撰写个人对照检查材料。上级党组织、党委（党组）主要负责同志和督导组要严格审核把关。全区各街道、区直机关各部门及其所属事业单位和二级机构领导班子、班子成员、村（社区）党组织及“两委”主职要撰写对照检查材料。

4. 开好专题民主生活会或组织生活会。全区各街道、区直机关各部门及其所属事业单位和二级机构领导班子要召开专题民主生活会。会上，要按照“团结—批评—团结”的要求，开展严肃认真的批评和自我批评，既揭短亮丑、动真碰硬，又实事求是、出以公心，不发泄私愤，不搞无原则纷争。要对民主生活会实行量化评价，切实提高民主生活会质量。批评和自我批评开展不认真的，督导组要当场纠正或责令重开。上级机关党员领导干部要参加下级单位领导班子的专题民主生活会，分管（联点）领导、上级纪检机关、组织部门、督导组的同志要到会指导，开展点评，对会议质量进行综合评价。会后，依据对照检查材料征求意见范围通报民主生活会情况。其他基层党组织采取“一会四评”方式召开专题组织生活会，对党员情况进行全面摸底，开展党性分析和民主评议党员工作，针对存在问题提出改进措施和办法；村、社区党组织要进行对照检查。党员领导干部要以普通党员身份参加所在党支部的组织生活会。全区所有基层党组织要结合党员教育管理“一卡四制”，实行“四承诺一公开”，对学习教育、岗位责任、联系服务、作风建设进行书面承诺，并公开在办公场所和生产一线。

（三）整改落实、建章立制

1. 认真制订整改方案。通过查摆剖析、专题民主生活会和组织生活会查找出来的问题进行再梳理、再归类，进一步聚焦“四风”问题，逐项列出问题清单，明确整改方向、提出整改措施，完善相关制度规定。全区各街道、区直机关各部门及其所属事业单位和二级机构领导班子要认真制订整改方案，明确任务书、时间表和责任人；领导班子成员要制订个人整改措施。村、社区和非公有制经济组织、社会组织及其他基层组织可列出问题清单，明确整改措施。实行开门整改，活动一开始，就要向群众作出便民利民惠民的公开承诺，及时公布整改情况，请群众评价和监督。

2. 把问题整改落实贯穿活动始终。紧密结合实际，即知即改、立行立改，从具体事抓起、从身边事做起、从群众最不满意的事改起，做到真改、实改、快改。在执法监管部门、窗口单位党组织中开展“三述一评”活动，即公开述教育收获、述职能任务、述整改承诺，公开接受群众评价和监督。要坚持以上带下、以下促上，攻坚克难，确保让群众看到变化、见到实效。集中教育实践活动告一段落后，要继续抓好整改措施的落实，巩固扩大活动成果。

3. 狠抓专项整治不放松。按照中央和省委关于“四风”突出问题专项整治工作的要求，对照省委部署开展的34项专项整治任务和市委新部署的“有错无为问责”、司法不公、教育发展不均衡、工程建设过程中围标串标、村（社区）党员参加组织活动发放补贴等5项专项整治任务，制订完善专项整治方案，一项一项整治、一个一个攻坚，切实治理到位。同时，集中开展“五个专项整治行动”。一是超标配备公车及公车私用专项整治。整治假借他人名义购车、违规借车换车、领导干部工作调动车随人走、退休后长期占用公车、滥用军警号牌、违规使用豪华车和进口越野车、违规使用驾驶停放公车等问题。二是境外招商奢侈浪费和高消费专项整治。整治境外招商入住豪华酒店、举办奢侈宴请、赠送高档礼品等问题，整治假公济私、用公款大吃大喝、游山玩水和进行高消费健身、娱乐活动等行为。三是公款送礼专项整治。整治在公务活动中赠送、收受礼品、礼金、各种有价证券、支付凭证，节日期间用公款送节礼，索取、接受或以借用为名占用管理服务对象以及其他与行使职权有关的单位或个人财务的问题。四是“庸懒散”专项整治。

整治自由散漫、衣冠不整、迟到早退的问题，上班时间擅离岗位、旷工或因公（私）外出请假期满无正当理由逾期不归的问题，上班时间炒股、玩电子游戏、打牌、下棋、打麻将、出入娱乐场所等问题。五是违规职务消费和公款大吃大喝专项整治。整治职务消费随意列支、盲目攀比、挥霍浪费、假公济私、化公为私、虚开发票套取现金等问题，整治在高档酒店、宾馆、农家乐、私人会所等场所公款吃喝的问题，纠正公务接待活动中超规格、超标准接待，擅自扩大接待范围、增加接待项目、用公款接待甚至借各种名义变相安排公务接待的问题。此外，各部门各单位要结合职能职责和作风建设实际，确定专项整治重点，尤其要把整治“四风”突出问题和侵害群众利益行为作为重中之重，不见成效不收兵。

4. 把正风肃纪一抓到底。坚持严字当头，坚决查处发生在群众身边的不正之风和腐败问题，坚决整治特权病、冷漠病、懒散病。对有问题不整改、大问题小整改、变相搞整改、边整边改再犯的，要严肃批评教育，必要时采取组织措施和纪律措施。对于软、懒、散的领导班子进行及时整顿；对存在一般性作风问题的干部，立足于教育提高，促其改进；对群众意见大、不能认真查摆问题、没有明显改进的干部，要进行组织调整；在活动中发现的重点违纪违法问题，要及时移交纪检监察机关或有关方面严肃查处。对软弱涣散的基层党组织，及时进行集中整顿；对长期不起作用甚至起负面作用的党员，进行严肃教育，不合格的要严肃党纪、给予组织处理。

5. 健全落实制度规定。坚持于法周延、于事简便的原则，按照体现群众意愿、体现改进作风、体现提高效率、体现工作规律的要求，围绕解决“四风”方面突出问题，建立健全行得通、指导力强、能长期管用的制度规定，强化制度执行，防止制度堆砌，推动改进作风常态化长效化。注意承接好、落实好第一批教育实践活动中央、省委和各部门出台的制度和办法，严格落实市委出台的常委会议事规则、作风建设“两规定一办法”、“六用六不用”用人导向、“五好”班子创建，以及基层服务型党组织建设“1+3”文件等。党政机关重点建立健全党委民主决策、权力运行监控、重大决策督促落实、行政审批目录管理、基层公共服务投入保障、领导班子和领导干部考核评价、严格机构编制管理和干部人事工作纪律、规范评比达标表彰活动制度、改进文风会风、招商引资活动管理等方面制度。基层党组织重点落实服务型党组织建设、从严教育管理党员、严格党内生活等方面的制度。执法监管部门和窗口单位重点完善落实首问负责、服务承诺、办事公开、效能提速等制度。村、社区重点完善落实“三会一课”、民主决策、基层事务公开、联系服务群众、发展党员、无职党员设岗定责、运转经费管理使用等制度。事业单位重点完善落实在职党员到社区报到、立足岗位为民服务等制度。

四、组织领导

区委常委会带头开展中共群众路线教育实践活动。区人大常委会党组、区政府党组、区政协党组要结合各自实际开展教育实践活动。区委常委选择1个街道和1个村（社区）作为教育实践活动联系点，区人大、区政府、区政协领导班子成员中的党员领导同志选择1个区直部门和1个村（社区）作为教育实践活动联系点，示范带动和推进教育实践活动深入开展。各级党员领导干部要带头开展学习调研，带头征求各方意见，带头做好对照检查，带头抓好整改落实，带头推动工作实践。

（一）落实领导责任。区委成立教育实践活动领导小组，加强对活动的组织领导，领导小组下设办公室，负责日常工作。全区各部门各单位也要成立相应的领导机构和工作机构，落实领导和指导责任，安排专项经费，精心组织实施。纪检、区委办、组织、宣传等部门要密切配合，形成合力。各级党组织主要负责人要承担起第一责任人的职责，把教育实践活动紧紧抓在手上，发挥示范推动作用。对教育实践活动走了过场的，要追究一把手的责任。要防止文山会海，力戒形式主义，决不允许出现因教育实践活动而停止正常办公和营业、不给群众办事的现象。

（二）有序分类推进。教育实践活动原则上以干部管理权限为主进行，兼顾党组织隶属关系；非公有制经济组织、社会组织等原则上以党组织隶属关系为主。坚持时间服从质量，采取统一部署、梯次展开、压茬进行的办法，原则上按照区委常委会和区人大常委会、区政府、区政协，区直部门和街道，区直部门下属二级机构和村、社区等其他基层组织三个层级依次推进，每一层级之间拉开10—15天的时间。区直单位、街道和村（社区）要结合职能职责、组织架构等，根据各自特点，分类制订实施方案，明确具体任务和推进措施。非公有制经济组织、社会组织党组织要注重采取小型、业余、分散的方式开展活动。流动党员参加教育实践活动以流入地党组织为主、流出地党组织为辅，可采取送学上门等方式，组织离退休党员及年老体弱党员参加学习教育。区教育局、区卫生局、区农林水局、区非公党工委等部门要分别成立领导机构和工作机构，派出巡回指导组，指导抓好本行业本系统的教育实践活动。区直机关工委要加强对区直机关党组织开展活动的指导。

（三）加强督促指导。区委向各街道、区直部门派出督导组。督导组要对每个环节的工作严格把关，全程参与专题民主生活会并进行点评，特别要对活动实施方案、对照检查材料、整改方案等进行严格审阅把关；督导不力的，要对督导组长进行问责。区直部门各党工委要向所属二级机构派出督导组，街道党（工）委要向村、社区及其他基层组织派出活动指导组或指导员，进行督导检查。

（四）强化宣传引导。充分运用传统媒体和新兴媒体，宣传中央和省、市委精神，宣传活动成效。总结推广好经验好做法，广泛宣传先进典型，特别要注意选树一批基层党员干部土生土长、可信可学的身边典型。同时，加大反面典型曝光力度，发挥警示和震慑作用。把握好舆论引导的时机、力度和效果，积极开展百姓问政等活动，重视发挥评论、言论的引导作用，营造良好舆论氛围。

（五）注重统筹兼顾。各级各部门要围绕中心、服务大局，坚持把学习贯彻十八届三中全会精神贯穿教育实践活动始终，统筹安排好各个阶段、各个环节的工作，做到有机衔接、前后呼应。坚持点面结合、协调推进，以各个阶段、各项工作的高质量保证整个活动的高质量。要正确认识和处理推进教育实践活动与搞好当前各项工作的关系，做到两手抓、两不误、两促进。

中共长沙市芙蓉区委员会
长沙市芙蓉区人民政府
关于群众工作直通车“十大民生工程三年行动计划”（2014—2016年）的实施意见

芙蓉发〔2014〕16号

（2014年7月28日）

一、指导思想

以中共群众路线教育实践活动和“六个走在前列”大竞赛活动为契机，以民生改善为根本，切实开好开实群众工作“直通车”，解决好服务群众“最后一公里”问题。

二、工作原则

1.以人为本、群众受益。高度重视民生问题，准确把握群众利益诉求重点，努力为群众办实事，使群众得实惠。

2.政府主导、多方参与。注重政府统筹，强化资金保障，整合资源、整合力量，引导社会力量共同参与民生建设。组织实施过程中，坚持公开透明、群众参与，广泛征求意见，调动群众投身建设美好家园的积极性，减少工作阻力。

3.牵头管理、分级实施。成立区、街两级项目建设指挥部具体组织实施，分级落实街道、部门责任，严格督察考核，确保取得实效。

4.条块结合，以块为主。全区各级各部门要做到“整体一盘棋”，实现属地管理、部门协作相统一，切实形成工作合力。

5.统筹兼顾、突出重点。统筹安排、协调配合，量力而行、尽力而为，有重点、有步骤地持续推进。以二环线、浏阳河为界，将全区划分为西片、中片、东片三类，按照同一标准结合区域现状稳步推进，成熟一片，推进一片。列入棚改或城中村改造的片区除自来水、生活用电等基本生活保障外原则上不再进行硬件建设。

6.实事求是、求真务实。立足当前、着眼长远，干实事、求实效，不搞形式主义、不做表面文章，用改革的办法解决问题，用创新的举措化解矛盾。

三、工作内容

在群众诉求相对集中的基础设施领域，通过实施“十大民生工程三年行动计划”，实现提升芙蓉城市形象、改善老旧社区设施、完善城区基础配套的目的。

1. 十大民生工程

（1）水表改造（牵头部门：城管局）

以“一户一表”进社区工程为重点，改造水压过小的问题，减少水资源的浪费及二次污染，减少老百姓水费分摊负担。同时配以消防设施的完善。

（2）电力改造（牵头部门：工信局）

协调市电力部门，争取市级政策支持，试点电力专变改公变，解决电压不稳，线路老化问题。

（3）燃气铺设（牵头部门：市政局）

对管网建设滞后、道路狭窄老旧城区铺设天然气管道入户，按照“居民自愿，市场运作”的模式实现天然气入户，改善老百姓能源消费结构，减少居民能源消费开支。

（4）地下管网改造（牵头部门：市政局）

依据城市总体规划，协调有线、电信、电力、移动等部门进行管线下地，减少城市“蜘蛛网”现象，实行“共沟共管不共井”管理。针对排水设施设计不规范，以及存在问题的化粪池、排水管道进行疏浚和改造。

（5）社区交通微循环（牵头部门：交警大队）

综合市、区对社区道路、场坪的规划，采用顺接人行道、地坪的方式，增加可上车、可停车区域；合理规划社区停车位的方式，鼓励引导民资引进立体停车概念，建立智能化停车管理系统。

以“就路修路”为原则，对社区道路地坪进行修复和新建，并根据社区使用功能的需要，对部分路段进行提质改造，铺设沥青路面，疏通消防通道。

（6）路灯照明（牵头部门：市政局）

对背街小巷、社区楼幢间道路路灯进行建设和改造，改善城区照明环境。

（7）绿化提质（牵头部门：园林局）

针对农安小区、老旧社区绿化品相差、品质低的实际，以“换、补、增、提、建”为主要内容，进一步提高绿化品质，提升整体维护水平，探索道路绿化、小区绿化、庭院绿化等新模式，为广大社区居民营造“出门见绿，出行享绿”的良好环境。

（8）环卫设施完善（牵头部门：环卫局）

及时维修、更换果皮桶等环卫设施，以新建和改造公共垃圾站、公共厕所、升级站厕设备推动环卫基础设施建设，逐步杜绝垃圾收运过程中的二次污染。

（9）社区服务规范化（牵头部门：民政局）

通过设置“五室一站一市一吧一中心”等活动和服务功能，规范和提质社区服务，为社区居民提供党建服务、居家养老、城市管理、综合治理、社会救助、文化体育等服务项目。

（10）农贸市场提质改造（牵头部门：商务局）

对农贸市场的硬件设施进行提质改造，改善购物环境。在辖区农贸市场建立肉菜追溯子系统，实现追溯子系统信息与市级追溯管理平台、商务部追溯管理平台互联互通，解决农贸市场肉类蔬菜流通的溯源问题。

2. 三年计划：以2014年至2016年三个年度为期限，三年实现上述十大民生工程的全面升级提质。

四、工作机构

成立芙蓉区“十大民生工程三年行动计划”领导小组：

顾　　问　梁　仲
组　　长　于新凡
副 组 长　夏钟剑　罗玉环　周　虔　吴　敏
　　　　　彭尚松　许　凡　彭　娟　黄健元
成员单位　区委办（群工办）　政府办　财政局
　　　　　民政局　商务局　城管局　市政局
　　　　　园林局　交警大队　领导小组下设指挥部
政　　委　吴　敏
指 挥 长　许　凡
副指挥长　李跃进　何　磊　梁燕斌
　　　　　陈洪林　许建红（常务）
成员单位　政府办　财政局　民政局　商务局
　　　　　城管局　市政局　园林局　环卫局
　　　　　工信局　建设局　安监局　交警大队
　　　　　消防大队

各街道采取书记责任制，成立相应分指挥部。

五、经费安排

区财政每年安排专项经费不少于1亿元，区财政拨付各街道专项经费200万元，专项用于民生工程。

六、工作步骤

1. 安排准备阶段

各牵头单位、各街道根据方案成立相应工作机构，牵头单位根据总方案制订条线工程子方案，以街道为主、部门参与成立指挥部，全面摸排辖区基础资料，具体推进工程进度。各指挥部填报《十大民生工程三年行动计划年度重点项目申报表》，如该类别没有具体项目，可不申报。区指挥部汇总后，整理上报领导小组选取、审定。

2. 组织实施阶段

每年根据上报的项目进行删选，选定项目后区指挥部分解目标任务，按“条块结合，以块为主”的原则，将资金、责任明确到项目，先期推进“一街一点”的样板工作。区指挥部根据工作开展情况。半月一督进度，每月一次调度，督促解决项目推进过程中的实际问题，并通过芙蓉之窗、《芙蓉月刊》等媒体公布工程进度。按属地管理原则，民生工程完工后的社会管理事务由街道、社区负责，后期维护管理由各职能部门负责，维护经费由区财政按实拨付。

3. 考核考评阶段

由领导小组、区指挥部对年度所有重点项目分类别、分街道进行考核，实施奖惩。

长沙市芙蓉区人民政府
关于印发《长沙市芙蓉区产业结构调整指导目录》的通知

芙政发〔2014〕13号

2014年10月17日

为引导社会投资方向，合理配置资源，加快产业结构转型升级，探索一条在优化结构、提高效益、节约资源和环境友好的基础上，实现区域经济又好又快发展的新途径，根据国家、省、市最新发布的产业政策，结合我区实际，特编制形成《长沙市芙蓉区产业结构调整指导目录》（下称《目录》）。

一、《目录》编制意义

产业发展是区域经济建设和社会发展的支撑和引擎，要实现区域经济社会可持续发展，关键在于产业发展的方向、方式、规模和质量。科学编制《目录》，明确产业发展方向，对推进我区产业结构调整，加快经济发展方式转变，培育优势产业链条和产业集群，构建区域竞争新优势，实现经济社会可持续发展，具有十分重要的意义。

（一）引导投资方向。在结构调整中加快发展是我区当前和今后一段时期的重要任务，《目录》坚持“分类指导、有扶有控”的调整原则，将重大技术突破、重大发展需求作为产业发展的基石，鼓励发展先进生产力和新兴服务业态，限制严重依赖大规模资源消耗的产业发展，禁止落后生产能力，防止盲目投资和产能过剩行业低水平重复建设，切实推进产业结构优化升级。

（二）集约利用资源。资源要素的紧约束现状决定了我区只能走资源节约、环境友好的集约发展之路，以更少的资源消耗和更小的环境代价来获取更高质量的发展。《目录》鼓励发展节能、降耗、减排、增效的战略性新兴产业和现代服务业。通过提高项目准入门槛，从源头上遏制高能耗、高水耗、高污染、低效用地的项目上马，有效利用资源要素，实现结构优化、效益提高、消耗降低、环境改善的发展目标。

（三）明确产业发展方向。产业发展方向要以金融保险、高端商务、总部经济、新能源产业、节能环保产业、新材料产业、文化创意、商品零售、互联网经济、地产楼宇、社区服务等都市型、综合型高端产业为主。

二、《目录》结构

《目录》由鼓励类、限制类和禁止类三类构成。不属于鼓励类、限制类和禁止类，且符合国家有关法律、法规和政策规定的，为允许类。允许类不列入《目录》。

（一）鼓励类。鼓励类主要是对经济社会发展具有重要促进作用，对产业链和产业集群的提升具有先导作用，有利于节约资源、保护环境和自主创新，需要采取政策措施加以鼓励和支持的产业。

（二）限制类。限制类主要是工艺技术落后，不利于资源节约和节能降耗，不利于环境保护和生态系统恢复，不利于产业结构优化升级和国内外市场拓展，不符合行业准入条件和产业布局等政策，低水平重复建设、生产能力明显过剩，需要转型升级和禁止发展的产业。

（三）禁止类。禁止类主要是不符合有关法律法规规定，严重浪费资源，污染环境，不具备安全生产条件，危害人民群众身体健康和公共安全，产品质量低于国家规定或行业规定的最低标准等需要禁止、淘汰的落后工艺技术、装备和产品，或者不符合我区产业发展定位，不适合在我区发展的行业。属于禁止类的产业，禁止投资新建项目，现有生产能力在规定的期限内应当停产或关闭。

三、保障措施

各街道（园、局）、各部门要紧紧围绕在结构调整中加快发展的奋斗目标，落实产业结构调整指导目录，积极推动产业结构转型升级。

（一）发挥《目录》引导作用。《目录》是基于国家和省、市法律法规及有关政策、发展规划以及产业发展实际状况编制的导向性、指导性产业政策文件，是政府管理投资项目，引导投资方向，实现产业结构和布局调整的重要手段，各街道（园、局）、各部门要认真贯彻执行，并作为制订和实施投资管理、财政、土地、信贷等配套政策的重要依据。各街道（园、局）、各部门在制订和实施本辖区、具体行业的发展政策时，应与《目录》的产业导向相符。

（二）严格项目投资管理。各街道（园、局）要结合全区产业发展方向和目标，严格执行《目录》分类指导政策，立足于本辖区内的产业转型升级，推动鼓励类产业形成规模，提高产业竞争力；控制限制类产业新上项目，推动现有项目升级改造和有序退出；坚决制止禁止类产业的投资。

（三）加强事中事后监管。创新监管形式和监管手段，加强事中事后监管，对《目录》执行情况，区政府将组织相关部门开展联合督察，依法依规对企业投资项目进行监督管理。对企业违反规划、产业政策、建设规范、行业标准等规定的项目，坚决予以查处并追究责任。将企业、各类服务机构及从业人员的行为纳入社会信用体系，使其自觉履行义务、承担责任和遵纪守法，规范开展投资活动。发挥行业自律以及公众参与和社会舆论监督作用，营造守规则、讲信用的投资环境。

·表25·

第一类 鼓励类

序号	产业名称
一	高端新型电子信息产业
1	云计算存储设备、终端设备、云应用开发支撑平台、物联网网关、无线射频（RFID）产品
2	新一代移动通信基站设备、天线、网络控制设备、交换机
3	3G及以上智能通信终端设备、车联网通信导航终端
4	新一代移动终端及外围设备制造（触摸屏、手持平板电脑、智能手机、车载、舰载、机载终端和手持机智能终端；语音输出设备、图形图像输出设备等）
5	3D电视机、OLED电视机、激光投影电视机、网络及智能电视机
6	全息大容量可刻录3D播放器、车载数字音视频接收播放终端、专用数字音响系统
7	数字视频网络摄像设备，视频监控存储、处理及智能控制设备、监控后端系统
8	高分辨率液晶显示器（TFT-LCD）面板（基板尺寸4.5代及以上）、高能效新型等离子显示器（PDP）面板、有机发光显示器（OLED）面板、大屏幕高端LED显示、激光显示器件
9	光电子器材用玻璃基板、驱动电路、光学引擎、彩色滤光片、偏光片、光学薄膜
10	金融电子应用产品、汽车电子应用产品、智能医疗系统、安全智能卡类设备、密钥管理类设备
二	医药产业
1	具有自主知识产权的新药开发与生产
2	重大传染病防治疫苗和药物开发与生产
3	新型诊断试剂及生物芯片技术开发与生产
4	新型计划生育药物及器具开发与生产

续表 25

序号	产业名称
5	天然药物开发与生产
6	制剂新辅料开发与生产
7	医药生物工程新技术、新产品开发
8	数字化医学影像产品及医疗信息技术开发与制造
9	医疗急救及康复工程技术装置开发生产
三	新能源产业
1	高倍聚光太阳能电池及组件；晶体硅太阳能电池及组件；非晶硅太阳能电池及组件；薄膜太阳能电池及组件；新型太阳能光伏电池材料；并网、离网光伏逆变器
2	太阳能电用蓄电池及充放电控制器
3	新型、高效、多功能太阳能热水器制造及热水工程；太阳能中高温利用技术及设备
4	太阳能电站全体控制系统、太阳能采暖系统与设备、太阳能空调制冷系统与设备、太阳能热泵空调机组、太阳能与空气源热泵热水系统
5	离网光伏发电系统、分布式并网光伏发电系统、公共电网侧并网光伏发电系统、微网光伏发电系统、槽式、塔式、碟式太阳能热发电系统
四	节能环保产业
1	高效节能电器，包括能效等级为 1、2 级的节能家用电器、办公和商用设备，空调、冰箱等高效压缩机及驱动控制器、高效换热及相变储能装置
2	各类家电智能控制节能技术、待机能耗技术、空调制冷剂替代技术、中央空调全自动清洗节能系统技术、温湿度独立调节系统、动态冰蓄冷技术、电子膨胀阀变频节能技术、低温水－直燃单双效溴化锂吸收式冷温水机、双工况太阳能热泵空调机组
3	高效照明产品，包括新型 LED 照明应用产品开发，LED 在农业、医疗、通信等领域创新应用关键技术，有机发光二极管（OLED）材料、器件、照明产品制备及生产设备制造关键技术，半导体照明检测技术及标准体系建设，半导体照明检测设备开发及检测平台建设，三基色双端直管荧光灯(T8、T5 型)等高效照明产品。
4	高效照明产品配套，包括发光二极管（LED）用大尺寸开盒即用蓝宝石、碳化硅等衬底、高纯金属有机化合物（MO 源）、高纯氨气、新型高效荧光粉等，生产型金属有机源化学气相沉积设备（MOCVD）、氢化物气相外延（HVPE）等外延装备制造，高强度气体放电灯用大功率电子镇流器、感应耦合等离子体 (ICP) 刻蚀机等，大尺寸高效低成本 LED 外延生长、芯片制备产业化，高效白光 LED 新型封装配套材料
5	绿色建筑材料，包括高效节能新型墙体材料、保温隔热材料、复合保温砌块和轻质复合保温板材、无机防火保温材料
6	新型建筑涂料，包括建筑保温涂料、阻隔性隔热涂料、反射隔热涂料、辐射隔热涂料、真空绝热保温涂料
7	节能建筑门窗、隔热和安全性能高的节能膜和屋面防水保温系统，集防火、保温、降噪等多功能于一体的新型建筑墙体和屋面系统等绿色建材
8	大气、水、土壤、固体废弃物等污染防治设备
9	车辆尾气检测、节能净化装置
10	危险废物高效、安全、可靠的焚烧技术和设备；危险废物固化技术、设备和固化药剂
11	城市节水器具和设备制造；供水管网的防漏技术和设备制造；高效率循环冷却水技术和设备
12	热能回收设备和产品

续表 25

序号	产业名称
五	新材料产业
1	生物可降解材料
2	有色金属复合材料技术开发及应用
3	密封材料生产、优质防水密封材料
4	新型环保型摩擦材料
5	无机纳米及功能性材料生产
6	电子平板显示玻璃、光伏太阳能玻璃、低辐射镀膜玻璃
7	生物陶瓷
8	高性能、高精度硬质合金及深加工产品生产
9	有色金属生产过程检测和控制技术开发
10	热敏和光敏材料及复印材料；第三代半导体材料；氮化镓、砷化镓等Ⅲ、Ⅴ族半导体器件；锗硅半导体器件
11	聚合物光电子功能材料
六	总部经济
1	跨国公司和国内上市企业、行业领先企业、市内优质企业在芙蓉区设立公司总部、地区总部、分支机构或运营中心、结算中心、研发中心、数据中心、采购中心、物流配送中心等
七	金融业
1	全国性或区域性金融机构（含农村商业银行、村镇银行、小额贷款公司等）
2	外资、民资和其他地方性金融机构（含银行、保险、信托投资、证券等）入驻
3	银行等金融机构专业营运中心、财务管理中心（金融产品交易平台）
4	中小企业金融服务（股权众筹）
5	金融租赁（设备、汽车融资租赁等）
6	证券中介服务业、期货市场、股权投资业等金融业务
7	创业投资基金、产业投资基金、证券投资基金
8	保险服务业、融资担保、保险中介服务业
9	金融信托与管理、信用担保业务
10	互联网金融业务、金融创新产品、金融衍生品种的研究和开发
11	电子商务网络支付服务
八	信息服务业
1	第三代移动通信（3G）网络、新一代移动通信技术（4G）等通信网络及技术；电信增值服务
2	基于物联网的行业应用服务、公共事业服务等
3	有线数字电视传输、有线数字网络双向改造及整体平移；高清互动数字电视网络；数字电视点播、移动数字电视互动技术和信息服务等广播电视增值服务；数字音视频、高清数字电视、数字化影音等信息服务
4	卫星通信传输网络及应用（电视、电话、车载定位系统等）
5	卫星导航多模增强应用服务系统

续表 25

序号	产业名称
6	搜索引擎服务、邮件服务、宽带社区信息服务；网络语音增值服务（VOIP）、网络电视（IPTV）等互联网通信增值服务
7	基础软件开发、云计算软件、移动计算机软件平台、信息安全软件、工业软件、广播电视网络维护及运营支撑软件、高端信息技术服务支撑软件、数字内容加工处理软件开发
8	信息技术集成服务，包括信息系统设计服务、集成实施服务、运行维护
9	信息技术咨询服务，主要包括信息化规划、信息技术管理咨询、信息系统工程监管服务、测试评估认证、信息技术培训
10	数据处理和存储服务，包括第三方电子商务平台服务、数据存储、备份服务、数据传输服务、数据集成服务、软件运营服务、软件支持与运行平台服务、基础设施运营服务、数据加工处理服务
11	法律及公证服务
12	会计、审计及税务服务；资产评估、校准、检测、验货等经济鉴证类服务
13	信息咨询服务、会展信息服务；投资、管理、金融、外汇、经贸、资信评估、企业策划设计、公共关系、教育等社会经济研究、咨询机构建设及服务
14	工程咨询服务（包括规划编制与咨询、可行性研究、节能评估、评估咨询、工程勘查设计、招标代理、工程和设备监理、工程项目管理等）
15	广告策划、制作及服务
16	高级人才引进和人类智力开发、引进；就业创业咨询、辅导、中介及培训服务
17	商品质量认证和质量检测服务
18	市场调查服务
19	环境评估服务、空气污染监测服务、水污染监测服务、噪声污染监测服务等
20	节能技术推广服务（包括高效节能电机及拖动设备技术、照明产品高效节能利用、电器高效节能利用技术等）
九	商务会展业
1	会议与贸易展览（会展运营业和会展信息咨询业，不含会展场馆建设）
2	品牌展会、专业展会、综合展会服务
十	文化创意产业
1	数字内容服务（包括动漫设计与研发，数字游戏，数字动漫等）；网络游戏业
2	游戏动漫软件开发
3	知识产权服务
4	各类文化活动体育赛事的策划和运营、代理及其他中介代理；大型文化活动的商务服务；文化演出活动票务服务
5	建筑景观设计，包括建筑规划设计、环境规划设计、园艺设计、城市色彩设计等
6	文化广场、社区文化中心、社区文化娱乐设施，文化团体
7	文化艺术培训和教育
8	新闻媒体可经营性业务市场化项目
9	图书、报刊、期刊、音像制品、电子出版物的出版、分销和零售
10	数字影院系统、数字化电影放映
11	文化艺术创作与表演

续表 25

序号	产业名称
12	文化体育设施建设及产业化经营
13	特色博物馆、行业博物馆建设，各类艺术馆和文物保护
14	文化艺术经济、代理、评估、推介、咨询业务
十一	旅游业
1	特色商业街区开发
2	商业自主品牌建设，商业“老字号”传承与发展
3	特色旅游商品，文化旅游纪念品开发、生产、销售
4	大型旅游景点建设和更新改造，创建 3A 以上景区
5	浏阳河两岸旅游产业开发
6	马王堆汉墓公园保护与开发
十二	城市基础设施及房地产
1	城市基础空间信息数据生产及关键技术开发
2	城市公共交通建设 (城市公共交通站场建设 ;BRT 快速公交系统建设 ; 智能公交调度系统、电子站牌建设)
3	城市道路及智能交通技术和体系建设
4	城市交通管制系统技术开发及设备制造
5	节能型燃气器具的开发与应用
6	城市建筑供热平衡与节能控制系统技术开发及应用
7	城市雨水收集利用工程
8	城市立体停车场建设
9	先进适用的建筑成套技术、产品和住宅部品研发和推广
10	国家住宅示范工程建设
11	城镇园林绿化及生态小区建设
十三	建筑业
1	节能省地型建筑暨绿色建筑的开发
2	高层建筑与空间结构技术开发
3	低噪声建筑施工机具开发与制造
4	住宅高性能外围护结构材料与部件制造
5	新型建筑结构系统开发
6	建筑隔震减震结构体系及产品研发与推广
7	建筑节水、节能、节地、节材及环保关键技术开发与应用
8	智能建筑产品与设备的生产制造与集成技术研究与应用
9	居住及公共建筑集中采暖按热量计量技术应用
10	太阳能等可再生资源利用技术及装置的应用
11	建筑节能能耗的检测评估技术的应用

·表 26·

第二类 限制类

序号	产业名称
1	对水环境影响大的项目，包括酿造、造纸、屠宰、洗涤、线路板等
2	对大气环境影响大的项目，包括涂料、油墨等行业，以及需配套建设高污染燃料锅炉的项目等
3	综合性环境影响大的项目，包括综合利用废旧物资、工业固废处置、餐厨垃圾处置、化工（单纯化学品混合、分装除外）行业等
4	特殊环境影响项目，包括放射性产品及设施的生产、产生较强电磁波辐射项目等
5	国家、省、市规定限制发展的其他项目

·表 27·

第三类 禁止类

序号	产业名称
1	所有新建、改建、扩建、迁建专业金属表面处理（包括电镀、阳极氧化、钝化、酸洗、磷化等）、印染（设漂染工序）、洗水、禽畜养殖业、危险化学品专业仓储、废旧塑料再生等行业；现有年产 5000 吨以下的造纸厂，年产折牛皮 3 万张以下的制革厂，年产 500 吨以下的染料厂，以及采用“坑式”和“萍乡式”“天地罐”和“敞开式”等落后方式炼焦、炼硫的企业、土法炼砷、炼汞、炼铅锌、炼油、选金和农药、电镀以及生产石棉制品、放射性制品等行业；小炼油厂、小玻璃厂、小水泥厂、小钢铁厂、小水火电机组等
2	所有新建、迁建线路板项目
3	所有危险爆炸物仓储项目（包括烟花、爆竹、炸药、雷管等）及危险废物的收集、处置和仓储
4	国家、省、市规定禁止发展和淘汰的其他项目

长沙市芙蓉区人民政府
长沙芙蓉中央商务区
创建两型综合示范片区实施方案

芙政发〔2014〕14 号

2014 年 10 月 17 日

为贯彻落实长株潭试验区工委《关于推进两型综合示范点创建的实施意见》(湘两型工委〔2013〕11 号)及长沙市两型办《2014 年度长沙市两型社会示范创建工作方案》(长政办函〔2014〕82 号)文件精神，推动长沙芙蓉中央商务区加快建成两型综合示范片区，深化我区两型示范创建工作，特制订本方案。

一、总体要求

（一）指导思想。贯彻落实中共十八大、十八届三中全会精神，紧紧围绕“湖湘之心、中部标杆、全国一流”的战略定位和“财富中心、魅力之都、幸福芙蓉”的奋斗目标，以生态文明理念为先导，以两型标准体系为引领，以项目建设为支撑，以改革创新为突破，推动两型技术产品、两型生产生活方式、两型服务设施、两型生态环境、两型文化等要素进综合示范片区，建设两型生产、生活、消费方式的集中展示区，探索形成经济发展高增长、资源消耗低增长、环境污染负增长的两型发展模式。

（二）创建范围。两型综合示范片区以长沙芙蓉中央商务区为主体，涵盖黄兴路以东、八一路以南、万家丽路以西、人民路以北的区域，辖定王台、文艺路、韭菜园、朝阳、五里牌和荷花园六个街道。

（三）创建目标。2014 年，长沙芙蓉中央商务区两型综合示范片区全面铺开。力争到 2016 年，基本实现“两型五进”（两型技术产品、两型生产生活方式、两型服务设施、两型生态环境、两型文化进创建单位）的内容，建立完善的两型示范标准和体制机制。力争到 2018 年，两型综合示范片区基本建成，形成有效解决两型社会建设突出问题的新模式，凸显示范带动效应。

（四）基本原则。一是集成原则。将两型规划、标准、技术、产品、模式等综合集成，打造两型生产、生活和消费方式的集中展示区。二是创新原则。激发创新活力，加大两型技术、标准、机制创新力度，探索政府、市场、社会共同助推示范创建的运作模式。三是示范原则。培育形成可复制、可推广的经验和做法，引领和推动全区两型社会建设。四是共建原则。充分调动各级各部门和全社会的力量，建立政府主导、部门联动、社会参与、全民行动的创建格局。五是普惠原则。通过创建，让两型社会建设成果惠及民生，让人民群众享有更多的公共服务、更美的人居环境和更高的生活质量。

二、主要内容

（一）推进改革创新，探索两型管理机制

1. 创新行政管理体制。立足于转变政府职能，建设廉洁政府、效能机关，进一步简化行政审批手续，大幅度减少行政审批。对有利于资源节约、环境友好的两型项目，特事特办，畅通绿色通道。让权放权于市场，最大程度激发市场活力，充分发挥企业及社会组织的主体作用。对确实要保留审批的项目，进一步缩短办结时间，减少审批环节，提高行政效率，同时实行阳光作业，接受社会监督。

2. 放宽公共领域的投资。放宽市场准入，支持民间资本和社会力量参与公共事业的投资和社会事业管理，积极推进公共投资领域的市场化与主体的多元化。积极引导民间资本进入政府投资领域，充分发挥社会资本和社会机构的专业化优势，提高投资效益。在城市清扫保洁、园林维护等公共服务领域，探索推行政府购买服务的管理模式，充分发挥市场竞争优势，提高工作效率。引导社会组织、机构等社会资源共同参与社会管理，形成大融合的社会化管理模式。

3. 实现土地的高效利用。推广集约节约用地模式，探索多途径、多方式整合零星土地，实行统一规划，充分利用资源。实施创新战略，引进社会资本参与棚改，积极探索棚户区改造的新模式。同时，加大宣传和政策引导的力度，使节约集约利用土地资源、积极转变经济发展方式的理念成为社会共识，确保经济社会可持续发展。

（二）推动转型升级，构建两型发展模式

按照"两型引领，转型发展，聚焦高端，提质增效"的思路，找准着力点，推动产业转型升级，实行金融服务、总部经济、商贸流通、文化产业"四轮驱动"，着力构建具有现代都市特色的两型产业发展模式。

1. 聚集金融服务业。以五一大道为东西向主轴线、芙蓉路为南北向主轴线的"金十字架"为核心，改善金融业发展环境，着力引进国内外银行、证券、保险、基金、信托、期货等各类金融机构区域性总部。同时，开拓互联网金融等新兴业态，着力打造全市、全省乃至中西部地区的区域金融中心。

2. 发展总部经济。在现有商务楼宇的基础上，推进一批超高层楼宇集群建设，构筑平台吸引国内外企业总部入驻。着力提升楼宇经济发展的规模和档次，打造在省内外具有较强影响力和辐射力的专业化、高端化总部楼宇经济。

3. 提质商贸流通业。依托地铁人流的集聚效应，有效整合五一商圈、袁家岭商圈、火车站商圈、万家丽商圈等经济体，实行地上、地下商业的无缝对接，大力吸引国际知名商业品牌进驻，提升商贸业发展的规模与档次。同时，进一步推进传统市场提质改造、转型升级，建设一批经营环境、管理水准、营销模式及购物环境等设施一流的专业化现代市场，着力打造现代商贸流通产业的集聚中心。

4. 扶持文旅产业。以丰富的文化资源和历史底蕴为基础，大力发展文化创意、人文旅游、影视娱乐等特色产业，打造一批具有湖湘特色的文化产业特色街区。

（三）推进基础设施建设，构建两型交通体系

一是建设快速综合交通通道，构建快捷便利的交通系统。抓住地铁1、2号线贯穿中央商务区的契机，实现中央商务区与空港、高速铁路的有机连接。二是加强城市内道路建设，构建"四横七纵"的主次干道网络，打通断头路、瓶颈路，连路成网，联网成环，改造和提升交通微循环，提高中央商务区路网的便捷与畅通。三是结合中央商务区核心区的公共开放空间与地铁站设置，对五一路站、芙蓉路站、韶山路及火车站的地下空间进行科学规划与开发，建设相通的地下步行系统，使其与地面步行系统有机衔接，与周边公共建筑有机连通。四是增设过街通道，降低路面横道流量，畅通车道。五是政策引导社会资源和资本投资建设立体停车场，有效缓解区域停车压力，构建多层、立体、便捷的交通系统。

（四）推进环境治理，建设两型精美城区

加强生态环境保护，开展"清霾"、"碧水"和"静音"行动，对各类污染物排放实行严格的管治措施。推广清洁能源，开展生产、生活用煤"三年清零"行动。推广阶梯水、电、气计价方式，有步骤的实施水、电、气改。实施城市农安小区、老旧社区综合提质改造三年行动计划，美化环境，提升中心城区品质。合理规划布局片区公共绿地，增加绿地人文利用质效，并提高现有公共绿地的维护保养质量水平，提升片区生态环境品质，建设两型精美城区。

三、示范样板

（一）两型街道样板。打造一批两型街道样板，推动节能节水产品、清洁能源、绿色建筑、垃圾分类、污水处理、废旧物资回收、绿色出行、优美环境、两型文化等"九进街道"。整合公安、城管、交警资源，创新城区网格化管理模式，逐步形成区域特色的网络化常态管理和模式。推进节能和新能源利用，对老旧社区全面实施改水改烧，在社区单位和居民家庭推广使用节能电器。倡导两型生活方式，组织居民开展节能环保志愿活动，交流推广节能减排经验，建设固定的两型宣传教育阵地，使两型理念成为社会共识。

（二）两型企业样板。打造一批两型企业样板，推动绿色建筑、节能节水改造、废物综合利用、清洁能源、产品两型化提质、绿色认证、优美环境、两型文化等"八进企业"。引导企业提质增效、转型升级，打造两型管理和经营的企业特色。

（三）两型机关样板。打造两型机关样板，推动绿色采购、绿色建筑、节能降耗、无纸化办公、绿色出行、阳光行政、废旧物资回收、两型理念等"八进机关"。建立健全机关能耗管理制度，加强机关公共机构节能管理。全面实施公车改革，充分利用互联网资源实行无纸化办公。开展集中培训、志愿者创建、能源紧缺体验等主题活动，形成两型机关文化特色。

（四）两型学校样板。打造一批两型学校样板，推动节能节水技术产品、清洁能源、教材循环使用、环保生活、花卉苗木、两型教学、体验教育、两型公益活动等"八进学校"。倡导学校、家庭、社会"三位一体"联动的两型教育方式。推广"两型校园建设调查问卷"、"致家长的一封信"、"聆听地球的声音，体验人类的危机"等两型教育实践活动经验，普及师生、家长和社区居民节约环保意识，形成良好的两型行为习惯。打造芙蓉特色的两型教育模式。

（五）两型社区样板。打造一批两型社区样板，推动节能产品、清洁能源、保温环保建材、自行车租赁系统、环保袋、垃圾分类、废旧物资回收、花卉苗木、两型文化等“九进社区”。树立节能减排、勤俭节约、尊老爱幼、和谐文明的典型单位和家庭标杆。倡导文明健康、节约环保的绿色生产和生活方式，积极培育两型社区文化。全面提升基层治理能力，开创辖区机关、企业、学校、门店、居民联动，形成互帮互助、自我管理、居民自治的两型社区特色。

（六）两型门店样板。推动两型技术产品、两型服务设施、两型生产方式、优美生态环境、两型文化等“五进门店”。自觉使用节能、节水、节材、环保的技术和产品，保持整体门店美观、大方、整洁。倡导绿色消费、诚信经营，杜绝出售假冒伪劣产品，积极引导顾客使用环保袋、菜篮子。倡导履行经营者法定责任和义务。建立消费维权服务站，落实消费维权措施，妥善、及时处理消费者投诉。打造文明经商的特色样板门店。

（七）两型市场样板。推动文明经商、诚信经营、优质服务、拒售假冒伪劣产品、两型文化等“五进市场”。实施综合整治、提质改造、规范市场秩序、完善公共设施、创造卫生清洁的市场环境等方法来营造秩序良好、交易繁荣、服务优质、环境舒适、消费放心的市场氛围。营造良好的市场经营和消费环境，打造一批两型特色市场。

（八）两型专业楼宇样板。推动两型技术产品、绿色采购、绿色建筑、节能降耗、无纸化办公、优美环境、两型文化等“七进楼宇”。倡导引进国内外知名物业管理公司入驻管理，积极推动高端商务楼宇的管理升级，形成定位清晰、特色鲜明、功能齐全、诚信经营、服务一流的两型专业楼宇样板。

四、实施步骤

两型综合示范片区建设分三步走：2014 年为起步阶段，2015—2016 年为实施阶段，2017—2018 年为完善阶段。

（一）起步阶段（2014 年 8 月—12 月）

1. 制订综合示范片区建设方案，明确主要目标、重点任务和责任分工。

2. 相关区直部门、街道全面动员，启动综合示范片区创建工作。

3. 各街道制订示范样板创建计划，推进示范样板计划顺利实施。

（二）实施阶段（2015 年 1 月—2016 年 12 月）

1. 按计划推进八类示范样板建设，基本完成创建目标、形成特色。

2. 全面完成农安小区、老旧社区、交通设施等基础设施改造计划及各相关单位实施计划。

3. 由两型办及相关区直单位组成联合评审验收组，开展示范样板评审验收。

（三）完善阶段（2017 年 1 月—2018 年 12 月）

总结提升示范样板，建立健全两型社会建设体制机制，形成可复制的经验和模式，在全区范围内推广。

五、保障措施

（一）加强组织协调。区两型办负责牵头抓总，做好创建的组织、指导、协调、督促工作。创建两型综合示范片区由定王台、文艺路、韭菜园、朝阳、五里牌、荷花园等街道为责任单位。各责任单位要明确责任，加强领导，制订具体的实施计划，安排专人抓好创建工作。各相关单位要把创建任务落实到具体的项目建设、管理和调度上来，加大项目建设的支持力度，确保各项创建任务顺利实施。

（二）注重舆论引导。各相关单位要采取多种形式宣传示范创建，充分形成社会共识，调动各方面积极性，营造全社会共同关心、支持、参与两型社会建设的浓厚氛围。突出典型引导，及时总结推介示范创建的典型经验、成功做法，不断巩固和扩大创建成果。

（三）制订配套措施。各相关单位要根据国家和省、市关于支持两型综合配套改革的相关政策与文件精神，结合本辖区或本领域的实际情况，制订切实可行的相关配套措施，积极推动和支持长沙芙蓉中央商务区两型综合示范片区创建活动，确保各项工作与目标任务圆满完成。

（四）严格督察考核。将两型综合示范片区建设纳入全区两型社会建设年度绩效考核范畴，完善绩效评价考核体系，强化创建工作考核。加强对创建工作督察和验收，建立两型示范创建单位动态管理制度，定期复核，对不合格者予以淘汰。

注：两型综合示范片区相关实施项目以区两型办计划安排为准。

附　　录

芙蓉专稿

长沙市芙蓉区升级版的若干思考

湖南师范大学副校级督导员
湖南区域经济社会与经济发展研究中心主任
朱　翔

中央商务区的建设
要与地铁建设紧密地结合起来

长沙市中央商务区，主要是芙蓉区的五一广场、芙蓉广场以及周边区域，土地面积 2.7 平方公里。这里经济区位优越，人流车流密集，分布有大量的商务楼宇和商业场所。这里又是长沙地铁枢纽，1 号线与 2 号线在此交会，地铁通车后汇集大量的人流。

芙蓉区 CBD 的建设，要与地铁紧密结合。对 CBD 地下空间进行科学开发，合理安排换乘区、商服区、停车场，尤其是修建高效益的地下商业街，对现有的地下商业进行改造提升，共同打造高水平的地下商圈。CBD 一带楼宇甚多，单靠地面交通来解决与日俱增的车流人流集散问题，是非常困难的。CBD 的通勤方式，应从平面交通上升到立体交通。地下空间的开发，将大幅度改善 CBD 的经营收益。需要指出的是，中心城区地下开发，基本上是一次到位，再改造起来难度甚大，因此，必须进行高水平的顶层设计。

对火车站片区进行全面的改造提升

长沙火车站是全市的交通枢纽所在，20 世纪 80 至 90 年代曾有过数度辉煌。随着高铁站的崛起，这些年来火车站片区面临着日趋激烈的商业竞争。火车站片区又是中心城区交通拥堵的区域，车站路、杨家山、阿波罗商业广场、解放中路一带车辆密集，交通繁忙，是长沙市内著名的“肠梗阻”地段。

五一路东端、韶山路北端皆为“断头路”，路网设计存在着严重缺陷，大量车辆在这些“断头路”形成拥堵。能否开挖隧道，将五一路与东二环直接相连，将韶山路与年嘉湖隧道相连，以疏解火车站片区过于拥堵的交通。

将南湖市场、三湘市场、金苹果市场整体搬迁，所腾出的土地用于构建高品质的现代商业综合体，开发名品专卖、步行街、金融街、Shoppingmall（购物中心）、国际会所等现代服务业态，打造高效益、国际化的商务楼宇群。考虑到地铁的集散功能，该片区可进行高容积率开发。

对长沙火车站进行整体改造，主要思路是采取高架建筑的方式，将车站候车区修建在列车站台上方，旅客乘自动扶梯上下。现有的火车站候车室改造为中高档商服区。改造邮政服务区（火车站广场北侧）和售票区（火车站广场南侧），在火车站广场下面修建地下商业街和停车场，按照人行平面和车行平面两个维度设计，使之成为立体型交通枢纽与现代服务综合体。

对浏阳河以东区域进行综合整治

芙蓉区土地面积甚小，浏阳河以东区域要占到全区总面积的一半左右。但总体来看功能分区不够合理，不同单元之间相互干扰，土地利用效益低下。综合整治措施如下：

第一，将现有的高压线全部地埋。芙蓉区东部高压走廊纵横交错，严重破坏了投资环境，造成了土地资源的巨大浪费。因此，必须将现有的高压线全部改走地下。这样做需要大量投入，但投入产出效益甚佳，尤其是能够大幅度提升芙蓉区的发展品位。

第二，将效益低下、污染严重的工业企业全部外迁，将落后的仓储业态、尤其是无消防保障可言的临时库房悉数外迁，以“壮士断腕”的气概下决心“腾笼换鸟”，取代之以高层次的城区经济业态，促进芙蓉区品质的整体提升。

第三，对现有的水面、鱼池、绿地进行优化调整，形成纵横交错的绿道系统。构建高品质的生态型楼盘，以及高档次的滨水型现代服务区。

第四，构建高品质的浏阳河生态景观带。努力挖掘浏阳河的内涵，彰显浏阳河与芙蓉区的特色，以生态经济、现代服务、特色文化和观光休闲为主打品牌。弘扬浏阳河的文化主题，不仅彰显浏阳河民歌文化，而且推出浏阳河文化系列，涵盖建筑、园林、词赋、名人、演艺、烹饪等领域，打造浏阳河文化品牌。以“两型”为特色，构建滨水型新城区。

大力对接长沙市高铁站

长沙市高铁站片区迅速崛起，正在成为长沙市大东城主体增长极。芙蓉区应切实发挥毗邻高铁站的地缘优势，着力做好高铁经济这篇大文章。

第一，修建连接高铁站与芙蓉区东岸建材市场和汽车东站的大通道，将高铁站人流尽可能多地引入芙蓉区。建议该通道为8～10个车道，体现高效率、无障碍、生态化的特点。

第二，全面改造提升长沙汽车东站，将其升格为长株潭城市群对接长沙高铁站的公路交通枢纽，承担着铁—公换乘、高铁进城枢纽、高铁—黄花机场换乘枢纽的职能。

第三，整体搬迁东岸建材市场，在浏阳河畔构建亲水型购物中心（ShoppingMall），作为高铁站和黄花国际机场的配套服务区域。大力发展以商务金融、宾馆酒店为主体的现代服务业，积极建设高品质的城市综合体，包括现代服务综合体、文化创意综合体、生态休闲综合体、都会经济综合体，具备商贸、交通、服务、总部、居住、休闲、创意、旅游等职能，成为长沙市新型城市化的标志性区域。立足于长沙市国际化的战略背景，以浏阳河风光带为平台，着力推进国际化建设，包括国际社区、国际会所、国际学校、国际会议中心、国际论坛、国际化医院、世界名品专卖等。在浏阳河畔建设国际酒吧及会所一条街。将东岸一带打造成长沙市国际化门户。

开发文化资源壮大文化产业

芙蓉区开发文化产业，不要面面俱到，重点做好两篇文章。一是上天入地。芙蓉区高楼林立，可考虑开发高楼楼顶，而且楼顶的开发还有个好处，现在上面铺的防水材料，冬天天冷，容易开裂，夏天天热，一晒就融化，如果盖上一层土，既不漏水，而且住在楼下的人很舒服，这是一种新的理念，把绿色或者那些展览的东西，比如咖啡馆、茶馆全部搬到天上去。同时，可以在地铁站内搞文化街、创意街等。二是开发浏阳河片区。不做则已，一做就是大手笔，做长沙国，做西汉古城，而不是沿着河带开发，比如在浏阳河边上做一个定王台、盖一个芙蓉楼、排一出戏，建一个龙舟文化或稻文化博物馆，同时将缪园的建筑风格作为湖湘园林的代表，建在浏阳河边上。

加快东片合理规划促进经济转型升级

中国工程院院士、湖南农业大学教授、湖南省科协副主席
官春云

近年来，长沙经济社会发展迅猛，已成为中部崛起的重要亮点，伴随着长株潭“两型社会”综合配套改革试验区建设的推进，长沙正在大步迈向区域性国际性城市。当前，长沙大河西先导区的开发如火如荼，星沙板块、武广板块、空港新城显露峥嵘，被誉为“三湘第一区”的芙蓉区，秉承“湖湘之心、中部标杆、全国一流”的发展理念，重点发展东部，建设好“隆平种都”，希望在打造隆平种都的同时，利用好东湖的优势地理位置，建设空港商业区、免税区，打造东湖湿地公园，做好浏阳河河道旅游观光，建设好周边配套设施，特提出以下几个建议。

充分利用地理优势建设空港商业区、免税区

芙蓉区要充分利用东湖片区距离黄花国际机场、长沙火车站、高铁站（武广、沪昆、长渝三大高铁）均只有10分钟路程，又位于星沙商业副中心、黎托商业中心、高铁片区、空港中心的交叉中心位置，非常适合发展休闲体验、餐饮娱乐、购物等产业。其地理优势在于：一是根据《长沙市城市商业网点布局规划（2005—2020年）》公布，到2020年，长沙将建设完善1个市级商业中心（五一广场商业中心）、2个市级商业副中心（星沙商业副中心和渫湾镇商业副中心）以及10个区域性商业中心1（火车站商业中心、伍家岭商业中心、东塘商业中心、红星商业中心、望城坡商业中心、捞霞商业中心、马坡岭商业中心、黎托商业中心、观沙岭商业中心、大托商业中心）。今后芙蓉区重点将打造马坡岭商业中心。二是易炼红书记要求长沙市十三五规划的重点是在湘江区及两岸，空港和高铁片区，并且要求以国际水准推进机场扩建和长沙东部开放型经济发展，实现公交、地铁、轻轨、高速公路等交通方式的“无缝对接”，重点建设航空运输业、现代服务业、临空产业三大产业。因此芙蓉区要抓住契机，做好规划。三是目前长沙大力打造湿地公园，西有梅溪湖公园，北有月湖公园、松雅湖公园，南有南郊公园等，唯独东部没有。其实东湖有上百亩的湖泊，又紧邻浏阳河风光带，如果能够充分利用并建设好这些资源，绝不亚于梅溪湖。

综上所述建议：1. 在高铁片区、空港片区、星沙、榔梨交叉中心地带兴建空港商业区、免税区。2. 建个集商贸旅游、餐饮购物、玩乐休闲等于一体的大型购物中心（Mall）。3. 建好东湖湿地公园。

建设浏阳河风光带的河道旅游观光项目

“浏阳河，弯过了几道弯，几十里水路到湘江”，作为湖南母亲河湘江的一级支流，浏阳河以其逶迤秀美闻名于世。芙蓉区要抓住长沙建设湘江风光带，作为长沙旅游经济的一大名片的机遇，建设好浏阳河风光带，打响浏阳河这个“名片品牌”。

建议：在全面搞好浏阳河河堤绿化美化的基础上，根据浏阳河的发展历史沿袭，开发建立远大、三一、农大、农科院等沿线产业旅游观光线路。一是开通浏阳河运输、观光功能，小游船，运输船售票营运。在东屯渡，洪山桥等地建几个小型休闲地带作为观赏区，建立该区沿革图片展室、水上龙舟赛观景台、渔船码头、浏阳河婚庆公园等旅游观光景点。二是借助在浏阳河周边企事业单位实验、生产基地为旅游观光点，如远大、三一等企业的高科技产业旅游；湖南农业大学的校园、校史馆、昆虫标本馆、农业高科技室等；省农科院的水稻杂交中心、袁隆平科技成果展览馆；市蔬菜所特色蔬菜园、果园、油菜花观赏等。通过浏阳河的旅游观光项目使大家可以进一步了解长沙、了解浏阳河，同时带动、促进周边经济的发展，使之成为长沙的“塞纳河”。

做好湖南农大周边配套建设

人民东路沿线有湖南农大、农科院、生物机电学院、中科院亚热所、东岸建材、大汉建材批发大市场等，常住人口近10万人，仅湖南农业大学作为湖南重点大学教职师生就达5万人，但周边没有一所较好的中学，也没有一个大型超市，在长沙市各条线地铁路线的规划中也没有湖南农大、农科院的地铁站口，这对东片的交通、生活等都带来诸多不便，这些也将影响今后东片的发展。再加上目前人民东路、红旗路沿线

又在新建开发了几个大型的房地产楼盘项目，芙蓉区又在大力建设隆平新城、国际种都，届时人流、物流、商贸流等都将急剧增多，预计今后的常住人口将持续增加至15万左右。因此加快周边配套设施的建设，加大商贸、交通的发展，快速集聚人流、物流成为必不可少、迫在眉睫的大事。

建议：1. 在东片设东雅礼或东长郡中学。2. 在农大、农科院附近建1～2个大型购物商场、超市。3. 在地铁线路的规划中新增可直达湖南农大的地铁站，另外在省农科院袁隆平种都附近再新增1～2个地铁站口。

通过空港商业区、免税区、大型休闲购物商场（MALL）、东湖湿地公园、隆平种都的建设，以及浏阳河风光带沿线旅游观光项目的开发、湖南农大、农科院周边配套设施的建设等这一系列的规划建设，带动东片商贸、旅游、交通、生活等飞速发展，打响袁隆平和浏阳河两大“名片品牌”，促进芙蓉区东片区域经济转型升级。

长沙地铁2号线给芙蓉区带来新的机遇与挑战

湖南省政府参事、中南大学博士生导师、湖南商学院学术委员会主任
柳思维

2014年5月，长沙正式步入“地铁时代”。长沙经济史上，将同步迎来“地铁经济”新纪元，一个地铁新世界正向长沙人打开大门。处于地铁2号线中心地段的芙蓉区既面临新的机遇，也遇到新的挑战。

长沙地铁2号线通车将给芙蓉区带来新的发展机遇

2号线是长沙第一条地铁线。也是未来一段时间内，最富有含金量的一条线，有人形容它为一条“金扁担”，挑起河东和河西。以2号线为开端，长沙地铁经济的发展，将极大地增强中心城区的凝聚力、辐射力和带动力，地铁商圈的形成和发展，将从根本上改变长沙商业格局。发展地铁商业，是长沙打造国家商贸物流中心的重要一环。地铁2号线的开通运营，使芙蓉区近水楼台先得月，捷足先登率先跨入长沙地铁经济时代。长沙地铁2号线通车将会给芙蓉区带来新的商机主要有：

1. 芙蓉区地产和楼宇的升值机遇。地铁经济具有“溢出效应”，地铁通车带来了一种蕴含无限商机的“地铁经济”，从而带旺一个片区；同时一个城市的地铁系统不可能无限增加，而地铁沿线适合居住的项目更是少之又少，因此地铁沿线物业可以说绝对的稀缺资源。长沙地铁2号线已通车，1号线也将于2015年通车。其中长沙地铁2号线19个站点中经过芙蓉区的有五一广场站、芙蓉广场站、袁家岭站、长沙火车站、锦泰广场站、万家丽广场站、人民东路站这七个站，正处于地铁2号线的黄金地段和关键部位。这七个地铁站及周边的楼盘及商业物业将成为这些区域当之无愧的热门物业，随着地铁而来的，除了“地铁楼盘”外，还将会掀起一股“地铁旺铺”之风。以北京和深圳为例，其地铁站点500米半径范围以内的楼盘，价格比500米以外的高出30%。

2. 流动客流的增加与流动消费需求扩大的机遇。以香港为例，地铁是目前世界上最便利的地铁，被纳入公共交通体系，每年的地铁流量达到了8.5亿人次，相当于每天200万人次，30%以上的香港人跟地铁的关系非常密切。在经济相对发达的地区，为了快速到达目的地，即便是较高收入的白领人群也大多乘坐地铁上、下班，他们在乘坐地铁的途中产生的消费为地铁商业的发展奠定了基础。我估计，通过地铁2号线出入芙蓉区流动人口日增将在10万人次以上。人源就是财气，巨大客流就代表着滚滚财流。地铁2号线开通，将彻底打破长沙所谓“西文东市”的旧观，改变河东河西商业相对独立的格局，形成一体化商业格局，凭借公交车、地铁、城铁的覆盖，将吸引大批人流，成为拉动经济消费的新生力量。

3. 会创造和派生出创业与就业需求的机遇。实践也证明，地铁所到之处会发生人口增加，居住、商业、文化等区域性功能迅速形成等变化。这样一来，站点周边就会形成一个集办公、商业、娱乐、餐饮和居住等多样化功能为一体的城市热点。据统计，有75%左右的香港人其工作和生活都集中在地铁站点500米半径范围之内，其著名的购物中心青衣城便是“先通

地铁再开商城”的典型，地铁和商业形成了良好的互补。沿线商业提升生活空间和便利度。地铁成为城市生活重要的组成部分，人们可以通过地铁站快速地到达城市的商业中心、办公地点以及居住地，同时地铁站也成为人们进行日常活动的场所。在国外，人们乘坐地铁的过程中，解决交通问题的同时，还能把生活中的事务如洗衣、购物、休闲甚至餐饮，都在地铁沿线完成，而地铁也成为沿线小商业货物供给的主要通道之一。随着地铁通车会派生出一系列相关的商贸服务业的需求，地铁站口人员的流动产生各种即时需求。尤其是五一广场地铁站是最大地铁枢纽站且与绿化广场相接，芙蓉广场是长沙最繁华的商务区，芙蓉广场站附近地下约11.8亩将被打造成专题沙龙或品牌休闲娱乐中心。此外火车地铁站、锦泰广场地铁站与京广铁路链接，也会派生出新的创业与就业需求。

4. 改善和优化城市投资环境的机遇。地铁2号线通车后，使城市间的距离格局发生变化。地铁的快速便捷使城市的距离越来越近，城市的规模也因此可以发展得越来越大，使城市内与城市间的距离大大缩短，城市投资环境大大改善；城市距离格局变化，使人们居住在城郊，工作和购物在城市中心的生活已经成为现实。如地铁五一广场站在黄兴路与五一大道路口，有8个出入口。五一广场商圈是长沙传统商圈，地铁站每个出入口都有商业区接连，五一广场站有可能荣获最值得逛的地铁站的称号，五一商圈地带的投资环境会进一步改善。

5. 提升城区品位的机遇。对于一个城市来说，地铁是其走向国际化的标志。长沙进入地铁时代，芙蓉区捷足先登，标志着一个城区在人文、自然、交通、价值等方面的飞跃。如果一个城市没有地铁，市民都不愿住在郊区去，交通拥堵，使得上学不方便、上班不方便、就医不方便，时间成本极高，城市中心区的密度无限膨胀，成为城市进一步发展的瓶颈。长沙的高端商业大都集中在市中心，城市密度相当大，交通拥堵，而地铁的建成，交通上的快捷、精准，使得无论在长沙市的东南西北哪个位置安家、上班、就学，都一样的便利，因而可疏散城市密度，将大大减少进入中心城区的机动车辆，可优化城区的市容及商业环境，与此同时，芙蓉区地铁站点的地产品牌和商业品牌将极大地提升，同时也能提升城市品牌。

长沙地铁2号线通车给芙蓉区带来新的挑战

任何事物的发展都具有双重性，长沙地铁2号线通车以及未来1号线通车，既给芙蓉区带来新的发展机遇，也带来一定的挑战与问题。

1. 传统商圈面临地铁双向效应变数。地铁是一个整体，它对地铁线上的各个空间具有双向外部效应，既可给某一区域会带来客流，也可能带走客人和购买力。一方面地铁会给原来的商业中心区带来更多的人流，使原来的商业中心区发展更快，另一方面，由于交通条件的改善，以前一些交通不是很方便的地区，因有地铁站也可逐渐成为新的商业旺区，如北京三环外的一些地方以前商业较萧条因地铁通车带来人气形成新的商业中心。又如广州的上下九、长寿路原来是老商业中心，但在20世纪90年代早期，由于城市商业格局的转移，曾有一段时间衰落过，后来地铁通了之后，又重新焕发了生机。总之，地铁让城市中央更核心化，让城市近郊更城市化。地铁将打破长沙原有的商业格局，长沙商圈在地铁通车后会有一次大的洗牌，而这个洗牌过程对各个城市商圈都是一种考验。地铁会带来客流，也可能带走客人。地铁1号线沿线即将诞生的多个商业综合体，就是五一广场、芙蓉广场、火车站广场等传统商圈需要面对的巨大挑战，地铁通车后，如果芙蓉区的商贸服务没有创新和提升，购买力和生意流走也是可能的。

2. 城市商圈之间竞争更激烈。地铁通车会带动城市区域之间商圈的变化。长沙地铁沿线的商圈，也将在竞争中谋求各自发展的优势，尽可能在商业网点空间布局的优化、业态结构的调整、服务项目的增加、服务质量的提高、服务环境的改善、区域品牌的提升、顾客价值的创造、市场秩序的完善等方面提高竞争力，以吸引人流，吸引购买力，吸引投资商。面临新的竞争，一步先行，步步主动；一步落后，步步被动。芙蓉区如何先行一步，敢为人先，走在区域竞争前列，是必须要考虑的新问题。如果在竞争中被动，就可能丧失良机。

3. 地铁站厅商业投资的风险。地铁主要是为了解决交通问题，而地铁站厅商铺的经营特点不是解决人们的日常采购，而是流动人口日用的小商品、快餐、水果、饮料等，但利润不高。地铁中的消费者是“高频乘客”，尽管购买力不菲，但地铁的快节奏使他们与需要时间挑选的商品之间几乎绝缘，譬如化妆品和时尚用品，因此服装、珠宝之类利润高的商品在地铁商铺的销售中并无乐观表现。一些高价值和高利润的商品，消费者购买过程有个决策时间，不会像报纸那样说买就买。显然，地铁里逗留的时间不能满足这种购买需求。如果要开发高档大规模的地铁商铺，选址只能根据城市商圈来定，而非一味“仰仗”地铁。从国内已通地铁的京、沪、穗等大城市实践来看，即使是地铁站厅延伸的各类地铁商城，均遇到了经营不景气的风险。各地由地铁运营机构主导投资、大张旗鼓建起的地下商城，如不紧邻近传统的中心商圈，都陷入了“旺丁不旺财”的怪圈。因为店铺很小地铁商城没有逛街的环境，本身地下就比较压抑，没有地面商场的那种空间感与视觉享受。近几年以来，京、沪、穗等地的地铁商铺租逐渐开始了洗牌，地铁的站厅商铺们都已经被便利店、书包店、速食店、银行网点等业态的客户占据。因而地铁站厅的商业投资是具有一定风险的。

4. 城市管理环境复杂。一方面，任何一个城市通地铁以后，新增了城区管理风险空间，即地铁内和地铁站。地铁系统

设有先进的列车自动运行控制系统、通信、通风环控、消防、防洪、抗地震、公安、消防通信专网和公网接入等公共安全和灾害防护系统。信号系统拟采用数字轨道电路准移动闭塞控制方式，具有自动列车超速防护、自动列车监视、列车自动驾驶、车站安全门系统联动精确停车控制功能。通信系统包括公务电话、专用电话、电视监视、广播、时钟、旅客导向及资讯、大屏幕显示等子系统。但这些设施如遭到人为破坏，或出现突发的意外故障，或工作人员操作失误，或乘车低素质顾客行为干扰，都可能诱发出重大公共事件，损害政府和城市形象。另一方面，从国内外已建成地铁并通车的城市的实践来看，地铁物业不仅仅是建设，更重要的是经营和管理。芙蓉区所辖七个地铁站正处于长铁 2 号线最关键的地段，是城市中心的中心，出不得半点问题。如何未雨绸缪，加强地铁通车后地铁系统和城区的安全管理、应急管理，提高地铁运营的社会效益和经济效益，便是一个新课题。

结论

交通促进流通，地铁改变商业，这是发达国家和国内一线城市已有的经验，我们要提前做好充分准备，把地铁带来的人气转变成城市经济发展的财气。打好地铁牌，不仅是我们地铁 2 号线中心段芙蓉区要考虑的问题，也是长沙全市要面对的问题。到 2015 年，长沙地铁 1 号线将开通，其他 3、4、5 号线将相继建设，长株潭城际轻轨也将与长沙地铁连接。预计到 2020 年，全市每天将有近 100 万人次乘坐地铁和轻轨，到那时，长沙整个交通格局变了，人流的走向变了，商流、物流、资金流也会发生变化，怎么样抓住机遇，掘金地铁经济，是我们长沙发展要充分考虑的事情。

基于上述对地铁时代给芙蓉区带来的机遇与挑战的分析，是为了使芙蓉区因势而变、顺势而为、乘势而上，把握好地铁经济带来的历史机遇，主动迎接各种新的挑战，通过促改革、转方式、调结构、谋创新、惠民生，创造新的辉煌。

关于“芙蓉区如何实现经济社会发展走在前列”的思考

中南大学城市规划系主任、教授、博导　郑伯红

芙蓉区走在前列的优势

1. 区位优势

芙蓉区位于长沙市的中心城区，总面积 40.8 平方公里，九曲浏阳河蜿蜒而过。管辖内是集中了长沙的政治、经济、文化的核心，此处人气旺盛，综合大厦密布大型市场和特色街市数不甚数。此外，对内交通全市有 20 多条城市主干干道纵横交错，对外交通有京珠高速公路穿境，基础配套服务设施设置了火车站、汽车站等。这使得芙蓉区成为人流、物流的聚集地，区内拥有良好历史基础奠基以及高速发展的动态流通系统。

2. 经济优势

全区调整产业结构向第二、三产业发展转型，形成了二、三产业并举发展，并且产业之间和谐发展，相互促进。为了增强企业的实力，芙蓉区政府隆平高科技园来为技术上的支撑，不断增强工业经济效益，更有多样化的金融机构、综合大厦、星级宾馆、写字楼比比皆是。芙蓉区汇集了庞大的资金流以及信息流，

并且历年来其零售总额皆是居全市第一。

3. 文化优势

拥有古老历史的城区注定有着天然的历史沉淀和文化，特别是流传的楚汉文化。芙蓉区作为老城，其拥有 50 多个景观景点及众多的历史遗迹。如，长沙仅存的四条麻石街，这给旅游业提供了优秀的文化资源和新型商业空间，是芙蓉区独特的人文的魅力。

芙蓉区持续领跑面临的问题

作为长沙市的中心城区，芙蓉区在拥有众多优势的前提下，要全面实现省委、省政府提出的“六个走在前列”的要求，实现走在各兄弟区前列的目标，充满了挑战。在“六个走在前列”中主要是针对加快转型创新发展、城市规划建设管理、加快两型社会建设、共建共享全面小康、维护社会和谐稳定、提高中共建设科学化水平等六个方面提出了新要求。

1. 金融创新不足

金融创新是指将金融领域的各个要素进行重新组合产生新的创造性的变革。不单单指金融工具，还指市场、产品、制度、机构、手段、调节方式等。在以经济建设为中心的经济社会高速发展的大背景下，推动金融创新已成为加强区域经济的重要方式。如何实现金融领域的各个要素进行整合创新，从而产生高效的财富，成为芙蓉区在经济发展上的一个难点。

芙蓉区的金融创新不足主要体现在以下几个方面。首先，主动金融问题。金融发明是主动金融中难度最大的一种，采取的是全新的经营模式。芙蓉区虽然有隆平高科技园的技术支持，但是在创造新的经营模式上取得的成果还是不多的。其次，金融开拓是将金融营业进行多元化的发展，引起金融机构的竞争环境以增加收益为目标。芙蓉区内金融界较为散漫，环境竞争较轻。最后，金融模仿是一种行业向另一种优秀行业学习经验。芙蓉区的优秀经验需要进一步的提高，金融结构有待完善。第三，是被动金融问题。被动的金融为求生存和发展，也同时需要适应性对策和措施。芙蓉区需加强避开传统的管制空间，提高金融的工作效率。其次，芙蓉区较少利用合作经营来扩大其经营范围，同时将他人的经营手段运用于自身的发展，以此来加快转化产业结构的调整。

2. 旧城新活力的不足

在新的社会进程中对于旧城提出了更高的要求，芙蓉区作为老城区拥有优秀的历史资源，如何加强旧城活力，提高地区经济的发展动力成为思考的一个难题。旧城活力的不足表现在以下几个方面。首先，历史建筑的保护力度不强。历史建筑的保护促进旅游业的发展以增添旧城文化的新活力，成为一个地区经济、社会全面发展的重要推动力。但是，政府在开发的时候注重一个区域的经济，往往忽视了历史文化的保护，造成历史资源的流失。芙蓉区拥有众多旧城资源，但是在历史建筑上的保护力度不足。有大批的民国时期的建筑正面临困境，游击坪 4 号公馆、古井聚福井等历史遗迹被长沙市政府列为不可移动文物的，已经或即将从历史文化名城长沙消失。其次，旧城改造研究不深入。旧城改造是一个系统工程，是兼顾经济发展和人文生态发展的双重责任，并且惠及子孙后代。芙蓉区富含旧城历史文化资源，需要不断深入研究历史文化，并能不断将文化转化为带动经济的旧城新活力。这样不但带动城区的经济新活力，而且为生态环境带来长久的经济效益。

3. 招商力度的不足

随着我国进一步开拓市场，新的历史时期要求发展和完善经济体制。允许一部分人和地区先富起来的政策带动了整个中国的飞跃，中部应该积极接轨先富的地区，吸取先富地区的优秀经验，从而取得更为瞩目的成就。长沙作为中部城市的典型代表面对国内形势的变化采取了“六个走在前列”的新政策，吸引高端商家的加盟。芙蓉区作为长沙的中心城区将对长沙未来的发展起到中流砥柱的作用，固然需要吸引优秀的商家，然而芙蓉区对比全国的省会优秀的发展区来看是存在明显的不足之处。

对自身招商引资方向不明晰。一个地区长远发展是要立足于本土的区域实际，只有充分了解自身的资源才能明确如何有效的利用招商资金与地方特色融合，促进地区的发展。芙蓉区目前存在的问题是，未能明确自身特色，未能充分利用资源的差异性，从而使得在招商方面不具备明晰的方向。

高端服务业招商资源不丰富。另外，只依靠自身发展的长期发展将会使地区产生惯性思维，而高端的商家将会给地区带来新的金融经营模式。芙蓉区在招商上的力度逐渐增强，在近几年到芙蓉区已拥有十一个招商项目，涵括土地、金融、商务等方面。虽然第三产业的比例有所提高，但是其中第三、四层次的服务业明显偏少。

4. 软环境的不足

“软环境”是相对硬环境而言的一个概念，它是指物质条件以外的诸如政策、文化、制度、法律、思想观念等外部因素和条件的总和。它是衡量一个地区经济发展重要标志，优秀的软环境会吸引强大的资金流。在“六个走在前列”指导下，芙蓉区应在以下几个方面对软环境进行完善。

服务环境。服务业的软环境虽是无形的，但可以给人带来某种利益和满足感。其中包括：政策环境、政务环境、法制环境和市场环境等方面。高效的服务可以做到低成本高效率，使得区域的资金、技术成流动的联系，加强市场竞争的服务环境。如何改善芙蓉区的服务环境，加快区域又好又快的发展，是一个值得研究的问题。

人才环境。经济的发展离不开人才，而人才只有在合适的环境中才能脱颖而出。芙蓉区应搭建一个更广阔的平台，以吸引更多新型人才，并使每个人才得到充分发挥，以此形成一种尊重知识、尊重人才的良好环境。

法制环境。经济的稳定需要政府提供良好的法制环境，法制环境是衡量地区是否稳定、健康发展的重要因素。芙蓉区应完善其法制环境，形成良好的市场秩序竞争。

芙蓉区实现经济社会发展走在前列的对策建议

芙蓉区正处于转型创新发展的关键时期，省委、省政府适时提出的“六个走在前列”对芙蓉区经济社会的进一步发展具有重要的指导意义。作为长沙的中心城区，芙蓉区在经济社会发展提速上必须承担重要责任。综合上述问题，特提出以下建议。

1. 应加强金融创新，调整金融产业结构。所谓“金融活则经济活，金融兴则城市兴”。目前芙蓉区的金融机构发展不平衡，产业结构有待完善，主要表现为银行业一枝独秀，其他产业发展零散不活跃，未能形成品牌企业和规模效应。应增加证券、保险、信托、基金、投资等类型的产业比例，形成健康、可持续的产业结构。

2. 提高芙蓉区 CBD 容积率，强化其作为长沙乃至中部地区经济增长极的影响力。香港瑞安集团主席罗康瑞表示，目前中国大城市的中央商务区的容积率太低了。要提高芙蓉区 CBD 容积率，可大力推进“腾笼换鸟”战略，对旧商业楼宇提质改造，对棚户区、危房地段等进行旧城改造，引入更多优质、高端开发商和投资商入驻，强化商业、商务在空间布局上的集聚度，有利于打造更具影响力的金融中心。

3. 加大政府扶持措施。可设置一定的奖励、优惠政策，吸引更多中外企业入驻，从而在宏观的经济社会发展中获得更大的企业“反哺”效益。例如制订促进高端服务业发展的政策措施，对新引进的银行、保险、证券及金融机构给予相关优惠，对新入驻的机构给予一定金额的奖励等。

4. 完善“硬环境”，发展“软环境”。芙蓉区应积极探索构建其特色服务体系，如开展的“白领午餐”、“白领驿家”、“白领学堂”等特色品牌服务项目，坚持以人为本的发展原则，增强人们对芙蓉区的归属感、认同感，企业才能扎根常驻。同时也有利于社会和谐稳定，促进芙蓉区健康快速发展。

5. 加大科技研发投入，提高自主创新能力。空谈误事，实干兴区。芙蓉区应坚持以科技创新能力提升全区竞争力。可充分利用区内现有高校，如湘雅医学院、湖南农业大学等，建立长期战略合作，同时还应积极与国内外高校或科研机构建立合作关系，学习先进科学技术，成立更多具有品牌效应的高新科技园，如隆平高科技园。

6. 加强城市规划建设，提升长沙门户形象。随着地铁 2 号线的开通，芙蓉区将迎来更大的发展机遇。位于芙蓉区的站点有湘江中路站、五一广场站、芙蓉广场站等，其中五一广场站为 1 号线与 2 号线的交通换乘站点，必将成为重要的交通枢纽，同时也是展示芙蓉区和长沙形象的窗口。芙蓉区应抓住机遇，加强城市规划建设管理，规划好各地铁站点周边用地布局，提升站点周边城市形象，为打造“湖湘之心、中部标杆、全国一流”贡献力量。

（摘自《芙蓉月刊》2014.9）

建言献策

·建议及答复·

关于扶植芙蓉区高端服务业做大做强的建议（摘要）

建议人：区人大代表　钟　浩

芙蓉区作为“金融中心”“商务中心”“消费中心”的三湘第一区，拥有 400 万平方米楼宇、130 万平方米卖场，土地资源有限、区域空间相对不足，楼宇经济必然是经济发展的重点。

楼宇经济是一种“隐藏”在商用楼宇中，以商务楼为载体，通过开发、出租楼宇引进各种企业，从而引进税源，带动区域经济发展的一种经济形态。支撑楼宇经济的产业非常广泛，但主要是商贸流通业和现代服务业、金融业、咨询代理业、广告和招商行业。

本土高端服务业做大做强的限制因素

1. 成本攀升制约了增长。以房地产代理业为例，2013 年，我区房地产代理业受到国家政策、市场变化的冲击，加之各种管理成本不断攀升居高不下，严重制约了快速发展的步伐。

2. 基础设施不完善。全房地产代理咨询企业较多，规模小，房地产代理咨询企业信息技术应用水平较低，缺乏必要的公共房地产代理咨询信息交流平台。

3. 大量引入和重视海内外品牌，本土高端服务业品牌成长艰难。这些品牌企业给沿海带来了良好的企业管理经验和较好的国内外资源，但他们有一个共同的软肋，即是：非本土企业，对于湖湘文化相对理解不深刻；对于本地政府对经济社会建设的思路相对理解不深入；企业行为以短期效益为主，不利于本地经济的长期稳定发展；借助一些强势渠道和资金后盾，攻城略地，兼并吞并，极大的缩小了本土高端服务行业的生存空间。

针对扶植本土高端服务业做大做强的措施

为了帮助、扶持知名企业“品牌化”进一步抵御风险，激励大项目持续落户本地，起到安商、留商、富商的目的，除享受已有的优惠政策外，还要多方面进行扶持。

1. 在项目进程中特事特办，帮助企业科学规划，为企业储备发展更多的项目。

2. 加大财政扶持力度。对于省市下拨和区级安排的各类扶持资金，确保高端服务业在优质企业的成长，对纳税大户给予一定比例的财政补贴和税费优惠。

3. 鼓励区内现有的企业发展，利用新项目开展内外嫁接改造，对其管理费等进行减免；对其上交的契税收入，由受益财政按有关政策规定予以适当补助。

4. 给予资金优先支持。缓征税收或部分缓征，享受国家人力资源的统筹资金，同时协调银行等金融单位参与融资，使资金得到最大化的利用。

5. 设立高端服务业发展专项奖励制度。通过设立地产代理咨询专项资金、鼓励本区企业大力实施名牌战略，鼓励地产代理产业不断发展，鼓励与支持有能力的企业积极开展拓展外区、省内、国内市场。

以房地产咨询代理行业分析，建议如下：

1. 现代房地产代理咨询业具有覆盖面大，辐射面广的特点，但目前还没有一定规模与知名度的现代房地产代理咨询机构。因此，应尽快研究发展现代房地产代理咨询业的对策，抓紧培育省内甚至国内龙头企业。把房地产咨询策划代理产业的“蛋糕”做大，打造芙蓉区房地产代理咨询业的品牌。

2. 在减免税收和提高服务上下功夫，留住与增值芙蓉区的各种房地产代理咨询资源，税收才能得以保证和提高。应根据实际情况，制订出符合房地产产业发展的优惠税收政策，降低税费，遏制房地产咨询策划代理项目大量转出，减少对房地产代理咨询业的冲击，否则，自身良好的房地产代理咨询资源将被周边区域所吸收，在城区竞争中优势必将处于不利地位。

3. 尽快制订现代房地产代理咨询的扶持政策以减轻企业不断攀升的成本压力。由于现代房地产代理咨询产业具有投资大，短期回报率低的特点，从长远经济效益和综合经济效益可观的属性上看，有关部门应在资金、用地、税收、融资等方面给予扶持和支持，制订和完善切实有效的优惠政策。

（2014 年 2 月 27 日）

关于区四届人大三次会议第 2 号建议的答复（摘要）

芙商务复函［2014］4 号

钟浩代表：

您在区四届人大三次会议上提出《关于扶植芙蓉区高端服务业做大做强的建议》已收悉。区政府高度重视，交由区商务和旅游局认真办理，现将综合办理情况答复如下：

高端服务业作为现代服务业的组成部分，处于服务业的高端领域，具有低资源消耗、低环境污染和高产业带动力的特点，而芙蓉区作为省会长沙的中心城区，总面积仅 42.8 平方公里，则有土地资源紧缺、投资成本过高等方面的不利因素和限制，因此，大力发展高端服务业非常符合全区未来经济的发展模式，也得到了区委、区政府各级领导的高度关注和重视。未来五年，区政府将会大力发展现代服务业和高端服务业，针对高端服务业领域开展探讨和研究，制订相关扶持政策，加快推进产业转型升级，全面提升区域经济发展水平。在招商模式上，改变大搞招商节会的旧模式，转为招商小分队赴上海、深圳等沿海发达城市上门招商，重点引进占地面积小、无污染、税源高且可持续性的企业，既很好地避免了铺张浪费，又取得了实质性的效果。

芙蓉区商务和旅游局作为经济一线部门，理应全心全意为辖区内企业做好服务工作，协调好企业和政府之间的关系，努力做到招商、安商、护商。

（2014 年 8 月 4 日）

关于重视校园周边流动食品摊贩治理和交通整治，确保学生生命安全的建议（摘要）

建议人：区人大代表　曾庆桂

长铁一中地处向韶社区，进出通道狭窄。每当上学和放学，大量食品摊贩集聚到校门口，挤占原本狭窄的通道，再加上居民车辆违规停放，导致学生进出学校存在严重的安全隐患：1. 卖油炸食品摊贩的推车上有液化气罐，现炸现卖，存在液化气罐爆炸的严重安全隐患。2. 食品摊贩都系无证经营、无人监管，存在食物中毒的严重安全隐患。3. 学生上下学时段与周围居民上下班时段重合，常常交通拥堵，学生在车流中行走，极易造成交通事故。为此，学校多次向有关部门反映，校园周围流动食品摊贩治理和交通整治问题。2013 年 10 月，由市教育局牵头，区政府办、区教育局、城管、朝阳街道办事处、向韶社区、长铁一中等单位参加召开了联系会议，政府职能部门决定每天安排两名城管队员中午和下午放学时蹲守半个小时，为期两个月，由学校补贴误餐费。实施后，效果尚可。本期开学以来，尚未看到城管蹲守，校门口流动食品摊贩聚集、车辆违规停放依旧，希望政府相关部门采取有效措施，切实整治校园周边环境，确保师生安全。

（2014 年 2 月 27 日）

关于区四届人大三次会议第 25 号建议的答复（摘要）

芙城管复函〔2014〕6 号

曾庆桂代表：

您在区四届人大三次会议上提出《关于重视校园周边流动食品摊贩治理和交通整治，确保学生生命安全的建议》已收悉。区政府高度重视，交由区城管局主办，现将综合办理情况答复如下：

针对该提案中提到长铁一中前大量食品摊贩集聚到校门口、校园周边车辆违规停放等问题，辖区中队立刻开展相关整治工作，主要做了以下几个方面工作：

1. 加大日常巡查力度，定期开展整治行动，收缴和暂扣了部分违章经营的物品和工具。

2. 完善校园周边秩序控制措施，加强协管员守点工作。

3. 通过悬挂布幅、张贴通告等方式，加大宣传力度，营造维护校园周边良好秩序的氛围。

4. 进一步加强在长铁一中学校周边路段的巡逻管控力度，并加大对学校路段违停车辆的处罚力度。同时，全面落实交通事故快速处理和交通拥堵快速排堵工作机制，一旦发生交通事故和交通拥堵，民警要在第一时间赶赴现场，排除堵患，恢复交通。

通过近一段时间的整治，目前长铁一中周边市容秩序良好。

（2014 年 7 月 4 日）

关于将三湘南湖大市场家电城通往东二环出口红绿灯退后 20 米的建议（摘要）

建议人：区人大代表　郑荣　柳建武

三湘南湖大市场家电城通往东二环出口，是三湘南湖大市场家电城和汽配城通往二环线的东西向主要通道，也是星典时代小区 1500 多户居民的出车通道，而该处的南北向红绿灯停车线几乎正处在红绿灯下，正好把道路出口堵住，使得三湘东二环出口经常堵车，人行横道设置也不合理，广大居民、经营户反应十分强烈。建议区交警大队将此红绿灯处进行重新划线，退后 20 米左右。

（2014 年 2 月 27 日）

关于区四届人大三次会议第 10 号建议的答复（摘要）

芙政复函〔2014〕10 号

郑荣、柳建武等代表：

你们在区四届人大三次会议上提出《关于将三湘南湖大市场家电城通往东二环出口红绿灯退后 20 米的建议》已收悉。区政府高度重视，责成区交警大队认真办理。现将综合办理情况答复如下：

三湘南湖市场位于城东片区，紧邻主干道晚报大道、东二环、远大路、车站路，市场内部支路连通性较差，同时受单位和沿线商铺分割的影响，支路系统密度不足，道路路幅宽度不够，整个路网中的循环能力较差。其中东二环凌霄路口作为市场内进出通道之一，该路口已成区交警大队重点关注路口。通过对路口流量监测、信号灯相位相序配时调查、行人及学生过街安全等，认真分析路口拥堵的原因，制订《关于湘湖管理区域内道路交通组织优化方案》。该方案针对三湘南湖大市场家电城通往东二环出口提出措施如下：

1. 将路口北进口停车线往北退 15 米，清除现有停车线及导向标线，同步施划相应的配套交通标线。

2. 将路口北口现有人行过街斑马线清除，同步在路口南口增设人行过街斑马线，并完善相应的过街信号灯设施。

3. 建议将路口信号相位由现有：南北直行 + 南北口左转 + 东口单放调整为：南北直行、东西向人行过街 + 南北口左转 + 东口单放、南北向人行过街 + 西口单放、南北向人行过街，同步完善相应的机动车信号灯、人行过街信号灯配套设施。

4. 路口信号相位调整为 4 相位后，建议对路口南进口车道分布重新布置，将路口南进口第一股直行车道更改为左转车道、右转车道更改为直行带右车道，路口西进口增设停车线及导向车道，同步完善相应的配套交通标志、标线。

5. 路口南北进口增设左转待驶区，并完善相应的配套交通标志、标线。

（2014 年 6 月 30 日）

关于进一步提升村民安置小区环卫、市政、园林管理水平的建议（摘要）

建议人：区人大代表　李建康

罗加祥　厉　峰

芙蓉区东屯渡街道的安置小区多，近年来，区委区政府以及区直部门为安置小区的环境日常保洁、绿化日常护理、市政设施维护等方面做了大量工作，使安置小区的宜居环境大大改善，但还是存在日常管理力量不平衡、管理盲区依然存在，需要进一步加大投入，加强日常环卫保洁、市政园林维护力度，提升安置小区居民生活质量。

1. 建议提升安置小区整体的日常环境保洁水平。由于安置小区市场经营户多、流动人口多、租住户多，日常清扫保洁难度大，加之清扫力量的不足以及部分安置小区的环卫清扫关系没有及时移交（农科村安置小区的 C、D 区，高岭小区旁边新修的法院路，导致安置小区整体保洁水平不高，甚至有些安置小区的卫生可以用脏乱差来形容，不仅影响居民的日常生活，而且影响整体的城市管理水平，建议将环卫未接管保洁的安置小区尽快接管，并加大日常保洁力度。

2. 建议加大安置小区市政设施的维护力度。安置小区由于市政基础设计建设的标准较低，加上没有专门的物业公司进行管理维护，时间久了，一些自建房的配套设施，如下水道、化粪池等，经常出现破损、堵塞，从而导致下水道堵塞积水，甚至内涝，化粪池同样堵塞，长期溢出，严重影响居民群众的正常生活。建议对芙蓉区东片安置小区市政设施进行全面摸底，全面掌握市政设施使用情况，同时加大市政投入，对老化、不合标准的市政设施及时更新和维护，并针对安置小区的实际情况，成立专门的队伍定期对安置小区的下水道、化粪池等进行疏导，从根本上改变安置小区市政设维护和下水疏导的“应急模式”。

3. 建议加大安置小区园林绿化的日常护理。随着居民对居住环境的要求不断提高，安置小区内的绿化率已成为人们普遍关注的问题，但是，一些安置小区的绿化不到位，小区绿地面积覆盖率低，加之无人管理，久而久之，小区内的绿化不仅失去了应有的作用，而且影响安置小区的整体形象。建议从实际实用从发，加大对安置小区的园林绿化的日常维护，确保安置小区原有的配套绿化保持完整，成为安置小区的一道美丽风景。

（2014 年 2 月 27 日）

关于区四届人大三次会议第 17 号建议的答复（摘要）

芙城管复函〔2014〕3 号

李建康、罗加祥、厉峰代表：

你们在区四届人大三次会议上提出《关于进一步提升村民安置小区环卫、市政、园林管理水平的建议》已收悉。区人民政府高度重视，交由区城管局主办，现将综合办理情况答复如下：

根据区委、区政府的统一部署，区城管委决定下一步实施“农安小区”提质改造工作。

一、辖区农民安置小区的基本情况

农安小区整治工作涉及八个街道（局）：东岸、东湖、马坡岭、东屯渡、湘湖管理局、马王堆、火星、荷花园。据初步统计，全区共有 1158 幢，其中东屯渡259幢。主要存在两块问题，一是建筑年代较早，配套的各类市政设施、园林绿化，如小区道路、化粪池、沟井（盖）、下水道（管）、消防栓等都老化破损严重，二是原有规划设计不完善，给农安小区居住带来诸多的不良影响。针对以上情况，对部分农安小区要进行布局规划，丰富居住功能，对绝大多数农安小区进行提质改造，提高居民生活质量。

二、提质改造目标和安排

以拆除各类违法违章建筑、完善基础设施、落实物业管理责任，实现市政、环卫、园林维护作业的对接工作为重点，计划从2014—2015年，对全区已建成的集中连片、市政配套设施不齐全、环境卫生脏乱差、园林绿化缺乏、居住条件较差、群众诉求强烈的农安小区实施提质改造。

（一）成立“农安小区”提质改造领导小组

将成立由分管区长负责，区城管执法局为牵头单位，各相关街道（园、局）、部门责任单位的工作领导小组。

各街道依据相同模式，分别成立工作小组，以“一套流程，一个街道，一个班子”的格局开展工作，工作小组负责改造项目初审、实施进度把关、验收签证协调、施工现场维护等工作。

（二）整治改造内容

将全区农安小区整治工作重心下移，以街道作为农安小区整治工作的责任主体，分街道具体实施，区直部门大力配合、支持。全力推进农安小区内基础设施建设及拆违控违等专项治理，既要整体推进，也要把握重点，更要考虑实际，对每个农安小区存在的问题有针对性地开展工作，确保此次农安小区整治工作取得实效。

1. 市容秩序治理。对区域内的各类违章建筑、构筑物和棚、亭进行彻底拆除，对于新增违章一律“踩死”，确保控违率100%。对背街小巷成堆垃圾、楼道堆积物等进行及时清理，做到道路、楼道内干净整洁。对楼道内、电线杆等张贴的牛皮癣及时清除，维护辖区形象。加强对店外经营现象的控制，做到经营秩序规范，门店形象整洁。加强农安小区内的“夜宵摊担”专项治理，加强宣传教育，营造居民自觉维护环境的良好氛围，加大执法力度，采用分组包干、定期不定时、教育与处罚相结合的方法进行整治，坚决取缔占道经营、游商、非法马路市场和非法夜市。

2. 完善布局规划。针对部分农安小区规划设计不完善等问题，在本次农安小区的整治工作中应对小区布局安排和配套设施进行充分考虑，争取做到一次整改到位。对部分道路实施硬化，划分停车位，解决居民停车难的问题；在充分争得居民同意的情况下进行绿化补植，按照“见缝插绿、提升绿化”标准再次进行全面绿化，同时加强后期管养维护，提升小区品质；规范农安小区内“专业市场”经营；适当建立临时菜贩、夜市摊档疏导点，满足居民基本生活需要；对个别具有示范作用的农安小区可考虑建立小广场或小游园，打造“芙蓉”特色。

3. 基础设施改造。对破损的路面进行改造修缮，根据实际情况，对路面采取铺油或混凝土硬化等方式进行处理，实现道路畅通。完善排水管网，疏浚下水道，改造化粪池。重点对片区内堵塞严重，居民反应大、严重影响居民生活的下水道进行清淤、疏浚。对澎溢情况较严重的化粪池进行改造。完善消防设施，畅通消防通道。对部分断头路进行拉通，完善整体交通布局，确保居民出行通畅。对农安小区内原有的路灯照明系统进行全面摸底，对需要检修的路灯进行及时修理，对需要安装路灯的幢道与公共场所及背街小巷等地段及时安装路灯，完成后争取转交路灯管理部门进行统一管理。

（2014年7月4日）

·提案及答复·

关于解决中小企业融资难的建议（摘要）

提案人：区政协委员　栾芳

中小企业是一个富有活力的经济群体，是国民经济的重要组成部分，在促进我国经济繁荣、就业增加、推动创新、催生产业等方面，发挥着越来越重要的作用，然而，融资难的问题一直困扰和制约着中小企业的发展。中小企业融资困难主要表现在以下几个方面：

1. 现行金融体制的国有商业银行垄断程度过高，不利于开展对中小企业的信贷活动。虽然有地方商业银行和民生银行，但它们普遍对中小企业的贷款金额小，期限短。

2. 现有信用担保制度不健全，抵押担保难落实。为防范和控制金融风险，各金融机构基本停办了信用贷款，实行资产抵押担保贷款制度。而中小企业普遍存在的经营规模小，固定资产少，土地、房屋等抵押品不足，流动资产在生产经营过程中易发生物质形态变化，无形资产又难以量化等特点，这与大多金融机构对固定资产等抵押物偏好相左．极度妨碍了中小企业从金融机构融通资金。

3. 通过资本市场直接融资的大门基本对中小企业是关闭的。全国民企要通过资本市场融资只能到国内主板市场融资或海外上市融资，但是主板市场上市对于中小民企而言就已几乎是不可能的，更不用谈海外上市。

对策与建议：

1. 政府应大力推进中小企业信用体系建设。根据中小企业自身的特点，建立中小企业信用体系，信用档案，搭建信用信息平台，提高企业自身诚信意识，为中小企业信贷融资创造基础条件。

2. 加快发展和设立小型金融机构，逐步放宽小型金融机构准入条件。同时，加速金融产品创新，鼓励各金融机构开发出更多适合中小企业的金融工具，如票据质押贷款、应收货款质押贷款等，以适应中小企业的各种不同需要。

3. 政府出台有关的法律法规，下大力气完善资本市场结构，建立多层次的市场体系和多层次、多渠道的信用担保制度及机构，适时推出针对中小企业直接融资的新市场。鼓励设立支持更多中小企业发展的风险投资基金，多渠道、多形式扩大中小企业直接融资的范围。

（2014 年 2 月 4 日）

关于区政协四届三次会议第 31 号提案的答复（摘要）

芙金办复函〔2014〕2 号

栾 芳委员：

您提出的《关于解决中小企业融资难的建议》已收悉。区政府高度关注，交由区金融办主办，现将综合办理情况答复如下：

区金融办在拓宽融资渠道，规范民间融资，促进中小企业发展做了以下几项工作：

1. 开展多形式银企政对接会，打造融资服务平台。3 月中旬，以“财富芙蓉成就你我”为主题，由区政府主办，区金融办承办举行“芙蓉区银企政春季对接洽谈会”，建设银行、华厦银行、华融湘江银行、芙蓉农村合作银行等 4 家银行代表与 62 家企业代表、5 家证券公司、4 家高新创投公司进行了面对面的交流和洽谈，公布了芙蓉区 2014 年铺排的 58 个重点项目。区金融办还坚持定期采取多种形式积极开展融资专项服务活动，促进辖区中小企业的发展。

2. 加强行业监管，进一步规范民间融资机构。加强对担保和小贷等金融机构的监管力度，采取现场检查与抽查相结合的方式，对辖内小额贷款公司和融资性担保公司实施全方位监控，杜绝非法集资、非法吸存、非法放贷等现象发生。组织专职人员对辖区内担保公司、小贷公司、民间融资、非法集资态势进行深入的走访调研。形成比较完备的全区关于非法集资调研报告。

3. 成立机构，完善机制，加大打击非法集资工作力度。区金融办一直努力着手建立芙蓉区金融监督管理长效机制，并取得明显成效。成立芙蓉区打击和处置非法集资工作领导小组，积极开展金融生态区创建工作，有效开展打击和处置非法集资工作。建立了区金融动态信息和非法集资预警信息机制。形成了由金融办牵头，相关部门配合，各街道一把手负总责，分管经济工作副主任为第一责任人，经济办配备金融信息联络员具体实施经办。对各街域内相关金融证券动态信息定期报、非法集资重大信息随时报的信息报送机制。常态化开展金融证券知识进市场（企业）、进楼宇、进街道、进社区活动。建立和健全区处置非法集资楼宇、街道、社区三级风险排查、信息报送、全面防范以及快速处理机制（简称“四进三查”活动），取得良好效果。

为更好的规范民间融资，促进中小企业发展，下阶段我办将在以下几方面，重点开展工作：

1. 积极协调金融机构对全区中小企业的融资支持力度。高度重视并制订相关的政策措施，鼓励各金融机构加强和改善对中小企业的金融服务工作。加强对中小企业融资的政策引导，完善中小企业融资信用担保体系建设，加强风险管控能力，以调动金融机构服务中小企业的积极性。通过常态的银企政对接等特色融资活动鼓励银行对有担保的中小企业贷款简化业务流程，并给予一定的利率优惠。明确支持银行、保险等金融机构开展中小企业金融产品创新，鼓励银行建立中小企业金融服务专营机构。认真做好中小企业信贷资金需求调查，加大信贷投放力度，切实解决中小企业发展的资金瓶颈。

2. 整合区内资源，积极规范民间融资。支持长沙民间借贷服务中心的发展，探索建立民间融资管理制度创新，对民间融资活动进行有效的管理和服务，其中包括宣传金融技术知识和法律知识；帮助其培训管理人员；引导其内部管理的规范化等，促进民间融资机构在规范中发展，在发展中成熟，并逐步建立起市场经济基础上的充分竞争的现代金融秩序。

3. 防范打击非法集资，净化金融发展环境。建立预防和打击非法集资的责任机制，在辖区现有监管机制基础上，通过各街道金融联络员进一步完善风险排查机制、信息收集和调查工作责任机制，维护正常的经济金融秩序，为中小企业融资净化发展环境。

（2014 年 6 月 15 日）

关于进一步深化政协协商民主工作的建议（摘要）

提案人：区政协委员　高翔

发展人民政协协商民主，是提高人民政协履行职能水平，切实发挥政协在全局工作中重要作用的客观需要，也是新的历史时期推进政协协商民主，促进政协工作与时俱进所面临的重大课题。在新的形势下，如何进一步深化政协协商民主工作，特提出以下几点建议，以供参考。

一、必须从政协文化层面入手，努力建设与弘扬政协文化，为其提供坚实的文化支撑。

人民政协的建设与发展不但有着客观的政治结构体系，而且形成了与之相对应的观念形态的政协文化，它无不渗透到政协工作的方方面面，贯穿于人民政协履行职能的始终，深刻影响到政协协商民主的质量。为此，区政协相关专委会有必要在办公室协调下，每年分批组织政协委员参加以“政治协商、民主监督”为主要内容的专题研讨班，有选择性地学习人民政协有关政治协商、民主监督的理论知识，着重了解其内涵、手段及目的；学习全国和省、市政协已经肯定的外地政协有关协商民主工作先进经验，结合本区实际加以消化创新。学习的对象既可以是专委会所联系的政协联组全体委员，也可以在不同党派、不同界别中选择一批履职热情高、参政能力强的委员分期分批学习。增强协商意识，养成协商办事的习惯，倡导并掌握协商办事、解决问题的工作方式方法，从而达到提高他们参与民主协商的积极性和履职水平。

二、加强实践探索，把发展政协协商民主放到全区经济、社会的大环境中进行研究和部署，为推进政协协商民主提供实践基础。

1. 着力提高政协全会全面协商的质量。随着政协工作的改革创新，特别是政协全会时间的缩短，留给政协安排协商讨论的时间也将大大压缩。因此，政协联组协商讨论的内容必须突出重点，协商的结果必须尽快形成共识。例如，在协商讨论“一府两院”工作报告前，大会秘书处可以与“一府两院”相关部门沟通，围绕报告中涉及几个重大问题和重要工作拟定简单扼要协商讨论的内容，总的要求就是提出问题，协商讨论问题，形成解决问题的共识，使政协联组在协商讨论中纠正过去那种说空话、套话，要么是唱赞歌，要么是为本单位本部门争利益的偏差。为了提高协商讨论的效果，大会主席团还可以授权大会秘书处，从政协各联组中挑选若干名参政议政热情高、履职水平强的政协委员组成临时讨论小组，围绕几个重点问题开展讨论协商，由于人少话齐，更容易形成共识，在总结全会协商讨论结果时就会内容丰富，言之有物，为区委、区政府提供的决策依据也更真实有效。

2. 进一步完善专题协商。专题协商具有议题鲜明、研讨集中、交流互动的特点，更能增强协商的成效。我认为，在协商讨论人事方面问题时，拟增加了解掌握区委提名候选人基本情况的环节。例如，在候选人所在单位或部门召开基层政协委员和民主党派、无党派人士参加的座谈会，多方面了解情况，听取意见。然后在区政协常委会专题协商会上通报，使常委会协商计论的结果更具准确性，为区委决策提供真实依据。区政协组织的专题协商会，要增强针对性。专题协商会可以围绕全区的经济建设、社会治安、重点工程项目建设、党风廉政建设等，选择 1—2 个问题比较突出，群众意见大的问题开展协商，但协商的方式拟以常委扩大会议的形式进行，协商过程中应有区委、区政府相关领导及相关部门的负责同志参加，并在会上进行互动。协商意见应以郑重方式报送区委、政府，并督促落实，将处理情况向政协委员进行反馈。

（2014 年 1 月 10 日）

关于对区政协四届三次会议第 69 号提案的答复（摘要）

芙政协办发〔2014〕7 号

高翔委员：

您提出的《关于进一步深化政协协商民主工作的建议》提案已经收悉，现将综合办理情况答复如下：

一、从政协文化方面入手，努力建设与弘扬政协文化，为推进协商民主提供坚实的文化支撑

1. 区政协制订了 2014 年度学习型党组织建设暨

“芙蓉学习日”活动工作方案。确定每月第一个星期五确定为政协机关“芙蓉学习日”，学习的主要内容包括中国特色社会主义理论体系、人民政协理论知识等。

2. 组织政协委员、政协机关干部赴浙江大学学习。5 月 14—17 日，由区政协党组书记、主席刘建新带队，区政协组织开展区政协委员能力提升高级研修班赴浙江大学展开了为期 4 天的学习培训。区政协拟用 3 年时间分批组织全体政协委员赴重点院校展开轮训，进一步提高政协委员和机关干部参政议政能力。

3. 组织政协委员和机关干部开展经常性的学习活动。4 月 4 日，区政协在机关举办党组书记讲党课活动。区政协党组书记、主席刘建新以“用好群众路线这个法宝，让活动开展得入心入脑”为题给全体政协机关干部上了一堂生动的党课。4 月 11 日，区政协在机关会议中心举行委员培训学习。全体政协委员、各街道政协联络处主任、政协全体机关干部等 240 人参加培训。全国政协委员、湖南大学金融与统计学院教授戴晓凤为此次培训授课。

二、不断探索经验，努力在芙蓉区经济社会发展实际中推进政协协商民主

1. 进一步探索提高政协全会协商质量的途径

随着中央“八项规定”和省委“九项规定”的出台，政协工作也随之进行了改革创新，政协全会时间缩短，政协各地区组协商讨论的时间也大大压缩。为提高政协各地区组协商讨论效果，在政协全会中组织、引导委员围绕全区经济社会发展中的重大问题，进行有针对性、有组织地开展协商讨论，使各位委员能够立足本职工作，对全区经济建设和社会发展的重大问题积极参政议政、建言献策。在实际工作中，各位政协常委通过各部门认真讨论、精心挑选优秀政协委员；在每次政协全会中都要召开一次甚至多次政协常委会议，围绕区域经济社会发展中的重点问题进行协商讨论，而且也取得了比较理想的效果。至于还要不要另行组成其他的讨论小组，对相关问题进行重点协商讨论，将按照您的建议进行探索，不断提高政协全会协商讨论质量。

2. 进一步完善专题协商

在实际工作中，区委提名的候选人在正式提交区政协常委会之前，是经过区委组织部门或统战部门多方考察，听取了提名候选人所在单位或部门以及候选人所联系的相关群众的意见，候选人在政治上、在工作能力上、在思想品德等方面应该是可靠的。但政协委员认为某些候选人确实有问题，可以而且应该按照您所建议的那样，深入到候选人所在的单位或部门、以及候选人所联系的群众中进行认真调查了解，掌握第一手资料，在政协常委会上通报，为区委决策提供真实依据。为进一步加强专题协商力度，按照您的建议，区政协将精心组织开展好常委会议、主席会议和各专委会的专题协商活动，围绕全区西提东拓、转型升级、文明城市创建、教育均衡发展、食品安全工作、社会保障等事关科学发展、民生幸福的重点课题进行协商议政。区政协还将按照您的建议，分别就东片地区学校建设情况、区食品安全工作、市政工作、园林绿化工作以及交通工作等与相关部门进行专题协商。

（2014 年 6 月 15 日）

加快推广芙蓉区医疗家庭契约式服务的建议（摘要）

提案人：民盟　林永红

芙蓉区率先在东屯渡、火星、韭菜园、马王堆 4 个街道推行了家庭契约式服务试点，以社区慢性病人、老年人、残疾人、精神病人、贫困居民妇女、儿童等为重点服务对象，以家庭医生为服务主体，以家庭为单位，以健康需求为导向，以家庭契约式服务的方法，对签约人群提供连续动态的健康管理。通过试点探索，这项工作取得了一些实效，但在实施过程中仍存在以下问题和困难。

1. 居民健康管理意识薄弱。目前，绝大多数居民往往是疾病症状未显露出来就不予重视，对糖尿病、高血压等慢性疾病对健康的危害程度认识不够，对自身健康的管理、疾病预防等意识较淡薄。

2. 资金严重不足。试点的 4 个街道服务中心已签爱心契约 71 户，可用资金 80600 元。还有特困家庭、残疾人、低保家庭需要签约的 330 户，预计全年需要资金 36 万元。但各中心资金来源比较零散而不稳定。有的是靠爱心人士捐赠，有的是区政府财政拨款，有的是街道捐助，但都是杯水车薪。若在全区推广，每年需要 120 万元，现在的资金远远不够。

3. 全科医生比较缺乏。全科医生待遇低，在职称晋升、科研、评优等方面都处于劣势。这些因素使社区全科医生非常缺乏，成为制约“家庭医生”发展的瓶颈。

4. 基本药品不齐全。国家配备基本药品目录不齐全，比如：慢性疾病中高血压、糖尿病患者服用的一

些基本药品如施慧达、拜糖平、达美康、波依定都不在基药范围内，无法满足社区居民的用药需求。

家庭契约式服务能够促进社区卫生服务走进家庭，贴近居民，充分发挥全科医师既守健康又守费用的双重"守门人"作用，提高社区卫生服务能力和水平。由此建议：

1. 加大宣传力度，增强居民的健康理念。要重点针对推广医疗家庭契约式服务，大力开展宣传活动。比如通过举办健康教育大讲堂；制作宣传海报和折页，编辑相关政策解读和健康知识手册；家庭医生上门宣讲等方法。利用媒体、信息网络的信息传播作用，将家庭契约式服务内容上传至中心网页广泛宣传，阐释此项工作的思路和政策构想，深入解读家庭契约式服务的具体政策、实施、签约方法，使家庭契约式服务真正做到家喻户晓。

2. 出台配套政策，完善家庭医疗契约式服务机制。出台相关配套的文件。建议区政府及有关部门尽快针对全区家庭医疗契约式服务工作展开专题调研，出台《芙蓉区强化家庭契约式服务工作指导意见》及相配套的《芙蓉区家庭契约式服务爱心资金管理办法》等文件。建立准入机制。针对需签爱心契约的家庭，要严格准入的原则。加强社会监督，保证公平、公正、公开，杜绝不符合条件者享受爱心契约；要严格准入的标准。尽快建立爱心契约对象底数清楚、信息准确、社会公示、民众监督的准入机制。要规范准入审核。完善爱心契约申请、审核、公示、复核制度。严格退出机制。社区和服务中心要加强动态监管，随时掌握爱心契约家庭的经济状况，不符合享受爱心契约家庭条件的，应及时办理退出手续。

3. 加大财政投入，整合来源资金。区财政要加大投入。根据享受契约式服务居民的人数，要给予相应财政投入，并根据 GDP 的增长逐年提高比例，必须确保家庭契约式服务专项资金纳入财政预算；各街道要给予相应支助，或将相应资金纳入政府购买公共服务范畴；要做好爱心捐赠工作，发动各界人士，以多种方式募集爱心专款，建立爱心基金，确保专款专用。要整合三方来源资金，确保资金到位，保障全区符合爱心契约家庭条件的都能签上爱心契约，免费得到医疗健康服务。

4. 加强教育培训，建设高素质全科医生队伍。家庭医生必须具备以下基本素质：综合性的知识。在美国，一名合格的家庭医生需经过 5 年制的医学院校本科学习、住院医师培训、家庭医生继续医学教育培训三个阶段。这样就保证了家庭医生拥有丰富的专业知识和临床经验，更好地对疾病进行分类和诊断。临床经验丰富，具有前瞻眼光。家庭医生既要能治疗疾病还应有预防疾病和控制疾病发展的职责。面对疾病多以慢性病为主，需要长期对患者进行医学干预，这些都需要丰富的临床经验和前瞻眼光。具有高尚的品质和奉献精神。医生的每一个决定都可能事关人命，不能有一丝的疏忽，必须具有良好的心理素质。家庭医生的收入远远不及很多医院的专科医生，但工作量依然很大，很辛苦，这就需要一定的奉献精神和敬业精神。因此，区卫生局要定期组织除进行全科医疗技术方面培训外，还要对全科医生的全科意识、全科理念、全科思维和奉献服务意识等方面进行培训。要保证医护人员配备充足，待遇稳定，尤其要在职称评定、科研立项等方面为他们提供更好的环境，更好地稳定社区医疗队伍。

（2014 年 2 月 4 日）

关于区政协四届三次会议第 57 号提案的答复（摘要）

芙卫复函〔2014〕3 号

林永红委员：

您在区政协四届三次会议上提出的《加快推广芙蓉区医疗家庭契约式服务的建议》已收悉，区政府高度重视，交由区卫生局办理，现将办理情况答复如下：

一、加强宣传力度，引导居民树立健康观念

提高居民对家庭契约式服务的知晓率，让广大居民主动积极参加到自我健康管理中来；更让广大居民享受到基层医疗的实惠、方便，做到小病进社区，大病去医院，康复回社区的新就医模式。区卫生局将为推广家庭契约式服务开展各种宣传活动。例如，借助新闻媒体对家庭契约式服务签约活动进行广泛宣传报道；将《芙蓉区家庭契约式服务"338"模式情况》上传至芙蓉之窗网站；制作宣传折页和横幅，编辑相关惠民措施；举办专家教授义诊、查房宣传活动；开展全科医生服务团队上门宣讲等措施。

二、加强人才培养，建立强大的医疗资源后盾

为切实提高家庭契约服务团队水平，全区每年选送 20 名医生参加为期一年的全科医生转岗培训。委托长沙市八医院成立芙蓉区社区医疗质量控制中心，具体措施有：质量控制。加强对全区社区卫生服务中心、站、村卫生室的医疗质量和医疗安全的日常质控

工作。分级诊疗。基层医疗机构实行首诊负责制，主要诊治常见病、多发病、慢性病患者；上级医院主要诊治疑难重症患者及抢救治疗，提高医疗卫生资源利用率。双向转诊。基层医疗机构对符合上转指征的患者，充分告知患者和家属并征得同意后，及时与上级医院联系，办理上转手续，通过双向转诊绿色通道将患者转入上级医院治疗。上级医院医师对病情稳定、符合下转指征的患者，充分告知患者和家属并征得同意后，及时联系基层医疗机构，通过双向转诊绿色通道转入基层医疗机构继续进行康复治疗。指导帮扶。上级医院指派医师在基层医疗机构门诊坐诊、组织查房、开展专业知识讲课，提出学科发展和科室建设意见和建议；指导基层医疗机构规范医护工作流程、消毒隔离、医疗废物管理等工作；指导基层医疗机构开展公共卫生服务及卫生应急工作。上级医院医师在晋升中、高级职称前必须到社区卫生服务中心、乡镇卫生院进行为期半年至一年的对口支援，原则上安排到“牵手”对口基层医疗机构。资源共享。建立同级医疗机构之间检查结果互认制度，逐步实现上级医院和基层医疗机构的检查结果双方互认。患者在基层医疗机构住院需到上级医院做检查的，可直接持基层医疗机构申请单到上级医院免缴费直接检查，检查费用在基层医疗机构记账，由基层医疗机构与上级医院定期结算，诊断报告可通过联网打印。人员培训。上级医院优先为基层医疗机构医务人员提供进修学习机会，为其新入职的医务人员安排科室轮训，为基层医疗机构培养实用型人才。多点执业。上级医院指派专家到基层医疗机构实行多点执业，定期到基层医疗机构门诊坐诊、查房、会诊，组织病例讨论、讲课等，指导提高基层医疗卫生服务水平。

三、加大资金投入，扩大低收入家庭受惠面

为将家庭契约式服务持续健康实施下去，区卫生局从区政府、街道争取家庭契约式服务专项资金、从爱心人士募集慈善款购买服务。针对契约不同的协议发放不同的服务卡，提供相应的服务项目。特别是针对特困户、低保户、五保户、残疾人等看不起病的弱势群体签定爱心契约，发放的爱心服务卡。爱心医疗卡上的诊疗资金由爱心人士募集慈善款提供，持有爱心卡除享受相关免费的服务外，还可使用卡上资金进行诊疗服务。对于“因病致贫，因病返贫”的困难群众，通过多种途径募集慈善资金，推出一系列惠民措施，如基本医疗救助实行首诊在社区，实施社区卫生服务机构和上级定点医疗机构双向转诊制度；另外实行相应的减免优惠政策；同时每人每年可享受500—1000元的医疗救助。形成部门联动（卫生、民政、医保、财政），将医保、救助、慈善政策衔接形成“四医”联动，让他们实实在在享受到他们最需要的服务，解决他们最实际的困难。

四、完善相关政策，制订考核细则

区卫生局针对家庭契约式服务制订《芙蓉区推行家庭契约式服务实施方案》《芙蓉区健康契约协议书》《芙蓉区爱心契约协议书》《芙蓉区医疗契约协议书》等文件，各社区卫生服务中心参照文件制订符合各中心服务模式的方案和协议。家庭契约式服务纳入《2014年芙蓉区基层医疗卫生机构绩效考核指标细则》，针对细则内容，区卫生局安排每年至少两次的绩效考核。考核结果将与各中心的经费下拨挂钩。

（2014 年 7 月 15 日）

关于加强对电动车道路交通安全管理的建议（摘要）

提案人：区政协委员　文觉明

电动车的高速发展在给人民群众交通出行带来诸多方便的同时，也引发了交通、环保等方面的新问题：

1. 电动车引发的交通事故激增。目前电动车普遍出现体积庞大、整车沉重、速度超标的（轻摩化）趋势，严重危及交通安全。

2. 由于电动车是非机动车管理，未参加保险，发生交通事故无法赔偿，给社会带来不稳定因素。

3. 目前对电动车的管理还存在法律法规的真空。一方面，《道路交通法》将电动车划为非机动车，在接受交警部门管理时，享有非机动车的简单约束，如上牌照时手续简单、不用考证照等；另一方面，实际相当数量的电动车速度又接近机动车，危险系数大。有的骑车人交通意识淡薄，撞红灯、乱穿马路、侵占快车道、违规搭人情况时有发生，但因其属于非机动车，骑车人违规更肆无忌惮。

建议：

1. 制订《长沙市区电动车管理条例》。公安交警部门应当依法加强交通秩序管理，把电动车管理纳入路面日常管理工作的重点，加大处罚力度，查处无牌无证、超速、骑车带人、挤占人行道和机动车道等交通违法行为，规范人们的交通行为。

2. 加大宣传教育力度，开展多种形式的交通安全宣传教育，提高电动车使用者的交通守法意识。要增加路面交通设施，如隔离防护栏、警示和导向标示，做到人车分离，确保各行其道，减少安全隐患。

3. 实施电动车年审制度，使电动车的销售、交通管理有法可依。对现有的电动车，速度超过限速的要重新办证，经办证点核定速度、体积、重量达标后，才能重新办证上路。对私自改变车速限速装置的电动车，必须采取技术手段。电动车速度不得超过规定时速，否则纳入机动车管理。

4. 电动车驾驶人员应进行交通法规培训，使之能遵守交通法规正确行驶。对电动车实行保险制度，以便发生交通事故后能及时救治伤员，并得到理赔，促进社会和谐稳定。

（2014 年 2 月 4 日）

关于区政协四届三次会议第 78 号提案的答复（摘要）

芙交警复函〔2014〕17 号

文觉明委员：

您在区四届政协三次会议提出《关于加强对电动车道路交通安全管理的提案》（建议）已收悉。区人民政府高度重视，交由区交警大队办理，现将综合办理情况答复如下：

芙蓉区交警大队是县级公安机关交通管理部门，依照国家法律法规对电动自行车、电动车进行管理。

一、关于电动自行车道路交通安全管理的法律依据和管理现状：

根据《中华人民共和国道路交通安全法》第 119 条第四项“非机动车是指以人力或者畜力驱动，上道路行驶的交通工具，以及虽有动力装置驱动但设计最高时速、空车质量、外形尺寸符合有关国家标准的残疾人机动轮椅车、电动自行车等交通工具”之规定设计最高时速、空车质量、外形尺寸符合有关国家标准的电动自行车，属于非机动车。

《长沙市城市道路车辆通行若干规定》第八条“符合国家安全技术标准的电动自行车，应当按照《湖南省实施〈中华人民共和国道路交通安全法〉办法》的规定，登记上牌后，由公安机关交通管理部门发放行驶证方能上道路行驶，最高时速不得超过十五公里。不符合国家安全技术标准的电动自行车，禁止销售、上道路行驶。”长沙市车管部门依据法律法规、国家标准对电动车进行登记备案管理。区交警大队依据法律法规对电动自行车道路通行、交通违法处罚、交通事故处理等方面按非机动车进行管理，执法过程中没有因法律法规理解的不同而造成纠纷，能做到有法可依，有法必依，人民群众对此比较满意。

二、关于电动车道路交通安全管理的法律依据和管理现状：

依照《中华人民共和国道路交通安全法》《中华人民共和国道路交通安全法实施条例》《湖南省实施（中华人民共和国道路交通安全法）办法》、国标《机动车运行安全技术条件》（GB7258—2004）、国标《电动自行车通用技术条件》（GB17761—1999）、国标《汽油机助力自行车通用技术条件》（GB17284—1998）等相关法律法规、国家标准的规定，因为“电动车”外形尺寸、空车质量、设计最高时速超过等相关技术条件全部或部分不能达标等原因将其排除在机动车、非机动车两大车辆类型之外。现实中“电动车”是一个介于机动车和非机动车之间的产物，是各项性能均超标的电动自行车，也是各项性能均不达标的机动车。在上位法无规定，电动车厂家又大量生产、销售，民众大量购买上路的情况下，交警部门必须面对电动车道路通行、交通违法处罚、交通事故处理等方面的一系列问题，电动车管理陷入了执法无法可依，管理无从下手的窘境。

对此，长沙市人大通过并报湖南省人大批准了《长沙市城市道路车辆通行若干规定》，规定不但明确了“电动车”是指以电力驱动、不具备脚踏骑行功能的两轮或者三轮道路车辆，但符合国家安全技术标准的残疾人机动轮椅车除外的一种车辆。还在其它章节中对电动车的备案登记、道路通行、法律责任进行了较为详实的规定。区交警大队依据《长沙市城市道路车辆通行若干规定》对电动车道路通行、交通违法处罚。在宣传教育方面，向每一位来接受处理的电动车驾驶人告知、解说《长沙市城市道路车辆通行若干规定〉，向电动车无牌（无牌禁止上路）又有此类交通需求的驾驶人建议购买合法的电动自行车（车管部门对于符合规定的电动自行车免费上牌）从而解决交通出行问题。交通事故处理方面，虽然无任何法律法规明确电动车的属性，但考虑到实际情况，长沙交警部门仍将其比照非机动车进行管理。2009 年以后购买的电动车已停止上牌，在无上位法规定的情况下，不可能开展电动车年度审验工作，更不可能将其纳入机动车管理。《长沙市城市道路车辆通行若干规定》第六条鼓励保险公司开展电动车、电动自行车道路交通安全事故责任保险业务，但同样由于上位法的规定难以开展。

综上所述，区政协委员文党明提交的“关于加强对电动车道路交通安全管理”的78号提案非常有建设性，期待着通过大家的呼吁，能早日修改上位法，出台合乎实际情况的电动车国家标准，切实保障广大电动车驾驶人的合法权益。

（2014年8月26日）

芙蓉览胜

·街巷逸事·

【马楚巷和百年前砖、碑】　马楚巷位于人民中路南侧，是定王台街道都正街片区的一条小巷。在五代十国时期，由马殷创立的马楚国，是历史上唯一以湖南为中心建立的独立王朝，史称马楚，长沙为王都。马楚政权这个在历史上只存在55年的神秘王国，采取轻赋税、提倡种茶卖茶，重视农业等一系列措施，繁荣了地方经济，促进了社会安定与发展。据史书记载，最早称湖南为“湖湘”者便是马楚余部周行逢，“湖湘”之所以是湖南之别称，与马楚有着深厚的历史渊源。

马殷是古代“货币战争”发明者之一，他下令可用帛代替钱交纳赋税，并鼓励百姓种茶售茶；而楚国只许铁钱流通，铁钱对铜钱兑换比为1∶10，这就逼着客商们带着铜钱来，换成楚国产品去。天下铜钱流入了楚国国库，因而楚国对百姓的赋税非常轻，社会经济越来越繁荣。马殷还推行“上奉天子，下奉士民”的政策，发展农业生产，安抚少数民族，很少对外开战。因此后世长沙人对马楚一直有好感，认为马王街、开福寺、碧湘街、小瀛洲十几个地名都与马楚有关。

在都正街，马楚巷子的说法在老居民中口口相传。由陈先枢撰稿为《名人与长沙风景》讲述：“小瀛洲……位于芙蓉区，西起丰盈里，东止马王街，相传为五代马氏宫廷园林，与马王宫相连……清饶智园《十国杂事诗》注云：‘城内玉带沟侧有小瀛洲……按马殷仿唐太宗十八学士登瀛洲故事，今城内马王街有马王庙祀殷’。”在马楚巷北侧，是新建的都正街复古建筑。往南，有詹王宫遗址（宫墙）。马楚巷一带还居住着德园创始人方厨师等厨师世家。这些传统建筑和遗迹，承载着“老长沙”的城市历史和生活记忆。

2013年10月，芙蓉区开始对都正街进行修护、改造，拟将其建成长沙第三条历史文化街区。同时，定王台街道广泛发动都正街居民寻找古砖古瓦古碑等文物。都正街历史文化街区地处天心阁背后，是老长沙（善化县）的中心区，这里曾经有县衙门，有驻军的都司衙门，有被封为“定湘王庙”的城隍庙，有纪念“厨神”的詹王宫，有曾经的文化地标城南书院和文昌阁等。截至9月15日，街道共收到居民“寻宝”200余件，有咸丰年间的“宝砖”，有百年前的“整肃吏治”碑，这些“宝贝”将在都正街历史文化街区开街时与市民见面。

（范　波）

·历史遗迹·

【东湖街域相继发现历史遗迹】　2014年，东湖街道的当地居民相继发现东沙古井、古城墙、神道石龟碑、水泥船等历史遗迹。

东沙古井位于滨湖社区的萧家岭山塍下，方形井口，约5～6平方米，两侧以砖墙围挡，上方用木板遮盖，井底靠山一侧有一斗大的泉眼，泉水源源不断自眼中涌出。据文史专家分析，原来萧家岭一带为古河床，在地质学第四纪初，曾出现冰期，在冰川融水和河流冲刷下，形成砾石层于白斑网纹红土层下，再下层为不渗水的板岩。因地层下陷，使东沙井及其附近地层成为蓄水深厚的地下水库。长年累月地下水顺着地层斜面往下流动，经过沙砾层的沉淀过滤后，在井口处露出，形成杂质极少，清香甘美，长饮不竭的泉水。地下水有承压性，泉脉甚旺。东沙井周边村落长寿者可能与饮用此水有关。6月，经过半个月的修缮，千年东沙古井重新投入使用。

4月，东湖村六厘港的一段尚存约40米长古土城墙残垣，经省、市文史专家考证为五代十国时马殷创立楚国王朝时常丰县的古城墙遗迹。东湖古称“姚托”，是五代十国时期马楚政权常丰县县城所在地。据《长沙市芙蓉区街巷志》中记载，常丰县城墙原址修建于北宋初年，“县城为方形，坐北朝南，有内城外城之分。内城外城，东、南、西面城墙分别修筑，北面城墙重合。内外城墙均为土筑，其东西分别长约60米和150米，南北宽约50米和200米。内城墙高约3米，上下宽分别3米和3.5米。因当年兴建县城，在姚托一带取土烧砖及筑墙，而形成一片湖面，人们谓之东湖”。后来，村民们还陆续发现写有马楚国文字的城门石（其中的一块城门石还收藏在村民的家里）。文史专家们认为：只存在20余年的古城，虽只是历史长河中的一个小节点，却见证了五代马楚政权从辉煌走向衰亡的历程，其商业的繁荣与当时手工业和矿冶业的发达值得肯定，希望相关部门能及时保护这段古城墙，作为珍贵的研究史料予以保存。

7 月，东湖街道内一块被折断乌龟碑，被文史专家证实为 160 年前湘军武将的神道碑。此神道碑高约 3 米，宽 0.8 米，最早立在湖南农业大学校园内，后被遗弃在浏阳河用于堵水治水。碑上的文字大多已模糊，但仍有 20 个可辨文字，上书“诰封诰授建威将军江南苏松总镇王梦虎公神道”。碑文中所指的王梦虎公系光绪二十年总兵王衍庆，字梦虎，因立有战功，后受朝廷嘉奖，立此碑。湘军武将神道碑的发现，弥补了长沙无清代高级湘军武将墓地的空白。

12 月，东湖街道居民黄太天在浏阳河滨湖河段散步时，在岸边发现一个大型的水泥平台。经专家实地考察，这个水泥台是 20 世纪建造的水泥船。随着冬季枯水期到来，浏阳河水位下降，水泥平台浮出水面，长方形显得十分破旧，而平台上的五根二十厘米左右的立柱排列在两侧。专家判断，这是一艘修建于 20 世纪 60—80 年代的趸船，通俗的讲就是水泥船。这艘水泥船方头方脑，不适合远程航行，很大可能是做一个浮动平台使用。可以算作是特定历史时期的工业遗产。据了解，在长沙发现的较大水泥船只有两艘，另一艘在湘江风帆广场附近。（黎 宏）

【马王堆汉墓纠正《史记》《汉书》两处错误】12 月 13 日，在长沙举行的纪念马王堆汉墓发掘 40 周年国际学术研讨会上，曾参与马王堆汉墓二号、三号墓发掘的湖南省博物馆退休专家傅举有称，这次考古的一大收获是纠正了《史记》和《汉书》的两处错误。马王堆二号汉墓出土了墓主的三颗印章：私印“利苍”、官印“长沙丞相”、爵印“轪侯之印”。傅举有介绍，私印“利苍”证明，第一代轪侯的名字叫利苍，这纠正了《汉书》记载第一代轪侯名字为“黎朱苍”、《史记》记载第一代轪侯名字为“利仓”的错误。马王堆三号汉墓出土了记载墓主有“家丞一人”的遣策、“轪侯家丞”封泥、“利豨”封泥，以及特别重要的纪年木牍：“十二年二月乙已朔戊辰，家丞奋移主葬郎中，移葬物一编，书到先质，具奏主葬君。”意为：“汉文帝十二年二月（乙已朔）二十四（戊辰），轪侯家丞奋，为主人入葬，抄呈随葬物登记一编（册），送达之前已核对清楚。”傅举有说，《史记》《汉书》都记载第二代轪侯利豨死于汉文帝十五年，而马王堆三号墓出土的纪年木牍表明，利豨死于汉文帝十二年。《史记》和《汉书》的记载，只能解释为误写。关于马王堆三号墓的墓主，有专家存在异议，认为是利豨的兄弟。傅举有认为，这是因为他们死抱着《汉书》不放，《汉书》怎么就不会有错呢？它连利苍的名字都写错了，把利豨的卒年写错又算什么。他说，考古的重要作用之一，正是改正或补充史籍的错漏。

（李国斌）

【柳子明故居】柳子明（1894—1985 年），出生于韩国忠清北道。他从 1919 年 6 月来中国后，将自己的一生献给了本民族的独立事业和中国教育、农业科学事业。他是唯一一个同时获得朝鲜和韩国赞誉并获颁勋章的人（1978 年 12 月，朝鲜民主主义人民共和国授予柳子明三级国旗勋章。1991 年 4 月，大韩民国追授柳子明建国勋章）。2002 年 3 月，韩国政府将柳子明的骨灰移接回国，并进行隆重国葬。同时，韩国成立了柳子明研究会，出版大量有关柳子明的书籍。

1919 年 3 月，朝鲜爆发反对日本殖民主义的“三一”运动，在一次进步青年的集会上，25 岁的青年柳子明慷慨陈词，痛斥日本侵略者。不想，他却被日伪政权列为通缉犯。于是，他匆匆与家人告别后急忙逃亡中国上海，与金九（韩国国父）等一起，参与大韩民国临时政府的组织。1924 年，柳子明通过上海法租界巡捕房对面华光医院邓梦仙医生介绍，结识著名作家、翻译家、社会活动家巴金。巴金小说《发的故事》讲述的是一位流亡于中国的朝鲜独立运动青年因受到日军追捕，而只能眼睁睁地看着怀孕的妻子难产死去。由于焦急，他不到一年的时间一头乌发全白了。柳子明正是巴金小说里的原型人物。1938 年，柳子明在武汉接受周恩来的领导，担任“朝鲜义勇队”政治指导员，从此走上与中国抗日队伍并肩作战的道路，足迹遍布大半个中国。

三个湖南人改变了柳子明的后半生。早在 1930 年，柳子明受聘于中国立达学会创办的上海立达学园，主持该园在福建南翔柴塘地区高中部农村教育科的教学和科研活动，在此期间，柳子明与邵阳籍中国知名爱国教育家匡互生合作提出“工学合一”“产研合一”等教学理念，与著名教育家陶行知在上海宝山创办的山海工学团成为当时“乡村教育”和“平民教育”的典范。正是通过匡互生，柳子明结识了时任福建省政府秘书长的爱国进步军人程潜族弟、醴陵人程星龄，并建立了良好的友谊。1946 年 4 月，一直在福建从事农业教学和实践的柳子明离开福建去台湾，历任台湾农林处技术室主任、合作农场管理处主任、台湾农事试验所副所长、试验所园艺系主任等职务。他对台湾的农业、园艺、花卉等进行了细致的考察、调查，不过，工作刚有个眉目，他却又面临着新的抉择。1949年的冬天，韩国政府通知居留台湾的朝鲜侨民全部撤回国。1950年6月3日，柳子明一家四口从台湾基隆准备乘船经香港和内地回故乡，不料，还没到香港，朝鲜战争就爆发了。归国的路已断，正待滞留香港的柳子明一筹莫展时，他收到了老朋友、时任湖南省副省长的程星龄从长沙寄来的亲笔信和湖南大学校长李达亲笔写的邀请柳子明教授到湖大农学院任教的聘请信。柳子明以这张聘请作为入境凭证，顺利地来到新中国，同年8月平安抵达长沙，到湖南大学农学院执教。

在湘35年中，柳子明执教于湖南农业大学园艺系并长期担任系主任、实验农场场长，成为湖南农业大学首个二级教授。从1950年到1985年逝世，一直工作和生活在湖南农业大学校园南侧毗邻浏阳河畔的一幢2层砖木结构的房子，是当时第一批教授住房，也是条件最好的住房之一。2009年，芙蓉区已将柳子明故居列为不可移动文物名录，2011年，湖南农业大学对其进行保护性修复，使其尽可能恢复原貌，同时设立了纪念柳子明的陈列室。在长沙市召开的第十四届人民代表大会第三次会议上，有代表就建议有关部门保护修缮好柳子明故居，复原柳子明室内陈列馆，与金九故居连成一线，打造成长沙的精品旅游专线。

（黎　宏）

·名人轶事·

【永不消逝的爱】　2014年六一儿童节，育才学校举行“纪念育才学校第一任校长易纪均诞辰一百周年座谈会”暨易纪均铜像揭幕仪式。来自全国各地的老校友汇聚育才学校，深情谈起易校长爱生如子，无私奉献的感人事迹……

易纪均（1914.9.14—1988.3.30），原名易朝德，四川省会县人，师专文化。1932年4月加入中国共产党，同年7月组织工潮被捕入狱五年，1937年9月出狱后奔赴延安。1938年与王首道结为伉俪。1949年王首道南下到长沙担任湖南省人民政府主席，易纪均也随之来湘。

1950年3月，易纪均按照上级指示在长沙民主西街创办湖南省立育才学校并出任校长。不久湖南省人民政府接管了位于长沙浏阳门外二里牌糠头坡（今解放中路南元宫20号）的育婴堂并决定将育才学校迁来此处，同年11月完成搬迁。此时的育才学校有30个学生、50个婴儿，40多名教职工。易校长就带着师生在这只有几间旧屋的校园里开始了艰辛的教育征程。当时，这里的孩子年龄很小，身体很弱，甚至还有病残。人们很快发现，这位校长从来没有把自己当成领导，她更像是一位平凡的妈妈。她是那样喜欢孩子！越是病残的孩子，她越是关爱。接手的时候，保育院并不教孩子读书识字。易纪均对大家说：“这些孩子身心已经受到不同程度的伤害，解放了，国家应该对这些孩子负责。他们还有一大段人生之路要走，教育说什么也不能放松，尤其是有残疾的孩子最好有一技之长，他们同别的正常孩子一样是新中国的未来……”就这样，易纪均带着保育员一起，教孩子们唱歌，跳舞；教孩子们画画，识字；给孩子们洗澡、喂饭……孩子们越来越离不开易妈妈了，几个心智不全的孩子，每天早上醒来第一句话，就是含糊不清地喊着要易妈妈。于是易妈妈的称呼由此在育婴堂传开。由于育婴堂的工作得到社会各界的高度赞赏和肯定，1950年，育婴堂更名为育才学校后，大量的南下部队革命干部子弟都托付给了易妈妈教育和培养。

图61　育才学校首任校长易纪均

作为育才学校第一任校长易纪均，在办学之初，面临着学校人数增多、规模扩大、要求更高等一系列新的问题和困难。解放之初的长沙，物资奇缺，孩子们衣衫褴褛，面如土色。如何让孩子们吃饱成了首要问题。为了让孩子们能多吃一口，易纪均几乎四处求援。一次，当易纪均听说缴获的战利品中有几箱鱼肝油还放在军区的仓库中时，她欣喜若狂，立即跑上跑下，到处交涉求情，“孩子们都在长身体，说什么也不能亏了孩子啊！”军区领导被易纪均的真情所感动，被易妈妈对孩子们的真爱所震撼，欣然把这些鱼肝油免费送给了学校。就这样，每天由校医给每个孩子喂一小勺鱼肝油。在那个艰难的岁月能吃上鱼肝油，孩子们是多么幸福啊！

新中国成立伊始，财政困难，国家下拨的经费很少。在这三年经济恢复期间，孩子们的营养、衣着等各方面都遇到今天的福娃们难以想象的困难。大家吃不饱，穿不暖，更别说穿上统一的制服。易纪均看在眼里，急在心里，深深爱着孩子们的心思，终于感动了首长，从一家医院调拨了一批军装，她千恩万谢，终得理解，如获至宝。可运回来一试，才知道军装太肥大，孩子太瘦小，怎么办？易妈妈灵机一动：改小！她动员教职员工连夜赶制，她自己更是带头苦干，飞针走线。心里油然涌出唐代著名诗人孟郊的诗句："慈母手中线，游子身上衣"就这样，育才的第一代学子欢天喜地地穿上了这深灰色的军装，整洁大方，神气十足！孩子们奔走相告，欢呼雀跃！这也许是当年最漂亮的衣服，也应是长沙解放后最早的"校服"了。

1952年3月，易纪均随丈夫王首道去了北京。但是她将博爱无私、艰苦创业的育才精神深植于校园。易纪均提出的实践型学习、启发式教育至今仍引领教育改革潮头，为育才学校发展做出不可磨灭的贡献。在王首道九十华诞之后，夫妻俩商量把刚刚拿到的稿费全部捐出，成立"芳林育才基金会"。2011年年底，根据其女王维滨大校及其亲属意见，由省科协将基金会所持股票变现入账，除去相关费用后剩余116万元，经省委、省政府领导批示，悉数捐赠给易纪均生前工作的长沙市芙蓉区育才学校。经易妈妈家属商榷同意，此基金改名为"育才道德教育基金"，用于奖励育才一小、二小、三小的优秀教师和学生，并带动浏阳几所薄弱学校共同发展，每年扶助部分贫困学生。现在每年六一儿童节育才学校评选出的"育才道德基金魅力少年"和"育才道德基金魅力教师"已经成为激励师生共同进步的最高荣誉！如今的育才校园占地17295平方米，有25个教学班，1409名学生。教师72人，特级教师3人，中学高级教师3人，省级劳动模范1人，长沙市首席名师1人，长沙市名师3人，市、区级骨干教师28人。学校有"校内德育实践基地"：育婴堂、校史馆、易纪均铜像花园，"体验实践基地"：百草园、袖珍科技馆。建有专业羽毛球馆、多功能音乐厅。育才学校不遗余力将教育教学优秀资源辐射并推动落后地区教育发展。

学校历任校长励精图治、继往开来，大爱无私的育才精神代代相传，校长们带领着育才师生敢为人先，团结奋进，使得育才学校成为享誉全国甚至海外的知名小学。如今龙继红校长传承着育才的文化与精神，践行着"让每个生命绽放独特魅力"的办学理念，努力营造师生发展的空间与平台。育才文化与育才精神，已经成为师生共同进步的动力与源泉！

（柴 坤 王科文）

有关单位地址、电话

·表28·

芙蓉区党政机关

名 称	地 址	联系电话（区号0731）
政府办公室	人民东路189号	84683088
发展和改革局	人民东路189号	84683210
教育局	人民东路189号	84683248
科学技术局	人民东路189号	84683296
城乡建设局	人民东路189号	84683430
民政局	人民东路189号	84683235

续表 28

名 称	地 址	联系电话（区号 0731）
司法局	人民东路 189 号	84683239
财政局	人民东路 189 号	84683226
人力资源和社会保障局	人民东路 189 号	84683306
农业林业水利局	火炬村北三片浏阳河大道北段	84681537
商务和旅游局（招商合作局）	人民东路 189 号	84683363
文化体育新闻出版局	人民东路 189 号	84683273
卫生和计划生育局	火炬中路 8 号	84885772
审计局	人民东路 189 号	84683272
城市管理和行政执法局	人民东路 189 号	84683351
环境保护局	人民东路 189 号	84683341
安全生产监督管理局	人民东路 189 号	84683317
长沙市芙蓉区食品药品监督管理局（食品安全委员会办公室）	人民东路 189 号	84683490
人民防空办公室	人民东路 189 号	84683323
城管执法大队	王家湖路 79 号	84715642

·表 29·　芙蓉区直属事业单位和其他单位

名 称	地 址	联系电话（区号 0731）
经济和信息化局	人民东路 189 号	84683313
交通运输局	人民东路 189 号	84683366
统计局	人民东路 189 号	84683212
民族宗教和外事侨务局	人民东路 189 号	84683035
住房保障局	人民东路 189 号	89965883
政务服务中心	人民东路 189 号	84683380
工务局	人民东路 189 号	84683403
机关后勤服务中心	人民东路 189 号	84683468
中央商务区管理办公室（楼宇办）	人民东路 189 号	84683870
金融工作办公室	人民东路 189 号	84683570
市政工程管理局	晚报大道 416 号	84668219
园林管理局	恒达路 148 号三楼	84745252
市容环境卫生管理局	文艺路 8 号	85198588
芙蓉基建投资中心	车站北路 236 号芙蓉国土大楼	82193180
征地办公室	车站北路 236 号	85153952
棚户区改造办公室	荷花路惠通大厦八楼	84728628
长沙火车站地区综合管理办公室	五一东村一号	82299128

续表 29

名 称	地 址	联系电话（区号 0731）
城市房屋征收和补偿管理办公室	荷花路 168 号惠通大厦 8 楼	84683920

·表 30·

芙蓉区群团组织

名 称	地 址	联系电话（区号 0731）
总工会	人民东路 189 号	84683392
中国共产主义青年团长沙市芙蓉区委员会	人民东路 189 号	84683559
妇女联合会	人民东路 189 号	84683476
工商业联合会	人民东路 189 号	84683402
残疾人联合会	人民东路 189 号	84683400
归侨侨眷联合会	人民东路 189 号	84683166
科学技术协会	人民东路 189 号	84683300

·表 31·

芙蓉区园区、街道

名 称	地 址	联系电话（区号 0731）
隆平高科技园管理委员会	张公岭雄天路 2 号	84638601
湘湖街道（湘湖管理局）	湘湖路 198 号	82283060
定王台街道办事处	堂皇里 6 号	85171080
文艺路街道办事处	水絮塘 45 号	84446668
韭菜园街道办事处	桐荫里 122 号	84432766
朝阳街街道办事处	车站中路 171 号	85064320
五里牌街道办事处	车站中路 289 号	82283382
荷花园街道办事处	东二环路一段 920 号	89968953
火星街道办事处	龙柏路 58 号	82884462
马王堆街道办事处	古曲路 28 号	84715133
东屯渡街道办事处	荷花路 568 号	84770222
东岸街道办事处	双杨路 1118 号	84612775
马坡岭街道办事处	远大一路 1259 号	86451495
东湖街道办事处	农大路 1 号	86451447

·表 32·

芙蓉区区属学校、幼儿园

单 位	地 址	联系电话（区号 0731）
湘一芙蓉中学	五一大道 502 号	89717168

续表 32

单 位	地 址	联系电话（区号 0731）
湘一芙蓉第二中学	马王堆北路 39 号	84729033
长郡芙蓉中学	马王堆中路 238 号	84158800
浏正街小学	浏正街芋香巷 7 号	84446606
东茅街小学	东茅街 66 号	84285192
修业小学	马王街 32 号	82224579
楚怡小学	文运街 104 号	82562508
八一路小学	韭菜园 256 号	82223913
大同小学	八一路 296 号	82216142
燕山小学	长岛路 1 号	84462439
东晖小学	车站东路 62 号	84155422
朝阳小学	人民路中路 358 号	89781848
育英小学	解放东路 398 号	84111315
曙光路小学	曙光北路 130 号	84125370
育才小学	南元官 8 号	84432364
育华小学	复兴街 58 号	84455967
五一中路小学	五一中路乔庄 13 号	82224184
马王堆小学	古汉路 88 号	84824980
火星小学	火星凌霄路 1 号	82245838
双新小学	马王堆街道新合村四组	84711985
蓉园小学	湘湖和光街 105 号	82296367
火星二小	龙柏路朝霞巷 46 号	84475582
大同二小	晚报北街 10 号	82199206
燕山二小	芙蓉苑小区内	88687373
大同古汉城小学	古汉城社区	89900666
东郡小学	马王堆路 201 号	84893008
育英二小	东屯渡街道东玺门小区内	82284352
育才二小	东屯渡街道古曲路	84432364
育才三小	古曲路、朝晖路交界处	89718897
马坡岭小学	远大二路 342 号	84625116
杉木小学	东岸街道杉木村	84693567
东屯小学	东岸街道东屯村	84613566
东风小学	马坡岭街道东风村	84610215
育英西垅小学	马坡岭街道西龙村	84680855
大同三小	东湖街道合平村	84692816

续表 32

单 位	地 址	联系电话（区号 0731）
芙蓉区教育局德政园幼儿园	德政园小区德政街 46 号	84768561
芙蓉区教育局朝阳幼儿园	朝阳 78 号凯通国际城小区	89801191
芙蓉区教育局星城世家幼儿园	古曲路星城世家小区南侧	89901248
芙蓉区教育局东岸锦城幼儿园	长星路 165 号东方人家小区内	88817299
芙蓉区教育局农园路幼儿园	农园路 7 号	84423217

·表 33·

芙蓉区区属医疗卫生机构

名 称	地 址	联系电话（区号 0731）
区卫生监督所	火炬中路 8 号	84885789
区妇幼保健所	火炬中路 8 号	84885760
区疾病预防控制中心	火炬中路 8 号	84885707
区平价医院（朝阳社区卫生服务中心）	曙光中路 109 号	84155082
区红十字医院（东岸街道社区卫生服务中心）	东岸街道远大二路与望龙路交汇处（远大二路 369 号）	84515729
荷花园社区卫生服务中心	东二环一段 938 号	89708160
定王台社区卫生服务中心	浏正街 57 号	85868189
火星街道社区卫生服务中心	火星紫薇路五片 21 幢	84427678
东屯渡街道社区卫生服务中心	人民东路 299 号	84116232
马王堆街道社区卫生服务中心	纬二路 183 号	84699249
东湖街道社区卫生服务中心（湖南省农业科学院医院）	远大 2 路 892 号	84690682
韭菜园街道社区卫生服务中心	燕山街 83 号	84164356
文艺路街道社区卫生服务中心	解放中路 200 号	82254901
五里牌街道社区卫生服务中心（长沙楚雅医院）	车站北路 127 号	82282788
湘湖街道社区卫生服务中心	晚报大道 99 号	85581777

索　　引

说明：

一. 本索引把年鉴的条目（大事记除外）用主题分析方法，按汉语拼音字母顺序排列。

二. 类目标题用黑体字表明。

三. 索引名称后的阿拉伯数字表示的内容所在的页码，拉丁字母（a、b、c）表示栏别（从左至右分 1、2、3 栏）。

A

B

G

H

K

L

M

N

P